Curso de Direito
TRIBUTÁRIO E FINANCEIRO

Claudio Carneiro

Curso de Direito
TRIBUTÁRIO E FINANCEIRO

11ª EDIÇÃO
2025

- O autor deste livro e a editora empenharam seus melhores esforços para assegurar que as informações e os procedimentos apresentados no texto estejam em acordo com os padrões aceitos à época da publicação, *e todos os dados foram atualizados pelo autor até a data de fechamento da obra.* Entretanto, tendo em conta a evolução das ciências, as atualizações legislativas, as mudanças regulamentares governamentais e o constante fluxo de novas informações sobre os temas que constam do livro, recomendamos enfaticamente que os leitores consultem sempre outras fontes fidedignas, de modo a se certificarem de que as informações contidas no texto estão corretas e de que não houve alterações nas recomendações ou na legislação regulamentadora.

- Data do fechamento do livro: 21/01/2025

- O autor e a editora se empenharam para citar adequadamente e dar o devido crédito a todos os detentores de direitos autorais de qualquer material utilizado neste livro, dispondo-se a possíveis acertos posteriores caso, inadvertida e involuntariamente, a identificação de algum deles tenha sido omitida.

- Direitos exclusivos para a língua portuguesa
  Copyright ©2025 by
  Saraiva Jur, um selo da SRV Editora Ltda.
  Uma editora integrante do GEN | Grupo Editorial Nacional
  Travessa do Ouvidor, 11
  Rio de Janeiro – RJ – 20040-040

- Atendimento ao cliente: https://www.editoradodireito.com.br/contato

- Reservados todos os direitos. É proibida a duplicação ou reprodução deste volume, no todo ou em parte, em quaisquer formas ou por quaisquer meios (eletrônico, mecânico, gravação, fotocópia, distribuição pela Internet ou outros), sem permissão, por escrito, da **SRV Editora Ltda.**

- Capa: Lais Soriano
  Diagramação: Rafael Cancio Padovan

- **DADOS INTERNACIONAIS DE CATALOGAÇÃO NA PUBLICAÇÃO (CIP)**
  VAGNER RODOLFO DA SILVA – CRB-8/9410

C289c   Carneiro, Claudio
Curso de direito tributário e financeiro / Claudio Carneiro. – 11. ed. – São Paulo: Saraiva Jur, 2025.

544 p.
ISBN 978-85-5362-432-4

1. Direito. 2. Direito tributário. 3. Direito tributário e financeiro. I. Título.

	CDD 341.39
2024-4661	CDU 34:336.2

Índices para catálogo sistemático:
1. Direito tributário   341.39
2. Direito tributário   34:336.2

A Nilza, minha mãe, a quem juro amor por esta e por todas as outras existências.

A minha irmã, Jurema, alicerce do meu ser, e a Milton, sobrinho, afilhado e filho do coração.

A minha esposa, Ana Paula, pelo amor, apoio e compreensão e a minha filha, Ana Clara, o meu combustível para seguir adiante.

Agradeço ao Grande Arquiteto do Universo por estar sempre presente em todos os momentos da minha vida e guiar os meus passos.

Oh! Quão bom e quão suave é que os irmãos vivam em união.

É como o óleo precioso sobre a cabeça, que desce sobre a barba, a barba de Arão, e que desce à orla das suas vestes; como o orvalho de Hermom, que desce sobre os montes de Sião, porque ali o Senhor ordena a bênção e a vida para sempre (Salmo 133).

Ao amigo, Desembargador Alexandre Freitas Câmara, pelo apoio e confiança.

Às amigas Jane Costa Campos e Thereza Maria Fernandes de Andrade, pela amizade e pelo carinho.

Sumário

Prefácio XXVII

Apresentação. XXIX

Nota à 11ª Edição XXXI

Capítulo 1 – Direito Financeiro — — — — — — — — — — — — — — — 1

1.1 Principais Aspectos sobre Finanças Públicas 1

    1.1.1 A Ciência das Finanças e o Direito Financeiro 3

    1.1.2 Autonomia e Codificação do Direito Financeiro 5

    1.1.3 Finalidades da Atividade Financeira 6

    1.1.4 Aspectos Constitucionais e Infraconstitucionais do Direito Financeiro . . 8

1.2 Principais Aspectos sobre a Receita Pública 10

    1.2.1 Distinção entre Ingresso e Receita. 10

    1.2.2 Classificação das Receitas. 11

        1.2.2.1 Receitas Ordinárias e Extraordinárias 11

        1.2.2.2 Receitas Originárias e Derivadas. 11

        1.2.2.3 Receita Corrente e de Capital 11

    1.2.3 Estágios da Receita Pública 12

    1.2.4 Renúncia de Receita 12

1.3 Principais Aspectos sobre a Despesa Pública 13

    1.3.1 Classificação das Despesas Públicas. 13

        1.3.1.1 Despesas Orçamentárias e Extraorçamentárias 14

        1.3.1.2 Despesas Ordinárias e Extraordinárias 14

        1.3.1.3 Despesas Correntes e Despesas de Capital. 14

        1.3.1.4 Despesas Produtivas, Reprodutivas e Improdutivas. 15

    1.3.2 Processamento das Despesas Públicas 15

    1.3.3 Precatórios Judiciais 15

1.4 Principais Aspectos sobre o Orçamento Público 17

    1.4.1 Plano Plurianual 17

    1.4.2 Lei de Diretrizes Orçamentárias 18

1.4.3	Lei Orçamentária Anual		19
1.4.4	Evolução Constitucional		20
1.4.5	Tipos de Orçamento		21
1.4.6	Superávit e Déficit Financeiro		23
1.4.7	Conceito de Orçamento e sua Natureza Jurídica		23
1.4.8	Controle de Constitucionalidade da Lei Orçamentária		25
1.4.9	Elementos do Orçamento		33
1.4.10	Princípios Orçamentários		33
	1.4.10.1	Anualidade Orçamentária	33
	1.4.10.2	Unidade	34
	1.4.10.3	Universalidade	34
	1.4.10.4	Legalidade	34
	1.4.10.5	Publicidade Orçamentária	35
	1.4.10.6	Proibição de Estorno	35
	1.4.10.7	Equilíbrio Orçamentário-Financeiro	35
	1.4.10.8	Clareza ou Transparência	36
	1.4.10.9	Exclusividade	37
	1.4.10.10	Não Afetação	37
	1.4.10.11	Racionalidade	38
	1.4.10.12	Continuidade	38
	1.4.10.13	Aderência	38
	1.4.10.14	Especificação ou Discriminação ou Especialização	38
	1.4.10.15	Exatidão	39
	1.4.10.16	Programação	39
	1.4.10.17	Orçamento Bruto	39
1.4.11	Ciclo Orçamentário		39
1.4.12	Controle Orçamentário – Tribunal de Contas e Vedações Constitucionais		40
	1.4.12.1	Origem dos Tribunais de Contas	40
	1.4.12.2	Controle Orçamentário e Fiscalização	40
	1.4.12.3	Atribuições dos Tribunais de Contas	41
	1.4.12.4	Efeitos das Decisões dos Tribunais de Contas	42
	1.4.12.5	Vedações	44
	1.4.12.6	Operações de Crédito por Antecipação de Receita	44
	1.4.12.7	Garantia e Contragarantia	44
1.4.13	Créditos Orçamentários Adicionais		45
1.5	Principais Aspectos sobre o Crédito Público		47
1.5.1	Conceito e Natureza Jurídica		47
1.5.2	A Dívida Pública Brasileira e Títulos da Dívida Pública		48
1.5.3	Classificação		50

	1.5.3.1	Compulsório ou Voluntário	50
	1.5.3.2	Perpétuo ou Temporário	51
	1.5.3.3	Flutuante e Fundado	51

1.6 Responsabilidade Fiscal 52

    1.6.1 Introdução 52

    1.6.2 Objetivos 52

    1.6.3 Pilares da Lei de Responsabilidade Fiscal 52

    1.6.4 Destinatários da LRF 53

    1.6.5 Limitação de Despesas 54

        A. Com pessoal 54

        B. Restrição de final de mandato 55

        C. Despesas de caráter continuado 56

    1.6.6 Reserva de Contingência 56

    1.6.7 Despesa Adequada, Compatível e Irrelevante 57

    1.6.8 Sanções em Caso de Desrespeito à LRF 57

    1.6.9 Restos a Pagar 58

    1.6.10 Relatório Resumido da Execução Orçamentária 58

    1.6.11 Operações de Crédito 58

    1.6.12 Limitação de Empenho 59

1.7 Repartição de Receita Tributária 59

Capítulo 2 – Fontes do Direito Tributário   **63**

2.1 Introdução 63

2.2 Conceito de Direito Tributário 64

2.3 Fontes do Direito Tributário 64

    2.3.1 Distinção entre Lei e Legislação Tributária 64

    2.3.2 Hierarquia entre Lei Federal, Estadual e Municipal ... 66

    2.3.3 Norma Tributária em Sentido Estrito e em Sentido Amplo ... 66

    2.3.4 Fontes Formais Principais 66

        I – Constituição da República 66

        II – Emendas Constitucionais 67

        III – Lei Complementar 68

        IV – Lei Ordinária 77

        V – Medida Provisória 79

        VI – Lei Delegada 83

        VII – Decreto Legislativo 84

        VIII – Resoluções 84

        IX – Tratados Internacionais 85

        X – Convênios 89

        XI – Doutrina e jurisprudência 93

        XII – Decretos 94

    2.3.5 Fontes Formais Secundárias 94

Capítulo 3 – Hermenêutica do Direito Tributário — 97

3.1 Legislação Tributária 97

3.2 Estrutura da Norma Tributária. 98

3.3 Amplitude dos Institutos, Vigência, Aplicação, Interpretação e Integração da Norma 98

3.4 Vigência da Legislação Tributária. 100

    3.4.1 Vigência da Lei no Tempo 100

    3.4.2 Vigência da Lei no Espaço 103

    3.4.3 Vigência da Lei Brasileira no Exterior. 104

3.5 Tributação Internacional 105

3.6 Aplicação da Legislação Tributária 105

3.7 Interpretação da Legislação Tributária. 109

    3.7.1 Diferença entre Interpretação, Integração e Correção 110

    3.7.2 Métodos de Interpretação 110

    3.7.3 Controvérsia entre a Definição e os Efeitos dos Institutos – Arts. 109 e 110 do CTN 115

3.8 Integração da Legislação Tributária 120

Capítulo 4 – Tributos em Espécie — 125

4.1 Noções Gerais 125

4.2 Comentários ao Art. 3º do CTN. 125

4.3 Classificação dos Tributos 129

    4.3.1 Vinculado e não Vinculado 129

    4.3.2 Fiscais, Extrafiscais e Parafiscais 130

    4.3.3 Federais, Estaduais e Municipais 132

4.4 Espécies de Tributos. 132

    4.4.1 Imposto 134

        4.4.1.1 Inconstitucionalidade por Arrastamento 135

        4.4.1.2 Classificação dos Impostos. 136

        I – Diretos ou indiretos. 137

        II – Pessoal ou real. 138

        III – Progressivos, regressivos, fixos e proporcionais 140

        IV – Ordinário e extraordinário. 141

        V – Principal e adicional 141

        VI – Monofásico e plurifásico 142

        VII – Não cumulativo e cumulativo 142

        VIII – Quanto à base econômica de incidência 142

    4.4.2 Taxas 143

        4.4.2.1 Noções Gerais. 143

        4.4.2.2 Competência para a Instituição das Taxas 143

4.4.2.3	Distinção quanto à Base de Cálculo dos Impostos e Taxas .	143
4.4.2.4	Modalidade de Lançamento das Taxas	145
4.4.2.5	Finalidade das Taxas e a Justiça Retributiva	145
4.4.2.6	Fato Gerador das Taxas	145

I – Em Relação ao Serviço Público 146
    A. A Caracterização do Serviço Público Essencial. 146
    B. Serviço Específico e Divisível 147
    C. Efetivo ou Potencial 147

II – Poder de Polícia 148
    A. Custas e Emolumentos 156
    B. Serventias Extrajudiciais e Atividade Notarial. 157
    C. Coleta de Lixo. 157
    D. Taxa de Controle e Fiscalização Ambiental 158
    E. Telefonia e TV a Cabo. 158
    F. Selo de Controle de IPI. 159
    G. Taxas de Matrículas em Universidades Públicas 159
    H. Serviços dos Correios 159
    I. Segurança Pública. 160
    J. Iluminação Pública 160
    K. Pavimentação Asfáltica 160
    L. Taxa de Conservação de Vias Públicas 160
    M. Taxa de Fiscalização de Anúncios e Taxa de Controle de Serviços Públicos Delegados. 161
    N. Taxa de Utilização de Subsolo para Transporte Ferroviário. . . . 161
    O. Bases de cálculo das taxas devem ter relação direta com o custo do serviço ou do poder de polícia gerador da cobrança 161

4.4.3 Contribuição de Melhoria 162
    4.4.3.1 Origem Histórica 162
    4.4.3.2 Competência para a Instituição da Contribuição de Melhoria. . . 162
    4.4.3.3 Sujeito Passivo. 163
    4.4.3.4 Fato Gerador. 165
    4.4.3.5 Base de Cálculo e Limites 166
    4.4.3.6 Requisitos Mínimos 167
    4.4.3.7 Finalidade da Contribuição de Melhoria e a Justiça Retributiva 169
    4.4.3.8 Contribuição de Melhoria e Reserva Legal. 170
    4.4.3.9 Contribuição de Melhoria: Imunidade e Isenção 170

4.4.4 Empréstimos Compulsórios 170
    4.4.4.1 Noções Gerais. 170
    4.4.4.2 Empréstimo Compulsório e Reserva de Lei Complementar . . 171

		4.4.4.3	Causas de Legitimação *Mediata* e *Imediata* do Empréstimo Compulsório e Fato Gerador	172
		4.4.4.4	Sujeito Passivo	174
		4.4.4.5	Discussão quanto à Natureza Jurídica	174
		4.4.4.6	Âmbito de Incidência – Territorialidade	175
		4.4.4.7	Restituição do Empréstimo Compulsório	175
	4.4.5	Contribuições Especiais		176
		4.4.5.1	Técnicas de Validação das Contribuições Especiais	178
		4.4.5.2	Parafiscalidade e Extrafiscalidade nas Contribuições	179
		4.4.5.3	Finalidades das Contribuições	180
		4.4.5.4	A Referibilidade das Contribuições	180
		4.4.5.5	O Fato Gerador das Contribuições	181
		4.4.5.6	Competência para Instituição das Contribuições	182
		4.4.5.7	Competência dos Estados para Instituir Contribuições Sociais	182
		4.4.5.8	Espécies de Contribuições	182
		I –	Contribuições para as Categorias Profissionais ou Econômicas (Corporativas)	183
		II –	Contribuições de Intervenção no Domínio Econômico	186
		III –	Contribuição de Iluminação Pública – Art. 149-A da CRFB	187
		IV –	Contribuições Sociais (em sentido estrito)	188
		A)	Contribuições para a Seguridade Social	188
		B)	Contribuições Sociais Gerais	193
		B.1)	Salário-Educação	193
		B.2)	O Sistema "S"	194
		C)	Outras Contribuições Sociais	195
		D)	Contribuição sobre bens e serviços (CBS) – EC 132/23	197

Capítulo 5 – Sistema Tributário Nacional — 201

5.1	Sistema Tributário Nacional		201
	A)	Racional ou Histórico	204
	B)	Rígido ou Flexível	205
	C)	Aberto ou Fechado	205
	D)	Objetivo ou Científico	205
5.2	Evolução Constitucional		205

Capítulo 6 – Competência Tributária — 211

6.1	Conceito	211
6.2	O Exercício da Competência Tributária – Faculdade ou Dever	212
6.3	A Expressão Competência Legislativa Plena	213

6.4	Repartição de Receita e Competência	214
6.5	Competência Positiva e Competência Negativa	216
6.6	Competência e Emenda Constitucional	217
6.7	Lei Complementar – Conflito de Competência e Competência Concorrente	217
6.8	Reserva de Competência e Benefício Fiscal	220
6.9	Competência e Capacidade Tributária	220
6.10	Princípios Inerentes à Competência Tributária	222
6.11	Classificação da Competência Tributária	222

Capítulo 7 – Limitações Constitucionais ao Poder de Tributar ---------- 227

7.1	Introdução	227
7.2	Limites ou Limitações	227
7.3	Natureza Jurídica	228
7.4	Imunidades e Princípios	229
7.5	Aspectos da não Incidência Tributária	231
	7.5.1 Isenção	231
	7.5.2 Alíquota Zero	232
	7.5.3 Imunidades	233
	7.5.4 Diferimento	233
7.6	Principais Aspectos sobre as Imunidades	234
	7.6.1 Histórico	235
	7.6.2 Classificação das Imunidades	236
	7.6.2.1 Subjetivas e Objetivas	236
	7.6.2.2 Expressas e Implícitas	237
	7.6.2.3 Incondicionais e Condicionais	237
	7.6.2.4 Genéricas e Específicas	237
	7.6.2.5 Imunidade e Isenção	238
	7.6.3 Análise das Imunidades Genéricas	239
	7.6.3.1 Imunidade Recíproca (CF, art. 150, VI, *a*)	239
	7.6.3.1.1 Alcance Tributário da Imunidade Recíproca	240
	7.6.3.1.2 Posição do Ente Federativo como Contribuinte de Fato e de Direito	241
	7.6.3.1.3 Imunidade e Locação	242
	7.6.3.1.4 Autarquia, Fundação, Empresa Pública e Sociedade de Economia Mista	243
	I – IPTU: imunidade tributária recíproca e cessão de uso de bem público	245
	II – Imunidade tributária recíproca: Sociedade de Economia Mista com participação em Bolsa de Valores	245
	III – Imunidade tributária recíproca reconhecida à Empresa Brasileira de Correios e Telégrafos alcança o IPTU incidente sobre imóveis de sua propriedade, bem assim os por ela utilizados	246

IV – Município não pode cobrar IPTU de Estado estrangeiro, embora possa cobrar taxa de coleta domiciliar de lixo 246

V – Imunidade recíproca da Casa da Moeda do Brasil 247

7.6.3.1.5   Serviços Notariais........................ 247

7.6.3.1.6   Taxa Judiciária e Custas Processuais 248

7.6.3.1.7   Outros Julgados Importantes sobre o Tema..... 248

7.6.3.2   Imunidade dos Templos de Qualquer Culto............. 250

7.6.3.3   Imunidade dos Partidos Políticos, Entidades Sindicais dos Trabalhadores, Instituições de Educação e Assistência Social. ... 255

7.6.3.3.1   Imunidade Tributária e Atividades de Lazer..... 259

7.6.3.3.2   Certificado de Entidade de Fins Filantrópicos e Gratuidade 259

7.6.3.3.3   Imunidade Tributária e Entidade Beneficente ... 259

7.6.3.3.4   Imunidade das Entidades Fechadas de Previdência Social Privada 261

7.6.3.4   Imunidade dos Livros, Jornais e Periódicos e o Papel Destinado à sua Impressão 261

7.6.3.5   Imunidade dos Fonogramas e Videofonogramas Musicais . 264

7.6.3.6   Novas imunidades introduzidas pela EC 132/23 265

7.6.4   Princípios Constitucionais Tributários 267

7.6.4.1   Novos princípios introduzidos pela EC 132/23 267

A)   Neutralidade 267

B)   Simplicidade 268

C)   Transparência 268

D)   Justiça Tributária................................. 269

E)   Cooperação 269

F)   Defesa do meio ambiente........................... 269

7.6.4.2   Princípios Relacionados ao Valor Segurança Jurídica...... 269

A)   Princípio da Legalidade Tributária..................... 269

A.1)   Princípio da Legalidade, da Tipicidade, da Reserva Legal, do Primado da Lei e da Superlegalidade............................ 270

A.2)   Legalidade e Medida Provisória 272

A.3)   Legalidade: Obrigação Principal e Acessória.................. 273

A.4)   Exceções à Exigência de Lei Formal.......................... 273

A.4.1)   Art. 153, § 1º, da CRFB...................... 273

A.4.2)   Art. 177, § 4º, I, *b*, da CRFB 273

A.4.3)   Art. 97, § 2º, do CTN....................... 274

A.4.4)   Art. 155, § 2º, XII, *g*, da CRFB quanto ao Convênio do ICMS 274

A.4.5)   Art. 155, § 4º, IV, *c*, da CRFB 274

A.5)   Legalidade e Prazo para Pagamento de Tributo............... 275

B) Princípio da Anterioridade Tributária.	275
B.1) Conceito e Características.	275
B.2) Distinção entre Anterioridade Tributária × Anualidade Tributária × Anualidade Orçamentária.	276
C) Princípio da Irretroatividade Tributária	277
C.1) Irretroatividade e Imposto de Renda – Análise da Súmula 584 do STF	278
C.2) Irretroatividade e Nova Interpretação da Lei.	280
7.6.4.3 Princípios Relacionados ao Valor Justiça da Tributação. . . .	**280**
A) Princípio da Isonomia ou Igualdade Tributária.	280
A.1) Destinatário do Princípio da Isonomia	281
A.1.1) Proibição de Privilégios Odiosos, do Latim *Privilegium Odiosum*.	281
A.1.2) Proibição de Discriminação Fiscal	282
A.2) Privilégios Odiosos e a Inconstitucionalidade Imperfeita	283
A.3) O Princípio do *Non Olet* e a Isonomia	284
B) Capacidade Contributiva.	284
B.1) Capacidade Econômica	284
B.2) Natureza Jurídica da Capacidade Contributiva.	285
B.3) Comentários sobre o Art. 145 do CTN.	285
B.4) Subprincípios da Capacidade Contributiva	287
B.4.1) Progressividade	287
B.4.2) Proporcionalidade.	289
B.4.3) Seletividade.	289
B.4.4) Personalização	290
B.4.5) Universalização	290
C) Princípio do não Confisco	290
C.1) Confronto entre Confisco e Multa	291
7.6.4.4 Princípios Relacionados ao Valor Liberdade Jurídica	**291**
A) Princípio da não Limitação ao Tráfego	291
B) Princípio da Vedação da Diferença Tributária em Razão da Procedência ou Destino.	292
C) Princípio da Transparência Fiscal.	293
7.6.4.5 Outros Princípios Tributários	**293**
A) Não Cumulatividade.	293
B) Não Intervenção nos Tributos dos Estados e dos Municípios	294
C) Generalidade e Universalidade	294
D) Não Tributação mais Onerosa sobre a Renda	295
E) Autonomia dos Entes Federativos	295
7.6.4.6 Princípios Tributários Implícitos	**295**

XIX

Capítulo 8 – Obrigação Tributária — **297**

8.1	Breves Considerações.	297
8.2	Fato Gerador	298
	8.2.1 Nomenclatura.	298
	8.2.2 Classificação do Fato Gerador	301
	8.2.2.1 Simples e Complexo.	301
	8.2.2.2 Instantâneo e Complexivo	302
	8.2.2.3 Condicional e Incondicional	302
	8.2.2.4 Causal e Formal	303
	8.2.2.5 Típico e Complementar.	304
	8.2.2.6 Genérico e Específico.	304
	8.2.3 Elementos do Fato Gerador Integral	304
8.3	Relação Jurídica Tributária	306
	8.3.1 Natureza Jurídica da Relação Jurídico-Tributária	306
8.4	Tributo e Penalidade	307
8.5	Obrigação Tributária	308
	8.5.1 Aspectos da Obrigação no Direito Civil e no Direito Tributário.	308
	8.5.2 Espécies.	310
	8.5.2.1 Obrigação Principal	311
	8.5.2.2 Obrigação Acessória.	311
	8.5.3 Diferença entre Obrigação e Responsabilidade	312
8.6	Distinção entre Elisão, Evasão e Elusão Fiscal.	313
	8.6.1 Elisão Fiscal.	313
	8.6.2 Evasão Fiscal.	313
	8.6.3 Elusão Fiscal	313
	8.6.3.1 Abuso de Forma × Simulação × Abuso do Direito	314
	8.6.3.2 Norma Antielisiva.	314
8.7	Solidariedade Tributária.	316
	8.7.1 Benefício de Ordem	317
	8.7.2 Efeitos da Solidariedade	318
8.8	Capacidade Tributária Passiva.	319
8.9	Domicílio Tributário	319

Capítulo 9 – Responsabilidade Tributária — **323**

9.1	Persecução Tributária	323
9.2	Finalidades da Responsabilidade Tributária	324
9.3	Elementos Subjetivos da Obrigação Tributária	324
	9.3.1 Sujeito Ativo	324
	9.3.1.1 Sujeito Ativo Direto	325
	9.3.1.2 Sujeito Ativo Indireto	325
	9.3.2 Sujeito Passivo	326

9.4   Responsabilidade Tributária 327

9.4.1   Responsabilidade por Substituição 328

9.4.1.1   Responsabilidade por Substituição: Legitimidade, Imunidade e Isenção.. 329

9.4.1.2   Modalidades de Substituição 329

A.   Substituição Tributária para Trás 329

B.   Substituição Tributária para Frente............................. 332

B.1)   Substituição para Frente × Pagamento Antecipado 333

B.2)   Análise da Constitucionalidade da Substituição para Frente.... 334

B.3)   Repetição de Indébito na Substituição Tributária para Frente... 334

B.4)   Súmulas sobre o Tema....................................... 336

9.4.2   Responsabilidade por Transferência 337

9.4.2.1   Distinção entre Substituição e Transferência 337

9.4.2.2   Modalidades de Responsabilidade por Transferência...... 338

A.   Responsabilidade por Imputação Legal ou de Terceiros............. 338

A.1)   Análise do Art. 134 do CTN................................. 339

A.2)   Impossibilidade de Exigência do Cumprimento da Obrigação Tributária Principal por Parte do Contribuinte 343

A.3)   Vínculo entre o Comportamento do Responsável e o Fato Gerador .. 343

A.4)   Responsabilidade do Sócio que se Retirou da Sociedade 344

A.5)   Análise do Art. 135 do CTN................................. 345

A.6)   Responsabilidade Pessoal: Objetiva × Subjetiva 345

A.7)   Natureza Jurídica da Responsabilidade do Art. 135 do CTN 346

A.8)   Obrigatoriedade do Nome do Responsável na CDA 348

A.9)   Comentários à Expressão "Infração à Lei"..................... 351

A.10)   Empresas Individuais de Responsabilidade Limitada – EIRELI... 354

B.   Responsabilidade por Infração 356

B.1)   Análise do Art. 136 do CTN................................. 357

B.2)   Análise do Art. 137 do CTN................................. 357

B.3)   Análise do Art. 138 do CTN................................. 358

B.3.1)   Denúncia Espontânea 358

B.3.2)   Denúncia Espontânea e Obrigação Acessória 359

B.3.3)   Denúncia Espontânea e Parcelamento................. 359

B.3.4)   Denúncia Espontânea e Lançamento por Homologação... 360

C.   Responsabilidade por Sucessão 361

C.1)   Sucessão Genérica e Específica............................. 361

C.2)   Classificação 361

C.2.1)   *Inter Vivos* 361

C.2.1.1) Bens Imóveis 362

C.2.1.2) De Bens Móveis....................... 363

C.2.2)   Sucessão *Mortis Causa*........................... 363

(C.2.3) Sucessão Empresarial		365
(C.2.3.1) Análise do Art. 132 do CTN		365
I – Fusão		365
II – Incorporação		365
III – Transformação		365
IV – Cisão		366
(C.2.3.2) Análise do Art. 133 do CTN		367
I – Se o adquirente não explora a mesma atividade do alienante		367
II – Se o adquirente explora a mesma atividade do alienante		368
(C.2.3.3) Alterações da Lei Complementar n. 118/2005		370
(C.2.3.4) A Aplicação das Multas no Caso da Sucessão		371
(C.2.3.5) Multa Isolada ou de Ofício		371
(C.2.3.6) Multa Moratória		371
(C.2.3.7) Juros de Mora		371
9.5 Súmulas Importantes do STJ		372

Capítulo 10 – Crédito Tributário — 375

10.1	Teorias Dualista e Monista	375
10.2	Lançamento	375
	10.2.1 Conceito	376
	10.2.2 Competência para Efetuar o Lançamento	377
	10.2.3 Natureza Jurídica (Declaratória ou Constitutiva) e Legislação Aplicável ao Lançamento	379
	10.2.4 Características e Funções do Lançamento	380
	10.2.5 Lançamento e Utilização de Câmbio	381
	10.2.6 A Revisão do Lançamento e Princípios Inerentes	381
	I – Princípio da Inalterabilidade	382
	II – Princípio da Irrevisibilidade	383
	III – Princípio da Irretroatividade	385
	10.2.7 Efeitos do Lançamento	387
	10.2.8 Modalidades de Lançamento	387
	A. Lançamento Direto ou de Ofício	387
	B. Lançamento por Declaração ou Misto	389
	C. Lançamento por Homologação	391
	D. Lançamento por Arbitramento	393
10.3	Crédito Tributário	394
	10.3.1 Conceito	394
	10.3.2 Espécies de Créditos	395
10.4	Suspensão da Exigibilidade do Crédito Tributário	397
	10.4.1 Introdução	397

10.4.2	Efeitos da Suspensão da Exigibilidade	398
10.4.3	Alcance da Expressão "Suspensão da Exigibilidade do Crédito"	398
10.4.4	Possibilidade de Suspensão antes do Lançamento	398
10.4.5	Taxatividade do Art. 151 do CTN	400
10.4.6	Modalidades	401

10.4.6.1 Moratória 401

    10.4.6.1.1 Espécies de Moratória 401

    10.4.6.1.2 Moratória e Direito Adquirido 403

    10.4.6.1.3 Requisitos e Condições 403

    10.4.6.1.4 Alcance da Moratória 404

    10.4.6.1.5 Moratória × Parcelamento 404

10.4.6.2 Depósito do Montante Integral 405

    10.4.6.2.1 Depósito e Conversão em Renda 407

    10.4.6.2.2 Diferença entre Depósito do Montante Integral e Consignação em Pagamento 408

    10.4.6.2.3 Depósito do Montante Integral e Ação Anulatória de Débito Fiscal 409

10.4.6.3 Reclamações e Recursos Administrativos 409

    10.4.6.3.1 Defesas Administrativas e Prescrição Intercorrente .. 410

    10.4.6.3.2 Competência para Regulamentação de Normas sobre o PAF 412

    10.4.6.3.3 Constitucionalidade do Depósito Recursal e do Arrolamento Administrativo 413

10.4.6.4 Concessão de Medida Liminar em Mandado de Segurança 413

    10.4.6.4.1 A Discussão quanto ao Mandado de Segurança contra a Lei em Tese 414

    10.4.6.4.2 Efeitos da Cassação da Liminar 415

10.4.6.5 Concessão de Tutela Antecipada em Outras Ações Judiciais 416

    10.4.6.5.1 A Exigência de Caução ou Depósito para a Concessão da Tutela Antecipada 416

    10.4.6.5.2 Oferecimento de Bens em Caução e Suspensão da Exigibilidade 418

    10.4.6.5.3 Possibilidade de Concessão de Tutela Antecipada antes da Contestação 419

    10.4.6.5.4 Comentários ao Art. 170-A do CTN 419

10.4.6.6 Parcelamento 420

    10.4.6.6.1 Parcelamento e Denúncia Espontânea 421

10.5	Modalidades de Extinção do Crédito Tributário	422
10.5.1	Pagamento	423
10.5.2	Compensação	428
10.5.3	Transação	432

10.5.4	Remissão	433
10.5.5	Prescrição e Decadência	435
	A. Decadência	436
	B. Prescrição	441
	I – Pelo despacho do juiz que ordenar a citação	442
	II – Pelo protesto judicial e extrajudicial	442
	III – Por qualquer ato judicial que constitua em mora o devedor	443
	IV – Por qualquer ato inequívoco, ainda que extrajudicial, que importe reconhecimento do débito pelo devedor	443
10.5.6	Conversão do Depósito em Renda	445
10.5.7	Pagamento Antecipado e Homologação do Lançamento	446
10.5.8	Consignação em Pagamento	447
10.5.9	Decisão Administrativa Irreformável	451
10.5.10	Decisão Judicial Passada em Julgado	452
10.5.11	Dação em Pagamento de Bens Imóveis	452
10.6	Modalidades de Exclusão do Crédito Tributário	454
10.6.1	Anistia	454
	10.6.1.1 Não Cabimento da Anistia	455
	10.6.1.2 Classificação	455
	10.6.1.3 Anistia e Direito Adquirido	456
	10.6.1.4 Distinção entre Remissão e Anistia	456
10.6.2	Isenção	457
	10.6.2.1 Natureza Jurídica	457
	10.6.2.2 Previsão em Lei	458
	10.6.2.3 Tributos que Alcança	458
	10.6.2.4 Classificação das Isenções	459
	10.6.2.5 Revogação da Isenção	461
	10.6.2.6 Isenção e Obrigações Acessórias	463
	10.6.2.7 Ministério Público e Legitimação para Questionar Benefícios Fiscais	463

Capítulo 11 – Garantias e Privilégios do Crédito Tributário — 465

11.1	Breves Considerações	465
11.2	Garantias × Privilégios	465
11.3	Universalidade dos Bens e Impenhorabilidade	467
11.4	Presunção de Fraude	468
11.4.1	Momento de Caracterização da Presunção de Fraude	468
11.4.2	Presunção Relativa × Presunção Absoluta	468
11.4.3	Fraude contra Credores × Fraude à Execução	468

11.5	Penhora *On-Line*	469
11.6	Análise do Art. 186 do CTN	471
	11.6.1 Multas	472
	11.6.2 Cessão de Créditos	472
11.7	Concurso de Preferências	472
11.8	Interesse da Fazenda Pública para Requerer a Falência do Devedor	473
11.9	Crédito Extraconcursal	474
11.10	Preferências dos Arts. 189 e 190 do CTN	474
	11.10.1 Art. 189 do CTN	474
	11.10.2 Art. 190 do CTN	474
11.11	Exigência da Prova de Quitação de Tributos	474
	11.11.1 Para Extinção das Obrigações do Falido	475
	11.11.2 Para a Concessão da Recuperação Judicial	475
	11.11.3 Para Julgamento de Partilha ou Adjudicação	476
11.12	Exigência de Certidão e Contratação com o Poder Público	477

Capítulo 12 – Administração Tributária — **479**

12.1	Conceito	479
12.2	A Administração e o Princípio da Legalidade	480
12.3	Fiscalização	481
	12.3.1 Sigilo Comercial	482
	12.3.2 Dever de Informar e Sigilo Profissional	483
	12.3.3 Sigilo Fiscal	484
	12.3.4 Sigilo Bancário	486
	12.3.4.1 Histórico do Sigilo Bancário no Brasil	486
	12.3.5 Auxílio da Força Policial	488
	12.3.6 Responsabilidade Pessoal do Agente Público	488
12.4	Dívida Ativa	488
	12.4.1 Conceito	488
	12.4.2 Créditos Tributários e não Tributários	489
	12.4.3 A Inscrição em Dívida Ativa	489
	12.4.3.1 Definição	489
	12.4.3.2 Termo de Inscrição	490
	12.4.3.3 Análise da Expressão "Regular Inscrição"	492
	12.4.3.4 Presunção Relativa	493
	12.4.4 Protesto da Certidão de Dívida Ativa	494
	12.4.5 Averbação Pré-executória	495
12.5	Suspensão da Prescrição	496
12.6	Certidão de Débito Fiscal	497
	12.6.1 Efeitos da Certidão	498

	12.6.2	Dispensa da Certidão	498
	12.6.3	Certidão Expedida com Dolo ou Fraude	499
12.7		Substituição da CDA	499

Referências 501

Prefácio

Alguém já disse que prefácios são textos escritos depois dos livros, publicados antes, e que não são lidos nem antes nem depois. Ciente disto, e tendo sido convidado por Claudio Carneiro a prefaciar sua nova obra, apresso-me em atender ao gentil convite com uma apresentação que não seja um biombo a esconder o livro do leitor.

O Brasil sempre foi rico em obras de Direito Financeiro e Tributário. Autores clássicos como Aliomar Baleeiro, Amílcar de Araújo Falcão se juntam a juristas contemporâneos, como Ricardo Lobo Torres e Hugo de Brito Machado, para formar uma verdadeira escola brasileira de pensamento. Pois é neste cenário que se recebe a nova obra do eminente jurista Claudio Carneiro. O autor, que alia sua experiência na advocacia pública (como procurador municipal) à sua atividade docente e acadêmica (já que é professor de diversas instituições, mestre e doutor em Direito), traz no livro que ora apresento seu pensamento acerca de todo o intrincado cipoal normativo existente no Brasil nas áreas do conhecimento jurídico que escolheu estudar.

Professor consagrado e autor já bastante reconhecido, Claudio Carneiro apresenta, agora, obra de fôlego, em que analisa os mais relevantes conceitos de Direito Financeiro e Tributário. A obra será, certamente, de grande valia para os profissionais do Direito e também para os estudantes, que poderão se aprofundar em seus estudos.

No livro, um verdadeiro curso completo de Direito Financeiro e Tributário, o autor se preocupou em apresentar não só seu pensamento, mas também em trazer à colação os mais relevantes julgados dos tribunais brasileiros acerca de cada tema abordado. Esta opção revela-se importante, ainda mais em uma área tão sensível para o jurisdicionado, em que a previsibilidade é fator da maior relevância para a obtenção da segurança jurídica necessária ao bom desenvolvimento dos negócios, e a força persuasiva dos precedentes é da maior importância para a determinação das condutas.

Estão de parabéns a editora e o autor por mais este lançamento, a que desejo o merecido sucesso.

Alexandre Freitas Câmara

Professor de Direito Processual Civil.
Membro do Instituto Brasileiro de Direito Processual
e do Instituto Ibero-Americano de Direito Processual.
Desembargador do Tribunal de Justiça do Rio de Janeiro.

Apresentação

Ao longo de mais de duas décadas a que me dedico ao estudo do Direito Tributário e Financeiro, bem como de vários anos trabalhando na área tributária como Procurador Municipal, atuando na execução fiscal da dívida ativa e tendo ministrado aulas de Direito Financeiro e Tributário em universidades e instituições em vários estados brasileiros, na graduação em Direito e cursos preparatórios para diversas carreiras e, da mesma forma, nas aulas ministradas em especializações em MBA pela Fundação Getúlio Vargas e demais cursos de pós-graduação, percebi a necessidade de transformar o conteúdo de minhas aulas em um livro didático, que fosse útil para o mundo jurídico. Mas, por outro lado, achava que esse material deveria também ser uma obra que fosse de aplicabilidade prática para os profissionais do Direito e áreas afins, e, para tanto, seria necessário, além das discussões doutrinárias, ter uma profunda análise jurisprudencial, levantando os aspectos polêmicos em nossos tribunais. Os cursos de mestrado e doutorado me tornaram ainda mais crítico quanto à qualidade da obra e essa tarefa foi ficando cada vez mais difícil, me deixando com a responsabilidade ainda maior. Confesso que o pedido dos alunos e amigos para que desse continuidade a essa obra foi um fator preponderante e decisivo para pôr em prática essa difícil mas prazerosa missão. Os meus mestres, ainda que não estejam mais conosco, apesar da saudade, serão eterna fonte de inspiração. Os alunos, ao longo do tempo, foram se tornando meus amigos e excelentes profissionais. Os amigos, esses suspeitos, pelo carinho e bondade, incansáveis em me motivar, me estimularam a não desistir. Pois bem, eis então essa despretensiosa obra, de cunho doutrinário e jurisprudencial, que visa a colaborar com o mundo acadêmico e jurídico de um modo geral. A obra é composta, além de doutrina, de julgados, em especial do STF e do STJ, que considero fundamentais, pois trazem diversos entendimentos esposados pelos mais altos tribunais do país. Contempla ainda, além da minha visão sobre determinados assuntos, a posição da doutrina mais abalizada sobre os temas propostos.

Procurei, ainda, dar um enfoque interdisciplinar, abordando questões relativas ao Direito Constitucional, Empresarial e Processual Civil, que se entrelaçam com o Direito Tributário, contando com o apoio e a orientação de autores expoentes nessas áreas.

Assim, diante dessa breve exposição, podemos dizer que a obra é direcionada aos empresários, profissionais, concurseiros e estudantes que buscam a atualização constante nesses ramos do Direito.

Rio de Janeiro, verão de 2024

Claudio Carneiro B. P. Coelho

Nota à 11ª Edição

Ao longo de nossas jornadas acadêmicas em palestras, conferências e aulas por todo o Brasil, ficamos gratamente surpresos em saber que nosso livro tem sido um dos mais utilizados por estudantes (graduação e pós-graduação) e candidatos a concursos públicos em todo o país. Juristas, professores, sites e blogs especializados nessa área recomendam a obra que já foi citada em diversos acórdãos de Tribunais brasileiros, em especial, os Tribunais Superiores e, ainda, em várias dissertações de mestrado e teses de doutorado no Brasil e no exterior, especialmente em Portugal e Espanha.

A chegada da 11ª edição comprova que a obra se consolidou no mundo jurídico. A alegria vem acompanhada do aumento da nossa responsabilidade em cumprir o nosso objetivo inicial de mantê-la com o que há de mais novo em relação ao direito tributário e financeiro sem que perca uma das suas principais características: a didática na exposição dos temas.

Costumo dizer que apresentar uma nova edição, além de ser um prazer, é uma oportunidade de andar *pari passu* com a voracidade legislativa que o Direito Tributário sofre no Brasil. A cada ano que passa, fazemos uma nova edição de todas as nossas obras e, com isso, é possível observar a quantidade significativa de modificações normativas e jurisprudenciais.

Esta nova edição apresenta uma característica especial, pois apresenta a Reforma Tributária fruto da Emenda Constitucional 132/23. Por isso, tivemos a preocupação de apresentar ao leitor todos os pontos modificados pela referida emenda, bem como de todos os novos diplomas normativos editados recentemente relacionados ao direito tributário e financeiro.

No campo da jurisprudência, a edição ora apresentada vem atualizada com as últimas súmulas do STF e do STJ, bem como de precedentes jurisprudenciais relevantes que mostrem mudança de entendimento ou precedentes interessantes sobre temas polêmicos e importantes, de modo que o livro continue sendo didático e com a profundidade necessária para o nosso público.

Externo minha gratidão a todos que, gentilmente, se disponibilizaram a enviar e-mails com sugestões, elogios e críticas construtivas.

Por fim, àqueles que se interessarem em aprofundar ainda mais seus estudos em Direito Tributário, recomendamos nossos outros livros da Editora Saraiva que integram a nossa coleção, a mais completa do Brasil: *Processo Tributário (Administrativo e Judicial) e Impostos Federais, Estaduais e Municipais.*

Claudio Carneiro B. P. Coelho

Site: *www.claudiocarneiro.com.br*

E-mail: *professorclaudiocarneiro@gmail.com*

Linkedin: *claudiocarneirooficial*

Instagram: *claudiocarneirooficial*

YouTube: *@ProfClaudioCarneiro*

Facebook: *Claudio Carneiro*

1

Direito Financeiro

1.1 Principais Aspectos sobre Finanças Públicas

Na análise do Direito Financeiro, pouco se discute sobre a atividade financeira do Estado. Isto porque, embora exista uma relação direta entre ambos, são institutos diversos, pois o exercício da atividade financeira estatal pauta-se na normatização por este ramo do Direito, que em síntese regulamenta os quatro elementos da atividade de cada ente federativo, quais sejam – receita, despesa, orçamento e crédito. Nesse sentido, mister se faz uma abordagem, ainda que breve, sobre a atividade financeira do Estado.

Para Aliomar Baleeiro[1], a atividade financeira consiste em:

> Obter, criar, gerir e despender o dinheiro indispensável às necessidades, cuja satisfação o Estado assumiu ou cometeu àqueloutras pessoas de direito público. Embora expressa em algarismos de dinheiro, a atividade financeira, do ponto de vista econômico, desloca, do setor privado para o setor público, massa considerável de bens e serviços, retirando-os uns e outros ao consumo e ao investimento dos particulares.

Podemos dizer que o Estado, no âmbito de suas finanças, atua de forma similar ao particular; contudo, se a pessoa é poupadora nata ou gastadora compulsiva, isso é um problema de cada um, pois o poder público nada tem a ver com o que o cidadão faz com o seu dinheiro. Ocorre que, com o Estado, a situação é diferente, pois o equilíbrio das contas públicas impede que o ente público seja poupador ou gastador. Afinal, a receita é usada para pagamento das despesas e estas, por sua vez, para a realização do interesse público primário e secundário. Daí a influência direta do Direito Financeiro na normatização dos elementos da atividade financeira estatal, de modo que a utilização do dinheiro público seja feita de forma transparente e, sobretudo, regida pela legalidade, pois a edição e o cumprimento da lei nada mais é do que a participação do povo em uma democracia.

---

1   BALEEIRO, Aliomar. *Uma introdução à ciência das finanças*. 16ª ed. São Paulo: Forense, 2008, p. 4.

Assim, comparando-se as várias fases do Estado brasileiro ao longo do tempo, percebe-se que há uma evolução gradativa, seja na prestação dos serviços públicos, seja na modernização da máquina estatal e, principalmente, na rigidez da legislação financeira, que em grande parte foi constitucionalizada. É claro que ainda estamos muito longe do modelo ideal, bem como dos modelos dos chamados países "desenvolvidos", mas a evolução econômica do Brasil no cenário internacional, com o passar dos tempos, é inquestionável.

Desde a época mais remota da sociedade, em que a receita era proveniente da requisição de bens e serviços dos súditos, da apreensão de bens daqueles Estados derrotados na guerra e até mesmo de simples colaborações por parte da sociedade, houve uma evolução do conceito de Estado, iniciada a partir do Estado absolutista, passando pelo Estado liberal, pelo Estado social, até chegarmos ao Estado neoliberal[2]. Nesse contexto evolutivo, constata-se que, independentemente da espécie do Estado vigente, fez-se necessário o aumento de sua receita (arrecadação) para que a máquina estatal pudesse desempenhar satisfatoriamente suas atividades como, por exemplo, a prestação dos serviços públicos e a realização de suas despesas correntes. Com isso, o Estado passou a adentrar no patrimônio do particular, exercendo, através do seu poder de império, o que se denominou tributação. Assim, em uma definição bem simples, podemos dizer que *a atividade financeira do Estado é aquela que visa à realização do interesse público primário e secundário, aplicando adequadamente a receita para a realização das despesas*, sempre observando o orçamento público.

Na visão de Harada[3], é inegável que, durante a Idade Moderna, ligada ao pensamento liberal que reinava nos séculos XVIII e XIX, a atividade do Estado estava restrita ao campo de atuação do poder público. Isto porque a burguesia dominante não aceitava a ideia de ver o Estado atuando em área distinta de sua gênese, talvez por trauma do período em que se encontrava submetida ao Absolutismo voraz da Idade Média. Assim, após o término da Segunda Guerra Mundial, no final do século XX, iniciou-se o fenômeno que hoje é chamado de agigantamento do Estado, que passou a ser cada vez mais intervencionista, na tentativa de reorganizar a economia, notadamente dos países derrotados, já que o setor privado mostrava-se absolutamente impotente para a retomada do desenvolvimento econômico. Entretanto este modelo mostrou-se esgotado a partir da primeira crise internacional do petróleo em 1973. Mesmo assim, em consequência do Estado-previdência, do Estado-intervencionista, as finanças públicas atingiram dimensões consideráveis a ponto de ensejar, a partir da década de 60, o aparecimento de disciplina jurídica própria para seu estudo.

Diante desse contexto o Estado passou por diversas fases:

---

2   Apesar de entendermos que estamos em um Estado Neoliberal dentro do Constitucionalismo Contemporâneo, a matéria não é pacífica para os autores de Direito Constitucional e não será objeto desse livro.

3   HARADA, Kiyoshi. *Direito financeiro e tributário*. 29ª ed. São Paulo: Atlas, 2020, p. 42.

a) O Estado Fiscal minimalista, também chamado de Estado guarda-noturno, vigorando no período compreendido entre o século XVIII ao início do século XX;

b) O Estado Social Fiscal, também chamado de Estado de Bem-estar Social, ou Estado Pós-liberal, que vigorou entre 1919 a 1989;

c) Estado Democrático e Social de Direito, a partir da última década do século XX, substituindo o Estado Social Fiscal que, ao se expandir muito, entrou em crise financeira;

d) Estado Neoliberal;

e) Estado Neoconstitucionalista[4] ou, para nós, Estado Contemporâneo.

1.1.1 A Ciência das Finanças e o Direito Financeiro

A Ciência das Finanças e o Direito Financeiro possuem uma íntima relação, qual seja, a atividade financeira do Estado. Assim temos que a atividade financeira em si é estudada pela Ciência das Finanças, com o objetivo voltado para atender às necessidades públicas, ou, num sentido mais amplo, o interesse público, analisando a atividade financeira, sem adentrar no mérito da normatização de seus elementos. Nesse sentido, quando tratamos de normas que regulam essa atividade, bem como os seus elementos, estamos diante do Direito Financeiro. Podemos dizer que a **Ciência das Finanças**, enquanto ciência econômica pura e especulativa, estuda e confronta os vetores para a obtenção e o emprego dos meios materiais e serviços utilizados pelo Estado para a realização de suas finalidades, ou seja, a realização do interesse público através de uma política financeira. É a disciplina que, pela investigação dos fatos, procura explicar os fenômenos ligados à obtenção e dispêndio do dinheiro necessário ao funcionamento dos serviços a cargo do Estado, ou de outras pessoas de direito público, assim como os efeitos resultantes dessa atividade governamental[5].

A atividade financeira exercida pelo Estado consiste em gerir e despender o dinheiro indispensável às necessidades públicas. Tais necessidades, alvo da Economia Política, só podem ser satisfeitas através da ação coordenada dos membros estatais, pelo processo do serviço público.

Destaque-se que a Ciência das Finanças, em razão de seu caráter não normativo, não estabelece princípios ou normas disciplinadoras, tendo evidente característica especulativa por ter como objeto a investigação dos fatos econômicos, o que

---

4   Adotamos a expressão "Estado Contemporâneo", de STRECK, Lenio. *Verdade e consenso*. 3ª ed. Rio de Janeiro: Lumen Juris, 2010, p. 50. *Vide* nossa Tese de Pós-Doutorado junto à Universidade Nova de Lisboa que, resultou na publicação do livro: CARNEIRO, Claudio. *Neoconstitucionalismo e austeridade fiscal:* confronto constitucional-hermenêutico das decisões das cortes constitucionais do Brasil e de Portugal. Salvador: JusPodivm, 2017.

5   ROSA JR., Luiz Emygdio F. da. *Manual de direito financeiro e direito tributário*. 20ª ed. Rio de Janeiro: Renovar, 2017, p. 20.

enseja discordância entre os intérpretes do Direito Tributário, pois, para parte da doutrina, trata-se de um ramo da ciência econômica, enquanto para outros é um ramo da ciência política. Por outro lado, a Ciência das Finanças estuda as uniformidades da atividade financeira do Estado, possuindo evidentes afinidades com vários outros ramos científicos, às vezes estreitas, quando não íntimas, como na hipótese das ciências morais ou ciências do homem.

A principal finalidade do *Direito Financeiro* é exatamente a normatização da atividade financeira estatal, isto é, o estudo e a regulamentação das diversas formas de que o Estado e seus organismos se valem para obter e utilizar as riquezas necessárias para a consecução dos seus objetivos. Preocupa-se, de uma forma mais abrangente, portanto, com o caráter extrafiscal da obtenção destes recursos e em conhecer a atividade financeira do Estado sob as mais variadas perspectivas, como a política, sociológica, ética, administrativa, econômica e jurídica, fornecendo base para o legislador quando da elaboração das normas do Direito Financeiro e Tributário. Percebemos, então, que a relação entre eles é estreita, tanto que Baleeiro adjetivou a vinculação do Direito Financeiro com a Ciência das Finanças como "umbilical", ressalvando, entretanto, que cuidam dos mesmos fenômenos, enfrentando-os de ângulos diferentes[6].

Na visão de Torres[7], o Direito Financeiro deve ser analisado sob dois aspectos: o *objetivo* (ordenamento) e o *científico*, como qualquer outro ramo do sistema jurídico (ciência). Sob o ponto de vista **objetivo**, é considerado como o conjunto de normas e princípios que regulam a atividade financeira do Estado, cabendo ao Direito Financeiro disciplinar a constituição e a gestão da Fazenda Pública, estabelecendo as regras e os procedimentos para a obtenção da receita pública e a realização dos gastos necessários à consecução dos objetivos do Estado. Na Constituição de 1988 encontramos as normas gerais sobre a matéria nos arts. 163 a 169, além do seu art. 192, bem como na *Lei n. 4.320/64* e na Lei Complementar n. 101/2000, que estatui normas gerais de Direito Financeiro para elaboração e controle dos orçamentos e balanços da União, dos Estados, dos Municípios e do Distrito Federal.

O Direito Financeiro, analisado sob o ponto de vista **científico**, estuda as normas e os princípios que regulam a atividade financeira do Estado, elaborando o discurso sobre as regras da constituição e da gestão da Fazenda Pública – Ciência das Finanças. Seu foco principal é conhecer, estudar e justificar a realidade objetiva na qual se apresenta, em uma verdadeira síntese hermenêutica. Nas lições de Baleeiro[8], o Direito Financeiro é "o conjunto de normas que regulam a atividade financeira".

A Constituição da República de 1988 recepcionou a matéria na modalidade de complementalização, quando, em seu art. 163, reservou à lei complementar dispor

---

6   BALEEIRO, Aliomar. *Uma introdução à ciência das finanças*, cit., p. 37.

7   TORRES, Ricardo Lobo. *Curso de direito financeiro e tributário*. 20ª ed. Rio de Janeiro: Processo, 2018, p. 13.

8   BALEEIRO, Aliomar. *Uma introdução à ciência das finanças*, cit., p. 34.

sobre normas gerais das finanças públicas, entre outros temas. Também foi inserido o art. 163-A pela Emenda Constitucional n. 108, de 2020.

1.1.2   Autonomia e Codificação do Direito Financeiro

É indiscutível que o Direito vem sofrendo evoluções constantes, passando por questões de relevante interesse social, como, por exemplo, a discussão enfrentada pelo STF sobre o uso de células-tronco em pesquisas científicas, a pílula do combate ao câncer, bem como de outras questões que estão por vir, que terão no futuro repercussão nacional, umas mais relevantes sob o ponto de vista social, outras menos. Assim, da mesma forma, uma questão que também suscitou controvérsia foi a que se refere à *autonomia* do Direito Financeiro em face dos demais ramos do Direito.

Inicialmente é importante destacar que, para se considerar uma ciência jurídica como autônoma, é necessário que ela possua unicidade, bem como elementos e princípios próprios, enfim, que possua um conjunto de normas que permitam um sistema normativo ordenado. Parte da doutrina, capitaneada por Amílcar Falcão[9], defendia que o Direito Financeiro não é um ramo autônomo do Direito, mas sim, um sub-ramo do Direito Administrativo. O posicionamento majoritário sustentado por Trotabas[10] e Baleeiro[11] é o de defender sua autonomia como sendo ramo do Direito Público, ou seja, a independência dogmática do Direito Financeiro, conferindo-lhe, porém, *status* meramente formal, a ser complementado pela economia financeira e política. Existe ainda a corrente pluralista, à qual nos filiamos, defendendo ser o Direito Financeiro autônomo, mas intimamente relacionado com os demais subsistemas jurídicos e extrajurídicos. Nesse sentido, é autônomo porque possui institutos e princípios específicos, como a responsabilidade fiscal, a economicidade e o equilíbrio orçamentário, que não encontram similar em outros sistemas jurídicos. Por outro lado, também é considerado instrumental, por servir de suporte para a realização dos valores e princípios informadores de outros ramos do Direito. A visão de autonomia se apoia no fato de existirem princípios jurídicos não aplicáveis a outros ramos do Direito. A especificidade dos princípios jurídicos que regem a atividade financeira do Estado fez com que o Direito Financeiro se destacasse do Direito Administrativo, ensejando a necessidade de ser autônomo[12]. Sustentamos a autonomia desta ciência, pois, em razão da complexidade do fenômeno financeiro, é fonte inspiradora das instituições políticas e jurídicas, conferindo-lhes aplicação prática e conectando-as a diversos aspectos, como, por exemplo, jurídicos, econômicos, sociais e políticos. Fato é que, nos últimos anos, admite-se que o

---

9   FALCÃO, Amílcar Araújo. *Fato gerador da obrigação tributária*. 2ª ed. São Paulo: Revista dos Tribunais, 1971.

10   TROTABAS, Louis. *Précis de Science et Législation Finacières*, 4ª ed. Paris: Dalloz, 1935, p. 3, com reedição em 1964 na obra *Finances Publiques*.

11   BALEEIRO, Aliomar. Op. cit., p. 34.

12   HARADA, Kiyoshi. *Direito financeiro e tributário*. 2ª ed. São Paulo: Atlas, 1997, p. 30-31.

Direito Financeiro tem princípios e conceitos próprios, distantes do Direito Comum e, principalmente, do Direito Privado. Como se não bastasse, o Direito Financeiro tem um sistema próprio, suscetível de ser estudado por métodos igualmente próprios, que ampliam o seu caráter de multidisciplinaridade, entrelaçando-se com disciplinas afins, derivadas e auxiliares. É cediço que o Direito Financeiro é um ramo autônomo do Direito. Contudo, podemos dizer que está inserido na Ciência das Finanças com o objetivo de estabelecer normas jurídicas que disciplinam a atividade financeira do Estado, abordada pela Ciência das Finanças, ou seja, despesa e receita pública, orçamento público e crédito público.

Assim, entendemos como fontes do Direito Financeiro o conjunto de normas, preceitos e princípios que compõem o ordenamento positivo das finanças públicas. Nesse sentido, como o Direito Financeiro não possui um Código próprio, específico, as normas pertinentes aplicáveis a esse ramo do Direito encontram amparo na Constituição da República, na Lei n. 4.320/64 e na LC n. 101/2000 (com suas alterações posteriores), considerados os principais diplomas sobre a matéria. Abordaremos melhor o tema posteriormente.

1.1.3 Finalidades da Atividade Financeira

Inconteste que o Estado, para se manter, deva possuir seus próprios meios financeiros, de modo a viabilizar a realização de suas despesas, sendo certo que, para tanto, exerce a atividade financeira através de vários atos atinentes ao controle, gestão e dispêndio dos recursos adquiridos. Assim, podemos dizer que a atividade financeira estatal é o conjunto de ações do Estado para a obtenção de receita e realização dos gastos para o atendimento das necessidades públicas, em conformidade com o planejamento consubstanciado no orçamento anual. Houve época em que os interesses do Estado se confundiam com os do Rei, como ocorreu na França do século XVII, onde o absolutismo atingiu seu ápice com a célebre frase de Luis XIV (*L'État c'est moi*)[13]. Os recursos utilizados eram do próprio ente estatal, época em que se confundia o Estado do Príncipe com o Estado propriamente dito. Com o aumento das necessidades básicas, os cofres públicos não suportaram tal demanda, sendo necessário avançar no patrimônio particular através da cobrança de tributos e tarifas, e, até mesmo, do confisco de bens.

O chamado Estado Liberal tem como principal característica a de favorecer o desenvolvimento da economia capitalista através de limitada participação estatal e regulação própria da sociedade, quase que espontânea. O cenário econômico mundial, modificado por diversas crises cíclicas no capitalismo moderno, alterou este conceito. No Brasil, podemos ver o reflexo deste fenômeno em vários momentos,

---

13 Traduzindo, "O Estado sou eu". Rousseau, na obra *El contrato social*, dizia: "*En el lugar que antaño había existido el absolutismo monárquico de un Luis XIV que había usurpado la soberanía de Dios, el ginebrino quiso construir una soberanía sin peligro para los súbditos, pero tan augusta, majestuosa y exigente como la soberanía de uno solo preconizada por Bodino, Hobbes y Bossuet*".

ficando a Era Collor no pedestal do período neoliberal, quando o Estado abarca para si uma função desregulamentadora, através da redução da máquina estatal, da privatização de companhias estatais e de concessionárias de serviços de utilidade pública e da abertura aos mercados internacionais, visando à integração nacional ao comércio exterior. Este fenômeno faz mudar a noção de setor público, pois a teoria da Administração Pública estruturava-se em torno da diferenciação entre administração e política. Neste modelo neoliberal, a finalidade precípua do Estado é a de buscar dinheiro para atender às necessidades públicas, com a finalidade de movimentar a máquina administrativa visando ao desenvolvimento do Estado. A Administração deve ser capaz de exercer, antes de tudo, o poder de polícia sobre os serviços prestados à sociedade, buscando dirimir conflitos, garantindo estabilidade de regulamentos e prestando consultoria quanto ao entendimento das prescrições normativas estabelecidas.

Ao nosso sentir, diante do fenômeno da Globalização e das crises econômicas que atingem vários países em todo o mundo, defendemos a existência de um novo momento que chamamos de Estado Liberal Realista em que as Teorias Econômicas (*Law and Economics*) devem ser mescladas com as Teorias Constitucionais. Isso porque, hodiernamente não há como, simplesmente, se ignorar o déficit orçamentário e a sua relação com a concretização dos direitos fundamentais previstos na Constituição de 1988[14].

A atividade do Estado é a exercida por entes[15] públicos e suas respectivas autarquias, excluindo-se deste conceito a atividade exercida pelos órgãos da administração indireta dotados de personalidade jurídica de direito privado. Ressalte-se que, embora o art. 70 da CRFB/88 estabeleça o controle dessas entidades pelo Tribunal de Contas, além de ter o seu orçamento incluído na Lei Orçamentária Anual, esse controle se faz de modo global e indireto. A atividade do Estado-empresário não se subsume no conceito de atividade financeira do Estado, no sentido rígido da expressão. A expressão "atividade financeira estatal" tem a mesma extensão do termo "finanças", que surgiu na Idade Média por derivação da palavra latina *finare*, sinônimo de finanças públicas.

Uma característica importantíssima da atividade financeira é a de ser puramente instrumental, já que obter recursos e realizar gastos não é um fim em si mesmo. O Estado não tem o objetivo de enriquecer ou aumentar o seu patrimônio, e sim o de arrecadar para atingir certos objetivos de índole pública, econômica ou administrativa, por exercer atividade-meio e não atividade-fim.

A intervenção do Estado na atividade econômica, seja como empresário (de forma suplementar – art. 173 da CRFB/88), ou através da cobrança de diversas

---

14 Recomendamos a leitura do nosso livro: COELHO, Claudio Carneiro B. P. *Teoria do Pêndulo Econômico-hermenêutico. Uma releitura da relação entre Estado, Direito e sociedade em tempo de (pós) crise*. Rio de Janeiro: University Institute. 2021, p. 75.

15 Exclui-se também deste conceito o conjunto de ações exercidas pelo sistema financeiro privado, representado pelos bancos, seguradoras, corretoras e demais instituições financeiras.

exações, como, por exemplo, tributos e multas, tem por finalidade básica a captação de recursos. A exploração direta de atividade econômica não é função do Estado, sendo permitida excepcionalmente pela Constituição, que prestigia a livre-iniciativa e a livre concorrência. Por isso, a regra do § 2º do citado artigo não permite que as empresas públicas e sociedades de economia mista tenham privilégios fiscais não extensivos ao setor privado.

Por fim, há que se distinguir o Direito Econômico do Direito Financeiro. Enquanto o primeiro se refere às normas relacionadas com a intervenção do Estado no domínio econômico, o Direito Financeiro se remete às regras atinentes à arrecadação, gestão e aplicação dos recursos públicos.

Podemos dizer, em síntese, que cabe ao Direito Financeiro regulamentar a atividade financeira do Estado. A Constituição fixou a competência concorrente para legislar sobre Direito Financeiro em seu art. 24, I e II.

Sustentamos que, apesar de o dispositivo constitucional em tela não citar expressamente os Municípios, não nos parece razoável que a Carta Magna tenha tido a intenção de retirar desses entes a competência para legislar sobre Direito Financeiro, em razão do que dispõem os incisos I e II do art. 30 da CRFB/88, que concede aos Municípios competência para legislar sobre assuntos de interesse local e suplementar a legislação federal e estadual, no que couber, bem como o disposto no art. 34, § 3º, do ADCT. Ademais, o princípio federativo insculpido no art. 18 da CRFB/88, associado ao princípio da simetria constitucional, desenha o que sistematicamente encontramos na Constituição de que tanto os Estados-membros quanto o Distrito Federal e os Municípios são dotados de autonomia financeira, tendo, inclusive, previsão específica para as suas receitas.

Em síntese, podemos dizer que a atividade financeira estatal brasileira se pauta nas seguintes *finalidades*: a) prover meios que assegurem a satisfação das necessidades da coletividade; b) instrumentalizar o planejamento da arrecadação de recursos e sua aplicação; c) promover a redistribuição de renda, principalmente através da prestação de serviços públicos.

1.1.4 Aspectos Constitucionais e Infraconstitucionais do Direito Financeiro

Nesse tópico analisaremos os aspectos constitucionais e infraconstitucionais sobre o Sistema Financeiro do Estado. A Constituição Federal de 1988 é fonte inquestionável de Direito Financeiro e tem como características a rigidez, a abertura e o pluralismo. Entende-se *rígida* por somente admitir alteração por emenda à Constituição, conforme o art. 60 da CRFB/88. Considera-se *aberta* por apresentar um sistema incompleto, "problemático" e lacunoso, que exige mecanismos adicionais para corrigir qualquer falha na implementação desse sistema. O *pluralismo* refere-se à variedade de subsistemas em que a Constituição se desdobra, como o Tributário e o Orçamentário, entre outros, relacionando-se, ainda, com outras "subconstituições", como a Política, a Econômica e a Social. Assim, temos que a

Constituição Financeira se subdivide em três principais **subsistemas**: a Constituição Tributária, a Constituição Financeira propriamente dita e a Constituição Orçamentária. A Constituição Tributária insere-se entre os arts. 145 a 156, dividindo-se, por sua vez, em inúmeros outros subsistemas, abordando temas como os princípios gerais, as limitações ao poder de tributar e os impostos da União, Estados e Municípios. Por seu turno, a Constituição Financeira propriamente dita disciplina o relacionamento financeiro governamental, a repartição de receita, o crédito público e a moeda nos seus arts. 157 a 164-A. Os arts. 34 e 35 da Carta Magna estabelecem também hipóteses de intervenção da União nos Estados e no Distrito Federal e dos Estados nos Municípios, caso ocorra descumprimento de determinadas obrigações financeiras. E, por fim, a Constituição Orçamentária, que regula o planejamento financeiro do Estado e o controle de sua execução, conforme expressamente previsto nos arts. 70 a 75 e 165 a 169[16].

Após essa breve abordagem constitucional, passaremos ao aspecto *infraconstitucional*. Nesse sentido, sob o prisma orçamentário, a Constituição estabeleceu três leis que tratam do orçamento público e que são de iniciativa do Poder Executivo de cada ente, ou seja, União, Estados e Municípios. São as denominadas Espécies Orçamentárias, a saber:

a) **PPA** – Plano Plurianual (institui, de forma regionalizada, as diretrizes, objetivos e metas da Administração Pública Federal para as despesas de capital e outras delas decorrentes – art. 165, § 1º, da Constituição Federal);

b) **LDO** – Lei de Diretrizes Orçamentárias (compreenderá as metas e prioridades da Administração Pública federal, estabelecerá as diretrizes de política fiscal e respectivas metas, em consonância com trajetória sustentável da dívida pública, orientará a elaboração da lei orçamentária anual, disporá sobre as alterações na legislação tributária e estabelecerá a política de aplicação das agências financeiras oficiais de fomento). Esta lei não se aplica antes de ser submetida à apreciação do Congresso Nacional. Deve, ainda, preceder a elaboração do orçamento, por estabelecer suas metas e prioridades – art. 165, § 2º, da Constituição Federal com nova redação dada pela EC n. 109/2021;

c) **LOA** – Lei Orçamentária Anual (compreende o orçamento fiscal referente aos três Poderes da União, seus fundos, órgãos e entidades da Administração direta e indireta, fundações instituídas e mantidas pelo Poder Público, além do orçamento de investimentos das empresas estatais, bem como o orçamento da seguridade social – art. 165, § 5º, da CF/88). Ver § 17 do art. 165 (EC 135/24).

A competência do Poder Executivo se justifica pelo fato de que a estimativa das despesas se dá em função da estimativa de receita. Por isso, quem estabelece a

---

16   TORRES, Ricardo Lobo. *Curso de direito financeiro e tributário*. 10ª ed. Rio de Janeiro: Renovar, p. 39.

política arrecadatória é o próprio Poder Executivo[17]. Embora haja posição contrária, prevalece o entendimento de que a Lei Orçamentária é considerada Lei apenas no seu aspecto formal, por lhe faltar juridicidade, figurando flagrante carência no que tange aos seus efeitos jurídicos[18]. Apenas para exemplificar: não há que se falar em ato ilícito ou violação normativa, caso não se configure a estimativa de receita previamente planejada, hipótese em que ocorrerá descumprimento das normas contidas na Lei Orçamentária – O Estado apenas não viveu no ritmo esperado[19].

Vale lembrar que qualquer iniciativa do Legislativo quanto a essas leis será contaminada pela inconstitucionalidade formal por vício de iniciativa, conforme o disposto na Constituição Federal, art. 165: *Leis de iniciativa do Poder Executivo estabelecerão: I – o plano plurianual; II – as diretrizes orçamentárias; III – os orçamentos anuais.* Além da tríade orçamentária citada, a Constituição de 1988 também trata sobre o tema nos arts. 84, XXIII, e 85, VI. Contudo, destacamos que o Poder Legislativo poderá, durante a tramitação do projeto de lei orçamentária, fazer emendas ao orçamento[20].

1.2 Principais Aspectos sobre a Receita Pública

1.2.1 Distinção entre Ingresso e Receita

Antes de adentrarmos no tema, faremos uma breve distinção entre Ingresso e Receita. Considera-se *ingresso* toda quantia recebida pelos cofres públicos, seja restituível ou não, daí também ser chamado simplesmente de "entradas". Assim, diz-se, também, que ingresso é toda e qualquer entrada de dinheiro para o Estado, como, por exemplo, os empréstimos públicos. Destaque-se que, pela definição dada, nem todo ingresso constitui receita, pois não acresce o patrimônio estatal, como é o caso das indenizações devidas por danos causados ao patrimônio público. Já a *receita* é considerada a entrada ou o ingresso definitivo de dinheiro nos cofres públicos, de que o Estado lança mão para fazer frente às suas despesas, com o intuito de realizar o interesse público e movimentar a máquina administrativa. Por esse motivo, em alguns países, as Secretarias respectivas são denominadas Secretaria de Ingressos Públicos.

---

17 O ARE 743.480 (com repercussão geral) firmou o entendimento de não haver reserva de iniciativa do chefe do Executivo para propor leis que implicam redução ou extinção de tributos e, consequentemente, redução de receitas. Leis de natureza tributária enquadram-se na regra de iniciativa geral, o que autoriza qualquer parlamentar a apresentar projeto de lei sobre instituição, modificação ou revogação de tributo (art. 61, § 1º, II, *b*, da CRFB/88), incluindo, portanto, legislação que verse sobre renúncia fiscal.

18 Veremos adiante que o STF flexibilizou o entendimento quanto ao controle de constitucionalidade dessas leis no julgamento das ADIs 4.048 e 4.049.

19 BECKER, Alfredo Augusto. *Teoria geral do direito tributário*. 3ª ed. São Paulo: Lejus, 1998, p. 223.

20 Ver no item 4.5 os comentários sobre o orçamento impositivo.

1.2.2 Classificação das Receitas

A receita pública possui várias classificações, inclusive previstas pela própria legislação, como é o caso da Lei n. 4.320/64 e da LC n. 101/2000[21]. Então vejamos.

1.2.2.1 Receitas Ordinárias e Extraordinárias

Essa classificação leva em consideração a periodicidade com que a receita adentra nos cofres públicos. Assim temos que as *receitas ordinárias* são de entrada constante, periódica ou permanente, ou seja, aquelas anualmente previstas, que ingressam com regularidade e com isso são usadas para atender às despesas regulares do Estado, como é o caso dos impostos. Já as *receitas extraordinárias* são aquelas cuja entrada é de caráter menos constante e, por não estarem previstas no orçamento, surgem em caráter excepcional, por força de uma situação momentânea que exigirá a intervenção do Estado no patrimônio do particular, como são os casos dos tributos contidos nos arts. 148, II, e 154, II, ambos da CRFB/88, que representam, respectivamente, os empréstimos compulsórios em caso de guerra e calamidade pública e o imposto extraordinário em caso de guerra.

1.2.2.2 Receitas Originárias e Derivadas

Essa classificação leva em consideração a origem da receita, ou seja, como o Estado obtém essa receita. Assim temos como *receita originária* aquela que tem origem no próprio patrimônio público imobiliário do Estado, daí também ser chamada de receita de economia privada. Nesse caso, o ente público atua como empresário através de um acordo de vontades, e não por meio de seu poder de império, por isso não há coerção na sua instituição. Temos como exemplo o concurso de prognóstico e a locação de um bem público. Já a *receita derivada* é aquela arrecadada compulsoriamente, derivando do patrimônio dos particulares. Nesse caso, em face do caráter coercitivo da imposição, o Estado atua através do seu poder de império, daí também ser chamada de receita de economia pública. Temos como exemplo de receita derivada o tributo e as penalidades pecuniárias[22] referentes ao inadimplemento da obrigação tributária. Diz-se, também, que as reparações de guerra também são consideradas como receita derivada, pois envolvem um caráter coercitivo.

1.2.2.3 Receita Corrente e de Capital

Sabemos que não é função da lei trazer definições ou classificações, contudo, a Lei n. 4.320/64 (alterada pela LC n. 101/2000), trouxe uma classificação legal, subdividindo as receitas públicas em receitas correntes e receitas de capital.

---

21 Ver LC n. 131/2009 (altera o art. 48 e acrescenta os arts. 48-A, 73-A, 73-B e 73-C). Também foram editadas as Leis Complementares n. 156/2016, 159/2017, 164/2018, 173/2020, 176/2020, 178/2021 e 208/24, entre outras. Sobre o tema, também foram ajuizadas ADIs importantes como: ADI 2238, ADI 6357 e ADI 6533.

22 Ver mais detalhes sobre as penalidades no capítulo em que abordamos as obrigações tributárias.

A *receita corrente* encontra-se prevista no art. 11, § 1º, do referido diploma, e é considerada aquela decorrente de tributos, de execuções fiscais e da exploração dos bens estatais, entre outros. Essa receita é imprescindível para o Estado e visa, em síntese, atender as despesas correntes, conforme dispuser a lei orçamentária. Já a *receita de capital* encontra-se prevista no art. 11, § 2º, da mesma lei, e é aquela proveniente da conversão em espécie de bens e direitos que visa, em síntese, atender as despesas de capital. Destaque-se que o § 4º do referido dispositivo detalha as subespécies das receitas correntes e das receitas de capital.

1.2.3 Estágios da Receita Pública

A Receita Pública, a partir da sua inclusão no projeto de Lei Orçamentária, passa por algumas fases, que são: a) Previsão, que é a receita orçada (art. 51 da Lei n. 4.320/64); b) Lançamento (art. 53 da Lei n. 4.320/64); c) Arrecadação, que é o objeto da receita (art. 56 da Lei n. 4.320/64); d) Recolhimento, que é o repasse pelo agente arrecadador ou, ainda, o pagamento direto pelo contribuinte.

1.2.4 Renúncia de Receita

Vimos que a receita é imprescindível para que o Estado possa movimentar a máquina pública. Nesse sentido, prevalece no Direito brasileiro a regra da renúncia indiscriminada de receita, conforme dispõe o art. 14 da Lei Complementar n. 101/2000[23], que prevê, inclusive, o que vem a ser renúncia de receita. Ademais, o administrador público, ainda que amparado por lei, não poderia, livremente, dispor do dinheiro, que é do povo. Assim, o referido dispositivo define como renúncia de receita a anistia, a remissão, o subsídio, o crédito presumido, a concessão de isenção em caráter não geral, a alteração de alíquota ou modificação de base de cálculo que implique redução discriminada de tributos ou contribuições, e outros benefícios que correspondam a tratamento diferenciado.

Vale frisar que a renúncia de receita é vedada, salvo se apresentada a estimativa do impacto orçamentário-financeiro no exercício em que se deve iniciar sua vigência e nos dois seguintes, atendendo ao disposto na Lei de Diretrizes Orçamentárias em pelo menos uma das seguintes condições: I – demonstração, pelo proponente, de que a renúncia foi considerada na estimativa de receita da Lei Orçamentária, na forma do art. 12, e de que não afetará as metas de resultado fiscais previstas no anexo próprio da lei de diretrizes orçamentárias; II – estar acompanhada de medidas de compensação, no período mencionado no *caput* do art. 14, por meio do aumento de receita, proveniente da elevação de alíquotas, ampliação da base de cálculo, majoração ou criação de tributo ou contribuição.

Destaque-se que a receita pública (*tax expenditure*) é tão importante que, além do dispositivo da LC n. 101/2000, existe um forte controle constitucional sobre a hipótese

---

23 Ver ADI 2238 e ADI 6357.

de sua renúncia. Em diversos dispositivos a Constituição expressamente exterioriza mecanismos de controle, que podemos dizer que são internos, externos e privados.

Diante disso, temos os seguintes aspectos constitucionais: o *primeiro* diz respeito ao art. 70 da CRFB/88 ao prever que a fiscalização contábil, financeira, orçamentária, operacional e patrimonial da União e das entidades da administração direta e indireta, quanto à legalidade, legitimidade, economicidade, aplicação das subvenções e renúncia de receitas, será exercida pelo Congresso Nacional auxiliado pelo Tribunal de Contas, mediante controle externo, e pelo sistema de controle interno de cada Poder. O parágrafo único do referido artigo dispõe que prestará contas qualquer pessoa física ou jurídica, pública ou privada, que utilize, arrecade, guarde, gerencie ou administre dinheiros, bens e valores públicos ou pelos quais a União responda, ou que, em nome desta, assuma obrigações de natureza pecuniária; o *segundo* diz respeito ao art. 150, § 6º: qualquer subsídio ou isenção, redução de base de cálculo, concessão de crédito presumido, anistia ou remissão, relativos a impostos, taxas ou contribuições, só poderá ser concedido mediante lei específica, federal, estadual ou municipal, que regule exclusivamente as matérias acima enumeradas ou o correspondente tributo ou contribuição, sem prejuízo do disposto no art. 155, § 2º, XII, *g*; o *terceiro* é o controle feito pelo próprio povo.

1.3 Principais Aspectos sobre a Despesa Pública

A despesa pública[24] é a soma dos gastos em dinheiro feitos pelo Estado para a realização do interesse público, incluindo o gasto com a máquina administrativa, obras e serviços públicos. Vale ressaltar o que já dissemos anteriormente: é através da receita pública que são angariados recursos para a realização das despesas do Estado. Contudo, em diversos dispositivos constitucionais as despesas devem ser previamente autorizadas pelo Poder Legislativo, seja pelo orçamento ou pela abertura de créditos adicionais.

A não observância dessa regra enseja a prática de crime e violação à Lei de Responsabilidade Fiscal.

1.3.1 Classificação das Despesas Públicas[25]

A Despesa Pública possui várias classificações, inclusive previstas pela própria legislação, como é o caso da Lei n. 4.320/64 e da LC n. 101/2000. Então vejamos.

---

24 A Lei Complementar n. 200/23 (fruto do PLP n. 93/2023) institui o regime fiscal sustentável para garantir a estabilidade macroeconômica do País e criar as condições adequadas ao crescimento socioeconômico, com fundamento no art. 6º da EC n. 126/2022 e no inciso VIII do caput e no parágrafo único do art. 163 da CF/88. Também altera a LC n. 101/2000 e a Lei n. 10.633/02.

25 No item 1.6.5, tratamos das limitações de despesas previstas pela LC 101/00, alterada pelas seguintes leis complementares: LC 131/09, LC 148/14, LC 159/17, LC 173/20, LC 176/20, LC 177/21, LC 178/21 e LC 200/23.

1.3.1.1 Despesas Orçamentárias e Extraorçamentárias

A análise dos arts. 103 e 104 da Lei n. 4.320/64 permite o entendimento de que existem duas modalidades de despesas, quais sejam, a *orçamentária* e a *extraorçamentária*. Nesse sentido a ***despesa orçamentária*** é aquela que está incluída na lei orçamentária anual, bem como a proveniente dos créditos adicionais (extraordinários, especiais e suplementares) que são abertos durante o exercício financeiro. Contudo, ressalte-se que, se os créditos adicionais forem abertos nos últimos quatro meses do exercício financeiro, e caso haja saldos e estes não tenham sido utilizados até o dia 31 de dezembro, poderão eles ser reabertos no exercício seguinte, mas passarão a ser extraorçamentários. A ***despesa extraorçamentária*** compreende a saída de numerários não previstos no orçamento, como, por exemplo, pagamento de restos a pagar e resgate de operações de crédito por antecipação de receita.

1.3.1.2 Despesas Ordinárias e Extraordinárias

As despesas consideradas ***ordinárias*** são aquelas renováveis anualmente em razão de seu caráter regular. Já as despesas ***extraordinárias*** são aquelas que, por surgirem de uma forma inesperada, não são previstas anualmente, mas necessitam ser realizadas. Assim, podemos dizer que, conforme Griziotti[26], essa classificação leva em consideração a periodicidade com que a despesa é efetuada ou pelo menos prevista. Além da classificação quanto à periodicidade, temos também sua divisão pautada na esfera de governo que as realiza, daí serem classificadas como despesas federais, estaduais ou municipais. Ressalte-se que essas despesas levam em consideração simplesmente o âmbito da Federação, ou seja, se as despesas são realizadas pela União, pelos Estados ou pelos Municípios, integrando o orçamento respectivo de cada ente federativo. Por isso, cada ente federativo elaborará sua PPA, sua LDO e sua LOA, conforme veremos mais adiante.

1.3.1.3 Despesas Correntes e Despesas de Capital

Temos aqui uma classificação legal, pois a Lei n. 4.320/64, em seu art. 12, classificou as despesas públicas como Despesas Correntes e de Capital. Nesse sentido, podemos doutrinariamente conceituar as ***despesas correntes*** como os gastos usuais para a manutenção da máquina administrativa, incluindo os da Administração Indireta, que se subdividem em despesas de custeio (art. 12, § 1º, e art. 13) e despesas de transferências correntes (art. 12, § 2º, e art. 13). Já as ***despesas de capital*** são aquelas que contribuem para a formação e aquisição de um bem de capital, ou seja, que têm por finalidade o custo do aumento do patrimônio público, incluindo o material permanente e a aquisição e manutenção de bens imóveis. A despesa de capital é subdividida em: investimentos (art. 12, § 4º, e art. 13), inversões financeiras (art. 12, § 5º, e art. 13) e transferência de capital (art. 12, § 6º, e art. 13).

---

26 GRIZIOTTI, Benvenuto. *Princípios de ciencia de las finanzas.* Trad. Dino Jarach. 6ª ed. Buenos Aires: Depalma, 1959, p. 61.

1.3.1.4 Despesas Produtivas, Reprodutivas e Improdutivas

Além das classificações apresentadas, parte da doutrina[27] classifica ainda as despesas públicas em produtivas, reprodutivas e improdutivas. As chamadas *produtivas* são as que se limitam a criar utilidades por meio da atuação estatal, como, por exemplo, a atividade policial e a prestação jurisdicional. As despesas *reprodutivas* são aquelas que representam o aumento da capacidade produtora do País, como é o caso das construções em geral. Por fim, as despesas *improdutivas* são as consideradas desnecessárias, ou seja, aquelas despesas consideradas inúteis.

1.3.2 Processamento das Despesas Públicas

As despesas públicas sofrem um processamento formal em razão da rigidez apresentada pela Constituição. Assim, o processamento das despesas possui fases ou estágios, a saber:

A primeira é a *fixação da despesa*. Essa fase se constitui no valor total da despesa previsto na LOA, ou seja, é a dotação orçamentária inicial. A segunda é a *programação da despesa,* que está prevista pelo art. 8º da Lei de Responsabilidade Fiscal. A terceira é o *empenho da despesa*, considerado o ato emanado da autoridade administrativa que confirma a relação jurídica com o contratado, antecedendo a despesa (art. 58 da Lei n. 4.320/64). Cria para o Estado a obrigação de pagamento, com o objetivo de garantir seus diferentes credores, não podendo, contudo, exceder o limite de créditos concedidos. A quarta fase é a *liquidação da despesa*, considerada o procedimento através do qual se verifica o implemento da obrigação. Nesta etapa se observa o direito adquirido pelo credor, tomando por base os títulos comprobatórios do referido crédito. Esta verificação do direito adquirido visa apurar a origem e o objeto do que se deve pagar, identificando a quantia exata a ser paga, bem como o seu beneficiário (art. 63 da Lei n. 4.320/64). A quinta etapa é a emissão da *ordem de pagamento*. Nessa fase o ordenador de despesa autoriza o pagamento, após a verificação da sua liquidação. É o despacho da autoridade competente autorizando a quitação do débito. Por fim, há o *pagamento*, que é a finalização da obrigação de pagar, que implica a entrega do valor mediante cheque nominal ou ordem bancária de pagamento, conforme dispõe o art. 74 do Decreto-Lei n. 200/67.

1.3.3 Precatórios Judiciais[28]

Palavra que já povoou a mídia brasileira envolvendo grandes escândalos, Precatório, em uma análise concisa, pode ser definido como o documento (fruto de decisão judicial condenatória) expedido pelo Presidente do Tribunal que proferiu a

---

27 HARADA, Kiyoshi. Op. cit., p. 54.

28 Ver CARNEIRO, Claudio. O uso dos precatórios no sistema jurídico brasileiro e a ação de repetição de indébito tributário. *Revista de Direito da EMERJ*, Escola da Magistratura, n. 40-2007, Rio de Janeiro, p. 154-177.

decisão judicial contra a Fazenda (da União, de Estado, DF ou Município), para que o pagamento de dívida seja feito por meio de inclusão no orçamento seguinte pelo Poder Executivo, do valor do débito que deverá ser atualizado até a data do seu pagamento, através de uma ordem cronológica.

A instituição do precatório se deu exatamente para evitar os privilégios ilegais, sobretudo o preterimento de ordem entre credores das Fazendas Públicas, ou seja, para que os pagamentos fossem efetuados dentro dos preceitos constitucionais, prestigiando a legalidade, a moralidade administrativa, a impessoalidade e a eficiência, dentre outros.

Além da sistemática constitucional imposta pelo art. 100 da CRFB/88, a Lei n. 4.320/64, ao estatuir normas gerais de Direito Financeiro e Controle Orçamentário, cuida (embora alterada pela LC n. 101/00[29]) da disciplina geral do pagamento das despesas públicas em seu Capítulo III, nos arts. 58 a 64, logicamente naquilo que foi recepcionado pela Constituição de 1988 (ver o art. 67 da Lei n. 4.320/64)[30]. O famoso art. 100 da Constituição de 1988 vem sofrendo, ao longo do tempo, diversas alterações substanciais, entre elas as introduzidas pelas Emendas Constitucionais n. 30/2000, n. 62/2009, n. 94/2016, n. 113/2021 e n. 114/2021. Por fim, vale lembrar que o referido artigo também foi objeto da ADI 4425.

Por fim, vejamos algumas Súmulas do STJ sobre a matéria:

> **Súmula 406:** *A Fazenda Pública pode recusar a substituição do bem penhorado por precatório.*
>
> **Súmula 461:** *O contribuinte pode optar por receber, por meio de precatório ou por compensação, o indébito tributário certificado por sentença declaratória transitada em julgado.*
>
> **Súmula 464:** *A regra de imputação de pagamentos estabelecida no art. 354 do Código Civil não se aplica às hipóteses de compensação tributária.*
>
> **Súmula 467:** *Prescreve em cinco anos, contados do término do processo administrativo, a pretensão da Administração Pública de promover a execução da multa por infração ambiental.*
>
> **Súmula 583:** *O arquivamento provisório previsto no art. 20 da Lei n. 10.522/2002, dirigido aos débitos inscritos como dívida ativa da União pela Procuradoria-Geral da Fazenda Nacional ou por ela cobrados, não se aplica às execuções fiscais movidas pelos conselhos de fiscalização profissional ou pelas autarquias federais.*

---

29 Modificada pela LC n. 131/2009, que alterou o art. 48 da LC n. 101/2000 e acrescentou os arts. 48-A, 73-A, 73-B e 73-C; pela LC n. 156/2016, que estabelece o Plano de Auxílio aos Estados e ao DF e medidas de estímulo ao reequilíbrio fiscal e traz alterações na LC n. 148/2014 e na LC n. 101/2000 e pela LC n. 159/2016.

30 Da mesma forma, vale lembrar que a EC 99/17 trouxe a alteração do art. 101 do Ato das Disposições Constitucionais Transitórias, para instituir novo regime especial de pagamento de precatórios, e, ainda, os arts. 102, 103 e 105 do ADCT.

1.4 Principais Aspectos sobre o Orçamento Público

Vimos anteriormente que o orçamento público, diversamente do privado, segue um processo legislativo orçamentário que inclui alguns diplomas legais, tais como: PPA – Plano Plurianual; LDO – Lei de Diretrizes Orçamentárias; e LOA – Lei Orçamentária Anual.

1.4.1 Plano Plurianual

O Plano Plurianual (PPA) é um planejamento estratégico de médio a longo prazo, previsto no art. 165, § 1º, da CRFB, ou seja, é a lei que estabelece de forma regionalizada as diretrizes, os objetivos e as metas da Administração Pública Federal para as despesas de capital e outras dela decorrentes, bem como as relativas aos programas de duração continuada. É o instrumento pelo qual o Governo do Estado orienta o planejamento e a gestão da administração pública para os próximos quatro anos.

É importante repisar o conceito de despesas de capital (art. 12 da Lei n. 4.320/64) como sendo aquelas decorrentes de investimentos, inversões financeiras e transferências de capital. A exata compreensão deste conceito pressupõe a análise e definição de outros três, quais sejam: investimentos, inversões financeiras e transferências de capital. As *despesas de investimentos* correspondem às dotações para o planejamento e a execução de obras, inclusive as destinadas à aquisição de imóveis considerados necessários à realização destas. As *inversões financeiras* são as dotações destinadas à aquisição de imóveis ou de bens de capital já em utilização, à aquisição de títulos representativos de capital de empresas ou de entidades de qualquer espécie, já constituídas, quando a operação não importar aumento de capital. Já as *transferências de capital* são as dotações destinadas à amortização da dívida pública, bem como aquelas consignadas para investimentos ou inversões financeiras, que outras pessoas de direito público ou privado devam realizar, independentemente de contraprestação direta em bens ou serviços, constituindo-se em auxílios ou contribuições[31].

Vale ainda dizer que o art. 166, § 1º, da CRFB/88 determina que os projetos de lei relativos ao Plano Plurianual, às diretrizes orçamentárias, ao orçamento anual e aos créditos adicionais serão apreciados pelas duas Casas do Congresso Nacional, na forma do regimento comum, cabendo a uma Comissão mista permanente de Senadores e Deputados. Por outro lado, o art. 72, também da Constituição, prevê que a Comissão mista permanente a que se refere o art. 166, § 1º, diante de indícios de despesas não autorizadas, ainda que sob a forma de investimentos não programados ou de subsídios não aprovados, poderá solicitar a autoridade governamental responsável que, no prazo de cinco dias, preste os esclarecimentos necessários.

---

31 HARADA, Kiyoshi. Op. cit., p. 106.

O PPA, de duração de quatro anos, inicia-se no segundo ano do mandato do chefe do Poder Executivo, terminando no primeiro ano do mandato subsequente. Assim, podemos concluir que cada Prefeito, por exemplo, executa, através da Lei Orçamentária Anual, apenas três anos do PPA, embora ela possua duração de quatro. Por essa razão, a Constituição, em seu art. 167, § 1º, determina que nenhum investimento, cuja execução ultrapasse um exercício financeiro, poderá ser iniciado sem prévia inclusão no Plano Plurianual, ou sem lei que autorize a inclusão, sob pena de crime de responsabilidade. Nesse sentido, as punições passam pelo Código Penal (arts. 315 e 359-E), pela improbidade administrativa (Lei n. 8.429/96, com as alterações da Lei n. 14.230/2021[32] e Decreto-Lei n. 201/67), pela Lei de Responsabilidade (LC n. 101/2000), chegando até as sanções políticas, como a perda do mandato e a inelegibilidade por oito anos, conforme veremos adiante ao tratarmos das sanções em caso de desrespeito à Lei de Responsabilidade Fiscal.

A temática afeta ao orçamento, sofreu uma série de alterações por emenda constitucional, entre elas, EC n. 102/2019, EC n. 105/2019, EC n. 106/2020, EC n. 109/2021, EC n. 126/2022, EC n. 127/2022 e EC n. 128/2022, valendo, portanto, uma atenta leitura dos artigos modificados.

1.4.2 Lei de Diretrizes Orçamentárias

A Constituição de 1988 prevê, em seu art. 165, § 2º, com redação dada pela EC n. 109/2021, que a Lei de Diretrizes Orçamentárias compreenderá as metas (art. 4º, § 1º, da LRF) e prioridades da Administração Pública Federal, estabelecerá as diretrizes de política fiscal e respectivas metas, em consonância com trajetória sustentável da dívida pública, orientará a elaboração da Lei Orçamentária Anual, disporá sobre as alterações na legislação tributária e estabelecerá a política de aplicação das agências financeiras oficiais de fomento.

A diferença entre *o anexo de riscos fiscais* e o *relatório de gestão fiscal* pressupõe a noção de *riscos fiscais,* sua previsão legal e gestão fiscal. Entende-se por riscos fiscais a possibilidade de ocorrerem situações econômicas que venham de alguma forma a impactar significativamente (de forma negativa) as contas públicas, na forma do art. 4º, § 3º, da Lei de Responsabilidade Fiscal. Os riscos fiscais se classificam em riscos orçamentários e riscos da dívida. O primeiro diz respeito à não realização das receitas previstas, da realização de despesas não fixadas ou não orçadas, ou ainda orçadas a menor durante a execução do orçamento. Já os riscos de dívida são aqueles que dizem respeito ao aumento do serviço da dívida pública, proveniente de fatos externos à administração.

O anexo de riscos fiscais é um documento previsto pela Lei de Responsabilidade Fiscal que deverá acompanhar a Lei de Diretrizes Orçamentárias. Já o relatório de gestão fiscal é um documento elaborado periodicamente (a cada quatro ou seis meses), que não integra a Lei de Diretrizes Orçamentárias. O anexo de riscos fiscais

---

32 Ver ARE 843.989.

conterá os passivos contingentes e outros riscos que possam comprometer as contas públicas e, por isso, deverá informar também as providências para sanar qualquer problema que venha a ocorrer. No caso de Municípios com menos de 50.000 habitantes o anexo de metas fiscais e o anexo de riscos fiscais somente passaram a ser obrigatórios a partir de 2005 (art. 13 da LRF).

A EC n. 105/2019 incluiu o art. 166-A prevendo que as emendas individuais impositivas apresentadas ao projeto de Lei Orçamentária Anual poderão alocar recursos a Estados, ao Distrito Federal e a Municípios por meio de: I – transferência especial; ou II – transferência com finalidade definida.

1.4.3   Lei Orçamentária Anual

A Lei Orçamentária Anual, doravante chamada LOA, é aquela lei que programará ano a ano, ou seja, dentro de cada exercício financeiro, o orçamento fiscal; daí o art. 34 da Lei n. 4.320/64 definir, na forma do art. 165, § 9º, I, da CRFB/88, a coincidência do ano financeiro com o ano civil, ou seja, de 1º de janeiro a 31 de dezembro de cada ano. Essa programação é feita através de uma análise da estimativa de receita para a realização das despesas e, com isso, estabelece a dotação orçamentária para as respectivas Secretarias de Governo, sejam elas federais (Ministérios), estaduais ou municipais. Nesse sentido, a LOA tem por objetivo precípuo implementar as metas e prioridades estabelecidas pela Lei de Diretrizes Orçamentárias. Destaque-se que o § 5º do art. 165 da Constituição prevê três tipos de orçamentos, que devem ser compreendidos pela Lei Orçamentária Anual (LOA): I – **o orçamento fiscal** referente aos Poderes da União, seus fundos, órgãos e entidades da administração direta e indireta, inclusive fundações instituídas e mantidas pelo Poder Público; II – **o orçamento de investimento das empresas** em que a União, direta ou indiretamente, detenha a maioria do capital social com direito a voto; III – **o orçamento da seguridade social**, abrangendo todas as entidades e órgãos a ela vinculados, da administração direta ou indireta, bem como os fundos e fundações instituídos e mantidos pelo Poder Público.

Ressalte-se que a LOA será acompanhada de demonstrativo regionalizado do efeito, sobre as receitas e despesas, decorrente de isenções, anistias, remissões, subsídios e benefícios de natureza financeira, tributária e creditícia. O art. 14 da Lei de Responsabilidade Fiscal dispõe sobre regras especiais quanto à renúncia de receita. O art. 165, § 7º, da CRFB/88 dispõe que os orçamentos terão entre as suas funções a de reduzir desigualdades inter-regionais, segundo critério populacional.

A LOA se inspira no princípio da exclusividade orçamentária, pois, conforme o disposto no art. 165, § 8º, da CRFB/88, a referida lei não pode conter dispositivo estranho a previsão da receita e a fixação da despesa, não se incluindo na proibição a autorização para abertura de créditos suplementares e contratação de operações de crédito, ainda que por antecipação de receita, nos termos da lei.

O Presidente da República, na forma do art. 166, § 5º, da CRFB/88, poderá enviar mensagem ao Congresso Nacional para propor modificações nos projetos a que se refere este artigo enquanto não iniciada a votação, na Comissão mista, da parte cuja alteração é proposta. Questão polêmica diz respeito à hipótese em que a Casa legislativa de maioria oposicionista ao governo não aprova o projeto de lei orçamentária encaminhado pelo Executivo no prazo legal. É importante ressaltar que, sem a aprovação do orçamento, ou seja, da lei orçamentária, a administração do Poder Executivo fica prejudicada. Nesse caso, prevalece o entendimento de que é possível prorrogar o orçamento anterior, e utilizá-lo até que a lei seja aprovada, como previram expressamente as Constituições de 1934 e 1946, a exemplo das Constituições da Espanha e da Alemanha. Esse entendimento tem por base o fundamento de que, nesta hipótese, a LDO permitiria, em caráter excepcional, a prorrogação do orçamento anterior e, sobretudo, porque na vigência do Estado Democrático de Direito não se pode usurpar a função do Poder Legislativo.

Ademais, para qualquer alteração necessária, imprevisível e urgente, o chefe do Poder Executivo poderia abrir créditos extraordinários por medida provisória, na forma do art. 167, § 3º, da CRFB/88. Por outro lado, tese oposta sustenta que o projeto do orçamento deveria ser considerado aprovado e enviado pelo Executivo, como faziam as Constituições (autoritárias) de 1937 e de 1967/69, o que hoje não deve ser admitido em face de exigência do processo legislativo.

A LC n. 101/2000, em atenção ao disposto no art. 169 da CRFB/88, estabelece limites de despesa com pessoal ativo e inativo da União, dos Estados, do Distrito Federal e dos Municípios. A matéria em tela sofreu importantes alterações com a edição das seguintes Emendas Constitucionais: EC n. 100/2019, EC n. 103/2019, EC n. 105/2029, EC n. 109/2021 (que acrescentou os arts. 164-A, 167- A, 167-B, 167-C, 167-D, 167-E, 167-F e 167-G) e EC n. 126 e EC n. 128, ambas de 2022. Da mesma forma, sofreu alterações na LC n. 101/2000, introduzidas pelas seguintes Leis Complementares: LC n. 173/2020, LC n. 176/2020 e LC n. 178/2021. Ver também, a LC n. 200/2023 que instituiu o regime fiscal sustentável para garantir a estabilidade macroeconômica do País e, portanto, criar as condições adequadas ao crescimento socioeconômico.

1.4.4 Evolução Constitucional

É importante salientar que o orçamento, ainda que realizado de forma rudimentar, é um dos instrumentos mais antigos ligados às finanças públicas. Isto porque a execução do orçamento se fez necessária em face do nascimento do conceito de sociedade, daí a importância de uma breve análise evolutiva. Na **Constituição de 1824**, competia ao Poder Legislativo a proposta orçamentária; em 1826, a Constituição foi reformada passando a elaboração da proposta orçamentária para a competência do Poder Executivo. A **Constituição de 1891** passou novamente a competência para elaboração da proposta orçamentária ao Poder Legislativo, cabendo ao Congresso não só a fixação da receita e da despesa, mas também tomar as contas em cada exercício financeiro. Isto porque ao Tribunal de Contas da União, que foi criado em 1890, cabia verificar a liquidação das receitas e das despesas. Com a **Constituição de 1934**, a competência para encaminhamento da proposta orçamentária voltou para o Poder Executivo; o Presidente da República a enviava à Câmara dos Deputados e era apreciada pelo Congresso Nacional.

Já na **Constituição de 1937**, a competência para a aprovação do orçamento passou do Congresso Nacional para a Câmara dos Deputados. Nessa Constituição houve também a criação de um Departamento Administrativo, que funcionava junto à Presidência da República, cuja atribuição era a de organizar a proposta orçamentária conforme as determinações do chefe do Poder Executivo. A **Constituição de 1946** ampliou as atribuições do Tribunal de Contas da União, e a proposta orçamentária passou a ser elaborada pelos Ministérios. Estes encaminhavam as suas propostas ao Ministro da Fazenda que, por sua vez, após consolidá-las em um documento, o remetia, após anuência do Presidente da República, ao Congresso Nacional. Nesse período, cabia ao TCU, entre outras funções, a de julgar as contas dos administradores de Autarquias e dos responsáveis por dinheiro público, bem como acompanhar a execução do orçamento e julgar a legalidade de contratos e aposentadorias. Na vigência desta Constituição, mais precisamente em 1964 (época em que foi editada a Lei n. 4.320), foi criado o cargo de Ministro Extraordinário do Planejamento e Coordenação Econômica. Em 1965, foi criado o Conselho Consultivo do Planejamento, que é um órgão de consulta do citado Ministério. Da mesma forma a **Constituição de 1967**, que não trouxe alterações significativas, manteve a competência para encaminhamento da proposta orçamentária aos Ministérios, para depois o Ministro da Fazenda encaminhá-la (através da Presidência da República) ao Congresso Nacional para apreciação. Ressalte-se que a Emenda de 1969 em nada modificou a estrutura anterior. Finalmente, a **Constituição de 1988** foi a mais importante, pois foi a que trouxe mais mudanças na questão orçamentária. Estabeleceu o PPA, a LDO e os Planos e Programas Nacionais, Regionais e Setoriais de Orçamentos. Em 2000, foi editada a Lei de Responsabilidade Fiscal (LRF). A partir daí, a matéria vem sofrendo constantes alterações, seja por emenda constitucional ou por lei complementar, conforme já visto nos tópicos anteriores.

1.4.5 Tipos de Orçamento

Diante do breve panorama evolutivo, temos que o orçamento apresenta alguns marcos históricos, a saber: a) clássico ou tradicional; b) desempenho ou de realizações; c) programa; d) responsável ou participativo; e) estratégia ou orçamento de base zero – OBZ; f) legislativo; g) executivo; h) misto; i) autorizativo e impositivo; e j) incremental.

O primeiro é anterior à Lei n. 4.320/64, em que o orçamento era pautado em fatos passados, daí ser chamado de *orçamento tradicional ou clássico*. Esse tipo de orçamento baseava-se no que já tinha sido realizado e timidamente representava também as futuras ações do governo. O *orçamento desempenho ou de realizações* pautou-se no desempenho funcional, daí também ser chamado de orçamento funcional. Significa dizer que tem como objetivo as realizações, os resultados. Esse tipo de orçamento foi utilizado no Brasil depois do orçamento tradicional até chegarmos ao orçamento programa, que passou a vigorar após a Lei n. 4.320/64, na qual o orçamento passou a se pautar não mais pelo passado, mas sim por um planejamento (plurianual) pormenorizado para o futuro, daí ser chamado de *orçamento programa*, enfatizando os fins (metas e prioridades) e não os meios. Esse tipo de orçamento visa a dar cumprimento às metas orçamentárias em cada exercício financeiro, de modo que se façam cumprir as etapas previstas no Plano Plurianual. É o que se chama Programa de Trabalho da Administração Pública, ou seja, de gerenciamento do orçamento público. Esse tipo de orçamento, inspirado no modelo americano, foi difundido pela ONU a partir do final da década de 50. Após a edição da Lei de Responsabilidade Fiscal, na qual se enfatizou não só o planejamento, mas a transparência fiscal e a responsabilidade do gestor público, passou-se a chamar o orçamento de *responsável ou participativo*. Esse tipo de orçamento permite a participação ativa do cidadão na gestão pública, inclusive a ele concedendo a possibilidade de informar aos órgãos de controle externo, como os Tribunais de Contas, quaisquer irregularidades no orçamento. No que tangencia a aludida matéria, existe ainda um tipo de orçamento, chamado de *orçamento estratégia ou de base zero*, desenvolvido nos EUA e adotado pelo Estado da Geórgia em 1973, em que se exige que todas as despesas, programas ou projetos sejam detalhadamente justificados pelo governo, ou seja, como se cada item fosse um orçamento individual e detalhado a cada novo ciclo orçamentário; com isso, de um lado, aumentava-se a eficiência do Estado e, de outro, reduziam-se suas despesas.

Há ainda o *orçamento legislativo*, cuja elaboração, discussão e votação competem ao Poder Legislativo, cabendo ao Executivo a sua realização. É utilizado basicamente em países parlamentaristas. Esse tipo de orçamento foi utilizado no Brasil, era previsto inicialmente na Constituição Imperial de 1824, posteriormente modificado em 1826, onde uma reforma nessa Constituição realizou a transferência da elaboração da proposta orçamentária para o Poder Executivo. O *orçamento executivo* é o tipo de orçamento cuja elaboração, aprovação e execução e controle competem ao Poder Executivo. É utilizado geralmente em países de governos absolutistas. Esse tipo ainda não foi experimentado no Brasil. E, por fim, o *orçamento misto* que é o orçamento cuja competência para elaboração das propostas e envio ao Legislativo é privativa do Poder Executivo, competindo ao Poder Legislativo a sua discussão e aprovação. É o tipo de orçamento democrático, onde os representantes do povo (Deputados) e dos entes federados (Senadores) autorizam o Executivo a realizar os gastos públicos conforme aprovado em lei – princípio da legalidade. É esse o tipo de orçamento adotado no Brasil.

Vejamos a seguir a demonstração da evolução dos tipos de orçamento no Brasil. Destacamos que deixamos de incluir os orçamentos legislativo, executivo e misto, porque não se trata propriamente de uma evolução histórica dos tipos de orçamento no Brasil.

Quanto à vinculação do conteúdo do orçamento, ele pode ser classificado como autorizativo ou impositivo. Será considerado *autorizativo* quando fica a cargo do administrador público o cumprimento integral do orçamento (da Lei Orçamentária). De outro lado, é chamado de *impositivo* quando tem por finalidade efetivar um comando para o administrador público, o que gera para o cidadão um direito subjetivo. Em 2015, o Congresso Nacional editou a Emenda Constitucional n. 86 prevendo a execução obrigatória de emendas parlamentares individuais, criando o chamado Orçamento Impositivo e, a partir daí, a discussão sobre o orçamento impositivo ficou acirrada. Já em 2019, retomando a discussão sobre a ampliação do Orçamento Impositivo, foi editada a Emenda Constitucional n. 100 e, ato contínuo, foram editadas as Emendas Constitucionais n. 102 e n. 105 (que, inclusive, introduziu o art. 166-A no texto constitucional).

Por fim, o *orçamento incremental* é uma técnica baseada na execução orçamentária do ano anterior com incremento apenas dos índices inflacionários e utilizada quanto há a fixação do teto de gastos em razão de crises econômico-financeiras.

1.4.6   Superávit e Déficit Financeiro

A relação sobre a diferença entre o ativo financeiro e o passivo financeiro estabelece-se computando os créditos adicionais e as operações de crédito vinculadas. Se o resultado for positivo, a hipótese é de superávit; se for negativo, é de déficit[33].

1.4.7   Conceito de Orçamento e sua Natureza Jurídica

Ao abordarmos os elementos da atividade financeira do Estado vimos a definição de Receita e Despesa. Nesse sentido, o conceito de orçamento *é uma exigência constitucional expressa em um planejamento financeiro de estruturação orçamentária, que autoriza as despesas públicas com base na estimativa de arrecadação de receita, através de lei formal, não havendo espaço para o ato administrativo normativo.*

Quanto à **natureza jurídica do orçamento**, rendemos nossa homenagem a Rosa Jr.[34], que claramente expõe o tema. Nesse sentido, temos que o assunto não é pacífico, surgindo assim quatro correntes doutrinárias. A *primeira corrente,* liderada pelo autor alemão *Hoennel,* entende que o orçamento *é sempre uma lei* porque emana invariavelmente do Poder Legislativo, embora a competência para encaminhar o projeto de lei orçamentária seja privativa do chefe do Poder Executivo. Segundo o seu criador, toda lei formal exterioriza uma lei em seu conteúdo, porque a lei orçamentária é elaborada como todas as outras leis. A *segunda corrente,* liderada por *Paul Laband,* adotou o entendimento de que a lei orçamentária é extrinsecamente uma lei, mas seu conteúdo é de *ato administrativo.* Isto porque não leva em consideração o órgão que a elaborou, mas sim o seu conteúdo jurídico. A *terceira corrente,* liderada por *Léon Duguit,* entende que o orçamento deve ser analisado de duas

---

33   O superávit/déficit *primário* é o resultado da arrecadação do governo menos os gastos, exceto juros da dívida. Já o superávit/déficit *nominal* é o resultado nominal do governo equivalente à arrecadação menos os gastos, incluindo os juros da dívida.

34   ROSA JR., Luiz Emygdio. *Manual de direito financeiro e tributário.* 10ª ed. Rio de Janeiro: Renovar, 2006.

formas, tendo em vista que possui assuntos de conteúdos diferentes. Assim, o seu criador entende que, no que tange às despesas e receitas, é um mero *ato administrativo*, mas, em relação à parte que autoriza a cobrança e a arrecadação de tributos, deve ser encarada como *lei*. A *quarta* e última *corrente*, liderada por *Gaston Jèze,* entende tratar-se de mero ato-condição. Isto porque a lei que institui tributo foi elaborada antes da Lei Orçamentária; ela depende somente do implemento da condição para sua cobrança, isto é, da Lei Orçamentária.

Vale dizer que a corrente majoritária entende ser o orçamento uma lei formal, mas com conteúdo de *ato administrativo*[35]. Tal classificação se deve ao fato de a Lei Orçamentária ser uma lei de efeito concreto que tem prazo certo de vigência – destoando assim da classificação geral e tradicional das leis que são, por natureza, genéricas, abstratas, constantes e impessoais. Vale dizer que essa classificação adotada no direito comparado foi realizada com base no orçamento de cada país. Ocorre que essa discussão não fica apenas no campo teórico, pois apresenta consequências práticas relevantes, como, por exemplo: saber se o orçamento é impositivo ou autorizativo; a existência ou não de direito subjetivo para o cidadão; se a lei orçamentária pode ou não sofrer controle concentrado de constitucionalidade, tema que passamos a abordar no item seguinte.

O STF, no RE 34.581/DF, em que a recorrente era a União Federal e a recorrida era a Escola de Medicina e Cirurgia do Rio de Janeiro, definiu que o Orçamento era uma Lei Formal. No voto do relator, o Ministro Cândido Motta Filho sustentou que a Constituição estabeleceu que o orçamento seria uno, incorporando-se à receita, obrigatoriamente, todas as rendas e suprimentos de fundos e incluindo-se discriminadamente na despesa as dotações necessárias ao custeio de todos os serviços públicos. Disse ainda que "o orçamento, como uma aprovação prévia da receita e das despesas públicas, é uma **lei formal**. É um plano de governo, proposto pelo Executivo. Como diz Aliomar Baleeiro, 'é em face das necessidades e medidas planejadas para satisfazê-las, que os representantes concedem ou não autorização para a cobrança de impostos pelas várias leis anteriormente existentes' (*Limitações constitucionais ao poder de tributar*, p. 15). Assim é uma lei de características *sui generis*, pela qual a Administração fica autorizada a cobrar impostos e a fazer várias e determinadas despesas. Portanto, é uma lei autorizativa".

Sendo uma lei formal, a simples fixação de gastos na lei orçamentária anual não cria, em princípio, direito subjetivo, não sendo possível se exigir, em tese, por via judicial, que um programa de trabalho específico planejado e inserido na lei orçamentária seja realizado.

A lei orçamentária brasileira possui as seguintes características:

a) *É uma lei formal:* Formalmente o orçamento é uma lei, mas, em diversas situações, não obriga o Poder Público a realizar a despesa, podendo, por

---

35 Para Fonrouge (Giuliani, *Derecho financiero.* 3ª ed. Buenos Aires: Depalma, p. 4), o orçamento é um ato com significação jurídica e não meramente contábil.

exemplo, deixar de realizar um gasto autorizado pelo legislativo. Entretanto, muitos tipos de gastos são obrigatórios, a exemplo das despesas mínimas com educação, saúde etc. Portanto, o orçamento é apenas uma lei formal.

b) *É uma lei temporária:* A lei orçamentária tem vigência limitada (um ano).

c) *É uma lei ordinária:* Todas as leis orçamentárias (PPA, LDO e LOA) são votadas como leis ordinárias. Os créditos suplementares e especiais também são aprovados por leis ordinárias.

d) *É uma lei especial:* Denominada "lei de meios", possui processo legislativo um pouco diferenciado das leis comuns, posto que trata de matéria específica (receitas e despesas).

1.4.8 Controle de Constitucionalidade da Lei Orçamentária

As leis orçamentárias, como já visto, são leis em sentido formal, mas materialmente são consideradas um ato administrativo, pois são desprovidas de generalidade e abstração. Elas fazem parte do plano de ação governamental, tendo em vista que o orçamento é autorizativo (ato-condição) e não impositivo (ato-regra). Por tais motivos, a posição do STF era no sentido de que as referidas leis não poderiam sofrer o controle concentrado de constitucionalidade de modo a não violar o princípio da separação dos poderes, em face da "indevida" ingerência do Poder Judiciário no mérito administrativo. Contudo, a matéria em função de sua relevância vem sofrendo modificações por parte do STF – o que passaremos a abordar neste item.

As questões inerentes à satisfação das necessidades humanas básicas e da universalização da dignidade humana perpassam por programas sociais do governo, o que é, contudo, uma dimensão muito mais política do que jurídico-constitucional, sob pena de se configurar um Estado Social Totalitário que acabe por rechaçar a própria autonomia dos indivíduos e da sociedade civil como um todo. A relação existente entre os temas aqui tratados e a matéria orçamentária encontra seu elo na alegação por parte dos entes federativos da ausência de recursos públicos, que, a nosso entender, não podem, por si só, justificar que o Estado deixe de prestar serviços básicos de saúde aos que não podem pagar ou que deixe ao relento, expostas à desnutrição, pessoas que perambulem pela rua. Enfim, que não garanta o acesso à previdência social, ao ensino fundamental; que não fomente programas de assistência à maternidade, à infância, aos adolescentes, aos idosos e às pessoas portadoras de deficiência que necessitem de serviços sociais enquanto garantia de dignidade. A esse respeito, há que ser rígido – não se pode transigir. Assim, a questão inerente às necessidades humanas básicas, por conseguinte, a reserva do possível, é muito mais garantia de dignidade do que escusas dos poderes públicos. Em síntese temos que, no que se refere ao paradigma das necessidades básicas, cabe ao Legislativo, Executivo e à sociedade civil definirem a reserva do possível, mas cabe também ao Poder Judiciário intervir através de um ativismo positivo, fato que não pode simplesmente sucumbir ao tecnicismo formal. Significa dizer que, em alguns casos, o Judiciário tem que tomar a vanguarda e decidir exercer um controle de constitucionalidade, bem como tomar medidas impositivas que até então eram mascaradas pelo mérito administrativo, e, ao que nos parece, nesse sentido tem andado bem nossos Tribunais, como a discussão do controle de constitucionalidade da lei orçamentária conforme veremos.

É importante frisar que os direitos fundamentais consolidados na Constituição de 1988, de forma originária ou não (através de emendas ou da incorporação de tratados internacionais), devem nortear a elaboração das leis orçamentárias, e este dever não está totalmente inserido no campo da discricionariedade administrativa, onde o governo é livre para agir de acordo com seus próprios critérios de conveniência e oportunidade. Corroboramos a lição de Silva[36] ao afirmar que o princípio da separação dos poderes e a competência de dispor do orçamento não são ideias absolutas, pois sofrem limitações constitucionais, nem são fins em si mesmos, mas meios para o controle do Poder Estatal e garantia dos direitos individuais.

Corroboramos também a lição de Gesta Leal[37] ao mencionar que, além de uma discussão doutrinária sobre o tema, há também um problema que envolve a faticidade do mínimo existencial, condizente com sua significativa natureza relacional em face do tempo e do espaço. Isto porque o mínimo na África é diferente do mínimo existencial na Suíça; o mesmo ocorre em face do interior de um Estado brasileiro relacionado a uma grande capital, por exemplo, eis que ele se relaciona sempre com uma perspectiva de escassez dos recursos finitos para o atendimento de demandas infinitas em termos de quantidade e natureza. Canotilho, citado pelo autor, vê a efetivação deste mínimo existencial na dimensão, por exemplo, dos direitos sociais, econômicos e culturais, a partir de uma reserva do possível, oportunidade em que aponta a sua dependência dos recursos econômicos, ponto que queremos abordar neste trabalho.

É diante deste cenário, até então exposto, que a reserva do possível apresenta-se basicamente com as configurações de um princípio instrumental, ou seja, constitui-se enquanto mecanismo jurídico de aferição de constitucionalidade das políticas dos direitos fundamentais sociais. Ora, o que a sociedade pode esperar razoavelmente, no que concerne aos serviços sociais e bens que lhes sejam disponibilizados, condiciona-se, de um lado, ao grau de desenvolvimento econômico-social do país e, de outro, às opções políticas realizadas tanto pelos poderes públicos quanto pela sociedade civil. Cuidando-se de país economicamente desenvolvido, que tenha optado por políticas sociais baseadas no modelo institucional redistributivo e não simplesmente contributivo, aproximando-se, assim, do objetivo principal que é a universalização. Em outros termos, satisfeitas as necessidades humanas básicas de todos, os serviços sociais vão se generalizando para o conjunto da sociedade e aí podemos dizer que a concretização dos direitos fundamentais sociais

---

36 SILVA, Sandoval Alves da. *Direitos sociais:* leis orçamentárias como instrumento de implementação. Curitiba: Juruá, 2007.

37 LEAL, Rogério Gesta. *Condições e possibilidades eficaciais dos direitos fundamentais sociais. Os desafios do Poder Judiciário no Brasil.* Porto Alegre: Livraria do Advogado, 2009.

segue seu rumo natural. Contudo, tal possibilidade atualmente é restrita, considerando-se tanto os condicionantes fiscais quanto os influxos do neoliberalismo.

Em relação ao orçamento, o posicionamento consolidado pelo Supremo Tribunal Federal não admitia que as leis orçamentárias fossem submetidas ao controle concentrado de constitucionalidade por serem classificadas como lei formal, justamente por carecerem dos requisitos de generalidade e abstração necessários a este tipo de controle por parte do Poder Judiciário. Temos, como exemplo, o julgamento da ADI 1.640, na qual o STF deixou de analisar a constitucionalidade da Lei Orçamentária Anual n. 9.438/97, que destinava recursos da CPMF para pagamento de dívidas e encargos administrativos. Segundo o relator, a ação direta de inconstitucionalidade sob análise não se destinava a impugnar um ato normativo, e sim a destinação de recursos, prevista em lei formal, mas de natureza e efeitos político-administrativos concretos, hipótese em que, na conformidade dos precedentes da Corte, descabe o controle concentrado de constitucionalidade como previsto no art. 102, I, *a*, da Constituição Federal. O STF começou a delinear a modificação da sua jurisprudência ao conhecer e prover parcialmente a ADI 2.925 em virtude da edição da Lei Orçamentária n. 10.640/2003. A inconstitucionalidade residia na abertura de crédito suplementar em rubrica estranha à destinação, estabelecida pelo art. 177, § 4º, II, *a*, *b* e *c*, da Constituição, para os recursos arrecadados através da CIDE-combustíveis. Em 2008, o STF (ADI 4.048 – MC/DF) proferiu decisão no sentido de rever essa orientação clássica em torno da inviabilidade do uso da ADI para impugnação de leis orçamentárias. Tal movimento se iniciou por ocasião de uma questão de ordem preliminar, sobre o próprio cabimento da ADI 4.048, posto que referida ação se dirigia ao ataque de uma típica norma de caráter orçamentário, a saber, a Medida Provisória n. 405/2007, em que o Presidente da República determinara a abertura de crédito extraordinário a favor de diversos órgãos do Poder Executivo e da Justiça Eleitoral.

Da mesma forma a ADPF n. 45[38] corroborou o entendimento jurisprudencial exposto acima, na medida em que abordou justamente a possibilidade de intervenção e controle do Poder Judiciário sobre a implementação de políticas públicas quando o governo, legitimado para o exercício desta importante função, estiver atuando de forma arbitrária, comprovadamente oposta às normas consagradas na Constituição. A ADPF em questão foi promovida em face do Presidente da República que vetou o art. 55, § 2º, da Lei de Diretrizes Orçamentárias n. 10.707/2003, desrespeitando a EC n. 29/2000, que foi promulgada para garantir recursos financeiros mínimos a serem aplicados nas ações e serviços públicos de saúde. Entretanto, após o questionamento, o Presidente enviou novo projeto de lei de diretrizes orçamentárias ao Congresso Nacional, restabelecendo integralmente o dispositivo vetado anteriormente. Não obstante a presente Ação Constitucional tenha perdido

---

38 ADPF 45 MC/DF: "Tendo em consideração as razões expostas, julgo prejudicada a presente ADPF, em virtude da perda superveniente do seu objeto".

seu objeto, o relator teceu contundentes considerações acerca do tema. Reconheceu inicialmente que a Arguição de Descumprimento de Preceito Fundamental qualifica-se como instrumento idôneo para a solução da controvérsia apresentada, conferindo dimensão política à jurisdição constitucional, vez que, embora ordinariamente não se inclua no âmbito das funções institucionais do Judiciário, o STF não pode suprimir o encargo de tornar efetivos os direitos sociais, culturais e econômicos assegurados pela Carta de 1988, sob pena de o Poder Público, por ação ou omissão, comprometer a própria ordem constitucional.

Assim, tomando como base o julgamento da ADPF 45 e das ADIs 4.048 e 4.049, entendemos que o Supremo Tribunal Federal deu um grande passo ao permitir que as leis orçamentárias possam sofrer, ainda que em caráter excepcional, controle concentrado de constitucionalidade. A escolha das políticas públicas, ou seja, a classificação das despesas públicas a serem priorizadas, que estarão orçadas nestas leis, deverá sofrer influência direta dos princípios e regras consagrados na Constituição brasileira, inclusive no preâmbulo. Na lição de Mendes[39], a posição majoritária não confere valor normativo aos preâmbulos constitucionais, entretanto, a sua função hermenêutica é inegável, o que permitiria conceder-se a estes textos inaugurais pelo menos um valor normativo indireto, vez que a interpretação dos preceitos constitucionais, estes, sim, criadores de deveres e direitos, não poderá afastar-se do disposto no preâmbulo. Celso de Albuquerque[40] observa que já em seu preâmbulo a Carta Política afirma instituir um Estado Democrático de Direito, destinado a assegurar o exercício dos direitos sociais e individuais, a liberdade, a igualdade, o bem-estar e a justiça, dentre outros, como valores supremos de uma sociedade fraterna.

Analisando brevemente o aspecto puramente formal enfrentado nos julgamentos citados, o STF entendeu que a lei de conversão não convalida os vícios existentes na medida provisória, como se pode observar nos precedentes das ADIs 3.090 e 3.100, cujo acórdão está assim resumido: a lei de conversão não convalida os vícios formais porventura existentes na medida provisória, que poderão ser objeto de análise do Tribunal, no âmbito do controle de constitucionalidade.

Diante de todos esses aspectos, tem-se afirmado que a Ação Direta é o meio pelo qual se procede ao controle de constitucionalidade das normas jurídicas *in abstracto*, não se prestando ela ao controle de atos administrativos que têm objeto determinado e destinatários certos, ainda que esses atos sejam editados sob a forma de lei – as leis meramente formais, porque têm forma de lei, mas seu conteúdo não encerra normas que disciplinam relações em abstrato.

O que pretendemos abordar aqui é que, nessa mesma linha de orientação, o STF afirma que os atos estatais de efeitos concretos, ainda que veiculados em texto

---

39 MENDES, Gilmar Ferreira; COELHO, Inocêncio Mártires; BRANCO, Paulo Gustavo Gonet. *Curso de direito constitucional.* 4ª ed. São Paulo: Saraiva, 2009.

40 SILVA, Celso de Albuquerque. *Legitimidade da execução orçamentária*: direitos sociais e controle pelo Poder Judiciário. Disponível em: <www.anpr.org.br>. Acesso em: 2 maio 2010.

de lei formal, não se expõem, em sede de ação direta, à jurisdição constitucional abstrata do STF, porquanto a ausência de densidade normativa no conteúdo do preceito legal impugnado desqualifica-o – enquanto objeto juridicamente inidôneo – para o controle normativo abstrato. Contudo, merece destaque o esforço no sentido de precisar a distinção entre normas gerais e normas de efeito concreto na seguinte reflexão sustentada pelo STF. É expressiva dessa orientação jurisprudencial a decisão que não conheceu da ADI 2.100[41]: *"LDO. Vinculação de percentuais a programas. Previsão da inclusão obrigatória de investimentos não executados do orçamento anterior no novo. Efeitos concretos. Não se conhece de ação quanto à lei desta natureza. Salvo quando estabelecer norma geral e abstrata, ação não conhecida".*

Como bem ressaltou o referido julgado, há que se distinguir entre a norma de caráter individual quando se torna individualmente obrigatória uma conduta única – e a norma de caráter geral – na qual uma certa conduta é universalmente posta como devida[42]. O caráter individual de uma norma não depende de ser a norma dirigida a um ser humano individualmente determinado ou a várias pessoas individualmente certas ou a uma categoria de homens, ou seja, a uma maioria não individualmente, mas apenas de certas pessoas de modo geral.

A matéria não é tão simples quanto parece, tanto que Barroso[43] posiciona-se no sentido de que inicialmente pode parecer que uma decisão judicial que determine a entrega de medicamentos ao autor de uma demanda em face de um ente federativo gera colisão, de um lado, entre o direito à vida e à saúde e, de outro lado, a separação dos poderes, os princípios orçamentários e a reserva do possível. Contudo, esta questão trata de uma ponderação ainda mais complexa, entre o direito à vida e à saúde de uns e o direito à vida e à saúde de outros. Afinal, as políticas públicas de saúde devem contribuir para a diminuição das desigualdades econômicas e sociais.

A extensão da jurisprudência, desenvolvida para afastar do controle abstrato de normas os atos administrativos de efeito concreto, às chamadas leis formais suscita, sem dúvida, alguma insegurança, porque coloca a salvo do controle de constitucionalidade um número infinito de leis. Outra há de ser, todavia, a interpretação, pois essas leis formais decorrem ou da vontade do legislador ou do desiderato do próprio constituinte, que exige que determinados atos, ainda que de efeito concreto, sejam editados sob a forma de lei.

É aqui, a nosso sentir, um dos pontos de interseção entre a efetividade dos direitos fundamentais sociais, o mínimo social, a reserva do possível, o orçamento e seu controle de constitucionalidade pelo Poder Judiciário. Se a Constituição

---

41   Rel. Min. Nelson Jobim, j. em 17-12-1999, *DJ* de 1º-6-2001.

42   KELSEN, Hans. *Teoria geral das normas*. Trad. G. Florentino Duarte. Sergio Antonio Fabris Ed., 1986, p. 11.

43   BARROSO, Luís Roberto. *Da falta de efetividade à judicialização excessiva*: direito à saúde, fornecimento gratuito de medicamentos e parâmetros para a atuação judicial. Disponível em: <www.lrbarroso.com. br>. Acesso em: 11 maio 2010.

submete a lei ao processo de controle abstrato, até por ser este o meio próprio de inovação na ordem jurídica e o instrumento adequado de concretização da ordem constitucional, não parece admissível que o intérprete debilite essa garantia da Constituição, isentando um número elevado de atos aprovados sob a forma de lei do controle abstrato de normas e, muito provavelmente, de qualquer forma de controle. É que muitos desses atos, por não envolverem situações subjetivas, dificilmente poderão ser submetidos a um controle de legitimidade no âmbito da jurisdição ordinária. Na verdade, temos aqui uma das implicações da cláusula da reserva do possível. Isto porque, esta se subdivide em reserva do possível fática, consubstanciada na ausência de recursos financeiros para a realização dos deveres inerentes ao Estado, e reserva do possível jurídica, alegada pela Administração Pública em virtude da suposta impossibilidade de alteração da legislação orçamentária pelo Poder Judiciário.

Os estudos no plano da teoria do direito indicam que tanto se afigura possível formular uma lei de efeito concreto (lei casuística) de forma genérica e abstrata quanto seria admissível apresentar como lei de efeito concreto regulação abrangente de um complexo mais ou menos amplo de situações. Todas essas considerações demonstravam que a jurisprudência do Supremo Tribunal Federal não andava bem ao considerar as leis de efeito concreto como inidôneas para o controle abstrato de normas.

Argumentou-se na ADI 4.048 que *"não se está, aqui, a discutir o conteúdo de um crédito extraordinário em si mesmo, mas, sim, o real enquadramento de um determinado crédito na categoria de 'extraordinário', a única que a Constituição de 1988 admite à medida provisória"*. O Tribunal se viu diante de uma controvérsia constitucional suscitada em abstrato, independente do caráter geral ou específico, concreto ou abstrato de seu objeto. Há uma questão constitucional, de inegável relevância jurídica e política, que deve ser analisada a fundo.

É óbvio que a discussão proposta na ADI citada não enfrenta a questão por nós suscitada quanto ao mínimo e o básico social, mas a possibilidade de o Poder Judiciário analisar, sob o ponto de vista constitucional, a lei orçamentária, que é uma importante ferramenta para se buscar a efetivação dos direitos fundamentais sociais. Passamos então a destacar alguns pontos importantes no julgado que guardam pertinência com o tema. No âmbito do Fundo Nacional para a Criança e o Adolescente – FNCA, a implementação de medida emergencial para solucionar a crise do atual modelo de atendimento socioeducativo de adolescentes em conflito com a lei, no que se refere a unidades de internação. No que tange ao Ministério da Cultura, os recursos serão utilizados em um conjunto de ações articuladas, denominado "Programa Mais Cultura", cujo objetivo é possibilitar o acesso à cultura pelas populações menos favorecidas. Nesse sentido, serão realizadas ações de capacitação e formação de profissionais e de implantação e modernização de espaços culturais, pontos de cultura e bibliotecas públicas, entre outras. No Ministério do Meio Ambiente, o crédito permitirá o desenvolvimento sustentável dos povos e comunidades tradicionais, com ênfase no reconhecimento, fortalecimento e garantia dos seus direitos territoriais, sociais, ambientais, econômicos e culturais; e a efetivação de medidas para a prevenção, o controle e o combate da gripe aviária, tais como o mapeamento das rotas e áreas de concentração de aves silvestres, em especial as de tráfico, o licenciamento, orientação e execução de ações de manejo em áreas de risco, o treinamento de técnicos, o monitoramento dos trabalhos desenvolvidos pelas Unidades de Conservação sobre o tema e expedições de vigilância ativa para coleta de material de aves de risco, em articulação com o Ministério da Saúde. O crédito para o Ministério do Desenvolvimento Social e Combate à Fome viabilizará o pagamento de despesas com o processamento de dados dos benefícios de prestação continuada e da renda mensal vitalícia. No âmbito do Ministério da Educação, a relevância e urgência decorrem da implantação do Plano de Desenvolvimento da Educação e evidenciam-se pela impossibilidade de postergação destas, sob pena de comprometimento da eficácia do referido Plano.

Concluindo, é bem verdade que o rol apresentado é meramente exemplificativo, contudo, é plenamente possível identificar situações específicas caracterizadas pela relevância dos temas aqui tratados e que dizem respeito à efetivação dos direitos fundamentais sociais, cuja solução precisa de um esforço conjunto de todos os poderes constituídos e também da sociedade.

Não é possível negar, no que diz respeito à efetivação dos direitos fundamentais sociais, que existem eventos relevantes que necessitam, impreterivelmente, de recursos suficientes para evitar o desencadeamento de uma situação de crise. Ocorre que, para tais situações, já existem mecanismos no direito brasileiro de prevenção em relação a situações de risco previsíveis, daí a inclusão na lei orçamentária do anexo de riscos fiscais e a reserva de contingência. Assim, por exemplo, se, por um lado, não se pode negar a relevância da abertura de créditos para a prevenção contra a denominada gripe aviária, por outro lado, pode-se constatar que, nessa hipótese, os recursos são destinados à prevenção de uma possível calamidade pública ainda não ocorrida.

O que discutimos não é a solução de crise, como uma política repressiva, mas sim uma situação normal de concretização de normas constitucionais que perpassam por vários direitos fundamentais sociais que devem ser buscados pelo Estado, ainda mais se adjetivado como democrático de direito. Mas, na verdade, o que queremos ressaltar aqui não é a utilização da lei orçamentária para executar despesas urgentes e imprevisíveis, ou talvez a abertura de créditos especiais ou suplementares. O que se objetiva é demonstrar que o ativismo judicial positivo no que se refere ao controle de constitucionalidade do orçamento é um fato preponderante para minimizar os efeitos de políticas públicas negativas, que por consequência proporcionam, em grande parte, a efetivação dos direitos fundamentais sociais. Não queremos sugerir a implementação no Brasil do modelo americano de orçamento vinculado, mas propor uma reflexão, pois as políticas públicas não são seletivas, mas sim disjuntivas. Os recursos são finitos enquanto as demandas são infinitas. O problema parece girar em torno do conceito epistemológico-filosófico adequado dos direitos fundamentais, ou seja, em que consiste esse direito. E, a partir daí, se questionar a interferência e efetividade desses direitos nas políticas públicas. Percebemos um patente desvirtuamento pelo Poder Executivo dos parâmetros constitucionais que permitem a edição de medidas provisórias para a abertura de créditos adicionais, a pretexto da sua relevância social. E esses exemplos citados (ADI 4.048) não é um caso raro. Impressiona a quantidade elevada de medidas provisórias editadas pelo Presidente da República, para abertura de créditos adicionais, demonstrando que não há uma previsão orçamentária adequada, o que reflete na concretização dos direitos fundamentais sociais. Frisamos que, se a previsão orçamentária está inadequada, também será deficitário o nível de comprometimento do Estado com a efetivação dos direitos fundamentais. Note-se que não estamos falando aqui de créditos suplementares, mas sim de extraordinários.

É papel do STF assegurar a força normativa da Constituição e estabelecer limites aos eventuais excessos legislativos dos demais Poderes e, como guardião da Constituição, participar efetivamente na busca da concretização desses direitos em face da omissão ou ineficácia das políticas públicas. O que discutimos aqui é a relação entre o básico e o mínimo essencial. Canotilho[44] submete a efetivação dos direitos sociais, econômicos e culturais à reserva do possível. Para ele, a realização destes direitos estaria sempre condicionada aos recursos despendidos com intuito de alcançar este efeito. Nessa visão, a limitação dos recursos públicos passa a ser considerada como um verdadeiro limite fático à efetivação dos direitos sociais prestacionais. A jurisprudência alemã posiciona-se no mesmo sentido ao admitir que os serviços públicos que dependam de prestações materiais do Estado estão sujeitos à condição de disponibilidade dos respectivos recursos. E a decisão sobre a disponibilidade destes estaria localizada no campo discricionário das decisões governamentais e dos parlamentos, através da composição dos orçamentos públicos. Todavia, a adequação deste entendimento à realidade brasileira compromete a efetividade dos direitos fundamentais sociais. Ademais, segundo o autor, "a discussão europeia sobre os limites do Estado Social e a redução de suas prestações e a contenção dos respectivos direitos subjetivos não pode absolutamente ser transferida para o Brasil, onde o Estado Providência nunca foi implantado".

Assim, propomos a investigação de algumas indagações que ainda estão sem respostas em vários aspectos, a saber: em que medida a natureza humana é o ponto de partida para a análise dos direitos fundamentais? É possível garantir, na via governamental, todos os direitos e prerrogativas que estamos reconhecendo na Constituição? Qual a forma mais legítima e responsável na formatação e escolha desses direitos? A quem compete a concretização dos direitos fundamentais sociais?

É certo que todo direito, seja ele positivo ou negativo, demanda recursos financeiros, e nada que custe dinheiro pode ser absoluto, ainda mais quando tratamos de receita e despesa pública, pois o "gigantismo estatal" proporciona várias dificuldades. Da mesma forma que para cada despesa corresponde uma receita e que isto

---

44   CANOTILHO *apud* BIGOLIN, Giovani. A reserva do possível como limite à eficácia e efetividade dos direitos sociais. *Revista de Doutrina da 4ª Região*, Porto Alegre, n. 01, jun. 2004. Disponível em: <www.revistadedoutrina.trf4.jus.br>.

está vinculado às leis orçamentárias no Brasil, sob pena de violação à Lei de Responsabilidade Fiscal. Assim, para que estes direitos tenham efetividade, antes, haverá um investimento seletivo dos valores arrecadados junto aos contribuintes, portanto, não poderão ser objeto de uma proteção unilateral do Poder Judiciário sem levar em consideração as consequências orçamentárias, pelas quais os demais poderes serão responsáveis. Contudo, administrar a coisa pública a contento é bem diferente de buscar a concretização dos direitos fundamentais sociais. As políticas públicas não são seletivas, mas sim disjuntivas. Os recursos são finitos enquanto as demandas são infinitas. O problema é de ordem epistemológica e filosófica adequada ao conceito e efetividade dos direitos fundamentais, ou seja, em que consiste esse direito e aí sim analisar a interferência e a efetividade desses direitos nas políticas públicas.

Por fim, ressaltamos que o STF (ADI 5.449) reconhece ser possível a impugnação, em sede de controle abstrato de constitucionalidade, de leis orçamentárias. Assim, é cabível a propositura de ADI contra lei orçamentária, lei de diretrizes orçamentárias e lei de abertura de crédito extraordinário.

1.4.9   Elementos do Orçamento

O Orçamento Público, por sua complexidade, abrange três aspectos fundamentais: *a) Jurídico* – equivale aos efeitos próprios dos orçamentos, regulamentados pelo ordenamento jurídico. É a natureza do ato orçamentário à luz do Direito; *b) Político* – é a autorização política para a realização do plano; *c) Econômico* – consiste no fato de o orçamento assumir a forma de uma previsão da gestão orçamental do Estado, o que corresponde a um plano financeiro.

1.4.10   Princípios Orçamentários

Assim como todo ramo do Direito, o Direito Financeiro também se pauta em uma série de princípios. Assim, passaremos a abordar os princípios orçamentários.

1.4.10.1 Anualidade Orçamentária

A dinâmica da Administração Pública faz com que haja uma necessidade de implementação do orçamento de forma anual, com o objetivo de que possa sofrer as alterações necessárias para a implementação das diretrizes previstas na Lei de Diretrizes Orçamentárias. Nesse sentido o art. 2º da Lei n. 4.320/64 foi recepcionado pelo art. 165, III e § 9º, da CRFB/88, que estabelece uma programação anual entre receita e despesa, atualmente exteriorizada pela Lei Orçamentária Anual. Destaque-se que a anualidade orçamentária ainda persiste no Direito brasileiro e não deve ser confundida com a anualidade tributária que, segundo a maioria da doutrina, não existe mais, por força da não recepção pela Constituição de 1988. O art. 150, III, alíneas *b* e *c*, só trata da anterioridade tributária, e não da anualidade, que defendia a autorização anual na Lei Orçamentária como condição essencial para a cobrança de um tributo[45]. No Brasil, é conveniente lembrar que o ano orçamentário, ou exercício financeiro, coincide com o ano civil, ou seja, de 1º de janeiro a 31 de dezembro.

1.4.10.2 Unidade

O princípio da unidade orçamentária não significa que o orçamento deva ser elaborado em um documento único, mas, sim, que o sistema orçamentário seja elaborado em harmonia com todos os seus elementos sob o aspecto formal. Encontra previsão no art. 165, § 5º, da CRFB/88. Contudo, ressalte-se que o fato de existirem três leis orçamentárias básicas (PPA, LDO e LOA) não retira o caráter de unidade do orçamento, pois todas as leis são editadas de forma harmônica e integradas.

1.4.10.3 Universalidade

Esse princípio está intimamente relacionado ao princípio da unidade, pois, para que o orçamento seja uno, as leis orçamentárias terão que prever de uma vez todas as receitas e despesas dos Poderes, dos órgãos, fundos e entidades da Administração Direta e Indireta pelos seus totais, vedadas quaisquer deduções. A Constituição de 1988 prevê a universalidade orçamentária em seu art. 165, § 5º, bem como a Lei n. 4.320/64 em seu art. 6º.

1.4.10.4 Legalidade

O princípio da legalidade é o princípio norteador de todo o sistema orçamentário; por isso a Constituição, em seu art. 165, disciplinou o aspecto formal em que deve ser pautado, reservando, contudo, ao Poder Executivo a competência privativa para encaminhar projeto de lei orçamentária, em especial o Plano Plurianual, a Lei de Diretrizes Orçamentárias e a Lei Orçamentária Anual. Nota-se, aqui, a aplicação da teoria da independência e harmonia entre os poderes da República, de modo a conceder maior legitimidade na previsão e aplicação do dinheiro público.

Nesse sentido, podemos exemplificar que se um Prefeito conceder, por decreto, aumento no vencimento dos professores em atividade, essa medida será ilegal e inconstitucional. Isto porque carece tal aumento de lei específica e comprovação de dotação orçamentária, conforme dispõem os arts. 37, X, c/c 169 da CRFB e 21 da LC n. 101/2000 (com nova redação dada pela LC n. 173, de 2020). Por outro lado, não há que se invocar que o Município poderia editar tal medida em face do princípio da autonomia municipal, na forma do art. 30, I, da CRFB. Ver também o art. 61, § 1º, II, da CRFB.

---

[45] Flavio Bauer Novelli defende a permanência do princípio da anualidade tributária no nosso ordenamento jurídico. Ver também a **Súmula 66 do STF**.

1.4.10.5 Publicidade Orçamentária

O princípio da publicidade é um conhecido princípio do Direito Administrativo, previsto no art. 37 da CRFB/88. Contudo, nesse ramo do Direito a publicidade aparece como um preceito geral que rege a Administração Pública. Ocorre que, tomando como base o "Sistema Constitucional Orçamentário", a Constituição resolveu dar um tratamento específico ao orçamento público, estabelecendo em seu art. 165, § 3º (*vide* EC n. 106, de 2020), que o Poder Executivo publicará, até trinta dias após o encerramento de cada bimestre, relatório resumido da execução orçamentária[46]. Prevê ainda a Constituição, em seu art. 166, § 7º, que sejam aplicadas ao Plano Plurianual a Lei de Diretrizes Orçamentárias e a Lei Orçamentária Anual, no que não contrariar o disposto na seção dos Orçamentos e as demais normas relativas ao processo legislativo. Por fim, recomendamos a leitura dos demais parágrafos do art. 166, que foram introduzidos pelas EC n. 86/2015, EC n. 100/2019 e EC n. 126/2022.

1.4.10.6 Proibição de Estorno

Este princípio eminentemente técnico está previsto no art. 167, VI, da CRFB/88, que simplesmente veda a transposição, o remanejamento ou a transferência de recursos de uma categoria de programação para outra ou de um órgão para outro, sem prévia autorização legislativa.

1.4.10.7 Equilíbrio Orçamentário-Financeiro

Embora o equilíbrio orçamentário seja o ideal, isto é, a busca da perfeição de uma administração satisfatória, não raro ocorrem determinadas situações durante o exercício financeiro que mudam a estratégia do administrador público, fazendo com que haja, sem "culpa" da própria administração, um desequilíbrio no orçamento público. Basta exemplificar que em nossa casa isso também acontece sem que tenhamos contribuído para esse desequilíbrio entre receita e despesa. Acreditamos que, por esse motivo, o Poder Constituinte retirou a obrigatoriedade da observância desse princípio da Constituição como condição *sine qua non,* visto que não poderia a Constituição impor o equilíbrio orçamentário e responsabilizar o administrador, considerando que o aspecto econômico sofre variações conjunturais, muitas vezes imprevisíveis. Ademais a Lei de Responsabilidade Fiscal foi editada exatamente para, entre outras coisas, combater as irregularidades injustificadas praticadas pelo administrador público. Explicita Harada[47]: *"não cabe à economia*

---

[46] Ver também LC n. 131/2009 e Lei n. 12.527/2011, que regula o acesso a informações previsto no inciso XXXIII do art. 5º, no inciso II do § 3º do art. 37 e no § 2º do art. 216 da CF. Recomendamos a leitura da Lei n. 13.709 de 14 de agosto de 2018, que dispõe sobre a proteção de dados pessoais e altera a Lei n. 12.965, de 23 de abril de 2014 (Marco Civil da Internet).

[47] HARADA, Kiyoshi. *Direito financeiro e tributário.* 13ª ed. São Paulo: Atlas, p. 91.

equilibrar o orçamento, mas ao orçamento equilibrar a economia, isto é, o equilíbrio orçamentário não pode ser entendido como um fim em si mesmo, mas como um instrumento a serviço do desenvolvimento da nação". Nesse sentido, acreditamos ser correta a posição do legislador constituinte em retirá-la da Constituição, para que futuramente tal norma constitucional não viesse a ser descumprida por inviabilidade técnica. Esse princípio está expresso no art. 4º, inciso I, alínea *a*, da Lei de Responsabilidade Fiscal (LC n. 101/2000).

1.4.10.8 Clareza ou Transparência[48]

A exigência da legalidade orçamentária deve sempre estar associada à transparência e à publicidade no orçamento. Afinal, a gestão do dinheiro público deve ser clara e cristalina em relação ao povo, pois este é o destinatário do interesse público. Nesse sentido, prevê o art. 165, § 6º, da CRFB/88 que o projeto de lei orçamentária será acompanhado de demonstrativo regionalizado do efeito, sobre as receitas e despesas, decorrente de isenções, anistias, remissões, subsídios e benefícios de natureza financeira, tributária e creditícia. Esse princípio pode ser exteriorizado através de instrumentos de transparência na gestão fiscal, e diante disso temos os arts. 48 e 49 da Lei de Responsabilidade Fiscal, que elencam como instrumentos da gestão fiscal os planos orçamentários, as prestações de contas e o respectivo parecer prévio do Tribunal de Contas, o relatório resumido da execução orçamentária e o relatório de gestão fiscal e as versões simplificadas destes documentos. Todos esses instrumentos têm o objetivo de observar a ampla divulgação do orçamento, inclusive através de meios eletrônicos, possibilitando pleno acesso à população ao conhecimento da existência e do conteúdo desses documentos. A transparência fiscal exige, inclusive, que as contas apresentadas pelo chefe do Poder Executivo durante todo o exercício sejam disponíveis à população, dando publicidade de seu conteúdo tanto no órgão técnico do ente federativo quanto no Poder Legislativo. Por esse motivo, muitos Municípios divulgam na fachada de seus prédios centrais o orçamento do exercício, de modo que todos os munícipes tenham acesso ao montante arrecadado, bem como aos gastos públicos. A transparência assegura também o incentivo da participação popular e de audiências públicas durante o processo de elaboração e de discussão das Leis Orçamentárias[49].

Diante da edição da Lei n. 12.846/2013 (norma anticorrupção), da Lei n. 13.303/2016 (Lei das Estatais) e de todos os dispositivos pertinentes ao *Compliance*

---

48 Destacamos a Lei n. 12.741/2012, que, apesar de não abordar matéria diretamente ligada ao Direito Financeiro, trata da transparência tributária, determinando que nos documentos fiscais ou equivalentes o consumidor seja informado do valor aproximado correspondente à totalidade de tributos cuja incidência interfere na formação dos respectivos preços de venda.

49 Recomendamos a leitura do art. 48 da LC n. 101/2000, com as alterações da LC n. 131/2009, e que também incluiu os arts. 48-A, 73-A, 73-B e 73-C; também alterado pela Lei Complementar n. 156/2016, que estabelece o Plano de Auxílio aos Estados e ao Distrito Federal e medidas de estímulo ao reequilíbrio fiscal e traz alterações na LC n. 148/2014 e na LC n. 101/2000, e pela LC n. 159/2016.

na esfera pública e privada, instaura-se no Brasil a *Era do Compliance*. Por isso, reco-mendamos a leitura de nossa obra[50] sobre o tema, na qual abordamos todos os dispositivos internacionais, bem como as leis nacionais que envolvem os sistemas de gestão de *Compliance* a Antissuborno.

1.4.10.9 Exclusividade

Esse princípio, emoldurado pelo art. 165, § 8º, da CRFB/88, é expresso ao esta-belecer uma proibição no sentido de que a Lei Orçamentária Anual não conterá dispositivo estranho à previsão da receita e à fixação da despesa. Isso porque de nada adiantaria uma rigidez formal, exigindo uma lei para determinar a relação existente entre a receita e a despesa, se no bojo dessa lei existissem outros assuntos inseridos. Ressalte-se, ainda, que essa vedação visa também a coibir a chamada "cauda orçamentária". Por outro lado, por questões de ordem prática no exercício da Administração Pública, vale ressaltar que não se inclui nessa proibição a autori-zação para abertura de créditos suplementares e a contratação de operações de crédito, ainda que por antecipação de receita, nos termos da lei. Abordaremos me-lhor os créditos adicionais mais adiante.

1.4.10.10 Não Afetação

Este princípio, também chamado de **não vinculação** da receita de impostos, en-contra amparo no art. 167, inciso IV, da CRFB/88, com nova redação dada pela EC n. 42/2003, estabelecendo que é vedada a vinculação de receita de impostos a ór-gão, fundo ou despesa, ressalvando os seguintes itens: a) a repartição do produto da arrecadação dos impostos a que se referem os arts. 158 e 159; b) a destinação de recursos para as ações e serviços públicos de saúde; c) para manutenção e desenvol-vimento do ensino; d) para realização de atividades da administração tributária, como determinado, respectivamente, pelos arts. 198, § 2º[51], 212 e 37, XXII; e) para a prestação de garantias às operações de crédito por antecipação de receita, previs-tas no art. 165, § 8º, bem como para o disposto no § 4º deste artigo. A EC 132/23 alterou o referido § 4º: "*É permitida a vinculação das receitas a que se referem os arts. 155, 156, 156-A, 157, 158 e as alíneas "a", "b", "d", "e" e "f" do inciso I e o inciso II do "caput" do art. 159 desta Constituição para pagamento de débitos com a União e para prestar-lhe garantia ou contragarantia*".

Ressalte-se que a vedação da não afetação existe em especial porque os impos-tos são tributos classificados como não vinculados, ou seja, não exigem para sua cobrança uma contraprestação estatal. É por isso que o mesmo não acontece com outros tributos, exatamente pela peculiaridade que as outras espécies possuem de

---

50 CARNEIRO, Claudio; JUNIOR, Milton de Castro. *Compliance e boa governança*: pública e privada. Curitiba: Juruá, 2018.

51 Em relação ao art. 198 da CF/88, *vide* decisão na ADPF 672 e Emenda Constitucional 127/2022.

serem vinculadas a uma contraprestação do Estado ou à vinculação da destinação de suas receitas, como é o caso das contribuições em geral.

Nesse sentido, o STF, ao julgar o RE 218.874/SC, entendeu ser inconstitucional a LC n. 101/93 do Estado de Santa Catarina, que estabeleceu o reajuste automático de vencimentos dos servidores do Estado-membro, vinculado ao incremento da arrecadação do ICMS e índice de correção monetária – ofensa ao disposto nos arts. 37, XIII, 96, II, *b*, e 167, IV, todos da CRFB/88. Da mesma forma, entendeu o STF que a Lei gaúcha n. 10.983/97 não apenas majorou a alíquota do tributo, mas também vinculou a destinação da diferença apurada ao custeio na área de Segurança Pública do Estado.

1.4.10.11 Racionalidade

Considerando a escassez dos recursos, de um lado, e, de outro, as necessidades humanas da população, faz-se necessário o uso racional das verbas públicas e o efetivo controle de gastos, de modo a compatibilizar e otimizar os recursos disponíveis nas prioridades a serem desenvolvidas.

1.4.10.12 Continuidade

Este princípio leva em consideração a aplicação contínua e eficaz dos recursos públicos, de modo a flexibilizar as necessidades durante sua aplicação.

1.4.10.13 Aderência

Este princípio é um corolário dos princípios da universalidade e da unidade, visto que todos os órgãos, Poderes e entidades devem estar comprometidos com a finalidade do serviço público, de modo a tornar a prestação estatal cada vez maior e mais abrangente.

1.4.10.14 Especificação ou Discriminação ou Especialização

O *princípio da especificação ou discriminação*, ou ainda, como pode ser chamado, de *especialização*, dispõe que são vedadas as autorizações globais no orçamento, ou seja, as despesas devem ser especificadas, no mínimo, por modalidade de aplicação, impondo a classificação e designação dos itens que devem constar na LOA.

Este princípio é consagrado no § 1º do art. 15 da Lei n. 4.320/64: *Na Lei de Orçamento a discriminação da despesa far-se-á no mínimo por elementos. § 1º Entende-se por elementos o desdobramento da despesa com pessoal, material, serviços, obras e outros meios de que se serve a administração pública para consecução dos seus fins.*

Constitui exceção ao princípio da especificação a regra de que a lei orçamentária anual poderá conter determinada quantidade de recursos não especificamente destinada a determinado órgão, unidade orçamentária, programa ou categoria econômica. Poderíamos considerar como exceções ao princípio da especificação: *a)* a reserva de contingência, prevista no art. 91 do Decreto-Lei n. 200/67 e no art. 5º,

III, da LRF; *b)* os investimentos em regime de execução especial, estabelecido no art. 20 da Lei n. 4.320/64.

1.4.10.15 Exatidão

No princípio da exatidão existe a preocupação em atestar a realidade da forma mais correlata possível. Incide sobre os setores encarregados da estimativa de receitas e dos setores que solicitam recursos para a execução das suas atividades.

1.4.10.16 Programação

Este princípio encontra-se implícito, previsto em normas internas, e impõe que o poder público realize despesas de forma programada, conforme o ingresso de receitas.

O princípio da programação foi introduzido pela Constituição Federal de 1988, com o surgimento do Plano Plurianual e o advento da Lei de Responsabilidade Fiscal. A programação consiste em que todos os projetos de gastos devem estar programados na LOA.

1.4.10.17 Orçamento Bruto

Tal princípio tem por objetivo estabelecer que as receitas e despesas devam ser demonstradas na LOA pelos seus valores totais, isto é, sem deduções ou compensações. A proposta orçamentária da União deve ser apresentada sem as deduções dos recursos a serem transferidos aos fundos de participação dos estados e municípios.

O *princípio do orçamento bruto* está previsto na parte final do art. 6º da Lei n. 4.320/64. Esse artigo consagra dois princípios: a primeira parte se refere ao princípio da universalidade e a segunda, ao do orçamento bruto. O art. 6º estabelece que todas as receitas e despesas constarão da Lei de Orçamento pelos seus totais, vedadas quaisquer deduções.

1.4.11 Ciclo Orçamentário

O Orçamento Público, diante da existência de um processo legislativo para a elaboração das suas leis e em função da formalidade exigida pela Constituição, possui fases que são chamadas de ciclo orçamentário, que assim se subdivide: a) Proposta do Executivo, sob a supervisão política do Presidente da República. Conforme dispõe o art. 165 da CRFB/88, trata-se da elaboração do projeto de lei (PPA, LDO e a LOA); b) Discussão e aprovação do projeto no Congresso Nacional; c) Sanção pelo Presidente da República; d) Controle da execução do orçamento e parecer final sobre as contas por parte do Tribunal de Contas; e) Julgamento das contas pelo Congresso Nacional, podendo rejeitá-las ou aprová-las. Além do julgamento, temos ainda o acompanhamento e avaliação da aplicação da lei orçamentária, ou seja, o controle da execução do orçamento através de inspeções ordinárias e extraordinárias realizadas pelos Tribunais de Contas, conforme veremos adiante.

1.4.12 Controle Orçamentário – Tribunal de Contas e Vedações Constitucionais

1.4.12.1 Origem dos Tribunais de Contas

O Tribunal de Contas nasceu do Decreto n. 966-A, de 1890, e, figurando como ente auxiliar do Poder Legislativo no controle externo da atividade pública, tem grande importância em nosso sistema constitucional vigente. Funciona como órgão destinado ao controle externo da execução orçamentária, sendo considerado pela doutrina como parte do Congresso Nacional, atuando como importante auxiliar dos Poderes Legislativo, Executivo e Judiciário, bem como da sociedade organizada de modo geral.

Os Tribunais de Contas têm a natureza de órgãos técnicos não jurisdicionais, isto é, suas decisões não produzem coisa julgada, podendo, inclusive, ser revistas pelo Judiciário. Por ser a sua natureza formalmente administrativa, carecem seus atos de eficácia genérica de lei, não vinculando nenhum dos Poderes do Estado[52].

Apesar de o art. 75 da CRFB/88 determinar que as normas contidas na Seção IX, referente à Fiscalização Contábil, Financeira e Orçamentária, aplicam-se à organização, composição e fiscalização dos Tribunais de Contas da União, do Distrito Federal e dos Municípios, incluindo os seus Conselhos de Contas, encontramos no próprio texto constitucional algumas distinções acerca dos Tribunais de Contas das várias esferas de poder de nossa Administração.

1.4.12.2 Controle Orçamentário e Fiscalização

Em função da administração do dinheiro público, o exercício orçamentário sofre fiscalizações. Essa fiscalização pode ser quanto ao *órgão de controle* (interno e externo) ou quanto ao *momento do controle* (prévio, concomitante ou posterior).

No que se refere ao **órgão de controle** temos que, no âmbito **interno**, a fiscalização é exercida pelas Secretarias de Controle Interno (ou Controladorias), na forma do art. 70 da CRFB/88, ou por outros nomes estabelecidos pelo ente federativo, como é o caso da Controladoria-Geral da União. Por outro lado, o controle **externo** é exercido pelo Poder Legislativo, auxiliado pelos Tribunais de Contas (arts. 70 a 73 da CRFB/88). É importante destacar que o controle externo pode ser público ou privado. O controle externo privado é realizado através do povo, que pode inclusive ingressar com uma ação popular, já o público é aquele de que tratamos neste item e deve ser analisado sob o aspecto dos três poderes da República. Importante frisar que cada poder tem seu orçamento próprio. No entanto, sempre enfatizamos o Poder Executivo por ser este o que realiza direta, concreta e imediatamente o interesse público e também o que desenvolve a política arrecadatória. Assim, em face da teoria dos freios e contrapesos de Montesquieu, o controle orçamentário é realizado pelo Poder Legislativo, na fiscalização do orçamento e das contas do

---

52 TORRES, Ricardo Lobo. Op. cit., p. 188.

Executivo, auxiliado pelos Tribunais de Contas e na votação do PPA, da LDO e da LOA; pelo Poder Judiciário através do controle Jurisdicional das Leis Orçamentárias e das Ações de Prestação de Contas, quanto a sua legalidade e Constitucionalidade, e pelo próprio Poder Executivo através da sua Secretaria de Controle Interno.

O art. 75 da Lei n. 4.320/64 estabelece que *o controle da execução orçamentária compreenderá: I – a legalidade dos atos de que resultem a arrecadação de receita ou a realização da despesa, o nascimento ou a extinção de direitos e obrigações; II – a fidelidade funcional dos agentes da administração, responsáveis por bens e valores públicos; III – o cumprimento do programa de trabalho expresso em termos monetários e em termos de realização de obras e prestação de serviços.*

A natureza desse controle externo é tratada pelo Estatuto da Reforma Administrativa Federal (Decreto-Lei n. 200/67), que elencou, em seu art. 6º, os princípios fundamentais que deverão nortear a Administração Pública, sendo eles: o planejamento, a coordenação, a descentralização, a delegação de competência e, finalmente, o controle.

Esse controle, também denominado legislativo, é realizado em auxílio ao exercido pelo Congresso Nacional na fiscalização contábil, financeira, orçamentária e patrimonial da União e das entidades que compõem a administração direta.

Cabendo precipuamente ao Congresso Nacional o controle político, emana também deste o controle técnico ou numérico-legal, que, de fato, é o mais decisivo. Considerando-se a índole política que define a composição e as funções do Legislativo do Poder Público, o controle técnico não pode exercitar-se de modo direto por ele ou pelo Parlamento. Por este motivo, instituiu-se um organismo especializado, com independência do Poder Executivo, de modo que possa ser assegurada e garantida a necessária imparcialidade no processamento da execução orçamentária por parte deste[53].

No que se refere ao **momento do controle**, será considerado **prévio** quando antecede a execução, como ocorre na observância das normas financeiras na elaboração do projeto de lei orçamentária. Será **concomitante** quando observado durante a execução do orçamento. E, por fim, será considerado **posterior** quando efetuado por meio de vários instrumentos, como, por exemplo, prestação de contas, tomada de contas, relatório de gestão fiscal.

1.4.12.3 Atribuições dos Tribunais de Contas

O art. 71 da CRFB/88 elenca, dentre outras, algumas atribuições do Tribunal de Contas no exercício do controle externo do orçamento.

Cabe salientar que, devido à sua localização no texto constitucional – no Capítulo que trata do Poder Legislativo –, alguns estudiosos consideram o Tribunal de

---

53 SILVA, José Afonso da. Op. cit., p. 736. Apud LOPES, Alfredo Cecílio. *Ensaio sobre o Tribunal de Contas,* p. 598.

Contas como sendo hierarquicamente subordinado a esse Poder, enquanto outros acreditam em sua independência institucional.

O entendimento dominante é que inexiste tal relação de subordinação, havendo, sim, cooperação entre tal ente e não só o Poder Legislativo, mas todos os outros Poderes que compõem a Administração Pública, conforme exposto na própria inteligência do art. 71 do texto constitucional que diz que *o controle externo, a cargo do Congresso Nacional, será exercido com o auxílio do Tribunal de Contas da União (...)*.

1.4.12.4 Efeitos das Decisões dos Tribunais de Contas

Questão interessante a ser discutida diz respeito ao art. 71, § 3º, da CRFB/88, que atribui a característica de título executivo às decisões dos Tribunais de Contas[54]. A questão é a quem cabe executá-las.

O STF possui entendimento que carece às Cortes de Contas legitimidade para executar suas próprias decisões[55] que venham a impor condenação patrimonial aos responsáveis por irregularidades no uso de bens públicos. Tais decisões não podem ser executadas, seja diretamente pelo Tribunal de Contas ou pelo próprio Ministério Público, pelo simples fato de faltar-lhes legitimidade e interesse, reservados às Procuradorias do ente beneficiário da referida condenação ou ainda à Advocacia-Geral da União, dependendo do caso. Isto é: o texto constitucional não confere às Cortes de Contas autonomia para se tornarem executores de suas próprias decisões, já que tal incumbência é estranha às suas atribuições.

Os titulares do crédito constituído pela decisão do Tribunal de Contas são pessoas jurídicas reconhecidas, cabendo a elas a iniciativa da execução através de seus representantes legais. Reconhecer tal legitimidade a esta Corte seria o mesmo que aceitar que houvesse a possibilidade de executar judicialmente crédito de outrem em nome próprio.

Alguns autores ainda consideram o Ministério Público, por ser membro atuante perante o Tribunal de Contas, ser legitimado a propor tais execuções. Este entendimento encontra barreiras perante boa parte da doutrina, já que a própria natureza jurídica do *Parquet* impede que ele atue em substituição à Fazenda Pública. Tanto é que, aos seus membros, é vedado constitucionalmente o exercício da advocacia, bem como representação judicial e consultoria jurídica de entidades públicas, o que também é aplicável aos integrantes do Ministério Público junto aos Tribunais de Contas.

---

54 Art. 71, § 3º, da CF/88: "As decisões do Tribunal de que resulte imputação de débito ou multa terão eficácia de título executivo".

55 O STF, na ADI 4.070 ajuizada pela Associação Nacional dos Procuradores de Estado, reafirmou o entendimento (fixado no RE 223.037-1/SE) de que os tribunais de contas não têm competência para executar títulos. O STF julgou inconstitucional norma estadual que permitia à Procuradoria do TCE-RO cobrar judicialmente as multas aplicadas em decisão definitiva do tribunal e não saldadas no prazo.

Deste modo, através do próprio texto constitucional, percebemos que os membros do Ministério Público que atuam junto aos Tribunais de Contas não possuem legitimidade para executar suas próprias decisões[56].

Através dos arts. 131 e 132 da CRFB/88 notamos que cabe à Advocacia-Geral da União representar judicialmente a União e, aos Procuradores dos Estados, a representação dos Estados e do Distrito Federal.

Alinhada a esta corrente, podemos ainda citar a própria Lei Orgânica do TCU (Lei n. 8.443/92) que regulou a atividade do Ministério Público perante o Tribunal de Contas, de modo que o *Parquet* deve promover junto à Advocacia-Geral da União a execução judicial de suas decisões patrimoniais condenatórias se enquadradas na hipótese do art. 71, II, da CRFB/88.

Independentemente do ângulo analisado, vemos a total impossibilidade de esta Corte promover, ela mesma, ou por meio do Ministério Público respectivo, a execução judicial de suas decisões, devendo assim providenciar a cobrança através da Advocacia Geral da União ou através das Procuradorias Gerais dos Estados e dos Municípios, dependendo do caso, sob pena de responsabilidade[57].

Por outro lado, já que os Tribunais de Contas não possuem competência para executar suas próprias decisões (frise-se, de natureza condenatória), resta saber quem a possui então. Nesse sentido, o STJ vem decidindo que a legitimidade para a cobrança judicial destes créditos é do ente estatal que mantém a Corte de Contas.

O STF[58], em sentido contrário, decidiu que cabe ao ente prejudicado[59] a execução do crédito (cobrança da multa). A matéria teve sua Repercussão Geral reconhecida no RE-Ag 641.896/RJ.

Na ADI 4.070, o STF, prestigiando o princípio da inafastabilidade do Poder Judiciário, reafirmou a impossibilidade de se conferir interpretação extensiva ao art. 129, III, da CF/88, retomando a distinção entre o patrimônio do Poder Público e o patrimônio público em si. Segundo o Tribunal, as condenações do TCU buscam garantir a devolução, aos cofres públicos, dos recursos que foram indevidamente utilizados pelos gestores. Assim, diante do interesse econômico, cabe ao ente público beneficiado (interessado) com a restituição dos valores a legitimidade para atuar. Nesse sentido, não haveria legitimidade do Ministério Público no caso em tela.

---

56 REsp 1.119.670/MA e AI 802.442/RS. Ver também AgRg no REsp 1.181.122/RS.

57 SILVA, José Afonso da. *Curso de direito constitucional*. 19ª ed. São Paulo: Malheiros, p. 734.

58 O Estado-membro não tem legitimidade para promover execução judicial para cobrança de multa imposta por Tribunal de Contas estadual à autoridade municipal, uma vez que a titularidade do crédito é do próprio ente público prejudicado, a quem compete a cobrança, por meio de seus representantes judiciais. A 1ª Turma negou provimento ao recurso, no qual se discutia a legitimidade *ad causam* de multa que lhe fora aplicada, destacando que, na omissão da municipalidade nessa execução, o MP poderia atuar (RE 580.943-AgR/AC).

59 Os Municípios, em regra, não possuem Tribunais de Contas, cabendo aos Tribunais de Contas do Estado respectivo a fiscalização. Assim, pelo STJ, caberia ao Estado que mantém a Corte de Contas; já pelo STF, caberia ao próprio Município interessado. A título de exemplo, em relação ao Município do Rio de Janeiro, que possui Tribunal de Contas Municipal, essa divergência se tornaria sem efeito.

1.4.12.5 Vedações

Em relação ao orçamento, a Constituição apresenta em seu art. 167 algumas *vedações expressas*.

Vale lembrar[60] que o inciso III do § 9º do art. 165 da Constituição de 1988 foi alterado pela Emenda Constitucional n. 100, de 2019, reservando à Lei Complementar: "Dispor sobre critérios para a execução equitativa, além de procedimentos que serão adotados quando houver impedimentos legais e técnicos, cumprimento de restos a pagar e limitação das programações de caráter obrigatório, para a realização do disposto nos §§ 11 e 12 do art. 166" (Ver ADI 7697).

1.4.12.6 Operações de Crédito por Antecipação de Receita

As operações de crédito por Antecipação de Receita Orçamentária, conhecidas como ARO, são realizadas com o objetivo de suprir a necessidade de caixa ou de liquidez a curto prazo para realização de pagamentos que não apresentem cobertura financeira imediata para a sua efetiva liquidação. Em outras palavras, podemos dizer que é uma forma de o Estado obter receita para honrar compromissos imediatos já que não possui dinheiro para pagá-lo de imediato. É claro que, como em qualquer outra operação de crédito, incidem juros e encargos que muitas vezes são altos. Isto ocorre com certa frequência no final do exercício financeiro, quando as dotações não são suficientes para pagamento do décimo terceiro salário.

1.4.12.7 Garantia e Contragarantia

A Lei de Responsabilidade Fiscal[61] determina que os entes federativos poderão conceder garantia. Contudo, os beneficiários dessa garantia deverão oferecer contragarantia em valor igual ou superior ao valor afiançado. Destaque-se que, além do oferecimento da contragarantia, o beneficiário deverá também fazer prova de que não é inadimplente perante o ente garantidor, ou seja, o ente que está oferecendo a garantia. Nesse caso, se a garantia for concedida a outro ente federativo, a contragarantia poderá ser a vinculação de receita tributária ou as transferências constitucionais, daí o disposto no art. 167, inciso IV e seu § 4º, da CRFB/88 (alterado pela EC 132/23). Por fim, ressaltamos que a garantia prestada pelo ente federativo integra a dívida consolidada, para efeito de cálculo do limite do endividamento e que a alteração da metodologia utilizada para fins de classificação da capacidade de pagamento de Estados e Municípios deverá ser precedida de consulta pública, assegurada a manifestação dos entes.

---

60 Recomendamos a leitura das Emendas Constitucionais n. 103/2019, n. 106/2020, n. 109/2021; n. 128/2022, que fizeram diversas alterações no art. 167 e, inclusive, criaram os arts. 167-A a 167-G da Constituição de 1988.

61 Com a alteração dada pela Lei Complementar n. 178, de 2021.

1.4.13 Créditos Orçamentários Adicionais

Vimos que o Orçamento Público é pautado no princípio da legalidade, e que as leis orçamentárias não podem conter dispositivos estranhos ao orçamento; contudo, tal exigência não pode significar um engessamento das despesas públicas. Isto porque podem ocorrer, ao longo do exercício financeiro, situações que mereçam uma alteração imediata no orçamento. Nesse sentido, o Direito Financeiro, através da Constituição, prevê a abertura dos Créditos Orçamentários Adicionais, que servem exatamente para atender situações imprevisíveis ou emergenciais, bem como para corrigir falhas da própria Lei Orçamentária, ou ainda por mudanças de estratégia nas políticas públicas.

Conforme dispõe a Lei n. 4.320/64, são créditos adicionais as autorizações de despesa não computadas ou insuficientemente dotadas na Lei de Orçamento. Esses créditos se classificam em: a) suplementares, os destinados a reforço de dotação orçamentária; b) especiais, os destinados a despesas para as quais não haja dotação orçamentária específica e; c) extraordinários, os destinados a despesas urgentes e imprevistas, em caso de guerra, comoção intestina ou calamidade pública. A seguir, analisaremos cada um em separado.

» *Crédito Extraordinário*

Esta modalidade encontra previsão no art. 167, § 3º, da CRFB/88, cuja abertura somente será admitida para atender a despesas imprevisíveis e urgentes, não previstas em dotações anteriores, como as decorrentes de guerra, comoção interna ou calamidade pública, surtos de dengue, malária etc., observado o disposto no art. 62. Significa dizer que o crédito extraordinário será criado quando não existir dotação orçamentária prevista na Lei Orçamentária e que, em face da sua urgência e imprevisibilidade, não necessita de lei. É o que pode se entender com a parte final do artigo que prevê a observância do art. 62 da CRFB/88, que trata da edição de medida provisória. Vale lembrar que na forma do referido art. 62 da CRFB/88, medida provisória não pode tratar de matéria reservada à lei complementar, e, muito menos, alterá-la. Nesse sentido, os limites de gastos com despesas de pessoal e os limites constitucionais mínimos de aplicação de dotação orçamentária nos setores de educação e saúde. Tais limites encontram-se previstos nos arts. 198, 212 e 213 da CRFB/88 (*vide* também art. 25, § 1º, IV, *b*, da LC n. 101/2000). Os créditos especiais e extraordinários terão vigência no exercício financeiro em que forem autorizados, salvo se o ato de autorização for promulgado nos últimos quatro meses daquele exercício, caso em que, reabertos nos limites de seus saldos, serão incorporados ao orçamento do exercício financeiro subsequente. Ressalte-se que a abertura dessa espécie de crédito independe da existência prévia de recursos disponíveis, e os saldos remanescentes em 31 de dezembro podem ser transferidos para o exercício seguinte, desde que a autorização tenha sido dada nos últimos quatro meses do exercício (art. 167, § 2º, da CRFB/88). No caso dos Estados e

Municípios[62], na inviabilidade de edição de medidas provisórias, os Governadores e Prefeitos realizam a abertura dos créditos extraordinários por decreto. Vale dizer que nesse caso, embora sempre seja indicada a fonte de recursos, não há necessidade de que o Governador a indique para a abertura dos respectivos créditos (art. 43, § 4º, da Lei n. 4.320/64).

» *Crédito Suplementar*

Essa modalidade, prevista na CRFB/88 em seu art. 167, V, c/c o § 2º, também já encontrava previsão no art. 41, I, da Lei n. 4.320/64. A abertura e a destinação do crédito suplementar fundamentam-se na necessidade de reforço da dotação orçamentária. Verifica-se então que, diversamente dos créditos extraordinários, os créditos suplementares possuem previsão na Lei Orçamentária; as dotações são suplementadas, tendo em vista que o crédito orçado não foi suficiente. Destaque-se que o art. 165, § 8º, da CRFB/88 prevê que a Lei Orçamentária Anual não conterá dispositivo estranho à previsão da receita e à fixação da despesa, não se incluindo na proibição, por questões já expostas, a autorização para abertura de créditos suplementares e contratação de operações de crédito, ainda que por antecipação de receita, nos termos da lei. Isto porque, se já existia dotação prévia na Lei Orçamentária Anual, não haveria qualquer confronto ou violação ao princípio da legalidade orçamentária. Contudo, apesar dessa possibilidade, por outro lado, o art. 167, V, da CRFB/88 prevê que é vedada a abertura de crédito suplementar ou especial sem prévia autorização legislativa e sem indicação dos recursos correspondentes. Assim, a abertura do crédito suplementar, que terá sempre vigência dentro do exercício financeiro, depende da existência de recursos disponíveis; tais créditos são abertos por decreto do Executivo após autorização por lei, e podem ser autorizados na própria Lei Orçamentária ou em lei especial. Destaque-se que por ser o crédito suplementar um suplemento de verbas naquela determinada dotação, não se admite prorrogação.

» *Crédito Especial*

O crédito especial é uma posição intermediária entre o extraordinário e o suplementar. Assim, da mesma forma que o crédito extraordinário, o crédito especial também é aberto em função da inexistência de dotação orçamentária prevista na Lei Orçamentária Anual. Contudo, difere deste porque, além da necessidade de lei

---

62 Indaga-se se os Municípios poderiam editar medidas provisórias em matéria tributária com base no art. 62 da CF em observância ao princípio da simetria constitucional. O art. 25, § 2º, da CF, ao prever a competência exclusiva aos Estados para explorar serviços de gás canalizado, proibiu o uso de medida provisória nesse caso, de onde se concluiu que o Governador estaria autorizado a editá-la. Resta saber, portanto, se o mesmo se aplica ao Prefeito. O STF já sinalizou em sentido afirmativo quando do julgamento da ADI 425/TO e da ADI 2.391/SC; contudo, citou apenas os Estados-membros e desde que autorizados expressamente pela Constituição Estadual. Entendemos que o princípio da simetria deve ser aplicado também no caso dos Municípios, de modo a preservar o pacto federativo, a autonomia dos entes e a simetria constitucional.

autorizativa, sua abertura se dá em relação às despesas novas que surgiram no decorrer do exercício que não se referem às situações imprevisíveis e urgentes como o caso de guerra, comoção interna ou calamidade pública, ou que não possuem categoria de programação orçamentária específica (art. 41, II, da Lei n. 4.320/64). Nesse sentido, o art. 167, V, da CRFB/88, prevê que é vedada a abertura de crédito suplementar ou especial sem prévia autorização legislativa e sem indicação dos recursos correspondentes. O crédito especial, como já dito, visa a atender despesas novas, não previstas na Lei Orçamentária Anual, mas que surgiram durante a execução do orçamento e, por isso, também carece de recursos disponíveis. São abertos por decreto do Executivo após autorização em lei especial, e os saldos remanescentes em 31 de dezembro podem ser transferidos para o exercício seguinte, desde que a autorização tenha se dado nos últimos quatro meses do exercício (art. 167, § 2º, da CRFB/88).

1.5 Principais Aspectos sobre o Crédito Público

1.5.1 Conceito e Natureza Jurídica

A obtenção de crédito público gera o endividamento público, pois tal modalidade se inclui entre os diversos processos que o Estado possui para obtenção de verbas para alcançar finalidades fiscais (meramente arrecadatórias) ou extrafiscais (de intervenção do Estado no domínio econômico). Destaque-se que, na maioria dos países, o empréstimo público é considerado um processo normal de complementar a receita e engrossar os cofres públicos, contudo entendemos ter a obtenção de crédito público caráter extraordinário. Por essa razão, os empréstimos públicos também são chamados de "dívida pública", pois são considerados como ingressos públicos e não como receita pública, já que não se incorporam definitivamente ao patrimônio público. Afirmar crédito e dívida como sinônimos poderia causar estranheza no sentido de que o conceito de crédito seria exatamente o oposto de dívida. Etimologicamente, a palavra crédito significa confiança, o que justificaria os empréstimos públicos, razão pela qual o crédito público pode ter duas concepções: a) valor que o Estado tem a receber de terceiro em função de um débito; b) empréstimo tomado pelo Estado, que corresponde a uma dívida; c) o exemplo mais conhecido de captação de crédito é a emissão de títulos da dívida pública pela União, Estados, Distrito Federal e Municípios (art. 163, IV, da CRFB/88). Vale ressaltar que, embora o empréstimo público implique a entrada de dinheiro nos cofres públicos, não é considerado tecnicamente como receita, pois esse ingresso não se incorpora aos cofres públicos, de modo a acrescer o seu patrimônio, vez que terá que ser devolvido. A EC n. 109/2021 inovou ao trazer a sustentabilidade da dívida, especificando alguns requisitos e a EC n. 108/2020 inseriu o art. 163-A ao texto constitucional.

Assim, em síntese, podemos *conceituar a dívida pública* como a faculdade que o Estado possui em obter empréstimos no mercado interno ou externo, com bancos ou instituições financeiras, a concessão de garantias e a emissão de títulos da dívida pública, assumindo, portanto, a obrigação de restituí-los nos prazo e condições fixados.

Quanto à **natureza jurídica do crédito público**, a matéria não é pacífica, provocando divergência na doutrina. A *primeira corrente* entende que o crédito público é um simples *ato de soberania*, pois o Estado poderia unilateralmente modificar as condições do empréstimo público, sendo insuscetível de controle, até mesmo pelo Poder Judiciário. A *segunda corrente* entende ser um *ato legislativo*, em que o Estado não age com soberania, mas, sim, é submisso à lei que ele próprio editou, e, portanto, tem que cumprir as regras impostas pela legislação. A *terceira corrente* entende ser um *contrato de direito administrativo*, que corresponde a uma relação contratual em que de um lado está o Estado. Filiamo-nos a esta corrente[63] por ser, a nosso ver, a que melhor representa a justificativa e as consequências do empréstimo. Por fim, a *quarta corrente*, mais tradicional, defende a natureza de *contrato de direito privado*, por seguir a disciplina do Código Civil.

1.5.2   A Dívida Pública Brasileira e Títulos da Dívida Pública

No Brasil-colônia não existia uma dívida pública sob o ponto de vista técnico, mas já existiam empréstimos desde os séculos XVI e XVII. Contudo, dezesseis empréstimos externos foram celebrados até o final do Império. Até a Revolução de 1930, registrou-se a expansão da dívida externa e interna. Nesse período, também começaram os endividamentos dos Estados, que persistem até hoje.

Como bem ensina Torres[64], o Estado Patrimonial vivia precipuamente de rendas dominiais do Príncipe (o empréstimo e o tributo não ocupavam lugar de destaque na escrituração da receita). Essa estrutura financeira somente se modifica com o Estado Liberal, e a receita passa a pautar-se principalmente na arrecadação de impostos. Contudo, de outro lado os empréstimos passaram a assumir uma função de antecipar a arrecadação e de sustentar investimentos de longo prazo. Daí em diante, em especial nas décadas de 30 e 40, avolumou-se a quantidade de empréstimos públicos, dando ensejo ao chamado déficit público. A tentativa de recuperar a situação econômica fez com que se buscasse o equilíbrio orçamentário.

Por outro lado, a emissão de **Títulos da Dívida Pública** está pautada no princípio da legalidade. Esses títulos começaram a ser emitidos, segundo a Procuradoria da Fazenda Nacional, em 1902, pelo então Presidente Campos Sales. Dependendo do fim a que se destinam, assumem diversas denominações, distinguindo-se das apólices, cupões, bônus do Tesouro Público, bilhetes e obrigações, dentre outros.

Os chamados Títulos da Dívida Pública são uma forma de captação de crédito (de pequeno ou grande valor) em que o ente público lança títulos das mais variadas espécies (em regra são apólices) no mercado particular. Compete à lei

---

63   Nesse sentido, Gaston Jèze, Trotabas e, no âmbito nacional, Geraldo Ataliba.

64   TORRES, Ricardo Lobo. *Curso de direito financeiro e tributário.* 15ª ed. Rio de Janeiro: Renovar, 2007, p. 215-216.

complementar, conforme o art. 163, III e IV, da CRFB/88, dispor sobre a concessão de garantias pelas entidades públicas, bem como emissão e resgate dos títulos da dívida pública, bem como a concessão de garantias pelas entidades públicas.

A emissão destes títulos pode se dar de forma direta ou indireta pelo Estado ou ainda por intermédio da bolsa de valores, de corretores ou de bancos sob critérios que o próprio Estado define. A sua extinção se dá através das formas que materializem o seu pagamento total ou ainda em amortizações até a sua total liquidação. Entendemos que o uso desses títulos, desde que tenham cotação em bolsa, possa se dar também no âmbito da execução fiscal, na qual o devedor pode oferecê-los como garantia quando executado pela Fazenda Pública, hipótese que caracteriza uma forma de compensação de créditos tributários com créditos líquidos, e certos do sujeito passivo contra a Fazenda Pública (seja ela Federal, Estadual ou Municipal), desde que a lei ordinária específica autorize, conforme o disposto no art. 170 do CTN. Desta forma, de acordo com a Lei n. 6.830/80[65], em seu art. 8º, proposta a execução, o executado tem o prazo de cinco dias para *pagar a dívida com os juros e multa de mora e encargos indicados na Certidão de Dívida Ativa, ou garantir a execução.* Pode o executado efetuar o depósito em dinheiro à ordem do Juízo em estabelecimento oficial de crédito, que assegure atualização monetária, oferecer fiança bancária ou seguro-garantia, nomear bens à penhora ou, ainda, indicar à penhora bens oferecidos por terceiros e aceitos pela Fazenda Pública. Admite-se a indicação de bens móveis, incluindo-se os títulos da dívida pública e créditos com cotação em bolsa, e de bens imóveis.

A nomeação de bens é facultativa e de acordo com o art. 10: *Não ocorrendo o pagamento nem a garantia referida, a penhora poderá recair sobre quaisquer bens do executado, excepcionados os impenhoráveis, por imposição da lei.*

Por outro lado, questão de relevado interesse diz respeito à consignação em pagamento através de títulos da dívida pública. Corroboramos o entendimento de Rosa Jr.[66], no sentido de não admitir a consignação em pagamento mediante Títulos da Dívida Pública, porque o débito tributário relaciona-se à dívida em dinheiro, e não há como se reconhecer a possibilidade de efeito liberatório à oferta dos mencionados títulos, hipótese em que a consignação deve prosseguir na forma do art. 162 do CTN. Somos, contudo, a favor da compensação através dos referidos títulos.

A Constituição de 1988 prevê que os limites e condições do endividamento serão estabelecidos pelo Senado (art. 52) ou pelo orçamento (art. 167, III).

Quanto à extinção da dívida pública, temos que ela pode se dar por "quebra" do Estado, confusão, como, por exemplo, a hipótese do art. 164, § 2º, da CF, compensação (art. 170 do CTN), conversão e amortização. Ressalte-se que a EC n. 109/2021 inseriu o art. 164-A no texto constitucional prevendo que a União, os Estados, o DF

---

65 Ver a Lei n. 13.043/2014, que trouxe alterações importantes na Lei de Execução Penal.

66 Nesse sentido ROSA JR., Luiz Emygdio. Op. cit., p. 693.

e os Municípios devem conduzir suas políticas fiscais de forma a manter a dívida pública em níveis sustentáveis, na forma da lei complementar referida no inciso VIII do art. 163 da CRFB/88, pois a elaboração e a execução de planos e orçamentos devem refletir a compatibilidade dos indicadores fiscais com a sustentabilidade da dívida.

1.5.3 Classificação

A Constituição da República de 1988 traz alguns artigos que tratam do crédito público, daí surgirem as classificações em operações de crédito por antecipação de receita e operações de crédito em geral. As *operações de crédito por antecipação de receita* são os empréstimos para suprir o déficit de caixa. Já as *operações de créditos em geral* são aquelas feitas a longo prazo relacionadas às despesas de capital. Tais operações são exceções ao princípio da vedação da vinculação da receita dos impostos, na forma do art. 167, inciso IV, da CRFB/88. Passaremos a abordar outras classificações.

1.5.3.1 Compulsório ou Voluntário

O crédito é subdividido em *forçado ou compulsório* (art. 148 da CRFB) e *voluntário*. Essa divisão causa discussão em razão da natureza jurídica do crédito público, que admite, como visto anteriormente, três correntes. Daí, dizer-se que o voluntário é aquele que deriva da livre manifestação de vontade, em que o Estado contrai empréstimo com o particular, como, por exemplo, no contrato de mútuo. Por outro lado, compactuamos com o entendimento de que o empréstimo forçado não é crédito público, como é o caso do empréstimo compulsório. Contudo, o crédito público comporta modalidades próprias que não são encontradas no Direito Privado. Baleeiro[67] ensina que o legislador lança mão das seguintes técnicas para a captação do empréstimo forçado, a saber: imprimir forçadamente bilhetes bancários ou cédulas do Tesouro; retenção dos depósitos de dinheiro, feitos em instituições bancária ou financeira; fato gerador do empréstimo compulsório com natureza tributária e, portanto, impositiva.

A competência para instituir o crédito público é privativa da União e está condicionada à observância de certos pressupostos constitucionais: a) para atender a despesas extraordinárias, decorrentes de calamidade pública, de guerra externa ou sua iminência; b) no caso de investimento público de caráter urgente e de relevante interesse nacional, observado o disposto no art. 150, III, *b* – observando o princípio da anterioridade da lei fiscal relativamente ao ano da imposição do gravame restituível. Neste caso, a urgência do investimento, por não ter caráter de emergência, observa a anterioridade, em benefício dos contribuintes[68].

---

67 BALEEIRO, Aliomar. Op. cit., p. 484.

68 COÊLHO, Sacha Calmon Navarro. *Manual de direito tributário*. 2ª ed. Rio de Janeiro: Forense, 2003, p. 46.

No que se refere às despesas extraordinárias, temos que a extraordinariedade deve ser comprovada diante da total inanição do Tesouro Nacional, sob pena de irreparável banalização dessa licença constitucional. Cabe ainda destacar que esse tributo escapa ao princípio da anterioridade em face da urgência que reveste sua instituição; entretanto, encontra-se atrelado ao princípio da legalidade, pois só pode ser instituído por lei complementar. Quando da hipótese de investimento público, por carecer da urgência explícita do primeiro tipo, deve respeitar os princípios basilares de contenção ao poder de tributar, como a legalidade, a anterioridade e a irretroatividade.

Nas duas hipóteses de instituição, os créditos compulsórios chamam a atenção em razão da obediência ao princípio da capacidade contributiva – reduções e isenções são plenamente cabíveis para livrar os mais carentes do peso fiscal proveniente da súbita tributação com promessa de restituição. A restituição pode ser feita através de outros títulos e não necessariamente em dinheiro, sem implicar a violação do art. 15 do CTN. Imposto, com destinação determinada, continua sendo imposto, e sua devolução pode ocorrer também com outros tributos[69].

1.5.3.2 Perpétuo ou Temporário

Esta classificação perde a sua natureza jurídica, pois o empréstimo implica a sua devolução, sob pena de se tornar absorção compulsória do crédito, daí a antiga discussão quanto ao empréstimo compulsório ser ou não um tributo. Nesse sentido, em que pese à doutrina apresentar esta classificação, entendemos que o empréstimo perpétuo não seria uma modalidade de crédito propriamente dito, mas sim uma modalidade de tributo. Aliás, esse é o posicionamento do STF, que, ao adotar a teoria pentapartite de classificação das espécies tributárias, pacificou o entendimento de que empréstimo compulsório é tributo, suspendendo a eficácia da **Súmula 418** desta Corte Suprema. Entendeu o STF também que o fato de se exigir devolução do montante recolhido a título de empréstimo compulsório é matéria adstrita ao Direito Financeiro e não ao Direito Tributário e, por isso, não lhe retira o caráter tributário. Por outro lado, o aspecto temporário não é, a nosso ver, uma classificação, mas sim um requisito para configurar a natureza de um empréstimo, até porque nos filiamos à corrente contratualista do crédito público, com exceção do empréstimo compulsório.

1.5.3.3 Flutuante e Fundado

Essa classificação se dá em função do prazo em que o empréstimo será reembolsado, ou seja, se será devolvido no mesmo exercício ou no exercício financeiro seguinte àquele em que o crédito foi contraído. Tem ligação direta com a dívida flutuante e a dívida fundada. O empréstimo considerado *flutuante* é aquele

---

69 BECKER, Alfredo Augusto. Op. cit., p. 23.

contraído a curto prazo. Já a classificação dada como *fundada* ou consolidada pauta-se no empréstimo contraído a longo prazo ou até mesmo sem prazo.

Percebe-se que a dívida fundada é bem genérica, pois enquadra todas as obrigações assumidas pelo Poder Público, seja decorrente da lei, de contratos, de convênios etc. Nesse sentido, o art. 60 da LC n. 101/2000 permite que lei estadual ou municipal fixe limites inferiores aos previstos na LRF para a dívida consolidada, mobiliária, entre outras.

1.6 Responsabilidade Fiscal

1.6.1 Introdução

A expressão *responsabilidade fiscal* ganhou popularidade com a edição da Lei Complementar n. 101/2000, chamada de Lei de Responsabilidade Fiscal (LRF), que regulamenta os arts. 163 e 165, §§ 9º, 10 e 11, da Constituição da República de 1988. A LRF derrogou a Lei n. 4.320/64 (Lei de Finanças Públicas) e atualmente é o principal instrumento regulador das contas públicas no Brasil. A referida lei estabelece metas, limites e condições para gestão das Receitas e das Despesas. O objetivo dessa lei é estimular os governantes a desenvolver uma política tributária transparente, participativa e, sobretudo, responsável. Vale dizer que uma administração transparente deve demonstrar o que é feito com o dinheiro público, indicando os recursos correspondentes, para que a população pague os tributos de maneira mais consciente e participativa, ao menos na teoria.

1.6.2 Objetivos

A LRF tem como um de seus objetivos principais implementar a responsabilidade na gestão fiscal dos recursos públicos. Significa dizer que, com o advento da lei, os governantes passam a se responsabilizar pelo planejamento e pela execução do orçamento, bem como pelas metas que possibilitem prevenir riscos e corrigir desvios capazes de afetar o equilíbrio das contas públicas. Ao regulamentar o art. 163 da CRFB/88, a LRF traz também uma série de vedações e exigências, com o objetivo de tornar a execução orçamentária transparente e, sobretudo, planejada, com a elaboração por cada ente federativo dos seus respectivos PPA (Plano Plurianual), LDO (Lei de Diretrizes Orçamentárias) e LOA (Lei Orçamentária Anual).

1.6.3 Pilares da Lei de Responsabilidade Fiscal

Inspirada no *New Public Act* da Nova Zelândia, a Lei de Responsabilidade Fiscal brasileira[70] é pautada em quatro pilares. Vale lembrar também que a Lei Complementar n. 101/2000 adotou da lei americana a limitação de empenho (*sequestration*) e a compensação (*pay as you go*), mecanismos oriundos de uma lei chamada *Budget Enforcement Act* (BEA – 1990).

---

70 Ver ADI 2.238 em que se arguiu a inconstitucionalidade de alguns artigos da LC n. 101/2000.

a) **Planejamento:** A Constituição de 1988, em seu art. 165, retrata a legalidade financeira através da exigência de leis orçamentárias. Dessa forma, o planejamento é feito por intermédio de instrumentos legais como o Plano Plurianual (PPA), a Lei de Diretrizes Orçamentárias (LDO) e a Lei Orçamentária Anual (LOA), que estabelecem metas para garantir uma eficaz administração dos gastos públicos.

b) **Transparência ou Visibilidade:** Trata-se da publicidade da gestão pública no que tange aos gastos públicos, ou seja, a divulgação ampla e irrestrita à população dos relatórios nos meios de comunicação, inclusive internet, para que todos tenham oportunidade de acompanhar como é aplicado o dinheiro público. Por esta razão, cada governante terá que publicar o Relatório de Gestão Fiscal (RGF) e o Relatório Resumido de Execução Orçamentária (RREO), em linguagem simples e objetiva. O Poder Executivo a cada quatro meses avalia o cumprimento de metas fiscais em audiência pública. A partir daí, caberá à sociedade cobrar ações e providências de seus governantes. Nesse sentido, podemos dizer que as audiências públicas são fortes aliadas da população na busca de transparência na gestão dos nossos governantes.

c) **Equilíbrio ou Controle:** Busca-se o almejado equilíbrio orçamentário-financeiro em relação às contas públicas. Tal controle exige cuidado com os gastos e uma ação fiscalizadora mais efetiva e contínua dos órgãos competentes, em especial os Tribunais de Contas.

d) **Responsabilidade:** A grande novidade incorporada pela LC n. 101/2000 foi a responsabilidade do administrador público. Passou-se então a punir de uma forma mais severa o mau uso dos recursos públicos, inclusive com a tipificação de crimes fiscais. São sanções que os responsáveis sofrem pelo cometimento de infrações (administrativas e penais), que estão previstas em diversos diplomas legais, conforme veremos adiante.

1.6.4 Destinatários da LRF

Os arts. 1º e 2º da LC n. 101/2000 trazem as pessoas que estão obrigadas a observá-la. Nesse sentido, a Lei de Responsabilidade Fiscal se destina à Administração Direta (União, Estados, Distrito Federal e Municípios) e Indireta (com ressalvas), aos três Poderes da República (Executivo, Legislativo, Judiciário), ao Ministério Público e ao Tribunal de Contas.

Destaque-se que a referida lei trouxe, à época, uma nova classificação: as empresas controladas e as empresas estatais dependentes[71]. Assim, vejamos:

» **Empresa Controlada**

Diz-se que uma sociedade é **controlada** por outra quando esta, diretamente ou através de outras controladas, tem os direitos de sócio que lhe assegurem, de modo permanente, preponderância nas deliberações sociais e o poder de eleger a maioria dos administradores. Assim, podemos dizer que a empresa controlada é aquela cuja maioria do capital social com direito a voto pertença, direta ou indiretamente, a ente da Federação.

» **Empresa Estatal Dependente**

É a empresa estatal que recebe do ente controlador (União, Estado e Municípios) recursos financeiros para pagamento de despesas com pessoal ou de custeio em geral ou de capital, excluídos, no último caso, aqueles provenientes de aumento de participação acionária (art. 30, III, da LC n. 101/2000).

1.6.5 Limitação de Despesas

Embora já tenhamos anteriormente abordado as despesas públicas, vale destacar que a LRF trouxe tratamento especial para algumas situações, de modo a evitar a realização de despesa sem respectivo lastro financeiro, como, por exemplo: as de caráter continuado; as derivadas de criação, expansão ou aperfeiçoamento de ações governamentais (arts. 16 e 17 da LRF). Nesse sentido, a referida lei trouxe uma série de limitações de despesas que passamos a abordar:

A. Com pessoal

Conforme dispõe o art. 169 da CRFB/88, com redação dada pela EC n. 109/2021 (ver também a EC n. 127 e a EC n. 128, ambas de 2022), a despesa com pessoal ativo e inativo e pensionistas da União, dos Estados, do Distrito Federal e dos Municípios não pode exceder os limites estabelecidos em Lei Complementar. Cumprindo esse comando, o art. 19 da LC n. 101/2000 estabelece que a despesa com pessoal, em cada período de apuração e em cada ente da Federação, não poderá exceder os percentuais da receita corrente líquida, a seguir discriminados:

> União – 50% da Receita Corrente Líquida
> Estados – 60% da Receita Corrente Líquida
> Municípios – 60% da Receita Corrente Líquida[72]

---

71 *Vide* Decreto n. 10.690/2021, que regulamenta o processo de transição entre empresas estatais federais dependentes e não dependentes.

72 A LC n. 164/2018 acrescentou os §§ 5º e 6º ao art. 23 da Lei de Responsabilidade Fiscal para vedar a aplicação de sanções a Município que ultrapasse o limite para a despesa total com pessoal nos casos de queda de receita que especifica.

A Receita Corrente Líquida não expressa o volume de recursos disponíveis para livre alocação. Para cada esfera de governo é obtida por meio de somatório de todas as receitas correntes (transferências, tributárias, não tributárias), descontadas as transferências constitucionais e legais (obrigatórias) e as receitas previdenciárias, no que se refere à parte dos servidores. Destaque-se que quanto mais crescer a RCL, mais se expandirão os limites das despesas que estão a ela referenciadas.

Por fim, recomendamos a leitura da ADI 2.238 e destacamos o posicionamento do STF, na ADI 5.449, reconhecendo ser inconstitucional lei estadual que amplia os limites máximos de gastos com pessoal fixados pelos arts. 19 e 20 da LC n. 101/2000. Isso porque, como dito anteriormente, o art. 169 da CF/88 determina que a despesa com pessoal da União, dos Estados, do Distrito Federal e dos Municípios não poderá exceder os limites estabelecidos em lei complementar.

O Tribunal entendeu que esta lei complementar é nacional – no caso, a LC n. 101/2000. Nesse sentido, legislação estadual que fixar limites de gastos mais generosos viola os parâmetros normativos contidos na LRF, e, com isso, usurpa a competência da União para dispor sobre o tema[73].

B. Restrição de final de mandato

O art. 21 da LRF (com nova redação dada pela LC 173/2020) determina que é nulo de pleno direito: I – o ato que provoque aumento da despesa com pessoal e não atenda: a) às exigências dos arts. 16 e 17 dessa Lei Complementar e o disposto no inciso XIII do *caput* do art. 37 e no § 1º do art. 169 da Constituição Federal; e b) ao limite legal de comprometimento aplicado às despesas com pessoal inativo; II – o ato de que resulte aumento da despesa com pessoal nos 180 dias anteriores ao final do mandato do titular de Poder ou órgão referido no art. 20; III – o ato de que resulte aumento da despesa com pessoal que preveja parcelas a serem implementadas em períodos posteriores ao final do mandato do titular de Poder ou órgão referido no art. 20; IV – a aprovação, a edição ou a sanção, por chefe do Poder Executivo, por Presidente e demais membros da Mesa ou órgão decisório equivalente do Poder Legislativo, por Presidente de Tribunal do Poder Judiciário e pelo chefe do Ministério Público, da União e dos Estados, de norma legal contendo plano de alteração, reajuste e reestruturação de carreiras do setor público, ou a edição de ato, por esses agentes, para nomeação de aprovados em concurso público, quando: a) resultar em aumento da despesa com pessoal nos 180 dias anteriores ao final do mandato do titular do Poder Executivo; ou b) resultar em aumento da despesa com pessoal que preveja parcelas a serem implementadas em períodos posteriores ao final do mandato do titular do Poder Executivo. A intenção do legislador é não permitir despesas de caráter eleitoral visando às eleições.

---

73 A EC n. 128/2022 acrescentou o § 7º ao art. 167 da CF/88 para proibir a imposição e a transferência, por lei, de qualquer encargo financeiro decorrente da prestação de serviço público para a União, os Estados, o DF e os Municípios. A EC n. 127/2022 fez alterações no art. 198 da CF/88 e no art. 38 do ADCT.

C. Despesas de caráter continuado

Segundo o art. 17 da LRF, que foi objeto da ADI 6.357 e posteriormente altera-do pela Lei Complementar n. 176/2020, considera-se obrigatória de caráter conti-nuado a despesa corrente derivada de lei, medida provisória ou ato administrativo normativo que fixe para o ente a obrigação legal de sua execução por um período superior a dois exercícios. Também se considera aumento de despesa a prorroga-ção daquela criada por prazo determinado. Na verdade, esse dispositivo não se trata de uma proibição propriamente dita, mas sim de exigências, indicando que os atos que criarem ou aumentarem despesa de que trata o *caput* do artigo deverão ser instruídos com a estimativa prevista no inciso I do art. 16 e demonstrar a origem dos recursos para seu custeio. O ato também será acompanhado de comprovação de que a despesa criada ou aumentada não afetará as metas de resultados fiscais previstas no anexo referido no § 1º do art. 4º, devendo seus efeitos financeiros, nos períodos seguintes, ser compensados pelo aumento permanente de receita ou pela redução permanente de despesa.

Vale destacar que, segundo a LRF, considera-se aumento permanente de recei-ta o proveniente da elevação de alíquotas, ampliação da base de cálculo, majoração ou criação de tributo ou contribuição.

A comprovação referida anteriormente (no § 2º), apresentada pelo proponente, conterá as premissas e metodologia de cálculo utilizadas, sem prejuízo do exame de compatibilidade da despesa com as demais normas do Plano Plurianual e da Lei de Diretrizes Orçamentárias.

Por fim, a despesa de que trata este artigo não será executada antes da imple-mentação das medidas referidas no § 2º, as quais integrarão o instrumento que a criar ou aumentar e o disposto no § 1º não se aplica às despesas destinadas ao ser-viço da dívida nem ao reajustamento de remuneração de pessoal de que trata o inciso X do art. 37 da CRFB/88.

1.6.6 Reserva de Contingência

A Reserva de Contingência originou-se do Decreto-Lei n. 200/67, em seu art. 91:

> *Art. 91. Sob a denominação de Reserva de Contingência, o orçamento anual poderá conter dotação global não especificamente destinada a determinado órgão, unidade orçamentária, programa ou categoria econômica, cujos recursos serão utilizados para abertura de créditos adicionais.*

A Reserva foi modificada pelo Decreto-Lei n. 900/69:

> *Art. 91. Sob a denominação de Reserva de Contingência, o orçamento anual poderá conter dotação global não especificamente destinada a determinado programa ou unidade orçamentária, cujos recursos serão utilizados para abertura de créditos su-plementares, quando se evidenciarem insuficientes, durante o exercício, as dotações orçamentárias constantes do orçamento anual.*

Posteriormente, pela Portaria Ministerial n. 09 – MINIPLAN, de 28 de janeiro de 1974, Estados e Municípios foram autorizados a, mediante lei própria, incluir nos seus respectivos orçamentos a Reserva de Contingência para aquela finalidade citada anteriormente. A Reserva passou por outra modificação, por meio do Decreto-Lei n. 1.763/80. O art. 5º da Lei de Responsabilidade Fiscal estabelece que o projeto de Lei do Orçamento Anual (LOA) conterá a Reserva de Contingência cuja forma de utilização e montante, calculados com base na Receita Corrente Líquida, serão estabelecidos na Lei de Diretrizes Orçamentárias, e destinados, em princípio, ao atendimento de passivos contingentes e outros riscos e eventos fiscais e imprevistos. A Reserva de Contingência servirá tanto para a abertura de créditos adicionais quanto para o atendimento dos riscos fiscais, passivos contingentes e imprevistos e deve ter destinação precisa e, por esse motivo, ser prescrita na legislação específica: Lei de Diretrizes Orçamentárias.

1.6.7 Despesa Adequada, Compatível e Irrelevante

Para a Lei de Responsabilidade Fiscal, na forma do seu art. 16, considera-se:

a) **Adequada** com a LOA: a despesa objeto de dotação específica e suficiente, ou que seja abrangida por crédito genérico, de forma que somadas todas as despesas da mesma espécie, realizadas e a realizar, previstas no programa de trabalho, não sejam ultrapassados os limites estabelecidos para o exercício;

b) **Compatível** com o PPA e a LDO: a despesa que se conforme com as diretrizes, os objetivos, as prioridades e as metas previstas nesses instrumentos e não infrinja nenhuma de suas disposições;

c) **Irrelevantes:** a LRF ressalvou dessas exigências apenas as despesas consideradas irrelevantes, definidas pelas LDO.

1.6.8 Sanções em Caso de Desrespeito à LRF

As penalidades alcançam todos os responsáveis, dos três Poderes da União, dos Estados e dos Municípios. E todo cidadão será parte legítima para denunciar. São duas as sanções previstas: Sanções Institucionais e Sanções Pessoais.

a) **Sanções Institucionais:** são aquelas que recaem sobre o ente público.

I. Suspensão de transferências voluntárias: essas transferências (federais e/ou estaduais) são normalmente concretizadas por meio de convênios entre os entes federativos e são destinadas a programas e obras de interesse da população, como, por exemplo, habitação, saneamento etc.

II. Suspensão das contratações de operações de crédito.

III. Suspensão de garantias e avais.

b) **Sanções Pessoais:** são aquelas que recaem sobre o agente que cometer crime ou infração administrativa.

Esferas administrativas, civil e penal – penas funcionais, patrimoniais e pessoais.

Vários são os diplomas que trazem sanções por descumprimento de dispositivos orçamentários. Em relação às **Infrações Penais,** com o advento da Lei n. 10.028/2000 foram tipificados vários crimes fiscais previstos nos arts. 359-A a 359-H. A Lei n. 1.079/50 define os **Crimes de Responsabilidade.** Também o **Decreto-Lei n. 201/67** e a Lei de Improbidade Administrativa.

1.6.9 Restos a Pagar

Consideram-se Restos a Pagar as despesas empenhadas, mas não pagas até o dia 31 de dezembro do mesmo exercício, distinguindo-se as processadas das não processadas. Como restos a pagar de despesas processadas entende-se as despesas empenhadas e liquidadas, faltando apenas realizar-se o pagamento. Despesas de restos a pagar não processados são aquelas ainda não realizadas, ou seja, despesas empenhadas que não foram liquidadas nem pagas até o dia 31 de dezembro.

O art. 42 da LRF, com nova redação dada pela LC n. 178/2021, prevê que é vedado ao titular de Poder ou órgão referido no art. 20, nos últimos dois quadrimestres do seu mandato, contrair obrigação de despesa que não possa ser cumprida integralmente dentro dele, ou que tenha parcelas a serem pagas no exercício seguinte sem que haja suficiente disponibilidade de caixa para este efeito. Na determinação da disponibilidade de caixa serão considerados os encargos e despesas compromissadas a pagar até o final do exercício.

1.6.10 Relatório Resumido da Execução Orçamentária

O Relatório Resumido da Execução Orçamentária (RREO) é um conjunto de demonstrativos que publicidade a gestão pública, pois dá amplas informações ao Executivo, Legislativo e a sociedade sobre o planejamento e execução orçamentária, devendo ser elaborado e publicado até 30 dias após o final de cada bimestre.

1.6.11 Operações de Crédito

São compromissos financeiros, como aquisição de bens por financiamento, abertura de crédito, emissão de títulos, valores provenientes da venda a termo de bens e serviços e outras operações. Significa dizer que os empréstimos somente deverão ser destinados a gastos com investimentos. Destaque-se que a Constituição, no inciso III do art. 167 veda a realização de operações de créditos que excedam o montante das despesas de capital, ressalvadas as autorizadas mediante créditos suplementares ou especiais com finalidade precisa, aprovados pelo Poder Legislativo por maioria absoluta.

A contratação dessas operações, pela sua relevância, deverá ser fundamentada em pareceres jurídicos e técnicos que justifiquem a necessidade (interesse público) efetiva da respectiva operação de crédito. Daí a LRF, em seus arts. 32 e seguintes, estabelecer condições e proibições para evitar o endividamento público para cobertura de despesas de custeio.

1.6.12 Limitação de Empenho

A limitação de empenho e a movimentação financeira foram copiadas do modelo americano no *Budget Enforcement Act* ou também chamado de *Sequestration*. Esta limitação encontra previsão nos arts. 9º e 31, § 1º, II, da LRF (com as alterações dadas pelas Leis Complementares n. 177/2021 e n. 178/2021), mas devem obedecer aos critérios estabelecidos na LDO[74].

1.7 Repartição de Receita Tributária

No Brasil vigora[75], sob o ponto de vista tributário e financeiro, o *federalismo assimétrico*, ou seja, um pacto federativo que reconhece as diferenças econômicas existentes entre os vários entes da Federação em função da arrecadação de receita e, por isso, tenta minimizá-las através de instrumentos como a repartição de receita, as estipulações de alíquotas interestaduais de ICMS, benefícios fiscais regionalizados, entre outros. Vale destacar que a Constituição implementou dois sistemas de modo a reduzir essa desigualdade proporcionada pelo federalismo assimétrico: o primeiro é o *sistema de compartilhamento de competência,* conferindo a cada ente federativo a competência para instituir determinados tributos, como, por exemplo, a competência privativa em relação aos impostos; o segundo é o *sistema de repartição de receita tributária*, determinando o repasse de parte do produto da arrecadação de alguns tributos, como é o caso, por exemplo, do IPVA, já que metade da arrecadação do referido imposto fica para o Município onde ocorreu o emplacamento do veículo. Por esse motivo, a repartição se dá sempre do "maior ente para o menor".

Resolvemos tratar do tema no capítulo referente ao Direito Financeiro pelo fato de esta matéria estar mais afeta ao Direito Financeiro do que ao Direito Tributário, não obstante o tema ser tratado nos arts. 157 a 162 da Constituição de 1988.

A repartição de receita tributária tem um tratamento privilegiado pela Constituição brasileira, prova disso é que se coaduna perfeitamente com o princípio da não afetação da receita proveniente dos impostos, insculpido no art. 167, IV, da CRFB/88, ao ser tipificada como exceção, na qual se permite essa vinculação conforme podemos perceber com a nova redação do referido artigo dada pela EC n. 42/2003: *Art. 167. São vedados: (...) IV – a vinculação de receita de impostos a órgão, fundo ou despesa, ressalvadas a repartição do produto da arrecadação dos impostos a que se referem os arts. 158 e 159 (...).*

É importante destacar, logo de início, que nem todos os tributos sofrem repartição, mas somente duas espécies tributárias, a saber: a) alguns impostos; e b) uma única contribuição, a CIDE-combustível. Significa dizer, em outro ângulo, que as taxas e as contribuições de melhoria, por serem tributos vinculados e

---

74 Ver ADI 2.238.

75 Em 2023 foi aprovada a EC 132 denominada Reforma Tributária (PEC n. 45/2019) .

contraprestacionais, não se incluem nessa repartição. Da mesma forma, os empréstimos compulsórios são direcionados às despesas que deram causa à sua instituição e por isso não sofrem repartição. E, por fim, as contribuições em geral, que, à exceção da CIDE-combustível, não sofrem repartição em face das finalidades para as quais elas foram criadas.

Como já dito, nem todos os impostos sofrem repartição de receita, mas apenas os previstos no texto constitucional[76]. Nesse sentido, por exclusão, **não sofrem repartição** os seguintes impostos:

a) No âmbito FEDERAL – Imposto de Importação (II); Imposto de Exportação (IE); Imposto sobre Operações Financeiras (IOF), à exceção do IOF-OURO; Imposto sobre Grandes Fortunas (IGF – esse sequer foi criado no Brasil) e o Imposto Extraordinário.

b) No âmbito ESTADUAL – Imposto sobre a Transmissão *Causa Mortis* e Doação (ITCMD).

c) No âmbito MUNICIPAL – Imposto sobre a Propriedade Territorial Urbana (IPTU); Imposto sobre a Transmissão de Bens Imóveis (ITBI) e o Imposto Sobre Serviços de Qualquer Natureza (ISSQN). Isto porque a repartição é sempre do maior para o menor, sendo assim, o Município somente poderá ser destinatário do repasse. Da mesma forma o **Distrito Federal**, que, pelo fato de não se subdividir em Municípios, não tem com quem repartir seus tributos. Ressaltamos que, na forma do art. 147 da Constituição, o Distrito Federal possui competência cumulativa para instituir todos os tributos estaduais e municipais.

As repartições de receita têm *natureza de transferências constitucionais* (arts. 157 a 162 da CRFB/88). Trata-se de uma espécie de receita pública que não decorre nem do patrimônio do particular nem da exploração do patrimônio estatal, e corresponde a transferência financeira entre as unidades da Federação, originária do que estas arrecadam a título de tributos[77].

Podem ser *classificadas* em: transferências diretas, indiretas ou por retenção. A *transferência direta* ocorre no âmbito dos governos em razão de uma transferência financeira do produto da arrecadação de tributos, sempre do maior ente para o menor e sem qualquer intermediação. A *transferência indireta* ocorre em relação aos chamados fundos de participação ou financiamento. Por fim, existem situações em que não há propriamente uma transferência, mas uma *retenção na fonte* de determinados tributos, em que o ente arrecada diretamente o tributo do outro ente, sem que haja a necessidade de transferência.

---

76 *Vide* EC n. 112/2021, que alterou o art. 159 da CF/88 para disciplinar a distribuição de recursos pela União ao Fundo de Participação dos Municípios. *Vide* também as Emendas Constitucionais n. 109, de 2021; n. 108 e n. 106, de 2020; n. 105, n. 103 e n. 100, todas de 2019.

77 ABRAHAM, Marcus. *Curso de direito financeiro brasileiro.* 7. ed. – Rio de Janeiro: Forense, 2023, p. 138.

Para fins tributários, é relevante esclarecer que as retenções na fonte do Imposto de Renda feitas pelos Estados, Distrito Federal e Municípios, referidas nos arts. 157 e 158 da CRFB/88, não alteram a competência tributária da União.

A EC 132/2023 faz significativa alteração no sistema tributário brasileiro ao implementar o IVA Dual, ou seja, um nacional e um subnacional. O Nacional será representado pela contribuição de bens e serviços (CBS) que nasce da fusão do PIS, Cofins importação e Cofins faturamento. Já o subnacional nasce da fusão do ICMS com o ISSQN passando a ser denominado imposto sobre bens e serviços (IBS) de competência compartilhada entre os estados e municípios, incluindo em ambos os casos o Distrito Federal em razão da sua competência cumulativa. Haverá também o esvaziamento do IPI e a criação do imposto seletivo (imposto do pecado).

2

Fontes do Direito Tributário

2.1 Introdução

O fenômeno da globalização influenciou a economia mundial. As políticas públicas relacionadas ao comércio exterior estão cada vez mais integradas entre os blocos econômicos, com a celebração de acordos internacionais, cuja relação é afetada pela incidência dos tributos em cada país. Nesse sentido, a carga tributária brasileira vem sofrendo uma elevação constante ao longo dos anos, incidindo não apenas sobre as pessoas físicas, mas fortemente sobre as pessoas jurídicas e, em especial, sobre o consumo através da repercussão tributária, típica dos tributos indiretos. Vejamos como se comportará a arrecadação em razão da implementação do IVA Dual ao longo dos próximos anos.

Associado a esses fatores, temos no Brasil um sistema tributário, rígido e complexo, que torna o sujeito passivo (contribuinte ou responsável) um verdadeiro "escravo" da tributação. Destarte em que pesem os fatos expostos que trazem um cenário caótico, de outro lado, temos um argumento irrefutável, na defesa dos interesses do Estado, que, como qualquer pessoa, seja física ou jurídica, não vive sem o elemento essencial estabelecido na sociedade para cumprimento de suas obrigações – o dinheiro.

A principal forma de obtê-lo é através da arrecadação tributária, já que é especialmente através dessa espécie de arrecadação que se constitui a receita pública, motivo pelo qual os principais tributos têm uma função eminentemente fiscal, ou seja, de dotar os cofres públicos de receita, em prol da realização do interesse público, muito embora possam assumir uma dupla função, como ocorre, por exemplo, com o IPTU, que poderá ter finalidade arrecadatória (fiscal) e/ou extrafiscal por meio da progressividade em atendimento à função social da propriedade.

A Constituição brasileira trouxe um título específico sobre a Tributação e Orçamento e também há uma codificação própria sobre o Direito Tributário, a Lei n. 5.172/66, formalmente *lei ordinária*, sendo designada posteriormente como Código Tributário Nacional, por força do Ato Complementar n. 36, de 1967, pois a ementa da lei, na vigência da Constituição de 1946, dispunha sobre o Sistema Tributário Nacional. A Constituição Federal de 1988 recepcionou-a na modalidade de complementalização, em especial pelo que dispõe o seu art. 146, tendo sido elevada a *status* de *lei complementar*. Portanto, atualmente o CTN, naquilo que trata sobre normas gerais em matéria tributária, somente poderá ser alterado por lei complementar.

2.2 Conceito de Direito Tributário

O Direito Tributário aborda um dos elementos da receita pública, qual seja, a receita derivada. Assim, podemos conceituá-lo como o ramo do Direito Público que estuda e normatiza as relações tributárias entre o Fisco e o contribuinte.

Há quem chame o Direito Tributário de Direito Fiscal (*Droit Fiscal*). Para nós, o Direito Fiscal tem um sentido muito mais amplo que Direito Tributário, pois não abrange apenas os tributos, mas sim toda a receita pública, bem como a própria atividade financeira do Estado.

2.3 Fontes do Direito Tributário

Entende-se por fonte do direito a origem, o nascedouro das regras jurídicas. As fontes do Direito são classificadas em *formais* (regras jurídicas que devem ser aplicadas a determinado caso concreto) e *materiais* ou reais[1] (tudo que contribui para elaboração das leis). As formais, por sua vez, se dividem em principais e secundárias. São fontes principais, ou diretas, aquelas que se originam das leis formais, enquanto as secundárias ou indiretas, podem ser consideradas como instrumentais, posto que estão subordinadas às principais. Abordaremos adiante cada uma delas de forma detalhada.

2.3.1 Distinção entre Lei e Legislação Tributária

Bobbio[2] abordou a distinção entre princípios, regras, normas no ordenamento jurídico[3]. As normas tributárias que compõem o universo do ordenamento jurídico

---

1   As fontes materiais são consideradas como aquelas reais, ou seja, pressupostos fáticos de tributação. Nesse sentido, Ruy Barbosa Nogueira em sua obra *Curso de direito tributário*, 14ª ed., p. 47, diz que as fontes reais se constituem suportes fáticos das imposições tributárias, sendo que a subjacência incide sobre a tributação, afinal, a própria riqueza ou complexo de bens enquanto relacionados com pessoas que, depois de serem discriminadas na lei tributária (patrimônio, renda, transferências), passam a constituir os fatos geradores dos tributos.

2   BOBBIO, Norberto. *Teoria da norma jurídica*. Trad. Fernando Paran Baptista e Ariani Bueno Sudatti. São Paulo: EDIPRO, 2001, p. 24, e BOBBIO, Norberto *Teoria do ordenamento jurídico*. Trad. Maria Celeste C. J. Santos. 10ª ed. Brasília, Universidade de Brasília. 1999. Recomendamos também a leitura de Robert Alexy. *Teoría de los derechos fundamentales*. Madrid: Centro de Estudios Constitucionales, 1993.

3   Sobre o tema, ver também as obras de Robert Alexy, *Teoría de los derechos fundamentales*. Madrid: Centro de Estudios Constitucionales, 1993; ÁVILA, Humberto. *Teoria dos princípios jurídicos:* da definição à aplicação dos princípios jurídicos. 12ª ed. São Paulo: Malheiros, 2011; STRECK, Lenio. *Verdade e consenso*. 3ª ed. Rio de Janeiro: Lumen Juris, 2010, e nossa Tese de Doutorado defendida em 2013, na qual fizemos críticas hermenêuticas às decisões judiciais brasileiras.

brasileiro possuem algumas peculiaridades. O Código Tributário trouxe (art. 96) uma distinção entre lei e legislação e, por isso, é importante, antes de estudarmos as fontes desse ramo do Direito, fazermos a distinção entre lei e legislação. No Direito Tributário o princípio da legalidade, previsto no art. 150, I, da CRFB/88 e no art. 97 do CTN, considera a lei sob seu aspecto eminentemente formal, em que ela é dotada de características como generalidade, abstração e impessoalidade, que legitimam a atuação de um dos Poderes da República no exercício de sua função legislativa, formalizada no art. 59 do nosso texto constitucional vigente. A concepção de legislação é mais ampla do que a lei, pois a primeira contém a segunda. O STJ, no julgamento do REsp 799.474/DF, assentou o entendimento de que o dispositivo contido no art. 97 do CTN reproduz o princípio da legalidade previsto no art. 150, I, da CRFB/88.

Como bem observa Nogueira[4] sobre a estrita legalidade:

> O qualificativo "estrito" tem o propósito de reforçar o princípio, de tal modo a significar não a mera "autorização legal", genérica e aberta, mas a definição, no preceito instituidor do tributo, de todos os elementos essenciais (sujeito ativo e passivo, fato gerador, base de cálculo e, sendo o caso, também a alíquota).

Diz-se que, no sentido material, um ato normativo pode ser reproduzido por um ato administrativo, como é o caso do decreto, que tem força de lei. Contudo, nem toda lei em sentido material é dotada da formalidade exigida para ser considerada lei em sentido formal.

Entende-se que a lei é considerada em seu sentido formal, restrito, em razão da definição legal contida nos arts. 114 e 115 do CTN, ou seja, é emanada por um processo legislativo e solene conforme o disposto nos arts. 59 e seguintes da CRFB/88. Por outro lado, nas hipóteses em que o Código se refere à legislação, na verdade, está fazendo menção a normas em sentido amplo, como, por exemplo, atos normativos, tratados e convenções internacionais, decretos e normas complementares etc., conforme dispõe o art. 96 do CTN, incluindo também as próprias leis.

Assim, é importante ressaltar que, para o Direito Tributário, o sentido de ato normativo refere-se à legislação tributária, não se presumindo tratar-se de lei em sentido estrito, mas sim, em sentido amplo, hipótese de extrema relevância para instituição de obrigações principais ou acessórias. Em síntese, temos que a expressão "lei" é considerada somente lei formal (art. 59 da CRFB/88); já a expressão "legislação" considera todos os atos normativos, inclusive leis, decretos etc., como prevê o art. 96 do CTN.

---

4   NOGUEIRA, Alberto. *Os limites da legalidade tributária no Estado Democrático de Direito. Fisco x contribuinte na arena jurídica*: ataque e defesa. 2ª ed. Rio de Janeiro: Renovar, 1999, p. 26.

2.3.2 Hierarquia entre Lei Federal, Estadual e Municipal

O STF consolidou o entendimento de que não há hierarquia entre lei complementar e lei ordinária, mas sim, reserva de competência constitucional[5]. Nesse sentido, também não há hierarquia entre leis ordinárias federais, estaduais e municipais. As leis tributárias estão afetas à competência tributária estabelecida pela Constituição e por esta são reguladas. Assim, o tratamento de determinada matéria tributária vai depender do que a Constituição permitiu a cada ente federativo.

2.3.3 Norma Tributária em Sentido Estrito e em Sentido Amplo

No Direito Tributário, também é comum a utilização das seguintes expressões: norma tributária em sentido estrito e em sentido amplo. A norma tributária em *sentido estrito* é a que traz os elementos do fato gerador integral, ou ainda para outros autores[6], a que marca o núcleo do tributo, ou seja, a regra matriz de incidência fiscal. Já a norma em *sentido amplo*, são todas as demais normas que tratam de matéria tributária.

2.3.4 Fontes Formais Principais

As principais fontes formais primárias (ou também chamadas principais) são encontradas no art. 96 do CTN, e podem ser divididas em:

a) Lei em sentido amplo, que se subdivide em Constituição, emendas constitucionais, lei complementar, lei ordinária, lei delegada, medida provisória, decreto legislativo, resolução do Senado (art. 59 da CRFB) e os convênios do ICMS (art. 155, § 2º, XII, *g*, da CRFB/88);

b) Tratados e convenções internacionais;

c) Decretos (os decretos devem ser analisados com cautela, por isso trataremos melhor o tema em seu item próprio);

d) Em razão do art. 156-B introduzido pela EC 132/2023, estamos aguardando como vai se comportar a legislação afeta ao Comitê Gestor do IBS no que se refere a editar regulamento único e uniformizar a interpretação e a aplicação da legislação do imposto.

I – Constituição da República

A Constituição é a mais importante fonte do Direito, por ser o diploma jurídico-normativo máximo de um Estado. O Direito Tributário não foge à regra, já que todo o Sistema Tributário Nacional, bem como as limitações constitucionais ao poder de tributar estão previstos expressamente na Constituição, como garantia

---

5   *Vide* ADI 2.010-2/DF e ADI 2.028.

6   Nesse sentido: CARVALHO, Paulo de Barros. *Curso de direito tributário*. 8ª ed., São Paulo: Saraiva, p. 158.

constitucional assegurada ao contribuinte. Para alguns autores, o título da Constituição que trata da matéria tributária recebe o nome de Constituição Tributária (arts. 145 a 157 da CRFB/88). Podemos dizer, então, que a Constituição, em matéria tributária, tem algumas funções especiais: a) outorgar competência tributária aos entes federados; b) inaugurar as limitações constitucionais ao poder de tributar; c) enumerar exaustivamente as espécies tributárias; d) prever as hipóteses de repartição de receita.

Por fim, é importante destacar que a Constituição não cria tributo, mas, sim, outorga competência tributária a cada ente da Federação, cujo exercício depende de lei, como, por exemplo, a competência cumulativa do Distrito Federal (art. 147 da CRFB/88). O Imposto sobre Grandes Fortunas é um exemplo disso, uma vez que, mesmo tendo previsão na Constituição de 1988 no art. 153, VII, ainda não foi instituído pela União Federal.

II – Emendas Constitucionais

Inicialmente, cabe esclarecer que as emendas constitucionais, uma vez aprovadas, na forma do art. 60 e seus parágrafos da Constituição da República passam a fazer parte integrante do texto constitucional. Podem e de fato alteram a Constituição, já que é esta, inclusive, sua razão de ser. Entretanto, encontram limitação nas cláusulas pétreas de ordem procedimental e circunstancial a que se submetem todas as emendas constitucionais.

Em matéria tributária, a Emenda Constitucional mais relevante foi a de n. 18/65, que alterou a Constituição de 1946 e determinou a elaboração do Sistema Tributário Nacional. Contudo, com a edição da EC 132/2023 houve uma reforma significativa no sistema tributário brasileiro, especialmente no que se refere ao consumo, com a extinção de alguns tributos e a criação da CBS, IBS e do imposto seletivo.

No Brasil sempre vigorou, sob o ponto de vista tributário e financeiro, o *federalismo assimétrico*[7], ou seja, um pacto federativo que reconhece as diferenças econômicas existentes entre os vários entes da Federação em função da arrecadação de receita e, por isso, tenta minimizá-las através de instrumentos como a repartição de receita, as estipulações de alíquotas interestaduais de ICMS, benefícios fiscais regionalizados, entre outros.

Vale destacar que a Constituição implementou dois sistemas de modo a reduzir essa desigualdade proporcionada pelo federalismo assimétrico: o primeiro é o *sistema de compartilhamento de competência,* conferindo a cada ente federativo a

---

7   Abordaremos no capítulo sobre imunidade a questão relativa ao conceito de imunidade e direitos fundamentais, pois para alguns autores os direitos fundamentais são os individuais que derivam de uma simples abstenção estatal. Por isso, os direitos sociais (incluindo os econômicos) não podem ser cumpridos pelo Estado se não existirem recursos orçamentários. Essa parte da doutrina (sustentada por Ricardo Lobo Torres) entende que o disposto na alínea c do inciso VI da CF não seria considerado uma imunidade.

competência para instituir determinados tributos, como, por exemplo, a competência privativa em relação aos impostos; o segundo é o *sistema de repartição de receita tributária* determinando o repasse de parte do produto da arrecadação de alguns tributos, como é caso, por exemplo, do IPVA, já que metade da arrecadação do referido imposto fica para o Município, onde ocorrer o emplacamento do veículo. Por esse motivo, a repartição se dá sempre do "maior ente para o menor".

III – Lei Complementar

Inicialmente cabe esclarecer que, inspirada na Constituição da França de 1958[8], a lei complementar foi introduzida no Direito brasileiro pela Constituição de 1967, cujo objetivo era o de complementar o texto constitucional e por isso, diversamente do que se pode pensar, via de regra, não institui tributos, porém guarda funções igualmente relevantes, conforme veremos adiante. A Constituição brasileira reserva à lei ordinária a responsabilidade pela implementação dos tributos no Brasil. Por isso, somente em caráter excepcional a lei complementar, além das funções previstas no art. 146 da CF/88, o fará, instituindo também, em caráter obrigatório, os seguintes tributos, todos de competência da União:

a) Art. 148 da CRFB/88 – Empréstimo Compulsório;
b) Art. 153, VII, da CRFB/88 – Imposto sobre Grandes Fortunas;
c) Art. 154, I, da CRFB/88 – Imposto Residual da União;
d) Art. 195, § 6º, da CRFB/88 – Outras (novas) Contribuições Sociais.

A função da lei complementar, além de obviamente complementar a Constituição, é a de organizar o Sistema Tributário Nacional ao trazer as normas gerais em matéria tributária. Nesse sentido, encontra especial amparo nos arts. 146 e 146-A da CF/88.

Vale dizer que a lei complementar sempre teve um papel importante na regulamentação do sistema tributário, mas com a EC 132/2023 ganhou um destaque muito significativo. Basta dizer que a referida emenda reservou à lei complementar diversas competências relevantes para o novo sistema tributário nacional, como, por exemplo, a instituição do imposto sobre bens e serviços (IBS) e da contribuição sobre bens e serviços (CBS).

Segundo o STJ (AgRg no REsp 640.901/PR), a lei complementar é instrumento que confere ao contribuinte a segurança jurídica de que este necessita, uma vez que as matérias por ela reguladas são aquelas que exigem maior proteção contra os abusos do poder tributante, e, por isso mesmo, só pode ser aprovada por maioria absoluta, não podendo ser revogada por lei ordinária.

Essa espécie legislativa não tem a rigidez atribuída às normas constitucionais, mas também não possui a flexibilidade das leis ordinárias, logo não há que se falar

---

8 A Constituição da França de 1958 criou a lei complementar – espécie de lei que ocupava uma posição intermediária entre a Constituição e as leis ordinárias, denominada *loi organique*.

na existência de uma hierarquia[9] da lei complementar em relação à lei ordinária, mas tão somente numa reserva de competência.

Verifica-se, então, que a lei complementar assume dois[10] papéis distintos em matéria tributária: o *primeiro* é o seu papel principal, ou seja, estabelecer normas gerais e complementar a Constituição, função que deu origem ao seu nome; o *segundo* é o que chamamos de operacional, pois visa implementar determinados tributos, conforme veremos adiante. Nesse contexto, o art. 146 da Carta Magna traz matérias importantes reservadas à lei complementar, como por exemplo:

I – dispor sobre conflitos de competência, em matéria tributária, entre a União, os Estados, o Distrito Federal e os Municípios;

II – regular as limitações constitucionais ao poder de tributar; e

III – estabelecer normas gerais em matéria de legislação tributária.

Acresce, ainda, a Constituição, em seu art. 146-A, que a lei complementar pode estabelecer critérios especiais de tributação com o objetivo de prevenir desequilíbrios da concorrência, sem prejuízo da competência da União, e estabelecer por lei normas de igual objetivo.

Questão importante é a análise do art. 24 da CRFB/88[11]. A competência da União para legislar sobre normas gerais em matéria tributária não exclui as competências suplementares[12] dos Estados, que poderão exercer sua competência legislativa

---

9 Ausência de Hierarquia entre Lei Complementar e Lei Ordinária: COFINS. ISENÇÃO. A revogação, por lei ordinária, da isenção da COFINS concedida pela LC n. 70/91 às sociedades civis de prestação de serviços profissionais, é constitucionalmente válida, porquanto a Lei n. 9.430/96 veiculou matéria constitucionalmente reservada à legislação ordinária. Ausência de violação ao princípio da hierarquia das leis, consoante orientação fixada desde o julgamento da ADC 1/DF, rel. Min. Moreira Alves (AgRg no AI 602.765/RS).

10 Souto Maior Borges (*Lei complementar tributária*. São Paulo: Revista dos Tribunais, 1975) já dizia que existiam dois grupos de leis complementares: 1º) leis complementares que fundamentam a validade de atos normativos (leis ordinárias, decretos legislativos e convênios); e 2º) leis complementares que não fundamentam a validade de outros atos normativos, integrando o primeiro grupo a lei complementar do art. 146 da Constituição. De outro lado, a Constituição de 1967, em seu art. 18, § 1º, determinava que *lei complementar estabelecerá normas gerais de direito tributário, disporá sobre os conflitos de competência nessa matéria entre a União, os Estados, o Distrito Federal e os Municípios e regulará as limitações constitucionais ao poder de tributar*. Nesse sentido, surgiram duas correntes doutrinárias sobre o tema: a primeira, sustentada por Geraldo Ataliba e Paulo de Barros Carvalho, era chamada dicotômica. Isto porque dizia o autor que a lei complementar referida pelo artigo citado (art. 18, § 1º, da Constituição de 1967) tinha por finalidade editar normas gerais de direito tributário sobre: a) conflitos de competência entre os entes federativos; e b) regular as limitações constitucionais à tributação. A *segunda*, tricotômica, defendida por Gilberto de Ulhoa Canto, afirmava que a citada lei complementar tinha por finalidade: a) emitir normas gerais de direito tributário; b) dispor sobre conflitos de competência entre os entes federativos; e c) regular as limitações constitucionais ao poder de tributar. À época prevalecia a corrente tricotômica.

11 Ver Lei n. 13.874/2019, que institui a Declaração de Direitos de Liberdade Econômica, que estabelece normas de proteção à livre-iniciativa e ao livre exercício de atividade econômica e disposições sobre a atuação do Estado como agente normativo e regulador.

12 Na visão de Carlos Mário da Silva Velloso, no capítulo "Lei Complementar Tributária", da obra *Dimensão jurídica do tributo – homenagem ao Prof. Dejalma de Campos*. São Paulo: Atlas, 2003, p. 201, temos o

"plena"[13], conforme seus interesses peculiares, até que sobrevenha lei federal que, com sua entrada em vigor, suspenda os efeitos da lei estadual. Contudo, isto não significa dizer que o Estado teria competência para legislar sobre normas gerais, mas apenas que, na omissão de lei complementar federal dispondo sobre normas gerais, ele possa exercer sua competência supletiva até o advento da lei federal.

Quanto ao Município[14], há quem sustente que não tem essa competência supletiva, porque somente pode legislar sobre interesse local. Contudo, divergimos desse posicionamento, já que o Município é um ente federativo tal qual a União e os Estados, não podendo ter sua autonomia violada, ou ser preterido no exercício de sua competência supletiva, até porque o comando do art. 24 é constitucional e, nesse caso, deve aplicar-se o princípio da simetria constitucional pela interpretação conjunta do art. 30 da CRFB/88 com o art. 34, § 3º, do ADCT. Vejamos cada uma das hipóteses do art. 146 em análise:

1ª) Dispor sobre conflitos de competência em matéria tributária entre União, Estados, Distrito Federal e Municípios.

A guerra fiscal no Brasil provoca uma série de conflitos de interesses, razão pela qual a Constituição determina competência à lei complementar para deles dispor. Questiona-se quanto à possibilidade de existência de conflito de competência no plano lógico-jurídico, no que diz respeito aos impostos. Isto porque, como a competência tributária é bem definida na Constituição, não se vislumbraria um conflito de competência no âmbito jurídico, mas sim na prática, como, por exemplo, a hipótese de ocorrência do disposto no art. 120 do CTN (desmembramento de ente federativo).

Entendemos, assim, que a resposta é negativa, porque a Constituição de 1988 estabelece a competência privativa, tratando de forma rígida a limitação ao poder de tributar, outorgando competência exclusiva, privativa a cada um dos entes. Uma das características da competência em relação aos impostos é a privatividade. Ressalte-se que não são conflitos verdadeiros, mas sim aparente, e por isso a função da lei complementar é a de reforçar a norma constitucional, impedindo equívocos na sua interpretação, como, por exemplo, o disposto no art. 32, § 1º, do CTN em relação ao IPTU: a competência da União é instituir o ITR e a do Município, o IPTU. Imaginemos então a hipótese em que a União editasse uma lei estabelecendo quais imóveis estariam enquadrados na zona rural do Município. Haveria então um evidente conflito de competência. Nesse caso, para evitar o conflito entre as normas, o art. 32, § 1º, do CTN estabelece os requisitos a que uma área deve atender para ser considerada zona urbana, exigindo pelo menos a observância de dois dos requisitos ali determinados para ser considerada zona urbana.

---

seguinte: o autor afirma que a competência concorrente estabelecida na Constituição, art. 24, é não cumulativa (§§ 1º e 2º) e cumulativa (§§ 3º e 4º).

13 Atenção para esta expressão. Ver item adiante no qual tratamos a possibilidade de lei complementar estadual estabelecer normas gerais.

14 Recomendamos a leitura da *Arguição de Descumprimento de Preceito Fundamental* n. 672.

Surgem os questionamentos sobre o que caracterizaria a incidência do IPTU[15]: a localização do imóvel ou a sua destinação. A localização é determinada pelo zoneamento urbano (lei municipal) conforme determinação do Plano Diretor, na forma do que dispõe o art. 32, § 1º, do CTN c/c art. 182, § 4º, da CRFB/88. Parte da doutrina comunga desse entendimento em razão do art. 6º da Lei n. 5.868/72 (declarada inconstitucional[16] por não ser considerada lei complementar, conforme exige o art. 146 da CRFB/88). Outra parte da doutrina sustenta que é a destinação[17] do imóvel, tendo em vista o disposto no Decreto-Lei n. 57/66, que ainda está em vigor.

Nosso entendimento é no sentido da aplicação concomitante dos dois critérios, ou seja, os imóveis localizados na área rural são sempre rurais e os localizados na área urbana serão em regra urbanos (incidência de IPTU), salvo se possuírem destinação extrativista na forma do Decreto-Lei n. 57/66 e, nesse caso, serão rurais para efeitos da incidência do ITR.

2ª) Regular as limitações constitucionais ao poder de tributar.

Vale ressaltar que somente se regula o que já existe. Assim, a lei complementar vai regular aquilo que já foi criado pela Constituição, sob pena de usurpação de competência. Com base nessa regra, discute-se a possibilidade de lei ordinária tratar de definições ou condições que reflitam nas imunidades (criadas pela Constituição), como, por exemplo, a definição de entidade sem fins lucrativos. De um lado, defende-se o uso de uma interpretação sistemática que, com base no art. 146 da CRFB/88, impõe somente à lei complementar regular qualquer fato que repercuta sobre as limitações constitucionais ao poder de tributar. De outro lado, entende-se que se o dispositivo previsto na Constituição não fizer expressa menção à lei complementar, poderia a lei ordinária tratar de assuntos meramente procedimentais.

O STF (ADI 2.028) admitiu que lei ordinária regulasse determinada matéria, ainda que existente uma limitação constitucional ao poder de tributar, se não

---

15   Para o estudo mais aprofundado dos impostos, recomendamos a leitura de nossa obra *Impostos federais, estaduais e municipais*. 6ª ed., São Paulo: Saraiva, 2018.

16   Ver STF, RE 93.850, de 1982. Suspensão da eficácia pelo Senado n. 313/83.

17   A parte final do art. 29 do CTN define como imóvel rural "aquele situado fora da zona urbana do Município". Os §§ 1º e 2º do art. 32 do CTN utilizam o critério da *localização do imóvel*, para a delimitação de zona urbana a ser feita por lei municipal, e não pelo critério da destinação. Assim, a distinção entre imóvel urbano e imóvel rural faz-se mediante a observância dos referidos dispositivos. Imóvel urbano, sujeito ao IPTU, é o localizado em zona urbana, e imóvel rural, sujeito ao ITR, é aquele localizado fora da zona urbana do Município, não importando a destinação de um ou de outro. Esses critérios só podem ser alterados mediante lei complementar. Por isso, o STF julgou inconstitucionais o art. 6º e seu parágrafo único da Lei Federal n. 5.868/72, que considerou "imóvel rural aquele que se destinar à exploração agrícola, pecuária, extrativa vegetal ou agroindustrial e que, independentemente de sua localização, tiver área superior a 1 (um) hectare", e os imóveis não compreendidos no mencionado conceito ficaram sujeitos ao IPTU. Entretanto, o art. 15 do DL 57/66 prescreve que o "disposto no art. 32 da Lei n. 5.172/66, não abrange o imóvel de que, comprovadamente, seja utilizado em exploração extrativa vegetal, agrícola, pecuária ou agroindustrial, incidindo assim, sobre o mesmo, o ITR e demais tributos com o mesmo cobrados" (revogação suspensa pela RSF n. 9, de 2005). O art. 32 do CTN refere-se ao IPTU.

existisse expressa referência à lei complementar. Contudo, o STF acolheu a tese da inconstitucionalidade material, em razão da Lei n. 9.732/98, objeto de julgamento, que alterava o conceito de entidade beneficente de assistência social prevista no art. 195, § 7º, da CRFB/88, restringindo o exercício da imunidade prevista. Da mesma forma, as Constituições Estaduais não podem estabelecer imunidades que não sejam previstas na Constituição Federal, isto porque as Constituições dos Estados são fruto do poder constituinte derivado e, nesse sentido, não poderiam limitar um poder que é concedido pelo poder constituinte originário.

3ª) Estabelecer normas gerais em matéria de legislação tributária.

Por força da recepção constitucional na modalidade de complementação, o CTN possui *status* de lei complementar, já que trata de normas gerais em matéria tributária. Contudo, questiona-se o significado e o alcance da expressão "norma geral". Podemos dizer que, no âmbito tributário, as normas gerais são aquelas que padronizam (de forma mínima) o regramento básico, visando a estabelecer parâmetros normativos genéricos, com objetivo de torná-lo uniforme, racional e compatível com o sistema tributário nacional, daí a necessidade de serem observados pelo legislador ordinário (da União, Estados, Distrito Federal e Municípios).

Quanto ao limite da norma geral, a matéria suscita controvérsia, pois, em tese, o limite vem a ser a competência legislativa das esferas de Governo, que não pode ser suprimida, sob pena de violação da autonomia dos entes e, consequentemente, do pacto federativo.

A doutrina diverge se o CTN pode ser considerado como norma geral e, por isso, lei complementar. Entendemos que apenas os artigos que veiculam normas gerais é que foram recepcionados com *status* de lei complementar e não todo o CTN, hipótese em que os artigos que não sejam considerados norma geral podem, obviamente, ser alterados por lei ordinária.

Possibilidade de lei complementar estadual estabelecer normas gerais

Questão interessante é saber se lei complementar estadual poderia[18] tratar de normas gerais em matéria tributária. A CRFB/88 em seu art. 146 deixa claro que essa competência é de lei complementar federal; contudo, existe a possibilidade de, em caráter excepcional, uma lei complementar estadual também poder fazê-lo. Isso por força do que dispõem o art. 24 e seus §§ 1º ao 4º, no momento em que o inciso I do art. 24 da CRFB diz que a competência para legislar sobre Direito Tributário é concorrente, na hipótese de a União não legislar sobre o tema em comento, podendo os Estados legislar de forma suplementar até o advento da referida lei complementar federal que, por sua vez, suspenderá a eficácia da lei complementar estadual, como ocorre com o IPVA, uma vez que não há lei em âmbito nacional tratando de normas gerais deste imposto, e, por isso, os Estados editam leis que suplementam a referida omissão nos termos do art. 24, I, da CRFB/88.

---

18   Em sentido contrário a ADI 627/PA.

Ressalte-se que o exercício de competência supletiva dos Estados não poderá adentrar em detalhes pertinentes à legislação municipal, limitando-se a tratar de normas gerais que, estas sim, ao nosso sentir, devem ser observadas pelos Municípios.

Dispõe o inciso III do art. 146 da CRFB/88: *estabelecer normas gerais em matéria de legislação tributária, especialmente sobre:* (...) Entendemos que na redação apresentada, o legislador, utilizando a expressão "especialmente", mostra que o rol é meramente exemplificativo e não taxativo. Passemos, então, à análise de cada uma das alíneas do referido inciso:

> **Alínea *a*:** *definição de tributos e de suas espécies, bem como, em relação aos impostos discriminados nesta Constituição, a dos respectivos fatos geradores, bases de cálculo e contribuintes.*

Inicialmente cabe esclarecer que o comando acima diz respeito aos impostos e não a todos os tributos. Indaga-se quanto à hipótese em que não exista lei complementar que estabeleça para os impostos (conforme o comando acima) os seus respectivos fatos geradores, bases de cálculo e contribuintes, como é o caso do IPVA, por exemplo. Isto porque, no CTN, não encontramos a regulamentação do IPVA que foi criado após a edição deste Código, como também não existe uma lei complementar que estabeleça o fato gerador, a base de cálculo e o contribuinte do referido imposto. Seriam, então, as leis estaduais inconstitucionais por terem legislado sobre normas gerais antes da edição da lei complementar?

A resposta afirmativa implicaria a violação do princípio da razoabilidade, pois a própria Constituição prevê, no art. 24, § 3º, que enquanto não houver lei que estabeleça normas gerais sobre o IPVA, os Estados poderão exercer a competência legislativa plena. Assim, na hipótese de inexistência de lei complementar que disponha sobre normas gerais, é facultado aos Estados exercerem a competência legislativa plena, com a suspensão da eficácia da lei estadual quando da promulgação da lei nacional.

É importante ressaltar que a hipótese em questão não versa sobre o instituto da revogação, pois as leis em discussão são editadas por entes federativos diversos. Vale dizer que, neste caso, o STF (AI 167.777, AgRg/SP) entendeu que a omissão federal não invalida o disciplinamento por lei estadual, bem como a sua respectiva cobrança.

> **Alínea *b*:** *obrigação, lançamento, crédito, prescrição e decadência tributários.*

Não há muita discussão quanto aos institutos pertinentes à obrigação, lançamento e crédito tributário, pois o CTN os trata de forma razoável, o que não acontece com a prescrição e a decadência, já que o Código as disciplina de forma insatisfatória nos arts. 150, § 4º, 173 e 174, exatamente no que diz respeito ao limite da norma geral.

Em que pese o entendimento de que os prazos de prescrição e de decadência em matéria tributária previstos pelo CTN não constituem norma geral, e por isso, nesse aspecto, têm *status* de lei ordinária, entendemos de forma diversa. Os prazos de decadência e de prescrição são correlatos ao direito material e não ao direito processual; assim, são da sua própria essência e, portanto, a esta seria geral. Daí vem a declaração da inconstitucionalidade dos arts. 45 e 46 da Lei n. 8.212/91 consolidada na **Súmula Vinculante 8 do STF**: *São inconstitucionais o parágrafo único do art. 5º do Decreto-Lei n. 1.569/77 e os arts. 45 e 46 da Lei n. 8.212/91, que tratam de prescrição e decadência de crédito tributário.*

Ao salientar, inicialmente, que o Código Tributário Nacional (Lei n. 5.172/66), promulgado como lei ordinária, foi recepcionado como lei complementar, tanto pela CF/67 quanto pela CF/88, as quais exigiram o uso de lei complementar para as normas gerais de Direito Tributário. Foi afastada a alegação de que somente caberia à lei complementar a função de traçar diretrizes gerais quanto à prescrição e à decadência tributárias e que a fixação dos prazos prescricionais e decadenciais dependeria de lei da própria entidade tributante, já que seriam assuntos de peculiar interesse das pessoas políticas. Asseverou-se, no ponto, que a Constituição não definiu normas gerais de Direito Tributário, mas adotou expressão utilizada no próprio Código Tributário Nacional, sendo razoável presumir que o constituinte acolheu a disciplina do Código, inclusive referindo-se expressamente à prescrição e decadência.

Assim, a restrição do alcance da norma constitucional expressa defendida pela Fazenda Nacional fragilizaria a própria força normativa e concretizadora da Constituição, que, de forma clara, pretendeu a disciplina homogênea e estável da prescrição, da decadência, da obrigação e do crédito tributário.

Ressaltou-se, ainda, que, não obstante a doutrina não tivesse se desenvolvido muito no sentido da busca da adequada definição para "normas gerais", seria possível extrair na interpretação dos diversos dispositivos constitucionais que estabeleceram reserva de matéria à disciplina de lei complementar, que a esta espécie legislativa foi dada a incumbência de fixar normas com âmbito de eficácia nacional e não apenas federal. Não se justificaria, assim, ao menos mediante legislação ordinária, a criação de hipóteses de suspensão ou interrupção, nem o incremento ou redução de prazos, sob pena de admitir diferenciações em cada um dos Estados e Municípios e para cada espécie tributária, mesmo dentro de uma mesma esfera política com evidente prejuízo à vedação constitucional de tratamento desigual entre contribuintes que se encontrem em situação equivalente e à segurança jurídica.

Nesse julgamento, foi citada jurisprudência dominante da Corte no sentido da exigência de lei complementar para a disciplina dos institutos da prescrição e da decadência tributárias, inclusive quanto à definição de prazos e hipótese de suspensão da correspondente fluência, e afirmou-se não haver mais dúvida de que as contribuições, mesmo as destinadas à Seguridade Social, possuem natureza tributária e se submetem ao regime jurídico-tributário.

De igual modo, rejeitou-se o argumento de que as contribuições de Seguridade Social, por se sujeitarem ao disposto no art. 195 da CRFB/88, estariam excluídas da obrigatoriedade prevista no art. 146, III, *b*, da CRFB/88 (*Art. 146. Cabe à lei complementar: (...) III – estabelecer normas gerais em matéria de legislação tributária, especialmente sobre: (...) b) obrigação, lançamento, crédito, prescrição e decadência tributários*), haja vista que a norma matriz das diversas espécies de contribuição seria o art. 149 da CRFB/88, estabelecendo que as contribuições de Seguridade Social estão sujeitas, também, e não exclusivamente, às regras definidas no art. 195 da CRFB/88. Portanto, não haveria incompatibilidade entre esses dispositivos, que seriam complementares e não excludentes.

Considerou-se, ademais, que, se o texto do § 1º do art. 18 da CF/67 ensejava questionamento acerca da função da lei complementar sobre normas gerais, a CRFB/88 teria eliminado qualquer possibilidade de acolher a teoria dicotômica, ao elencar em incisos diferentes normas gerais, conflitos de competência e limitações ao poder de tributar. E esclarece que, dentre as normas gerais, a lei complementar teria de tratar especialmente de obrigação, crédito tributário, prescrição e decadência.

Assim, se a Constituição Federal reservou à lei complementar a regulação da prescrição e da decadência tributárias, julgando-as de forma expressa como normas gerais de Direito Tributário, não haveria espaço para que a lei ordinária atuasse e disciplinasse a mesma matéria. Em razão disso, refutou-se a assertiva de que o CTN teria previsto a possibilidade de lei ordinária fixar prazo superior a 5 anos para a homologação, pelo Fisco, do lançamento feito pelo contribuinte (CTN, art. 150, § 4º), pois, em razão de ser anterior à exigência de que a lei complementar deve dispor sobre normas gerais de Direito Tributário, evidentemente não poderia estabelecer que uma lei complementar fosse necessária para definir prazo diverso à ação fiscal na constituição do crédito. Por isso, a interpretação obtida é a de que a "lei" a que tal dispositivo legal se refere seria uma lei complementar.

Da mesma forma, repeliu-se a alegação de que a norma que estabelece as situações de interrupção ou suspensão da prescrição na pendência do processo seria de natureza processual e que, por isso, não poderia ter sido reconhecida a prescrição, já que a matéria não estaria sob a reserva da lei complementar. No ponto, foi dito que normas que dispõem sobre prescrição ou decadência sempre são de direito substantivo, as quais – quando fixam prazos decadenciais e prescricionais, seus critérios de fluência – alcançam o próprio direito material debatido, seja para definir situações de extinção ou casos de inexigibilidade, sendo certo que, em Direito Tributário, ambos os institutos implicam a extinção de direitos para a Fazenda Pública. Ao frisar que a suspensão do curso do prazo prescricional, ainda que expressamente contemplada em lei complementar, não poderia conduzir a imprescritibilidade do crédito fiscal, reputou-se improcedente o argumento da recorrente de que, por estar impedida de perseguir seu crédito, que se enquadra entre os de pequeno valor, a prescrição não poderia correr durante o período de arquivamento. Esclareceu-se que o princípio da economicidade não abrigaria esse efeito, pois, se não oportuna nem conveniente a busca do crédito pela Fazenda Pública em Juízo, pela sua mínima significância ante o custo da cobrança, disso não decorreria a suspensão da fluência do prazo prescricional, sob pena de criar regra absolutamente contraditória aos créditos de maior valor. Essa situação nem sequer seria de suspensão da exigibilidade do crédito, porque não impediria que a Fazenda Nacional utilizasse outras formas menos onerosas para obtenção do respectivo pagamento. Assim, nada haveria de inconstitucional no arquivamento sem baixa dos autos nesses casos, estando o vício no parágrafo que, invadindo o campo reservado à lei complementar, prevê hipótese de suspensão da prescrição e cria situação de imprescritibilidade, que também não possui fundamento constitucional.

Alínea c: *adequado tratamento tributário ao ato cooperativo praticado pelas sociedades cooperativas, inclusive em relação aos tributos previstos nos arts. 156-A e 195, V*[19].

A doutrina questiona o sentido da expressão – *"adequado tratamento tributário"*. O STF (RE 141.800) entendeu que essa expressão não equivale a tratamento tributário privilegiado ou favorecido às sociedades cooperativas, mas sim um tratamento diferenciado, diverso do disposto na alínea d do mesmo diploma legal, em que o legislador dispôs expressamente sobre o "tratamento diferenciado e favorecido" das microempresas e empresas de pequeno porte. Essa alínea foi alterada pela EC 132/23 para inserir o IBS e a CBS.

Alínea d: *definição de tratamento diferenciado e favorecido para as microempresas e para as empresas de pequeno porte, inclusive regimes especiais ou simplificados no caso dos impostos previstos nos arts. 155, II, e 156-A, das contribuições sociais previstas no art. 195, I e V, e § 12 e da contribuição a que se refere o art. 239.*

Esta alínea, acrescentada originalmente pela EC n. 42/2003, prevê tratamento diferenciado e favorecido para as microempresas e para as empresas de pequeno porte. Em função de tal previsão foi editada a LC n. 123/2006, que criou o Simples Nacional (apelidado de *Super Simples*).

Posteriormente, essa alínea foi alterada pela EC 132/23 para inserir o IBS e a CBS.

Destaque-se inicialmente que se poderia questionar a violação do princípio constitucional da isonomia pela LC n. 123/2006, que excluiu desse regime especial de tributação várias sociedades de profissionais liberais, tais como advogados, médicos etc. Nesse sentido, o STF julgou a ADI 1.643 entendendo a Corte Suprema que não haveria ofensa a tal princípio por motivos extrafiscais. A LC n. 147/2014

---

19 Sobre o tema, recomendamos a leitura de CRISTOFOLINI, Ademir. *Tratamento tributário do ato cooperativo*, Ed. Lumen Juris, cuja obra tivemos a honra de elaborar o prefácio.

passou a incluir várias categorias profissionais do Simples Nacional, entre elas a sociedade de advogados[20].

> § 1º A lei complementar de que trata o inciso III, d, também poderá instituir um regime único de arrecadação dos impostos e contribuições da União, dos Estados, do Distrito Federal e dos Municípios, observado que:
>
> I – será opcional para o contribuinte;
>
> II – poderão ser estabelecidas condições de enquadramento diferenciadas por Estado;
>
> III – o recolhimento será unificado e centralizado e a distribuição da parcela de recursos pertencentes aos respectivos entes federados será imediata, vedada qualquer retenção ou condicionamento;
>
> IV – a arrecadação, a fiscalização e a cobrança poderão ser compartilhadas pelos entes federados, adotado cadastro nacional único de contribuintes.

Com base nos comentários realizados em relação à alínea d deste artigo, a LC n. 123/2006, com as alterações introduzidas pelas leis complementares citadas que disciplinaram esse parágrafo, criou a guia compartilhada de recolhimento de tributos das empresas optantes pelo Simples Nacional.

A EC 132/23 transformou o antigo parágrafo único em parágrafo primeiro e acrescentou mais dois parágrafos. Nesse sentido, o parágrafo segundo facultou ao optante pelo regime único de que trata o § 1º apurar e recolher os tributos previstos nos arts. 156-A e 195, V, nos termos estabelecidos nesses artigos, hipótese em que as parcelas a eles relativas não serão cobradas pelo regime único.

IV – Lei Ordinária

O Princípio da Legalidade Tributária, previsto no art. 150, I, da Constituição da República, abrange principalmente a lei ordinária, visto que esta é a fonte formal por excelência, instituidora de tributos, ou seja, é a fonte básica do Direito Tributário. A Constituição determina uma reserva de competência em razão das leis e, nesse sentido, a lei ordinária não pode tratar de matéria reservada à lei complementar. Essa vedação se dá porque o quórum exigido para a aprovação da lei ordinária

---

20 A FEBRAFITE ajuizou a ADI 5.216 questionando a LC n. 147/14, alegando que a norma suprime a autonomia normativa e administrativo-tributária dos Estados e do DF para tributar, disciplinar e fiscalizar a substituição tributária do ICMS. Alega a Federação que a nova lei determina que as vendas realizadas para as ME "não mais fiquem sujeitas ao pagamento antecipado do ICMS pelo vendedor (substituto tributário) pelas vendas futuras ao consumidor final, devendo pagar apenas o valor relativo ao Simples Nacional calculado sobre o faturamento bruto mensal". Assim, poucas atividades econômicas permaneceram sob o controle dos Estados e do Distrito Federal, "representando uma pequena parte das vendas de mercadorias destinadas a milhões de comerciantes varejistas, os quais eram antes substituídos tributários no pagamento do ICMS". (Ver também ADI 1.851).

é de maioria relativa ou simples, enquanto o exigido para aprovação da lei complementar é de maioria absoluta. É importante observar as hipóteses que mitigam ou relativizam o Princípio da Legalidade.

O art. 97 do CTN elenca um rol de matérias sujeitas à reserva de lei. Merece destaque o § 2º do art. 97, o qual permite que a correção monetária (Súmula 160 do STJ) seja prevista em decreto, pois seu objetivo é apenas evitar a perda do poder aquisitivo que a moeda possui ao longo do tempo. É oportuno falarmos sobre os decretos do Executivo em matéria tributária. Diante das exceções à legalidade, que preferimos chamar de mitigação da legalidade, os decretos, embora não sejam considerados atos legislativos, mas sim atos administrativos, têm grande importância. Verifica-se, na leitura do art. 113, § 2º, do CTN, que a legislação tributária poderá tratar das obrigações acessórias. Assim, os decretos poderão não só alterar as alíquotas de alguns tributos, como, por exemplo, o previsto no art. 153, § 1º, da CRFB/88, como também regular as obrigações acessórias. Trataremos dessa questão no item próprio, mais adiante.

Vale ressaltar aqui que, quando a Constituição faz referência expressa à necessidade de edição de lei específica, a intenção do legislador foi a de evitar a inserção de artifícios maliciosos, no bojo de uma lei, de matérias que a Constituição reputa como relevantes.

Reserva de iniciativa ao Poder Executivo para a edição de leis de natureza tributária

Questão divergente traz a polêmica sobre a reserva de competência ao Poder Executivo para a edição de leis que tratam de matéria tributária. O STF (ADI 2.464/AP) reconheceu que não se trata de competência privativa do chefe do Poder Executivo:

> ADI. Lei 553/00/AP. Desconto no pagamento antecipado do IPVA e parcelamento do valor devido. Benefícios tributários. Lei de iniciativa parlamentar. Não ofende o art. 61, § 1º, II, *b*, da CF/88 lei oriunda de projeto elaborado na Assembleia Legislativa estadual que trate sobre matéria tributária, uma vez que a aplicação deste dispositivo está circunscrita às iniciativas privativas do chefe do Poder Executivo Federal na órbita exclusiva dos territórios federais. A reserva de iniciativa prevista no art. 165, II, da Carta Magna, por referir-se a normas concernentes às diretrizes orçamentárias, não se aplica a normas que tratam de direito tributário, como são aquelas que concedem benefícios fiscais. direito tributário, como são aquelas que concedem benefícios fiscais.

Da mesma forma na ADI 2.659/SC:

> Lei de origem parlamentar que fixa multa aos estabelecimentos que não

instalarem ou não utilizarem equipamento emissor de cupom fiscal. Previsão de redução e isenção das multas em situações predefinidas. Assembleia não legislou sobre orçamento, mas sobre matéria tributária, cuja alegação de vício de iniciativa encontra-se superada.

Parece-nos, portanto, que prevalece o entendimento[21] de que não há reserva de iniciativa ao Poder Executivo para a edição de leis de natureza tributária.

V – Medida Provisória

Inspirado no Decreto-Lei da Constituição italiana de 1947 foi instituída a medida provisória (MP) no ordenamento jurídico brasileiro. A sua previsão no art. 62 da Constituição da República de 1988 determina que a MP somente pode ser editada observados os requisitos legais da **relevância** e **urgência**[22], hipótese em que deve ser submetida de imediato ao Congresso Nacional, possuindo força de lei ordinária. Vale destacar que a medida provisória substituiu o decreto-lei que era um ato privativo do Presidente da República, com força de lei ordinária editada em casos de urgência ou relevante interesse público, verificando-se, assim, uma identidade entre ambos. A doutrina ressalta[23] que o decreto-lei apresentava o inconveniente de o Presidente da República deter o poder de legislar sozinho, para o período durante o qual o texto pendia de apreciação pelo Congresso Nacional, pois a eventual desaprovação do Congresso não eliminava os efeitos produzidos pelo decreto-lei durante o referido período. Com o advento da medida provisória alguns problemas foram solucionados, porém o novo diploma não tem um rol tão restrito quanto o anterior.

A discussão doutrinária sobre a utilização da medida provisória em matéria tributária era acirrada. O § 2º do citado artigo encerrou a discussão ao determinar

---

21   O ARE 743.480/MG (com repercussão geral) sedimentou o entendimento de que não há reserva de iniciativa do chefe do Executivo para propor leis que implicam redução ou extinção de tributos e, consequentemente, redução de receitas. Leis de natureza tributária enquadram-se na regra de iniciativa geral, o que autoriza qualquer parlamentar a apresentar projeto de lei sobre instituição, modificação ou revogação de tributo (art. 61, § 1º, II, *b*, da CRFB/88), incluindo, portanto, legislação que verse sobre renúncia fiscal.

22   O STF vem entendendo, desde o julgamento da ADI 1.753-2/DF, que o Poder Judiciário pode efetuar o *controle da edição de medidas provisórias* em face dos pressupostos de relevância e urgência. O STF, na ADI 1.055/DF (rel. Min. Gilmar Mendes, j. em 15-12-2016), afirmou que o art. 62 da CF/88 prevê que o Presidente da República somente poderá editar medidas provisórias em caso de relevância e urgência. A definição do que seja relevante e urgente para fins de edição de medidas provisórias consiste, em regra, em um juízo político (escolha política/discricionária) de competência do Presidente da República, controlado pelo Congresso Nacional. Desse modo, salvo em caso de notório abuso, o Poder Judiciário não deve se imiscuir na análise dos requisitos da MP. No caso de MP que trate sobre situação tipicamente financeira e tributária, deve prevalecer, em regra, o juízo do administrador público, não devendo o STF declarar a norma inconstitucional por afronta ao art. 62 da CF/88.

23   Nesse sentido: AMARO, Luciano, Op. cit., p. 173.

que a medida provisória que implique instituição ou majoração de *impostos*, exceto os previstos nos arts. 153, I, II, IV, V, e 154, II, só produza efeitos no exercício financeiro seguinte, se houver sido convertida em lei até o último dia daquele em que foi editada (incluído pela EC n. 32/2001). Em que pese a redação do referido parágrafo citar expressamente impostos, existem decisões do STF[24] no sentido de admitir a MP para instituição de tributos, considerando que não há vedação da Constituição nesse sentido.

Conforme o disposto no art. 62 da CRFB/88, a medida provisória sofre uma série de vedações de ordem constitucional, não podendo ser editada quando versar sobre diversas matérias.

Medida Provisória e a Análise da Relevância e Urgência

Inicialmente esclarecemos que, quando se tratava dos critérios da urgência e da relevância exigidos pelo art. 62 da Constituição, para a edição de todas as MPs o STF não se permitia apreciá-los por respeito ao princípio da Separação dos Poderes. Contudo, posteriormente o STF passou novamente a discutir a matéria. A discussão voltou à tona quando alguns partidos políticos ingressaram com ações diretas de inconstitucionalidade (ADI 4.038; ADI 4.041; ADI 4.044; ADI 4.045 etc.), impugnando algumas medidas provisórias que abriam créditos extraordinários para o pagamento de diversas despesas da Administração Pública federal, conforme dispõe o art. 167, § 3º, da Constituição Federal. Tal dispositivo constitucional determina que a abertura de crédito extraordinário somente será admitida para atender a despesas imprevisíveis e urgentes, como as decorrentes de guerra, comoção interna ou calamidade pública.

Nesse sentido, o STF passou a analisar a ADI 4.048, sob a relatoria do Ministro Gilmar Mendes, dividindo-se em duas correntes. A **primeira corrente** sustenta que o princípio da Separação dos Poderes não permite ao Judiciário avaliar o que é, para a Administração Pública, relevante ou urgente (posição tradicional do STF), por se tratar de um juízo exclusivamente político; nem a adição de exemplos ao conceito de urgente e imprevisível do art. 167 alteraria este quadro.

Uma **segunda corrente**, liderada pelo Ministro Relator, votou pela alteração dos precedentes da Corte, sustentando que, ressalvadas as disposições originárias da Constituição Federal, nenhuma norma pode se esquivar do controle de constitucionalidade, até porque se as emendas constitucionais estão sujeitas ao crivo do Judiciário não haveria justificativa plausível para que uma medida provisória (que

---

24   Ver RE 138.284/CE e RE 234.463-7/MG. MP e criação de tributo. Idoneidade para instituir tributo, inclusive PIS (RE 234.621/MS). Da mesma forma, a ADI 1.660-4/SE. O STF já havia assentado o entendimento no julgamento da ADI 1.667-9/DF de ser legítima a disciplina de matéria de natureza tributária por meio de medida provisória, instrumento a que a Constituição confere força de lei. Atualmente, ver art. 62 da CRFB/88, com nova redação dada pela EC n. 32/2001.

tem força de lei ordinária) não fosse apreciada sob seu aspecto constitucional. Ademais, o art. 167 da CF/88 possui uma estrutura distinta do art. 62, apresentando exemplos do que seriam situações imprevisíveis e urgentes, como guerra, comoção interna e calamidade pública.

Com o julgamento da medida cautelar no âmbito da ADI 4.048 MC/DF, este precedente foi parcialmente revisto e o Supremo Tribunal Federal entendeu ser competente para analisar o conteúdo das medidas provisórias no tocante aos critérios de imprevisibilidade e urgência quando se tratar de abertura de crédito extraordinário.

A modificação, ainda que parcial do entendimento do STF gera um maior cuidado por parte do chefe do Poder Executivo na utilização indiscriminada de medidas provisórias, legislando atipicamente. Vejamos trecho da ADI 4.048 MC/DF:

> MP 405. Abertura de crédito extraordinário. limites constitucionais à atividade legislativa excepcional do poder executivo na edição de MP. Controle abstrato de constitucionalidade de normas orçamentárias. revisão de jurisprudência. O STF deve exercer sua função precípua de fiscalização da constitucionalidade das leis e dos atos normativos quando houver um tema ou uma controvérsia constitucional suscitada em abstrato, independente do caráter geral ou específico, concreto ou abstrato de seu objeto. Possibilidade de submissão das normas orçamentárias ao controle abstrato de constitucionalidade. Interpretação do art. 167, § 3º, c/c o art. 62, § 1º, inciso I, alínea *d*, da Constituição. Além dos requisitos de relevância e urgência, a Constituição exige que a abertura do crédito extraordinário seja feita apenas para atender a despesas imprevisíveis e urgentes. Ao contrário do que ocorre em relação aos requisitos de relevância e urgência, que se submetem a uma ampla margem de discricionariedade por parte do Presidente da República, os requisitos de imprevisibilidade e urgência recebem densificação normativa da Constituição. Os conteúdos semânticos das expressões "guerra", "comoção interna" e "calamidade pública" constituem vetores para a interpretação/aplicação do art. 167, § 3º, c/c o art. 62, § 1º, inciso I, alínea *d*, da Constituição.

Medida Provisória e Anterioridade Tributária

Questão interessante é a discussão sobre o § 2º do art. 62 da CRFB/88, pois com o advento da EC n. 42/2003 surgiram dois entendimentos quanto à edição da medida provisória.

Um primeiro entendimento no sentido de que o termo *a quo* da contagem do prazo para efeito da anterioridade é o da publicação da medida provisória. Entendimento contrário sustenta que, após a EC n. 42, o termo *a quo* seria o da conversão da medida provisória em lei ordinária, e somente a partir daí deveria ser contada a anterioridade tributária. Assim, temos que, *no primeiro entendimento*, se a medida provisória foi publicada em 2007 e foi convertida em lei em 2007, o tributo pode ser cobrado a partir de 2008.

No segundo entendimento, se a medida provisória foi publicada em 2007, mas a conversão em lei se deu em 2008, o tributo, em função da anterioridade, somente poderá ser cobrado em 2009.

A hipótese de cobrança imediata diz respeito aos tributos que são abrangidos pela exceção à anterioridade, ou seja, o II, IE, IOF e IEG (imposto extraordinário em caso de guerra), que admitem a contagem *a quo* do prazo para a cobrança a partir da própria edição da medida provisória se não houver alteração substancial da matéria até a aludida conversão, conforme dispõe o art. 62, § 2º, da CRFB/88.

Em que pese o posicionamento de que a anterioridade tributária deva ser aplicada a partir da data da conversão da medida provisória em lei, entendemos de forma diversa. Para nós, a aplicação da anterioridade deve ser contada da data da publicação da medida provisória (desde que convertida em lei no mesmo exercício) e não da sua conversão em lei, caso contrário a edição de medidas provisórias em matéria tributária perderia sua razão de ser. Isso porque de nada adiantaria editar uma medida provisória se seus efeitos (quanto à cobrança) ficassem subordinados à sua conversão em lei.

Como já dito, o § 2º do art. 62 da CRFB/88 traz exceções à exigência da conversão da medida provisória em lei no mesmo exercício para que a cobrança possa ser efetuada no exercício seguinte, mas isso não modifica nosso entendimento.

Nesse sentido, citamos o julgado do STF que concedeu liminar no âmbito da ADI 7.181, a fim de designar que a MP 1.118/22 produza efeitos apenas quando completados 90 dias de sua publicação, em observância à anterioridade nonagesimal. A referida medida foi responsável pela alteração da LC 192/22.

Para não nos tornarmos repetitivos, os comentários sobre o princípio da anterioridade foram tratados no capítulo referente às limitações constitucionais ao poder de tributar.

Outro tema que merece comentário é a possibilidade da edição de medidas provisórias nos âmbitos estadual, distrital e municipal. Apesar de a matéria ser polêmica, com vários entendimentos críticos em contrário, corroboramos o entendimento de Carrazza[25] no sentido de aceitar *mutatis mutandis* que as medidas provisórias estaduais, distritais e municipais, obedeçam aos mesmos princípios e limitações inerentes às medidas provisórias federais. Assim, pelo princípio da simetria, entendemos que seja possível tal prática por partes de outros entes federativos, desde que haja previsão em suas constituições. Contudo, é oportuno lembrar mais

---

25 CARRAZZA, Roque Antonio. *Curso de direito constitucional tributário*, 24ª ed., p. 302.

uma vez que medida provisória não pode tratar de matéria reservada à lei complementar.

Por fim, ressaltamos que na ADI 425/TO, o STF entendeu que podem os Estados editar medidas provisórias[26], em face do princípio da simetria, desde que autorizado pela Constituição Estadual e obedecidas as regras básicas do processo legislativo no âmbito da União (CF, art. 62). Nessa linha de raciocínio, o mesmo deve ser adotado em relação ao Município desde que haja previsão na lei orgânica deste. Por outro lado, não há que se invocar a violação do princípio da legalidade consentida ou da aprovação popular, uma vez que, no momento em que a medida provisória é submetida ao Legislativo, para sua conversão ou não em lei, se verifica a manifestação popular, ainda que indireta. Ademais, a Constituição, que é soberana, prevê tanto a edição de lei em sentido estrito quanto a de medida provisória (lei em sentido amplo).

VI – Lei Delegada

A lei delegada encontra amparo no art. 68 da CRFB/88, que também veda expressamente a sua edição quando se tratar de matéria reservada à lei complementar. Isso porque a lei delegada possui *status* de lei ordinária, aplicando-se a restrição da lei ordinária à lei que sofre delegação pelo Poder Legislativo. A lei delegada se equipara à lei ordinária, dela diferindo apenas na forma de sua elaboração, pois se reveste da modalidade de resolução do Congresso Nacional.

Parte da doutrina sustenta a possibilidade da edição de lei delegada em matéria tributária em sentido amplo, embora tal situação não seja comum em razão da reserva de competência instituída pela Constituição e pela pouca utilidade, já que o chefe do Poder Executivo tem em suas mãos uma medida muito mais rápida e eficaz, que é a medida provisória.

A lei delegada sofre as mesmas vedações da lei ordinária. Concordamos com a posição de Rosa Jr.[27], no sentido de que a lei delegada não é fonte formal de tributo em razão das restrições do art. 68, § 1º, da CRFB/88, bem como pelo fato de a competência tributária ser indelegável (art. 7º do CTN). Na verdade, embora esta lei seja editada pelo Executivo por meio de delegação legislativa, não exterioriza, no nosso entender, a legítima representação popular no exercício da democracia, ou seja, a legalidade consentida. Contudo, coisa diferente é indagar se lei delegada poderia tratar de matéria tributária (que não institua tributos). Nesse aspecto, entendemos que sim, pois não há qualquer vedação na Constituição, salvo as relativas às matérias reservadas às leis complementares. A discussão

---

26 Ver também a ADI 2.391/SC (16-8-2006), embora em alguns casos haja vedação (art. 25, § 2º, da CF/88).

27 ROSA JR., Luiz Emygdio da. Op. cit., p. 151.

acerca do tema não tem sido enfrentada pela jurisprudência brasileira em face da escassez do uso desse diploma legal, em função da edição cada vez maior de medidas provisórias pelo Poder Executivo, que, diga-se de passagem, não precisa de qualquer autorização para tanto.

VII – Decreto Legislativo

Os decretos legislativos não devem ser confundidos com os decretos, que são os atos administrativos normativos expedidos pelo chefe do Poder Executivo. Os decretos legislativos, na forma do art. 49 c/c art. 59, VI, da Constituição, são atos legislativos específicos do Congresso Nacional. É por meio deles que os tratados internacionais são incorporados ao Direito brasileiro, sendo certo que criam direitos e obrigações na ordem internacional. Nesse sentido, são plenamente cabíveis em matéria tributária.

Ressalte-se também que a figura do decreto-lei não foi prevista pela CRFB/88, tendo sido substituído pelas medidas provisórias. Contudo, em razão da inexistência no Brasil da inconstitucionalidade formal superveniente, ainda vigoram no nosso ordenamento jurídico alguns desses diplomas legais que tratam de matéria tributária, tais como a regulamentação dos impostos de importação e exportação. Nesse sentido, também não se deve confundir o decreto-lei com o decreto legislativo.

VIII – Resoluções

As resoluções são atos legislativos privativos das Casas Legislativas destinados a regular as matérias de suas respectivas competências, com força de lei. A característica principal desse diploma legal é o de não se submeter à sanção do chefe do Poder Executivo. No âmbito tributário, as resoluções mais importantes são as expedidas pelo Senado Federal. Isso porque a Constituição determina que as alíquotas do ICMS, do ITCMD e do IPVA sejam objeto de resolução do Senado. Assim, vejamos exemplos importantes de resoluções em matéria tributária:

a) Quanto ao Imposto sobre Transmissão Causa Mortis e Doação

O art. 155, § 1º, da CF/88 prevê que o imposto previsto no inciso I, com redação dada pela EC n. 3/93, terá suas alíquotas **máximas** fixadas pelo Senado. Nesse sentido, foi editada a Resolução n. 9/92, fixando a alíquota máxima em 8%.

b) Quanto ao ICMS

O art. 155, § 2º, da CRFB/88, com redação dada pela EC 87/2015, estabeleceu que o ICMS deveria observar diversas situações. Contudo, com o advento da EC 132/23, a fusão do ICMS e do ISSQN para a criação do IBS todas essas previsões serão extintas, mas ainda assim o art. 156-A, XII, prevê que resolução do Senado Federal fixará alíquota de referência do imposto para cada esfera federativa, nos termos de lei complementar, que será aplicada se outra não houver sido estabelecida pelo próprio ente federativo.

c) Quanto ao IPVA

O art. 155, § 6º, da CRFB/88, incluído pela EC n. 42/2003, prevê:

> *§ 6º O imposto previsto no inciso III:*
>
> *I – terá **alíquotas mínimas** fixadas pelo Senado Federal;*
>
> *II – poderá ter alíquotas diferenciadas em função do tipo e utilização.*

IX – Tratados Internacionais

O tratado internacional, espécie de acordo internacional, é regulado pelo Direito Internacional e significa um acordo bilateral ou plurilateral de vontade de Estados soberanos ou ainda de organismos internacionais. A doutrina não estabelece distinção entre os tratados e convenções internacionais. Os tratados visam entre outras funções a de evitar a bitributação internacional e minimizar o ônus tributário no comércio internacional e estão previstos no texto constitucional nos arts. 84, III, e 88. Vale destacar que os tratados não criam tributos, daí possuírem um efeito negativo, pois delimita pela convenção internacional o exercício da competência tributária.

O art. 98 do CTN enseja discussões no âmbito tributário. Entendemos que a polêmica surge em função de os tratados não terem vigência imediata, com a simples ratificação pelo Presidente da República (art. 84, VIII, da CRFB/88), mas, sim, com a sua incorporação ao direito positivo interno, por meio do decreto legislativo (art. 49, I, da CRFB/88). Os tratados ganharam um contorno todo especial na Constituição de 1988, com a EC n. 45, que modificou a regra quando versaram sobre direitos humanos[28], contudo, em função de a matéria tributária ser bem específica, não vislumbramos um exemplo prático de aplicação dessa hipótese.

Também assim o é quando se trata da vedação de isenção heterônoma prevista no art. 151, III, da CF/88, que não se aplica aos tratados internacionais. O STJ entendeu que, embora o ICMS seja tributo de competência dos Estados e do Distrito Federal, é lícito à União, por tratado ou convenção internacional, garantir que o produto estrangeiro tenha a mesma tributação do similar nacional. Como os tratados internacionais têm força de lei federal, nem os regulamentos do ICMS nem os convênios interestaduais têm poder para revogá-los.

Sustentamos, com as devidas ressalvas, que o tratado internacional constitui fonte formal do Direito Tributário, desde que incorporado internamente por meio de decreto legislativo e que não contrarie a Constituição.

---

28 A respeito, escrevemos um capítulo cujo tema é Direitos Humanos – uma abordagem interdisciplinar, na obra *Uma abordagem tributária dos direitos humanos*. Rio de Janeiro: Freitas Bastos, 2006. A Emenda n. 45, que acrescentou o § 3º ao art. 5º da CF, assim dispõe: *Os tratados e convenções internacionais sobre direitos humanos que forem aprovados, em cada Casa do Congresso Nacional, em dois turnos, por três quintos dos votos dos respectivos membros, serão equivalentes às emendas constitucionais.*

Os tratados internacionais refletem hipóteses em que cada um dos Estados signatários abre mão de parcela da sua soberania, acatando as disposições de uma convenção que reconhecem como expressão máxima das regras de bem viver em comunidade internacional.

No Brasil, é competência do Presidente da República celebrar tratados, convenções e atos internacionais, sujeitos ao referendo do Congresso Nacional, como se infere dos arts. 84, VIII, e 49, I, da CF.

Hodiernamente, não cabe questionar a imperatividade absoluta dos tratados internacionais em relação às normas internas, pois quando um País subscreve validamente um tratado é evidente que está ampliando seus horizontes jurídicos, limitadores com frequência de sua soberania absoluta de ditar regras de convivência interna[29]. Desta forma, uma vez regularmente subscrito aos ditames de uma convenção internacional, o Estado vincula toda a sua estrutura e os seus Poderes, obrigando cada um a agir dentro de suas atribuições: o Legislativo, aprovando as leis necessárias e abstendo-se de votar as que lhe sejam contrárias; o Executivo, regulamentando-as e permitindo sua fiel execução, e o Judiciário aplicando o tratado e as normas que o regulamentam, conferindo-lhes preponderância sobre regra interna que lhes seja contrária[30].

Em matéria tributária, podemos dizer que a prevalência dos tratados sobre o dispositivo de lei interna, após sua aprovação por decreto legislativo de acordo com o art. 98 do CTN, ocorre pela aplicação do *critério da especialidade*, posto que as normas tributárias internas guardam certo teor de generalidade.

Para alguns autores, o referido artigo deve ser entendido como legislação "paraconstitucional"[31], já que regula as limitações ao poder de tributar, na competência que lhe foi conferida pelo atual inciso II do art. 146 da CRFB/88.

Cabe mencionar o julgamento do Plenário do STF, que diz que "de fato, em matéria tributária, independentemente da natureza do tratado internacional, se observa o princípio contido no art. 98 do CTN". Deste modo, mesmo na ausência de artigo expresso do Código Tributário Nacional, a primazia dos acordos internacionais deve ser defendida com fundamento nos princípios gerais de direito internacional público (*pacta sunt servanda*) e de direito interno (*in casu*, a regra de que *lex specialis derrogat generali* e o "princípio de que um ato só pode ser desfeito por outro que tenha obedecido à mesma forma" – princípio da especialidade).

Tese contrária, com base na Teoria Monista, defende que os tratados se incorporam ao direito interno e são invocáveis como fundamento de direitos e obrigações, após a observância do rito formal para que adquiram vigência. Por outro

---

29 MELLO, Celso de Albuquerque. *Curso de direito internacional público*. 4ª ed. Rio de Janeiro: Freitas Barros, 1974, p. 200, apud REZEK, Francisco. *Direito internacional público*. São Paulo. Saraiva, 1989, p. 36.

30 FRAGA, Mitro. *O conflito entre tratado internacional e norma de direito interno*: estudo analítico da situação do tratado na ordem jurídica brasileira. Rio de Janeiro: Forense, 1998, p. 84.

31 SCHOUERI, Luis Eduardo. *Planejamento fiscal através de acordos de bitributação*. São Paulo. Revista dos Tribunais, 1995, p. 101.

lado, a Teoria Dualista sustenta que os preceitos do tratado integram uma ordem jurídica distinta, e necessitam ser "convertidos" em normas internas para comporem o direito interno.

Nesse sentido, o STF já se manifestou algumas vezes, sobretudo quanto à eficácia dos tratados. Tanto assim o é que a Lei n. 8.212/91, que trata do financiamento da seguridade social, em seu art. 85-A, acrescido pela Lei n. 9.876/99, assim dispôs: *Os tratados, convenções e outros acordos internacionais de que o Estado estrangeiro ou organismo internacional e o Brasil sejam partes, e que versem sobre matéria previdenciária, serão interpretados como lei especial.*

O Brasil não adota o princípio do efeito direto nem o postulado da aplicabilidade imediata. Isso porque depois que o Tratado ou a Convenção Internacional são firmados, não obrigam diretamente as pessoas de direito interno, devendo haver, para tanto, um processo de internalização, que abrange a assinatura do Presidente da República, a ratificação pelo Congresso Nacional, materializada por decreto legislativo, e a publicação do decreto presidencial. Uma vez incorporado no nosso ordenamento jurídico, o tratado assume o *status* de lei ordinária. Entendemos que o tratado não pode invadir matéria reservada à lei complementar, pois a exigência decorre da própria Constituição Federal.

Para nós, a recepção de um tratado internacional não revoga a legislação interna, mas apenas suspende sua eficácia, pois, uma vez denunciado o tratado, a lei interna volta a adquirir eficácia. Não compete ao CTN estabelecer qual é a eficácia no âmbito da incorporação dos tratados, mas sim à CF, dado o cunho constitucional da matéria[32]. Quando uma lei é revogada por norma posterior e esta lei é revogada por outra, não há repristinação, salvo previsão expressa[33]. Esta hipótese é diferente daquela em que uma lei e um tratado dispõem de forma diversa, e o tratado é denunciado. Nesse caso, a lei adquire novamente a eficácia, não se aplicando, da mesma forma, o instituto da repristinação, pois é certo que a lei interna continua vigente para aplicação nas omissões do tratado.

Assim, parece-nos que a redação do art. 98, quando diz que o tratado "revoga" a lei interna, e assevera que a lei interna superveniente deva "observar" o Tratado já internalizado, na verdade quis se referir à "suspensão da eficácia". Parte da doutrina entende de forma diversa, afirmando existir, no caso em tela, uma hipótese de derrogação.

Questão interessante é a discussão quanto à possibilidade de estabelecimento de isenções de tributo estadual ou municipal por meio de **tratados**, por força do

---

32 Ver Carta Rogatória 8.279, da Argentina.

33 Para Luciano Amaro, o fundamento de prevalência da norma do tratado sobre a lei interna estadual ou municipal *não seria o primado dos tratados* sobre a lei interna, mas sim a eficácia natural dos tratados, como único modelo legislativo idôneo para firmar normas de conduta (e, portanto, também para revogá-las) entre o Estado brasileiro e outros Estados soberanos. Os Estados e Municípios não são dotados de soberania, mas apenas de autonomia. Por isso, no plano das relações internacionais, quem legisla é o Congresso Nacional. Na visão de Alberto Xavier a doutrina não diverge quanto à questão de que os tratados *não criam tributos*, apenas os *autorizam*, dentro dos limites estabelecidos.

disposto no art. 151, III, da CRFB/88, que veda a concessão de **isenção heterônoma**. Entendemos que não se deve confundir o tratado, que é celebrado pela União Nacional, com as leis que são editadas pela União Federal. Quem atua no plano internacional com soberania é a República Federativa do Brasil, ou seja, a União Nacional, e não os Estados federados, os Municípios e a própria União Federal. Daí se concluir que o tratado internacional não é um ato que se limite à esfera federal, por ter âmbito nacional.

As disposições do art. 155, § 2º, XII, e do art. 156, § 3º, II, ambas da CRFB/88, definem situações de não incidência de tributos estaduais e municipais.

Outra questão polêmica diz respeito à edição de lei posterior que implique revogação da anterior, existindo um tratado incorporado por decreto legislativo, com *status* de lei ordinária. A adoção da regra cronológica de forma absoluta traria um grave problema às relações comerciais internacionais, pois alguns Países teriam receio de celebrar tratados com o Brasil, em face da instabilidade jurídica. Assim, o STF, desde o julgamento do RE 80.004, vem admitindo a existência do chamado tratado-contrato. Assim, teríamos duas espécies de tratados: tratado-lei, como, por exemplo, o Pacto São José da Costa Rica, e o tratado-contrato, que tem por objeto as relações comerciais internacionais, estabelecendo direitos e obrigações.

O tratado-contrato é incorporado ao direito interno com o *status* de lei ordinária especial, não perdendo, contudo, a característica de lei ordinária, pois a natureza de contrato lhe confere o *status* de lei especial. Sustentamos que nessa modalidade (tratado-contrato) o critério que deve ser utilizado para a solução do conflito não seja o cronológico (adotado para o tratado-lei), mas o da especialidade. Logo, por ser uma lei especial, a lei posterior editada pelo Estado ou Município terá eficácia em relação a todas as matérias não disciplinadas no tratado. O tratado continuará a ser aplicado àquelas hipóteses previstas em relação aos Estados signatários.

O acórdão proferido pelo STF (ADI-MC 1.480-3/DF) assim se posicionou:

> Os tratados ou convenções internacionais, uma vez regularmente incorporados ao direito interno, situam-se, no sistema jurídico brasileiro, nos mesmos planos de validade, de eficácia e de autoridade em que se posicionam as leis ordinárias, havendo, em consequência, entre estas e os atos de direito internacional público, mera relação de paridade normativa. Precedentes. No sistema jurídico brasileiro, os atos internacionais não dispõem de primazia hierárquica sobre as normas de direito interno. A eventual precedência dos tratados ou convenções internacionais sobre as regras infraconstitucionais de direito interno somente se justificará quando a situação de antinomia com o ordenamento doméstico impuser, para a solução do conflito, a aplicação alternativa do critério cronológico (*lex posterior derrogat priori*) ou, quando cabível, do critério da especialidade. [...]
>
> Os tratados internacionais celebrados pelo Brasil – ou aos quais o Brasil venha aderir – não podem, em consequência, versar matéria posta sob reserva constitucional de lei complementar.

A superioridade hierárquica da Constituição brasileira em face do tratado é reconhecida pelo STF. No citado julgado o Ministro Celso de Mello sustentou que a Constituição se qualifica como o estatuto fundamental da República. Nessa condição, todas as leis e tratados celebrados pelo Brasil estão subordinados à autoridade normativa desse instrumento básico. É que o sistema jurídico brasileiro não confere qualquer precedência hierárquico-normativa aos atos internacionais sobre o ordenamento constitucional.

Por outro lado, no que se refere aos tratados internacionais que versem sobre *Direitos Humanos*, segundo entendimento proferido no julgamento do RE 466.343/SP, o STF entendeu que eles possuem valor *supralegal*, ou seja, estão acima das leis e abaixo da Constituição.

Vejamos também as seguintes Súmulas sobre o tema:

> *Súmula 20 do STJ: A mercadoria importada de país signatário do GATT é isenta de ICM, quando contemplado com esse favor o similar nacional.*
>
> *Súmula 71 do STJ: O bacalhau importado de país signatário do GATT é isento de ICM.*
>
> *Súmula 575 do STF: À mercadoria importada de país signatário do (GATT), ou membro da (ALALC), estende-se a isenção do imposto de circulação de mercadorias concedida a similar nacional.*

Ressaltamos como consequência lógica que, pelo fato de o tratado internacional não poder contrariar a Constituição, inconstitucional será o decreto legislativo e o decreto presidencial que aprove e ratifique, respectivamente, um Tratado que a viole. Nesse sentido, o STF já se pronunciou sobre a inaplicabilidade do Pacto de São José da Costa Rica, quanto à prisão civil do depositário infiel.

Por fim, vale dizer que o **GATT** é um importante acordo internacional que envolve matéria tributária. O Acordo Geral sobre Tarifas e Comércio (tradução da sigla GATT) foi firmado na Suíça em 1947, com o objetivo de estabelecer regras para o comércio internacional, bem como abolir barreiras alfandegárias, evitando a bitributação. Ressalte-se que o GATT foi substituído pela OMC (Organização Mundial do Comércio), que entrou em vigor em 1º de janeiro de 1995, passando então a regular a tributação de mercadorias importadas e exportadas.

X – Convênios

A Constituição anterior, em função de vários problemas com o ICMS, sobretudo no que diz respeito às isenções, passou a exigir que a autorização para a concessão e revogação deste imposto se desse através de convênios celebrados e ratificados pelos Estados. Nesse sentido, a Lei Complementar n. 24, publicada em 7 de janeiro de 1975, passou a disciplinar a celebração dos convênios e, em seu art. 4º, diz que cabe ao Poder Executivo de cada unidade da Federação, por decreto, ratificar ou não o convênio do ICM (atualmente ICMS). Após ratificados, os convênios terão a natureza de decretos como fonte formal principal.

A Constituição de 1988, em seu art. 155, § 2º, XII, g, manteve a importância dos convênios do ICMS, dispondo que *cabe à lei complementar (...) regular a forma como, mediante convênio entre os Estados e o Distrito Federal, as isenções, incentivos e benefícios fiscais devem ser concedidos e revogados.* O Convênio ICM 66/88 vigorou até a edição da LC n. 87/96, a chamada Lei Kandir, que trata do atual ICMS de competência dos Estados. Sobre essa temática, foi editada a Lei Complementar n. 160/2017, que dispõe sobre convênio que permite aos Estados e ao Distrito Federal deliberar sobre a remissão dos créditos tributários decorrentes das isenções, dos incentivos e dos benefícios fiscais ou financeiro-fiscais instituídos em desacordo com o disposto na alínea g do inciso XII do § 2º do art. 155 da Constituição Federal.

Sob o ponto de vista teórico, os convênios de ICMS podem ser impositivos ou autorizativos[34], a depender se obrigam ou facultam aos Estados a adoção de determinada tributação ou conduta.

A interpretação sistemática do art. 150, § 6º, da CRFB/88, que exige lei específica para concessão de isenção, bem como a dos arts. 175 e seguintes do CTN, que também exigem lei para esta modalidade de exclusão do crédito tributário, determina ser de incumbência do Estado, após a celebração do Convênio, editar uma lei para dar efeito a essa isenção, não se admitindo, no nosso sentir, que por meio de ratificação por decreto do Governador venha a ser usurpada essa exigência legal. Contudo, a matéria é controvertida e parte da doutrina e da jurisprudência entendem que bastaria a mera ratificação do Poder Executivo, mas pelo Governador do Estado e não por ato de seus Secretários de Estado. Entendemos que a ratificação do Convênio do ICMS, e consequentemente a internalização, não poderia ser feita por decreto do Governador, em que pese à previsão do art. 4º da LC n. 24/75. Isso porque a observância do princípio da separação dos poderes não "autorizaria" que o mesmo Poder celebre e ratifique o convênio, já que interfere no poder de tributar e na obtenção de receita. Assim, no nosso sentir, o Poder Executivo celebra o convênio no âmbito do CONFAZ e a ratificação fica por conta do Poder Legislativo, através de lei ou decreto legislativo editado pela Assembleia Legislativa, no caso do Distrito Federal. No mesmo sentido, trazemos a lição de Carrazza[35], que diz que os convênios limitam a competência das Assembleias Legislativas, mas não podem eliminá-las. Entendemos, por fim, que além de todos os argumentos já expostos, deve-se observar também o princípio da legalidade, já que estamos tratando de isenção. Para reforçar nosso entendimento, trazemos o entendimento sustentado pelo STJ ao reconhecer que isenção concedida por resolução legislativa municipal

---

34 O STF (RE 97.250-1/SP) entendeu que a LC n. 24/75 não admite a distinção entre convênios autorizativos e convênios impositivos. Assim, a revogação de isenção decorrente de convênio não pode fazer-se por meio de decreto estadual, mas tem de observar o disposto no § 2º da referida LC.

35 CARRAZZA, Roque Antonio. *Curso de direito constitucional tributário.* 24ª ed., p. 221.

seria inconstitucional, somente podendo ser concedida por lei específica, salvo as hipóteses de isenção de ICMS que se daria mediante Convênio CONFAZ.

Ressalte-se, por fim, que a jurisprudência vem admitindo que o Governador do Estado, após a celebração do Convênio no âmbito do CONFAZ, possa internalizá--lo sem necessidade de lei, pois o art. 150, § 6º, parte final, da CRFB/88 faz ressalva ao art. 155, § 2º, XII, *g*, da CRFB/88.

No art. 155, § 2º, XII, *g*, encontramos a previsão de que cabe à lei complementar regular a forma de deliberação dos Estados e do Distrito Federal pela qual isenções, incentivos e benefícios fiscais serão concedidos. Nesse sentido, foi incluído no ADCT o art. 34, § 8º, que dispõe o seguinte: *Se, no prazo de sessenta dias contados da promulgação da Constituição, não for editada a lei complementar necessária à instituição do imposto de que trata o art. 155, I, b, os Estados e o Distrito Federal, mediante convênio celebrado nos termos da Lei Complementar n. 24, de 7 de janeiro de 1975, fixarão normas para regular provisoriamente a matéria*. Assim, os Estados e o Distrito Federal, pautados no referido artigo, e diante do fato de que essa lei complementar não seria editada rapidamente, celebraram o famoso Convênio do ICMS n. 66/88, que fixou as normas gerais sobre esse imposto, até o advento da LC n. 87/96, que passou a ser o diploma básico do ICMS, embora já tenha sofrido alterações posteriores.

É importante esclarecer que os convênios de ICMS previstos pelo art. 155, § 2º, XII, *g*, da CF/88 não devem ser confundidos com os convênios previstos no art. 7º, no art. 100, IV, e no art. 199, todos do CTN. O primeiro (art. 7º do CTN) permite a delegação da chamada capacidade tributária, ou seja, a delegação das funções de arrecadar e fiscalizar tributos, ou de executar leis, serviços, atos ou decisões administrativas em matéria tributária. O segundo (art. 100, IV, do CTN) é chamado pelo próprio Código de normas complementares às leis, tratados, convenções internacionais e dos decretos. E, por fim, o art. 199 do CTN prevê a possibilidade de as Fazendas Públicas celebrarem convênios para trocar informações e prestar mútua assistência. Vale dizer que o art. 199 faculta que esse intercâmbio seja feito por lei ou convênio, permitindo, inclusive que a União possa permutar informações com Estados estrangeiros.

No que tange às concessões de benefícios fiscais[36] (isenções) de ICMS, o STF (ADI-MC 3.936/PR) pacificou o entendimento de que somente poderiam ocorrer

---

36 O STF (RE 680.089/SE) entendeu ser inconstitucional a cobrança de ICMS pelo Estado de destino (com fundamento no Protocolo ICMS 21/2011 do CONFAZ) nas operações interestaduais de venda de mercadoria a consumidor final realizadas de forma não presencial. O mencionado protocolo dispõe sobre a exigência de parcela do ICMS pelo Estado destinatário da mercadoria ou bem devida na operação interestadual em que o consumidor final adquire mercadoria ou bem de forma não presencial por meio de internet, *telemarketing* ou *showroom*. O Tribunal frisou na ADI 4.565-MC/PI que nas operações interestaduais cuja mercadoria fosse destinada a consumidor final não contribuinte, apenas o Estado-membro de origem cobraria o tributo, com a aplicação da alíquota interna. Realçou que regime tributário diverso configuraria bitributação. Os signatários do Protocolo teriam invadido a competência das unidades federadas de origem, que constitucionalmente seriam os sujeitos ativos da relação tributária quando da venda de bens ou serviços a consumidor final não contribuinte localizado em outra unidade da Federação. ADI 4.628/DF; ADI 4.713/DF (RE 680.089/SE).

se autorizadas pelo Convênio celebrado no âmbito do CONFAZ, conforme podemos perceber na análise do julgado:

> ICMS. Guerra fiscal. Art. 2º da Lei n. 10.689/93 do Estado do Paraná. Dispositivo que traduz permissão legal para que o Estado do Paraná, por meio de seu Poder Executivo, desencadeie a denominada "guerra fiscal", repelida por larga jurisprudência deste Tribunal. Ausência de convênio interestadual para a concessão de benefícios fiscais. Violação ao art. 155, § 2º, XII, g, da CF/88. A ausência de convênio interestadual viola o art. 155, § 2º, incisos IV, V e VI, da CF. A Constituição é clara ao vedar aos Estados e ao Distrito Federal a fixação de alíquotas internas em patamares inferiores àquele instituído pelo Senado para a alíquota interestadual. Violação ao art. 152 da CF/88, que constitui o princípio da não diferenciação ou da uniformidade tributária, que veda aos Estados, ao DF e aos Municípios estabelecer diferença tributária entre bens e serviços, de qualquer natureza, em razão de sua procedência ou destino. Medida cautelar deferida.

Assim, qualquer lei estadual que conceda benefício fiscal de ICMS, sem o respectivo convênio autorizativo, é inconstitucional.

Destaque-se que a guerra fiscal pode ser considerada válida, quando simplesmente estimula o desenvolvimento regional. Será, contudo, nociva quando objetivar de alguma forma interferir na autonomia dos entes federativos e, consequentemente, no pacto federativo, daí a exigência feita pela Constituição dos Convênios ICMS. Contudo, o STF, no julgamento da ADI 3.421/PR, rompendo posicionamento consolidado naquela Corte reconheceu a constitucionalidade de uma lei do Estado do Paraná que concedia benefício de ICMS nas contas de serviços de água, luz, telefone e gás das igrejas, pautando-se no argumento de que tal lei não teria o condão de promover uma guerra fiscal ou violar o pacto federativo. Isto porque o Estado do Paraná ao editar a lei não teve a intenção de que todas as igrejas do Brasil fossem deslocadas para aquele Estado, o que por óbvio jamais acontecerá. Sendo assim, desnecessário foi a celebração do Convênio CONFAZ autorizando que o Estado pudesse implementar tal benefício.

Diante desse quadro, é oportuno observar que análise sobre a existência ou não de Convênio para reconhecer se uma lei é ou não inconstitucional deve girar em torno da possibilidade de se instituir uma guerra fiscal entre os Estados da Federação. Foi nesse sentido que, na ADI 3.796, também referente a guerra fiscal, o Plenário, por maioria, julgou inconstitucional a Lei n. 15.054/2006, do Paraná, que dispunha sobre a administração tributária do ICMS e concessão de benefícios tributários a empresas industriais paranaenses por meio do Programa Desenvolvimento Econômico, Tecnológico e Social (Prodepar). De acordo com a norma, os contribuintes que tenham cumprido as metas de emprego e investimento passam a ter vantagens no parcelamento de débitos do ICMS. O relator da ação, Ministro Gilmar Mendes, observou que a lei impugnada estimula a disputa entre os Estados, uma vez que constitui concessão de benefício sem a celebração de convênio interestadual no âmbito do Conselho Nacional de Política Fazendária (Confaz). Ficou vencido o Ministro Marco Aurélio, que considera a lei apenas um incentivo visando ao aumento de emprego.

Por fim, a autorização veiculada em Convênio para a concessão de isenção não acarreta direito subjetivo[37] para o contribuinte, se não houve implementação da medida necessária à concessão do benefício, mesmo que o convênio tenha sido objeto de ratificação. Isto porque, sendo o convênio meramente autorizativo, fica a critério do sujeito ativo da obrigação tributária permanecer inerte ou estabelecer as condições sob as quais concederá o previsto em tal ato, não podendo o contribuinte alegar direitos. Por outro lado, também não autoriza que um Estado da Federação se sentindo ameaçado por um benefício fiscal concedido por outro Estado implemente, via Poder Executivo, edite atos que concedam benefícios que venham a competir com aquele concedido por outro Estado. Nesse sentido o STF no julgamento da ADI 3.936 MC/PR reconheceu a inconstitucionalidade dos referidos atos praticados pelo Poder Executivo estadual por entender ocorrer violação flagrante do pacto federativo, princípio basilar que norteia o art. 155, § 2º, XII, g, da CRFB/88.

Vale destacar que com o advento da EC 132/23 e, portanto, a criação do IBS em substituição ao ICMS e ao ISSQN toda essa discussão estará superada em razão do que dispõe o inciso X do art. 156-A ao prever que o IBS não será objeto de concessão de incentivos e benefícios financeiros ou fiscais relativos ao imposto ou de regimes específicos, diferenciados ou favorecidos de tributação, excetuadas as hipóteses previstas nesta Constituição.

XI – Doutrina e jurisprudência

Em que pese a grande relevância que a doutrina e a jurisprudência possuem na evolução do Direito, prevalece o entendimento de que não são consideradas fontes formais de Direito Tributário. Contudo, parte da doutrina sustenta que, no controle concentrado de constitucionalidade, a jurisprudência se transformaria em fonte formal. Podemos exemplificar em três hipóteses. A *primeira* versa sobre o julgamento em sede de Ação Direta de Inconstitucionalidade, da inconstitucionalidade de lei ou ato normativo federal ou estadual, em que a eficácia do julgado, por ser *erga omnes,* o transformaria em fonte formal. A *segunda* hipótese, da mesma forma, ocorre quando da declaração de constitucionalidade de lei ou ato normativo federal, em sede de Ação Declaratória de Constitucionalidade: a decisão será considerada fonte em função do efeito vinculante e da eficácia *erga omnes.* E, por fim, as **Súmulas Vinculantes**, que indubitavelmente servem de fonte para o Direito

---

37   Para parte da doutrina, que entende ser o Convênio impositivo, a consequência seria gerar direito subjetivo ao contribuinte. No caso em tela, não há que se falar em imunidade das igrejas, uma vez que elas estão na posição de contribuinte de fato.

Tributário, uma vez que a matéria objeto da Súmula estará pacificada pelo STF e orientará os julgadores de outros tribunais.

XII – Decretos

O decreto, instrumento normativo que integra a legislação tributária, conforme prevê o art. 96 do CTN, é um ato emanado do chefe do Poder Executivo, que se pauta na fiel observância da lei, ou seja, retira seu fundamento de validade diretamente das leis.

O objetivo do decreto é padronizar a conduta da Administração, sob pena de cada administrador interpretar a lei de forma diferente, gerando verdadeira insegurança jurídica aos administrados, que na maioria das vezes seriam prejudicados, com evidente violação de princípios como o da imparcialidade e o da isonomia. Em síntese, a principal função do decreto é a de regulamentar a lei. Destaque-se que o art. 99 do CTN determina que o alcance dos decretos se restringe ao das leis em função das quais sejam expedidos. Assim, em que pese a nova redação dada pela EC n. 32/2001 ao inciso VI do art. 84 da CRFB/88, permitindo a edição de decretos autônomos, não vislumbramos essa possibilidade em relação ao direito tributário em face do princípio da legalidade estrita. Nesse contexto, em matéria tributária eles são bastante significativos, pois são adotados pelos principais impostos (RIR, RIPI, RICMS, RISS), daí se dizer que no Direito Tributário, as expressões decreto e regulamento seriam sinônimas.

É importante ressaltar que, apesar de a EC n. 32/2001 ter dado nova redação ao inciso VI do art. 84 da CRFB/88, permitindo, embora de forma restrita, a edição de decretos chamados autônomos, no que diz respeito à matéria tributária, a utilização dessa modalidade continua vedada pelo princípio da legalidade. Contudo, pela interpretação do art. 113 do CTN, o decreto será plenamente válido se se tratar apenas de obrigações acessórias. Exatamente por esse motivo é que o CTN (art. 100) não incluiu o decreto como norma complementar, tendo em vista que disciplina como a lei será cumprida. Destaque-se que o decreto em matéria tributária também pode ser utilizado para majorar alíquotas de alguns tributos, como, por exemplo, os do art. 153, § 1º, da CRFB/88 (II, IE, IPI e IOF).

2.3.5 Fontes Formais Secundárias

Como já dissemos anteriormente, as fontes secundárias são complementares às principais. E, nesse sentido, o art. 100 do Código Tributário Nacional diferencia as normas complementares das leis, dos tratados e das convenções internacionais e dos decretos.

Além de definir as normas complementares, o CTN não afasta as fontes usuais de Direito, como o costume, a doutrina e a jurisprudência, cujas observações já foram feitas. Para efeitos didáticos vamos analisar cada item do art. 100 em questão:

Inciso I – os atos normativos expedidos pelas autoridades administrativas

Esse inciso trata das portarias, ordens de serviço, instruções normativas etc., cujo objetivo é propiciar a correta aplicação da lei. Visam ao mesmo tempo orientar o contribuinte e os servidores encarregados de aplicá-los. Como tais atos normativos possuem poder normativo, seu descumprimento gera uma sanção.

Ressalte-se que o parágrafo único do art. 100 do CTN prevê que a observância das normas referidas no *caput* do dispositivo exclui a imposição de penalidades, de juros de mora e a atualização do valor monetário da base de cálculo do tributo.

Inciso II – as decisões dos órgãos singulares ou coletivos de jurisdição administrativa, a que a lei atribua eficácia normativa

Cuida das decisões, monocráticas ou colegiadas, proferidas no âmbito do contencioso administrativo fiscal, que origina a chamada "jurisdição administrativa" ou "Sistema de Decisões Vinculantes", permitindo que os Conselhos de Contribuintes[38] editassem Súmulas no âmbito administrativo. Todavia, ressalte-se que as decisões administrativas somente possuirão eficácia normativa quando *a lei* expressamente conferir a elas esse efeito. Isto porque a simples decisão administrativa não integra a legislação tributária, pois é fruto da solução de casos concretos objeto de questionamento por parte do contribuinte. Nesse sentido, o art. 156, IX, do CTN prevê que a decisão administrativa irreformável extinguirá o crédito tributário.

Inciso III – As práticas reiteradamente observadas pelas autoridades administrativas

Os usos e costumes podem ser conceituados como a prática reiterada de comportamentos que geram a sua obrigatoriedade, sendo certo que essas práticas são exercidas pela administração, e não pelo contribuinte. O costume pressupõe dois elementos, quais sejam: o uso e a necessidade jurídica de sua observância.

Os costumes só podem ser adotados quando considerados interpretativos. O art. 146 do CTN prevê que a modificação dos critérios jurídicos adotados pela autoridade administrativa no exercício do lançamento somente pode ser efetivada quanto a fato gerador ocorrido posteriormente à sua introdução. É o caso, por exemplo, da consulta: se contribuinte faz uma consulta à Secretaria da Receita Federal do Brasil e recebe como resposta que não deve recolher o tributo e depois verifica que o resultado da sua consulta foi equivocado, o contribuinte deve pagar o tributo, mas vai pagar apenas o valor principal não corrigido, sem correção monetária, sem juros etc.

Inciso IV – Os convênios que entre si celebrem a União, os Estados, o Distrito Federal e os Municípios

---

38   Com a Lei n. 11.941/2009 os Conselhos de Contribuintes e a Câmara Superior de Recursos Fiscais no âmbito federal passaram a integrar o Conselho Administrativo de Recursos Fiscais, órgão colegiado, paritário, de segunda instância que integra a estrutura do Ministério da Fazenda.

É importante distinguir que os convênios podem ocorrer de duas formas. A *primeira* se refere aos convênios celebrados no âmbito do ICMS, com o objetivo de evitar a guerra fiscal. Vale lembrar aqui que com o advento da EC 132/23 essa modalidade estará superada em razão da criação do IBS em substituição ao ICMS e ao ISSQN.

A *segunda*, aos convênios celebrados entre União, DF, Estados e Municípios, que visam a estabelecer sistemas integrados de fiscalização para que as Fazendas possam prestar assistência mútua. São os chamados convênios fiscais, na forma do art. 199 do CTN, como ocorre, por exemplo, quando uma pessoa falece e o Cartório se obriga a comunicar o óbito ao INSS.

Destaque-se que o STF refutou a tese de que os convênios celebrados pelo Poder Executivo exigem submissão à ratificação do Poder Legislativo. Nesse sentido foi o julgamento da ADI 1.857/SC, que entendeu que essa submissão violaria o princípio da separação dos poderes:

> ADI. Dispositivos da Constituição do Estado de Santa Catarina. Inconstitucionalidade de normas que subordinam convênios, ajustes, acordos, convenções e instrumentos congêneres firmados pelo Poder Executivo do Estado-membro, inclusive com a União, os outros Estados federados, o Distrito Federal e os Municípios, à apreciação e à aprovação da Assembleia Legislativa estadual. Ação direta que se julga procedente, para declarar a inconstitucionalidade do art. 20, do inciso III do art. 40 e da expressão *"ad referendum da Assembleia Legislativa"* contida no inciso XIV do art. 71, todos da Constituição do Estado de Santa Catarina.

Algumas questões sobre esses temas serão relacionadas novamente no capítulo que aborda a vigência, aplicação, interpretação e integração da legislação tributária.

3

Hermenêutica do Direito Tributário

3.1   Legislação Tributária

Como já visto no capítulo anterior, o CTN trouxe, em seu art. 96, a expressão "Legislação Tributária", compreendendo como tal as leis, os tratados, as convenções internacionais, os decretos e as normas complementares que versem, no todo ou em parte, sobre tributos e relações jurídicas a eles pertinentes. A distinção entre os conceitos de lei e legislação é relevante, tanto que o CTN determina o fato gerador da obrigação tributária principal como a situação definida em lei, enquanto o fato gerador da obrigação acessória poderá ser previsto pela legislação. Nesse sentido, diz-se que a obrigação principal está relacionada ao princípio da legalidade estrita, ou seja, a lei em sentido formal, ato expedido pelo Poder Legislativo após um processo legislativo que é deflagrado com a iniciativa do projeto de lei. Diga-se de passagem, as leis ordinárias são, por excelência, as que instituem tributos, enquanto as leis complementares têm a função de complementar a Constituição.

Assim, verifica-se que a Legislação Tributária engloba as leis formais e admite, sobretudo, os atos administrativos normativos, em especial o decreto do chefe do Poder Executivo e as famosas instruções normativas. Contudo, frise-se que, segundo o art. 99 do CTN, o conteúdo e o alcance dos decretos restringem-se aos das leis em que determinaram sua expedição, com a devida observância das regras de interpretação estabelecidas nas respectivas leis.

Importante dizer que, quando o CTN faz referência às **normas complementares** (fontes secundárias), não se enquadram nessa modalidade as leis complementares, que, no aspecto tributário, por força do art. 146 da CF/88, têm uma relevância muito grande, como, por exemplo, estabelecer normas gerais. Assim, o **art. 100 do CTN** especifica quais são as Normas Complementares das leis, dos tratados, das convenções internacionais e dos decretos.

Questão importante a ser destacada é que o parágrafo único do referido artigo dispõe que a observância das normas complementares **exclui a imposição de penalidades**, a cobrança de **juros de mora** e a **atualização do valor monetário** da base de cálculo do tributo. Conclui-se, portanto, que a observância dessas regras é obrigatória para o Fisco, diferentemente do contribuinte, que pode questionar sua legalidade e constitucionalidade.

3.2 Estrutura da Norma Tributária

Embora muito se discuta sobre a aplicação e vigência da Norma Tributária, a sua estrutura é idêntica à das normas jurídicas de qualquer outro ramo do Direito. Por isso, a vigência da Norma Tributária vai obedecer, normalmente, às mesmas regras que disciplinam a vigência de todas as normas jurídicas em geral.

Já em relação às normas constitucionais tributárias, podemos citar o sistema tributário nacional disciplinado pelo art. 34 do Ato das Disposições Constitucionais Transitórias, o qual estabelecia que o Sistema Tributário Nacional entraria em vigor a partir do primeiro dia do quinto mês seguinte ao da promulgação da Constituição, mantido, até então, o da Constituição de 1967. O CTN, conforme seu art. 218, recepcionado pela Constituição de 1988, determinou sua entrada em vigor a partir de 1º de janeiro de 1967, revogando as disposições em contrário.

3.3 Amplitude dos Institutos, Vigência, Aplicação, Interpretação e Integração da Norma

A vigência, aplicação, interpretação e integração da Legislação Tributária, apesar dos princípios aplicáveis ao Direito Tributário, não possuem características diferentes das do Direito Privado, pois, em regra, obedecem aos parâmetros da Lei de Introdução às Normas do Direito Brasileiro.

A validade das normas abrange os seguintes aspectos: *a) validade objetiva* – adstrita ao campo da vigência; *b) validade técnica* – ligada à eficácia ou efetividade; *c) validade material* – é o fundamento jurídico. Para tanto, faz-se necessário diferenciar os três fenômenos.

Assim, uma lei *existe* no momento em que se verifica o cumprimento de todos os requisitos constitucionais e legais exigidos para sua elaboração, lembrando que a lei adquire existência jurídica a partir da publicação e a *validade* se dá com a promulgação, sendo certo que a existência no mundo jurídico somente ocorre com a sua publicação, em atenção ao princípio da publicidade. Nesse sentido, embora o diploma legal passe a existir, ele ainda não compõe automaticamente o ordenamento jurídico, por ainda não ter vigência.

Convém esclarecer que a vigência de uma norma nem sempre se dá com a existência. A *vigência* é uma forma peculiar de existência da lei; é a aptidão para dar significação jurídica aos fatos. Desta forma, a lei vigente no plano abstrato é aquela que, em princípio, está apta a produzir efeitos, podendo ser aplicada no plano concreto. Assim, em regra, a lei deve entrar em vigor na data da sua publicação, ou nos casos, omissos, em 45 dias após essa data, conforme disposição contida na Lei de Introdução às Normas do Direito Brasileiro. Contudo, esse fato, por si só, não implica a eficácia da lei.

No plano da *eficácia*, a lei se prende à possibilidade de alterar direitos subjetivos, ou seja, a lei se aplica a casos individuais, de modo a alterar a produção de efeitos dos atos jurídicos. O princípio constitucional da anterioridade tributária enseja a separação entre a vigência e a eficácia da norma, como, por exemplo, na seguinte hipótese: uma lei pode entrar em vigor 45 dias após a sua publicação, mas só vai ser eficaz, ou seja, somente vai ser aplicada aos fatos geradores, ocorridos posteriormente à sua vigência, a partir do exercício financeiro seguinte. Esse princípio, também chamado de não surpresa, é um fenômeno que não se prende à vigência da lei, mas à sua eficácia. Tomemos outro exemplo: suponhamos que uma lei complementar, instituidora do imposto sobre grandes fortunas (art. 153, VII, da CRFB/88), seja editada em julho de 2015, e determine que entrará em vigor na data de sua publicação, que se dá no dia seguinte. Nesse caso, por força do artigo próprio, a lei entrará em vigor no dia seguinte, ou seja, no dia de sua efetiva publicação, isto porque a vigência está relacionada com o princípio da irretroatividade tributária, e, nesta hipótese, somente em 1º-1-2016 ela adquirirá eficácia. Concluímos que **a vigência diz respeito ao plano abstrato** (princípio da irretroatividade) e **a eficácia, ao plano concreto** (princípio da anterioridade). Por essa razão, o princípio da anterioridade determinará o momento em que uma lei, apesar de vigente, pode ser aplicada, ou seja, se tornar eficaz. Por isso, alguns autores nominam a anterioridade como *irretroatividade qualificada*. Não basta que a lei não alcance os fatos geradores futuros, é necessário que ela não alcance fatos geradores futuros ocorridos no mesmo exercício financeiro.

Podemos classificar a eficácia da lei tributária da seguinte forma:

a) *Eficácia imediata* – é aquela pela qual a norma produz os seus efeitos de forma instantânea, como, por exemplo, a vigência da lei que majora o imposto de importação e exportação (art. 150, § 1º, da CRFB/88).

b) *Eficácia diferida* – ocorre quando a norma, embora vigente, tem os seus efeitos adiados para certa data no futuro. Ocorre principalmente em consequência dos princípios da anterioridade: a) mínima (90 dias – art. 195, § 6º, da CF/88); b) média (exercício financeiro) e c) máxima (noventena), conforme dispõe o art. 150, III, *b* e *c*, da CRFB/88, respectivamente.

c) *Eficácia prorrogada* – ocorre uma prorrogação da eficácia, por exemplo, na hipótese do art. 144 do CTN, e quando o projeto de Lei Orçamentária não é aprovado pelo Congresso Nacional antes do início do exercício financeiro seguinte. Prorroga-se, então, a eficácia do orçamento anterior (na razão de 1/12 das dotações orçamentárias), até que o novo orçamento seja publicado. Podemos dizer aqui que temos a ultratividade da lei, pois, ainda que revogada, continuará a produzir seus efeitos para aquelas situações.

d) *Eficácia suspensa* – ocorre quando uma norma posterior atua no campo da eficácia da lei de incidência, que é o caso, por exemplo, da isenção. Note-se que a lei de isenção não revoga a lei de incidência (lei impositiva), mas suspende temporariamente a sua eficácia. Da mesma forma, os tratados internacionais que, para alguns, suspendem a eficácia das leis anteriores, gerando a polêmica tratada no Capítulo 2, onde abordamos os temas.

e) *Eficácia retroativa, eficácia retro-operante ou retroeficácia*[1] – é o caso em que a lei retroagirá, produzindo efeitos de uma data pretérita, como, por exemplo, a lei penal mais benéfica, as hipóteses do art. 106, II, do CTN[2] e a declaração *ex tunc* de inconstitucionalidade.

3.4 Vigência da Legislação Tributária

A discussão quanto à distinção entre vigência e eficácia da norma tributária tem relevância, sobretudo, por força do princípio da anterioridade e irretroatividade tributária, razão pela qual recordamos que a vigência da lei e a sua eficácia não se confundem. Define-se como vigência a validade formal da lei. Já a eficácia é a aptidão da lei para produzir seus efeitos. Dessas noções decorrem, também no Direito Tributário, os conceitos de condição suspensiva, em que o ato só produzirá seus efeitos com o implemento futuro da condição, e de condição resolutória ou resolutiva, em que o ato se extinguirá com o advento da condição estabelecida. Feita essa distinção, veremos quais são as regras aplicáveis à vigência da lei tributária. Aplica-se à lei tributária a mesma vigência das leis em geral. A lei permanecerá em vigor, em princípio, por prazo indeterminado, ou seja, vigora até que seja revogada por lei posterior de igual hierarquia, salvo na hipótese de lei de vigência temporária.

A vigência da lei tributária abrange a vigência da *lei no espaço* e a vigência da *lei no tempo*. O **art. 101 do CTN** determina que a vigência da Legislação Tributária, no tempo e no espaço, rege-se pelas disposições legais aplicáveis às normas jurídicas em geral, ressalvado o previsto no próprio Código.

3.4.1 Vigência da Lei no Tempo

Conforme o exposto anteriormente, após a publicação, segue-se a vigência da lei tributária e, salvo disposição em contrário expressa na própria lei, a regra de vigência da lei tributária é a mesma prevista para a lei civil, qual seja, uma lei entra em vigor na data por ela indicada, e, na omissão, 45 dias após a data de sua

---

1   Para Ricardo Lobo Torres (op. cit., p. 136) somente retroage a decisão do STF proferida na via da exceção se for suspensa pelo Senado a sua execução. Ousamos discordar do grande mestre, pois, para nós, se a lei de incidência for declarada inconstitucional, deverá retroagir, permitindo a repetição de indébito por parte do sujeito passivo.

2   Ricardo Lobo Torres (op. cit., p. 135) entende que a lei somente será classificada como interpretativa se dispuser no mesmo sentido das decisões judiciais. Se vier a resolver conflito jurisprudencial ou estabelecer orientação contrária à da jurisprudência, não será interpretativa, mas lei de natureza constitutiva. Não obstante restrinja o CTN a retroatividade ao "ato não definitivamente julgado" (art. 106), a eficácia retro-operante da *Lex mitior*, sendo princípio de Direito Penal, deve se aplicar inclusive nos casos de existência de decisão definitiva administrativa ou de coisa julgada, salvo para o efeito de restituição da multa, eis que sempre se entendeu entre nós ser aquele princípio de justiça superior ao da *res judicata*.

publicação. Contudo, a lei tributária traz situações excepcionais que estão previstas nos arts. 103 e 104 do CTN.

O **art. 103 do CTN** assim prevê:

> *Art. 103. Salvo disposição em contrário, entram em vigor:*
>
> *I – os atos administrativos a que se refere o inciso I do art. 100, na data da sua publicação;*
>
> *II – as decisões a que se refere o inciso II do art. 100, quanto a seus efeitos normativos, 30 (trinta) dias após a data da sua publicação;*
>
> *III – os convênios a que se refere o inciso IV do art. 100, na data neles prevista.*

O CTN não estabeleceu uma regra caso não haja previsão da data de vigência dos convênios. Assim, a doutrina diverge sobre o tema: uma *primeira corrente*[3] entende que é na data da publicação. Uma *segunda corrente*[4] usa a Lei de Introdução às Normas do Direito Brasileiro (45 dias) da publicação oficial do Convênio.

O art. 103 do CTN expressa o momento da entrada em vigor das normas complementares (previstas no art. 100 do CTN). Nesse sentido, as portarias, instruções normativas etc. entram em vigor na data da sua publicação. As decisões dos órgãos singulares ou colegiados a que a lei confere eficácia normativa vigem 30 dias após a publicação da decisão no *Diário Oficial* ou equivalente. Contudo, em relação a um acórdão proferido pelo Conselho de Contribuintes[5], leva-se em consideração a data da notificação – ciência válida do interessado –, vez que constitui tal ato atendimento ao direito de defesa, conforme determina o dispositivo 59, II, do Decreto n. 70.235/72, sob pena de nulidade. Já os convênios (inciso IV do art. 100) entram em vigor na data neles prevista.

O **art. 104 do CTN** dispõe:

> *Entram em vigor no primeiro dia do exercício seguinte àquele em que ocorra a sua publicação os dispositivos de lei, referentes a impostos sobre o patrimônio ou a renda:*
>
> *I – que instituem ou majoram tais impostos;*
>
> *II – que definem novas hipóteses de incidência;*
>
> *III – que extinguem ou reduzem isenções, salvo se a lei dispuser de maneira mais favorável ao contribuinte, e observado o disposto no art. 178.*

Esse artigo enseja polêmica, em razão de sua posição topográfica no CTN. O mencionado dispositivo trata, na verdade, de matéria que afeta a eficácia da norma

---

3   Sustentada por Aliomar Baleeiro.

4   Sustentada por Hugo de Brito Machado.

5   A Lei n. 11.941/2009 substituiu o Conselho de Contribuintes pelo Conselho Administrativo de Recursos Fiscais (CARF), órgão colegiado de segunda instância que integra a estrutura do Ministério da Fazenda. Ver art. 25 do Decreto n. 70.235/72.

(Princípio da Anterioridade), estando inserido, erroneamente, como fenômeno vinculado à vigência da norma. Entendemos que, em função da expressão contida no *caput*, "referentes a impostos sobre o patrimônio ou a renda", esse artigo não foi recepcionado pela Constituição de 1988 e não deve ser aplicado, embora esta não seja a posição do STF. A Constituição de 1946 previa o Princípio da Anualidade Tributária. Com o advento da Emenda Constitucional n. 18/65, a jurisprudência do STF foi constitucionalizada, acabando com o Princípio da Anualidade, sendo substituído pelo Princípio da Anterioridade Tributária, cuja aplicação, contudo, ficou restrita aos impostos sobre patrimônio e renda. Com a promulgação da Constituição de 1967, volta a vigorar o Princípio da Anualidade, e para a maioria da doutrina essa Constituição não recepcionou o art. 104 do CTN, pois tratava de uma limitação constitucional ao poder de tributar que não mais existia no texto constitucional vigente à época. O Princípio da Anterioridade teve vigência de 1965 a 1967, e depois de 1969 até hoje, sendo certo que, de 1967 a 1969, retornou-se ao Princípio da Anualidade. Assim, defendemos a inconstitucionalidade do art. 104 do CTN em razão da relevância da existência de um dispositivo constitucional que garanta a anterioridade para todas as espécies de tributos, e não somente para impostos que incidam sobre o patrimônio e a renda.

Outra questão polêmica diz respeito à revogação da isenção, pois o art. 104 do CTN dispõe que as leis que impliquem extinção ou redução das isenções devem respeitar o Princípio da Anterioridade, salvo se dispuserem de maneira mais favorável ao contribuinte.

Para Gomes de Souza[6] e para o STJ, a isenção é a dispensa legal do pagamento do tributo[7], situação em que o fato gerador ocorre, mas o pagamento do tributo é dispensado em razão da lei.

Em vertente oposta, Souto Maior[8] sustenta que a isenção é uma hipótese de não incidência tributária, na qual o fato gerador não ocorre. Na verdade, a relação entre a lei de isenção e a lei de incidência é de especialidade, em que se deixa de aplicar a lei genérica de incidência, para se aplicar a lei específica de isenção, ou seja, uma não incidência legalmente qualificada, posição dominante atualmente na doutrina.

A divergência acima acarreta discussão sobre a revogação da isenção, conforme o disposto no art. 104, III, do CTN. Para quem sustenta (STJ) que a isenção é uma dispensa legal de pagamento, a revogação da lei isentiva não se traduziria na criação (ou majoração) de um tributo, posto que este já existia. Nesse caso, a cobrança é imediata, ou seja, não há que se falar em princípio da anterioridade[9].

---

6   SOUZA, Rubens Gomes de. *Compêndio de legislação tributária.* 3ª ed. Rio de Janeiro: Edições Financeiras, 1960.

7   Abordaremos a natureza jurídica da isenção no item sobre modalidades de exclusão do crédito.

8   BORGES, José Souto Maior. *Isenções tributárias.* 2ª ed. São Paulo: Sugestões Literárias, 1980.

9   Recomendamos a leitura do tópico em que tratamos a isenção, pois há precedentes jurisprudenciais que indicam novo posicionamento acerca da observância ou não da anterioridade.

Por outro lado, para quem sustenta a tese oposta, em decorrência do fato de a isenção ser considerada uma hipótese de não incidência, a revogação de uma isenção se equipararia a uma autêntica criação (ou majoração) de tributo[10], visto que o fato gerador não ocorria pela inexistência do tributo. Nesse caso, há que respeitar o princípio da anterioridade. Importante destacar que em ambos os casos a lei que revoga a isenção nunca terá eficácia retroativa.

Vale lembrar que atualmente o STF não julga mais casos de isenção, que ficam a cargo do STJ. Contudo, no julgamento do RE 204.062, o STF entendeu que a revogação da isenção tem eficácia imediata.

Embora reconheçamos que os argumentos da segunda corrente sejam tentadores, filiamo-nos ao entendimento de que a isenção tem natureza híbrida, porque ora é usada como uma simples dispensa do pagamento, já que em alguns casos o fato gerador ocorre, como é o caso da Declaração de Isento de Imposto de Renda em que o teto se encontra no limite de isenção, ora é uma verdadeira não incidência, quando afasta a norma de incidência, não deixando que o fato gerador ocorra, como é o caso, por exemplo, da isenção de taxas. Ocorre que a 1ª Turma do STF, em novembro de 2014, no julgamento do AgRg no RE 564.225/RS, entendeu de forma diferente ao dizer que a norma que revoga redução de benefício fiscal configura aumento indireto de imposto, portanto, está sujeita ao princípio da anterioridade tributária. Recomendamos a leitura do tópico desta obra em que abordamos o princípio da anterioridade.

Por fim, o que o art. 178 do CTN quis é excepcionar a regra geral da revogação da isenção a qualquer tempo, quando concedida por prazo certo e sob determinadas condições. Entendemos que esses requisitos são cumulativos, e não alternativos[11].

3.4.2 Vigência da Lei no Espaço

O art. 102 do CTN prevê que as leis estaduais (incluindo também a distrital) e municipais vigoram no País, fora dos respectivos territórios, nos limites em que lhes reconheçam extraterritorialidade os convênios de que participem, ou do que disponham estas ou outras leis de normas gerais expedidas pela União. Podemos exemplificar a aplicação da extraterritorialidade com uma das mais acirradas guerras fiscais brasileiras, a extraterritorialidade da lei municipal reconhecida em lei complementar (LC n. 116/2003), quanto aos serviços prestados fora do domicílio fiscal do prestador.

Assim, temos que uma sociedade domiciliada no Rio de Janeiro que presta serviços de informática em Fortaleza gera uma discussão quanto à lei que incidirá para efeito de cobrança do ISSQN, se a do Município do Rio de Janeiro ou a de Fortaleza. Com isso, a questão da lei de incidência envolve o local da prestação do

---

10   Em defesa desse entendimento, Hugo de Brito Machado.

11   Recomendamos a leitura do item 10.6 desta obra.

serviço, e, por tal motivo, o controle do pagamento desse imposto é bem mais complicado, ensejando uma evasão fiscal que vem atormentando não só as Fazendas Municipais como também os contribuintes prestadores de serviços. Outro exemplo é o do desmembramento de um Município: o Município A foi objeto de desmembramento em A e B. Enquanto o Município B não editar a sua própria legislação tributária, poderá utilizar a legislação do Município A. Em relação à legislação tributária federal, ela tem vigência fora do Brasil quando assim reconhecerem os Tratados Internacionais.

Atualmente, é comum que um tratado evite a dupla tributação, como, por exemplo, quando uma lei brasileira estipular determinada regra e outro país estipular outra igual; a conjugação dessas regras implicará a bitributação do contribuinte pela mesma manifestação de riquezas, razão pela qual os países podem convencionar, por Tratado Internacional, uma única incidência. Em síntese, a lei vigora nos limites do território do ente federativo dotado de competência tributária para a instituição do tributo.

A regra geral da vigência no espaço está adstrita ao princípio da territorialidade. Assim, a lei tributária vigora nos limites do território do ente federativo que a edita (ente tributante), prevalecendo, então, o entendimento de que a lei vigore nos limites do território do ente federativo dotado de competência tributária para instituir o tributo. Em caráter excepcional, aplica-se o fenômeno da extraterritorialidade da lei tributária, ou seja, situações em que a lei de um ente da Federação vai ter validade sobre o território de outro ente, e situações nas quais, dentro do território de determinada entidade, não valerá a sua própria lei, como, por exemplo, o recolhimento do ISS (imposto sobre serviços), em que se recolhe o imposto relativo ao serviço de construção civil no local onde é realizada a obra, independentemente do Município onde esteja domiciliado o prestador do serviço.

3.4.3 Vigência da Lei Brasileira no Exterior

Embora a lei tributária vigore, como já visto, nos limites do território do ente federativo tributante, a União Federal pode editar uma lei relativa à matéria tributária que alcance determinado contribuinte que esteja no estrangeiro, uma vez que o Princípio da Territorialidade está diretamente relacionado à eficácia da norma.

Contudo, na prática, a lei editada para vigorar no estrangeiro terá sua eficácia extraterritorial comprometida, pois, na maioria das vezes, a União não exerce o seu poder de coercibilidade para exigir o cumprimento da lei no exterior, razão pela qual, em regra, vigora o Princípio da Territorialidade. Todavia, uma lei pode valer em território estrangeiro se presentes os requisitos[12] de conexão necessários para

---

12   Segundo Alberto Xavier, existem: a) o sentido positivo e negativo do princípio, significando, respectivamente, que a lei estrangeira não se aplica no País, e que a lei interna se aplica no território nacional, sendo irrelevante a nacionalidade do contribuinte; b) territorialidade em sentido real e em sentido pessoal. A primeira é atinente aos elementos materiais dos fatos tributáveis e a segunda, relacionada a aspectos

atingir os contribuintes que estão domiciliados no exterior, quais sejam: a) que a lei alcance o **fato gerador** ocorrido no País, ainda que o contribuinte seja domiciliado no estrangeiro; b) que o contribuinte seja **domiciliado** no território nacional, ainda que o fato gerador tenha ocorrido no exterior.

3.5 Tributação Internacional

A vigência da Norma Tributária serve de base para que se evite a bitributação. Da mesma forma, no campo da tributação internacional, o mesmo fato gerador, sendo tributado por Estados soberanos distintos, poderia gerar a bitributação ou, para alguns, a pluritributação[13]. Assim, para evitar esse fenômeno, que é vedado no Direito brasileiro, os tratados e as convenções internacionais admitem[14], por exemplo, a compensação de tributos já pagos no estrangeiro, desde que haja o chamado Tratado de Reciprocidade. Exemplifiquemos: um técnico de futebol, contratado no Japão para ser treinador de uma equipe de futebol, não pode ser novamente tributado no Brasil em relação ao Imposto de Renda. O STJ (REsp 882.785-RS), por maioria, entendeu que é incabível a bitributação de renda por serviço prestado por técnico de futebol contratado no exterior (Japão), mormente por já ter sido tributado lá na fonte, país com o qual o Brasil estabeleceu acordo bilateral (art. 8º da Lei n. 7.713/88).

3.6 Aplicação da Legislação Tributária

Aplicar a lei significa adequar a hipótese abstrata (de incidência da lei) ao caso concreto. É a chamada *subsunção do fato à norma*. Nesse contexto, a regra é que a lei defina situações futuras e não pretéritas. Ademais, o art. 5º, XXXVI, da CRFB/88 dispõe que a lei não prejudicará o direito adquirido, o ato jurídico perfeito e a coisa julgada. Assim, no que tange à aplicabilidade da norma, a regra geral é a irretroatividade da lei tributária, insculpida no art. 150, III, *a*, da CRFB/88, que exterioriza o Princípio Constitucional da Irretroatividade Tributária.

Da mesma forma, o art. 105 do CTN prevê a aplicação imediata da Legislação Tributária aos fatos geradores futuros e aos pendentes, assim entendidos aqueles cuja ocorrência já tenha iniciado, mas não esteja completa, nos termos do art. 116 do CTN. Corroborando a regra geral, o art. 144 do CTN dispõe que o lançamento tributário deve se reportar à data da ocorrência do fato gerador da obrigação, e rege-se pela lei então vigente, ainda que posteriormente modificada ou revogada. O § 1º do citado diploma legal elenca exceções em que se deve aplicar a lei em vigor

---

pessoais, como o domicílio ou a sede; c) territorialidade em sentido material e em sentido formal. A primeira se refere ao âmbito espacial da aplicação da lei e a segunda, ao âmbito de possível execução coercitiva da norma.

13 Essa expressão é usada por Heleno Taveira Torres.

14 Ricardo Lobo Torres ensina que a lei estrangeira não vigora no território nacional, mas a lei interna de um Estado pode influenciar no modo ou intensidade de aplicação da lei interna do outro.

no momento do lançamento, como, por exemplo, a lei que tenha instituído novos critérios de apuração ou processos de fiscalização, ampliado os poderes de investigação das autoridades administrativas ou outorgado ao crédito maiores garantias ou privilégios.

Destarte, temos que se o contribuinte pagou um tributo em 2015, cujo fato gerador ocorreu em 2012, aplica-se a lei vigente em 2012, ainda que posteriormente revogada, salvo se caracterizada a hipótese contida no § 1º do art. 144 do CTN, caso em que, em caráter excepcional, aplica-se a lei vigente no momento do lançamento, e, portanto, de forma retroativa.

O art. 105 do CTN dispõe que a lei tributária se aplica a fatos geradores futuros e pendentes[15]. Os fatos geradores futuros estão em consonância com o Princípio da Irretroatividade; contudo, em relação aos "pendentes", a controvérsia é acirrada, em especial, em razão da Súmula 584 do STF, cuja análise será feita no capítulo 7 desta obra. Trata-se da *retroatividade imprópria ou retrospectiva*. Como a apuração do imposto de renda é composta por um conjunto de atos referentes ao ano-base, mas que somente serão declarados no exercício seguinte, a lei se aplicaria para o futuro. É exatamente nesse ponto que a discussão ocorre, porque a lei somente poderá ser aplicada para um fato gerador que se inicie depois da publicação da lei, e não para fato gerador que está em andamento, sob pena da caracterização da retroatividade em relação aos atos já praticados no bojo desse fato gerador complexivo. Questão polêmica diz respeito à extensão da expressão "fatos geradores pendentes", pois há quem sustente[16] que o fato gerador pendente é sinônimo de fato gerador periódico, também chamado de complexivo, ou seja, aquele que teve início, mas ainda não se aperfeiçoou no tempo. Nesse sentido, o art. 105 do CTN veio endossar o entendimento de que a lei publicada no curso do exercício financeiro pode ser aplicada imediatamente ao fato gerador periódico iniciado no primeiro dia do ano. Assim, por exemplo, a lei que disciplinou o Imposto de Renda, ano-base de 2014, pode ser editada até 31 de dezembro de 2014, pois a declaração somente se dará em 2015 (ano-exercício).

Filiamo-nos ao entendimento[17] de que fato gerador pendente não se confunde com fato gerador periódico ou complexivo. O fato gerador pendente é aquele que depende do implemento de condição, ou seja, o fato gerador que, embora iniciado, pois pressupõe uma sequência de atos, ainda não se consumou ou concluiu,

---

15 Fato gerador pendente é aquele cuja ultimação carece do implemento de uma condição. É, portanto, um ato que começa, mas não termina de imediato. Isto ocorre em relação aos fatos geradores periódicos ou complexivos. As condições previstas no Direito Tributário estão no art. 117 do CTN. Como crítica, poderíamos dizer que o que está pendente não é o fato gerador em si, mas sim o negócio jurídico celebrado sob a égide de uma condição. Por isso a norma contida no art. 116 do CTN.

16 Posição exteriorizada na polêmica Súmula 584 do STF: *Ao imposto de renda calculado sobre os rendimentos do ano-base, aplica-se a lei vigente no exercício financeiro em que deve ser apresentada a declaração.*

17 Nesse sentido também Misabel Derzi e Paulo de Barros Carvalho. De outro lado, Sacha Calmon Navarro Coêlho entende não existir "fato gerador pendente", pois o que está pendente é o negócio jurídico ou a situação fática, e não ele próprio.

conforme o previsto no art. 117 do CTN. Imaginemos, por exemplo, uma doação, celebrada por escritura pública em 2007, quando vigorava a alíquota de 4% sobre o Imposto de Transmissão, sujeita a uma condição suspensiva, qual seja, o casamento do donatário. Se o implemento da condição se der quando a alíquota do ITD tiver sido majorada para 8%, qual deve ser a alíquota aplicada? A do momento da doação ou a do momento do implemento da condição? Para o art. 105 do CTN, a transmissão do bem estaria pendente por força da condição suspensiva, hipótese em que deve ser aplicada a lei em vigor no momento do implemento da condição (8%). É importante esclarecer que a matéria é controvertida, e parte da doutrina contesta a expressão fato gerador pendente, por ser de difícil compatibilização com o princípio da irretroatividade tributária. Contudo, ficamos com a posição de Paulo de Barros Carvalho[18], que defende a sua existência.

O art. 106 do CTN prevê hipóteses em que a lei se aplica a **ato ou fato pretéritos:**

INCISO I – em qualquer caso, quando seja expressamente interpretativa, excluída a aplicação de penalidade à infração dos dispositivos interpretados;

Esse inciso dá ensejo à interpretação autêntica, criticada pela doutrina. O STF admite a edição de leis interpretativas, que não fogem, contudo, ao controle jurisdicional, conforme a ADI 605-DF:

> As leis interpretativas – desde que reconhecida a sua existência em nosso sistema de direito positivo – não traduzem usurpação das atribuições institucionais do Judiciário e, em consequência, não ofendem o postulado fundamental de divisão funcional do poder – mesmo as leis interpretativas expõem-se ao exame e à interpretação dos juízes e tribunais. Não se revelam, assim, espécies normativas imunes ao controle jurisdicional.

Em que pese abalizada doutrina e jurisprudência em sentido contrário, entendemos que a interpretação autêntica deve ser feita com cautela, isto porque tecnicamente não existe uma interpretação puramente autêntica, pois a lei posterior, a despeito de interpretar uma lei anterior, também é considerada lei, e como tal será também carecedora de interpretação. Assim, o intérprete e o Judiciário, quando provocado, devem determinar se a lei posterior é meramente interpretativa, a fim de evitar eventual maquiagem. A posição do STF é no sentido de que as leis interpretativas são admitidas, mas não se podem furtar do controle exercido pelo Poder Judiciário. Ademais, as leis interpretativas suprem uma falha do legislador, e, por isso, devem ser usadas em caráter excepcional, sob pena de usurpação de função de interpretação, que é própria do Poder Judiciário.

INCISO II – tratando-se de ato não definitivamente julgado:

---

18 CARVALHO, Paulo de Barros. *Curso de direito tributário.* 16ª ed., p. 91.

a) *quando deixe de defini-lo como infração;*

A expressão "ato não definitivamente julgado" abrange tanto a esfera judicial quanto a administrativa. Aqui temos que, quando por força da decisão, determinado ato ou fato deixam de ser definidos como infração, a lei tributária que previa a pena de multa não será aplicada.

b) *quando deixe de tratá-lo como contrário a qualquer exigência de ação ou omissão, desde que não tenha sido fraudulento e não tenha implicado em falta de pagamento de tributo;*

A primeira parte da alínea *b* absorve a alínea *a*. Contudo, há quem sustente[19] a prevalência da alínea *a*, por ser mais benéfica para o contribuinte. Por fim, há quem admita[20] que a alínea *a* seria atinente a obrigações principais e a *b*, a obrigações acessórias.

c) *quando lhe* **comine** *penalidade menos severa que a prevista na lei vigente ao tempo da sua prática.*

As alíneas *a* e *b* instituem aplicação de multa, enquanto na alínea *c* temos a aplicação retroativa da lei que comine a redução da multa. É conveniente ressaltar que se trata somente de multa, e não de redução do tributo.

Diante dos fundamentos expostos, temos que, em relação a fatos geradores pretéritos, não teremos aplicação retroativa da regra de incidência quanto às normas que criem tributos, em razão da prevalência do princípio constitucional da irretroatividade, insculpido no art. 150, III, *a*, da CRFB/88 e no art. 105 do CTN. Tais normas poderão, contudo, retroagir nas hipóteses previstas no art. 106 do CTN. Assim, em relação às penalidades, o Direito Tributário adota o mesmo critério do Direito Penal, ou seja, a lei mais benigna vai retroagir para infrações. Por outro lado, não há que se admitir a retroatividade de lei que diminua a alíquota aplicável a determinado tributo. Exemplifiquemos da seguinte forma: se no exercício de 2015 a alíquota do IPTU baixar em relação ao exercício de 2014, e caso o Fisco ainda não tenha efetuado o lançamento, o fará com base na lei anterior, ainda que a nova lei tenha reduzido a alíquota. Contudo, se a lei estabeleceu também uma multa menor, esta sim poderá ser aplicada retroativamente. Isto porque a regra geral é a de que, na ocasião do lançamento, aplica-se a lei vigente no momento da ocorrência do fato gerador, ou seja, tem que valer a alíquota vigente à época, ainda que mais elevada (regra prevista no art. 144 do CTN). Agora, frise-se, em relação às penalidades, que a lei não retroage para atingir o fato já ocorrido, conforme dispõe o art. 106 em comento, bem como o § 1º do art. 144, ambos do CTN. Assim, em

---

19 Nesse sentido, Luciano Amaro.

20 Posicionamento sustentado pelo Ministro Eros Grau.

síntese, temos três regras quanto à aplicação da Lei tributária no tempo: a) as regras de incidência se reportam à data de ocorrência do fato gerador; b) os aspectos materiais se reportam à data do fato gerador; c) os aspectos procedimentais aplicam-se imediatamente após a lei do lançamento. Por fim, vale dizer que, quanto às leis que estabelecem as penalidades, aplica-se a lei mais benéfica ao infrator.

Vejamos um exemplo interessante sobre a utilização do parcelamento para sustentar a aplicação do art. 106, II, do CTN. Suponhamos que o contribuinte tenha parcelado seu débito em 40 prestações mensais, em outubro de 2014. Em 2015, foi editada uma lei reduzindo de 100% para 50% a multa incidente sobre aquele tributo. A questão é saber se a lei que reduziu a multa poderia ser aplicada retroativamente, pois caso se admita a retroatividade, a redução da multa passará de forma superveniente a interferir no parcelamento, ou seja, no valor fixado para as 40 parcelas.

Entendemos que, nesse caso, a lei deve ser aplicada, pois, segundo o STJ, a multa tem natureza de penalidade pecuniária, ainda que seja meramente moratória e, assim sendo, enquadra-se na hipótese do citado diploma legal. Entender de forma diversa permitiria que o contribuinte fizesse uso de um mecanismo processual para dar aplicabilidade a esse artigo. Se o crédito já foi apurado em razão do parcelamento e a Fazenda não alterar as prestações, o contribuinte deixará de pagar, descumprindo o parcelamento, obrigando a Fazenda a promover a inscrição em dívida ativa sobre o valor remanescente e propor a competente ação de execução fiscal. Nesta ação, a defesa do contribuinte se pautaria na retroatividade da nova lei que diminuiu a infração, daí entendermos que deve ser aplicada ao parcelamento a lei que reduziu as penalidades.

Em sentido contrário, parte da doutrina[21] afirma que não pode ser aplicado o art. 106, II, do CTN, pois o referido artigo exclui tal entendimento quando fala em "ato não definitivamente julgado". Associado a esse fundamento, o parcelamento é considerado ato jurídico perfeito, e, por isso, o crédito não será discutido nas vias administrativa ou judicial.

3.7 Interpretação da Legislação Tributária

A interpretação de uma norma jurídica implica a extração de uma definição, conceito ou, ao menos, de um significado. O art. 111 do CTN determina uma interpretação literal quando da outorga de isenção, suspensão, exclusão do crédito tributário, bem como na dispensa do cumprimento de obrigações acessórias. Questiona-se, contudo, se a expressão literal implica o fato de o intérprete utilizar somente o método literal e de forma restritiva. Entendemos que a resposta é negativa, pois o uso do método literal com exclusividade ensejaria um desserviço ao Direito, já que em alguns casos não traria o resultado adequado ou mais eficaz. A *mens legis*

---

21 Nesse sentido, Leandro Paulsen.

que o citado artigo norteia é que a lei de isenção, bem como as demais que ali se encontram, não comporta o uso da analogia (método de integração).

Admite-se, contudo, a interpretação extensiva, que se encontra no campo da interpretação[22], e não da integração. Entendemos que interpretar literalmente não implica usar somente a modalidade restritiva, pois existem outras modalidades, como veremos adiante; significa, porém, que não haverá espaço para a integração da norma.

3.7.1 Diferença entre Interpretação, Integração e Correção

Interpretar significa extrair ou compreender o exato sentido da norma jurídica. Por outro lado, **integrar** significa suprir a lacuna do Direito, ou seja, a ausência da norma. Com isso, surge uma discussão quanto ao significado de interpretar literalmente. Entendemos que interpretar literalmente não significa interpretar restritivamente, pois, dependendo do caso, se pode utilizar uma interpretação restritiva ou extensiva, sem prejuízo da literalidade da norma. Vale destacar que a utilização da **correção** é, na verdade, uma interpretação *contra legem*[23], aplicada nas situações em que o intérprete se depara com erros ou contradições da norma legal, cabendo-lhe, assim, superar essa antinomia. Nesse caso, o que se objetiva não é definir o sentido ou alcance da norma, tampouco suprir a lacuna deixada pela lei, mas eliminar antinomias da norma.

3.7.2 Métodos de Interpretação

A interpretação encontra-se no campo da hermenêutica jurídica, que contempla vários *métodos*[24] *de interpretação*, como abordaremos a seguir:

a) *Literal ou Gramatical*: interpreta-se estritamente o que está escrito, ou seja, o real texto da lei. O método literal ou gramatical, que é obviamente o primeiro método de que o intérprete lança mão, se dá através da interpretação do sentido das palavras no texto da lei. Com isso, vimos que a dicção do art. 111 do CTN é no sentido de que a lei de isenção e todas as outras que lá estão não comportam a analogia, por ser esta método de integração da norma. Nesse caso, no campo da interpretação literal, podemos usá-la de forma extensiva, declaratória ou restritiva. Entendemos que a interpretação literal

---

22 É óbvio que os diplomas legislativos carecem de interpretação. Remotamente já foi utilizada a regra do *in dubio contra Fiscum* e *in dubio pro Fisco*. Atualmente, aplica-se a interpretação *pro lege*, com o objetivo de atender o verdadeiro sentido da norma, superando, assim, o brocardo latino *in claris cessat interpretatio*.

23 Para Ricardo Lobo Torres (op. cit., p. 146), a hermenêutica abrange a interpretação propriamente dita, e a sua complementação se faz através da integração e da correção, que nada mais é do que a superação das antinomias. Daí se dizer que o Direito se materializa na interpretação *secundum, praeter* ou *contra legem*.

24 A definição dos *métodos de interpretação* (gramatical, lógico, histórico e sistemático) deve-se a Savigny. Posteriormente o positivismo e a jurisprudência dos interesses, se sobrepondo à jurisprudência dos conceitos, acrescentaram o método teleológico (razão prática), que posteriormente, no âmbito tributário, se exteriorizou na *consideração econômica do fato gerador*.

não veda a utilização de nenhuma dessas formas; significa apenas que não se pode sair do campo da interpretação e passar para o campo da integração, em especial usando a analogia, daí a vedação do art. 108, § 2º, que impede o uso da analogia para resultar em exigência de tributo.

Limites da Interpretação Literal

Outro tema que provoca discussão consiste no alcance e nos limites da interpretação literal. O método literal ou gramatical é apenas o início de todo o processo interpretativo, que parte do texto, o chamado **limite primário** da interpretação. Significa dizer que é um limite inicial para o intérprete, que é o efeito meramente declaratório da norma. Alcançar o resultado da norma é buscar o sentido da literalidade, através de uma interpretação restritiva ou extensiva, chamado de **limite secundário** da interpretação. Contudo, é inegável a tese de Ricardo Lobo Torres[25] segundo a qual o limite da interpretação é a possibilidade expressiva da letra da lei, ou seja, o limite a que o intérprete pode chegar sem extrapolar a possibilidade expressiva da letra da lei. Assim, temos o seguinte desdobramento da literalidade:

> **Declaratória:** na interpretação chamada declaratória o intérprete não estende, nem restringe o sentido da norma, apenas declara o exato sentido que o legislador quis dar ao texto legal;
>
> **Restritiva:** nessa modalidade, temos a hipótese em que o intérprete constata que o legislador disse mais do que queria ou poderia dizer, daí a necessidade de se restringir a sua aplicação;
>
> **Extensiva:** o intérprete, nesse caso, verifica que a lei "economizou palavras", ou seja, não estendeu o alcance da lei, facultando ao intérprete ampliar o sentido da norma. Destaque-se que, no Direito Tributário, a interpretação extensiva encontra limite na analogia, pois o art. 108, § 2º, do CTN veda o uso da analogia que resulte na exigência de um tributo, sob pena de ferir o princípio da legalidade tributária.

Para nós, nenhuma dessas hipóteses viola os limites da literalidade da norma, razão pela qual podemos utilizar quaisquer das modalidades acima em relação ao art. 111 do CTN. Contudo, diversamente do nosso posicionamento quanto ao sentido da expressão "literalmente", contida no citado artigo, o STF entende que esta expressão determina uma interpretação restritiva. Já para Ricardo Lobo Torres trata-se de interpretação literal declaratória. Por outro lado, Luciano Amaro afirma que a interpretação deve ser restritiva.

Ousamos discordar de todas essas teses, pois, no nosso entendimento, o que o artigo quis, na verdade, foi vedar o emprego da analogia, e isso é modalidade de integração e não de interpretação. Assim, já que a interpretação é permitida, esta poderá, no âmbito da literalidade, resultar na interpretação com efeito declaratório,

---

25 TORRES, Ricardo Lobo. *Normas de interpretação e integração do direito tributário.* 4ª ed. São Paulo: Renovar, 2006.

extensivo ou restritivo. Ademais, a interpretação atinge uma área fronteiriça, que permeia o campo da linguagem e da vontade do legislador, expressa na letra da lei.

b) **Histórico ou evolutivo**: a lei é interpretada com base na evolução histórica do conceito legal, ou seja, o contexto histórico em que a lei foi promulgada é buscado através do exame das exposições de motivos dos anais do Congresso, do estudo do período histórico e das demandas que levaram à promulgação daquela lei. O método histórico caiu em desuso, porque mais importante do que saber o intuito do legislador (*mens legislatoris*) é saber o intuito da lei (*mens legis*). E após a elaboração da lei, é certo que ela possui um sentido próprio que se desprende da vontade do legislador histórico, e a norma deve acompanhar a evolução social. A interpretação da lei se dá de acordo com a vontade do legislador, o que significa conferir a essa lei um sentido que não mais se coaduna com o fato real. É certo que mais importante do que a intenção do legislador histórico é o sentido da norma nos dias atuais. É inquestionável a utilidade do método histórico para que possamos entender as razões de determinados dispositivos da nossa legislação. A compreensão do contexto histórico da lei enseja maior facilidade na interpretação de seu sentido atual.

c) **Teleológico ou Finalístico**: O método teleológico objetiva perquirir o fim da lei, ou seja, a finalidade da norma, seu objetivo no âmbito do ordenamento jurídico. Vimos que a jurisprudência dos interesses prestigiou a utilização desse método, sendo certo que, atualmente, a jurisprudência dos valores adota o que se chama de pluralismo metodológico. A atividade interpretativa se vale, concomitantemente, de vários métodos (pluralismo metodológico), sendo certo que, em determinados casos, haverá a preponderância de um sobre o outro. Esse método de interpretação gerou polêmica em função de ser considerado o precursor da teoria da interpretação econômica do fato gerador.

A Teoria da Interpretação (Consideração) Econômica do Fato Gerador

Pela teoria da interpretação (consideração) econômica[26] do fato gerador, por influência do Direito alemão, o intérprete deve considerar os efeitos econômicos do fato gerador. Significa dizer que, na lei tributária, não se deve considerar o negócio jurídico regulado pelo direito privado, a *forma jurídica* por ele revestida, mas,

---

26 Sustentada por Luciano Amaro, essa teoria encontra diversas variantes na doutrina da interpretação econômica: a) busca-se a substância econômica, com desprezo da forma jurídica; b) se quer a utilização de conceitos próprios pelo direito tributário; c) persegue-se a identidade de efeitos econômicos; d) se quer combater o abuso de formas do direito privado; e) aplica-se a teoria do abuso de direito; f) fala-se em mera interpretação teleológica; g) pretende-se uma valorização dos fatos; h) fala-se em interpretação do fato, por oposição à interpretação da norma. Para o autor, os institutos de direito privado devem ter sua definição, seu conteúdo e seu alcance pesquisados com o instrumental técnico fornecido pelo Direito Privado, não para efeitos privados, mas, sim, para efeitos tributários.

sim, o seu *conteúdo econômico*[27], partindo-se da premissa de que, *economicamente*, as situações sejam equivalentes. Apenas para destacar: para essa teoria, o que interessa é o efeito econômico dos fatos disciplinados na norma. Como já visto, o método teleológico, ou seja, o método pautado na finalidade da norma, é o que mais se aproxima da teoria da interpretação (consideração) econômica do fato gerador. Nesse sentido, o juiz poderia aplicar a lei tributária em relação a um contribuinte que não praticou o fato descrito na norma, desde que os efeitos econômicos dos dois fatos sejam idênticos.

O STF rejeitou essa teoria no RE 116.121, quando julgou ser inconstitucional a incidência de ISS exigida na locação de bens móveis. Com isso, entendemos que o Brasil, embora tenha adotado o postulado da interpretação econômica, estabeleceu também uma série de restrições, como essa tese invocada pelo STF. Da mesma forma, quando o STF estendeu a imunidade referente ao IOF pautado no art. 150, VI, *a*, da CF/88. Disse o referido Tribunal que a classificação quanto à base econômica dada pelo CTN não pode ser invocada para restringir direitos concedidos pela Constituição.

Historicamente, a teoria da interpretação econômica do fato gerador se disseminou na Europa entre a Primeira Guerra Mundial, em 1919, e a queda do Muro de Berlim, em 1989. Encontra respaldo no método teleológico e na jurisprudência dos interesses, sendo certo que apresenta problemas em relação aos conceitos criados fora do Direito Tributário, em relação aos quais a finalidade da lei de natureza tributária exige uma interpretação diversa *do conteúdo conceitual de outros ramos do Direito*.

É importante ressaltar que a interpretação econômica do fato gerador invocada pelas Fazendas, com base no art. 116 do CTN, é muito criticada pela doutrina, que a refuta alegando o disposto no art. 110 do mesmo Código. A interpretação econômica em comento é uma forma de aplicação da norma jurídica por parte da autoridade fiscal em que o fato tributável não é considerado na forma jurídica "eleita" pelo contribuinte. A forma jurídica do ato ou fato tributável, por estar revestindo ou camuflando (dissimulando, como diz o parágrafo único do art. 116 do CTN) uma operação econômica tributável, é desconsiderada em favor da real atividade praticada pelo contribuinte. Assim, a desconsideração da forma jurídica eleita pelo contribuinte tem a sua razão de ser quando não for adequada ao fato econômico realmente praticado pelo contribuinte. No Brasil, tal teoria foi defendida por Amílcar de Araújo Falcão ao afirmar que tal método exegético não afrontava a Legalidade. Consistia apenas em dar à lei, na sua aplicação às hipóteses concretas, inteligência tal que não permita ao contribuinte manipular a forma jurídica para, resguardando o resultado econômico visado, obter um menor pagamento ou o não pagamento de determinado tributo.

---

27 Em defesa dessa tese, Amílcar Falcão e Rubens Gomes de Sousa. Em sentido contrário, Alfredo Augusto Becker e Gilberto Ulhôa Canto.

Alberto Xavier[28] afirma, criticando a teoria, que o interesse tributário do Estado só existe nos limites da lei, encontrando-se rigidamente tipificado nos pressupostos fáticos dos mais variados tributos. Filiamo-nos à posição de Hugo de Brito que, ao criticar também a referida teoria, afirma que sua adoção fere a segurança jurídica e a legalidade, pois os partícipes do negócio jurídico não teriam a certeza do *quantum debeatur* (valor do tributo) seria devido nos negócios jurídicos.

d) **Lógico ou sistemático**: É o método de interpretação que usa como base o contexto em que a lei está inserida. É um trabalho de interpretar a lei como um sistema jurídico harmônico. O método lógico, juntamente com o sistemático, enseja o chamado método lógico sistemático, unificado pela maioria da doutrina. Como já visto, a jurisprudência dos conceitos prestigiou o método lógico ou sistemático.

O método lógico significa que o intérprete deve superar a interpretação literal para dar um sentido lógico, um sentido que se coadune com a racionalidade da norma, visto que não se pode ter interpretações absurdas no Direito. O método sistemático se vale da interpretação da lei no contexto em que está inserida no ordenamento jurídico.

e) **Restritivo**: diz-se da interpretação restritiva quando o intérprete restringe o sentido e o alcance da lei.

f) **Extensivo**: diz-se da interpretação extensiva quando o intérprete amplia o sentido da lei. Contudo, vale lembrar o que já dissemos alhures, que, no Direito Tributário, a interpretação extensiva encontra limite na analogia, pois o art. 108, § 2º, do CTN, veda o uso da analogia para resultar na exigência de um tributo, pois isso fere o princípio da legalidade tributária.

g) **Autêntica**: ocorre quando a lei é interpretada por outra lei. Destaque-se que, nesse caso, o art. 106 do CTN prevê que a lei tributária que seja simplesmente interpretativa poderá excepcionalmente retroagir. Temos, portanto, uma das hipóteses de exceção ao princípio da irretroatividade tributária, prevista no art. 105 do CTN e no art. 150, III, *a*, da CF/88.

h) **Jurisprudencial**: esse método é fruto das reiteradas decisões judiciais, que muitas vezes acabam por virar Súmulas, inclusive as Súmulas Vinculantes editadas pelo STF.

Os métodos de interpretação têm especial relevância para o Direito Tributário, pois, dependendo do caso, conjugam-se esses métodos com os princípios tributários, como, por exemplo, o da legalidade, o da capacidade contributiva, da isonomia, da liberdade, o do não confisco etc.

O **art. 107 do CTN** dispõe que *a legislação tributária será interpretada conforme o disposto neste Capítulo*. Entendemos[29] que aqui o legislador andou mal porque

---

28 XAVIER, Alberto. *Os princípios da legalidade e da tipicidade da tributação*. São Paulo: Revista dos Tribunais, 1978.

29 Já Leandro Paulsen entende serem estas normas gerais, embora não estejam previstas no rol do art. 146, meramente exemplificativo.

disciplinou o assunto de forma lacunosa, e, por inexistir hierarquia entre os métodos de interpretação, acaba prevalecendo a atuação do intérprete através da utilização do pluralismo metodológico.

A doutrina diverge quanto ao fato de as normas do CTN serem gerais. Entendemos que essas normas não constituem em sua plenitude normas gerais, pois não cumprem o comando do art. 146 da CRFB/88. O CTN não pode obrigar a forma a ser adotada pelos demais entes políticos, sob pena de ofensa à autonomia dos entes federativos e, consequentemente, do pacto federativo, que é considerado como cláusula pétrea. Assim, se a norma geral exorbitar o seu conteúdo, indo além do que dispõe a CF, ou seja, se não estabelecer apenas diretrizes básicas, terá validade somente para a União, e não para os demais entes. Por fim, entendemos que a previsão do art. 107 do CTN permite uma interpretação literal e mais favorável ao contribuinte (*in dubio pro contribuinte*), nos arts. 111 e 112 do mesmo diploma.

3.7.3 Controvérsia entre a Definição e os Efeitos dos Institutos – Arts. 109 e 110 do CTN

O **art. 109 do CTN** diz que *os princípios gerais de direito privado utilizam-se para pesquisa da definição, do conteúdo e do alcance de seus institutos, conceitos e formas, mas não para definição dos respectivos efeitos tributários.*

Na leitura desse dispositivo, verifica-se que a interpretação do Direito Tributário tem que se restringir aos conceitos de Direito Civil previstos na legislação, isto porque os princípios gerais de direito privado devem ser utilizados para **definição, conteúdo e alcance** de seus institutos, conceitos e formas. É conveniente ressaltar que não poderão ser usados para **definição dos respectivos efeitos tributários** o que pode permitir um espaço maior para a elisão fiscal, na medida em que o legislador tributário tem que respeitar a autonomia da vontade do contribuinte. O art. 109 do CTN disciplina as hipóteses em que a norma tributária menciona determinado conceito ou instituto de direito privado e, a partir desse conceito, estatui determinados efeitos tributários. Esses princípios advêm do Direito Privado e são concebidos da mesma forma com que são interpretados nesse direito. Nesse sentido, o contribuinte poderá optar por praticar o ato econômico[30] sob a roupagem jurídica definida pelo Direito Civil. Por outro lado, o conceito de decadência vem do Direito Civil, pois a lei tributária não define o instituto. Por essa razão, a decadência, enquanto instituto jurídico, tem no Direito Tributário o mesmo significado que tem no Direito Civil; contudo, os efeitos tributários são diferentes, como, por exemplo, a discussão em torno da possibilidade de interrupção da decadência em matéria tributária.

---

30 A corrente adstrita à jurisprudência dos interesses diz que o art. 109 do CTN defende a teoria da interpretação econômica do fato gerador, já que os efeitos tributários quem confere é a lei tributária (através do legislador tributário). Contudo, destaque-se que o artigo em comento é utilizado pelas duas correntes, diametralmente opostas, para sustentar as suas posições.

O art. 109 do CTN passou a ter mais relevância e eficácia com a edição da LC n. 104/2001, que acrescentou o parágrafo único ao art. 116, o qual positivou a chamada norma antielisiva. Em que pese tal discussão, é muito difícil estabelecer os limites do conceito, conteúdo e forma de um instituto e o início de seus efeitos.

O **art. 110 do CTN** complementa o art. 109 ao preconizar que lei tributária não pode alterar a definição, o conteúdo e o alcance de institutos, conceitos e formas de Direito Privado, utilizados, expressa ou implicitamente, pela Constituição Federal, pelas Constituições dos Estados, ou pelas Leis Orgânicas do Distrito Federal ou dos Municípios, para definir ou limitar competências tributárias.

A corrente formalista sustenta a validade dos conceitos de Direito Civil utilizados pela Constituição. Para a corrente que adota a jurisprudência de interesses, a lei tributária poderia alterar o conceito que não estivesse na Constituição. Vale lembrar que o Direito Tributário brasileiro se submeteu ao fenômeno da constitucionalização, e, por isso, este ramo do direito está em grande parte inserido na Constituição Federal, como, por exemplo, a competência tributária, hoje toda definida na Carta Magna.

O legislador constitucional utiliza um conceito de Direito Privado para delimitar a competência. É o caso, por exemplo, da folha de salários. O art. 195 da CRFB/88 confere à União competência para instituir contribuições sociais sobre folha de salário, sendo certo que tal contribuição é exigida não só dos empregados, mas também dos autônomos, avulsos, sócios administradores etc. O STF entendeu que o conceito de salário na legislação trabalhista demanda vínculo empregatício, e, por isso, quem não tem vínculo empregatício não tem que falar em salário. O pagamento que se faz ao autônomo não integra a folha de salário. O legislador tributário não poderia extrapolar esse conceito para atingir verba diferente de salário.

Existem, ainda, outros fatos geradores, que são utilizados para a repartição constitucional das competências, que não são extraídos do Direito Privado, como, por exemplo, o faturamento. A definição de faturamento é dada pela lei tributária, ou seja, é qualquer ingresso na contabilidade da empresa.

A Constituição se utiliza de institutos que já foram elaborados por outros ramos do Direito; ao cristalizar constitucionalmente tais conceitos para repartir as competências tributárias, não permite que o legislador tributário vá além deles, sob pena de aumentar ou modificar a competência tributária. A definição dos institutos do Direito Tributário deve ser feita pela lei tributária. Verifica-se, então, que os fatos geradores de conteúdo jurídico, como, por exemplo, transmissão de propriedade, domínio útil e posse, são definidos pelo Direito Civil; já os fatos geradores econômicos, como, por exemplo, a circulação de mercadorias, são definidos pelo Direito Tributário. Ao contrário do antigo IVC (imposto sobre vendas e consignações), sobre o que não implicasse a venda ou consignação, embora houvesse vendas de mercadorias, não incidia tributação. Hoje o imposto incide sobre a circulação (saída de mercadorias).

O alcance dos arts. 109 e 110, ambos do CTN, é questionável, posto que se indaga se a lei tributária pode "equiparar" alguns institutos do Direito Privado, como, por exemplo, locação a comodato, doação a permuta, tudo para fins de recolhimento de impostos que atinjam os "mesmos" fatos geradores.

A questão comporta controvérsia, e aqui encontramos fortes discussões que abarrotam o Poder Judiciário, entre o sujeito passivo e o Fisco. Estabelecemos então uma análise setorizada. O foco da questão gira em torno de saber como são interpretados esses conceitos.

Nesse sentido, temos uma *primeira corrente* com respaldo no CTN e na jurisprudência dos interesses, que resultou[31] da interpretação econômica do fato gerador, também chamada de *interpretação funcional*. Esta teoria pauta-se no Estado do bem-estar social, em que importa o resultado do ato, o conteúdo econômico do fato gerador, porque essa é a fonte material do Direito Tributário (as realidades econômicas). Assim, o fato gerador de um imposto, sob o ponto de vista material, é um fato exteriorizador de riqueza; já o seu conteúdo econômico é a capacidade contributiva, expressa pelo sujeito passivo. Por isso, não haveria um apego à forma que é imposta ao ato. O que determinará a tributação é a prática do ato em si, ou seja, se o ato por si só for suficiente para revelar capacidade contributiva, ocorrerá a tributação.

Uma *segunda corrente*[32], ligada à jurisprudência dos conceitos e ao Estado Liberal, pauta-se em uma visão puramente formalista e conceitualista, tanto que, para esse posicionamento, o Direito Civil predomina sobre o Direito Tributário. O que é relevante não é o resultado econômico, mas sim a forma jurídica do ato, ou seja, como esse ato é formalizado, e não o seu resultado. Essa corrente se baseia na legalidade estrita e não *na capacidade contributiva,* posto que, para os seus adeptos, a capacidade contributiva não tem significado jurídico. Significa dizer que é irrelevante se o contribuinte possui ou não capacidade contributiva, pois se o ato foi praticado, sob o ponto de vista formal incidirá o tributo, como, por exemplo, na seguinte hipótese: na celebração de uma locação simulada em comodato descabe a incidência de Imposto de Renda, pois não há previsão na lei tributária da incidência de tributo em relação ao comodato. Isso não é favorável ao Fisco.

Todavia, filiamo-nos a uma *terceira corrente,* liderada por Klaus Tipke que traz uma interdisciplinaridade, ligada à jurisprudência dos valores e ao Estado Democrático de Direito, e que defende a ponderação entre os valores relativos à obrigação[33], consagrados na CRFB/88, que são os relacionados à Justiça Social (Princípio da Capacidade Contributiva) e ao valor da Segurança Jurídica (Princípio da Legalidade). Adota o pluralismo metodológico em busca da *ratio legis.*

---

31   Nesse sentido Eno Becker e Amílcar de Araújo Falcão.

32   Sustentada por Giannini.

33   Parte da doutrina, como Ricardo Lobo Torres, entende que os fatos geradores de conteúdo privado são definidos pelo Direito Civil, e os de conteúdo econômico são definidos pelo Direito Tributário, como, por exemplo, o conceito de mercadoria e o de circulação de mercadorias.

Para a tese exposta, não se pode abandonar a expressão econômica dos fatos, bem como os conceitos jurídicos, que devem ser considerados no momento da interpretação da legislação tributária, os efeitos tributários que emanam dos institutos de Direito Privado e, sobretudo, a forma, desde que não esteja viciada. Assim, os conceitos de Direito Tributário, sobre os quais repousa o tributo, são os mesmos elaborados pelo Direito Civil, em homenagem à unidade que deve imperar na formação do Direito, salvo se esses conceitos forem objeto de *deformação*, de *abuso* ou de *excesso de formalismo*, o que ensejaria a elisão tributária. É nesse último sentido que hoje deve ser interpretado o art. 109 do CTN. E, apesar de não prevalecer a primazia do Direito Civil em relação ao Direito Tributário, não podemos desconsiderar a segurança jurídica, embasada no Princípio da Legalidade.

A expressão "interpreta-se literalmente a", inserida no **art. 111 do CTN**, não implica a utilização exclusiva do método literal, mas sim a vedação à analogia. O citado artigo prevê a interpretação literal de algumas matérias. Vejamos cada inciso do artigo:

Inciso I – suspensão ou exclusão do crédito tributário;

Todas as matérias aqui elencadas, com exceção do inciso III, são matérias com estrita reserva de lei formal. As modalidades de suspensão estão no art. 151 do CTN e as de exclusão do crédito, nos arts. 175 e seguintes do mesmo diploma legal.

Inciso II – outorga de isenção;

Não haveria necessidade da previsão expressa da isenção nesse inciso, pois se trata de modalidade de exclusão do crédito tributário que já se inseriria no próprio inciso I. Contudo, vale lembrar que as isenções, por serem benefícios fiscais concedidos pela lei, devem ser interpretadas literalmente, sob pena de usurpar a vontade do legislador. Assim temos que se a isenção é concedida para determinada categoria, somente esta estará amparada pela isenção e não outra de enquadramento similar.

Inciso III – dispensa do cumprimento de obrigações tributárias acessórias.

As obrigações tributárias acessórias podem ser previstas na legislação tributária. São consideradas como deveres instrumentais, que se exprimem nas obrigações de fazer, não fazer ou tolerar. A lei admite que sejam instituídas por regulamentos, não estando submetidas ao Princípio da Reserva de lei formal. Toda legislação que dispuser sobre essas matérias deve ser interpretada de forma literal.

O art. 151 do CTN, antes da LC n. 104/2001, elencava quatro hipóteses ensejadoras de suspensão do crédito tributário, quais sejam: a moratória, o depósito, os recursos administrativos e a liminar em mandado de segurança[34].

A lei complementar em tela ampliou esse rol, passando a constar, também, o parcelamento e a liminar ou tutela antecipada em ações ordinárias. Com isso, se

---

34 Ressaltamos que em 2009 entrou em vigor a Lei n. 12.016, que passou a tratar do mandado de segurança.

discutia, na vigência dos arts. 151 e 111, ambos do CTN, a possibilidade da concessão de liminar em medida cautelar, em razão de a lei que dispõe sobre suspensão do crédito tributário, conforme previsto no art. 111, ter que ser interpretada literalmente.

Com base no CTN, este entendimento não mereceria reparo, chegando a ser sustentado pelo STF antes da edição da LC n. 104/2001. Entretanto, o STF entendeu que, mesmo antes dessa lei complementar, já era possível a concessão de liminar em cautelar. Assim, dentro de uma lógica interpretativa do CTN, é correto o entendimento de que o poder geral de cautela do juiz, que tem foro constitucional, admitiria tal posição, permitindo que o juiz conceda a liminar nas hipóteses cabíveis e necessárias, independentemente de estar sendo requerida em sede de Mandado de Segurança ou Cautelar. Sendo o processo um instrumento para se chegar à justiça, entendemos que tal aplicação é perfeitamente cabível, uma vez que o depósito não está adstrito à liminar em ação cautelar, sendo cabível em qualquer ação. Entendemos que não há que se falar em liminar quando houver determinação judicial de depósito, pois a decisão concessiva de liminar mediante depósito está, na verdade, indeferindo a liminar.

Para nós, o juiz deve observar apenas os requisitos do *periculum in mora* e *fumus boni juris* e não autorizar o depósito, sendo este, então, um direito subjetivo do contribuinte. Assim, em síntese, temos que quando o juiz indefere a liminar, ele está reconhecendo que não estão presentes os pressupostos para a sua concessão. Vale dizer que o contribuinte possui a opção de escolher a liminar ou o depósito do montante integral (**Súmula 112 do STJ**).

No Direito Tributário, em regra a tutela antecipada não é diferente da liminar. Sob o aspecto processual, a tutela antecipada requer a antecipação de julgamento de mérito, requerida no momento da distribuição da ação; já a liminar tem o sentido assecuratório da utilidade do processo. No Direito Tributário, em ambas as situações ocorre a suspensão da exigibilidade do crédito, e não a sua extinção. Assim, a concessão de antecipação de tutela não pode extinguir o crédito, mas apenas suspendê-lo até o trânsito em julgado da ação, desde que procedente o pedido do contribuinte.

Após a edição da LC n. 104/2001, parece-nos que a discussão está superada. Dentro da lógica do CTN o raciocínio estaria correto, pois o art. 111 do Código determina a interpretação literal nas seguintes hipóteses: I – suspensão ou exclusão do crédito tributário; II – outorga de isenção; III – dispensa do cumprimento de obrigações tributárias acessórias.

O **art. 112 do CTN** prestigia o princípio *in dubio pro infrator*. Vale destacar que não usamos a expressão *in dubio pro* contribuinte, pois não existe nenhuma premissa da interpretação da lei de incidência contra ou a favor do contribuinte. Em relação às infrações, e somente quanto às infrações, prevalece o princípio do *in dubio pro infrator*. Interpreta-se favoravelmente ao infrator em relação à capitulação do fato, natureza, circunstância, autoria etc. Essa regra não tem o condão de contribuir para a interpretação da lei de incidência, mas sim da lei que comina penalidade.

O citado diploma legal determina que a lei definidora de infrações ou que comina penalidades interpreta-se de maneira mais favorável ao acusado, em caso de dúvida quanto: I – à capitulação legal do fato; II – à natureza ou às circunstâncias materiais do fato, ou à natureza ou extensão dos seus efeitos; III – à autoria, imputabilidade, ou punibilidade; IV – à natureza da penalidade aplicável, ou à sua graduação. É a chamada *interpretação benigna*.

Destacamos ainda a questão da aplicação de algumas multas pelo atraso no cumprimento de obrigação acessória. Não é raro a Fazenda imputar ao contribuinte multas que se cumulam por cada dia ou mês de atraso. Há que se considerar se existe uma multa pela não entrega da DCTF ou da DIMOB, essa multa não poderia ser aplicada a cada mês em que tal declaração não é entregue. Tomemos como exemplo a DIMOB (Declaração Imobiliária), cuja penalidade aplicada é multa de R$ 5.000,00 (cinco mil reais)[35] por mês de atraso. Essa punição carece de proporcionalidade na aplicação da sanção, deixando de atender também a outro princípio, o da razoabilidade.

O STJ já entendeu em situação análoga que, sendo devida multa pela não declaração ao Fisco das contribuições de tributos federais no momento em que se faz a declaração em bloco, não é razoável efetuar um somatório da sanção pecuniária para cada mês de atraso na declaração.

3.8 Integração da Legislação Tributária

Já vimos que interpretação e integração não se confundem. A primeira extrai de uma norma existente determinado significado, utilizando os métodos elencados no item anterior. A integração se caracteriza exatamente pela ausência de norma sobre o tema. Assim, podemos resumir que se interpreta uma norma existente e integra-se a lacuna deixada pela ausência de norma. O **art. 108 do CTN** prevê que, na ausência de disposição expressa, a autoridade competente para aplicar a legislação tributária utilizará sucessivamente, na ordem indicada: I – a analogia; II – os princípios gerais de Direito Tributário; III – os princípios gerais de Direito Público; IV – a equidade.

A integração é um método de preenchimento de lacunas[36], ou seja, de uma omissão legislativa, que confere plenitude ao ordenamento jurídico, posto que nem todas as lacunas devem ser integradas, mas apenas as lacunas contrárias ao plano do legislador. A integração começa quando termina o trabalho de interpretação, porque a interpretação pressupõe a existência da norma. A integração trata das hipóteses em que não existe a norma, isto porque, muitas vezes, a inexistência de lei retrata a própria intenção do legislador. É o chamado silêncio eloquente, ou

---

35 Com o advento da Lei n. 12.766/2012, a multa passou a ser de R$ 500,00 (quinhentos reais).

36 Rubens Gomes de Sousa entendia que não poderia haver lacuna em Direito Tributário, por força da rígida subordinação que esse ramo do Direito sofre em relação ao princípio da legalidade. O silêncio da norma foi intencional e não uma omissão.

seja, o silêncio que diz tudo ou muitas coisas. Logo, os métodos de integração vão preencher as lacunas contrárias ao plano do legislador, e não qualquer lacuna.

Note-se que no Direito Tributário temos o fenômeno da não incidência. Assim, se o legislador não previu aquele fato como tributável, ele não será tributado pelo simples silêncio da lei, razão pela qual essa lacuna não é para ser integrada. A lacuna que deve ser integrada é a que contrarie o plano do legislador. Por isso, se o legislador, ao disciplinar aquela matéria, pretendeu esgotar o assunto e não o fez ou não o conseguiu, o aplicador do direito vai ter que utilizar a integração. Vale ressaltar que não é qualquer ausência de normatividade que constitui lacuna, pois pode existir uma ausência condicionada a uma regulamentação futura. Nesse caso, não se pode valer da integração, visto que a intenção do legislador é que a norma seja regulamentada *a posteriori* por outra norma.

A doutrina critica a redação do art. 108 do CTN. A primeira crítica refere-se ao destinatário do referido artigo, que, analisado superficialmente, traz a ideia de que esse dispositivo se refere ao Fisco, ou melhor, à autoridade administrativa[37], mas através de uma interpretação sistemática entendemos que o conceito da expressão "autoridade competente" abrange os contribuintes, bem como o Poder Judiciário. A segunda crítica se dá em relação à hierarquia entre os métodos de integração, elencados nos incisos do art. 108, por força da expressão "sucessivamente". Entendemos que não há uma hierarquia entre eles, pois topograficamente os princípios não poderiam ser aplicados após a analogia. Isto porque os princípios são os elementos nucleares de qualquer norma, e estão presentes em qualquer método. Assim o que há, de fato, é uma pluralidade metodológica, pois no nosso entender não há como se aplicar um método sem o outro. Para que se possa verificar a identidade valorativa, mister se faz o uso dos princípios, bem como da equidade.

Vejamos cada um dos incisos do art. 108 do CTN:

Inciso I – Analogia

Podemos conceituar analogia como o método de integração que se utiliza da aplicação de uma norma em vigor, que disciplina uma situação semelhante em função da inexistência de lei específica, e que, por isso, não encontra amparo no Princípio da Legalidade Tributária (estrita). Destaque-se que o uso da analogia somente é vedado para resultar exigência de tributo, ficando restrita a algumas hipóteses, tais como beneficiar o particular através do uso da analogia *in bonam partem* no âmbito do processo (ou procedimento) tributário. Por isso, há quem sustente[38] que a influência da analogia se restringe às normas secundárias, ou seja, processuais e administrativas. Em síntese, temos que não se pode criar tributo por

---

[37] Aliomar Baleeiro afirmou que o dispositivo se refere à autoridade administrativa, parecendo alcançar só os agentes do Fisco.

[38] Nesse sentido, Ricardo Lobo Torres, op. cit., p. 157.

analogia[39], como também não se pode criar isenção por analogia. Vale dizer que a vedação da analogia se dá por mera previsão do nosso direito positivo, não havendo nenhum motivo pré-legislativo para impedir tal aplicação.

Interpretação Extensiva e Analogia

A diferença entre o uso da interpretação extensiva e da analogia no Direito Tributário é uma linha muito tênue, pois, quando o Fisco quer aplicar uma norma favorável a ele, usa a interpretação extensiva; caso contrário, não admite a aplicação da analogia, como é o caso das discussões quanto ao rol da lista de serviços do ISS. Parece-nos que a diferença está na letra da lei, pois se um determinado caso se adequar (admitir de forma concreta), ainda que implicitamente, à letra da lei teremos uma interpretação extensiva. Por outro lado, caso não se consiga, no caso concreto, subsumir o fato à norma, mas se por uma identidade valorativa for possível aplicar-se a lei ao caso "semelhante" (e nunca igual), estamos diante da analogia. Em que pese alguns países já admitirem o uso da analogia (em observância do Princípio da Isonomia e da Capacidade Contributiva) para a criação de tributo, como é o caso da Alemanha, por exemplo, no Brasil a regra é mais rígida, conforme o disposto no art. 108 do CTN.

Inciso II – Princípios gerais de direito tributário

Os princípios são mandamentos nucleares de todo o sistema, alicerces de todo o ordenamento jurídico. Com esse conceito, podemos concluir que os princípios não servem apenas como método de integração, mas também como elementos essenciais de hermenêutica. Não se pode interpretar uma regra sem levar em conta os princípios informadores daquele campo normativo. Em relação aos princípios gerais do direito tributário, eles encontram sua base na CRFB, como, por exemplo: anterioridade, legalidade estrita, vedação do confisco, liberdade de tráfego.

Inciso III – Princípios gerais do direito público

Os princípios gerais do direito público encontram amparo no Direito Constitucional, como, por exemplo, o Princípio Federativo, que influencia na interpretação das normas, o Princípio Republicano, entre outros.

É interessante ressaltar que o próprio art. 108 do CTN traz uma lacuna, pois não elenca os princípios gerais do direito entre os métodos de integração da norma tributária, no que é uma falha imperdoável, já que trata dos princípios gerais do Direito Tributário e de Direito Público. Assim, entendemos que podemos

---

39 Luciano Amaro diferencia *analogia legis* (busca-se uma norma para suprir a lacuna) da *analogia juris* (supõe que se invoquem os princípios integrantes desse sistema, e não uma norma). O caminho é parecido com o da interpretação sistemática; nesta, tem-se uma norma, cuja interpretação se busca em harmonia com o sistema jurídico em que ela se insere; na *analogia juris*, procura-se construir norma para o caso concreto que se harmonize com o sistema jurídico em que a disciplina desse caso deve ser inserida.

acrescentar os princípios gerais do direito, como, por exemplo, o Princípio da boa-fé, do *pacta sunt servanda*.

A título de ilustração, podemos mencionar o art. 100, parágrafo único, do CTN, citando a hipótese em que o contribuinte consulte a Fazenda Pública, com a resposta de que o tributo é indevido, verificando-se, contudo, posteriormente, que a resposta foi ilegal. Nesse caso, entendemos que o contribuinte não deve ser responsabilizado pelo pagamento do tributo, bem como por correção monetária, juros ou multa, em razão do princípio da boa-fé.

Quanto ao princípio do *pacta sunt servanda*, podemos citar o art. 178 do CTN. O citado artigo traz isenções condicionadas e a prazo certo. É certo que elas não podem ser revogadas antes do decurso de tal período, e, por serem consideradas disposições contratuais, se aplica o referido princípio. Podemos, ainda, exemplificar com outros princípios gerais de direito público, tais como: presunção de legalidade, "quem pode o mais, pode o menos", da moralidade administrativa etc.

Inciso IV – Equidade

A equidade está intimamente ligada à Justiça no caso concreto, e por isso é considerada como o abrandamento do rigor da norma jurídica para a realização da justiça no caso a ser analisado. Podemos citar, como exemplo, a aplicação de penalidade menor, em razão da boa-fé do contribuinte, que na maioria dos casos é irrelevante. Por outro lado, na forma do § 2º do art. 108 do CTN, a equidade não pode ser utilizada para afastar a incidência tributária, ou seja, conforme dispõe o CTN, dispensar tributo (devido) previsto em lei. Assim, concluímos que, se de um lado, não se pode exigir tributo utilizando a analogia, de outro tampouco se pode dispensá-lo por equidade. Contudo, ainda que a equidade não possa resultar na dispensa do pagamento do tributo, poderá implicar uma interpretação mais benigna[40] em algumas hipóteses, como no caso de remissão, desde que prevista em lei.

O objetivo do art. 108 ao prever a analogia como método de integração é o de permitir a correta aplicação da lei. Da mesma forma, no uso da equidade, em que o juiz determina a prevalência da finalidade da norma em detrimento da sua literalidade. Por isso se diz que ela é dirigida ao aplicador da lei, e não ao legislador. Assim, a equidade pode ser usada junto com a interpretação da lei e pode ser considerada um método de interpretação, porque, dentre todos os métodos de interpretação cabíveis, podemos adotar uma forma mais justa.

Por fim, após toda essa análise, percebemos que o CTN não permite a aplicação dos itens acima com a liberdade que eles possuem no Direito Civil, devido ao fato de que os Princípios Constitucionais Tributários possuem *status* constitucional, que deve ser observado pelo legislador.

---

40 Por isso, Ricardo Lobo Torres distingue a *equidade na interpretação* (art. 112 do CTN) e a *equidade na correção do direito legislado* (art. 172 do CTN).

Em síntese, o CTN expressou uma série de restrições, tais como:

a) o emprego da analogia não poderá resultar na exigência de tributo não previsto em lei;

b) o emprego da equidade não poderá resultar na dispensa do pagamento de tributo devido;

c) os princípios gerais de direito privado utilizam-se, para pesquisa da definição, do conteúdo e do alcance de seus institutos, conceitos e formas, mas não para definição dos respectivos efeitos tributários (art. 109);

d) a lei tributária não pode alterar a definição, o conteúdo e o alcance de institutos, conceitos e formas de Direito Privado, utilizados, expressa ou implicitamente, pela Constituição Federal, pelas Constituições dos Estados, ou pelas Leis Orgânicas do Distrito Federal ou dos Municípios, para definir ou limitar competências tributárias (art. 110).

4

Tributos em Espécie

4.1 Noções Gerais

Antes de iniciarmos a análise das espécies tributárias existentes no Brasil entendemos ser importante uma breve noção sobre a expressão tributo, que não é uma terminologia moderna, ao contrário, deriva do latim *tribuere,* que significa repartir, dividir. Sob o ponto de vista jurídico, a definição de tributo ficou a cargo do CTN (Lei n. 5.172/66), que, em seu art. 3º, definiu **tributo** como *toda prestação pecuniária compulsória, em moeda ou cujo valor nela se possa exprimir, que não constitua sanção de ato ilícito, instituída em lei e cobrada mediante atividade administrativa plenamente vinculada.*

4.2 Comentários ao Art. 3º do CTN

O artigo em comento traz uma série de informações que reputamos de extrema importância. Nesse sentido, para efeitos didáticos, "dissecaremos" o referido dispositivo mostrando cada ponto de destaque na conceituação de **tributo**.

I) *"É toda prestação pecuniária compulsória (...)"*

Inicialmente destacamos que, recordando os comentários que fizemos sobre Direito Financeiro, é principalmente através do tributo, ou seja, dessa prestação pecuniária, que é obtida a Receita Pública (derivada). Isto significa dizer que, com o objetivo de realizar as despesas públicas, não é interessante para o Estado arrecadar receita que não seja em dinheiro. Assim, o tributo tem natureza jurídica de obrigação de dar coisa certa (dinheiro), prevista pela lei que o instituiu (obrigação *ex lege,* e não *ex voluntate).*

Com isso, se diz que, ocorrendo o fato gerador, nasce a obrigação tributária, gerando, em consequência, a relação jurídica tributária. Nesse sentido, o Estado atua (com o seu poder de império) na instituição do tributo, por isso a sua natureza compulsória, sendo irrelevante a vontade do contribuinte. No entanto, esse poder não é mais arbitrário como antigamente, sendo pautado em vários princípios, entre eles o da legalidade tributária.

Tal exigência não permite que uma lei determine que a cada tonelada, ou qualquer outra unidade de medida de qualquer produto vendido, um percentual dessa mercadoria seja entregue ao Estado a título de pagamento de tributo. Isto porque essa obrigação (prestação) seria classificada como *in natura*. Da mesma forma, não se admite a prestação *in labore,* ou seja, através de serviços; por isso, o serviço militar não pode ser considerado tributo, pois o tributo é prestação em dinheiro. O que o Estado deseja é dinheiro.

II) *"(...) Em moeda ou cujo valor nela se possa exprimir (...)"*

A prestação pecuniária compulsória é estabelecida em dinheiro (moeda) ou outro valor que seja expresso em dinheiro. Assim, vale destacar que, apesar da previsão expressa na lei quanto ao caráter pecuniário da prestação, nada impede que esta prestação possa ser quitada (paga) por bem diverso de moeda. Tal hipótese não retira a natureza da prestação pecuniária, como é o caso da dação em pagamento. Em relação à moeda, não há dúvida, pois significa dinheiro, cujo conceito é mais amplo do que o de moeda, abrangendo todos os direitos e obrigações de natureza pecuniária.

A expressão "em moeda" é criticada por toda a doutrina porque é redundante, já que se tributo é prestação pecuniária, somente pode ser em moeda. Contudo, o que a expressão significa é que não se pode cobrar tributo através de prestação de serviço pelo contribuinte (múnus público ou prestação *in labore*), nem tampouco através de prestação *in natura* (pagamento de tributo em sacas de arroz). A segunda parte, que dispõe *"ou cujo valor nela se possa exprimir"*, autoriza que a prestação pecuniária seja cumprida através da entrega de outro bem que não moeda, mas que tenha valor econômico e que nela possa se exprimir, como é o caso da unidade fiscal de referência, como, por exemplo, a taxa SELIC[1].

Concluindo, não se deve confundir, todavia, a impossibilidade de edição de uma lei estipulando a cobrança através dessas prestações, com a hipótese de dação em pagamento, que é uma modalidade de extinção do crédito tributário, prevista no art. 156 do CTN. A Lei Complementar n. 104/2001 alterou o art. 156, inserindo o inciso XI, permitindo a dação em pagamento em bens imóveis, como modalidade de extinção do crédito tributário. Na verdade, a referida lei complementar apenas citou expressamente o posicionamento que já vinha sendo adotado pela jurisprudência.

O próprio art. 3º do CTN, que define tributo, possibilita que a extinção do crédito tributário se dê pela dação em pagamento de bens imóveis (art. 156, XI, introduzido pela LC n. 104/2001). Comentaremos mais sobre a dação em pagamento no capítulo que trata da extinção do crédito tributário, mas, por ora, ressaltamos que o inciso XI apenas autoriza o Poder Legislativo respectivo de cada unidade

---

1   O Banco Central do Brasil define Taxa Selic (Sistema Especial de Liquidação e de Custódia) para títulos federais como a taxa média ajustada dos financiamentos diários apurados.

federativa a estipular outras formas de pagamento, como, por exemplo, a criação da dação em pagamento, compensação[2], isenção, anistia etc.

III) *"(...) que não constitua sanção de ato ilícito (...)"*

Essa expressão é um tanto quanto óbvia, pois não seria plausível que o fato gerador do tributo fosse previsto pela lei como um fato ilícito. Seria um total absurdo admitir que um ato ilícito fosse um crime para o direito penal, mas fosse considerado fato gerador de um tributo.

Contudo, existe um princípio, chamado de **pecunia non olet** ou simplesmente **non olet,** que é interessante e merece ser comentado. Com base nesse princípio, temos a seguinte situação: se o tributo, conforme art. 3º do CTN, não pode constituir sanção por ato ilícito, não podemos admitir que o fato gerador em abstrato[3] do tributo (hipótese de incidência tributária) possa ser revelado por uma atividade ilícita. Ocorre que, com base no citado princípio do *non olet, se* admite que as riquezas auferidas com as atividades ilícitas sejam tributadas, desde que os seus fatos geradores, subsequentes a essa atividade, sejam lícitos. Vale dizer que, nesse caso, a atividade ilícita em si é que não pode ser tributada, como a venda de drogas, mas o dinheiro depositado em conta-corrente oriundo da venda dessas drogas era objeto de incidência de CPMF e será objeto do imposto sobre a renda, embora não se possa tributar o ICMS da venda da cocaína. Assim também ocorre com o Imposto de Renda, IPVA, IPTU de casas de prostituição etc.

É importante fazermos essa distinção, pois o tributo tem como finalidade principal o viés arrecadatório[4], ou seja, dotar os cofres públicos de recursos necessários para fazer frente às despesas públicas. Por outro lado, a principal finalidade de uma sanção é preservar a ordem jurídica, combater a prática do ato ilícito – neste caso, o ilícito fiscal. Por isso, o tributo não tem o mesmo caráter, nem a mesma natureza da sanção. A sanção tem caráter preventivo (regulador) e repressivo (punitivo). Entretanto, a forma como os indivíduos irão, na prática, adquirir renda, é irrelevante para o Direito Tributário. Se essa renda será decorrente do trabalho (atividade lícita) ou da exploração do jogo do bicho, foge ao Direito Tributário. Então, a hipótese de incidência, em si, será sempre lícita. Contudo, o *fato imponível*[5], que é sinônimo de *fato gerador analisado em concreto* (diferente da hipótese de incidência, que é sinônimo de fato gerador em abstrato), pode se revelar como uma atividade lícita ou ilícita. O princípio *da pecunia non olet,* que significa "o dinheiro não tem cheiro", é também considerado um princípio de justiça social, já que o tributo será cobrado de todos aqueles que apresentam capacidade contributiva (capacidade econômica),

---

2   Sobre o tema, recomendamos a leitura do Capítulo 10.

3   O *fato gerador abstrato* ou a *hipótese de incidência* é a situação abstrata prevista na norma legal como sendo apta e suficiente para dar nascimento à obrigação tributária; por exemplo, no imposto de renda (IR), a hipótese de incidência é a aquisição de renda, que se revela como uma atividade lícita.

4   Referente à finalidade fiscal. Muito embora possa haver também as finalidades extrafiscal e parafiscal.

5   Distinção usada por Geraldo Ataliba.

independentemente da origem desta atividade econômica, conforme prevê o art. 118 do CTN. Posteriormente voltaremos a comentar o princípio do *non olet*.

Outra questão importante é estabelecer uma distinção entre tributo e multa. Deve-se aqui analisar dois elementos: a finalidade e a forma. A finalidade extrafiscal do tributo é uma conduta lícita, que objetiva, por exemplo, o desestímulo de uma atividade pelo Estado. Já a ilicitude jamais poderá estar prevista na lei que estipula as hipóteses de incidência tributária. Contudo, a multa, que tem natureza de penalidade administrativa e não tributária, embora permaneça vinculada ao tributo, é perfeitamente legal e visa a sanção pelo descumprimento de uma obrigação tributária, seja ela principal ou acessória. Isto não afasta o fato de ela ser ou não confiscatória.

Em relação à ilicitude, surge uma discussão quanto à imposição da progressividade do IPTU pelo descumprimento da função social da propriedade urbana, bem como da progressividade do ITR pelo descumprimento da função social da propriedade rural. Assim, temos duas hipóteses, a saber: a) IPTU progressivo no tempo para os imóveis que não cumprem sua função social da propriedade urbana (art. 182, § 4º, II, da CRFB); b) ITR progressivo para o descumprimento da função social da propriedade rural (art. 153, § 4º). Entendemos que tais hipóteses não são propriamente consideradas sanção de ato ilícito, mas sim uma forma de tributação extrafiscal, que serve para incentivar ou desestimular determinada prática, como é o caso típico de alguns tributos extrafiscais (II, IE, IPI, IOF).

Nessas hipóteses a extrafiscalidade é preponderante, e, por isso, possuem exceções à legalidade (art. 153, § 1º, da CRFB) e à anterioridade (art. 150, § 1º, da CRFB). Contudo, essa função não é exclusiva desses tributos. Há situações em que outros tributos também possam se valer da extrafiscalidade, mas frise-se, em caráter excepcional, como é o caso, por exemplo, do IPTU e do ITR progressivo. Assim, em síntese, temos que a coercitividade de um tributo não se confunde com a coercitividade de uma sanção. A sanção tem o objetivo de restaurar a ordem jurídica violada, enquanto o adimplemento de uma obrigação tributária está ligado a um dever jurídico (obrigacional) constitucional.

IV) *"(...) instituída em lei (...)"*

Por força da afirmativa de que somente por lei poderá ser instituído ou majorado um tributo, considera-se a obrigação tributária uma obrigação *ex lege*, em face da observância do princípio da legalidade tributária previsto no art. 150, I, da CRFB, e que será tratado com mais profundidade no capítulo sobre princípios. Contudo, vale lembrar que a origem do princípio da legalidade se deu com a Magna Carta em 1215 e a partir daí se estendendo pelo mundo. Essa legalidade exteriorizou-se no sentido de que quem faz a lei, na verdade, é o povo, já que todo poder emana do povo ou por ele é exercido diretamente ou através de seus representantes eleitos, trazendo a **ideia de tributação consentida pelo povo,** ou seja, da *legalidade consentida*.

Assim, questão interessante é saber se quando o art. 3º menciona lei, a que lei está se referindo. Em princípio, quando se menciona somente a expressão "lei", sem qualificá-la, estamos tratando de lei ordinária. Cabe aqui então fazermos uma observação. Em regra os tributos são instituídos por lei ordinária, mas nos casos a seguir exige-se lei complementar: a) art. 148 da CF (empréstimos compulsórios); b) art. 153, VII, da CF (imposto sobre grandes riquezas); c) imposto residual da União – art. 154, I, da CF; d) novas contribuições para a seguridade social – art. 195, § 4º, da CF.

Outro ponto interessante é a possibilidade de medida provisória instituir ou majorar tributos. Abordamos o assunto no capítulo sobre fontes, mas cabe ressaltar que, mesmo antes da EC n. 32, o STF já havia firmado o entendimento no sentido de que o tributo pode ser instituído ou majorado mediante medida provisória, desde que respeitado o disposto no art. 62 da CRFB, que traz normas gerais sobre edição e eficácia da MP.

V) *"(...) cobrada mediante atividade administrativa plenamente vinculada".*

O art. 142 do CTN prevê que o lançamento é um ato administrativo vinculado, não havendo espaço para a discricionariedade do Fisco quanto à sua cobrança. Significa dizer que, preenchidos os elementos principais da obrigação tributária e constituído o crédito, o Fisco é obrigado a cobrá-lo. Indagamos se o agente fiscal poderia deixar de cobrar um tributo devido. Entendemos que não, pois estaria, pelo menos, cometendo uma infração administrativa e, até mesmo, dependendo do caso, o crime de prevaricação previsto no art. 319 do Código Penal. A atividade administrativa é vinculada nos termos da Lei instituidora do tributo, bem como no CTN, no art. 3º, no art. 142 (quanto ao lançamento)[6] e no capítulo sobre a administração tributária.

4.3 Classificação dos Tributos

4.3.1 Vinculado e não Vinculado

Essa divisão se dá com base na vinculação ou quanto à hipótese de incidência. Assim temos que, quanto à vinculação, os tributos podem ser classificados como vinculados e não vinculados. Diz-se vinculado aquele cujo fato gerador está *vinculado* a uma atividade estatal específica, diretamente ligada à figura do contribuinte. Tem-se, como exemplo, a taxa e a contribuição de melhoria. Para aqueles que adotam a teoria pentapartite ou quinquipartida, também são vinculados os empréstimos compulsórios e as contribuições sociais. *Não vinculado* é o tributo em que basta somente a previsão legal para que seja instituído, não exigindo vinculação com qualquer atividade estatal específica. É o caso do imposto (art. 16 do CTN).

---

6   Recomendamos a leitura do capítulo que trata do lançamento tributário e nossa obra *Processo tributário (administrativo e judicial),* da Editora Saraiva.

Vale destacar a lição de Torres[7], que utiliza a nomenclatura de tributo Contributivo e Retributivo.

Tributo contributivo é o que encontra sua justificativa primordial na capacidade contributiva (imposto); quando se basear no princípio custo/benefício ou da equivalência, como acontece com as taxas e as contribuições, classificar-se-á como tributo comutativo ou retributivo.

É importante não confundir essa classificação, que se dá em relação à hipótese de incidência, com a classificação quanto à destinação da receita, que também pode ser vinculada ou não vinculada. Tributos com arrecadação vinculada são aqueles cuja destinação deve ser usada nas atividades para as quais eles foram criados. É a *referibilidade do tributo*. Temos como exemplo as contribuições para a seguridade social (COFINS, CSLL), cujas receitas são destinadas à seguridade social. Assim também era a CPMF, em que parte da arrecadação era destinada ao fundo de erradicação da pobreza e a outra para a saúde.

O mesmo acontece em relação aos empréstimos compulsórios cuja receita está vinculada aos requisitos contidos nos arts. 148, da CRFB/88, e 15, do CTN.

Por outro lado, nos tributos de arrecadação não vinculada, o Estado possui liberdade quanto à aplicação da receita, desde que respeitada a lei orçamentária e as normas pertinentes ao Direito Financeiro. É o que acontece com os impostos, que, como regra, são tributos não vinculados quanto a seu fato gerador e também não vinculados quanto à sua destinação. Aliás, o art. 167, IV, da CRFB veda, como regra, a vinculação da receita de impostos; é a chamada não afetação da receita de impostos.

4.3.2 Fiscais, Extrafiscais e Parafiscais

Entendemos que essa classificação é importante pelo fato de que é através dela que podemos identificar as exceções à legalidade e à anterioridade tributária, bem como a característica da seletividade entre outros princípios. Nesse sentido, essa classificação toma por base a finalidade do tributo. Assim, vejamos: os tributos *fiscais* são aqueles cuja finalidade é a mera arrecadação de receita, sem qualquer prestação recíproca por parte do Estado. É a mera captação de recursos financeiros para os cofres públicos. Difere dos extrafiscais, porque nestes, embora a arrecadação também seja almejada, a finalidade precípua é a intervenção do Estado na economia, ou a obtenção de alguma política social. Temos como exemplos de tributos fiscais o Imposto de Renda, o ICMS, o ISS etc.

Nesse sentido, os tributos *extrafiscais* têm como finalidade precípua a intervenção do Estado na vida privada e na economia para assegurar a livre concorrência e regular a balança comercial no âmbito internacional (através do imposto de importação e exportação), conforme dispõe o art. 170 da CRFB (intervenção no domínio econômico e social). Exemplos: II, IE, IPI, IOF e CIDE. Em função dessa peculiar

---

7   TORRES, Ricardo Lobo. Op. cit., p. 307.

finalidade, em regra, os impostos chamados extrafiscais não se submetem ao princípio da anterioridade tributária – art. 150, § 1º, da CRFB –, bem como ao princípio da legalidade.

Verifica-se, então, que a finalidade extrafiscal se utiliza de instrumentos tributários para fins que não são diretamente de natureza fiscal, mas sim com fins intervencionistas e regulatórios. Hodiernamente, a extrafiscalidade, ou seja, o tributo utilizado para interferir no comportamento dos indivíduos através de incentivos fiscais ou desestímulos a determinadas práticas que o Estado entende não serem satisfatórias ou mesmo que sejam desinteressantes, vem sendo muito usada pela Administração Pública, condicionando o comportamento da sociedade, concedendo isenções, atribuindo alíquotas zero, ou, por outro lado, provocando um desestímulo, como, por exemplo, a tributação mais pesada sobre determinadas atividades, com o objetivo de minimizá-las ou até mesmo de evitá-las, de modo que haja sua redução, já que não são convenientes para o Estado.

O termo *parafiscal*[8], que significa finanças paralelas, advém de órgão paralelo, permitindo às entidades paraestatais a administração de tributos específicos, praticando a arrecadação e a aplicação de tributo anteriormente instituído pelo ente público constitucionalmente habilitado a fazê-lo. Sua finalidade precípua é prover receita para determinados entes autônomos que executam serviços públicos essenciais, paralelamente ao Estado, mas de forma descentralizada. Significa dizer que os tributos parafiscais serão arrecadados por outras entidades (públicas ou privadas), e não pela União. Exemplo: Contribuições Sociais, OAB[9], INSS, CREA, SENAI, SESC[10], SESI.

O fato de ser atribuída às entidades privadas a possibilidade de arrecadação não as faz titular da competência tributária, não podendo estas serem consideradas como sujeitos ativos da relação jurídica tributária, embora possuam capacidade

---

8   A nomenclatura foi desenvolvida após a 2ª Grande Guerra Mundial, ao se referir à entrada de recursos destinados a solucionar os problemas (em especial na área social), gerados pela própria guerra. A natureza das contribuições chamadas parafiscais sempre causou discussão na doutrina, tanto que ainda hoje se questiona a inclusão pela CFRB das contribuições sociais no art. 149. Isto porque, nas contribuições, a parafiscalidade se confunde com a fiscalidade, provocando uma anomalia no Direito, fazendo com que, a reboque, o Direito Previdenciário (incluindo também a Assistência Social) se confunda com o Direito Tributário. O tema gerou e ainda gera muita controvérsia, tanto que impôs o Texto Maior orçamento apartado do orçamento fiscal, estabelecendo reserva intocável para as ações da seguridade.

9   O tema causa polêmica. Para o STJ, as contribuições para a OAB não têm natureza tributária, por ser ela uma autarquia de regime especial *suis generis*. Nesse sentido, como a contribuição para a OAB não tem natureza tributária, não se deve falar em competência tributária da Ordem, tampouco em capacidade tributária ativa. Por esses fundamentos, a cobrança da referida contribuição se dará na forma da Lei Processual Civil e não pela Lei de Execução Fiscal. O STJ apreciou a matéria nos *Informativos* 208, 217 e 219 e REsp 915.753. O STJ no julgamento do REsp 963.115 também reafirmou a natureza tributária das demais contribuições para os conselhos profissionais, à exceção da OAB.

10   *Súmula 499 do STJ: As empresas prestadoras de serviço estão sujeitas às contribuições ao SESC e SENAC, salvo se integradas noutro serviço social.* Sobre o sistema "S", deve-se destacar a contribuição ao SEBRAE, cuja natureza jurídica é controvertida. Veremos em tópico específico posteriormente.

tributária, conforme o art. 7º do CTN. Assim, a dinâmica opera de modo que o detentor de competência tributária (que pode *legislar* e *instituir* o tributo) delegue a capacidade tributária ativa (arrecadar e fiscalizar) para outra pessoa jurídica, que fica com o produto dessa arrecadação.

Assim, questiona-se qual seria a condição necessária para o exercício da parafiscalidade. Entendemos que é necessário que a pessoa jurídica delegatária da capacidade exerça uma atividade de interesse público, que em princípio deveria ser exercida pelo Estado, mas que sofreu delegação. Isto porque as entidades parafiscais atuam ao lado do Estado, paralelamente, como colaboradoras, por esse motivo a expressão "parafiscal".

4.3.3 Federais, Estaduais e Municipais

Esta classificação, por óbvio, leva em consideração o ente federativo titular da competência tributária. Nesse sentido, temos os tributos **federais,** aqueles previstos no art. 153 da CRFB, instituídos pela União; os **estaduais e do Distrito Federal**, os previstos no art. 155 da CRFB; e os **municipais,** os previstos no art. 156 da CRFB. Abordaremos mais adiante a inovação trazida pela EC 132/23, ou seja, a competência compartilhada do IBS entre estados e municípios.

4.4 Espécies de Tributos

A Emenda Constitucional n. 18/65 introduziu o sistema tributário como modalidade autônoma. Apesar das diversas discussões em razão da nomenclatura do tributo e de sua natureza tributária ou não, importante é ressaltar que o art. 4º do CTN é categórico ao determinar que a natureza jurídica específica do tributo é determinada pelo **fato gerador** da respectiva obrigação, sendo irrelevantes para qualificá-la: I – a denominação e demais características formais adotadas pela lei; II – a destinação legal do produto da sua arrecadação.

O art. 5º do CTN e o art. 145 da CRFB indicam que são três as espécies de tributos, também chamadas de espécies tributáveis. Tais dispositivos determinam que a União, os Estados, o Distrito Federal e os Municípios poderão instituir impostos, taxas e contribuições de melhoria. Porém em outros artigos encontramos os empréstimos compulsórios e as contribuições especiais. Com base nesses artigos, surgiram algumas teorias que discutem quantas são as espécies tributáveis.

A *Teoria Bipartida*[11] – Historicamente, a Constituição Republicana de 1891 previa apenas os impostos e as taxas. Desde a Constituição de 1946, a doutrina já entendia as contribuições de melhoria como natureza tributária. Esta teoria trabalha com a dicotomia que existe entre impostos e taxas. Nós teremos apenas impostos,

---

11 Em desuso atualmente, sustentavam essa corrente: Pontes de Miranda, Alfredo Becker e Geraldo Ataliba.

que são tributos com o fato gerador não vinculado, e as taxas, que possuem fato gerador vinculado. Hoje esta teoria se encontra totalmente superada.

A *Teoria Tripartida* – Segundo esta teoria, os tributos são divididos em três espécies autônomas, citando as hipóteses do art. 145 da CRFB como taxativas. São eles: a) Impostos; b) Taxas; c) Contribuições de Melhoria. Assim sendo, o art. 5º do CTN ainda está em vigor, e, no que tange aos empréstimos compulsórios e às Contribuições Sociais, aplica-se o contido no art. 4º do CTN. Este artigo preceitua que o elemento caracterizador do tributo é seu fato gerador e não sua destinação ou sua denominação. Vale dizer que daqui surgiu a classificação de tributos vinculados e não vinculados.

A **Teoria Quadripartite** – para esta teoria, os tributos são divididos em quatro[12] modalidades: a) Impostos; b) Taxas; c) Empréstimo Compulsório; d) Contribuições (Sociais e de Melhoria).

A **Teoria Pentapartite** – Para esta teoria[13], adotada pelo STF no RE 138.284-8/CE (em 1º-7-1992), as modalidades de tributos são cinco espécies autônomas. São elas: a) Impostos; b) Taxas; c) Contribuições de Melhoria; d) Contribuições Sociais; e) Empréstimo Compulsório. Assim sendo, para essa teoria, o art. 145 da CRFB/88 é exemplificativo e, por isso, o art. 5º do CTN não foi recepcionado pela Constituição. Encontra amparo nos arts. 145, 148 e 149 da CRFB. Aqui, além das três modalidades já elencadas, temos ainda, como modalidades autônomas, o empréstimo compulsório e as contribuições sociais, que são classificadas em razão da finalidade ou da destinação do produto de sua arrecadação (ADI 2.925-8). Nesse sentido, temos cinco modalidades[14], o empréstimo compulsório e a contribuição parafiscal caracterizam-se não só pelo seu fato gerador, mas também por sua destinação, já que classificá-los apenas quanto ao fato gerador se mostra insuficiente. Entendemos que a discussão sobre a questão da obrigatoriedade da restituição do empréstimo compulsório não retira a sua natureza tributária. Isto porque a relação Fisco-contribuinte se dá até o momento do ingresso de dinheiro nos cofres públicos. Por outro lado, a sua devolução já está adstrita ao Direito Financeiro.

A **Teoria Hexapartite** – com o advento da EC n. 39/2002, foi criada a Contribuição de Iluminação Pública, de competência privativa dos Municípios e do Distrito Federal, e, já que a receita é destinada aos entes federativos citados, não podem

---

12 Sustentada por Ricardo Lobo Torres. Para Luciano Amaro, haveria os impostos, taxas (de serviço, de polícia, de utilização de via pública e de melhoria), contribuições (sociais, econômicas e corporativas) e empréstimos compulsórios. Mas, o próprio autor reconhece que, à vista da sistematização posta em nossa CRFB, tem-se de registrar que, *de lege lata*, as contribuições de melhoria compõem uma figura não subsumível na rotulação de taxas, pois a CRFB reservou essa denominação para os tributos de serviços públicos e de polícia.

13 Sustentada por Hugo de Brito Machado e Ives Gandra da Silva Martins.

14 Discute-se, quanto à teoria pentapartite, o seguinte: se a Constituição adotou essa teoria, ela não teria recepcionado o art. 4º, II, do CTN, que diz ser irrelevante a "destinação legal do produto de arrecadação". No nosso entender, a classificação do fato gerador e da destinação devem ser analisados em conjunto para classificar o tributo. Recomendamos a leitura do item "referibilidade das contribuições".

ser consideradas parafiscais. Assim, há quem sustente que temos agora seis espécies de tributos, quais sejam, as cinco constantes da pentapartite e mais a Contribuição de Iluminação Pública. Contudo, corroboramos a tese do STF quanto à teoria pentapartite e entendemos que esse tributo se encaixaria dentro da classificação dada às contribuições especiais e, nesse sentido, continuariam a ser cinco as espécies de tributos no Brasil.

Tamanha foi a discussão sobre o tema que até hoje a Constituição, em seu art. 150, § 6º, traz em sua redação a previsão das contribuições em separado.

Para efeitos didáticos, veremos cada uma das modalidades de tributo de forma isolada, destacando os elementos mais importantes.

Por fim, vale destacar que a edição da Emenda Constitucional 132/23 não altera essa classificação, pois o imposto seletivo e o IBS se encaixam no rol dos impostos. De outro lado, a CBS trata-se de uma contribuição.

4.4.1 Imposto[15]

A disciplina normativa dos impostos encontra amparo geral no art. 145, I, da Constituição da República e no art. 16 do CTN, que assim dispõe: *Art. 16. Imposto é o tributo cuja obrigação tem por fato gerador uma situação independente de qualquer atividade estatal específica, relativa ao contribuinte.* Assim, podemos dizer que o imposto é um tributo, por excelência, de finalidade meramente fiscal, ou seja, de cunho meramente arrecadatório. É uma espécie tributária cujo fato gerador **não está vinculado** a nenhuma atividade estatal diretamente relacionada com o contribuinte. Serve principalmente para cumprir as despesas genéricas, podendo, excepcionalmente, ser usado para uma destinação específica.

Na forma do art. 167, IV, da CRFB, a receita arrecadada advinda de impostos não pode ser afetada, salvo em determinadas situações previstas pela própria Constituição, como, por exemplo, para as ações e os serviços públicos de saúde, para a manutenção e desenvolvimento do ensino e para a realização de atividades da administração tributária, dentre outras. Isso porque é principalmente através dos impostos que se constitui a receita pública, e é através dessa receita que o Estado mantém hospitais públicos, cumpre com a folha de pagamento de servidores e realiza obras públicas, dentre outras funções relevantes.

Os impostos justificam o seu fato gerador pela simples exteriorização da riqueza decorrente da capacidade econômica do contribuinte. Derivam do poder de império do Estado em obter receita para a realização das suas despesas.

Para não nos tornarmos repetitivos, recomendamos a leitura do capítulo sobre o princípio da capacidade contributiva em relação aos impostos, a que se refere o § 1º do art. 145 da CRFB.

---

15 Para aprofundar o estudo dos impostos, recomendamos a leitura da nossa obra *Impostos federais, estaduais e municipais*, São Paulo: Saraiva.

Vale destacar que, além dos requisitos genéricos do art. 3º do CTN, os impostos apresentam algumas características importantes, a saber:

a) Os fatos geradores dos impostos são, em regra, constitucionalmente previstos. Embora o fato gerador do imposto venha previsto na lei, também é nominado na norma constitucional que outorga a competência tributária. Destaque-se que, por questões óbvias, no exercício da competência residual, a Constituição não denominou o seu fato típico.

b) A existência do elemento causal. Como os impostos não são vinculados a uma atuação específica do Estado, a lei prevê o fato gerador em razão de uma atividade, uma situação do contribuinte, sendo que essa situação deve, segundo a lei, ser geradora de riquezas.

c) Elemento finalístico: O produto da arrecadação dos impostos é destinado às funções gerais e indivisíveis do Estado, ou seja, às despesas públicas. Por isso, se diz que a finalidade do imposto é a utilização prevista nos orçamentos e nos documentos que trazem planejamento orçamentário (PPA, LDO, LOA). Já vimos no capítulo que trata do Direito Financeiro que a receita obtida com a arrecadação dos impostos não pode ser vinculada a órgão, fundo ou despesa, conforme o art. 167, inciso IV, da CF (Princípio da não vinculação da receita dos impostos ou da não afetação).

4.4.1.1 Inconstitucionalidade por Arrastamento

Tema interessante é a chamada inconstitucionalidade por arrastamento, que ocorre quando, havendo a declaração de inconstitucionalidade de determinada norma, outros dispositivos que se assemelham ao seu teor por uma relação de conexão ou interdependência também são declarados inconstitucionais. Em outras palavras, da declaração de inconstitucionalidade de uma norma impugnada, outros dispositivos ligados a ela são afetados, por atração ou arrastamento, pela inconstitucionalidade da outra norma.

Vimos que cabe ao chefe do Poder Executivo "elaborar" as leis orçamentárias. Por isso, não teria razão de ser que todas as receitas estivessem vinculadas às despesas. Essa previsão constitucional (art. 165 da CRFB) existe exatamente para garantir a independência do Poder Executivo. Se a receita dos impostos já estivesse previamente vinculada à despesa, o chefe do Executivo não teria nenhuma discricionariedade, e é exatamente por isso que existe a norma do art. 167, IV, da CRFB: para garantir a independência do Poder Executivo, de modo que ele possa prever onde a receita será vinculada, ou seja, onde será empregada, conforme o seu plano plurianual.

Nesse sentido, o STF entendeu que a violação ao princípio da não afetação da receita alcança não só a destinação específica de determinado imposto, mas também os elementos do próprio imposto, por isso a utilização dessa nomenclatura: **inconstitucionalidade por arrastamento.** Podemos exemplificar com um caso de repercussão nacional, em que o Estado de São Paulo aumentou a alíquota de ICMS para 18%, destinando 1% à construção de casas populares. A inconstitucionalidade dessa destinação levou, por arrastamento, à inconstitucionalidade do aumento do ICMS, pois violou o elemento finalístico do imposto acima exposto. O STF divergiu na votação e alguns ministros entenderam que apenas a destinação do imposto era inconstitucional, e não o próprio imposto. Mas como declarar a inconstitucionalidade somente da destinação? Por isso a vinculação é vedada, salvo nas situações previstas no próprio inciso IV, do art. 167, da CRFB, como, por exemplo, as que envolvam repartição de receita tributária, ensino, saúde etc.

Entendemos que a inconstitucionalidade por arrastamento se pauta na *teoria da unidade das leis*, pois quando a lei traz inovações de ordem normativa, em que pese estarem individualizadas em alguns artigos, desde que guardem relação direta com toda a lei, não podem ser analisadas em separado. Assim, na matéria tributária, face aos elementos do fato gerador integral, tais elementos, em razão de terem sido concebidos como uma unidade, levam ao raciocínio de que se a parte contamina o todo, a lei deve ser analisada como um todo, e assim o Poder Judiciário deve declarar a constitucionalidade/inconstitucionalidade conjunta, e não só do elemento em si. Por isso, o STF tem, em alguns casos, aplicado tal tese, como o exemplo citado acima no julgamento do RE 213.739-1 (Ver também RE 508.993/RJ).

Outra questão interessante também está adstrita à matéria constitucional. O aspecto constitucional é muito importante para todos os ramos do Direito, mas em especial para o Direito Tributário, em virtude da normatização que o texto constitucional exerce sobre ele. Assim, em caráter exemplificativo do tema proposto, temos um caso relativo às contribuições especiais (o mesmo aconteceu com a CPMF), em que se instituiu determinada exação visando ao custeio de uma atividade cuja finalidade (elemento finalístico) estava prevista expressamente na Constituição (art. 149 da CRFB). Se, supervenientemente, deixar de ser promovida a atividade estatal para a qual fora instituída a respectiva fonte de custeio, perde-se sob o ponto de vista constitucional o fundamento para a própria exação fiscal, tornando-se, assim, inconstitucional a sua exigência. Isto porque perdeu a referibilidade, a motivação, o nexo de causalidade entre sua instituição e as finalidades previstas no art. 149 da CRFB. Contudo, vale destacar que defendemos, como uma primeira medida, antes da declaração de inconstitucionalidade, a redução do percentual da exação, até que se atinja um nível do efetivo comprometimento com a finalidade que sustentou a sua instituição e da qual depende a sua validade. Sabemos que mensurar tal percentual não é uma tarefa fácil, mas da mesma forma que se calculou o valor do tributo para a exação, ele pode ser recalculado, sob pena de aí, sim, ser declarado inconstitucional.

4.4.1.2 Classificação dos Impostos

Os impostos são classificados de várias formas[16]. Assim, neste tópico, veremos as principais classificações:

---

16 Sobre o tema, recomendamos a leitura do nosso livro *Impostos federais, estaduais e municipais*. São Paulo: Saraiva.

I – Diretos ou indiretos

Quanto à forma de percepção, os impostos classificados como *diretos* são aqueles cuja causa de nascimento, ou seja, cujo fato gerador incide sobre o contribuinte de direito (pessoa que realizou a hipótese de incidência, descrita na lei, e por isso tem a obrigação legal de recolher o tributo aos cofres públicos), que não tem a possibilidade de transferir o encargo fiscal a quem quer que seja. Ele é ao mesmo tempo contribuinte de fato e de direito. Exemplo: IPVA. Já os impostos *indiretos* são aqueles em que o contribuinte de direito é diferente do contribuinte de fato. São aqueles que incidem sobre o contribuinte de direito que, por sua vez, transfere o encargo fiscal a uma pessoa alheia à relação jurídica tributária, usualmente chamada de contribuinte de fato. Exemplos: ICMS e IPI. Os tributos indiretos permitem a repercussão tributária, que passaremos a analisar.

Vale destacar que o IBS é um imposto que incide sobre bens e serviços, ou seja, indireto sobre consumo e, à semelhança do ICMS, busca tributar a cadeia econômica.

Repercussão Tributária

O fenômeno da **repercussão** ou translação na verdade é o repasse do encargo financeiro do tributo para quem estiver na etapa subsequente da cadeia econômica. Com isso, o repasse pode ou não gerar um "efeito cascata". Para minimizar esse efeito, surge o sistema da não cumulatividade, conforme veremos mais adiante.

Discute-se, então, se a repercussão tributária seria um fenômeno econômico ou jurídico. Para parte da doutrina é um fenômeno jurídico, para outra é um fenômeno econômico. Somente a primeira merece análise pelo Direito Tributário, como é o caso dos tributos indiretos.

Podemos dizer que a repercussão apresenta dois efeitos: a) provoca uma injustiça fiscal, já que incide de forma pesada no consumo; b) o surgimento do contribuinte de fato, na forma do art. 166 do CTN. A divergência ocorre porque pode existir a hipótese em que os tributos "indiretos" não sejam efetivamente repassados a terceiros, mas suportados pelo próprio contribuinte de direito. Por outro lado, um tributo chamado "direto" pode ser repassado "embutido" no preço de bens, ou, serviços ou como o caso do IPTU, que, se previsto em cláusula contratual, pode ser repassado ao locatário. Nesse caso, não há como não se falar que houve uma repercussão jurídica, mas, sim, econômica. Assim, podemos dizer que os impostos indiretos podem sofrer repercussão jurídica (porque é autorizada por lei) e os diretos podem sofrer repercussão econômica.

Apesar do comentário anterior, a boa técnica é considerar que nos impostos *indiretos* há transferência do encargo fiscal para terceiro. A esse fenômeno atribui-se o nome de repercussão tributária, como ocorre, por exemplo, no ICMS, no IPI e no ISSQN em alguns casos. É o produtor, fabricante industrial, que é responsável a título de substituto tributário, pelo recolhimento do tributo. Nesse caso ele é chamado de contribuinte de direito[17] (pessoa indicada na lei), mas quem acaba suportando

---

17 Discute-se se o imposto de renda retido na fonte seria um exemplo. Entendemos que não, pois o empregador não é contribuinte de direito, mas um agente arrecadador de recursos. A disponibilidade que

de fato o ônus fiscal é o consumidor final, porque o valor do tributo é repassado no preço da mercadoria, por isso ele ser chamado de contribuinte de fato. Discute-se então, quem é o contribuinte de fato. Para a doutrina é o consumidor final, já que é ele quem suporta, de fato, o encargo fiscal. Para a jurisprudência é a primeira pessoa que se submeteu ao desgaste da repercussão, pouco importando se houve ou não repercussões posteriores.

A repercussão pode permitir através do regime da não cumulatividade a compensação financeira do imposto pago nas operações anteriores. Assim, a não cumulatividade é o regime crédito/débito típicos dos tributos indiretos. O crédito é o valor incidente sobre os produtos adquiridos pelo contribuinte do IPI e utilizados como insumo no processo de industrialização. Já o débito é o valor do tributo incidente sobre a operação posterior. A relação crédito e débito gera um saldo, que poderá ser positivo ou negativo; se negativo gera imposto a pagar, e, se positivo, o contribuinte poderá aproveitar esse crédito no período de apuração. O sistema da não cumulatividade tem por objetivo desonerar o consumidor, que é o contribuinte de fato.

Todavia, para o caso do ISSQN, há divergência, pois a depender da situação, o imposto se apresenta como um imposto indireto, permitindo a transferência do encargo financeiro ao tomador do serviço ou se coloca na condição de imposto direto, assumindo o próprio contribuinte de direito o ônus da imposição fiscal. O STJ, no julgamento do REsp 1.131.872, adotando o procedimento do recurso repetitivo, ou seja, como jurisprudência que deve ser seguida pelos TRFs e pelos TJ, entendeu que o ISSQN é espécie tributária que admite a sua dicotomização como tributo direto ou indireto a depender do caso concreto, isto é, das circunstâncias fáticas de cada caso.

II – Pessoal ou real

Essas modalidades são classificadas quanto ao objeto de incidência. Assim, o imposto *pessoal* incide sobre a pessoa do contribuinte, em função de suas características pessoais, ou seja, é o imposto cujo fato gerador incide sobre uma pessoa, enfatizando as circunstâncias subjetivas (do contribuinte) que a cercam. Exemplo: imposto de renda de pessoa física. Já o *real* é o imposto que, incidindo sobre o contribuinte, enfatiza a situação de um bem ou coisa. Exemplo: IPTU.

A Teoria da Personalização do Imposto

A clássica divisão dos impostos em reais e pessoais sofre a interferência da chamada teoria da personificação ou da personalização. O imposto sobre a renda é um típico imposto pessoal, embora, em algumas hipóteses, apresente caráter real,

---

possui sobre o patrimônio retida é provisória não sofrendo a redução de sua capacidade. O contribuinte de direito recolhe aos cofres públicos o tributo, tirando do seu patrimônio. Contudo, prevalece o entendimento que trata de substituição tributária.

como, por exemplo, no caso de rendimentos de residentes no exterior, hipótese em que o imposto incidirá exclusivamente na fonte, abstraindo, em regra, as condições pessoais do beneficiário. Verifica-se, com a evolução do Direito e algumas decisões do STF, que há uma tendência à personalização dos impostos reais (art. 145, § 1º, da CRFB/88), que em alguns casos é determinada pela própria CRFB, como é o caso do IPTU[18], por exemplo. Podemos verificar claramente essa teoria quando se concede isenção de IPI e ICMS para deficientes físicos e aposentados. O objetivo da aplicação desta teoria é a busca da justiça da tributação, em que pese forte doutrina entender que imposto real não pode ser progressivo, porque a capacidade contributiva que se expressa, entre outros meios, pela progressividade do tributo, somente alcança o aspecto subjetivo (pessoal).

A indagação quanto à possibilidade de o ITR e o IPTU serem progressivos suscitou controvérsias. Seguindo a linha de raciocínio exposta acima, essa questão ensejou polêmica, tanto que foi editada, pelo STF, a Súmula 668[19]. Assim, na CRFB, o IPTU poderá ter dois tipos de progressividade[20]: 1) extrafiscal (art. 182, § 4º, II, da CRFB) para os imóveis urbanos que não atendam à sua função social; 2) fiscal, ou seja, relacionada à capacidade contributiva (art. 156, I, c/c § 1º, I). Já o ITR possui apenas uma hipótese de progressividade, pelo descumprimento da função social da propriedade rural prevista no art. 153, § 4º, I, da CRFB. O IPTU pode ser progressivo, na forma do art. 182, § 4º, da Constituição da República, quando o proprietário de imóvel urbano descumprir a função social da propriedade. Temos ainda outra previsão quanto à progressividade do IPTU, que, embora contestada por parte da doutrina, encontra previsão expressa na Constituição de 1988, precisamente, no art. 156, § 1º, I, ao prever que, sem prejuízo da progressividade no tempo a que se refere o art. 182, § 4º, II, o imposto previsto no inciso I poderá: I – ser progressivo em razão do valor do imóvel. Prevê ainda em seu inciso II que tal imposto poderá também ter alíquotas diferentes, de acordo com a localização e o uso do imóvel.

É importante não confundir os dois incisos. Uma coisa é a progressividade do inciso primeiro, outra coisa é a chamada alíquota diferenciada em razão de o imóvel ser residencial ou não residencial, por exemplo. O STF entendeu que a duplicidade de alíquotas não constitui progressividade, e, portanto, apenas o inciso I é que trata da progressividade, juntamente com o art. 182, § 4º, II.

---

18 No IPTU podemos verificar duas finalidades: a fiscal (art. 156, § 1º, I, CRFB/88) e a extrafiscal, que é utilizada para assegurar o cumprimento da função social da propriedade (art. 182, § 4º, II, e art. 156, § 1º, II, ambos da CRFB/88).

19 É inconstitucional a lei municipal que tenha estabelecido, antes da EC 29/2000, alíquotas progressivas para o IPTU, salvo se destinada a assegurar o cumprimento da função social da propriedade urbana (somente se refere ao art. 156, I, c/c § 1º, I).

20 Antes da EC 132/23, o aumento dessa base de cálculo do IPTU só poderia ocorrer por meio de lei aprovada pela Câmara Municipal. Atualmente, o Prefeito Municipal poderá, por meio de decreto, ajustar a base de cálculo do imposto, desde que respeite as diretrizes gerais estabelecidas por lei.

Já comentamos que, ao nosso sentir, a capacidade contributiva refere-se aos impostos pessoais, já que nos impostos reais prevalece a regra da proporcionalidade. Assim, para não nos tornarmos repetitivos, remetemos à leitura do capítulo que trata dos princípios constitucionais tributários.

III – Progressivos, regressivos, fixos e proporcionais

Essa classificação leva em consideração a relação existente entre os elementos quantitativos do fato gerador integral, que por óbvio afetam o cálculo do montante do tributo devido. Nesse sentido, serão **progressivos** os impostos que se caracterizam pelo aumento da alíquota numa proporção direta ao aumento da base de cálculo, como, por exemplo, o Imposto de Renda e o IPTU progressivo em razão do valor do imóvel (art. 156, § 1º, I da CRFB/88) – a chamada progressividade *fiscal*[21]. Vale destacar que como a progressividade (fiscal) engloba a base de cálculo e a alíquota, a onerosidade do tributo acaba aumentando na razão direta do aumento da renda, por esse motivo, se diz que quem ganha mais acaba pagando (progressivamente) mais. Por outro lado, não obstante a existência dessa progressividade fiscal já abordada, existe também a progressividade *extrafiscal*, que é aquela que não leva em consideração a relação alíquota e base de cálculo, mas sim uma função interventiva (regulatória) do ente federativo, como, por exemplo, a progressividade do IPTU no tempo, que é aplicável na hipótese de descumprimento da função social da propriedade conforme dispõe o art. 182, § 4º, II da CRFB/88.

Existe também a modalidade, pouco conhecida, porque é pouco aplicada, chamada de **regressiva**. Nesse caso, diminui-se a alíquota na medida em que aumenta a base de cálculo, ou seja, quando a sua onerosidade relativa cresce na razão inversa do crescimento da renda do contribuinte. Temos como exemplo o IR sobre operações em renda fixa.

É importante não confundir progressividade com seletividade. Em que pese ambos serem princípios afetos à matéria tributária, na seletividade a alíquota varia em função da essencialidade produto. Já a progressividade independe da essencialidade do bem: a alíquota aumentará conforme o aumento da base de cálculo. Por isso, em relação à seletividade, o bem essencial tem uma alíquota menor e os bens supérfluos têm uma alíquota maior. A seletividade ocorre no ICMS e IPI[22]. A diferença entre ambos reside no fato de que o IPI, por ser extrafiscal, "será" seletivo (art. 153, § 3º, I), e o ICMS "poderá ser" seletivo (art. 155, § 2º, III). Quando o ICMS,

---

21 Após o julgamento do RE 562.045/RS, o STF passou a reconhecer também a progressividade do ITCMD (com base no art. 155, § 1º, da CRFB/88). Atualmente, com a EC 132/23 o ITCMD será (obrigatoriamente) progressivo.

22 Apesar da edição da EC 132/23, a vigência do IBS e da CBS obedecerá a um regime de transição e, por isso, o ICMS, ISSQN, IPI, PIS, COFINS faturamento e COFINS Importação vigorarão até a sua extinção definitiva com a entrada em vigor do novo modelo. Por esse motivo ainda mantemos no livro tais comentários.

que é um tributo fiscal, assumir o papel da seletividade, passará a assumir também uma função extrafiscal.

Temos, como **proporcionais** ou variáveis, aqueles tributos cuja alíquota permanece fixa e a base de cálculo é que varia, ou seja, paga-se mais ou menos pela variação da base de cálculo. É, por exemplo, a regra geral do IPTU, no qual a base de cálculo é considerada o valor venal do imóvel.

Por fim, os *fixos* são os impostos em que tanto a base de cálculo quanto a alíquota vêm descritas na própria lei, com valores fixos. Aparece via de regra nas taxas, mas nos impostos há pouquíssimos casos, como, por exemplo, o Imposto sobre serviço dos profissionais liberais. Há quem sustente que os impostos fixos são os que não têm alíquota, cujo montante independe da dimensão econômica do fato gerador. Entendemos que essa modalidade violaria o princípio da capacidade contributiva porque não se apura efetivamente a riqueza a ser tributada, mas tão somente se estipula um valor.

IV – Ordinário e extraordinário

Os impostos classificados como *ordinários* são aqueles cuja previsão é corretamente encontrada na lei, e, por isso, constituem receitas permanentes do Estado. Significa dizer que são recolhidos e arrecadados regularmente, constituindo a receita ordinária. Os impostos ordinários são aqueles previstos na Constituição em seus arts. 153, 155 e 156. Já os impostos *extraordinários*, como o próprio nome diz, é cobrado em situações excepcionais e, portanto, têm caráter transitório[23], temporário, instituído para suprir excepcional necessidade de recursos, compondo assim a receita extraordinária. É o caso do imposto previsto no art. 154, II, utilizado em caso de guerra. Nesse sentido, podemos dizer que o imposto extraordinário é caracterizado pela existência de um motivo específico, sem o qual o imposto extraordinário é inconstitucional. Ocorre que o motivo específico não legitima a instituição do imposto extraordinário como situação capaz de constituir fato gerador deste imposto. O fato gerador será aquele que a lei disciplinar, que poderá estar ou não inserido na competência da União (redação do próprio art. 154, II, da CRFB).

Diante da redação do referido artigo, temos uma característica importante. A expressão *"(...) compreendidos ou não em sua competência tributária (...)"* leva a se questionar se, nesse caso, a Constituição permitiria uma bitributação expressa. Entendemos que a resposta seria afirmativa. O art. 154, da CRFB, com a sua redação: autoriza não só a bitributação, como também um *bis in idem*.

V – Principal e adicional

O imposto *principal* é aquele que não depende de qualquer outro tributo para que seja cobrado. Já o imposto *adicional* tem como base de cálculo o principal. O

---

23 A expressão "(...) os quais serão suprimidos gradativamente (...)" leva à interpretação de que o imposto tem caráter provisório.

adicional de imposto de renda sobre pessoa jurídica é um falso adicional, porque incide sobre a mesma base de cálculo do IR.

VI – Monofásico e plurifásico

O *monofásico* é o imposto que incide uma única vez, como, por exemplo, o IOF e, com a EC 132/23, o imposto seletivo que incidirá uma única vez sobre o bem ou serviço, na forma do § 6º do art. 153 da CF/88. Já o *plurifásico*, também chamado de multifásico, grava as várias fases da cadeia produtiva (econômica); por isso, em cada fase, haverá incidência do tributo, como é o caso do IPI e a regra geral do ICMS. Vale destacar que a Constituição, em seu art. 155, § 2º, XII, *h*, prevê, excepcionalmente, a incidência monofásica do ICMS para combustíveis e lubrificantes.

VII – Não cumulativo e cumulativo

Esta classificação diz respeito à técnica de aplicação dos tributos plurifásicos. Impostos *cumulativos* incidem em várias fases da circulação do bem, sem se computar ou sem se deduzir o valor que já incidiu nas fases anteriores. Era o que acontecia com a CPMF, o chamado "efeito cascata". Os impostos *não cumulativos* são os que incidem apenas sobre o valor agregado, ou seja, o tributo acaba incidindo sobre todo o valor acumulado do bem, descontando-se, porém, o valor que já foi pago nas etapas anteriores (IPI[24], ICMS e, em alguns casos, PIS e COFINS). O IBS e a CBS passam a integrar o rol dos tributos não cumulativos.

VIII – Quanto à base econômica de incidência

Esta classificação, adotada pelo CTN, é criticada pela doutrina. Parece-nos que a Constituição também faz, em alguns momentos, referência a essa classificação, sobretudo quando se refere a algumas imunidades, em especial o contido no art. 150, VI, que cita expressamente os impostos sobre patrimônio, renda e serviços, como, por exemplo, a imunidade recíproca. Assim, segundo o CTN, temos: a) Impostos sobre o Comércio Exterior: Imposto de Importação e Exportação; b) Impostos sobre a Renda: Imposto de Renda; c) Impostos sobre o Patrimônio: ITR, IPTU, IPVA, ITBI, ITD, IGF; d) Imposto sobre Produção e Circulação: IOF, ICMS, IPI; e Imposto sobre Serviços: ISSQN e os serviços do ICMS.

Vale ressaltar que a EC 132/23 alterou substancialmente a tributação sobre o consumo de bens e serviços ao criar o IVA Dual: a CBS de competência da

---

24 Nesse sentido, a **Súmula 495 do STJ**: *A aquisição de bens integrantes do ativo permanente da empresa não gera direito a creditamento de IPI.* Ver também **Súmula 494 do STJ**: *O benefício fiscal do ressarcimento do crédito presumido do IPI relativo às exportações incide mesmo quando as matérias-primas ou os insumos sejam adquiridos de pessoa física ou jurídica não contribuinte do PIS/PASEP.*

União (nacional) e o IBS de competência compartilhada entre os estados e municípios (subnacional).

4.4.2 Taxas

4.4.2.1 Noções Gerais

A expressão *taxa*, por ser uma expressão muito usada no contexto social, pode gerar uma série de dúvidas, pois equivocadamente se usam as locuções taxa de matrícula, taxa de academia etc. Assim, a taxa, considerada como tributo, diversamente do imposto, é de natureza vinculada e de competência comum a todos os entes federativos. Essa vinculação se dá em razão de uma atividade estatal específica, seja o exercício regular do *poder de polícia*, seja a utilização efetiva ou potencial de um *serviço público* essencial, específico e divisível. Assim, verifica-se que a materialidade do fato gerador da taxa (hipótese de incidência) é sempre um fato produzido pelo Estado (serviço público ou um ato de polícia) em prol do administrado, ou seja, um fato realizado pelo Estado diretamente relacionado (vinculado) ao contribuinte. As instituições das taxas devem respeitar alguns requisitos legais essenciais, previstos no art. 79 do CTN.

4.4.2.2 Competência para a Instituição das Taxas

Sob o aspecto legal, as taxas encontram seu conceito no art. 77 do CTN, que especifica que elas podem ser cobradas pela União, pelos Estados, pelo Distrito Federal ou pelos Municípios, no âmbito de suas respectivas atribuições, por isso serem consideradas de competência comum. Assim também dispõe o art. 145, II da CRFB/88.

4.4.2.3 Distinção quanto à Base de Cálculo dos Impostos e Taxas

A base de cálculo e as alíquotas são os elementos quantitativos do fato gerador de um tributo. Em relação aos impostos o art. 167, IV, da CRFB estabelece uma vedação, não permitindo que sua receita seja destinada a fundo, órgão ou despesa, salvo as exceções ali previstas e comentadas no Capítulo 1 desta obra. Com as taxas, ocorre o contrário, pois, pelo fato de serem vinculadas a uma atuação estatal, possuem destinação específica e, por isso, são classificadas como tributo vinculado, isto é, expressam o poder de polícia e a prestação do serviço público específico e divisível.

Impostos e taxas não se confundem, e, por isso, o art. 145, § 2º, da CRFB proíbe que a base de cálculo das taxas seja a mesma dos impostos. Nesse sentido, a base de cálculo das taxas é a dimensão atribuível ao fato tributário, permitindo a quantificação do tributo. A vedação para que as taxas tenham a base de cálculo própria de impostos é mais ampla do que parece, porque a base de cálculo das taxas deve expressar o valor econômico do gasto do Estado para exercer os atos decorrentes do poder de polícia ou da prestação do serviço público. Nos impostos, o fato gerador é relacionado a uma situação jurídica, considerando a atividade do contribuinte que seja exteriorizadora de riqueza. Considerando tais elementos, a **Súmula Vinculante 29 do STF**: *É constitucional a adoção, no cálculo do valor de taxa, de um ou mais elementos da base de cálculo própria de determinado imposto, desde que não haja integral identidade entre uma base e outra.*

Da mesma forma, o STF declarou a inconstitucionalidade da cobrança de **taxa de lixo** relativa ao tamanho do imóvel, pois a finalidade das taxas é custear as atividades estatais, logo, a base de cálculo deverá apresentar uma proporcionalidade entre o valor da cobrança e o gasto do Estado na realização da atividade. Não queremos dizer que o valor da taxa deva corresponder ao da atividade realizada pelo Estado, mas que deve ser proporcionalmente compatível a ela. Por isso, também uma taxa não deve ser instituída de acordo com o patrimônio do administrado. Vejamos também a **Súmula 667 do STF**, segundo a qual viola a garantia constitucional de acesso à jurisdição a taxa judiciária calculada sem limite sobre o valor da causa.

O art. 77, parágrafo único, do CTN acresce que a taxa também não poderá ser calculada em função do capital das empresas. Esse impedimento se dá porque a taxa remunera uma atuação do Estado, e, assim, estaria sendo desvirtuada a sua natureza. Assim indaga-se se é possível levar em consideração o faturamento de uma empresa para a estipulação de uma taxa. O STF tinha posicionamento no sentido de não admitir tal hipótese. Atualmente, a tendência é flexibilizar essa regra em face do binômio intensidade e extensão da atividade estatal, em que se levam em conta dados pessoais do contribuinte. O faturamento servirá apenas como valor informativo para cobrança. Exemplo: a fiscalização de uma obra maior ou menor poderá ter relação de causa e efeito com o custo deste serviço.

Nesse sentido a **Súmula 595 do STF**, segundo a qual *é inconstitucional a taxa municipal de conservação de estradas de rodagens cuja base de cálculo seja idêntica ao fato gerador do imposto territorial rural.*

Por todos os motivos já expostos o STF reconheceu que:

a) a **Taxa de Licença de Publicidade** não pode ter como base de cálculo o espaço ocupado pelo anúncio na fachada externa do estabelecimento;

b) a **Taxa de Serviços Urbanos** não pode ter como base de cálculo elementos que se assemelhem a localização, área e dimensões do imóvel utilizadas para a apuração do IPTU;

c) a **Taxa de Licenciamento de Importação**[25], também chamada de taxa de expediente, não pode coincidir com a base de apuração do imposto de importação;

d) a **Taxa de Segurança contra Incêndio**, também chamada de "taxa dos bombeiros". O STF concluiu no julgamento do RE 643.247, em repercussão geral, que a cobrança da taxa de incêndio não poderia ser instituída pelos Municípios, por ser

---

25 Ver REsp 109.389/SP e REsp 703.950/SC.

esta atividade de atribuição estadual (Corpo de Bombeiros Estadual) conforme o disposto no art. 144 da CRFB/88 e, portanto, foi reputada inconstitucional. Vale destacar que, ainda sobre o tema afeto à competência fiscalizatória relativa à mineração, o STF (ADIs 4.785 e 4.787) decidiu que não há competência privativa da União. Logo, os Estados podem desempenhar essa atividade (exploração de recursos hídricos e minerais) que poderá ser remunerada mediante taxa;

e) **Súmula 667 do STF**: *Viola a garantia constitucional de acesso à jurisdição a taxa judiciária calculada sem limite sobre o valor da causa.*

4.4.2.4 Modalidade de Lançamento das Taxas

As taxas são objeto de lançamento de ofício. O CTN prevê no art. 149 as características do lançamento de ofício. Ressalte-se que, embora poucos impostos sejam lançados de ofício (IPVA e IPTU), as taxas são, como regra, lançadas de ofício.

4.4.2.5 Finalidade das Taxas e a Justiça Retributiva

Enquanto os impostos surgem e devem observar, sempre que possível, a capacidade contributiva, as taxas surgem para corrigir uma antiga situação que ocorria quando o Estado passou a gastar o dinheiro arrecadado com a cobrança de impostos. A taxa foi idealizada para atuar como instrumento capaz de propiciar a justiça retributiva, ou seja, com a finalidade de retribuição pelo poder de polícia regularmente exercido ou pelo serviço efetivamente ou potencialmente prestado.

É importante sempre destacar que os impostos e as taxas não se misturam e tampouco se confundem. O fato gerador do imposto é sempre uma conduta do sujeito passivo, por isso dizer-se que o imposto incide sobre o nexo causal do administrado ao praticar um fato gerador de riqueza. Quando o poder público cobra o imposto é uma relação unilateral – é sua aptidão de aplicar a capacidade contributiva. Já as taxas incidem sobre uma conduta do Estado ao disponibilizar ou prestar o serviço público específico e divisível ou exercer regularmente o poder de polícia. Quando se paga uma taxa, o contribuinte está retribuindo a atuação do Estado, ou seja, devolvendo ao Estado o que este gastou para custear uma política pública. Por isso ser chamada de tributo retributivo ou comutativo.

Pelos motivos expostos, a relação existente entre o valor da taxa e a atividade realizada pelo Estado é chamada de *referibilidade das taxas*, ou também de caráter sinalagmático das taxas. Nesse sentido, é justificável a cobrança da taxa pelo serviço potencialmente colocado à disposição do contribuinte.

4.4.2.6 Fato Gerador das Taxas

O fato gerador da taxa não é um *fato do contribuinte*, mas um *fato do Estado,* ou seja, de todos os entes federativos, por isso as taxas possuem dois *fatos geradores* distintos, a saber: I – Serviço público essencial do Estado, específico e divisível. II – Exercício regular do poder de polícia. Vejamos então cada um deles isoladamente:

I – Em Relação ao Serviço Público

Para efeitos didáticos, resolvemos abordar este item em vários tópicos, a saber: a) a caracterização do serviço público essencial; b) serviço específico e divisível; c) efetivo ou potencial.

A. A Caracterização do Serviço Público Essencial

A caracterização do serviço público é estudada pela doutrina de Direito Administrativo. A reboque, o Direito Tributário, pautado naquele ramo do Direito, analisa os efeitos dessa classificação. Em linhas gerais, o serviço público se constitui no oferecimento de utilidades fruíveis pelo povo, que podem ser prestadas diretamente pelo Estado ou por alguém devidamente autorizado por ele. Com esse conceito, tem-se que o objetivo do serviço público é ampliar comodidades e utilidades em favor dos indivíduos. Os serviços públicos dividem-se em gerais e específicos. Os serviços públicos gerais, ditos também universais, são os prestados *uti universi*, isto é, indistintamente a todos os cidadãos. Eles alcançam a comunidade como um todo considerado, beneficiando um número indeterminado (ou indeterminável) de pessoas. É o caso dos serviços de iluminação pública, de segurança pública, de diplomacia, de defesa externa do País etc. Todos eles não podem ser custeados no Brasil por meio de taxas, mas sim pelas receitas gerais do Estado, representadas, basicamente, pelos impostos. Por outro lado, os serviços serão específicos quando puderem ser previamente determinados, destacados em unidades autônomas de intervenção, em áreas delimitadas de atuação, dessa forma são chamados de *uti singuli*, podendo ser remunerados por taxas.

Classificação dos Serviços Públicos

O STF, no julgamento do RE 209.365-3/SP e no RE 89.876, assim classificou os serviços públicos:

a) serviços públicos *propriamente estatais*: Estes são considerados indelegáveis, já que frutos da soberania estatal. Pelo fato de serem indelegáveis e serem prestados diretamente pelo Estado, podem ser remunerados mediante taxa, como é o caso da taxa judiciária. Nesse caso, não seria possível remunerá-los por taxas se os serviços não fossem efetivamente prestados.

b) serviços públicos *essenciais ao interesse público*. São de interesse da comunidade, ou seja, de interesse da coletividade, e devem, se de caráter compulsório, ser remunerados por taxas, como é o caso da coleta de lixo.

c) serviços públicos *não essenciais*. Nesse caso, como os serviços não são essenciais, podem ser delegados e, por isso, podem ser remunerados mediante o chamado preço público ou tarifa, como, por exemplo, serviço telefônico, energia elétrica, gás etc. Vale destacar que caso esses serviços não sejam utilizados, não resultará prejuízo à sociedade, tampouco para o poder público. Veremos a distinção entre taxa e preço público mais adiante. Serviços públicos não essenciais seriam aqueles cuja prestação é conveniente ao grupo social, mas não é essencial à sua sobrevivência. É conveniente que o Estado preste tais serviços. Contudo, concordamos que é muito difícil, hoje, distinguir os serviços públicos essenciais dos não essenciais.

B. Serviço Específico e Divisível

Ser *divisível* significa que o serviço pode ser suscetível de utilização, separadamente, por parte de cada usuário, ou seja, pelo contribuinte. O serviço é específico quando pode ser destacado em unidades autônomas de intervenção, de utilidade ou de necessidade públicas. No julgamento do RE 231.764 ficou firmado que *serviço específico* é aquele que pode ser destacado em unidades autônomas de intervenção da autoridade, ou de sua utilidade, ou de necessidade pública. Ex.: a existência do corpo de bombeiros para o risco potencial de fogo é *divisível* quando funcionar em condições tais que se possa identificar de cada contribuinte-usuário a medida de sua utilização efetiva ou potencial; a expedição de certidões; a concessão de porte de armas etc.

Vale destacar que embora a Constituição e o CTN não exijam o requisito da divisibilidade para as taxas provenientes do poder de polícia, entendemos que, mesmo nessa hipótese, tal requisito não está ausente, pois a taxa de polícia[26] deve corresponder a uma atuação do Estado referível ao contribuinte, já que o CTN, em seu art. 79, diz que será divisível quando suscetível de utilização, separadamente, por parte de cada um dos seus usuários.

C. Efetivo ou Potencial

Para que uma taxa seja cobrada em função da prestação de um serviço, ele deve efetivamente estar sendo prestado pelo Estado ou, pelo menos, deve estar à disposição do administrado. Por isso, entendemos não ser possível a instituição de uma taxa para custear a montagem da infraestrutura[27] do serviço a ser prestado pelo poder público. A taxa só poderá ser instituída depois que essa infraestrutura esteja encerrada e o serviço funcionando. Nesse sentido, o STJ (REsp 1.032.975-RJ) entendeu incabível a cobrança de **taxa por uso potencial de sistema público de esgoto sanitário**, porquanto, na hipótese, a companhia de esgoto não dispõe de sistema de

---

26 A Taxa de Iluminação Pública foi julgada inconstitucional por não possuir a característica de especificidade e divisibilidade. A EC n. 39 instituiu, então, a contribuição de iluminação pública, acrescentando ao texto constitucional o art. 149-A. A taxa é um tributo comutativo ou retributivo, visando a ressarcir o Estado pelo serviço prestado ou com o exercício regular do poder de polícia. O STF editou a Súmula 670, em face da declaração de que os serviços de iluminação pública não podem ser remunerados mediante taxas.

27 O STJ (REsp 954.067-RJ) entendeu que a concessionária de transporte ferroviário não tem capacidade tributária ativa a ponto de instituir a cobrança de tributo (taxa) pela utilização do subsolo (permissão de passagem de gasodutos) da faixa territorial cujo domínio detém. Porém se permite a cobrança de tarifa pela prestação do serviço de transporte de pessoas ou cargas, o que não veio à discussão nos autos.

tratamento que atenda o imóvel da autora, cujo condomínio tem estação própria de esgoto, de acordo com os padrões ambientais da fundação estadual responsável pela disciplina da engenharia de meio ambiente. Destacamos que a relação existente entre a natureza de taxa ou tarifa da cobrança da água e do esgoto sempre foi polêmica. Parece que com a edição da **Súmula 412 do STJ**, a matéria restou pacificada: *A ação de repetição de indébito de tarifas de água e esgoto sujeita-se ao prazo prescricional estabelecido no Código Civil.*

II – Poder de Polícia

A taxa cobrada em razão do poder de polícia é aquela em que a Administração Pública almeja a retribuição do custo para a execução (manutenção) do poder de polícia. Este poder não é exercido universalmente para todos ao mesmo tempo, mas a taxa é cobrada de algumas pessoas, quando essas provocam a fiscalização que o Estado exerce sobre elas. Por isso caracteriza-se por apenas dois requisitos: o **poder de polícia** propriamente dito conforme dispõe o art. 78 do CTN e o seu **exercício regular.** Diante dessas características, discutia-se se a taxa de localização e funcionamento poderia ser cobrada anualmente, mesmo que não houvesse uma nova fiscalização pelo ente público. Pelo atual entendimento da jurisprudência, o poder de polícia pode se dar por monitoramento a distância, pois ainda que não haja a fiscalização no local a taxa poderá ser cobrada, desde que exista o órgão fiscalizador e que esteja em pleno funcionamento. Assim, o STF entendeu que o poder de polícia dispensa a chamada fiscalização presencial.

O **poder de polícia** é considerado a atribuição conferida ao Estado para, no intuito de prover o interesse público, intervir na propriedade privada e nos direitos fundamentais. O art. 78 do CTN considera poder de polícia a atividade da Administração Pública que, limitando ou disciplinando direito, interesse ou liberdade, regula a prática de ato ou abstenção de fato, em razão de interesse público concernente à segurança, à higiene, à ordem, aos costumes, à disciplina da produção e do mercado, ao exercício de atividades econômicas dependentes de concessão ou autorização do Poder Público, à tranquilidade pública ou ao respeito à propriedade e aos direitos individuais ou coletivos. O objeto do poder de polícia é conter comportamentos, em especial, o exercício das liberdades individuais. Assim, diversamente do que possa parecer, o fato gerador da taxa de polícia não é o poder de polícia em si, mas os atos materiais que o expressam, como, por exemplo, laudos, alvarás, vistorias etc. Para tanto entendeu o STF que é necessário que o Estado possua pelo menos um órgão responsável pelo exercício desse poder de polícia, pela fiscalização. Uma atividade estatal que é exercida coletivamente não pode ser remunerada por uma taxa, pela ausência dos requisitos autorizativos; talvez uma contribuição de intervenção de domínio econômico seja cabível, mas não uma taxa. Isto porque o que caracteriza uma taxa de polícia e a diferencia da contribuição é a divisibilidade da atividade estatal que existe na taxa e não existe na contribuição interventiva. O STF já acolheu a possibilidade de o valor da taxa flutuar de acordo com o princípio da capacidade contributiva, desde que o critério utilizado também esteja vinculado à atividade estatal.

Quanto ao **exercício regular**, temos que o poder de polícia será dessa forma exercido quando o ato for praticado por **autoridade competente** e nos limites da **reserva legal** proporcional, ou seja, levando-se em consideração o princípio da razoabilidade e **sem abuso ou desvio de poder**. O parágrafo único do art. 78 do CTN traz essa definição. Questão interessante é saber o que se entende pela expressão "regular". Nesse sentido o STF e o STJ entendiam que o exercício regular significava o efetivo (real) policiamento, ou seja, uma atividade de fiscalização em condições de ser efetivamente realizada. Contudo, esse posicionamento vem sendo mitigado pelo STF, admitindo que a existência de um órgão de fiscalização estruturado e em funcionamento seja suficiente para a cobrança da taxa. Significa dizer que não há necessidade de comprovação da efetiva fiscalização.

A taxa fruto do poder de polícia é também chamada taxa de fiscalização. Assim podemos dar como exemplos: a) Taxa de Controle e Fiscalização Ambiental (TCFA): Essa taxa substituiu a Taxa de Fiscalização Ambiental (TFA) e foi reconhecida como constitucional no RE 416.601; b) Taxa de Alvará: Essa taxa também é chamada de taxa de funcionamento, reconhecida pela jurisprudência no RE 230.973; c) Taxa de Fiscalização dos Mercados de Títulos e Valores Mobiliários: Essa taxa tem como fato gerador o poder de polícia exercido pela Comissão de Valores Mobiliários (CVM) e foi inclusive objeto da Súmula 665 do STF; d) Taxa de Fiscalização de anúncios: Essa taxa já foi considerada constitucional pelo STF no RE 216.207.

Semelhanças e Diferenças entre Taxa e Preço Público

Inicialmente cabe esclarecer que para parte da doutrina, atualmente, preço público e tarifa são expressões sinônimas. Em posição diversa, Rosa Jr.[28] sustenta que o § 3º do art. 150 da CRFB deixaria clara a imunidade recíproca prevista na alínea *a* do inciso VI e no § 2º, ao mencionar: "(...) ou que haja contraprestação ou pagamento de **preços ou tarifas** pelo usuário (...)". Nesse sentido, se a Constituição citou as duas expressões, é porque não as considera sinônimas. Seguindo esse raciocínio, o inciso III do parágrafo único do art. 175 da CRFB prevê que a lei disporá sobre a política tarifária de prestação e serviços públicos sob regime de concessão ou permissão. Assim, o termo tarifa estaria reservado para as prestações de serviços públicos sob o regime de concessão ou permissão e preço público para as demais receitas contratuais.

Após esse breve comentário, podemos então dizer que o preço público pode ser considerado receita originária, obtida em razão da exploração do patrimônio público. A origem do preço público é a autonomia da vontade de adesão, de aceitação tácita, é uma obrigação contratual. Para outros[29], é um ingresso não tributário

---

28 ROSA JR., Luiz Emygdio da. Op. cit., p. 124.

29 **Posição** sustentada por Ricardo Lobo Torres (op. cit., p. 186-187).

devido ao Estado intervencionista como contraprestação por benefício recebido, de caráter vinculado ou contraprestacional, que visa a remunerar o Estado pela prestação de serviços públicos inessenciais.

O preço público não tem o objetivo de fornecer recursos para as atividades gerais do Estado, nem remunera a prestação de serviços vinculados à soberania ou à essencialidade do exercício do poder público. Remunera, sim, o serviço público inessencial, que pode ser atribuído a empresas privadas e que não tem a finalidade de garantir os direitos fundamentais.

Antes de tratarmos da distinção entre preço público e taxa, vamos abordar a **semelhança** existente entre eles. Podemos dizer que, praticamente, a única semelhança entre eles seria que ambos são receitas que têm por finalidade custear o serviço público divisível.

Em relação às **diferenças** entre taxa e preço público, a questão é polêmica. A confusão entre eles não é recente; ao contrário, iniciou-se com a intervenção estatal na atividade privada, explorando segmentos que não eram tipicamente estatais, daí ser exercido, em regra, por empresas estatais, sob regime de concessão ou permissão. Nesse sentido, várias correntes surgiram para distinguir taxa e preço público.

Uma *primeira corrente*[30] estabelece que a distinção estaria na existência ou não de outra opção para o indivíduo fruir a utilidade que é objeto do serviço público. Se houver, esse serviço público seria remunerado por preço público; caso contrário, seria remunerado por taxa, em face do caráter de obrigatoriedade. A base constitucional estaria no art. 175, parágrafo único, III, da CRFB, por esse motivo a "política tarifária" não deveria ser confundida com "política tributária".

Uma *segunda corrente*[31] sustenta duas distinções: a) enquanto a taxa remunera o serviço público de tutela da liberdade, o preço público é devido pela prestação de serviço público de apoio aos direitos sociais e econômicos; b) a segunda diferença diz respeito à essencialidade do serviço em função dos objetivos do Estado. Significa dizer que se o serviço se vincula à soberania, será remunerado por taxa; caso contrário, por preço público. Mas, ainda assim, para essa corrente, existem dificuldades, porque inexiste obrigatoriedade de cobrar preço público pelos serviços inessenciais, que podem ser remunerados por taxas, se assim determinar a lei.

A *terceira corrente*[32] entende que o pressuposto da exigibilidade da taxa é a atuação estatal consistente na execução de serviço público, ou seja, aquele que atende ao interesse público. Já o pressuposto da exigibilidade do preço é a atuação estatal voltada para a satisfação do interesse público secundário, que de rigor jurídico não configura serviço público.

---

30   Sustentada por Ives Gandra Martins.

31   TORRES, Ricardo Lobo. Op. cit., p. 188.

32   Sustentada por Marco Aurélio Greco.

A *quarta corrente*[33] entende que o atendimento do interesse público primário, que corresponde às atividades essenciais e indelegáveis do Estado, como, por exemplo, a atividade legislativa, a atividade de defesa do Estado, a atividade policial e a atividade jurisdicional, só pode se desenvolver sob o regime de direito público, dando origem à taxa. O interesse público secundário articula-se com as atividades não essenciais, não inerentes ao Estado. Estas podem ser exercidas, quer diretamente pelo Estado, quer por meio de empresas concessionárias.

A **Súmula 545 do STF** diz que *preços de serviços públicos e taxas não se confundem, porque estas, diferentemente daqueles, são compulsórias e têm sua cobrança condicionada à prévia autorização orçamentária, em relação à lei que as instituiu.*

Assim, resumimos as distinções no quadro a seguir:

TAXA	TARIFA
Receita Derivada	Receita Originária
Instituída em Lei	Natureza Contratual
Regida pelo Dir. Tributário	Regida pelo Dir. Administrativo
Compulsória	Facultativa
Cobrada pelo poder público	Cobrada por particular
Serviço Efetivo ou potencial	Serviço Efetivo
Não admite rescisão	Admite rescisão
Observa os princípios tributários	Não observa os princípios tributários

Natureza Jurídica do Pedágio

Em virtude da polêmica travada em relação à distinção entre taxa e tarifa, dúvidas surgiram quanto à natureza da cobrança do pedágio nas vias públicas. Inicialmente, cabe esclarecer que não é recomendável a tributação sobre a circulação de pessoas no mercado interno, pois é o que se deduz em face do que dispõe o princípio da vedação à limitação a liberdade de tráfego, insculpido no art. 150, V, da CRFB. Nesse sentido, a Constituição veda a criação de um tributo que ultrapasse as fronteiras entre Estados e Municípios. Não é, contudo, o caso do ICMS, pois o seu fator preponderante é a circulação econômica. Nessa vedação não se encaixa o pedágio, pois a Constituição o ressalva quando o Estado vincular a sua cobrança à manutenção das vias públicas. Contudo, se for cobrado como simples transpasse, viola o princípio da liberdade de tráfego. Diante dessas observações, alguns diziam que o pedágio tinha natureza tributária, outros diziam que remunerava um serviço adicional colocado à disposição do cidadão, como reboques e telefones na pista.

---

33 Sustentada por Kyioshi Harada (op. cit., p. 67).

Sendo assim, por ser uma opção, teria um caráter contratual, de preço público. Por outro lado, se essa fosse a única opção do usuário, o pedágio (REsp 417.804-PR) seria compulsório e aí teria natureza tributária.

Assim, temos as seguintes correntes sobre o tema: uma *primeira corrente*[34] entende ser preço público, pois o indivíduo não é obrigado a exercer o direito de ir e vir, ou seja, passar com o carro na via pedagiada. Uma *segunda corrente*[35] entende que é taxa de serviço, e, portanto, tributo. O STF, nos julgados que versavam sobre o antigo selo-pedágio (Lei n. 7.712/88)[36], atribuiu-lhe a natureza de taxa. Vale ressaltar que esse entendimento se deu à época da existência do referido selo-pedágio, que foi instituído sob outro regime tributário, pois a cobrança era feita por valores fixos e desvinculada do número de transpasses nas rodovias federais[37]. Uma *terceira corrente*[38] afirma que o pedágio tem natureza autônoma. Isto porque, além de ter assento constitucional no art. 150, V, da CRFB, a existência da via alternativa é irrelevante. O pedágio não é imposto porque a sua cobrança é vinculada a uma atuação "estatal" destinada ao contribuinte. Não é contribuição de melhoria, pois o pedágio não é cobrado em razão de valorização imobiliária que decorra de obra pública. Não é taxa (de polícia), porque não disciplina a fiscalização do exercício do direito de dirigir um veículo na via pedagiada, mas sim a utilização da via pública conservada pelo Poder Público. Também não seria uma taxa (de serviço), porque o pedágio é cobrado pela utilização da via pública, e não para a sua conservação. Por outro lado, não se pode dizer que o fato gerador seja a restauração da via, porque esta é meio para se atingir o fim de utilização das estradas. Também não se encaixa na definição de tarifa, pois, na maioria das vias, o motorista é obrigado a passar e não existe via alternativa gratuita[39], e ainda mais porque é cobrado e instituído por um particular por força de um contrato de concessão. Desta forma, para esta corrente o pedágio teria natureza jurídica própria, ou seja, natureza jurídica de pedágio! Compartilhamos de uma *quarta corrente*, que sustenta ter o pedágio uma natureza *híbrida*, pois ora será taxa, ora preço público, dependendo da existência ou não de via alternativa. Podemos dizer que a sua natureza acaba por ser classificada pelo próprio legislador, pois o Poder Legislativo poderá instituir um *pedágio-taxa*

---

34   Sustentada por Ricardo Lobo Torres (op. cit., p. 65).

35   Posição do STF, Geraldo Ataliba e Aires Barreto.

36   RREE 181.475-RS e 194.862-RS.

37   A discussão teria sido contaminada pela figura do denominado "selo-pedágio", prevista na Lei n. 7.712/88, reconhecido como taxa pelo STF. Essa exação seria compulsória a todos os usuários de rodovias federais, por meio de pagamento renovável mensalmente, independentemente da frequência de uso, cobrada antecipadamente, como contrapartida a serviço específico ou divisível, prestado ao contribuinte ou posto à sua disposição. Existem, portanto, profundas diferenças entre o citado "selo-pedágio" e o pedágio, na forma em que atualmente disciplinado (ADI 800), pois esse último somente seria cobrado se, quando e cada vez que houvesse efetivo uso da rodovia, o que não ocorreria com o "selo-pedágio", que seria exigido em valor fixo, independentemente do número de vezes que o contribuinte fizesse uso das estradas durante o mês.

38   Posição de Luciano Amaro (op. cit., p. 48).

39   *Vide* sobre o tema: REsp 617.002-PR e REsp 417.804-PR.

regido pelas normas tributárias ou um *pedágio-tarifa*, que será regido por normas contratuais. A questão da existência ou não da via alternativa não é condição precípua para identificar a natureza, salvo se exigida por lei. No julgamento do REsp 617.002/PR, o STJ entendeu que a necessidade de colocar uma via pública alternativa gratuita para seus usuários, em caráter obrigatório, não deve ser imposta para a cobrança do pedágio, pois para tal haveria de existir previsão na lei.

Em síntese temos que, apesar de toda a divergência, o STF entendeu que o pedágio terá sempre natureza jurídica de preço público, conforme o voto do Ministro Relator Teori Zavascki:

> E, a despeito dos debates na doutrina e na jurisprudência, é irrelevante também, para a definição da natureza jurídica do pedágio, a existência ou não de via alternativa gratuita para o usuário trafegar. Essa condição não está estabelecida na Constituição. É certo que a cobrança de pedágio pode importar, indiretamente, em forma de limitar o tráfego de pessoas. Todavia, essa mesma restrição, e em grau ainda mais severo, se verifica quando, por insuficiência de recursos, o Estado não constrói rodovias ou não conserva adequadamente as que existem. Consciente dessa realidade, a Constituição Federal autorizou a cobrança de pedágio em rodovias conservadas pelo Poder Público, inobstante a limitação de tráfego que tal cobrança possa eventualmente acarretar. Assim, a contrapartida de oferecimento de via alternativa gratuita como condição para a cobrança de pedágio não é uma exigência constitucional. Ela, ademais, não está sequer prevista em lei ordinária. A Lei n. 8.987/95, que regulamenta a concessão e permissão de serviços públicos, nunca impôs tal exigência. Pelo contrário, nos termos do seu art. 9º, § 1º (alterado pela Lei n. 9.648/98), "a tarifa não será subordinada à legislação específica anterior e, somente nos casos expressamente previstos em lei, sua cobrança poderá ser condicionada à existência de serviço público alternativo e gratuito para o usuário"[40].

Portanto, segundo entendimento da Suprema Corte, a diferença primordial entre taxa e tarifa é a característica da compulsoriedade presente somente naquela, e o pedágio jamais possuirá tal característica.

A jurisprudência já se manifestou também, com base no art. 9º, § 1º, da Lei n. 8.987/95, que "a tarifa não será subordinada à legislação específica anterior e somente nos casos expressamente previstos em lei, sua cobrança poderá ser condicionada à existência de serviço público alternativo e gratuito para o usuário". Significa dizer que a referida lei permite como regra a possibilidade de cobrança de pedágio independentemente da existência de via alternativa e gratuita e como exceção, a ser determinada por lei, tal vedação. Não há, pois, vedação à cobrança de pedágio

---

40   ADI 800/RS. O pedágio cobrado pela efetiva utilização de rodovias não tem natureza tributária, mas de preço público, e não está sujeito ao princípio da legalidade estrita.

na ausência de via alternativa, exceto na existência de lei que o determine. Logo, o oferecimento de via alternativa gratuita como condição para a cobrança daquela tarifa não pode ser considerado exigência constitucional nem infraconstitucional, se inexistente lei que a imponha.

Nesse sentido, assim se posicionou o STJ (REsp 417.804/PR):

PEDÁGIO. SUSPENSÃO. VIAS ALTERNATIVAS. DESNECESSIDADE. INEXISTÊNCIA DE DETERMINAÇÃO EXPRESSA. LEI 8.987/95, ARTS. 7º, III, E 9º, § 1º. I – Ação civil pública ajuizada pelo MPF visando suspender a cobrança de pedágio na Rodovia BR 227, nos postos indicados, sob a alegação de que tal cobrança em rodovias federais cuja exploração foi concedida à iniciativa privada somente se legitima caso exista via alternativa, possibilitando ao usuário deslocar-se sem o referido pagamento. II – A Lei n. 8.987/95, que regulamenta a concessão e permissão de serviços públicos, não prevê a contrapartida de oferecimento de via alternativa gratuita como condição para a cobrança de pedágio, nem mesmo no seu art. 7º, III. Ao contrário, o art. 9º, § 1º, da mesma lei, é expresso em dispor que "a tarifa não será subordinada à legislação específica anterior e somente nos casos expressamente previstos em lei, sua cobrança poderá ser condicionada à existência de serviço público alternativo e gratuito para o usuário".

Taxa e o Princípio da Capacidade Contributiva

Historicamente o princípio da capacidade contributiva que regia o campo dos impostos não se manifestava no mundo das taxas. A doutrina e a jurisprudência entendiam inicialmente que não existia qualquer ligação entre as taxas e a capacidade contributiva. Contudo, a partir da discussão acerca da taxa CVM[41] passou-se a refletir melhor sobre a possibilidade, ainda que em caráter excepcional, de associar as taxas e a capacidade contributiva. Como já visto, o nexo causal para que a taxa incida não é uma conduta do administrado de praticar um fato exteriorizador de riqueza, mas sim de retribuição de uma atividade por parte do Estado. Por isso se dizer que as taxas não manifestam a capacidade contributiva como ocorre no imposto. É verdade que a Constituição, no art. 145, § 1º, menciona apenas a capacidade contributiva para os impostos, e, nesse contexto, as taxas não teriam correlação com esse princípio. Contudo, existem hipóteses em que essa afirmativa merece ser mitigada, pois a base de cálculo própria do imposto é a dimensão econômica, ou seja, o valor da riqueza – quem tem mais paga mais. Já a taxa, quando é cobrada, não leva em consideração a riqueza, mas em alguns casos é plenamente possível a aplicação do princípio da capacidade contributiva, ainda que seja através do caráter proibitivo. Significa dizer, por exemplo, que quando se fala em imunidades de taxas, estaria se valorando a inexistência da capacidade contributiva, da valoração da

---

41 Conforme AgRg no RE 176.382-5/CE e RE 177.835-1/CE.

capacidade contributiva sobre o aspecto negativo, da inexistência para proibir o ato de taxação. Por outro lado, nos impostos, o que se verifica é se podem observar sobre a capacidade contributiva, ou seja, um enfoque positivo (autorizativo). Nesse sentido, a hipossuficiência ou a inexistência de capacidade de contribuir seriam o fundamento adequado para legitimar a vedação da tributação – aplicação negativa da capacidade contributiva das taxas.

Taxa e Reserva Legal

É sabido que todo tributo, por força do princípio da legalidade, deve ser instituído por lei. Essa lei que institui a taxa é uma lei ordinária, não sendo necessária lei complementar para instituí-la, ou seja, a Constituição não submeteu as taxas à reserva de lei complementar.

Dúvida poderia surgir acerca da possibilidade de as medidas provisórias poderem ou não instituir taxas. Entendemos que em situações excepcionais, desde que comprovada a relevância e urgência da criação da taxa, seria possível que fosse veiculada via medida provisória. Até porque não há na Constituição ou na legislação tributária qualquer vedação para o uso da medida provisória em relação às taxas. Contudo, o tema merece uma atenção especial, pois no âmbito da União, basta que haja relevância e urgência. Já no âmbito estadual e municipal, para que seja cabível a utilização de medida provisória no campo das taxas, não bastam os requisitos de relevância e urgência. É preciso também que a Lei Orgânica do Município e do Distrito Federal, bem como a Constituição do Estado, autorizem que os Prefeitos e Governadores editem medidas provisórias. O STF com base no princípio da simetria entende que os Estados, o Distrito Federal e Municípios também possam editar medidas provisórias, desde que autorizados pelos diplomas legais já citados.

Taxas e Isenção

O CTN prevê no art. 177 que as isenções em regra são apenas para impostos, não sendo estendidas a taxas e a contribuição de melhoria. Significa dizer que a isenção não se presume, pois o ente federativo somente poderá isentar taxas e contribuição de melhoria, na hipótese em que houver expressa autorização na lei. Vejamos a redação do referido artigo: *Art. 177. Salvo disposição de lei em contrário, a isenção não é extensiva: I – às taxas e às contribuições de melhoria.*

A regra do art. 177 do CTN deve ser harmonizada com a regra aplicável a todas as isenções, conforme dispõe o art. 111, inciso II, do CTN, a saber: *Art. 111. Interpreta-se literalmente a legislação tributária que disponha sobre: (...) II – outorga de isenção.* Ver também o § 6º do art. 150 da CF/88.

Taxas e Imunidade

As imunidades se subdividem em genéricas e específicas. As primeiras alcançando somente os impostos e a segunda alcançando diversas espécies de tributos, incluindo as taxas. É importante destacar que nas imunidades genéricas, pelo fato de somente alcançarem os impostos, as taxas podem ser cobradas, ainda que seja o caso da imunidade recíproca contida na alínea *a* do inciso VI do art. 150 da

Constituição. Significa dizer que um Estado pode cobrar uma taxa de poder de polícia fiscalizando imóveis do município. Nesse sentido, o STF ratifica esse entendimento estendendo para as pessoas citadas nas alíneas *b* e *c* do art. 150, VI, da CRFB/88.

Vejamos então diversas hipóteses previstas na Constituição acerca das imunidades de taxas contidas no art. 5º da CRFB/88, a saber: *Art. 5º Todos são iguais perante a lei, sem distinção de qualquer natureza, garantindo-se aos brasileiros e aos estrangeiros residentes no País a inviolabilidade do direito à vida, à liberdade, à igualdade, à segurança e à propriedade, nos termos seguintes:*

a) *Art. 5º, XXXV: "a lei não excluirá da apreciação do Poder Judiciário lesão ou ameaça a direito".* Essa previsão exterioriza o princípio da inafastabilidade do Poder Judiciário, ou seja, que ninguém será impedido de buscar o Judiciário. Assim, caso a pessoa seja reconhecida como hipossuficiente, permite-se a concessão da gratuidade de justiça, consagrado o acesso à justiça.

b) *Art. 5º, XXXIV: "são a todos assegurados, independentemente do pagamento de taxas: a) o direito de petição aos Poderes Públicos em defesa de direitos ou contra ilegalidade ou abuso de poder; b) a obtenção de certidões em repartições públicas, para defesa de direitos e esclarecimento de situações de interesse pessoal".* Este inciso assegura a não incidência de taxa para o exercício do direito de petição perante a Administração Pública, bem como do chamado direito de certidão.

c) *Art. 5º, LXXVII: "são gratuitas as ações de* habeas corpus *e* habeas data, *e, na forma da lei, os atos necessários ao exercício da cidadania".* Como se verifica através da redação da Constituição, são imunes o direito de impetrar *habeas corpus* e *habeas data*. Isto acontece de modo a prestigiar a cidadania e não em razão de o requerente ser hipossuficiente.

d) *Art. 5º, LXXVI: "são gratuitos para os reconhecidamente pobres, na forma da lei: a) o registro civil de nascimento; b) a certidão de óbito".* Esse inciso merece ser combinado com o inciso XXXIV, que expressa o direito de certidão. Nesse sentido, são gratuitas a concessão de certidão de nascimento, bem como de certidão de óbito. Essa imunidade é garantida em razão de o requerente ser hipossuficiente.

Questões interessantes sobre o tema

A. Custas e Emolumentos

O art. 98, § 2º, da CRFB é fruto da EC n. 45/2004: *As custas e emolumentos serão destinadas exclusivamente ao custeio dos serviços afetos às atividades específicas da justiça.* Nesse sentido, o STF firmou entendimento de que as custas judiciais e os emolumentos concernentes aos serviços notariais e registrais possuem *natureza jurídica tributária,* qualificando-se como taxas remuneratórias de serviços públicos[42].

---

42 ADI 1.378-5/ES e ADI 1.444/PR.

B. Serventias Extrajudiciais e Atividade Notarial

Quanto às serventias extrajudiciais, a atividade notarial e registral, ainda que executada no âmbito de serventias extrajudiciais não oficializadas, constitui, em decorrência de sua própria natureza, função revestida de estatalidade, sujeitando-se, por isso mesmo, a um regime estrito de direito público. A possibilidade constitucional de a execução dos serviços notariais e de registro ser efetivada em caráter privado[43], por delegação do Poder Público (CRFB, art. 236), não descaracteriza a natureza essencialmente estatal dessas atividades de índole administrativa. As serventias extrajudiciais constituem órgãos públicos titularizados por agentes que se qualificam, na perspectiva das relações que mantêm com o Estado, como típicos servidores públicos. Mas, qualificando-se as custas judiciais e os emolumentos extrajudiciais como taxas, nada pode justificar seja o produto de sua arrecadação afetado ao custeio de serviços públicos diversos daqueles a cuja remuneração tais valores se destinam especificamente (pois, nessa hipótese, a função constitucional da taxa, que é tributo vinculado, restaria descaracterizada), ou, então, à satisfação das necessidades financeiras ou à realização dos objetivos sociais de entidades meramente privadas[44].

A ANOREG/BR ajuizou a ADI 3.089/DF para declarar a inconstitucionalidade dos itens 21 e 21.01 da lista de serviços anexa à Lei Complementar Federal n. 116/2003, que autorizam os Municípios a instituírem o ISS sobre os serviços de registros públicos, cartorários e notariais. O STF entendeu que trata-se de atividade estatal delegada, tal como a exploração de serviços públicos essenciais, mas que, enquanto exercida em caráter privado, seria serviço sobre o qual incidiria o ISS.

O STF também entendeu ser constitucional a ***Taxa pela fiscalização dos serviços dos cartórios extrajudiciais***, sob a forma de "selo de controle dos atos de serviços notariais e de registro"[45].

C. Coleta de Lixo

Nos Estados em que a coleta de lixo é realizada por empresa pública (como a Comlurb), a cobrança do serviço continua tendo natureza de taxa pois não há, no caso, delegação do serviço, mas sim a descentralização do mesmo, pois, ao final, a receita acaba adentrando aos cofres do Município, já que a empresa apenas presta o serviço. O STF (RE 204.827) já fulminou a cobrança da Taxa de limpeza pública e conservação de vias e de logradouros. Nessa linha, e em que pese a taxa referida

---

43 Art. 9º da lei estadual 9.880/93. Privatização de cartórios judiciais. O art. 31 do ADCT ao admitir a reversão do sistema estatizado para o privatizado de custas em cartórios judiciais, contraria o modelo fixado no ADCT da Constituição, que define como estatais as serventias do foro judicial, respeitados os direitos dos titulares. Ação julgada procedente (ADI 1.498/RS, rel. Min. Ilmar Galvão).

44 ADI/MC 1.378-5, rel. Min. Celso de Mello.

45 ADI 3.151/MT, rel. Min. Carlos Britto.

anteriormente ser ilegítima, o Tribunal entendeu que a taxa de coleta de lixo é constitucional. Vejamos trecho julgado (RE-Ag 532.940/PR):

> A taxa de limpeza pública, quando não vinculada à limpeza de ruas e de logradouros públicos, constitui tributo divisível e específico, atendido ao disposto no art. 145, II, da CB/88. O fato de um dos elementos utilizados na fixação da base de cálculo do IPTU ser considerado quando da determinação da alíquota da taxa de coleta de lixo não significa que ambos tenham a mesma base de cálculo. A correção monetária e a incidência de juros sobre os débitos da Fazenda Pública dependem de lei que regulamente a matéria.

Ressaltamos que o STF aprovou a **Súmula Vinculante 19**[46] sobre a referida taxa, reconhecendo constitucional tal cobrança.

D. Taxa de Controle e Fiscalização Ambiental

O STF[47] tem se posicionado no sentido de que o exercício do poder de polícia tem que ser efetivo. Contudo, o próprio Tribunal entendeu que o simples fato de existir um órgão estruturado (e em funcionamento) que exerça permanentemente atividade de fiscalização permite a exigência da taxa (de polícia) de todos os que estejam sujeitos a essa fiscalização. Por isso se admitir a cobrança periódica das chamadas taxas de renovação anual de licença para localização e funcionamento. Contudo, será considerada ilegítima a cobrança da referida taxa anualmente, mesmo que não haja a concreta fiscalização, ou seja, a uma nova fiscalização corresponde a chamada taxa de renovação[48]. Não obstante esses julgados, em alguns casos o próprio STF, no RE 416.601, entendeu válida essa fiscalização presumida, ou seja, a cobrança da renovação, ainda que não houvesse a efetiva fiscalização. Nesse sentido o Pleno do STF, no recurso ora citado, entendeu ser constitucional a Taxa de Controle e Fiscalização Ambiental – TCFA instituída pela Lei n. 10.165/2000, sob o argumento de que a referida taxa de polícia confere ao IBAMA atribuição para controle e fiscalização das atividades potencialmente poluidoras e utilizadoras de recursos naturais.

E. Telefonia e TV a Cabo

A questão já despertou muita polêmica. Algumas questões já estão pacificadas, como, por exemplo, a **Súmula 350 do STJ:** *O ICMS não incide sobre o serviço de habilitação de celular.*

---

46 **Súmula Vinculante 19:** *A taxa cobrada exclusivamente em razão dos serviços públicos de coleta, remoção e tratamento ou destinação de lixo ou resíduos provenientes de imóveis, não viola o art. 145, II, da CF.*

47 *Vide* RE 115.213; RE 230.793 e RE 216.207.

48 RE 195.788, REsp 236.517.

Da mesma forma, o julgamento proferido pelo STJ no REsp 799.927-MG reiterando que não incide ICMS sobre a prestação de serviços de produção de programas de televisão a cabo e comerciais quando a própria sociedade não transmite os sinais de TV, por falta de enquadramento de sua atividade no fato gerador daquele tributo (art. 2º, III, da LC n. 87/96).

F. Selo de Controle de IPI

No julgamento do REsp 1.405.244, o STJ entendeu que é ilegal a cobrança pela confecção e fornecimento de selos de controle de IPI determinada pelo Decreto-Lei n. 1.437/75. De acordo com o Tribunal, a cobrança é um tributo, o que exige lei para sua instituição. A decisão foi tomada em recurso repetitivo, devendo ser seguida pelos tribunais de instância inferior. A tese aprovada pela 1ª Seção do STJ foi: *Inexigibilidade do ressarcimento de custos e demais encargos pelo fornecimento de selos de controle de IPI, instituído pelo DL n. 1.437/75, que, embora denominado ressarcimento prévio, é tributo da espécie taxa do poder de polícia, de modo que há vício de forma na instituição desse tributo por norma infralegal.*

G. Taxas de Matrículas em Universidades Públicas

Sobre o tema, o STF editou a **Súmula Vinculante 12**: "*A cobrança da taxa de matrícula nas universidades públicas viola o disposto no art. 206, IV, da Constituição Federal*".

H. Serviços dos Correios

O STF, em relação à **Empresa Brasileira de Correios e Telégrafos – ECT**, entendeu que seus serviços estão amparados pela imunidade tributária recíproca, haja vista tratar-se de prestadora de serviço público de prestação obrigatória e exclusiva do Estado.

O STF se manifestou também sobre a imunidade dos Correios referente ao ISS[49].

Nesse sentido também, o STF (RE 363.412-AgRg/BA) entendeu que a imunidade da **Empresa Brasileira de Infraestrutura Aeroportuária – INFRAERO** está abrangida pela imunidade tributária recíproca, prevista no art. 150, VI, *a*, da CRFB, haja vista tratar-se de empresa pública federal que tem por atividade-fim prestar serviços de infraestrutura aeroportuária, mediante outorga da União, a quem

---

[49] RE 601.392/PR com repercussão geral: Imunidade recíproca. EBCT. Distinção, para fins de tratamento normativo, entre empresas públicas prestadoras de serviço público e empresas públicas exploradoras de atividade. Precedentes. Exercício simultâneo de atividades em regime de exclusividade e em concorrência com a iniciativa privada. Irrelevância. Existência de peculiaridades no serviço postal. Incidência da imunidade prevista no art. 150, VI, *a*, da Constituição Federal. Ver também o RE 627.051/PE sobre imunidade do ICMS.

constitucionalmente deferido, em regime de monopólio, tal encargo (CF, art. 21, XII, c). Com base nesse entendimento, a Turma manteve decisão monocrática do Ministro Celso de Mello que negara provimento ao recurso extraordinário, em que o Município de Salvador pleiteava a incidência do ISS sobre a atividade desempenhada pela ora agravada.

Por outro lado, entendimento que sempre sustentamos foi consolidado no RE 434.251/RJ. Se a INFRAERO celebrar contrato de concessão de uso de imóvel com uma empresa privada por meio da qual esta última poderá explorar comercialmente um imóvel pertencente à INFRAERO, não há que se falar em imunidade recíproca neste caso, pois o bem está desvinculado de finalidade estatal. Entendeu o Tribunal que a atividade desenvolvida pela empresa tem por finalidade gerar lucro. Logo, se fosse reconhecida a imunidade neste caso, isso geraria uma vantagem competitiva em favor da empresa, que teria um ganho em relação aos seus concorrentes, isto é, um desequilíbrio das relações de mercado.

Não se pode aplicar a imunidade tributária.

I. Segurança Pública

A segurança pública é um serviço público geral e, portanto, não pode ser remunerado por taxa[50].

J. Iluminação Pública

A matéria já foi analisada pelo STF, que editou inclusive a **Súmula 670**: *O serviço de iluminação pública não pode ser remunerado mediante taxa.* (Ver Súmula Vinculante 41)

K. Pavimentação Asfáltica

A pavimentação asfáltica pode receber também outros nomes como asfaltamento, taxa de manutenção de via pública. Por diversas vezes o STF reconheceu a inconstitucionalidade dessas taxas.

L. Taxa de Conservação de Vias Públicas

A Taxa de Serviço de Conservação de Vias e Logradouros Públicos (TSCV) também vem despertando polêmica. A Advocacia-Geral da União (AGU) questionou na Justiça a cobrança da referida taxa ao Instituto Nacional do Seguro Social (INSS), argumentando que a utilização de vias e logradouros públicos deve ser custeada por outros impostos. Afirmou que não há possibilidade de dividir ou mensurar o uso e utilidade das vias por pessoas ou órgãos e empresas nelas localizados. A **Súmula 19 do STF**, que trata do serviço de limpeza, diz que ele é divisível e passível de incidência de taxa quando se relaciona exclusivamente à coleta e tratamento de

---

50 O STF já analisou o tema nos julgados: ADI-MC 1.942/PA e ADI-MC 2.424/CE.

lixo e resíduos provenientes de imóveis. A súmula exclui a limpeza ou conservação de vias públicas, onde transparece a indivisibilidade do serviço. Desta forma, cobrança da taxa imposta pelo Município é inconstitucional. O Judiciário reconheceu que não existe relação nem jurídica nem tributária que obrigue o INSS ao pagamento da TSCV.

M. Taxa de Fiscalização de Anúncios e Taxa de Controle de Serviços Públicos Delegados

Também já passaram pela análise do Judiciário, sendo consideradas **legítimas**, a taxa de fiscalização de anúncios, conforme o RE 216.207/MG, e a taxa de fiscalização e controle dos serviços públicos delegados, objeto da ADI 1.948-RS.

O STF, no RE 856.185 AgR (2015), reconheceu que a taxa de fiscalização e funcionamento pode ter como base de cálculo a área de fiscalização, na medida em que traduz o custo da atividade estatal de fiscalização. Contudo, no ARE 990.914/SP (2017), entendeu que as taxas municipais de fiscalização e funcionamento não podem ter como base de cálculo o número de empregados ou ramo de atividade exercido pelo contribuinte.

N. Taxa de Utilização de Subsolo para Transporte Ferroviário

O STJ (REsp 954.067/RJ) entendeu que a concessionária de transporte ferroviário não tem capacidade tributária ativa a ponto de instituir a cobrança de tributo (taxa) pela utilização do subsolo (permissão de passagem de gasodutos) da faixa territorial cujo domínio detém. Porém se permite a cobrança de tarifa pela prestação do serviço de transporte de pessoas ou cargas, o que não veio à discussão nos autos.

O. Bases de cálculo das taxas devem ter relação direta com o custo do serviço ou do poder de polícia gerador da cobrança

O STF entendeu que as taxas devem estar vinculadas ao custo do serviço específico ou da atividade de polícia desenvolvida, de modo que haja razoabilidade entre o custo real dos serviços e o montante cobrado do contribuinte, considerando a base de cálculo e a alíquota estabelecida por lei. Os Ministros afirmaram que tal entendimento da Corte permanece sólido mesmo na vigência da Lei n. 13.477/2002 do Município de São Paulo, que instituiu a Taxa de Localização e Funcionamento de Estabelecimentos Comerciais. Para os Ministros, a referida taxa não pode ser exigida, uma vez que a norma instituidora do tributo, ao selecionar o número de empregados do estabelecimento como parâmetro para formação da base de cálculo da exação, não relacionou as despesas do serviço estatal com o valor a ser cobrado pelo ente federado (ARE 990.914/SP, 2ª Turma do STF).

Súmulas importantes do STF:

Súmula 595: É inconstitucional a taxa municipal de conservação de estradas de rodagem cuja base de cálculo seja idêntica a do imposto territorial rural.

Súmula 665: É constitucional a Taxa de Fiscalização dos Mercados de Títulos e Valores Mobiliários instituída pela Lei n. 7.940/89.

Súmula 667: Viola a garantia constitucional de acesso à jurisdição a taxa judiciária sem limite sobre o valor da causa.

Súmula 670: O serviço de iluminação pública não pode ser remunerado mediante taxa.

E do STJ:

Súmula 391: O ICMS incide sobre o valor da tarifa de energia elétrica correspondente à demanda de potência efetivamente utilizada.

Súmula 407: É legítima a cobrança da tarifa de água fixada de acordo com as categorias de usuários e as faixas de consumo.

Súmula 412: A ação de repetição de indébito de tarifas de água e esgoto sujeita-se ao prazo prescricional estabelecido no Código Civil.

4.4.3 Contribuição de Melhoria

4.4.3.1 Origem Histórica

A contribuição de melhoria denominada pelos ingleses de *betterment tax* e pelos norte-americanos de *special assessment*, surgiu no Brasil no art. 124 da Constituição de 1934, não obstante existir a afirmativa de que tenha surgido na Bahia em 1812, ainda sob o domínio de Portugal. Esse tributo é classificado como vinculado e de competência comum (da União, dos Estados, Distrito Federal e Municípios), contudo, é pouco utilizado pelo Poder Público. A vinculação da contribuição de melhoria é diferente das taxas, pois se dá em relação a dois requisitos: *realização de obra pública* e *valorização imobiliária*.

Além da previsão constitucional, a contribuição de melhoria tem regramento também nos arts. 81 e 82 do CTN e no Decreto-Lei n. 195/67. Pode-se dizer que a contribuição de melhoria, pela sua natureza de retribuição, prestigia o princípio do enriquecimento sem causa, conforme veremos melhor adiante.

4.4.3.2 Competência para a Instituição da Contribuição de Melhoria

A Constituição, em seu art. 145, III, especifica que elas podem ser cobradas pela União, pelos Estados, pelo Distrito Federal ou pelos Municípios, no âmbito de suas respectivas atribuições, por isso serem consideradas de competência comum. Bem assim dispõe o art. 3º do Decreto-Lei n. 195/67, *in verbis:*

Art. 3º A Contribuição de Melhoria a ser exigida pela União, Estado, Distrito Federal e Municípios para fazer face ao custo das obras públicas, será cobrada pela Unidade Administrativa que as realizar, adotando-se como critério o benefício resultante da obra, calculado através de índices cadastrais das respectivas zonas de influência, a serem fixados em regulamentação deste Decreto-Lei.

§ 1º A apuração, dependendo da natureza das obras, far-se-á levando em conta a situação do imóvel na zona de influência, sua testada, área, finalidade de exploração econômica e outros elementos a serem considerados, isolada ou conjuntamente.

§ 2º A determinação da Contribuição de Melhoria far-se-á rateando, proporcionalmente, o custo parcial ou total das obras, entre todos os imóveis incluídos nas respectivas zonas de influência.

§ 3º A Contribuição de Melhoria será cobrada dos proprietários de imóveis do domínio privado, situados nas áreas direta e indiretamente beneficiadas pela obra.

§ 4º Reputam-se feitas pela União as obras executadas pelos Territórios.

Assim como a taxa, a contribuição de melhoria é um tributo retributivo, ou seja, é pago como forma de retribuição do contribuinte de uma despesa previamente suportada pelo Estado, qual seja, a obra pública. A contribuição de melhoria é pautada na relação custo-benefício.

4.4.3.3 Sujeito Passivo

O sujeito passivo "clássico" da contribuição de melhoria é o **proprietário** do imóvel privado que sofreu a valorização em função da obra pública conforme dispõem os arts. 2º e 3º do Decreto-Lei n. 195/67. Destacamos que a referida contribuição somente será cobrada dos proprietários de **imóveis do domínio privado**, situados nas áreas **direta** e **indiretamente beneficiadas** pela obra. O que significa dizer que imóveis públicos não podem ser objeto de cobrança de contribuição de melhoria. Essa observação é importante porque o art. 150, VI, *a*, da Constituição traz a imunidade recíproca que somente alcança os impostos, fato que poderia levar à equivocada conclusão de que seria possível cobrar contribuição de melhoria de imóveis públicos.

Entendemos que, através de uma interpretação sistemática da legislação, é perfeitamente possível enquadrar o **enfiteuta** como sujeito passivo da contribuição de melhoria. Da mesma forma o **superficiário** conforme entendimento disposto no § 3º do art. 21 da Lei n. 10.257/2001. Contudo, no que se refere ao **possuidor**, a matéria comporta polêmica. No que se refere à cobrança do IPTU e do ITR, já restou pacificado que o possuidor com *animus domini* pode ser sujeito passivo desses impostos, como, por exemplo, o promitente-comprador. Contudo, em relação à contribuição de melhoria não há previsão para tanto na Constituição Federal, tampouco no CTN ou em outra lei de natureza tributária, ao contrário, o Decreto-Lei n. 195/67 sempre se refere ao proprietário – é o caso do seu art. 8º ao dizer que é o proprietário do imóvel ao tempo do lançamento que responderá pelo pagamento da Contribuição de Melhoria. Resta claro que a lei não autoriza a cobrança em face do possuidor com ânimo de domínio, mas também não veda. Apesar dos fundamentos expostos, entendemos que é perfeitamente possível enquadrar o possuidor como sujeito passivo, desde que este possuidor tenha o ânimo de domínio, ou seja, a intenção de ser dono, sob os mesmos argumentos que justificam o enquadramento do possuidor com *animus domini* como sujeito passivo do IPTU e ITR.

Outra questão que também merece comentários é a situação de sujeição passiva do **locatário**. O locatário nada mais é do que um possuidor que detém a coisa sem *animus domini*, logo parece que não há como considerá-lo como sujeito passivo da contribuição de melhoria, sob os mesmos argumentos sustentados em relação ao IPTU e ao ITR[51]. Ademais, o locatário não é o titular do patrimônio que sofreu a valorização imobiliária No entanto, o art. 8º, § 2º, do Decreto-Lei n. 195/67 traz uma previsão interessante, a saber: *"§ 2º No imóvel locado é lícito ao locador exigir aumento de aluguel correspondente a 10% (dez por cento) ao ano da Contribuição de Melhoria efetivamente paga".*

O Decreto-Lei n. 195/67 estabeleceu uma absurda proteção ao locador autorizando que possa aumentar em 10% ao ano o valor do aluguel em relação à Contribuição de Melhoria efetivamente paga. Trata-se de uma causa de reajuste do aluguel, em decorrência da situação excepcional de cobrança da contribuição de melhoria, que, ao nosso sentir, viola a lei das locações imobiliárias, a Lei n. 8.245/91, pois o patrimônio que é valorizado é o do locador, não do locatário. Contudo, apesar da nossa posição contrária ao dispositivo, o Decreto-Lei n. 195/67 traz disposição especial em relação à Lei Geral de Locações, a Lei n. 8.245/91, e estaria, em razão do princípio da especialidade, autorizada a majoração do aluguel por parte do locador.

O art. 8º, § 4º, do Decreto-Lei n. 195/67 trata dos bens indivisos: *"§ 4º Os bens indivisos serão considerados como pertencentes a um só proprietário e aquele que for lançado terá direito de exigir dos condôminos as parcelas que lhes couberem".*

Os coproprietários de imóvel estão obrigados a pagar pela dívida do bem indiviso, aplicando-se também o disposto no art. 124, I, do CTN, no qual consta que as pessoas que tenham interesse comum na situação que constitua o fato gerador da obrigação principal serão solidariamente responsáveis.

Existe ainda, nesse aspecto, a mesma discussão acerca da possibilidade de se repassar ao locatário, por força contratual, o dever de pagar a contribuição de melhoria, tal como ocorre com o IPTU. Não obstante o disposto no art. 123 do CTN, que prevê a impossibilidade das convenções particulares alterarem a definição de sujeito passivo, no que se refere à contribuição de melhoria há vedação expressa no art. 8º, § 3º, do Decreto-Lei n. 195/67, que diz ser **nula a cláusula do contrato de**

---

51 Recomendamos a leitura do Capítulo 9 acerca da responsabilidade do locatário no REsp 1.294.061-PE.

locação que atribua ao locatário o pagamento, no todo ou em parte, da Contribuição de Melhoria lançada sobre o imóvel.

De outro lado, resta analisar o instituto da **responsabilidade tributária**. O art. 8º do Decreto-Lei n. 195/67 e o art. 131 do CTN estabelecem que a dívida se transmite aos adquirentes e sucessores:

Decreto-Lei n. 195/67:

> Art. 8º Responde pelo pagamento da Contribuição de Melhoria o proprietário do imóvel ao tempo do seu lançamento, e esta responsabilidade se transmite aos adquirentes e sucessores, a qualquer título, do domínio do imóvel.

Código Tributário Nacional:

> Art. 131. São pessoalmente responsáveis:
>
> I – o adquirente ou remitente, pelos tributos relativos aos bens adquiridos ou remidos;
>
> II – o sucessor a qualquer título e o cônjuge meeiro, pelos tributos devidos pelo de cujus até a data da partilha ou adjudicação, limitada esta responsabilidade ao montante do quinhão do legado ou da meação;
>
> III – o espólio, pelos tributos devidos pelo "de cujus" até a data da abertura da sucessão.

Significa dizer que se o proprietário do imóvel morrer, o imóvel será transmitido para os sucessores e com ele a dívida referente à contribuição de melhoria, caso existente. Contudo, não obstante não haver qualquer exceção prevista pelo Decreto-Lei n. 195/67 é importante observar que o art. 130 do CTN traz duas exceções, a saber: "(...) **salvo quando conste do título a prova de sua quitação** e **no caso de arrematação em hasta pública**, a sub-rogação ocorre sobre o respectivo preço".

Nesses dois casos a dívida não sucede para o adquirente do imóvel.

4.4.3.4 Fato Gerador

O art. 81 do CTN define que a contribuição de melhoria cobrada pela União, pelos Estados, pelo Distrito Federal ou pelos Municípios, no âmbito de suas respectivas atribuições, é instituída para fazer face ao custo de obras públicas de que decorra valorização imobiliária, tendo como limite total a despesa realizada e como limite individual o acréscimo de valor que da obra resultar para cada imóvel beneficiado. Indicamos como disciplina normativa do referido tributo: art. 145, III, da CRFB; arts. 81 e 82, ambos do CTN, e o Decreto-Lei n. 195/67, que estipula normas gerais sobre a contribuição de melhoria.

É importante destacar que tal decreto-lei continua em vigor, conforme a **Súmula 496 do STF**: *São válidos, porque salvaguardados pelas disposições constitucionais transitórias da Constituição Federal de 1967, os decretos-leis expedidos entre 24 de janeiro e 15 de março de 1967.*

Antes de iniciarmos nossos comentários acerca do fato gerador da contribuição de melhoria, destacamos a importância da análise do Decreto-Lei n. 195/67. A Constituição trouxe em seu art. 146, III, *a*, uma previsão de que as normas gerais definidoras de matéria tributária são de reserva de lei complementar. A finalidade do referido artigo do texto constitucional é a de haver uma harmonização da legislação dos entes federativos. Nesse sentido, o Decreto-Lei n. 195/67 foi recepcionado pela Constituição de 1988 como lei complementar em matéria de contribuição de melhoria. É esse decreto-lei que estabelece normas gerais sobre o poder de tributar em relação à contribuição de melhoria e, portanto, não pode ser ignorado.

O fato gerador não é a obra pública em si, mas sim a valorização imobiliária que ocorre em razão dessa obra pública. Temos assim que o fato gerador é o ganho patrimonial propiciado pelo investimento do capital público referente a esses proprietários beneficiados pela obra, de modo a não ocorrer o enriquecimento sem causa por parte do contribuinte beneficiado. Ressaltamos mais uma vez que somente a propriedade privada pode ser objeto de tributação.

Em síntese, podemos dizer que prevalece o critério da "valorização" em detrimento do "benefício", por esse motivo a cobrança da contribuição de melhoria somente pode ser feita após a realização de obras públicas, conforme dispõe o art. 2º do Decreto-Lei n. 195/67.

Analisando atentamente os incisos do artigo citado, percebe-se que será muito difícil haver uma obra pública que não se enquadre nesses incisos. Vale ressaltar que o STF[52], pautado no art. 145, § 1º, da CRFB, entende ser descabida a cobrança de taxa de serviço quando cabível a contribuição de melhoria, pois obra não é serviço. Assim, é importante destacar que pavimentação de via pública, conforme previsto no inciso I do art. 2º do Decreto-Lei n. 195/67, difere de recapeamento, pois o segundo não gera valorização do imóvel.

De outro lado, indaga-se se seria possível cobrar contribuição de melhoria antes de a obra ser concluída. Em regra não, mas existe uma hipótese contida no art. 5º, parágrafo único, e no art. 9º, que permite entender pela resposta afirmativa. Assim, analisando os dois artigos, percebemos que nas obras públicas em execução seria possível cobrar a contribuição de melhoria.

4.4.3.5 Base de Cálculo e Limites

A base de cálculo da contribuição de melhoria é o critério que será utilizado para calcular o Valor Global Tributável (VGT) fixando através de um critério isonômico o valor a ser pago por cada sujeito passivo. Embora a Constituição nada tenha dito em relação ao *fato gerador*, o CTN cita como fato gerador da contribuição de melhoria a valorização imobiliária decorrente de obra pública. Contudo, o próprio CTN estabelece alguns limites para a cobrança da contribuição de melhoria.

Assim, temos o **limite total (geral ou global)** vinculado à ideia do não enriquecimento sem causa; por isso, o valor máximo que poderá ser arrecadado é o valor

---

52 RREE 121.617 e 90.090.

total da obra (as obras que valorizam o imóvel estão elencadas no art. 2º do Decreto-Lei n. 195/67). Significa dizer que a arrecadação da contribuição de melhoria deve ser igual ou menor ao custo geral da obra, mas nunca maior ao que foi efetivamente gasto na obra. O CTN expressamente estabelece em seu art. 81 que é vedado ao ente público arrecadar na soma de todas as cobranças valor maior do que o que se gastou com a execução da obra.

Já o **limite individual** prestigia o princípio da vedação do confisco. Significa dizer que o valor máximo que poderá ser cobrado do contribuinte é a valorização sofrida pelo imóvel. Podemos exemplificar a aplicação prática de tais limites da seguinte forma: se a obra custasse 100.000 reais, esse seria o *limite total* que poderia ser cobrado, respeitado, ainda, o *limite individual*, ou seja, cada contribuinte não poderia ser chamado a pagar cota maior do que o valor acrescido à sua propriedade em razão da obra. O cálculo da contribuição de melhoria leva em consideração o princípio da isonomia, ou seja, a valorização que cada imóvel sofreu com a obra pública. Logo tem-se que o contribuinte que teve mais valorização paga mais e o que teve menos valorização paga menos. Com isso, a **retributividade** da contribuição de melhoria varia de acordo com a valorização do imóvel. Vejamos os artigos do Decreto-Lei n. 195/67 que dão lastro a essa afirmativa:

> *Art. 3º A Contribuição de Melhoria a ser exigida pela União, Estado, Distrito Federal e Municípios para fazer face ao custo das obras públicas, será cobrada pela Unidade Administrativa que as realizar, adotando-se como critério o benefício resultante da obra, calculado através de índices cadastrais das respectivas zonas de influência, a serem fixados em regulamentação deste Decreto-Lei.*
>
> *§ 2º A determinação da Contribuição de Melhoria far-se-á rateando, proporcionalmente, o custo parcial ou total das obras, entre todos os imóveis incluídos nas respectivas zonas de influência.*
>
> *Art. 4º A cobrança da Contribuição de Melhoria terá como limite o custo das obras, computadas as despesas de estudos, projetos, fiscalização, desapropriações, administração, execução e financiamento, inclusive prêmios de reembolso e outras de praxe em financiamento ou empréstimos e terá a sua expressão monetária atualizada na época do lançamento mediante aplicação de coeficientes de correção monetária.*

Da mesma forma os arts. 81 e 82 do CTN.

Em síntese temos que o valor que cada contribuinte pagará no rateio deverá ser menor ou até mesmo igual ao valor da valorização imobiliária obtida. Assim, divide-se o custo geral da obra pelo número de imóveis valorizados.

4.4.3.6 Requisitos Mínimos

Além dos limites estabelecidos pelo CTN, a contribuição de melhoria, para ser instituída, tem que respeitar ainda os requisitos mínimos previstos no art. 82 do referido diploma legal, a saber: I – publicação prévia do memorial descritivo do projeto, do orçamento do custo da obra, da determinação da parcela do custo da obra a ser financiada pela contribuição, da delimitação da zona beneficiada, da determinação do fator de absorção, do benefício da valorização para toda a zona ou para cada uma das áreas diferenciadas, nela contidas; II – fixação de prazo não inferior a 30 dias para impugnação; III – regulamentação do processo administrativo de instituição e julgamento da impugnação. Vale destacar também que a contribuição de melhoria tem caráter de ressarcimento pelo gasto público com a realização da obra; o fundamento da sua cobrança é o princípio da igualdade e a teoria do enriquecimento sem causa. Se há determinados indivíduos diretamente beneficiados pela realização da obra, é questão de justiça social que eles contribuam diretamente para o custeio dessa obra. Então, não seria razoável que a obra fosse custeada pelas receitas gerais dos impostos. Destacamos que em relação ao edital o STF (RE 98.408/PR) já se posicionou no sentido de que o edital deve ser prévio em relação à cobrança da contribuição de melhoria, mas poderá ser posterior à obra.

É importante tecer algumas considerações básicas. A primeira seria a hipótese não rara, conforme lemos nos jornais, de superfaturamento da obra.

O contribuinte pode e deve embargar a obra e impugnar o lançamento do tributo, já que, conforme dispõe o art. 82 do CTN, deverá ocorrer a publicação prévia de vários elementos, como o custo da obra, duração, prazo etc. Nesse caso, se constatar irregularidade no custo da obra, qualquer contribuinte, desde que esteja dentro da chamada zona de beneficiamento, possuirá legitimidade para embargar a obra. A segunda seria a impossibilidade de cobrança do tributo no caso de não ter ocorrido a finalização da obra. Por outro lado, na hipótese de a obra ter sido fracionada, é cabível a cobrança, desde que seja possível comprovar a valorização imobiliária decorrente da parte finda. Existe ainda a hipótese de ter sido realizada a obra, mas não ter ocorrido a valorização do imóvel. Nesse caso não poderá haver cobrança e, caso tenha ocorrido desvalorização, o prejudicado poderá pleitear reparação pelo prejuízo. Questão interessante é se após uma valorização decorrente da obra, ocorrer uma desvalorização do imóvel. Inicialmente temos que apurar se houve nexo causal entre a obra e a desvalorização do imóvel. Em que pese posicionamento diverso, entendemos que, havendo nexo causal entre a obra e a desvalorização, é irrelevante que esta não tenha ocorrido de imediato, cabendo a restituição do tributo pago. Isto porque, se não houve valorização, não ocorreu o fato gerador, ou se o imóvel de imediato se valorizou e depois sofreu desvalorização, o fato gerador não foi suficiente para a sua manutenção, como dispõe o art. 114 do CTN.

Não devemos confundir a vinculação da contribuição de melhoria à realização da obra e à utilização da receita de impostos para realizar obras públicas de uma maneira geral. Vimos no capítulo referente ao Direito Financeiro que é através das receitas (inclusive dos impostos) que o Estado realiza as despesas públicas. Nesse sentido, como regra, o custeio de obras públicas deve advir da receita dos impostos; contudo, no caso específico de uma obra pública causar valorização do imóvel, é possível custeá-la com a cobrança de uma contribuição de melhoria. Surgem então na doutrina duas modalidades de contribuição de melhoria. A *primeira* encontra sua base na mais-valia, também chamada de *plus*-valia. Tal expressão significa que a valorização do imóvel tomará como base o valor venal do bem, ou seja, a base de cálculo da contribuição será a própria valorização do imóvel. A *segunda*, bem mais tênue para o contribuinte, tem como base de cálculo do tributo apenas o benefício que a obra atribuiu ao imóvel, independentemente de ter ou não ocorrido valorização imobiliária. Seria o caso do imóvel localizado em uma rua de mão única e que, depois da construção de um viaduto, passou a ter vários acessos. Nesse caso a base de cálculo seria o custo da obra, já que não houve efetiva valorização do imóvel.

Analisando o art. 145, III, da CRFB, verifica-se que o referido dispositivo não indica qual é a base de cálculo a ser adotada, usando somente a expressão "decorrente de obras públicas". Já o CTN, em seu art. 81, diz: (...) *é instituída para fazer face ao custo de obras públicas de que decorra valorização imobiliária.* Em função dessa questão terminológica, surge a seguinte indagação: basta a constatação do benefício gerado pela obra ou é necessário a efetiva valorização do imóvel em função da obra? Entendemos[53] que, conforme dispõe o art. 1º do Decreto-Lei n. 195/67, a base seria a valorização imobiliária. O referido artigo assim dispõe: *A Contribuição de Melhoria, prevista na Constituição Federal, tem como fato gerador o acréscimo do valor do imóvel localizado nas áreas beneficiadas direta ou indiretamente por obras públicas.*

O STF entendeu existir cinco limitações para o lançamento da contribuição de melhoria: a) existência de melhoramento público; b) o melhoramento deve atingir uma zona de beneficiamento, ou seja, uma área limitada e determinável; c) o benefício deve traduzir a efetiva valorização do imóvel, não podendo ultrapassá-la; d) oportunidade de impugnação por parte do sujeito passivo; e) não pode exceder o custo da obra, mesmo que o benefício economicamente seja maior[54].

4.4.3.7 Finalidade da Contribuição de Melhoria e a Justiça Retributiva

Enquanto os impostos surgem e devem observar, sempre que possível, a capacidade contributiva, a contribuição de melhoria surge em função da valorização de imóveis pela realização de obras públicas e, por isso, assim como as taxas, deve observar o **caráter retributivo**. A referida contribuição surge com uma dupla finalidade. A primeira (finalidade essencial) relacionada ao aspecto jurídico evita o enriquecimento sem causa. A segunda (acidental) relacionada ao aspecto financeiro permite que o Estado recupere o investimento feito na obra. A ideia é a mesma utilizada nas taxas, mas como não se trata nem de poder de polícia, nem de serviço público, e sim de uma obra criou-se então mais uma espécie tributária. A contribuição de melhoria, além de pautar-se no critério da retributividade, se classifica,

---

53 Opinião sustentada também por Paulo de Barros Carvalho e Hugo de Brito Machado.

54 RE116.147. Contribuição de melhoria. Art. 18, II, CF/67, com a redação dada pela EC n. 23/83. Não obstante alterada a redação do inciso II do art. 18 pela Emenda Constitucional n. 23/83, a valorização imobiliária decorrente de obra pública – requisito ínsito a contribuição de melhoria – persiste como fato gerador dessa espécie tributária. Recurso extraordinário conhecido e provido".

assim como as taxas, como um **tributo vinculado**. Essa vinculação se dá em razão da realização de uma obra pública que gere melhoria, ou seja, bilaterais, contraprestacionais, sinalagmáticas ou comutativas.

4.4.3.8 Contribuição de Melhoria e Reserva Legal

É sabido que todo tributo, por força do princípio da legalidade, deve ser instituído por lei nos moldes do art. 2º do Decreto-Lei n. 195/67. Essa lei que institui a contribuição de melhoria é uma lei ordinária, não sendo necessária lei complementar para instituí-la, ou seja, a Constituição não submeteu as taxas à reserva de lei complementar.

4.4.3.9 Contribuição de Melhoria: Imunidade e Isenção

O CTN prevê no art. 177 que as **isenções** em regra são apenas para impostos, não sendo estendidas a taxas e a contribuição de melhoria. Significa dizer que a isenção não se presume, pois o ente federativo somente poderá isentar taxas e contribuição de melhoria na hipótese em que houver expressa autorização na lei. Vejamos a redação do referido artigo: *Art. 177. Salvo disposição de lei em contrário, a isenção não é extensiva: I – às taxas e às contribuições de melhoria.*

A regra do art. 177 do CTN deve ser harmonizada com a regra aplicável a todas as isenções conforme dispõe o art. 111, inciso II, do CTN, a saber: *Art. 111. Interpreta-se literalmente a legislação tributária que disponha sobre: (...) II – outorga de isenção.*

No tocante às **imunidades**, estas se subdividem em genéricas e específicas. As primeiras alcançando somente os impostos e a segunda alcançando diversas espécies de tributos. É importante destacar que nas imunidades genéricas, pelo fato de somente alcançarem os impostos, as taxas podem ser cobradas, ainda que seja o caso da imunidade recíproca contida na alínea *a* do inciso VI do art. 150 da Constituição. Significa dizer que um Estado pode cobrar uma taxa de poder de polícia fiscalizando imóveis do Município. Nesse sentido, o STF ratifica esse entendimento estendendo para as pessoas citadas nas alíneas *b* e *c* do art. 150, VI, da CRFB/88. Contudo, em relação à contribuição de melhoria, o Decreto-Lei n. 195/67, que se reveste do caráter de lei complementar (cumprindo o comando do art. 146, III, da CRFB/88), prevê expressamente que somente se pode cobrar contribuições de melhoria de imóveis de domínio privado, ou seja, particulares. Logo não há imunidade de contribuições de melhoria pelo fato de imóveis públicos estarem fora do alcance da incidência tributária, ou seja, trata-se de não incidência.

4.4.4 Empréstimos Compulsórios

4.4.4.1 Noções Gerais

Os empréstimos compulsórios passaram a ter tratamento constitucional tão somente a partir da Emenda n. 18, de 1º de dezembro de 1965, ou seja, durante a vigência da Carta Magna de 1946, a qual estipulava, em seu art. 4º, que *somente a*

União, em casos excepcionais definidos em lei complementar, poderá instituir empréstimos compulsórios. Em nosso ordenamento jurídico o empréstimo compulsório foi criado pela Lei n. 4.156/62, cobrado mensalmente nas contas de consumo de energia elétrica pelas concessionárias até janeiro de 1994, e repassado à ELETROBRAS com a finalidade de financiar a expansão do setor elétrico. Inicialmente, entre 1964 e 1970, a cobrança do empréstimo compulsório incidiu sobre os consumidores residenciais, comerciais e industriais. Entre 1971 e 1973, incidiu somente sobre os consumidores comerciais e industriais. Já entre 1974 até 1976, passou a incidir somente sobre os consumidores industriais e, finalmente, a partir de 1977 até final de 1993, incidiu somente sobre os consumidores industriais com consumo superior a 2.000 kwh mensais.

4.4.4.2   Empréstimo Compulsório e Reserva de Lei Complementar

Com *fundamento legal* no art. 148 da CRFB e no art. 15 do CTN, o empréstimo compulsório é um tributo de *competência privativa da União*, instituído mediante **lei complementar**, sendo a sua arrecadação **vinculada**. Os fundamentos para a instituição desse tributo são: I – em caso de guerra ou sua iminência (não se respeita o Princípio da Anterioridade Tributária – exceção); II – em caso de calamidade pública (não se respeita o Princípio da Anterioridade Tributária – exceção); III – em caso de investimento público de caráter urgente e relevante interesse nacional (respeita-se o Princípio da Anterioridade Tributária); IV – conjuntura que exija a absorção temporária de poder aquisitivo (esse inciso, por não vir expressamente mencionado no art. 148 da Constituição, foi considerado não recepcionado pelo texto constitucional vigente, em função de ter natureza de confisco[55]). Já o *fundamento ético* do empréstimo compulsório, considerando que não vai servir para a manutenção de seus objetivos imediatos, seria configurar um pacto entre gerações, pois a guerra será custeada para a sobrevivência e desenvolvimento do país, e, por isso, deve ser arcado pelas gerações futuras. Assim, questionamos se, havendo desvio de verbas, a cobrança do empréstimo compulsório passaria a ser ilegítima e inconstitucional, já que é um tributo vinculado. Entendemos que sim, pois a desvinculação do produto da arrecadação sem autorização constitucional por si só já seria suficiente para contaminá-lo de inconstitucional. Contudo, tem prevalecido o entendimento de que a questão da destinação dada ao produto da arrecadação transcende o Direito Tributário e passa a ser de competência do Direito Financeiro e, portanto, o desvio de verbas não tornaria por si só inconstitucional a exigência do tributo. Contudo, o agente público não fica excluído das sanções aplicáveis a cada caso, mormente as da LRF (LC n. 101/2000).

---

55   Assim, a MP 168/90 (convertida na Lei 8.024/90), que determinou o bloqueio dos cruzados, foi considerada inconstitucional, pois instituía um empréstimo compulsório disfarçado para absorver o poder aquisitivo. A inconstitucionalidade era material e formal porque feita por medida provisória, já que o empréstimo compulsório somente poderia ter sido instituído por lei complementar.

4.4.4.3 Causas de Legitimação *Mediata* e *Imediata* do Empréstimo Compulsório e Fato Gerador

O parágrafo único do art. 15 do CTN preceitua que a lei fixará o prazo do empréstimo e as condições de seu resgate, e que o produto arrecadado só poderá ser utilizado na despesa que fundamentou a instituição. Vale dizer que o descumprimento desses preceitos resulta na inconstitucionalidade do tributo, daí se falar em causas de legitimação do empréstimo compulsório. Assim, temos a causa *mediata e* a causa *imediata. A **causa mediata** é* a devolução do dinheiro pago, desta questão surge o questionamento quanto à obrigatoriedade[56] da restituição do empréstimo compulsório. Entendemos que a restituição é obrigatória, já que é prevista expressamente no CTN, e, na medida em que é prevista em lei, constitui para o sujeito passivo um direito subjetivo. No momento de incidência da norma, incide também a norma que prevê a restituição, ou seja, o tributo já incide com a condição de ser restituído.

No caso de a administração não devolver o empréstimo recolhido, entendemos que não caberia uma ação de repetição de indébito, mas sim uma ação de cobrança simples, porque a modalidade de ação de repetição de indébito é de provimento condenatório, usada na hipótese de, no momento do recolhimento do empréstimo compulsório, aquele recolhimento já ser indevido. Até porque não seria justo onerar o contribuinte, já que o valor a ser devolvido vai entrar na regra do precatório. Da mesma forma, não se alegue o cabimento de mandado de segurança, pois, a teor do que dispõe a Súmula 269 do STF, a via mandamental não é considerada adequada para ação de cobrança.

Outra questão interessante é saber se na devolução do empréstimo compulsório o Estado poderia pagar com bem diverso de moeda. Entendemos que a resposta é negativa. O empréstimo compulsório deve ser restituído em moeda. O próprio termo "empréstimo" pressupõe identidade de objetos recíprocos, não podendo ser devolvido com Títulos da Dívida Pública Federal.

No Brasil nós não temos exemplos atuais de empréstimos compulsórios, mas o STF, analisando o Decreto-Lei n. 2.288/86, que instituía o empréstimo compulsório incidente sobre propriedades de veículos automotores e previa a devolução do empréstimo em quotas do Fundo Nacional de Desenvolvimento (FND), declarou a inconstitucionalidade desse dispositivo, determinando que a devolução deveria ser feita em moeda.

Por fim, indagamos quanto ao prazo para a restituição[57] do empréstimo compulsório. A matéria comporta polêmica. Entendemos que por analogia à repetição

---

56 Aliomar Baleeiro já sustentava a tese de que seria uma faculdade do Estado.

57 Havia discussão acerca da constitucionalidade da Lei n. 9.703/98, por se entender que ela traria um empréstimo compulsório disfarçado. Tal lei disciplina o depósito judicial e extrajudicial de tributos e contribuições federais. Antes, o depósito judicial era feito em uma instituição financeira, em geral a CEF ou Banco do Brasil. Após essa lei, o depósito judicial ou extrajudicial é feito na CEF, que transfere esses valores para a Conta Única do Tesouro. A Administração, então, passa a ter a disponibilidade sobre o montan-

de indébito, o prazo seria de 5 (cinco) anos. Uma segunda corrente entende que se aplica o prazo de 5 anos, mas com fundamento no art. 76 do CTN. Uma terceira corrente, defendida pelo professor Pedro Barreto, a quem rendemos nossas homenagens, é no sentido de que a pretensão é imprescritível, pois a prescrição é matéria de ordem pública, devendo ser prevista em lei complementar. Uma quarta corrente defende a aplicação do Decreto n. 20.910, e, assim, o prazo seria de 5 anos.

De outro lado, as **causas imediatas**, que são aquelas especificadas nos incisos I e II do art. 148 da CRFB, a saber:

INCISO I – para atender a despesas extraordinárias, decorrentes de calamidade pública, de guerra externa ou sua iminência.

Vale destacar aqui a diferença entre hipótese de incidência e hipótese permissiva ou autorizativa. Quando a Constituição não prevê o fato gerador (hipótese de incidência), mas simplesmente diz que o fato gerador virá previsto na lei complementar, na verdade os acontecimentos elencados (guerra, calamidade) são apenas as causas legitimadoras do empréstimo compulsório; caso a calamidade pública ou a guerra[58] ocorram, a União poderá, por meio de lei complementar, instituir empréstimo compulsório elegendo qualquer fato gerador. Vale destacar que na hipótese presente nesse inciso, em função da urgência, não há necessidade de se obedecer ao disposto no art. 150, III, da CRFB, ou seja, não é necessário observar a anterioridade.

INCISO II – no caso de investimento público de caráter urgente e de relevante interesse nacional, observado o disposto no art. 150, III, b.

Observe-se que apesar de esse inciso prever hipótese de investimento público de caráter urgente, nele figura a exigência da observância do princípio da anterioridade. Parece ser contraditório o fato de o inciso II exigir a observância da anterioridade e o inciso I não fazê-lo. Entendemos que realmente há contradição, já que ambos tratam de necessidades urgentes; assim considerando, o inciso II não deveria existir, pois se é possível esperar até o ano seguinte, é porque não há, de fato, urgência. No entanto, a doutrina majoritária discorda deste posicionamento, por entender que em caso de guerra ou de calamidade, o Estado não pode esperar. Assim podemos dizer que o empréstimo compulsório instituído para atender a

---

te que está sendo discutido, podendo usar tais valores. Na ADI 1.933/DF, proposta pelo CFOAB, o STF manteve o entendimento da ADI 2.214-MC/MS.

58 Há que destacar a relação entre o empréstimo compulsório em caso de guerra e o imposto extraordinário em caso de guerra. Assim temos que quando a causa legitimadora for o inciso II, há necessidade de fato gerador novo. Na hipótese de guerra externa, nós podemos traçar um paralelo com a norma do art. 154, II, da CF. O art. 154, II, que trata do imposto extraordinário, dispõe que pode ser ou não da competência da União. Então, o inciso I não exige fato gerador novo, mas no inciso II, além de ser observado o princípio da anterioridade, o fato gerador deverá ser novo. Aqui não é permitido nem o *bis in idem* nem a *bitributação*.

investimento público de caráter urgente e relevante interesse nacional só poderá ser cobrado a partir do 1º dia do exercício financeiro seguinte.

Em síntese, temos que não se deve confundir o fato gerador com as hipóteses constitucionais permissivas para que o empréstimo compulsório seja instituído por lei complementar. Assim, o fato gerador desse tributo não é a calamidade, a guerra externa ou o investimento público de relevante interesse nacional. Essas hipóteses não geram por si só o dever de pagar o tributo, mas permitem que a União institua o empréstimo compulsório. Reforçamos então a ideia de que a ocorrência de guerra externa, de calamidade pública que enseje a necessidade de gerar recursos para suprir as despesas extraordinárias, ou a realização de investimentos públicos urgentes que tenham relevante interesse nacional são hipóteses de criação do empréstimo compulsório e não o fato gerador do tributo. Nesses casos o Congresso Nacional terá a faculdade de editar uma lei que autorize a cobrança de empréstimos compulsórios.

4.4.4.4 Sujeito Passivo

Uma vez instituído o empréstimo compulsório pela União por meio de lei complementar, qualquer pessoa dentro do território nacional está sujeita a pagá-lo.

4.4.4.5 Discussão quanto à Natureza Jurídica

O empréstimo compulsório sempre gerou polêmica na doutrina, já que sua própria nomenclatura é atípica, pois se é um empréstimo, não poderia ser compulsório. Por isso, havia o entendimento de que a natureza do empréstimo compulsório era a de um contrato de mútuo[59] regido pelo Direito Público; depois um contrato coativo compulsório, culminando com a edição da Súmula 418 do STF que dizia não ser o empréstimo compulsório tributo. Após a adoção, pelo STF, da teoria pentapartite, a Súmula perdeu sua eficácia e o empréstimo compulsório assumiu o caráter de tributo. A doutrina questiona o fato de ser o empréstimo compulsório tributo e ter a sua arrecadação devolvida. Diante desse fato, o entendimento que prevalece é que o referido tributo seria uma exceção à regra de que a receita[60] tem um ingresso definitivo nos cofres públicos. Assim, a doutrina sustenta que é tributo, porque: a) ele preenche todos os requisitos do art. 3º do CTN[61]; b) está

---

59 Para José Afonso da Silva, o empréstimo compulsório é contrato público.

60 Para Luciano Amaro, nem só de efetivas receitas cuida o Direito Tributário, pois o empréstimo compulsório, embora configure ingresso ou entrada financeira, abrangido na noção de tributo, não é receita no sentido de recurso financeiro que acresça ao patrimônio público, sem contrapartida do dever de devolução.

61 O STJ (EREsp 692.708-RS) entendeu que: "A relação jurídica decorrente do empréstimo compulsório é única, dotada de natureza tributária, quer sob a perspectiva do pagamento, quer sob o ângulo da devolução, devendo observância a todas as garantias próprias dos créditos dessa natureza. A prestação que o Estado percebe do contribuinte por força do empréstimo compulsório é tributo, como já reconheceu o STF em diversas oportunidades. Da mesma forma, o crédito que o contribuinte recebe do Estado em devolução também tem natureza tributária. O art. 15 do CTN estabelece que a lei que instituir o empréstimo

topograficamente localizado dentro do Sistema Tributário Nacional; c) obedece ao princípio da legalidade e da anterioridade tributária; d) o que o Estado vai fazer depois com o produto da arrecadação é matéria não adstrita ao Direito Tributário, mas, sim, ao Direito Financeiro.

Em síntese, temos que no Direito Financeiro defendia-se a tese de tratar-se de contrato coativo de mútuo e por isso o empréstimo compulsório era instrumento de crédito público, classificado como receita de capital. Chegou a ser sustentada pela Fazenda Nacional no regime constitucional anterior, adotando inclusive a **Súmula 418 do STF**, que foi cancelada em face do advento da Constituição de 1988 que admitiu a natureza tributária do empréstimo compulsório. Vale dizer que além da teoria que admitia ser o empréstimo compulsório um contrato coativo de mútuo, outros a viam como requisição de dinheiro semelhante às requisições militares (Gaston Jezè e Fonrouge); como misto de imposto e mútuo (Maurício Duverger e Aufenburger) ou afirmavam ser tipicamente tributária (Aliomar Baleeiro, Geraldo Ataliba e Alfredo Becker).

É importante destacar que a relação jurídica inerente aos empréstimos compulsórios é semelhante aos impostos, pois possuem caráter de tributo *contributivo* e não retributivo como as taxas e a contribuição de melhoria. Podemos dizer assim que os impostos são classificados como: *1ª geração* de tributos, pois são instituídos para os fins básicos (genéricos) da Administração e pagos de forma contributiva; as taxas e a contribuição de melhoria como *2ª geração*, pois são instituídas com a finalidade de retribuir a Administração Pública o dinheiro público gasto, daí serem chamados de retributivos. Por fim, os empréstimos compulsórios e as contribuições especiais, classificados como *3ª geração*, pois são de caráter contributivo para fins específicos, ou seja, a receita que é gerada com o pagamento desses tributos está por força constitucional afetada, diferente dos impostos que se destinam a fins genéricos e não podem, como regra, ter sua receita afetada (art. 167, IV, da CRFB/88).

4.4.4.6 Âmbito de Incidência – Territorialidade

Ainda que se trate de uma calamidade meramente local, todo o Brasil poderá será enquadrado na hipótese de tributação. O fundamento para assegurar tal cobrança é o princípio da solidariedade.

4.4.4.7 Restituição do Empréstimo Compulsório

Por se tratar de um empréstimo, ainda que de natureza compulsória, qualquer pessoa que pagou esse tributo terá o direito a restituição. Não obstante a Constituição e o CTN não estipularem uma regra para o sistema de devolução, o

---

compulsório fixará, obrigatoriamente, o prazo do empréstimo e as condições de seu resgate, devendo ser observadas, no que for aplicável, as disposições do CTN.

constituinte assegurou a sua devolução. Isto porque com o aparecimento do evento que ensejará a instituição do empréstimo compulsório, não se sabe, ao menos de início, o quanto será gasto, por qual período será necessário, em que momento será essa restituição. Por isso, quem vai disciplinar como será restituído é a lei complementar instituidora.

Por fim é importante lembrar que o empréstimo compulsório não deve ser confundido com o imposto extraordinário que também pode ser instituído em caso de guerra, não se submetendo à reserva de lei complementar. Esse imposto também de competência da União está previsto no art. 154, II, da CRFB/88, *in verbis*: *na iminência ou no caso de guerra externa, impostos extraordinários, compreendidos ou não em sua competência tributária, os quais serão suprimidos, gradativamente, cessadas as causas de sua criação.*

Ressalte-se, por fim, que a instituição de um não exclui a do outro, ou seja, em caso de guerra poderão ser instituídos ambos os tributos.

4.4.5 Contribuições Especiais[62]

Inicialmente cabe esclarecer que, embora a nomenclatura de contribuições parafiscais[63] ainda seja usada, entendemos que essa terminologia não é a mais adequada para classificar o gênero das contribuições. A dinâmica que esse tributo (contribuições) sofreu ao longo do tempo e a sua evolução no Direito brasileiro, em especial com a criação da CPMF (já extinta) e da contribuição de iluminação pública (art. 149-A, inserido pela EC n. 39/2002), não comporta mais essa classificação. Assim, para efeitos didáticos, achamos melhor chamá-las de *contribuições especiais*, conforme ainda veremos, quando tratarmos das espécies de contribuições. Deixaremos para abordar as espécies de contribuição no item próprio, analisado mais adiante.

Encontramos na Constituição alguns dispositivos que trazem os principais fundamentos para a instituição das referidas contribuições especiais. São eles: arts. 149, 177, 195, 239 e 240, todos da CRFB, e o art. 217 do CTN. Com o advento da EC 132/23 fica instituída a contribuição sobre bens e serviços (CBS) nos termos de lei complementar (art. 195, V, da CF/88).

Quanto à definição[64] e natureza das contribuições, o tema comporta polêmica, já que se trata de uma verdadeira anomalia no Direito Tributário brasileiro. Para

---

62 Com a edição da Lei n. 13.467/2017 a contribuição sindical deixou de ser obrigatória. Veremos adiante um comentário mais aprofundado sobre o tema.

63 A expressão "contribuições parafiscais" está em desuso pois, atualmente, temos tanto contribuições destinadas a outras entidades como destinadas à própria Administração, sem que se possa estabelecer, entre elas, qualquer distinção no que diz respeito à sua natureza ou ao regime jurídico a que se submetem. Ser ou não parafiscal, agora, é uma característica acidental. Nesse sentido Leandro Paulsen, op. cit., p. 123.

64 Para Luciano Amaro, as chamadas contribuições (sociais, econômicas e corporativas) têm como característica a destinação a determinada atividade, exercitável por entidade estatal ou paraestatal, ou por entidade não estatal reconhecida pelo Estado como necessária ou útil à realização de uma função de inte-

Torres[65], que adota a teoria quadripartite para a classificação das espécies tributárias, as contribuições são tributos devidos pela realização de serviço ou obra pública indivisível em favor de determinado grupo social, de que decorra benefício especial para o cidadão que dele participa. A palavra contribuição[66] deriva do latim *contributione*, que significa ato ou efeito de contribuir. No âmbito do Direito as contribuições, que possuíam destinação específica, passaram por uma discussão quanto ao fato de terem, ou não, natureza tributária. Isto porque, com o passar dos tempos, as atividades estatais assumiram novas dimensões, e o Estado passou a intervir na ordem social[67], bem como no domínio econômico. Por isso, o Estado criou entidades chamadas de paraestatais, ou seja, fora de sua estrutura direta (interna), com o objetivo de descentralizar essas atividades, que cresciam cada vez mais. Contudo, por uma questão de ordem financeira, as entidades paraestatais precisavam ser financiadas com recursos para suprir suas despesas e, nesse sentido, o Estado achou por bem recorrer à coletividade, dela cobrando as chamadas contribuições. A expressão "contribuições parafiscais" surgiu então porque visavam dotar de receita cofres que não integravam diretamente a Administração Pública.

Antes da edição do CTN, o STF entendia que as contribuições parafiscais não possuíam natureza tributária. Contudo, com o advento do referido Código, e em razão do Decreto-Lei n. 27/66, que acrescentou o art. 217 ao CTN, trazendo as contribuições para o âmbito do Direito Tributário, o Supremo adotou o entendimento de que elas passaram a ter natureza tributária, caso contrário não estariam inseridas no Código Tributário Nacional. Assim, podemos dizer que, de 1966 (com o advento do CTN) até 1977, elas tinham natureza tributária, pois, com a EC n. 8/77, houve uma reforma na competência legislativa da União que despertou nova discussão. Isto porque um determinado dispositivo previa a competência legislativa da União para legislar sobre tributos e, em outro dispositivo diverso, era prevista a competência da União para dispor sobre contribuições. Afirmava-se que a simples dicotomia dos artigos no mesmo texto foi suficiente para que o STF entendesse que as contribuições teriam perdido sua natureza tributária, adquirida com o

---

resse público. Para Geraldo Ataliba, a contribuição é um tipo de tributo caracterizado pela circunstância de seu fato gerador ser uma atividade estatal, indiretamente referida ao obrigado (*Hipótese de incidência tributária*. São Paulo: Revista dos Tribunais, 1990, p. 147).

65   TORRES, Ricardo Lobo. *Curso de direito financeiro e tributário*. 19ª ed. São Paulo: Saraiva, 2013. p. 98.

66   Historicamente, o marco inicial das contribuições no Brasil foi o DL n. 4.682/2023, conhecido como Lei Eloy Chaves, que autorizava a criação de Caixas de Aposentadoria e Pensão para os empregados das empresas de estrada de ferro, medida esta que, depois, acabou sendo estendida às empresas portuárias e de navegação. Essa contribuição era financiada pelos empregados, com 3% sobre os vencimentos, contribuição anual da empresa (1% de sua receita bruta) e os valores decorrentes de um aumento de 1,5% sobre as tarifas de estrada de ferro. Esse complemento, pago pelos usuários, foi denominado pelo Decreto n. 20.465, de 1931, "quota de previdência", e designado como a parte da União no financiamento da Previdência Social. Posteriormente, o acréscimo de tarifa foi estendido a todas as empresas de serviços públicos.

67   A partir da Constituição Mexicana de 1917 e da Constituição de Weimar (Constituição alemã), os direitos sociais passaram a assumir papel de relevância no cenário internacional.

advento do CTN em 1966. Assim, em função da Emenda n. 8/77, o STF entendeu, em síntese, que como as competências vêm previstas em dispositivos diversos[68], as contribuições não teriam mais natureza tributária. Em que pese o entendimento do STF à época, entendemos que tal fundamento não seria suficiente para retirar a natureza tributária das contribuições, pois a intenção da reforma foi somente retirar as contribuições de um inciso e colocar em outro, sem importar o aspecto topográfico. Com o advento da CRFB, que expressamente prevê as contribuições especiais no capítulo que trata do Sistema Tributário Nacional (art. 149), ela passou novamente, a nosso entender de forma inequívoca, a ter natureza tributária. Vale ressaltar, contudo, que a Constituição de 1988 foi promulgada em um momento político em que, basicamente, as contribuições sociais eram de natureza previdenciária. Isto porque essa Constituição encontrou uma previdência quebrada, uma verdadeira crise no sistema previdenciário brasileiro, que, diga-se de passagem, se arrasta até os dias atuais.

Em sentido oposto, vale destacar a posição de Marco Aurélio Greco[69], que diverge da maioria da doutrina, sustentando que o art. 149 da Constituição da República apontaria para uma natureza não tributária das contribuições.

O autor usa como argumento o fato de que se o art. 149 determina que seja aplicada a disciplina típica do Direito Tributário, isto é, se manda aplicar as normas gerais de Direito Tributário, se impõe limitações da legalidade, anterioridade e irretroatividade para as contribuições, é porque elas não estão dentro do âmbito tributário. Significa dizer que não pertencem a este gênero, pois se estivessem ali inseridas, não seria necessário mandar que se observassem tais ou quais regras e critérios. Se a intenção fosse dar-lhes a natureza tributária, bastaria incluir um item IV ao art. 145, e toda a sistemática e regime tributário seriam, automaticamente, de observância obrigatória. Ou então, bastaria ao legislador determinar a aplicação integral do regime tributário e prever as exceções que julgasse pertinentes, como faz com os impostos.

4.4.5.1 Técnicas de Validação das Contribuições Especiais

Embora entendamos que a natureza das contribuições seja tributária, e não obstante a tese adotada por Greco[70], conforme exposta anteriormente, quanto à natureza das contribuições, não seja a majoritária, corroboramos as técnicas citadas pelo autor para a validação das contribuições especiais. As contribuições especiais podem adotar a técnica de validação de duas formas: a condicional e a finalística.

---

68 Para alguns, é por isso que o art. 2º, § 9º, da Lei n. 6.830/80 remete à Lei n. 3.807/60 (Lei Orgânica da Previdência à época), sendo que esta lei dispunha que a prescrição para essas contribuições é trintenária.

69 GRECO, Marco Aurélio. *Contribuições (uma figura "sui generis")*. São Paulo: Dialética, 2000, p. 80-81.

70 GRECO, Marco Aurélio. Op. cit., p. 118.

a) Validação condicional. Nesta classificação, leva-se em conta a norma constitucional, que se preocupa em prever as situações como condição necessária e imprescindível para determinar as hipóteses de incidência de cada tributo, condicionando a validade da exigência do tributo à ocorrência do fato gerador que foi qualificado pela Constituição, como por exemplo a previsão contida no art. 195, I, *a*, *b* e *c*. Significa dizer que a incidência desse tributo está condicionada à exteriorização da situação jurídico-econômica para o custeio do sistema da previdência social.

b) Validação finalística. Neste caso, a edição da norma jurídica já pressupõe o alcance de um determinado resultado. Aqui, diferentemente da hipótese anterior, a finalidade da norma é modificar a realidade concreta. A Constituição da República indica uma finalidade a ser atingida, passando a ser este o parâmetro de validade da exigência. Podemos citar, como exemplo, a instituição de novas contribuições sociais, cuja finalidade seja a manutenção ou expansão da seguridade social, na forma do art. 195, § 4º, da Constituição de 1988.

4.4.5.2 Parafiscalidade e Extrafiscalidade nas Contribuições

A diferença entre a parafiscalidade e a extrafiscalidade sempre desperta dúvidas no Direito Tributário, ainda mais quando se trata de contribuições que, por si só, já são peculiarmente controvertidas. A parafiscalidade tem como finalidade a obtenção de recursos para objetivos que não são tipicamente estatais, mas da sociedade, como a saúde, a educação, a previdência etc., dotando de receita cofres que não pertencem à Administração Pública direta.

Quando vimos anteriormente um breve histórico das contribuições, pudemos observar que a partir do momento que o Estado Social de Direito passou a desenvolver, no final do século XIX, uma atividade que não era tipicamente estatal, assumiu um papel que antes não existia. Começou então a investir em assistência social, saúde, previdência (seguridade social), educação etc. Ocorre que, para desempenhar tal papel, fez-se necessária a obtenção de novas fontes de recursos, ou seja, das contribuições parafiscais.

Nesse sentido, as contribuições em tela possuíam três *características básicas*, a saber: a) destinação paraestatal dos recursos arrecadados, pois os recursos não eram destinados às despesas genéricas do Estado, por isso alguns autores negarem sua natureza tributária; b) gestão por uma entidade diversa do Estado, como, por exemplo, o INSS; c) inclusão orçamentária e fiscalização rígida desses recursos pelo Estado, de modo a evitar o desvio de verba.

Para não nos tornarmos repetitivos, lembramos que já abordamos a classificação dos tributos quanto à finalidade: eles podem ser fiscais, extrafiscais e parafiscais. Então, a parafiscalidade consiste na atribuição, mediante lei, da capacidade tributária ativa a pessoa jurídica que será a destinatária do produto da arrecadação. Essa pessoa arrecada, fiscaliza e ainda fica com o produto dessa arrecadação. A parafiscalidade se refere ao fato de órgão "paralelo" à Administração Pública direta gerir (fiscalizar e arrecadar) um tributo específico, aplicando a arrecadação na finalidade para a qual ele foi criado. Essa expressão teve origem em 1946 (na França), no famoso caso do documento financeiro chamado de *Inventário Schumann*, elaborado pelo Ministro da Economia francês.

A origem do instituto esteve à época associada à desorganização que se instaurou em função das guerras e da necessidade urgente de se prover a coletividade de necessidades básicas de alimentação, assistência médica, enfim, demandas que exigiam presteza no seu atendimento e que não poderiam ser satisfeitas através de dotações orçamentárias normais, pois exigiam geração imediata de recursos. Já a extrafiscalidade é uma forma de se utilizar o tributo como meio de intervenção direta do Estado no domínio econômico. Através da extrafiscalidade, o Estado utiliza o tributo para outros objetivos que não a arrecadação propriamente dita, mas sim no sentido de estimular ou desestimular determinadas atividades, como é o caso da CIDE do Petróleo. Assim, parafiscalidade e extrafiscalidade são conceitos que não se confundem.

4.4.5.3 Finalidades das Contribuições

As Contribuições Especiais guardam algumas peculiaridades que as distinguem das demais espécies tributárias.

Em primeiro lugar, destinam-se a fomentar a dívida das estatais, não executada diretamente pelo Estado, mas sim por entes autônomos com personalidade jurídica própria. Os recursos não são destinados às despesas genéricas do Estado, e por isso alguns autores lhes negam a natureza de tributo, já que estão ligados a uma finalidade da sociedade. A teoria tripartite não concebe as contribuições sociais como tributos, de forma autônoma, com fato gerador próprio. Por isso, as classifica, conforme a destinação da receita, na maior parte das vezes considerando-as como verdadeiros impostos. As contribuições parafiscais (ou especiais) não têm fato gerador próprio, distinguindo-se pela destinação às finalidades. Têm fato gerador de imposto, inclusive repetindo os fatos geradores e bases de cálculos destes, mas são contribuições pela destinação ao setor da ordem social.

Em segundo lugar, elas visam a preencher os cofres dos entes autônomos, revertendo a sua arrecadação para um orçamento autônomo, distinto do orçamento comum da União Federal.

Por fim, as contribuições especiais, em regra, possuem natureza parafiscal, tendo como finalidade o desenvolvimento de atividades especializadas privadas.

4.4.5.4 A Referibilidade das Contribuições

Entendemos que a destinação legal do produto da arrecadação das contribuições é requisito inafastável para a sua caracterização e, sobretudo, para a sua constitucionalidade. Por isso, o Direito Financeiro, conforme vimos no Capítulo 1, também prevê a penalização dos responsáveis, mas não a invalidação do tributo.

Corroboramos a posição de Baleeiro[71], pois aqui a ausência do quesito referibilidade gera inconstitucionalidade, já que o legislador exigiu a vinculação quanto à destinação direta dos recursos ao órgão ou finalidade constitucionalmente determinados. Nesse sentido, a omissão do Estado no cumprimento dessa exigência compromete a validade da própria regra de tributação e, portanto, a invalidação da cobrança do tributo. Concluímos que caso o administrador altere a sua destinação ou finalidade, tal fato significa a criação de uma nova contribuição, que indiscutivelmente se sujeita ao exame de constitucionalidade.

4.4.5.5 O Fato Gerador das Contribuições

As contribuições não têm um fato gerador próprio, mas sim uma destinação própria. Em relação a essas contribuições, nós não vamos aplicar a regra do art. 4º, II, do CTN, que considera irrelevante a destinação legal do produto da arrecadação, mas sim somá-la à natureza do seu fato gerador. A estipulação dessas contribuições exigiu uma evolução na interpretação deste dispositivo, já que a destinação constitucional é que vai determinar a qual regime jurídico elas se encontram submetidas. Nesse sentido, não é o fato gerador das contribuições que as diferencia das demais espécies tributárias, conforme ocorre com os demais tributos, mas o seu critério constitucional que vincula as finalidades para as quais foram criadas. Entretanto, sendo as contribuições qualificadas pela finalidade, diferentemente do que ocorre com os impostos e com as taxas, que são qualificados pela materialidade do fato gerador, não há critério comum para um juízo de invasão de competência[72]. Através de uma análise mais atenta, perceberíamos a existência, nesse caso, de um *bis in idem* autorizado pela Constituição em função dessa finalidade específica prevista em relação às contribuições sociais. Temos como exemplo a contribuição social sobre o lucro líquido (CSSL), cujo fato gerador é o lucro líquido, ou seja, o acréscimo patrimonial da pessoa jurídica. Assim, verifica-se o mesmo fato gerador e a mesma base de cálculo do IRPJ e até mesmo do PIS. Isso somente é permitido, embora achemos uma aberração, porque é a finalidade específica que as contribuições visam a alcançar[73] que determinam a sua incidência. Este entendimento foi reconhecido pelo STF (RE 146.733), que, como dissemos, ousamos discordar.

Questão interessante é a hipótese de *bis in idem* levantada diante do disposto no § 4º do art. 195 da CRFB, que trata das novas contribuições remetendo ao art. 154,

---

71 Para Aliomar Baleeiro, sendo inexistente o gasto ou caso haja desvio do produto arrecadado para outras finalidades não autorizadas na Constituição, não há justificativa constitucional para o exercício da competência do ente tributante para legislar e arrecadar, possibilitando a repetição.

72 Nesse sentido, comungamos da posição de Leandro Paulsen (op. cit., p. 144).

73 Se, para fins de viabilização operacional da contribuição, for previsto fato gerador ou base de cálculo idênticos aos de impostos e se, nesta formulação, estiverem atendidos os requisitos de compatibilidade com a finalidade, a superposição em relação fato gerador e base de cálculo de impostos será uma "eventualidade", mas não uma "inconstitucionalidade". Inconstitucionalidade haverá se os critérios, parâmetros e requisitos ligados à aferição da compatibilidade finalista estiverem desatendidos (Marco Aurélio Greco).

I, também da CF. Entendemos que o disposto nesse artigo deve ser desmembrado, ou seja, a remissão ao art. 154 é apenas em relação à observância de lei complementar. Quanto à segunda parte do referido artigo, o STF (RE 146.773) já se posicionou no sentido de que a parte final do inciso I não vale em relação às contribuições. É uma regra geral proibitiva do *bis in idem*. A remissão ao art. 154, I, ocorre somente porque o art. 195, § 4º, trata também da competência residual.

4.4.5.6 Competência para Instituição das Contribuições

Em regra, as contribuições são **instituídas pela União** (ver item 4.4.5.7), através de **lei ordinária**[74], conforme dispõe o art. 149 da CRFB.

A EC n. 103/19 alterou o § 9º do art. 195 da CRFB, assim dispondo: *"As contribuições sociais previstas no inciso I do* caput *deste artigo poderão ter alíquotas diferenciadas em razão da atividade econômica, da utilização intensiva de mão de obra, do porte da empresa ou da condição estrutural do mercado de trabalho, sendo também autorizada a adoção de bases de cálculo diferenciadas apenas no caso das alíneas "b" e "c" do inciso I do* caput."

Vale ressaltar que a EC 132/23 atuou substancialmente na reforma da tributação sobre o consumo de bens e serviços ao criar o IVA Dual: a CBS de competência da União (nacional) e o IBS de competência compartilhada entre os estados e municípios (subnacional). Nesse sentido, o art. 195, V, estabelece a competência da União para instituir a contribuição sobre bens e serviços (CBS), nos termos de lei complementar. Contudo, o § 15 do referido artigo prevê que a alíquota da CBS poderá ser fixada por lei ordinária.

4.4.5.7 Competência dos Estados para Instituir Contribuições Sociais

A despeito da competência exclusiva delineada no *caput* do art. 149 da constituição, a Emenda Constitucional n. 103/2019 fez algumas alterações no referido artigo e, também, acrescentou diversos parágrafos. O tema será melhor explorado no capítulo que trata da competência tributária. Entendemos ser essa modalidade uma espécie de competência comum, atribuída aos demais entes federativos, desde que possuam regime previdenciário próprio.

4.4.5.8 Espécies de Contribuições

Já ressalvamos que preferimos adotar como gênero a expressão *contribuições especiais ou sociais em sentido amplo*, isto porque não podemos dizer, por exemplo, que a contribuição de iluminação pública é uma contribuição social ou parafiscal, considerando que a sua arrecadação integra os cofres dos Municípios e do Distrito Federal. Assim, como as classificações quanto às contribuições são polêmicas, resolvemos adotar a classificação dada pelo STF, quando do julgamento do RE

---

74 Em regra, porque o art. 195, § 4º, da CRFB prevê que novas contribuições sejam instituídas por lei complementar.

138.284-8/CE, e acrescemos a contribuição de iluminação pública que não existia à época do julgado. Assim, temos as seguintes espécies de contribuições especiais:

I – contribuições corporativas ou no interesse das categorias profissionais;

II – contribuição de intervenção no domínio econômico;

III – contribuição de iluminação pública;

IV – contribuições sociais (em sentido estrito), que se subdividem em:

a) contribuições para a seguridade social;

b) contribuições sociais gerais e;

c) outras contribuições sociais.

I – Contribuições para as Categorias Profissionais ou Econômicas (Corporativas)

Essas contribuições, criadas pela União, são instituídas no interesse dos corpos representativos das categorias profissionais ou econômicas, com o objetivo de financiá-las. Ex.: o CRM, CREA. A arrecadação é destinada a essas entidades, que representam e fiscalizam os segmentos profissionais e econômicos, como forma de financiá-los. Assim temos as chamadas contribuições-anuidade e a contribuição sindical.

a) Quanto às Contribuições Sindicais

A matéria sempre despertou polêmica. Antes da reforma trabalhista, o STF havia considerado inconstitucional a cobrança assistencial, uma vez que o imposto sindical ainda vigorava. Com o advento da Lei n. 13.467/2017, denominada Lei da Reforma Trabalhista, foi retirada da obrigatoriedade da contribuição sindical. A matéria foi enfrentada pelo STF e o Tribunal decidiu manter o fim da contribuição sindical obrigatória. Diante dessa decisão em que os ministros consideraram que a nova norma não desrespeita a Constituição, com a reforma trabalhista a cobrança passou a ser facultativa[75]. Contudo, em setembro de 2023, o STF entendeu válida a contribuição assistencial aos sindicatos a ser cobrada de empregados, ainda que não sejam sindicalizados. Não se trata da volta da obrigatoriedade do chamado imposto sindical, que passou a ser facultativo com a reforma trabalhista de 2017. A contribuição assistencial, no entanto, só poderá ser cobrada de empregados não sindicalizados se for acertada em acordo ou convenção coletiva dos trabalhadores da categoria e se os trabalhadores não filiados derem o aval expresso à cobrança.

O art. 8º, IV, da CRFB trazia duas contribuições adstritas às entidades sindicais: *a primeira*, a **contribuição sindical** (que era a nova versão do antigo imposto

---

[75] Com a perda da validade da MP 873/19, a contribuição sindical será devida na forma como estabeleceu a Lei 13.467/17 (reforma trabalhista). Portanto, com a perda da eficácia jurídica da MP os empregadores passam a ser obrigados a efetuar o desconto da contribuição sindical em folha de pagamento, desde que haja autorização expressa (por escrito) por parte do empregado ou profissional liberal.

sindical, uma vez instituída por lei), que tinha natureza tributária e, portanto, era cobrada de todos os trabalhadores. Já a segunda, ou seja, a **contribuição confederativa**, não possui natureza tributária, pois é facultativa (obrigatória somente para os filiados ao sindicato), instituída pela assembleia e, portanto, não se submete aos princípios constitucionais tributários. De acordo com a **Súmula 666 do STF**, *a contribuição confederativa do art. 8º, IV, da CRFB, só é exigível dos filiados ao sindicato respectivo*, corroborando o entendimento de que não possui natureza tributária e, por isso, é facultativa. Da mesma forma a **Súmula 396 do STJ**: *A Confederação Nacional da Agricultura tem legitimidade ativa para a cobrança da contribuição sindical rural.*

b) As Contribuições-Anuidade

Estas contribuições visam dotar de receita as entidades de classes (conselhos regionais)[76], cujas atividades são consideradas de interesse público. Vale destacar que a diferença entre as contribuições sociais gerais e as contribuições para o interesse das categorias profissionais é que naquelas o Estado arrecada recursos para atender às despesas sociais. Já no interesse das categorias profissionais (que presta serviços a seus associados) o interesse primário é da própria categoria e o interesse público passa a ser considerado como secundário.

São as contribuições para o CRC, CRM, CREA. Contudo, discute-se quanto à natureza jurídica da OAB. Prevalece o entendimento, no STJ, de que as contribuições de Conselho de Classe para a OAB não têm natureza tributária, por ser uma autarquia de regime especial *sui generis*. Nesse sentido, como a contribuição da OAB não tem natureza tributária, não se deve falar em competência tributária desta entidade, tampouco em capacidade tributária ativa. Por esses fundamentos a cobrança da referida contribuição se dará na forma da Lei Processual Civil, e não pela Lei de Execução Fiscal. O STJ (REsp 915.753/RS) assim apreciou a matéria:

> OAB. ANUIDADE. NATUREZA JURÍDICA NÃO TRIBUTÁRIA. A OAB possui natureza de autarquia especial ou *sui generis*, pois, mesmo incumbida de realizar serviço público, nos termos da lei que a instituiu, não se inclui entre as demais autarquias federais típicas, já que não busca realizar os fins da Administração. As contribuições pagas pelos filiados à OAB não têm na-

---

76 Os Conselhos Profissionais em geral são uma espécie do gênero contribuições especiais, ou seja, de natureza tributária e se coaduna com o entendimento de que a natureza jurídica dessas entidades é de autarquia de regime especial, daí o verbete 66 do STJ. Polêmica maior surge em relação à contribuição referente à OAB. A 1ª Turma entende que a OAB tem natureza de autarquia sob o regime especial, e que suas contribuições têm natureza parafiscal, e, portanto, tributária, daí se utilizar da LEF para a execução de seus créditos. Por outro lado, a 2ª Turma entende que a OAB é autarquia *sui generis*, diferindo assim das demais entidades profissionais, não tendo suas contribuições natureza tributária e, portanto, não seguem o rito elencado pela LEF. O STJ tem uniformizado o entendimento esposado pela 2ª Turma. Já o STF, julgando a ADI 1.717-6, entendeu pela inconstitucionalidade do art. 58 da Lei n. 9.649/98, que passou a considerar os referidos Conselhos pessoas jurídicas de direito privado, esposando no julgado ideia de que o serviço de fiscalização constitui atividade típica do Estado, envolvendo, também, o exercício do poder de polícia e do poder de tributar.

tureza tributária. As cobranças das anuidades da OAB, por não possuírem natureza tributária, seguem o rito do CPC, e não da Lei n. 6.830/80.

O STJ (REsp 963.115/RS) reafirmou a natureza tributária das demais contribuições para os conselhos profissionais, exceto para a OAB. Vejamos a ementa do julgado:

> As contribuições para os Conselhos Profissionais, à exceção da OAB, possuem natureza tributária. O fato gerador da contribuição decorre de lei, na forma do art. 97 do CTN. (Princípio da Legalidade). O fato gerador da anuidade dos farmacêuticos está definido no art. 22 da Lei n. 3.820/60, de seguinte teor: *"O profissional de Farmácia para o exercício de sua profissão, é obrigado ao registro no Conselho Regional de Farmácia a cuja jurisdição estiver sujeito, ficando obrigado ao pagamento de uma anuidade ao respectivo Conselho Regional até 31 de março de cada ano, acrescida de 20% (vinte por cento) de mora, quando fora desse prazo"*.

No âmbito do STF (ADI 3.026/DF), assim entendeu o Tribunal:

> A Lei n. 8.906, art. 79, § 1º, possibilitou aos "servidores" da OAB, cujo regime outrora era estatutário, a opção pelo regime celetista. Não procede a alegação de que a OAB sujeita-se aos ditames impostos à Administração Pública Direta e Indireta. A OAB não é uma entidade da Administração Indireta da União. A Ordem é um serviço público independente, categoria ímpar no elenco das personalidades jurídicas existentes no Direito brasileiro. A OAB não está incluída na categoria na qual se inserem essas que se têm referido como "autarquias especiais" para pretender-se afirmar equivocada independência das hoje chamadas "agências". Por não consubstanciar uma entidade da Administração Indireta, a OAB não está sujeita a controle da Administração, nem a qualquer das suas partes está vinculada. Essa não vinculação é formal e materialmente necessária. A OAB, cujas características são autonomia e independência, não pode ser tida como congênere dos demais órgãos de fiscalização profissional. A OAB não está voltada exclusivamente a finalidades corporativas. Possui finalidade institucional. Embora decorra de determinação legal, o regime estatutário imposto aos empregados da OAB não é compatível com a entidade, que é autônoma e independente. Improcede o pedido do requerente no sentido de que se dê interpretação conforme o art. 37, II, da Constituição do Brasil ao *caput* do art. 79 da Lei n. 8.906, que determina a aplicação do regime trabalhista aos servidores da OAB. Incabível a exigência de concurso público para admissão dos contratados sob o regime trabalhista pela OAB.

A Súmula **673 do STJ** prevê que: *"A comprovação da regular notificação do executado para o pagamento da dívida de anuidade de conselhos de classe ou, em caso de recurso,* *o esgotamento das instâncias administrativas são requisitos indispensáveis à constituição e execução do crédito".*

Por fim, ressaltamos a edição da **Súmula Vinculante 40 do STF**: *"A contribuição confederativa de que trata o art. 8º, IV, da Constituição Federal, só é exigível dos filiados ao sindicato respectivo".*

II – Contribuições de Intervenção no Domínio Econômico

A Contribuição de Intervenção no Domínio Econômico, de **competência exclusiva da União**, conforme prevê a regra genérica contida no art. 149, da CRFB, é conhecida como CIDE, e também chamada de *contribuição interventiva*. Esse tributo não possui um conceito técnico, devendo ser interpretado através dos princípios fundamentais previstos no art. 170, I a IX, da Constituição, que trata da Ordem Econômica e Financeira. Elas visam a incentivar a economia, o fomento de determinada atividade econômica, por isso o uso da nomenclatura *intervenção no domínio econômico* e o seu caráter de *extrafiscalidade*[77]. A CIDE tem, na verdade, o objetivo de reforço orçamentário de determinada atividade, como, por exemplo, a CIDE-combustíveis e o adicional ao frete para renovação da Marinha Mercante[78]. Contudo, várias outras CIDEs já foram criadas, tais como: a CIDE-*Royalties*, a Contribuição para o Instituto Brasileiro do Café e o Adicional de Tarifa Portuária, considerado como CIDE nos RREE 209.365-SP e 218.061-SP. O sujeito passivo da CIDE está restrito àqueles que integram cada setor respectivo, como, por exemplo, o segmento do petróleo, já que a intervenção só pode atingir setores determinados da atividade econômica.

Uma das mais famosas contribuições, com o advento da EC n. 32/2001, que deu nova redação ao art. 177, § 4º, da CRFB, é a CIDE relativa às atividades de importação ou comercialização de petróleo e seus derivados, gás natural e seus derivados e álcool combustível (CIDE do Petróleo). Cumprindo o mandamento constitucional, a Lei n. 10.336/2001 instituiu a CIDE do Petróleo. Vale destacar que o § 4º do art. 177 da CRFB prevê uma exceção à legalidade tributária, ao permitir que as alíquotas da CIDE possam ser reduzidas e restabelecidas, por ato do Poder Executivo. As alíquotas da CIDE do petróleo podem ser *ad valorem* (percentual sobre determinado valor – 10% sobre o valor da importação) ou fixas (alíquota fixa sobre uma unidade de medida; p. ex. um real por tonel). A CIDE não obedece à anterioridade comum, mas obedece à anterioridade nonagesimal.

A EC 132/23 introduziu uma nova destinação para as receitas arrecadadas através dessa contribuição, quando promoveu a inclusão da alínea "d", *in verbis*: "ao

---

77 A extrafiscalidade da CIDE difere um pouco da extrafiscalidade dos Impostos. Quando o Estado quer estimular a exportação, por exemplo, ele diminui o imposto de exportação, e caso contrário o aumenta. Na CIDE, a extrafiscalidade da intervenção se dá pela destinação do produto da arrecadação do tributo como forma de reforço orçamentário, como era o caso do Instituto do Açúcar e do Álcool (RE 158.208/RN, 1996) e do Instituto Brasileiro do Café.

78 Recomendamos a leitura da Emenda Constitucional n. 103, de 2019, que fez alterações nessa matéria.

pagamento de subsídios a tarifa de transporte coletivo de passageiros". O objetivo dessa alteração é aliviar os gastos orçamentários da União, dos Estados e dos Municípios nesta finalidade específica.

Por fim, ressaltamos a edição da **Súmula 516 do STJ**: *"A contribuição de intervenção no domínio econômico para o Incra (Decreto-Lei n. 1.110/70), devida por empregadores rurais e urbanos, não foi extinta pelas Leis n. 7.787/89, 8.212/91 e 8.213/91, não podendo ser compensada com a contribuição ao INSS".*

Natureza do SEBRAE

A contribuição para o Serviço Brasileiro de Apoio às Micro e Pequenas Empresas é cobrada de todas as empresas em razão do princípio da solidariedade, cuja finalidade é apoiar a formação da mão de obra do trabalhador. Ao nosso sentir a contribuição para o SEBRAE não se definiria como uma contribuição social geral (típica do Sistema "S"), caracterizando-se como uma Contribuição de Intervenção no Domínio Econômico. Nesse sentido se pronunciou o STF (AI-ED 518.082/SC):

> SEBRAE: CIDE. As contribuições do art. 149 da CF, contribuições sociais de intervenção no domínio econômico e de interesse de categorias profissionais ou econômicas, posto estarem sujeitas à lei complementar do art. 146, III, da CF, isso não quer dizer que deverão ser instituídas por lei complementar. A contribuição social do art. 195, § 4º, da CF, decorrente de "outras fontes", é que, para a sua instituição, será observada a técnica da competência residual da União: CF, art. 154, I, *ex vi* do disposto no art. 195, § 4º. Não se inclui, portanto, a contribuição do SEBRAE no rol do art. 240 da CF. Constitucionalidade da contribuição do SEBRAE. Constitucionalidade, portanto, do § 3º do art. 8º da Lei n. 8.029/90, com a redação das Leis n. 8.154/90 e 10.668/2003.

III – Contribuição de Iluminação Pública – Art. 149-A da CRFB

Trata-se de espécie tributária incluída no texto constitucional pela EC n. 39/2002, que previu que os Municípios e o Distrito Federal poderão instituir contribuição, na forma das respectivas leis, para o custeio do serviço de iluminação pública, observado o disposto no art. 150, I e III, da CRFB. O parágrafo único do art. 149-A faculta a cobrança da contribuição a que se refere o *caput*, na fatura de consumo de energia elétrica.

A constitucionalidade da Contribuição de Iluminação Pública (CIP ou CCIP ou COSIP, como são chamadas) é questionada pela doutrina, já que o serviço de iluminação pública que antes era cobrado mediante taxa (taxa de iluminação pública), foi declarado inconstitucional, por não ser um serviço específico e divisível. O STF entendeu (editando inclusive a **Súmula 670**) que tal serviço não poderia ser custeado por taxas. Por isso, entendemos que, sem alterar o fato gerador do tributo, não se poderia, ainda que por emenda constitucional, instituir de forma transversa uma "contribuição" para o custeio do serviço de iluminação pública, que poderia ser custeado pela receita geral dos impostos. Ademais, temos outros fundamentos que corroboram a tese. A CIP, quanto ao seu fato gerador, possui identidade de sua base de cálculo (consumo de energia elétrica) com a do ICMS incidente sobre a energia elétrica, e a finalidade da contribuição é dotar de receita determinadas pessoas, e não custear determinado serviço ou atividade, como é o caso da iluminação pública. E por fim, segundo os arts. 21, XII, *b*, e 22, IV, ambos da CRFB, cabe à União legislar privativamente sobre energia elétrica, não cabendo aos Municípios legislar sobre o tema. Assim, a Emenda Constitucional n. 39/2002 alterou a discriminação constitucional de competência e, nesse sentido, entendemos que se o ente federativo não pode legislar sobre o tema, não terá como exercer a competência tributária.

Por fim, entendemos que os sujeitos ativos são o Município e o Distrito Federal, ou seja, pessoas jurídicas de direito público. O fato de existir um agente arrecadador, como os bancos ou as concessionárias de energia elétrica, não altera a competência tributária. O destaque pela concessionária, na conta de energia elétrica, do valor da contribuição municipal não implica lançamento do tributo, já que o lançamento é ato privativo da autoridade administrativa (art. 142 do CTN).

Por outro lado, a previsão constante de algumas leis municipais de que, na hipótese de não pagamento, a concessionária informará ao Município o montante devido para que seja então inscrito em dívida ativa, também não se adequa às normas gerais de Direito Tributário. Na verdade, somente se poderá inscrever em dívida ativa o crédito (devidamente) constituído pela Administração através do lançamento, ou, ainda, em caso de confissão pelo contribuinte, o que dispensaria o lançamento.

Após a EC 123/23, a contribuição de iluminação pública passou a servir para o custeio, a expansão e a melhoria do serviço de iluminação pública e de sistemas de monitoramento para segurança e preservação de logradouros públicos. Significa dizer que a sua finalidade foi ampliada.

IV – Contribuições Sociais (em sentido estrito)

Essas contribuições têm por objetivo custear os gastos do Estado com o atendimento das medidas relativas à ordem social e aos direitos sociais previstos no art. 6º da CRFB. Todos os gastos dos Estados no campo dos direitos e da ordem social podem ser custeados pelas contribuições sociais, que se dividem em: a) contribuições para a seguridade social; b) contribuições sociais gerais; c) outras contribuições sociais.

a) Contribuições para a Seguridade Social[79]

As contribuições para a seguridade social[80], como o próprio nome já diz, são destinadas à manutenção e à expansão da seguridade social, que alcança a Previdência Social, a Assistência Social e a Saúde.

---

79 Até o fechamento da presente edição estava em trâmite no Congresso a Reforma Constitucional da Previdência.

80 Recomendamos a leitura da ADI 3.105-8: Inconstitucionalidade. Seguridade social. Servidor público. Vencimentos. Proventos de aposentadoria e pensões. Sujeição à incidência de contribuição previdenciária.

A **Saúde** é direito de todos e dever do Estado, independentemente de contribuição, na forma do art. 196 da CRFB. Isso significa dizer que qualquer pessoa, independentemente de seu poder aquisitivo, tem direito ao atendimento na rede pública de saúde, mesmo que não recolha a referida contribuição[81]. A **Assistência Social**, prevista no art. 203 da CRFB, será prestada a quem dela necessitar, independentemente do recolhimento de contribuição pelo beneficiário. Contudo, diferentemente da saúde pública, nesse caso somente faz jus ao benefício as pessoas que não possuem condições financeiras.

A **Previdência Social** é uma forma de seguro *sui generis*, que exige filiação compulsória, sob a forma de regime contributivo, para o Regime Geral de Previdência Social. Destaque-se que a previdência brasileira possui dois regimes básicos, que são o Regime Geral de Previdência Social (RGPS) previsto nos arts. 149 e 195 da CRFB, e os Regimes Próprios de Previdência de Servidores Públicos (RPPS), autorizados pelo art. 149, § 1º.

Analisemos agora os incisos do **art. 195 da CRFB**, que trata do financiamento da Seguridade Social:

Inciso I – Do empregador, da empresa e da entidade a ela equiparada na forma da lei.

Segundo a redação original do texto constitucional, nem todas as empresas eram sujeitos passivos das contribuições; somente com a redação da EC n. 20/98 a controvérsia foi dirimida. As suas alíneas são assim dispostas:

Alínea a – contribuição incidente sobre a folha de salários e rendimentos.

A contribuição alcança a folha de salários (total da remuneração paga ao empregado) e toda a remuneração das pessoas que prestam serviços à empresa, independentemente de vínculo empregatício. Essa foi uma inovação da Reforma da Previdência, trazida pela EC n. 20/98. Antes da EC, nós tínhamos a possibilidade apenas da incidência dessa contribuição sobre folha de salários. Então, se a União quisesse instituir contribuição para a seguridade social devida pelas empresas, incidente sobre a remuneração dos empresários, do contribuinte individual, ela poderia? Sim, mediante edição de LC, mas a base não seria o art. 195, I, *a*, mas o § 4º, que prevê a competência residual.

Alínea b – contribuição incidente sobre a receita ou o faturamento.

A **COFINS** (cujo sujeito ativo indireto é a Receita Federal do Brasil) significa Contribuição para o Financiamento da Seguridade Social, incidente sobre a receita ou o faturamento; inicialmente, foi instituída pela LC n. 70/91[82]. Esta Contribuição

---

Ofensa a direito adquirido no ato de aposentadoria. Não ocorrência. Contribuição social. Exigência patrimonial de natureza tributária. Inexistência de norma de imunidade tributária absoluta.

81 Ver ADPF 672 e Emenda Constitucional n. 120, de 2022.

82 Essa contribuição sucedeu o FINSOCIAL como contribuição sobre o faturamento. Súmula 658 do STF: "São constitucionais os arts. 7º da Lei n. 7.787/89 e 1º da Lei n. 7.894/89 e da Lei n. 8.147/90, que

substituiu o FINSOCIAL, que foi instituído pelo Decreto-Lei n. 1.940/82 e recepcionado pela Constituição até a edição da LC n. 70/91, que criou a COFINS. Esta, por sua vez, encontra previsão no art. 195, I, *b*, e nas Leis n. 9.718/98, n. 10.276/2001 e n. 10.833/2003, e já sofreu diversas alterações, como, por exemplo, as previstas pelas Leis n. 10.865/2004, 10.925/2004 e 10.996/2004. Indaga-se se a COFINS precisaria ser instituída por lei complementar e, nesse sentido, teríamos uma lei ordinária (9.718/98) alterando uma lei complementar (LC n. 70/91). Entendemos que a resposta é negativa.

O STF[83] já se posicionou no sentido de que todas as contribuições emanadas do *caput* do art. 195 podem ser instituídas por lei ordinária. Apesar do art. 149 c/c o art. 146, III, o STF já firmou entendimento de que o art. 146, III, cuida apenas das normas gerais do Direito Tributário já disciplinadas no CTN. Não seria necessária uma lei complementar específica para tais contribuições.

A interpretação dada pelo STF é de que tais normas gerais são as do CTN. Então, não é preciso instituir normas gerais sobre as contribuições por lei complementar; é suficiente o que está no CTN. Só se precisa de lei complementar para instituir as contribuições quando a União estiver ancorada na sua competência residual, ou seja, com base no art. 195, § 4º, da CRFB. Assim, se a COFINS pode ser instituída por lei ordinária, a lei complementar que a instituiu (LC n. 70/91) tem *status* material de lei ordinária. Isso porque não há hierarquia entre elas, apenas reserva de competência. Não obstante o posicionamento acima esposado, destaque-se que o STJ tem se manifestado em sentido contrário, entendendo indevida a revogação por lei ordinária[84].

Ressalte-se que o STF, ao examinar a COFINS, entendeu que esta contribuição é válida, apesar da semelhança que possui com a base de cálculo do PIS/PASEP, conforme dispõe o art. 3º, § 2º, da Lei n. 9.718/98, pois o suposto *bis in idem* seria criado pelo Poder Constituinte Originário.

Atenção: Com o advento da EC 132/23 esta alínea, ou seja, essa hipótese de incidência da COFINS passa a ser substituída pela contribuição de bens e serviços (CBS) na forma de lei complementar conforme dispõe o art. 195, V, da CF/88. O mesmo ocorre com a COFINS importação e o PIS.

Contribuições para o PIS/PASEP

As contribuições para o PIS (Programa de Integração Social), criado pela LC n. 7/70, são destinadas à promoção da **integração dos empregados** na vida e no

---

majoraram a alíquota do Finsocial, quando devida a contribuição por empresas dedicadas exclusivamente à prestação de serviços".

83 Por essa mesma razão o STF se manifestou favoravelmente à revogação, pela Lei n. 9.430/96, da isenção de PIS e COFINS prevista na LC n. 70/91, concedida às sociedades civis de profissão regulamentada. O Tribunal entendeu que a norma revogada, embora formalmente complementar, concedia isenção de tributo federal e, portanto, submetia-se à disposição de lei federal ordinária (RE 419.629-DF, rel. Min. Sepúlveda Pertence).

84 REsp 674.931/CE, rel. Min. José Delgado, e REsp 811.576/SP, rel. Min. Teori Albino Zavascki.

desenvolvimento das empresas. As contribuições para o PASEP (Programa de Formação do Patrimônio do Servidor Público), criado pela LC n. 8/70, são destinadas à formação do **patrimônio do servidor público**. Com a unificação em 1976, passaram a se chamar simplesmente PIS/PASEP e, com a Constituição de 1988, o art. 239 recepcionou essas contribuições como contribuições sociais (estabelecidas pela Lei n. 9.715/98, alterada pela MP n. 2.158-31, de 2001). Passou também a prever a destinação dos recursos arrecadados com essa contribuição para o FAT (Fundo de Amparo ao Trabalhador), para financiar o seguro-desemprego, que, apesar do disposto no art. 201, III, da CRFB, não é considerado benefício previdenciário.

Da mesma forma que a contribuição sobre os concursos de prognósticos, a COFINS e a CSLL, a fiscalização e administração da contribuição para o PIS/PASEP competem à Receita Federal do Brasil[85].

Atenção: Com o advento da EC 132/23 a contribuição para o PIS passa a ser substituída pela contribuição de bens e serviços (CBS) na forma de lei complementar conforme dispõe o art. 195, V, da CF/88. O mesmo ocorre com a COFINS importação e contribuição incidente sobre a receita ou o faturamento.

Alínea c – sobre o lucro.

É o caso da contribuição sobre o lucro líquido (CSLL); seu fato gerador é o auferimento de lucro líquido. Esta contribuição é de competência da União e é arrecadada pela Receita Federal do Brasil. Nesse caso, o STF entendeu que o fato de a referida contribuição ser arrecadada e fiscalizada por pessoa distinta do INSS não descaracteriza a natureza jurídica de contribuição social. Contudo, deve-se respeitar a destinação constitucional da sua arrecadação, para a finalidade para a qual foi criada. Existe uma diferença entre lucro, faturamento e folha de salário. O **lucro** é o resultado positivo da atividade econômica. **Faturamento** são todos os ingressos financeiros de uma empresa. **Folha de salários** é a soma dos salários recebidos por todos os empregados da empresa.

Inciso II – Do trabalhador e demais segurados da Previdência Social.

Essa espécie é a contribuição dos trabalhadores em geral para o RGPS. Destaque-se que antes da alteração pela EC n. 20/98 a redação original do dispositivo mencionava apenas a contribuição dos trabalhadores. Posteriormente, com a nova redação, passou a incidir sobre os demais segurados da Previdência Social.

---

85 O STF (RE 577.494/PR) entendeu que não ofende o art. 173, § 1º, II, da Constituição Federal (1) a escolha legislativa de reputar não equivalente a situação das empresas privadas com relação às sociedades de economia mista, às empresas públicas e suas respectivas subsidiárias exploradoras de atividade econômica, para fins de submissão ao regime tributário das contribuições para o PIS e para o PASEP, à luz dos princípios da igualdade tributária e da seletividade no financiamento da Seguridade Social. Para a Corte, é válida a cobrança da contribuição para o PASEP das estatais, ao passo que as demais empresas privadas recolhem para o PIS, tributo patrimonialmente menos gravoso. Não há inconstitucionalidade nessa diferenciação que justifique a apontada ofensa ao art. 173, no § 1º, II, da CF, de modo que é legítima a escolha legislativa de reputar como não equivalentes a situação das empresas privadas num cotejo com as estatais.

Atualmente, a redação dada pela Emenda Constitucional n. 103, de 2019, passou a prever expressamente a possibilidade de se adotar alíquotas progressivas de acordo com o valor do salário de contribuição, não incidindo contribuição sobre aposentadoria e pensão concedidas pelo Regime Geral de Previdência Social.

Nesse inciso em comento há uma atividade estatal específica em relação à pessoa do contribuinte, como, por exemplo, assistência médica, aposentadoria e pensão. Mas não há prestações estatais específicas e divisíveis relativas à pessoa do contribuinte, e por isso não é uma taxa. Contudo, é preciso haver a **referibilidade** vista na taxa, e que nas contribuições previdenciárias vai ganhar o nome de **caráter contributivo e atuarial**, que é a relação entre o que se paga e o benefício recebido na aposentadoria. Do contrário, vai ser tributo incidente sobre a renda. Caráter contributivo é o que caracteriza a previdência social, na qual só há benefícios se houver contribuição, e o caráter atuarial justamente se traduz nesse elo entre a contribuição e o benefício.

Inciso III – Sobre a receita de concursos de prognósticos.

Inicialmente, cabe esclarecer que a expressão "prognósticos" significa os jogos autorizados pelo Poder Público, como as loterias, ou seja, todo e qualquer concurso que envolva sorteio de números, apostas, incluindo as referentes às "corridas de cavalos". Esta contribuição foi instituída pela Lei n. 8.212/91 e tem como sujeito ativo a União, sendo administrada pela Secretaria da Receita Federal do Brasil. Ela tem por base o lucro líquido, porque é retirado o que se gastou com o prêmio, com as despesas da administração e com o programa de crédito educativo; por isso, não é sobre a receita bruta que será calculado o valor da contribuição.

Inciso IV – Do Importador de Bens ou Serviços do Exterior, ou de quem a lei a ele equiparar.

Esta contribuição foi criada por força da EC n. 42/2003, cabendo à lei definir sua hipótese de incidência, já que a Constituição não tratou de abordá-la com mais profundidade. A referida EC limitou-se a complementar o art. 149, § 2º, II, da Constituição de 1988, que prevê a incidência genérica sobre a importação de produtos e serviços. Essa contribuição é semelhante ao imposto de importação, pois possui diversas alíquotas, tendo como base de cálculo o valor aduaneiro; seu fato gerador é a entrada de bens estrangeiros no território nacional ou o pagamento, o crédito, a entrega ou a remessa de valores a residentes ou a domiciliados no exterior, como contraprestação por serviço prestado.

Atenção: com o advento da EC 132/23 este inciso, ou seja, essa hipótese de incidência da COFINS passa a ser substituída pela contribuição de bens e serviços (CBS) na forma de lei complementar conforme dispõe o art. 195, V, da CF/88. O mesmo ocorre com contribuição incidente sobre a receita ou o faturamento e o PIS.

b) Contribuições Sociais Gerais

O tema quanto à classificação das contribuições é controvertido. Assim, preferimos seguir a linha da jurisprudência do STF (RE 138.284-8/CE), ao dizer que são contribuições sociais gerais aquelas destinadas a outras atuações da União na área social. Elenca como exemplos o salário-educação (art. 212, § 5º, da CRFB) e as contribuições para os Serviços Sociais Autônomos (art. 240 da CRFB)[86]. São pautadas em algumas características: a) observam o princípio da universalidade; b) sujeitam-se à anterioridade nonagesimal ou mitigada, ou seja, submetem-se a cobrança após 90 dias após a data da publicação, conforme veremos em item próprio mais adiante; c) é concedida imunidade às entidades beneficentes de assistência social (art. 195, § 7º). Ressalte-se que adotamos o entendimento de que a expressão "isenção" continua, na Constituição, a ter natureza de imunidade; d) competência exclusiva da União.

Há, contudo, uma exceção, conforme dispõe o art. 149, § 1º. A princípio, a União tem competência exclusiva para instituir as contribuições sociais, mas em relação à contribuição social para a Seguridade Social, os Estados, o Distrito Federal e os Municípios, com a redação dada pela Emenda Constitucional n. 103, de 2019, instituirão, por meio de lei, contribuições para custeio de regime próprio de previdência social, cobradas dos servidores ativos, dos aposentados e dos pensionistas, que poderão ter alíquotas progressivas de acordo com o valor da base de contribuição ou dos proventos de aposentadoria e de pensões.

b.1) Salário-Educação

Essa contribuição foi efetivada pela Lei n. 9.424/96, que criou o Fundo de Manutenção e Desenvolvimento do Ensino Fundamental e de Valorização do Magistério, posteriormente alterada pela Lei n. 9.766/98, que criou o FUNDEB – Fundo de Manutenção e Desenvolvimento da Educação Básica e de Valorização dos Profissionais da Educação. Essa contribuição não tem vínculo salarial ou remuneratório com os empregados, mas apenas, como contribuição social que é, vai custear as ações estatais na área da educação, por isso ser chamado de salário-educação, pois, apesar de ser arrecadado pela Receita Federal do Brasil, é repassado ao FNDE – Fundo Nacional de Desenvolvimento da Educação, já que tal receita não se destina a custear a seguridade social.

A natureza do salário-educação[87] já despertou muita polêmica. O STF (RE 83.665) se pronunciou tanto pela constitucionalidade da legislação anterior à CRFB

---

86 EREsp 1.619.954-SC: As entidades dos serviços sociais autônomos não possuem legitimidade passiva nas ações judiciais em que se discute a relação jurídico-tributária entre o contribuinte e a União e a repetição de indébito das contribuições sociais recolhidas.

87 A aptidão para ser sujeito ativo de uma obrigação tributária não se confunde com competência tributária. O STJ (REsp 260.564/DF): "Salário-educação. Ilegitimidade passiva da União Federal. Em se tratando de contribuição para o salário-educação, compete ao INSS, agente arrecadador e, portanto, sujeito ativo da obrigação tributária nos termos do art. 119 do CTN, integrar o polo passivo da ação. A questão da constitucionalidade da cobrança da contribuição social a título de salário-educação não pode ser enfrenta-

e sua recepção, como pela constitucionalidade da Lei n. 9.424/96. Inicialmente, a Corte Suprema identificou o salário-educação como contribuição especial *sui generis* não tributária. Posteriormente, entendeu de forma diversa (RE 290.079), reconhecendo a natureza tributária do salário-educação. A Lei n. 9.766/98 confirmou a natureza jurídica do salário-educação como contribuição social, determinando que ele obedecerá aos mesmos prazos e condições, e sujeitar-se-á às mesmas sanções administrativas ou penais e outras normas relativas às contribuições sociais e demais importâncias devidas à Seguridade Social, ressalvada a competência do Fundo Nacional de Desenvolvimento da Educação – FNDE, sobre a matéria.

Apesar de configurar-se como contribuição social, o salário-educação não é vinculado diretamente à seguridade social, já que esta restringe suas ações à previdência social, assistência social e saúde, deixando a educação de fora. Evidentemente, o segmento educacional é importante componente das ações paraestatais do governo na área social, mas não necessariamente na seguridade social.

Sobre o tema foi editada a **Súmula 732 do STJ**: *"É constitucional a cobrança da contribuição do salário-educação, seja sob a Carta de 1969, seja sob a Constituição Federal de 1988, e no regime da Lei n. 9.424/96."*

b.2) O Sistema "S"

Apesar de parte da doutrina classificar as contribuições para o chamado "Sistema S" como contribuições para as categorias profissionais à semelhança das contribuições para o CRM, CRC, CREA, etc., preferimos classificá-las como contribuições sociais gerais. Nesse sentido, a *primeira corrente* entende que tais contribuições são Contribuições Sociais, já que teriam o objetivo de integrar os indivíduos na sociedade (outras finalidades sociais que não a seguridade). Uma *segunda corrente* entende que tais contribuições seriam espécie de Contribuição Corporativa, já que visariam a custear as entidades que regulam e fiscalizam as atividades profissionais. O referido "Sistema S" é composto por entidades privadas de serviço social e de formação profissional vinculadas ao sistema sindical, conforme dispõe o art. 240 da CRFB/88 (SESI, SESC, SENAI). São assim denominadas as contribuições devidas ao: **a) Comércio**: SESC (Serviço Social do Comércio), SENAC (Serviço Nacional de Aprendizagem Comercial); **b) Indústria**: SESI (Serviço Social da Indústria), SENAI (Serviço Nacional de Aprendizagem Industrial); **c) Transporte**: SEST (Serviço Social do Transporte) e SENAT (Serviço Nacional de Aprendizagem do Transporte); **d) Rural**: SENAR (Serviço Nacional de Aprendizagem Rural).

Vale destacar que essas contribuições são arrecadadas pela Receita Federal do Brasil; contudo, são repassadas às referidas entidades, ficando a Receita apenas com a taxa de administração.

Em relação a essas contribuições, a Secretaria de Receita Federal do Brasil tem competência para exigir o cumprimento de obrigações tributárias decorrentes das

---

da no âmbito da instância especial, visto tratar-se de matéria cujo exame está reservado à exclusiva competência do STF".

contribuições para terceiros, que são entidades de personalidade jurídica própria, de natureza privada. O STF já admitiu que essas contribuições não estão vinculadas à seguridade social, caracterizando-as como gerais. Assim, ainda que fiscalizadas e arrecadadas pela antiga SRP, hoje Receita Federal do Brasil, as contribuições para os terceiros não são destinadas à seguridade social, cabendo ao INSS[88] mera remuneração pelo serviço prestado. Assim, para o STF, elas são classificadas como contribuições sociais gerais e não como contribuições para a seguridade social, nem tampouco como contribuições coorporativas.

Temos também a **Súmula 499 do STJ**: *As empresas prestadoras de serviço estão sujeitas às contribuições ao SESC e SENAC, salvo se integradas noutro serviço social.*

c) Outras Contribuições Sociais

No entendimento do STF, conforme o recurso extraordinário que estamos analisando, a classificação *"outras contribuições sociais"* se deve ao contido no art. 195, § 4º, da CRFB, sendo também chamadas de contribuições residuais. Destaque-se que, segundo o referido dispositivo, a lei poderá instituir outras fontes destinadas a garantir a manutenção e expansão da seguridade social, obedecido o disposto no art. 154, I, também da CRFB. Isto porque o constituinte, prevendo dificuldades no custeio da seguridade social, permitiu antecipadamente a criação de novas contribuições de modo a custeá-la. Nesse sentido, o STF (RE 258.870/RS) entendeu que a instituição de novas contribuições sociais somente se dará por lei complementar, e poderá adotar fato gerador ou base de cálculo de impostos já existentes, ainda que de competência estadual ou municipal; contudo, não poderá se utilizar de fato gerador ou base de cálculo de contribuição social já existente, como é o caso da COFINS, por exemplo. Da mesma forma se discute o requisito da não cumulatividade, prevalecendo o entendimento de que ele não se aplica às contribuições, pois estas não são tributos plurifásicos, mas sim monofásicos, daí o STF ter julgado constitucional a LC n. 84/96, que criou nova contribuição social[89] sem observar os demais requisitos do art. 154, I, da CRFB. Destacamos o nosso posicionamento quanto à não cumulatividade, pois é possível que uma nova contribuição tenha fato gerador semelhante ao do ICMS ou do IPI; nesse caso, assumirá um caráter plurifásico e deverá ser também não cumulativa, incidindo apenas sobre o valor agregado à operação.

Análise da CPMF

Apesar de extinta, sua análise ainda se torna importante. Embora essa contribuição tenha sido doutrinariamente classificada como uma das modalidades de

---

88 Após a vigência da Lei n. 11.457/2007, o INSS não possui legitimidade passiva nas demandas em que se questione a exigibilidade das contribuições sociais previstas nas alíneas *a*, *b* e *c* do parágrafo único do art. 11 da Lei n. 8.212/91,ainda que se tenha por objetivo a restituição de indébito de contribuições recolhidas em momento anterior ao advento da referida lei (REsp 1.355.613-RS).

89 RE 565.160/SC com repercussão geral reconhecida: "A contribuição social a cargo do empregador incide sobre ganhos habituais do empregado, quer anteriores ou posteriores à Emenda Constitucional 20/98".

contribuição social, face as suas peculiaridades, resolvemos estudá-la em separado. A Contribuição Provisória Sobre Movimentações Financeiras, popularmente conhecida como CPMF, era uma contribuição social, incluída entre os financiamentos para a Seguridade Social. A EC n. 12/96 deu à União a competência para instituir contribuição provisória sobre movimentação ou transmissão de valores e de créditos e de direitos de natureza financeira, conforme o art. 74 do ADCT. Com base nessa alteração constitucional, a CPMF foi instituída pela Lei n. 9.311/96, por força de falhas no imposto sobre movimentação e transmissão de créditos e direitos de natureza financeira – IPMF (criado pela EC n. 3/93), e sofreu diversas prorrogações em função das EC n. 21/99 e n. 31/2000. Com a EC n. 37/2002 foi prorrogada até dezembro de 2004 e com a EC n. 42/2003, foi prorrogada até dezembro de 2007. Foi extinta nesse mesmo ano, deixando de ser cobrada em 2008, pelo fato de o Congresso Nacional não ter votado pela sua prorrogação. Assim, em que pese não mais vigorar no direito brasileiro, entendemos ser importante tratar da sua evolução histórica. **Características**: a) era de competência tributária privativa da União – EC n. 12/96, que inseriu o art. 74 do ADCT; b) a receita era vinculada ao custeio de ações de saúde (Fundo Nacional de Saúde); c) A alíquota de 0,38%[90] ficou mantida até 31 de dezembro de 2003. Em 2004, ficou estipulado que a cobrança de 0,08% seria destinada ao Fundo de Combate e Erradicação da Pobreza. Não se exigiu para a cobrança dessa contribuição a aplicação do princípio da anterioridade nonagesimal; d) o seu fato gerador era a movimentação financeira ou a transmissão de valores e de créditos e direitos de natureza financeira, na forma do art. 1º da Lei n. 9.311/96.

A Anterioridade das Contribuições Sociais

O princípio da anterioridade tributária ou da não surpresa será melhor abordado no capítulo referente aos princípios constitucionais tributários. Contudo, aqui trataremos das contribuições sociais. Na forma do art. 195, § 6º, da CRFB, as referidas contribuições se submetem ao prazo da anterioridade nonagesimal ou mitigada, ou seja, sua cobrança somente poderá ser efetivada após 90 dias da data da publicação da lei que as houver instituído ou modificado. Ressalte-se que essa regra também se aplica às contribuições sociais residuais, ou seja, novas contribuições instituídas à luz da competência residual da União. Vejamos, por fim, a redação do dispositivo citado:

Art. 195. (...)

*§ 6º As contribuições sociais de que trata este artigo só poderão ser exigidas **após decorridos noventa dias da data da publicação da lei** que as houver instituído ou modificado, não se lhes aplicando o disposto no art. 150, III, b.*

---

90 Os 0,38% conforme arts. 74, 75, 79, 80 e 84 do ADCT, eram divididos: 0,25% para o Fundo Nacional de Saúde; 0,05% para o custeio da Previdência Social; 0,08% para o Fundo de Combate e Erradicação da Pobreza.

Previdência Complementar: Regime Aberto e Fechado

A Previdência Complementar possui dois regimes, a saber: o regime aberto e o fechado. O *regime aberto* de Previdência Complementar é composto por entidades constituídas sob a forma de sociedades anônimas, pois têm fins lucrativos, cujo objetivo é instituir e operar fundos de benefícios de caráter previdenciário, abertos a qualquer pessoa física, independentemente de profissão, idade etc. O *regime fechado* de Previdência Complementar é composto por entidades desprovidas de finalidade lucrativa, por isso são constituídas sob a forma de fundações ou associações, que somente admitem empregados de uma empresa ou grupo de empresas, bem como de servidores da União, Estados, Distrito Federal e Municípios, ou associados ou membros de categorias profissionais, sendo assim chamadas de entidades fechadas de previdência. Destaque-se que as entidades abertas podem exercer outras atividades econômicas em conjunto com sua atividade precípua; já as fechadas têm por objetivo exclusivo a administração e execução dos planos de benefícios previdenciários.

Quanto às imunidades, foi editada a **Súmula 730 do STF**: *"A imunidade tributária conferida a instituições de assistência social sem fins lucrativos pelo art. 150, VI, 'c', da Constituição, somente alcança as entidades fechadas de previdência social privada se não houver contribuição dos beneficiários"*.

Ainda em relação às imunidades, o art. 149-B, II, da CF/88, introduzido pela EC 132/23 determina que os tributos previstos nos arts. 156-A (IBS) e 195, V (CBS), observarão as mesmas regras a diversos temas, entre eles as imunidades. O parágrafo único do novo artigo determina que o IBS e a CBS observarão as imunidades previstas no art. 150, VI, da CF/88, não se aplicando a ambos os tributos o disposto no art. 195, § 7º da Constituição.

d) Contribuição sobre bens e serviços (CBS) – EC 132/23

A EC 132/23 (Reforma Tributária) alterou substancialmente a tributação sobre o consumo de bens e serviços ao criar o IVA Dual: a CBS de competência da União (nacional) e o IBS de competência compartilhada entre os estados e municípios (subnacional).

Nesse sentido, o art. 195, V, estabelece a competência da União para instituir a contribuição sobre bens e serviços (CBS), nos termos de lei complementar. Contudo, o § 15 do referido artigo prevê que a alíquota da CBS poderá ser fixada por lei ordinária.

O art. 149-B da CF/88 determina que os tributos previstos nos arts. 156-A (IBS) e 195, V (CBS), observarão as mesmas regras em relação a: I – fatos geradores, bases de cálculo, hipóteses de não incidência e sujeitos passivos; II – imunidades; III – regimes específicos, diferenciados ou favorecidos de tributação; IV – regras de não cumulatividade e de creditamento. Já o parágrafo único do artigo em comento determina que o IBS e a CBS observarão as imunidades previstas no art. 150, VI, da CF/88, não se aplicando a ambos os tributos o disposto no art. 195, § 7º da Constituição. Com isso, já no plano constitucional, da atribuição e limitação das competências, começa o espelhamento entre o IBS e a CBS. Por isso, tal como o IBS, sua incidência se dá por fora, ou seja, ela não integra a própria base de cálculo, tampouco a de outros tributos incidentes sobre o consumo, como o ISS, o ICMS e o próprio IBS.

Essa nova contribuição, diversamente das demais referidas nos incisos do art. 195 (tal como entendido pelo STF), precisa ser disciplinada em lei complementar[91], não sendo possível seu regramento em lei ordinária nem, *a fortiori*, em medida provisória. Essa lei complementar, aliás, deve ser a mesma do IBS (art. 124, parágrafo único, do ADCT), podendo ser batizada de "Lei do IVA-Dual". Salvo quanto à alíquota, que, conquanto única e uniforme para todo o país, pode ser estabelecida por lei ordinária (assim como a alíquota do IBS será determinada pela soma das alíquotas municipal e estadual, a serem definidas em lei própria, de cada Estado--membro, Distrito Federal e Município).

Vale reiterar, a respeito dessa contribuição e de sua convivência com as demais contribuições, a amplitude do conceito de "serviço", a ser definido por lei complementar como sendo "qualquer operação que não seja classificada como operação com bens materiais ou imateriais, inclusive direitos". Essa amplitude não pode atropelar os próprios sentidos possíveis que as palavras podem ter, na língua portuguesa, à luz dos contextos em que utilizadas pelos falantes, tampouco pode atropelar a competência residual para instituir contribuições (art. 195, § 4º), a qual perderá inteiramente o sentido se serviço puder ser absolutamente qualquer coisa.

Ainda quanto a contribuições, perdeu-se, com a reforma, a oportunidade de discipliná-las de modo mais claro, e fechar a imensa janela, aberta pelo legislativo federal, com a complacência do STF, na divisão de rendas tributárias.

Com as contribuições, a União vem criando diversos tributos, que não só invadem a competência impositiva de Estados e Municípios, e do Distrito Federal, como em regra não são partilhadas com estes, além de quebrarem toda a racionalidade do sistema. Mas, em vez de disciplinar o assunto em termos mais claros e limitadores, a reforma terminou por ampliá-las, inclusive no seio de Estados (contribuição sobre exportação de semielaborados) e Municípios (art. 149-A, com nova redação).

Após a EC 132/23, a hipótese de incidência da COFINS sobre a receita ou o faturamento (art. 195, I, *b*, da CF/88); sobre o importador de bens ou serviços do exterior, ou de quem a lei a ele equiparar (art. 195, IV, da CF/88), e sobre a Contribuição para o Programa de Integração Social (PIS) passam a ser substituídos pela contribuição de bens e serviços (CBS) na forma de lei complementar conforme dispõe o art. 195, V, da CF/88.

---

91   Em 16 de janeiro de 2025 foi publicada a Lei Complementar 214 (fruto do PLP 68/2024) que instituiu o Imposto sobre Bens e Serviços (IBS), a Contribuição Social sobre Bens e Serviços (CBS). o Imposto Seletivo (IS) e, ainda, criou o Comitê Gestor do IBS.

Por fim, vejamos as demais súmulas do STJ e STF sobre o tema contribuições:

Súmula 351: *A alíquota de contribuição para o Seguro de Acidente do Trabalho (SAT) é aferida pelo grau de risco desenvolvido em cada empresa, individualizada pelo seu CNPJ, ou pelo grau de risco da atividade preponderante quando houver apenas um registro.*

Súmula 353: *As disposições do Código Tributário Nacional não se aplicam às contribuições para o FGTS.*

Súmula 516: *A contribuição de intervenção no domínio econômico para o Incra (Decreto-Lei n. 1.110/70), devida por empregadores rurais e urbanos, não foi extinta pelas Leis n. 7.787/89, 8.212/91 e 8.213/91, não podendo ser compensada com a contribuição ao INSS.*

Súmula 412: *A ação de repetição de indébito de tarifas de água e esgoto sujei-ta-se ao prazo prescricional estabelecido no Código Civil.*

Súmula Vinculante n. 40 do STF: *A contribuição confederativa de que trata o art. 8º, IV, da Constituição Federal, só é exigível dos filiados ao sindicato respectivo.*

5

Sistema Tributário Nacional

5.1   Sistema Tributário Nacional

O Sistema Tributário Nacional é a estrutura da tributação no Brasil que envolve a competência constitucional para tributar, autonomia legislativa, etc. Assim, dentro de um determinado contexto social, quando se fala em "sistema", tem-se a ideia de um conjunto harmônico de alguma coisa com um objetivo específico. Nesse diapasão, no âmbito do Direito, podemos *conceituar* o Sistema Tributário Nacional como um conjunto harmônico, interdependente, lógico e coerente de normas tributárias, destinadas a implementar uniformemente no âmbito do território brasileiro a tributação, respeitando o pacto federativo, de modo a dotar de receita todos os entes que compõem a nossa República Federativa.

Essa dotação de receita, diante da grande quantidade de entes federativos que compõem a Federação brasileira, sob o ponto de vista econômico não é equitativa, daí o que se chama de **federalismo assimétrico**, ou seja, o federalismo que reconhece as diferenças econômicas entre os entes federativos, fruto da diferença na arrecadação de receita, e aplica um tratamento tributário diferenciado entre eles. Para efeitos didáticos a expressão "Sistema Tributário Nacional" deve ser desmembrada. Pela expressão *Sistema* temos a ideia de unidade, de um conjunto harmônico, de um todo interligado. *Tributário* porque esse sistema está relacionado aos tributos, conforme se verifica através da interpretação sistemática dos arts. 145, 148 e 149, todos da CRFB. Por fim, *Nacional,* pois em função do pacto federativo o sistema se refere à União, aos Estados, ao Distrito Federal e aos Municípios, conforme o previsto nos arts. 1º, 18 e 60 da CRFB. Verifica-se, assim, que o Sistema Tributário Nacional se pauta em dois pilares básicos: a) a ideia de pluralidade; b) ideia de unidade ou uniformidade. Com isso, o Sistema Tributário Nacional possui normas permissivas e proibitivas. As **permissivas** *são* ligadas à competência tributária, como, por exemplo, o art. 145 da CRFB. Já as **proibitivas** estão ligadas às limitações constitucionais ao poder de tributar, bem como às demais vedações constitucionais que não se enquadram nas hipóteses anteriores. Podemos exemplificar essa categoria com os arts. 150, 151 e 152, todos da CRFB.

A EC 132/23 – Reforma Tributária – trouxe uma significativa modificação do sistema tributário nacional, especialmente sobre a tributação do consumo sobre bens e serviços. A referida emenda constitucional estabeleceu o IVA Dual: a CBS de competência da União (nacional) e o IBS de competência compartilhada entre os estados e municípios (subnacional).

É importante também, já que adentraremos no campo da axiologia, analisarmos as diferenças, princípios e regras jurídicas.

Regras: São comandos mais concretos, mais objetivos que regulam as relações jurídicas na sociedade. Têm um campo de atuação mais restrito e específico do que os valores. As regras especificam um comportamento imediato.

Princípios: São eles, comandos intermediários que vão ordenar e coordenar a aplicação das regras.

Os princípios são espécies normativas que geram para a argumentação razões substanciais (*substantive reasons*) ou razões finalísticas (*goal reasons*). O que importa é a finalidade e as razões insculpidas nos princípios, que dão lastro à situação jurídica, sendo certo que não identificam, precisamente, quais comportamentos promoverão esses fins[1].

As regras são concebidas como espécies normativas que geram, para a argumentação, razões de correção (*rightness reasons*) ou razões autoritativas (*authority reasons*). Com isso, a escolha de um comportamento diverso daqueles elencados no dispositivo poderá ser feita de forma argumentativa, desde que a justificação lógico-legitimante seja devidamente operada (*ônus da argumentação*)[2].

Na visão de Eros Grau, enquanto as regras estabelecem o que é devido e o que não é devido em circunstâncias nelas próprias determinadas, os princípios estabelecem orientações gerais a serem seguidas em casos, não predeterminados no próprio princípio, que possam ocorrer: "Por isso os princípios são dotados de uma capacidade expansiva maior do que as das regras mas, ao contrário destas, necessitam de uma atividade ulterior de concretização que os relacione a casos específicos"[3].

Os princípios, no âmbito tributário constitucional[4], assumem basicamente duas vertentes, que são os princípios-garantia e os princípios-institucionais. Os **princípios-garantia** se traduzem em uma garantia que o contribuinte tem contra o

---

1 ÁVILA, Humberto. *Teoria dos princípios jurídicos:* da definição à aplicação dos princípios jurídicos. 3ª ed. São Paulo: Malheiros, 2004.

2 ÁVILA, Humberto. A distinção entre princípios e regras e a redefinição do dever de proporcionalidade. *Revista Diálogo Jurídico.* Salvador, Centro de Atualização Jurídica, a. 1, n. 4, jul. 2001. Disponível em: <http://www.direitopublico.com.br/pdf_4/dialogo-juridico-04-julho-2001- humberto-avila.pdf>. Acesso em: 10 mar. 2003.

3 Posição de GRAU, Eros Roberto. *A ordem econômica na Constituição de 1988.* São Paulo: Malheiros, 2003, p. 171.

4 Sobre o tema recomendamos também nossa tese de doutorado, defendida em dezembro de 2013 na UNESA/RJ, intitulada: *Crítica hermenêutica das decisões judiciais em matéria tributária:* a vulnerabilidade da teoria argumentativa de Robert Alexy e a autofagia do Sistema Tributário Nacional.

abuso do poder de tributar pelo Estado. Os *princípios institucionais*, embora atendam aos interesses secundários do contribuinte, têm por objetivo precípuo a proteção das instituições federativas, como, por exemplo, o art. 150 da Constituição, que preconiza: "Sem prejuízo de outras garantias (...)". É conveniente ressaltar que esse artigo autoriza a criação de outras garantias por cada ente federativo.

É conveniente destacar que o Direito, concebido como um sistema coerente de normas expressas, surgiu como uma corrente filosófica-jurídica chamada de positivismo jurídico, conforme dispunha Hans Kelsen na sua obra *Teoria Pura do Direito*. Essa corrente identificava o Direito como uma norma escrita, ou seja, positiva e sofreu críticas da doutrina, pois afastava-se da visão axiológica do tributo, pautando-se apenas na lei e na legalidade estrita; predominou no início do século XX.

Por outro lado, na segunda metade do século XX, surgiu o chamado pós-positivismo, que prestigiava os valores (sociais) e os princípios, afastando a rigidez das regras adotadas pelo positivismo. A corrente pós-positivista sustenta a ponderação entre os princípios constitucionais, ou seja, defende a existência de dois tipos de normas: as *normas-princípios*, como a legalidade e a igualdade, e as *normas-regras*, que concretizam os princípios.

Na visão de Ávila[5], as regras não são inferiores aos princípios, mas sim a realização de um determinado estado de coisas. Nesse sentido, temos em síntese que as regras são normas permissivas ou proibitivas de condutas. Os princípios orientam comportamentos e os valores são os anseios sociais, ou simplesmente objetivos maiores para o convívio da sociedade.

Ao estudar uma teoria material dos direitos fundamentais em bases normativas (Teoria Normativa-Material), Alexy[6] trouxe a distinção entre regras e princípios. Os princípios, segundo o autor[7], são normas que ordenam que algo se realize na maior medida praticável, em relação às possibilidades políticas, jurídicas e fáticas, daí dizer-se que os princípios seriam mandados de otimização, já que se caracterizam por serem cumpridos em diferentes graus. Por outro lado, as regras são normas que exigem um cumprimento pleno e, nesse aspecto, são cumpridas ou não. Dito de outra forma, se uma regra é válida, então é obrigatório agir precisamente como ela ordena (nem mais nem menos), daí serem chamadas de mandados de definição (determinação) no campo do possível fático e jurídico. Assim, se as regras se relacionam com a validade, os princípios se relacionam com os valores[8].

---

5   ÁVILA, Humberto. *Teoria dos princípios jurídicos:* da definição à aplicação dos princípios jurídicos. 2ª ed. São Paulo: Malheiros, 2007, p. 78.

6   Com a devida vênia à teoria sustentada pelo autor, em nossa Tese de Doutorado, defendida em 2013, fizemos uma análise crítica à Teoria da Ponderação de Robert Alexy e sua utilização pela jurisprudência brasileira.

7   ALEXY, Robert. *Teoría de los derechos fundamentales.* Trad. Ernesto Garzon Valdés. Madrid: Centro de Estúdios Constitucionales, 1997, p. 44.

8   Para Habermas, valores e princípios são essencialmente diferentes, pois se a norma é um comando, os valores são um conselho: "À luz de normas, decide-se o que é mandado fazer; no horizonte dos valores,

Diante dessa dicotomia, quando o intérprete estiver diante de casos fáceis (*easy cases*), estes seriam resolvidos pelo critério de subsunção às regras (já previstas pelo legislador). Ainda nessa linha de raciocínio, quando o intérprete se deparar com casos difíceis (*hard cases*), diante da impossibilidade prática de aplicação das regras (subsunção), a solução se pautaria por uma trilha discursiva que se exterioriza pelo manejo dos princípios e pela técnica da ponderação dos mesmos.

As regras se aplicam segundo o modo do "tudo ou nada" (*all or nothing*), ou seja, presentes os pressupostos de fato previstos, então ou a regra é válida, e a resposta que ela fornece deve ser aceita, ou não é válida, e neste caso em nada contribui para a decisão; podem conter exceções, casos em que devem ser arroladas da forma mais completa, sob pena de ser inexata[9].

Segundo a Teoria da Argumentação de Alexy, acreditando na existência e distinção dos *hard case* e *easy case*, utiliza-se do princípio da proporcionalidade[10] como elemento essencial da ponderação dos princípios no caso de colisão[11].

Passemos então à análise do **Sistema Constitucional Tributário**. A Constituição Federal classifica o Sistema Constitucional Tributário da seguinte forma:

a) Racional ou Histórico

Racional: Tem por base normas e princípios da ciência política e econômica. A instituição dos tributos é feita de forma planejada e organizada. O Sistema Racional se contrapõe ao Sistema Histórico, em que não havia ordenação na instituição dos tributos, que eram privados de base econômica. Esse sistema foi criado somente para atender às necessidades do governo.

Histórico: É totalmente diferente do Sistema Racional, tendo em vista que é pautado na ausência de organização formal. Associa-se a uma evolução histórica,

---

qual comportamento é recomendado". Complementa o autor que "normas e valores distinguem-se respectivamente, em primeiro lugar, por suas referências ao agir obrigatório ou teleológico; em segundo lugar, pela codificação, respectivamente binária ou gradual de suas pretensões de validade; em terceiro lugar, por sua obrigatoriedade respectivamente absoluta ou relativa; e, em quarto lugar, pelos critérios aos quais o conjunto de sistema de normas ou valores deve satisfazer" (HABERMAS, Jürgen. Further Reflections on the public Sphere. In: CALHOUN, Craig (org.). *Habermas and the Public Sphere*. The MIT Press, Cambridge, 1994, p. 312).

9 DWORKIN, Ronald. Op. cit., p. 24.

10 Em nossa tese de Pós-Doutoramento, defendida perante a Universidade Nova de Lisboa em janeiro de 2017, analisamos as matrizes axiológicas argumentativas das decisões do Tribunal Constitucional Português. CARNEIRO, Claudio. Confronto constitucional-hermenêutico das decisões das Cortes Constitucionais do Brasil (STF) e de Portugal (TC): a (in)segurança jurídica em tempos de neoconstitucionalismo e de austeridade fiscal.

11 Diverge Ávila, denominando a proporcionalidade como postulado normativo, daí a distinção por ele proposta, identificando os princípios como normas imediatamente finalísticas; já as regras, como normas imediatamente descritivas e, os postulados como normas imediatamente metódicas, que estruturam a interpretação e aplicação de princípios e regras mediante a exigência, mais ou menos específica, de relações entre elementos com base em critérios. O postulado da proporcionalidade aplica-se nos casos em que exista uma relação de causalidade entre um meio e um fim concretamente perceptível (ÁVILA, Humberto. *Teoria dos princípios jurídicos:* da definição à aplicação dos princípios jurídicos. 12ª ed. São Paulo: Malheiros, p. 193-195).

mais ligada à ideia de um regime do que de um sistema, já que os tributos não são harmonicamente organizados.

b) Rígido ou Flexível

Rígido: A Constituição estabelece as normas fundamentais da tributação, reduzindo o campo de liberdade do legislador infraconstitucional. A CF de 1891 era pautada em um sistema flexível, sendo certo que o legislador infraconstitucional podia ampliar a cobrança dos tributos. Na CRFB/88, a competência residual só pode ser exercida por lei complementar em relação a impostos não previstos no art. 153, desde que sejam não cumulativos. Mesmo a competência residual da União sofre limitações (art. 154, I, da CRFB/88).

Flexível: é o sistema que permite ao legislador infraconstitucional maior flexibilidade em sua alteração, ou seja, o legislador ordinário passa a ter maior relevância, em razão de o texto constitucional permitir a sua participação, diferente do sistema rígido, no qual não há nenhuma autonomia legislativa.

c) Aberto ou Fechado

Aberto: Possibilita a interpretação evolutiva, ou seja, a possibilidade de alteração de interpretação da norma, sem mudança do seu texto original para atender a novas necessidades sociais, políticas e econômicas. Trata-se do fenômeno da mutação constitucional, para maior garantia da efetividade da Constituição.

Fechado: É pautado na rigidez e na legalidade, ou seja, há interpretação rígida que não permite a extensão dos conceitos da norma. Só admite uma interpretação hermética.

d) Objetivo ou Científico

Objetivo: também chamado *de* interno, abrange as normas, os conceitos e os institutos jurídicos referentes aos tributos.

Científico: também chamado *de* externo, tem por base o conhecimento, adquirido através da ciência, do conjunto hipotético de proposições apresentadas ao sistema objetivo que o torna positivado.

5.2 Evolução Constitucional

Temos a seguinte Evolução Constitucional do Sistema Tributário Nacional:

a) *Brasil-Colônia:* Não havia sistema – existiam apenas alguns tributos como os dízimos, os quintos e os direitos de importação.

b) *Reino Unido:* Também não havia sistema – surgiram os direitos aduaneiros.

c) *Constituição de 1824:* Com o Ato Adicional n. 16, de 1834, as Províncias passaram a ter autonomia financeira, podendo instituir seus próprios tributos. Era um sistema flexível.

d) *Constituição de 1891:* Em 1889, ocorreu a Proclamação da República – foi instituído o regime federativo, embrião da imunidade recíproca (art. 10). O sistema era elástico, ou seja, o legislador ordinário tinha ampla liberdade para a instituição de outros tributos, além dos expressamente previstos. O art. 72, § 30, previa a legalidade tributária. Prestigiou, ainda, o princípio da uniformidade (art. 7º, § 2º), pois os impostos da União deveriam ser uniformes para todos os Estados. Contudo, sofreu as seguintes críticas: a) a competência residual era concorrente, ensejando a bitributação, pois os Estados e a União poderiam instituir impostos sobre o mesmo fato gerador (art. 12); b) a competência dos Estados para instituir imposto de exportação (art. 9º, I).

e) **Constituição de 1934:** Prestigiou os Municípios, definindo seus tributos próprios; implementou a vedação da bitributação (art. 10, VII, parágrafo único, e art. 11); manteve o princípio da legalidade e estabeleceu o princípio da liberdade de tráfego; introduziu um sistema mais rígido e foi considerada o embrião do ICMS, ao instituir o Imposto sobre Vendas e Consignações (IVC).

f) **Constituição de 1937:** Manteve a natureza rígida da anterior e introduziu o imposto único sobre a produção e o comércio, de competência dos Estados.

g) **Constituição de 1946:** Foi o berço da EC n. 18/65, ao permitir o seu aperfeiçoamento através da implementação do Sistema Tributário Nacional no que tange às matérias financeiras e tributárias. Estabeleceu expressamente as limitações constitucionais ao poder de tributar. Para Aliomar Baleeiro[12], nenhuma Constituição superava em garantias a CF/46. Quando foi editada, já se antevia um interesse na realização de um sistema de reformulação tributária. Essa reformulação veio com a EC n. 18/65, que criou efetivamente, no direito pátrio, o Sistema Tributário Nacional. Antes da EC n. 18/65, nós não podíamos afirmar que no Brasil havia sistema tributário, mas apenas regime tributário. O regime se consubstancia em uma pluralidade tributária, o que, necessariamente, não significa que essa pluralidade esteja associada à ideia de unidade (sistema), conforme veremos adiante. O regime tributário dava ensejo às hipóteses de bitributação. Os Estados e a União podiam instituir impostos sobre o mesmo fato gerador. Os tributos não tinham base econômica: eram instituídos sem planejamento, para atender às necessidades puras do Governo. Essa emenda constitucional criou um capítulo próprio na CF para tratar do Sistema Tributário Nacional. O CTN foi criado para regulamentar a EC n. 18/65, que instituiu o Sistema Tributário Nacional. Ressalte-se que o CTN foi editado como lei ordinária porque na CF/46 não havia a distinção entre lei complementar e lei ordinária. Essa distinção somente surgiu com a Constituição de 1967. A Constituição de 1967 acabou por incorporar a EC n. 18/65 em seus arts. 18 a 28, quando o Sistema Tributário Nacional passou a ter *status* constitucional. As normas gerais e a matéria de legislação tributária passaram a ser veiculadas através

---

12 BALEEIRO, Aliomar. Op. cit.

de lei complementar. Com isso, a Lei n. 5.172/66 (Código Tributário Nacional) passou a ser recepcionada pela CF/67 e pelas Constituições subsequentes com *status* de lei complementar. Isso ocorre pelo fato de que o Brasil não admite a inconstitucionalidade formal superveniente.

h) **Constituição de 1967:** Apenas incorporou ao seu texto a EC n. 18/65, criando um capítulo único sobre o Sistema Tributário Nacional.

i) **Constituição de 1969:** A Emenda n. 1, de 1969, substituiu a anualidade pela anterioridade tributária.

j) **Constituição de 1988:** Com a Constituição de 1988, houve a tentativa de se organizar um sistema integrado, sobretudo quanto à repartição de receita tributária. Como visto, os sistemas podem ser: a) rígidos e flexíveis; b) racionais e históricos; e c) abertos e fechados.

Assim, o Sistema Tributário Brasileiro encontra previsão constitucional e, através da Competência Tributária, distribui os tributos entre os entes federativos, bem como estabelece as espécies tributárias, razão pela qual possui o sentido de NACIONAL[13]. Vale ressaltar, por fim, que a Reforma Tributária esperada nos últimos 40 anos foi implementada através da EC 132/23. Se boa ou ruim, veremos nos próximos anos com a devida regulamentação através de diversas leis complementares.

Regime tributário x Sistema tributário

Importante traçar a distinção entre regime tributário e sistema tributário. No regime, não há um planejamento tributário, enquanto no sistema há a ideia de um conjunto harmônico de normas tributárias, com objetivos predefinidos e ordenados e não uma utilização imediata como a necessidade momentânea. Por outro lado, a ideia de sistema não se conjuga necessariamente com a de complexidade; ao contrário, quanto mais simplificado for o sistema mais ele será eficaz. Infelizmente, no Brasil temos um sistema complexo, que carece urgentemente de uma reforma substancial.

A ideia de sistema possui origem nas Constituições anteriores, muito embora de forma embrionária, em especial na Constituição de 1946. Não existia, na verdade, um sistema propriamente dito, mas sim um Regime Tributário. A Constituição de 1946 sempre foi considerada a mais democrática de todas, e é certo que nenhuma outra superou as suas garantias. Quando editada, já havia interesse na realização de um sistema maior de reformulação tributária. Essa reformulação efetivou-se com a EC n. 18/65. Antes dessa emenda não podíamos afirmar que no Brasil existia, de fato, um sistema tributário, mas sim um regime tributário. Em função dessa afirmativa, questiona-se qual seria a diferença entre um sistema e um regime

---

13 No direito comparado, temos a Constituição dos EUA, que é flexível, possibilitando a pluritributação. Nesse caso, o legislador infraconstitucional tem ampla liberdade para instituição dos tributos. No Brasil nós temos tributos indiretos e a tributação onerando o capital, diferente dos EUA. Na França: ao contrário do Brasil, o sistema tributário também é flexível e toda sua base se encontra em dois princípios: capacidade contributiva e princípio da legalidade.

tributário. O regime traduz-se em uma pluralidade de normas, que não são, necessariamente, adequadas ao conceito de unidade, ou seja, não reproduzem uma contextualização única, integrada, e, por isso, permite em algumas hipóteses a bitributação, que deve ser vedada. No regime, os Estados e a União podiam instituir impostos sobre o mesmo fato gerador, posto que os tributos não possuíam uma adequação à sua base econômica. Eram instituídos sem um planejamento, para atender apenas às necessidades imediatas do Governo. Em que pese a existência, naquela época, de várias limitações ao poder de tributar, não existia um sistema integrado. A EC n. 18/65 criou um capítulo próprio na Constituição da época (1946) para tratar do chamado Sistema Tributário Nacional. Para regulamentar a emenda, foi editada a Lei ordinária n. 5.172/66, que passou posteriormente a ser designada Código Tributário Nacional. Então, o CTN foi instituído para regulamentar a EC n. 18/65, instituindo o Sistema Tributário Nacional.

Esse capítulo da Constituição de 1946 foi redigido por Aliomar Baleeiro e, posteriormente, continuou nas Constituições de 1967, de 1969 (para aqueles que entendem ser esta uma verdadeira Constituição), e, finalmente, na de 1988, chamada pelo constituinte Ulisses Guimarães de Constituição Cidadã. Em síntese, temos o seguinte contexto evolutivo:

» Constituição de 1946 – Ao nosso sentir, a mais importante de todas (exceto a de 1988), pois foi o embrião de todo o sistema atual. Trouxe também o princípio da anualidade tributária.

» O Golpe de 31 de março de 1964 deu origem à edição da EC n. 18, de 1965, que trouxe um Sistema Tributário detalhado e complexo, classificando os tributos conforme a sua base econômica.

» Com base nessa emenda, foi editada a Lei n. 5.172/66, que dispõe sobre o Sistema Tributário Nacional. O Sistema Tributário Nacional, por força do art. 7º do Ato Complementar n. 36, de 13 de março de 1967, deu origem ao Código Tributário Nacional. O CTN foi editado como lei ordinária, pois na vigência da Constituição de 1946 não havia a distinção entre lei complementar e lei ordinária. Essa distinção só surgiu com a Constituição de 1967, que, por sua vez, passou a incorporar a EC n. 18/65 (na verdade, o Sistema Tributário Nacional) em seus arts. 18 a 28. Com isso, as normas gerais em matéria de legislação tributária passaram a ser tratadas por lei complementar. Assim, podemos dizer que até hoje vigora o CTN, pois a Lei n. 5.172/66 foi recepcionada pela CF/67 com *status* de lei complementar, que, por sua vez, foi recepcionada pela Constituição de 1988 (art. 146). Tal fato assim é que no direito brasileiro não existe a chamada inconstitucionalidade formal superveniente.

Recentemente com a EC 132/23 atravessamos uma significativa reforma no sistema tributário, especialmente no campo do consumo.

Torres[14] estabelece uma Classificação dos Sistemas Tributários, tratando-os todos como subsistemas de um mesmo sistema:

a) *Sistema TRIBUTÁRIO NACIONAL*: conjunto de tributos cobrados, independentemente da titularidade.

b) *Sistema TRIBUTÁRIO FEDERADO* (ou sistema do federalismo fiscal): conjunto de tributos organizado segundo a distribuição do poder tributário à União, aos Estados-membros e aos Municípios.

c) *Sistema INTERNACIONAL TRIBUTÁRIO*: conjunto de tributos incidentes sobre a riqueza internacional e partilhado entre os Estados Soberanos segundo princípios e regras estabelecidos na Constituição e nos tratados e convenções internacionais.

---

14 TORRES, Ricardo Lobo. Op. cit., p. 354.

6

Competência Tributária

6.1 Conceito

Como já visto, o poder de tributar é ato de soberania estatal outorgado pela Constituição, sendo certo que a distribuição desse poder entre os entes da Federação, com o objetivo de preservar o pacto federativo, enseja a competência tributária. A Constituição Federal, ao elencar os tributos, estabelece ainda o tipo de diploma legislativo (lei complementar, lei ordinária ou medida provisória) que será usado por cada ente federativo para instituí-los. Significa dizer que a Carta Política não cria tributo, mas outorga competência para que o ente federativo o institua. Por exemplo, a Lei Fundamental determina, em seu art. 156, a competência dos Municípios para instituição do Imposto Sobre Serviço de Qualquer Natureza através de lei ordinária[1]. Somente os entes políticos podem instituir tributos, obedecidas as competências a eles atribuídas e o processo legislativo próprio, pois, como já dito, o tributo só pode ser criado por lei. Entendemos que o exercício da competência é um dever atribuído ao ente federativo, que merece ser compatibilizado com os arts. 11 e 14 da LRF (Lei de Responsabilidade Fiscal), que trata da renúncia de receita e da vedação para transferências voluntárias, conforme veremos adiante. Prova disso é que, embora exista a previsão de competência atribuída à União para instituir o Imposto sobre Grandes Fortunas, até hoje este não foi implementado. Assim, temos que o ente federativo não pode abdicar da sua competência, podendo, temporariamente, deixar de exercê-la, por força do princípio da irrenunciabilidade[2] da competência tributária. Nesse sentido, a Constituição adotou a teoria dos fatos geradores vinculados e não vinculados. Assim temos que, em relação aos tributos cujos fatos geradores são vinculados a uma contraprestação estatal (contribuição de melhoria e taxas), a competência atribuída foi a comum. Por outro lado,

---

[1]   A existência da LC n. 116/2003 (ISSQN) e da LC n. 87/96 (ICMS) não contraria esta afirmativa, pois elas não criam os tributos, apenas cumprem o preceito contido no art. 146 da CRFB/88 no que se refere à edição de lei complementar para dispor sobre normas gerais, haja vista que os referidos impostos não se encontram regulamentados no Código Tributário Nacional.

[2]   Ver item onde tratamos dos princípios inerentes à competência tributária.

para os tributos não vinculados (tipicamente os impostos), a competência atribuída foi a privativa. Em resumo: o poder de tributar é um ato de soberania estatal, distribuído entre os entes federativos através da competência tributária, ou seja, a aptidão para criar tributos, conferida pela Constituição, prestigiando a autonomia dos entes federativos que compõem a nossa Federação. Nesse sentido, a Constituição Estadual não pode limitar a competência tributária de um Município.

6.2 O Exercício da Competência Tributária – Faculdade ou Dever

Questão interessante e controvertida é saber se o ente federativo está obrigado a exercer a competência ou se seria apenas uma mera faculdade. Sustentamos que o ente federativo é obrigado ao exercício de sua competência, não sendo uma simples faculdade, pois cabe destacar, inicialmente, que a LC n. 101/2000 (Lei de Responsabilidade Fiscal) procura combater muitas práticas nocivas e abusivas dos administradores públicos, uma vez que passou a estabelecer uma série de sanções, razão pela qual nos posicionamos[3] no sentido de que o não exercício da competência tributária enseja a responsabilidade fiscal.

O art. 11, parágrafo único, da citada lei, prevê que *constituem requisitos essenciais à responsabilidade na gestão fiscal a instituição, previsão e efetiva arrecadação de todos os tributos da competência constitucional do ente da Federação*.

Assim, na forma do art. 25 do referido diploma, os entes federativos que não exercerem a integralidade da competência que lhes é outorgada pela Constituição não podem ser destinatários de transferências voluntárias. Logo, se determinado Município da Federação não instituir determinado tributo de sua competência tributária, estaria, em tese, impossibilitado de receber as transferências voluntárias (entrega de recursos correntes ou de capital a outro ente da Federação).

Com base nestes dispositivos, é comum ver a União não repassar o Fundo de Participação dos Municípios (FPM), conforme exigência dos arts. 158 e 159, ambos da CRFB/88. Essa prática é ilegal e inconstitucional. O FPM não é considerado transferência voluntária, uma vez que encontra previsão expressa na Constituição. Trata-se de repartição das receitas tributárias; logo, essa transferência, que não é voluntária, mas obrigatória, não pode ser negada, inclusive para os entes federativos que não exerçam *in totum* a sua competência tributária. Repise-se, por oportuno, que as inconstitucionalidades não se compensam.

Percebemos também que até hoje não foi instituído o Imposto Sobre Grandes Fortunas de competência da União. Diferente dos demais entes federativos, a União Federal não recebe a transferência voluntária, ou seja, não recebe esse auxílio financeiro, não sofrendo, portanto, as penalidades determinadas pelo art. 11, parágrafo único, da LC n. 101/2000. É conveniente ressaltar que a eficácia da Lei de Responsabilidade Fiscal para com a União Federal ainda é quase inexpressiva. Assim, concluímos que o exercício da competência tributária é obrigatório, e para a União é

---

3   Embora esse entendimento não seja majoritário.

tido como um preceito sem sanção, pois a lei permite a mitigação das penalidades em relação a ela, por inaplicabilidade prática.

De outro lado, temos quem sustente[4] ser uma faculdade, pautando-se na inca-ducabilidade da competência tributária, já que seu não exercício, ainda que prolongado no tempo, não tem o condão de impedir que a pessoa política, querendo, venha a criar, por meio de lei, os tributos que lhe forem constitucionalmente deferidos. Parece-nos que esse vem sendo o posicionamento majoritário e existem ainda casos em que a Constituição concede prazo para a sua instituição, como, por exemplo, a EC n. 3/93, que determinou que a União poderia instituir por meio de lei complementar o imposto sobre movimentação ou transmissão de valores e de créditos e direitos de natureza financeira até 31 de dezembro de 1994. O mesmo ocorreu com a CPMF, através da EC n. 12/96.

Em síntese, podemos dizer que a competência tributária possui as seguintes características: a) *indelegável*, diante da impossibilidade dos entes políticos dotados de competência tributária delegar a instituição de tributos para outras pessoas dotadas de personalidade jurídica; b) *intransferível*, pois não há possibilidade de transferência de tributos entre os entes; c) *irrenunciável*, pois não é possível afastar a instituição de determinados tributos, salvo a discussão de implementá-los ou não, o que diz respeito à faculdade de exercê-la ou não; d) *incaducável*, pois competência tributária não prescreve por decurso de lapso temporal.

6.3 A Expressão Competência Legislativa Plena

O art. 6º do CTN determina que a atribuição constitucional de competência tributária compreende a competência legislativa plena. Contudo, estabeleceu também algumas ressalvas, que são as limitações contidas na Constituição da República, nas Constituições dos Estados e nas Leis Orgânicas do Distrito Federal e dos Municípios. Cabe ainda destacar que existe outra limitação: a da existência de lei complementar federal que trata de tributos de competência dos Estados e dos Municípios, conforme autoriza a Constituição em seu art. 146, III, *a*. Com isso, podemos dizer que a competência tributária não atribui competência legislativa plena. É importante ressaltar que o poder de tributar enseja dois tipos de competência. A primeira, em âmbito horizontal, é a que atribui competência a todos os entes federativos, isto é, União, Estados, Distrito Federal e Municípios, sem qualquer hierarquia entre eles. A segunda, em âmbito vertical, atribui, de acordo com a matéria, reserva de competência à lei complementar ou à lei ordinária. Entendemos, como já dito, que a Constituição não atribui competência legislativa plena, pois as leis complementares federais restringem a liberdade dos Estados e dos Municípios em relação aos impostos, como, por exemplo, a atribuição de competência ao Município para legislar sobre o ISSQN. Contudo, a LC n. 116/2003 não concede liberdade

---

4   Nesse sentido: CARRAZZA, Roque Antonio. *Curso de direito constitucional tributário*. São Paulo: Malheiros, 2007, p. 642. Este posicionamento vem prevalecendo na doutrina.

total para que o titular da competência regulamente a matéria. Assim, em que pese essa lei fazer referência à competência legislativa, administrativa e de julgamento de tributos, ela sofre algumas limitações, razão pela qual a expressão "plena" deve ser analisada com a devida cautela. É importante ressaltar que o art. 8º do CTN veda o exercício da competência supletiva para instituir tributos de competência de outro ente federativo.

6.4 Repartição de Receita e Competência

Abordamos o tema com mais profundidade no primeiro capítulo desta obra, pois o tema está mais afeto ao Direito Financeiro do que propriamente ao Direito Tributário. Contudo, neste tópico faremos uma ligação com a competência tributária.

O parágrafo único do art. 6º do CTN determina que os tributos cujas receitas sejam distribuídas, no todo ou em parte, a outras pessoas jurídicas de direito público pertencerão à competência legislativa daquela a que tenham sido atribuídos. Significa dizer que a repartição de receita tributária não afeta a competência tributária, posto que indelegável. A dependência econômica de um ente em relação ao outro compromete a autonomia. Nesse sentido, podemos estabelecer uma relação direta entre a competência tributária e o princípio federativo, que é cláusula pétrea (art. 60, § 4º, I, da CRFB). A repartição de receita objetiva preservar o pacto federativo e minimizar os efeitos do federalismo assimétrico.

Mister se faz ressaltar que a repartição de receita é a "entrega" de parcela da arrecadação aos demais entes federativos. É certo que a arrecadação da União é muito maior do que a dos Estados e a destes, por sua vez, é maior do que a receita dos Municípios[5]. Por esta razão, a Constituição estabelece a repartição da receita tributária, na forma dos arts. 157 a 162, a fim de promover a redução das desigualdades regionais. Trata-se, aqui, de Direito Financeiro, em que pese tais artigos estarem inseridos dentro do Sistema Tributário Nacional. Ressaltamos que a repartição de parcela da arrecadação se dá do ente maior para o ente menor, ou seja, a União reparte com os Estados, DF e Municípios; já os Estados somente repartem com os Municípios, e nunca o inverso. Destaque-se também que somente haverá repartição do produto da arrecadação em relação aos impostos e à CIDE incidente sobre combustíveis. Contudo, nem todos os impostos sofrem repartição, tais como:

a) os impostos municipais, já que a repartição ocorre do ente maior para o menor;

b) os impostos arrecadados pelo DF, já que, embora este tenha natureza de Estado-membro *suis generis*, não pode se dividir em Municípios;

---

5   Ao menos em regra, embora existam Municípios ricos que se assemelham aos Estados mais pobres.

c) o ITCMD;

d) o Imposto de Importação e Exportação, o IGF e o imposto extraordinário em caso de guerra.

É importante, da mesma forma, ressaltar que a repartição de receita não altera a competência tributária, posto que indelegável. Na verdade, a repartição tem por objetivo precípuo preservar ou equilibrar o desenvolvimento econômico dos entes federativos, para que o pacto federativo, que é cláusula pétrea, seja mantido.

Com o intuito de dar publicidade à receita que foi repartida, o art. 162 da Constituição determina que a União, os Estados, o Distrito Federal e os Municípios divulguem, até o último dia do mês subsequente ao da arrecadação, os montantes de cada um dos tributos arrecadados, os recursos recebidos, os valores de origem tributária repassados e a repassar e, por fim, a expressão numérica dos critérios de rateio. Assim dispõe o parágrafo único do referido artigo: *Os dados divulgados pela União serão discriminados por Estado e por Município; e os dos Estados, discriminados por Municípios.*

É importante não confundir a hipótese do art. 153, § 4º, III, da CRFB/88 com a de delegação de competência, pois a competência é indelegável. O Convênio sobre o Imposto Territorial Rural na forma da Constituição, no art. 156, § 4º, dispõe que *o imposto previsto no inciso VI do* caput: *(...) III – será fiscalizado e cobrado pelos Municípios que assim optarem, na forma da lei, desde que não implique redução do imposto ou qualquer outra forma de renúncia fiscal.*

Assim temos que, no Brasil, existem dois mecanismos integrados de partilha de competência:

» **Sistema misto de partilha de competência** – os tributos são repartidos entre os vários entes políticos, de modo que cada um tenha sua competência privativa em relação aos impostos;

» **Sistema misto de partilha do produto da arrecadação** – a receita é partilhada com outros entes políticos, de modo a corrigir o federalismo assimétrico provocado na arrecadação de receita, em tese, de preponderância econômica da União.

O sistema misto de partilha[6] pode ser feito de forma direta e indireta. A **direta** é aquela em que o ente federativo beneficiário da receita recebe diretamente a parcela que lhe compete, como é o caso do IPVA. Por exemplo, quando alguém emplaca o seu veículo em determinado Município, este ente federativo receberá diretamente 50% do valor do IPVA pago ao Estado. Já a repartição **indireta** é feita através de Fundos Especiais previstos na Constituição, como por exemplo, o Fundo de Compensação de Exportação, o Fundo de Participação dos Estados e do Distrito Federal os Fundos Regionais.

---

6   Até o fechamento desta edição estava em trâmite no Congresso Nacional a Reforma Constitucional Tributária.

Conforme visto no capítulo um, vale lembrar que nem todos os tributos são repartidos, pois há hipóteses em que todo o produto da arrecadação pertence integralmente ao ente tributante. Em relação às taxas e contribuições de melhoria, por serem vinculadas, não se submetem à repartição. Quanto aos empréstimos compulsórios, por força da vinculação do produto da arrecadação às despesas previstas na Constituição, também não são repartidos. As contribuições especiais e a contribuição de iluminação pública, pelo mesmo motivo da vinculação do produto da arrecadação às despesas previstas, igualmente não são repartidas. Por fim, quanto aos impostos, alguns não sofrem repartição, como, por exemplo, o IPTU, ITBI, ISSQN, ITD, II e IE. Nesse sentido também o Imposto de Importação, Imposto de Exportação, IGF (embora não criado) e Imposto Extraordinário são os únicos impostos federais que não sofrem repartição.

Cabe destacar que as normas constitucionais que outorgam competência tributária são normas de eficácia plena e de aplicabilidade imediata. Significa dizer que a competência não se gradua, ou seja, um ente federativo não é mais ou menos competente que outro; ou se tem competência ou não se tem[7].

Da mesma forma se posicionou Paulo de Barros Carvalho, justificando a ausência de competência tributária pelos Territórios Federais (art. 147 da CRFB), pois não são dotados de Poder Legislativo próprio, pois quem legisla para os Territórios Federais é o Congresso Nacional, na forma do art. 33 da CRFB/88. Veremos adiante no item 6.9 os princípios inerentes à competência tributária.

A EC 132/23 trouxe um ponto polêmico que vem sendo bastante discutido na doutrina. Trata-se da competência compartilhada entre Estados, Distrito Federal e Municípios para a instituição do IBS na forma de lei complementar. A inserção do art. 156-A na Constituição sofre muitas críticas que serão analisadas mais adiante.

6.5 Competência Positiva e Competência Negativa

É importante destacar que a competência tributária pode ser classificada de duas formas: *positiva* e *negativa*. A primeira se dá quando a Constituição autoriza os entes federativos a instituição de tributos por ela designados. Isto porque a Constituição não cria tributos, mas confere competência aos entes federativos para que estes os instituam por lei (em regra, ordinária). A competência negativa implica vedação do exercício de competência tributária pelos entes federativos. O aspecto negativo da competência é exatamente a ausência do poder de tributar por imposição constitucional. Tomemos como exemplo a imunidade, que é hipótese de não incidência tributária, que enseja uma ausência do exercício da competência tributária. A imunidade cria um campo de incompetência (não incidência) tributária. A imunidade é uma limitação absoluta ao poder de tributar que encontra sua regra matriz na Constituição, posto que possui, via de regra, natureza de direito e garantia individual, sendo, em função disso, considerado por grande parte da doutrina uma cláusula pétrea.

---

7   Nesse sentido, José Souto Maior Borges, in *Revista Brasileira de Tributação e Economia*. Ano 1, 1976, p. 27.

6.6 Competência e Emenda Constitucional

Outro questionamento diz respeito à possibilidade de a emenda constitucional[8] tratar de competência tributária. A repartição do poder de tributar, a que chamamos de competência, é outorgada pela Constituição, e por esse motivo, salvo as emendas constitucionais, nenhum outro dispositivo normativo infraconstitucional poderá alterá-las. Contudo, há que se ressaltar que quando essas emendas esbarrarem em cláusulas pétreas não poderão avançar, em razão do disposto no § 4º do art. 60 da CRFB. Salvo essa hipótese, podemos exemplificar algumas emendas constitucionais que alteraram a distribuição da competência, como foi o caso da EC n. 3/93, que extinguiu o Imposto Adicional ao Imposto de Renda (AIR), de competência dos Estados, e o Imposto sobre Vendas a Varejo de Combustíveis Líquidos e Gasosos (IVVC), de competência dos Municípios e do Distrito Federal. Da mesma forma, a EC n. 39/2002 inseriu ao texto constitucional o art. 149-A, que criou a Contribuição de Iluminação Pública.

É oportuno lembrar que a exigibilidade de lei complementar depende de exigência da Constituição. Na omissão, prevalece a regra de que o tributo há de ser instituído por lei ordinária. Todas essas determinações constitucionais exteriorizam a **competência tributária**, que é *indelegável*. Em decorrência dessa vedação, a Constituição proíbe, em seu art. 151, III, a chamada **isenção heterônoma**[9], em que um ente federativo não pode isentar tributos de outros entes federativos (Estados, Distrito Federal e Municípios). Vejamos a redação do dispositivo citado: *Art. 151. É vedado à União: (...) III – instituir isenções de tributos da competência dos Estados, do Distrito Federal ou dos Municípios.* Existem, no entanto, algumas exceções, como o art. 155, § 2º (ICMS); art. 155, X, *a* (exportações para o exterior); art. 156, § 3º, c/c art. 2º, I, da Lei Complementar n. 116/2003 (ISSQN) e os Tratados Internacionais[10].

Em relação aos Territórios, por serem autarquias da União, compete à própria União a instituição de Impostos Estaduais e, se o Território não for dividido em Municípios, também os Impostos Municipais; é a chamada competência cumulativa, conforme dispõe o art. 147 da CRFB.

6.7 Lei Complementar – Conflito de Competência e Competência Concorrente

É certo que a voracidade do Fisco em tributar pode ensejar arbitrariedades ou erros administrativos para com os contribuintes. O art. 146 da Constituição determina que cabe à lei complementar dispor sobre conflitos de competência em matéria tributária entre a União, os Estados, Distrito Federal e Municípios. Por outro

---

8   Até o fechamento desta edição estava em trâmite no Congresso Nacional a Reforma Constitucional Tributária.

9   O tema da isenção heterônoma será melhor abordado no item próprio.

10   Ver item Tratados Internacionais no capítulo sobre Legislação Tributária.

lado, o art. 146-A (incluído pela EC n. 42/2003) dispõe que a lei complementar poderá estabelecer critérios especiais de tributação, com o objetivo de prevenir os desequilíbrios da concorrência, sem prejuízo da competência da União de, por lei, estabelecer normas com igual objetivo. Conforme já visto, o art. 147 estabelece a competência tributária no Território Federal quanto aos impostos estaduais e municipais. A Constituição delimita rigidamente a competência para impedir ou, pelo menos, tentar impedir os conflitos de competência. Em relação às taxas e contribuição de melhoria, é pouco provável a ocorrência de conflitos, já que elas estão adstritas às atribuições político-administrativas relativas à prestação do serviço, exercício do poder de polícia ou realização de uma obra pública. A previsão da competência comum prevista no art. 23 da CRFB, não afasta esse posicionamento, já que somente o ente federativo que efetivamente realize a atividade ensejadora do tributo poderá cobrá-lo. Por isso, compete à lei complementar dispor sobre os conflitos de competência em matéria tributária, bem como regular as limitações constitucionais ao poder de tributar. Nesse sentido, o STF (ADI-MC 1.802-DF) declarou a existência de inconstitucionalidade formal de lei ordinária (Lei n. 9.532/97) que trate de definição ou condições que repercutam na concessão de imunidades, como a definição de entidade sem fins lucrativos ou restrições relativas a rendimentos e ganhos de capital auferidos em aplicações financeiras de renda fixa ou variável por entidades imunes, ou suspensão de imunidade como penalidade por infração à legislação tributária. Nesse sentido, o STF entendeu que a *mens legis* do art. 150, VI, *c*, da CRFB é determinar que a lei ordinária terá competência *apenas para estipular requisitos quanto à constituição e funcionamento das entidades imunes.* As limitações ao poder de tributar somente podem ser reguladas por lei complementar.

Questão que merece destaque é a previsão contida no art. 24 da CRFB, que dispõe sobre a competência da União, dos Estados e do Distrito Federal, para legislarem *concorrentemente* sobre Direito Tributário, Financeiro, Penitenciário, Econômico e Urbanístico. Nesse sentido, no âmbito da legislação concorrente, compete à União legislar sobre normas gerais, e aos Estados, sobre as normas específicas. Outra questão controvertida diz respeito à possibilidade de os Municípios se enquadrarem na hipótese do artigo em tela. Entendemos que por força do art. 30, incisos I e II, da CRFB os Municípios possuem competência para legislar da mesma forma que os Estados e o Distrito Federal, pois o citado artigo preconiza que *compete aos Municípios: I – legislar sobre assuntos de interesse local; II – suplementar a legislação federal e a estadual no que couber.* Assim, parece-nos que não há como deixar de enquadrar o Município junto aos demais entes federativos. Indicamos, ainda, o disposto no art. 34, § 3º, do ADCT.

Em síntese, temos que:

Bitributação

Parte da doutrina utiliza as expressões bitributação jurídica se referindo à bitributação e bitributação econômica se referindo ao *bis in idem*. Contudo, preferimos chamar os institutos de "bitributação" e "*bis in idem*".

A bitributação ocorre quando o mesmo contribuinte é tributado por dois ou mais **entes federativos distintos**, sob a ocorrência do mesmo fato gerador. Tal prática é vedada como regra no Direito brasileiro, visto que estimula uma invasão de competência tributária, violando assim a Constituição. O contribuinte deve pagar o tributo a um único ente. Temos como exemplo a cobrança de um imposto pelo Município e pelo Estado sobre o mesmo fato gerador, qual seja, determinado serviço, em virtude do qual será devido o ISSQN ou o ICMS, respectivamente ao Município e ao Estado. É importante destacar que essa vedação não decorre de previsão expressa na Constituição, mas sim de uma rígida divisão de competência tributária estabelecida pela Constituição.

Existem exceções a essa ilegítima bitributação, como, por exemplo: a) que decorre da regra contida no art. 154, II, da Constituição, que autoriza à União a possibilidade de criar impostos extraordinários, não compreendidos na sua competência tributária ordinária, vez que é vedado a um ente federativo legislar ou instituir tributo de competência de outro ente federativo, e os impostos são de competência privativa; b) que decorre da dupla tributação sobre a renda obtida no exterior entre países que não possuem acordos internacionais. Nesse caso o residente no Brasil que auferir rendas provenientes de outro país poderá ser tributado lá e aqui.

A EC 132/23 trouxe um ponto bastante curioso. O inciso VIII do art. 153 passa a prever o imposto seletivo (imposto do pecado) que incide sobre a produção, extração, comercialização ou importação de bens e serviços prejudiciais à saúde ou ao meio ambiente, nos termos de lei complementar. O ponto que desperta polêmica está contido no § 6º do art. 153, ao prever que o imposto seletivo poderá ter o mesmo fato gerador e base de cálculo de outros tributos.

Bis In Idem

Embora o instituto seja similar ao anterior, não trata de uma típica invasão de competência, já que possui uma relevante distinção, qual seja, a excessividade da cobrança ou a duplicidade da tributação é praticada pelo **mesmo ente federativo,** como, por exemplo: quando o Município, por algum equívoco, emite dois carnês de IPTU idênticos e cobra do contribuinte duas vezes o imposto sobre o mesmo imóvel. É conveniente ressaltar que o contribuinte não pode ser penalizado por essa prática ilegal. Nesse caso, é cabível administrativamente a instauração de processo administrativo de repetição de indébito ou uma ação de repetição de indébito, caso já tenha sido pago, ou uma consignação em pagamento, se não pago o tributo.

Da mesma forma que a bitributação, a Constituição não veda expressamente o *bis in idem,* mas tal entendimento decorre da interpretação do art. 154, I (da mesma forma o art. 195, § 4º) da Constituição que atribui à União a competência residual para criar novos impostos desde que não tenham o mesmo fato gerador daqueles já existentes.

6.8 Reserva de Competência e Benefício Fiscal

Para não nos tornarmos repetitivos, recomendamos a leitura do Capítulo 2, item 2.3.4 (tópico IV), no qual abordamos essa temática. Ressaltamos, contudo, a inclusão do inciso IX ao art. 163, da CF/88 com mais uma competência de lei complementar.

6.9 Competência e Capacidade Tributária

Não devemos confundir competência tributária, que é **indelegável**, com capacidade tributária, que pode ser **delegável**. Assim, temos que a capacidade tributária ativa é o poder que as pessoas jurídicas públicas ou privadas possuem, através de delegação do ente federativo titular da competência tributária, de **cobrar, arrecadar, fiscalizar e administrar** os tributos. É importante frisar que a delegação da capacidade tributária é uma faculdade. Assim, se o próprio ente federativo cobrar e fiscalizar o tributo por ele instituído, não há que se falar em delegação. Por outro lado, caso haja a delegação, esta poderá ser, a qualquer tempo, revogada pelo ente concedente, sendo certo que, enquanto mantida, a pessoa jurídica delegatária[11] faz jus às mesmas garantias e privilégios processuais do poder concedente, titular da competência tributária conforme dispõem os arts. 7º e 8º do CTN.

Questão polêmica exsurge em razão do **art. 119 do CTN**, que determina que o sujeito ativo da obrigação é a pessoa jurídica de direito público, titular da competência para exigir o seu cumprimento. No entanto, o art. 149 da CRFB derrogou este dispositivo, pois o atual Sistema Tributário permite que entidades públicas ou privadas, que não tenham competência legislativa, possam figurar como sujeito ativo da relação jurídica tributária, como, por exemplo, a OAB, o SESI, e entidades sindicais, entre outros. Há discussão doutrinária sobre o tema, ressaltando-se a posição de Ricardo Lobo Torres[12], que nega a condição de sujeito ativo às pessoas jurídicas de direito privado. Concordamos com a tese sustentada, pois os arts. 7º e 119 do CTN permitem a interpretação de que o sujeito ativo da obrigação tributária deve ser uma pessoa jurídica de direito público, em que pese o 149 da CRFB, que dispõe sobre as contribuições corporativas, destinadas às pessoas jurídicas de direito privado.

Por fim, não se deve confundir o sujeito ativo da relação jurídica tributária com o destinatário da arrecadação tributária, na hipótese de o tributo ter a destinação de receita vinculada a uma finalidade específica ou a uma pessoa jurídica específica. Exemplificamos com a destinação da contribuição para a seguridade social. Nesse caso, o INSS não é o sujeito ativo dessa relação jurídica, mas, sim, a União. Por outro lado, o art. 7º do CTN dispõe que a atribuição de capacidade tributária

---

11 A ação de repetição de indébito deverá ser ajuizada em face do INSS, da mesma forma que, no chamado sistema "s", o STJ tem entendido que o polo passivo deve ser composto pelo INSS e entidades pertencentes ao sistema "s".

12 TORRES, Ricardo Lobo. Op. cit., p. 69.

compreende a delegação de todas as garantias e privilégios processuais que competem à pessoa jurídica de direito público que a conferir. Contudo, a delegação poderá ser, a qualquer tempo, revogada, na forma do § 2º do art. 4º do CTN.

Capacidade Tributária Ativa

Vimos que a competência tributária é indelegável. Contudo, o ordenamento jurídico permite que haja delegação da capacidade tributária ativa a pessoas jurídicas de direito privado, como por exemplo, ao SESI e ao SENAI, ou seja, os chamados serviços sociais autônomos. Isso ocorre porque essas entidades auxiliam o Poder Público na promoção de finalidades coletivas e sociais relevantes, podendo eles mesmos fiscalizar e arrecadar algumas das contribuições em seu favor.

Sobre o tema foi editada a **Súmula 396 do STJ**: *"A Confederação Nacional da Agricultura tem legitimidade ativa para a cobrança da contribuição sindical rural"*.

A capacidade tributária ativa pode ser exercida de duas formas. A primeira forma é a ***direta***, quando o próprio ente federativo titular da competência também exerce a capacidade a ele adstrita. Na segunda, a ***indireta***, não há identidade entre o ente titular da competência tributária e aquele que exerce a capacidade, em razão do exercício da faculdade de delegação que o ente federativo possui. A forma indireta pode se subdividir em duas espécies:

a) ***Parafiscalidade*** – ocorre quando um **terceiro** exercer a capacidade tributária ativa por delegação e ao mesmo tempo dispensa dos recursos arrecadados. A parafiscalidade é uma sistemática de ordem financeira concernente à descentralização da arrecadação das receitas públicas com afetação dos recursos arrecadados. São receitas chamadas de paralelas ao orçamento fiscal do Estado, em que o produto da receita vai para os cofres de alguém que, embora não sendo Fisco, está ao lado do Fisco com o objetivo de colaboração.

b) ***Retenção na Fonte*** – a retenção na fonte é também chamada por alguns autores de sujeição ativa auxiliar. Nela, um **terceiro** que arrecada não tem a disponibilidade do valor retido, sob pena de apropriação indébita, ou seja, não pode ficar com o valor arrecadado, tendo que repassá-lo ao Fisco. São as chamadas fontes pagadoras, que fazem a retenção na fonte. Contudo, esse entendimento não é pacífico. Há quem sustente que a retenção na fonte nada mais é do que o cumprimento de uma obrigação acessória, ou seja, uma obrigação instrumental imposta a um terceiro vinculado ao fato gerador. A pessoa que faz a retenção assume o papel de mero agente arrecadador. Para outros, trata-se de substituição tributária em que o retentor figura como substituto e o contribuinte como substituído[13].

---

13 Para o STJ (REsp 1.218.222-RS), mesmo que a fonte pagadora (substituta tributária) equivocadamente tenha deixado de efetuar a retenção de determinada quantia, a título de imposto de renda, sobre importância paga a empregado, tendo, ainda, expedido comprovante de rendimentos informando que a respectiva renda classifica-se como rendimento isento e não tributável, o sujeito passivo da relação

6.10 Princípios Inerentes à Competência Tributária

Feita a distinção entre a competência positiva e a negativa, mister se faz elencar alguns princípios que norteiam o aspecto positivo da competência:

Indelegabilidade

O art. 7º do CTN prevê que a *competência tributária é indelegável, salvo atribuição das funções de arrecadar ou fiscalizar tributos, ou de executar leis, serviços, atos ou decisões administrativas em matéria tributária, conferida por uma pessoa jurídica de direito público a outra, nos termos do § 3º do art. 18 da CF* (referência à Constituição de 1946).

Vale, aqui, uma observação: o art. 7º dispõe que a capacidade tributária ativa somente pode ser delegada a outra pessoa jurídica de direito público. Surge, então, uma polêmica na doutrina: há quem sustente[14] que a delegação é privativa da pessoa jurídica de direito público, isto porque a arrecadação e fiscalização pressupõem o efetivo exercício do poder de polícia, que somente pode ser compatível com atividade típica de Estado, não podendo ser exercida por um particular[15]. Tese oposta, adotada pela maioria[16] da doutrina, entende que uma pessoa jurídica de direito privado pode arrecadar, bem como fiscalizar tributos, ou seja, possuir capacidade tributária ativa.

É conveniente ressaltar que, em que pese a delegabilidade da capacidade tributária ativa, a competência é sempre indelegável.

Inalterabilidade

A norma de competência tributária, por ter amparo constitucional, não pode ter suas dimensões ampliadas, mas estas podem ser restringidas, pois um ente pode não exercer sua competência tributária em toda sua amplitude ou, ainda, exercê-la em menor grau, sob pena de não ser possível, por exemplo, a outorga de isenções.

6.11 Classificação da Competência Tributária

Competência Privativa

A **competência privativa** está direcionada principalmente aos impostos. O rol correspondente a cada ente tributante (arts. 153, 155 e 156, da CRFB) deve ser enumerado e discriminado pela CF, e entregue a cada um dos entes políticos de forma

---

jurídico-tributária (substituído tributário) deverá arcar com o imposto de renda devido e não recolhido. Isso porque o STJ entende que o contribuinte substituído, que realiza o fato gerador, é quem efetivamente tem o dever de arcar com o ônus da tributação, que não é afastado pela responsabilidade pessoal do substituto tributário.

14 Corrente sustentada por Hugo de Brito Machado e Ricardo Lobo Torres.

15 O STF (ADI 1.717 – sobre a alteração do regime jurídico dos Conselhos de Fiscalização – Lei n. 9.649/98, art. 58) entendeu que os Conselhos Profissionais não poderiam ter alterado seu regime jurídico, pois deveriam continuar sendo autarquias, porque exercem poder de polícia, cuja atividade é típica de estado que não poderia ser delegada a pessoa jurídica de direito privado.

16 Por todos, Luciano Amaro.

exclusiva. É preciso que a norma que veicula a competência tributária estabeleça a base econômica do fato gerador dos impostos.

> **Resumo dos Impostos de Competência Privativa classificados pela CRFB:**
> **UNIÃO:** II, IE, IR, IPI, IOF, ITR, IGF (art. 153).
> **ESTADOS:** IPVA, ICMS, ITCMD (art. 155).
> **MUNICÍPIOS:** IPTU, ISS, ITBI (art. 156).
> Atenção para os comentários que fizemos sobre a EC 132/23 que estabeleceu o IBS em substituição ao ICMS e ISSQN.

Competência Comum

A **competência comum** pode ser definida como o poder que todos os entes federativos podem exercer plenamente nos limites de suas atribuições, inclusive de legislar. Essa modalidade de competência é relativa aos tributos contraprestacionais e podemos dar como exemplo a União que terá competência comum com os Estados, DF e Municípios para legislar sobre taxas, contribuições de melhoria e contribuições dos servidores públicos de cada ente (ex.: contribuição previdenciária dos servidores do Estado do Rio de Janeiro). Estão disciplinados no art. 145, incisos II e III, art. 149, § 1º, da CRFB/88 e arts. 77 e 81 do CTN.

Discute-se a previsão do art. 23 da CRFB. Entendemos que, em relação às taxas, o referido artigo trata de uma competência comum atípica, isto porque, para dar aplicabilidade prática ao dispositivo, temos que verificar o interesse preponderante no caso concreto. Em caso de dúvida ou conflito, utilizar-se-á a *teoria da proteção do maior número de jurisdicionados*. Nesse caso, deve-se conferir a taxa à União, em detrimento dos Estados e consecutivamente dos Municípios. Significa dizer que a prioridade segue uma sequência: primeiro a União, seguida dos Estados, e, depois, finalmente dos Municípios. Há que destacar que a competência comum não enseja a bitributação, porque cada ente só pode instituir seus tributos no âmbito de suas respectivas atribuições materiais, ou seja, quem prestar o serviço cobrará a respectiva taxa, por exemplo.

Assim, em relação às taxas e contribuições de melhoria o art. 145 da CRFB não é suficiente para instituí-las, fazendo-se necessária uma lei do ente tributante para criá-las, e talvez uma regulamentação, que poderá se dar por ato administrativo normativo ou vir expressa na própria lei que a instituiu.

Competência Residual

A **competência residual** tributária clássica está prevista no art. 154, inciso I, e no art. 195, § 4º, ambos da CRFB. Em relação ao primeiro artigo, a competência residual será exercida através de lei complementar federal em relação aos tributos cujos fatos geradores são discriminados pela Constituição. Também em relação ao art. 195, § 4º, entendemos que a competência residual só pode ser exercida mediante lei complementar a cargo da União. Contudo a matéria é controvertida no ambiente jurídico. Parte da doutrina[17] entende que o § 4º, ao remeter ao art. 154, I, demonstra que o único requisito que não precisa ser observado é o da LC, porque o art. 195, § 4º, dispõe que "a lei poderá". Nesse sentido, a lei em tela seria lei ordinária. Ressalvadas as homenagens a essa corrente, entendemos que não haveria necessidade de repetir a expressão "lei complementar", pois com a menção ao art. 154, I, todos os requisitos desse artigo devem ser observados; caso contrário, a Constituição seria redundante em citar a expressão "lei complementar".

Ressalte-se que, no âmbito administrativo constitucional, a competência residual é atribuída aos Estados. Entretanto, a competência residual em Direito Tributário é atribuída à União Federal.

Corroboramos a tese que sustenta que as taxas são consideradas como de competência residual para os Estados, porque a competência para instituí-las se prende à competência material, e esta, por sua vez, é residual, já que dispõe o art. 25, § 1º, da CRFB. Na verdade, as taxas são tributos contraprestacionais. O fundamento utilizado é o de que a competência administrativa prevista na Constituição para que os entes prestem os serviços públicos, exerçam o poder de polícia ou realizem as obras públicas, é fruto da competência residual. Daí se sustentar que a natureza da competência administrativa determina a competência tributária e ambas seriam residuais.

Em síntese, temos as seguintes características da competência residual:

a) instituir novos impostos;

b) requisitos – fato gerador novo, base de cálculo nova e lei complementar;

c) competência da União;

d) no caso das contribuições residuais, estas também devem respeitar a anterioridade nonagesimal, contida no § 6º do art. 195.

Outra questão interessante diz respeito ao extinto IPMF (Imposto Provisório sobre Movimentação Financeira) ter sido ou não instituído no uso da competência residual da União. Este imposto foi instituído pela União em 1993 e extinto em dezembro de 1994. Considerando que esse imposto era cobrado mediante efeito cascata (incidência cumulativa), não poderia ter sido criado em função de uma competência residual da União, mas sim pela competência privativa estabelecida por uma emenda constitucional (EC n. 3/93). Assim, o antigo IPMF não era um imposto implementado em função do exercício da competência residual da União, mas através de competência privativa, estabelecida pela EC n. 12/96.

Competência Cumulativa

Esta modalidade de competência encontra amparo no art. 147 da CRFB, que assim dispõe: "Competem à União, em Território Federal, os impostos estaduais e, se o Território não for dividido em Municípios, cumulativamente, os impostos municipais; ao Distrito Federal cabem os impostos municipais".

---

17 Sustentada por Luciano Amaro.

Também chamada de competência múltipla. Nela devem ser considerados os seguintes aspectos:

a) a União poderá instituir nos Territórios Federais os Impostos Estaduais e os Impostos Municipais, caso os territórios não sejam divididos em Municípios;

b) a segunda parte do referido artigo prevê que o Distrito Federal poderá instituir tanto Impostos Estaduais quanto Municipais, já que o Distrito Federal (diferentemente dos territórios) não pode se subdividir em Municípios, na forma do art. 32 da CRFB. Se assim não fosse, morar no DF seria melhor do que em outros Municípios da Federação brasileira, já que não existiria nenhum tributo municipal, como, por exemplo, o IPTU.

Em relação ao Distrito Federal, este tem natureza jurídica híbrida, pois em alguns casos possui características de Estado-membro e, em outros, de Município. Assim, cabe a ele, na forma do art. 147 da CRFB, instituir os tributos municipais (IPTU, ITBI e ISSQN) e estaduais (ICMS, ITCMD e IPVA).

Competência Extraordinária

É prevista no art. 154, II, da CRFB e no art. 16 do CTN. Entendemos que, em função das suas características, esse artigo traz uma permissão expressa para bitributação conferida somente à União. O imposto extraordinário, por razões óbvias, não respeita o princípio da anterioridade tributária e pode ser instituído por lei ordinária. Por outro lado, é de caráter provisório, considerando que é instituído em função de uma situação excepcional, e por isso será gradativamente extinto, conforme se restabeleça a regularização do status anterior.

Competência Conjunta

Essa modalidade estava inserida na PEC n. 233/2008 e tinha por objetivo criar uma nova modalidade de competência tributária, denominada competência conjunta. O referido projeto visava a inserir o art. 155-A no texto constitucional, estabelecendo que compete aos Estados e ao DF conjuntamente a instituição de lei complementar do ICMS. Contudo, o referido projeto não avançou, mas ao nosso sentir foi o embrião da competência compartilhada que analisaremos a seguir.

Competência Compartilhada

A EC 132/23 trouxe um ponto polêmico que vem sendo bastante discutido na doutrina. Trata-se da competência compartilhada entre Estados, Distrito Federal e Municípios para a instituição do IBS na forma de lei complementar. A inserção do art. 156-A na Constituição sofre muitas críticas que serão analisadas mais adiante.

7

Limitações Constitucionais ao Poder de Tributar

7.1 Introdução

As imunidades tributárias, os princípios constitucionais tributários e algumas outras vedações constitucionais específicas surgiram como um mecanismo de proteção ao contribuinte no intuito de conter a "voracidade" do Estado em carrear recursos para os cofres públicos (tributar). Considerando que o poder de tributar está inserido na Constituição, as limitações a este poder somente poderiam vir prescritas pelo mesmo diploma. Nesse sentido, a Constituição de 1988, na Seção II do Capítulo do Sistema Tributário Nacional, positivado pela primeira vez em sede constitucional na Constituição de 1946, trata das limitações constitucionais ao poder de tributar. Além dessas limitações, citamos também outras vedações constitucionais, conforme veremos mais adiante.

Após a Carta de 1988, vivemos atualmente em um Estado Democrático de Direito, onde o poder de tributar não pode mais ser exercido arbitrariamente como ocorria no passado, simplesmente pela vontade do poder público. Assim, o poder constituinte estabeleceu as chamadas limitações constitucionais ao poder de tributar que exteriorizam princípios constitucionais[1], como, por exemplo, o da legalidade tributária, o da anterioridade tributária, o da capacidade contributiva e o da isonomia, entre outros.

7.2 Limites ou Limitações

Há, na doutrina, quem sustente[2] haver uma distinção entre as expressões limitações e limites, não sendo, no âmbito do Direito, tratadas como sinônimos. Nesse sentido, as limitações seriam limites extrínsecos, alcançando as imunidades. Por

---

1   Esses princípios foram muito bem abordados na obra clássica elaborada por Aliomar Baleeiro, escrita na década de 1950, cujo título era exatamente o mesmo – *Limitações constitucionais ao poder de tributar*.

2   Nesse sentido, Flavio Bauer Novelli, atualizador da obra de Aliomar Baleeiro.

outro lado, os limites propriamente ditos seriam os intrínsecos, que alcançam os princípios constitucionais tributários, considerados alicerces do Sistema Tributário Nacional.

A distinção apresentada entre as expressões atualmente encontra relevância somente no âmbito acadêmico, já que a Constituição adota a expressão "limitações" constitucionais ao poder de tributar, que engloba tanto as imunidades quanto os princípios constitucionais tributários. Passemos então a chamar daqui em diante apenas de limitações constitucionais ao poder de tributar.

7.3 Natureza Jurídica

A natureza jurídica das limitações constitucionais ao poder de tributar é de garantia constitucional. Essas limitações estabelecem princípios tributários garantidores do cidadão/contribuinte e traz as imunidades tributárias. Quanto aos princípios, a doutrina é uníssona, mas quanto à natureza jurídica das imunidades há polêmica. Entendemos que, na Constituição, não deve haver distinção entre seus artigos, por isso corroboramos o entendimento de que imunidade é uma *não incidência constitucionalmente qualificada*, pois fixa um limitador do exercício da competência tributária, motivo pelo qual entendem ser uma competência tributária negativa. Em outras palavras, a imunidade tributária ajuda a delimitar o campo tributário e as suas regras também demarcam (no sentido negativo) as competências tributárias das pessoas políticas.

As imunidades se encontram espalhadas pela Constituição e não apenas no art. 150, inciso VI, do referido diploma; sendo assim, a sua natureza é de garantia constitucional, pois o seu fundamento é a preservação de *valores* que a própria Constituição reputa relevantes. Contudo, Ricardo Lobo Torres[3], em posição diversa, entende que não basta a hipótese estar prevista na Constituição para ser considerada imunidade, deve ter também que guardar relação com os direitos fundamentais. Para o autor, as imunidades seriam aquelas que tratam de direitos fundamentais, e, por isso, seriam hipóteses de cláusulas pétreas, enquanto as demais hipóteses seriam classificadas como não incidência constitucional. Ficamos, porém, com o entendimento de que qualquer não incidência prevista no texto constitucional terá natureza de imunidade.

Vale frisar que, a despeito da corrente que se adote, somente as imunidades que tratem de direitos fundamentais podem ser consideradas como cláusulas pétreas e, por isso, não podem ser modificadas por emendas constitucionais[4]. Assim, entendemos que as Constituições estaduais não podem conceder imunidades não previstas na Constituição da República, pois este é um fenômeno concomitante à repartição de competências, que está prevista na Constituição da República pelo

---

3   TORRES, Ricardo Lobo. *Curso de direito financeiro e tributário*. Rio de Janeiro: Renovar, 1993.

4   Vale destacar que o art. 153, § 2º, II, revogado pela EC n. 20/98, concedia imunidade de Imposto de Renda aos maiores de 65 anos. No entanto, tal imunidade foi revogada por uma emenda constitucional.

poder constituinte. Vale dizer que as Constituições estaduais emanam do poder constituinte derivado decorrente e, por isso, não podem limitar um Poder emanado do Constituinte Originário.

Por outro lado, entendemos que as Constituições Estaduais não poderiam também conceder isenções, pois estariam suprimindo o direito do chefe do Poder Executivo de sancionar ou vetar a lei que concede isenção. É cediço que a Constituição estadual é um documento emanado exclusivamente da Assembleia Legislativa, fruto do poder constituinte derivado decorrente, e, por isso, não admite a *sanção ou veto pelo Governador do Estado*. Estaria tal concessão violando o chamado princípio da legalidade consentida e a teoria da separação e harmonia entre os poderes, invocada por *Montesquieu*. Ademais, é oportuno lembrar que isenção, segundo posicionamento adotado pela jurisprudência, possui natureza de dispensa legal de pagamento, logo, deve observar a Lei de Responsabilidade Fiscal. Para melhor entendermos a natureza jurídica das imunidades, abordaremos o seu histórico no item adiante.

7.4 Imunidades e Princípios

Após a breve análise anterior, passaremos a uma abordagem específica dos princípios e das imunidades tributárias. Os princípios previstos na Constituição brasileira de 1988 podem ser considerados instrumentos protetivos ou garantidores dos cidadãos brasileiros (contribuintes), como, por exemplo, o da legalidade tributária, o da anterioridade tributária, o da capacidade contributiva, o da irretroatividade, o da igualdade, o da vedação de confisco e, para alguns autores como Flávio Bauer Novelli[5], o da anualidade tributária. Entre essa gama de princípios apresentados, de ordem exemplificativa, dois são de extrema importância para o Direito Tributário, o da capacidade contributiva e o da legalidade tributária, que, aliás, podemos dizer que advêm do princípio da legalidade genérica. Vale destacar que estamos diante de dois princípios ligados a valores, tais como a justiça da tributação (capacidade contributiva) e a segurança jurídica (legalidade).

É certo que, embora os princípios e as imunidades estabeleçam garantias para os contribuintes, ambos não se confundem[6]. Os princípios[7] são mandamentos

---

5   NOVELLI, Flávio Bauer. Anualidade e anterioridade na Constituição de 1988. *Revista de Direito Administrativo*, Rio de Janeiro, jan./jun. 1990, p. 19-50. Neste artigo, o autor sustenta a permanência do princípio da anualidade tributária, que não foi extinto com o advento da Constituição de 1988, vigorando conjuntamente com a anterioridade tributária e a anualidade orçamentária. Contudo, prevalece o entendimento de que esse princípio não vigora mais no direito brasileiro em função da Constituição de 1988.

6   Alguns autores chamam as imunidades de princípios, como, por exemplo, o princípio da autonomia dos entes federativos em relação à imunidade recíproca.

7   Quanto à conceituação de princípios, regras, normas e ordenamento jurídico, ver as obras de Norberto Bobbio: *Teoria da norma jurídica* e *Teoria do ordenamento jurídico*. Outra obra que trata muito bem do tema é *O positivismo jurídico contemporâneo*, tese de doutorado de Luis Fernando Barzotto, que analisa o conceito de Direito à luz de Hans Kelsen e Alf Ross Herbert Hart.

nucleares de um sistema, alicerces do ordenamento jurídico, que inspiram o legislador e orientam o intérprete e o aplicador da lei. Para Adilson Rodrigues Pires[8], princípio em sua acepção jurídica:

> Significa um conjunto de regras que determinam um certo tipo de comportamento. São eles os responsáveis pela harmonia do sistema normativo. Ou, diríamos, ainda, o seu alicerce. Os princípios podem vir implícitos no sistema constitucional vigente ou expresso, de forma clara, na Lei Maior.

De outro lado, por ser a imunidade uma norma constitucional de não incidência, é ela considerada uma norma proibitiva, por isso a utilização da expressão competência negativa, pois apresenta limitações constitucionais ao poder de tributar. Aliomar Baleeiro[9] define as imunidades como limitações constitucionais ao poder de tributar. A maioria da doutrina[10] converge no sentido de que a imunidade, à luz do Direito, é uma norma jurídica que encontra amparo na Constituição. Cabe ressaltar que no Direito comparado houve uma tendência à constitucionalização do Direito Tributário. Nesse sentido, explica Sacha Calmon[11] que país algum "constitucionalizou" tanto o Direito Tributário como o Brasil. A Constituição brasileira de 1988 contém aproximadamente 20 artigos dedicados ao tema. Por fim, Paulo de Barros Carvalho[12] diz que a imunidade é "a classe finita e imediatamente determinável de normas jurídicas contidas no texto da Constituição Federal e que estabelecem, de modo expresso, a incompetência das pessoas políticas de direito constitucional interno para expedir regras instituidoras de tributos que alcancem situações específicas e suficientemente caracterizadas". Contudo, é importante destacar que a imunidade, seja ela qual for, não afasta o cumprimento das obrigações tributárias acessórias definidas pela legislação.

Uma das consequências dessa constitucionalização do Direito Tributário é a rigidez exigida para a modificação de tais dispositivos. Isso se dá porque todas as nossas constituições, excepcionando a Constituição Imperial, classificam-se quanto

---

8   PIRES, Adilson Rodrigues. *Manual de direito tributário*. 5ª ed., Rio de Janeiro, Forense, p. 8.

9   BALEEIRO, Aliomar. *Limitações constitucionais ao poder de tributar*, atual. por Misabel Abreu Machado Derzi, 7ª ed. Rio de Janeiro: Forense, 2003.

10   Nesse sentido: PONTES DE MIRANDA, F. C. *Comentários à natureza jurídica da contribuição de melhoria*. São Paulo, Revista dos Tribunais, 1964, p. 231; CANTO, Gilberto Ulhoa. *Temas de direito tributário*, Rio de Janeiro: Alba, 1964, v. 3, p. 340; BORGES, José Souto Maior. *Isenções tributárias*, São Paulo: Sugestões Literárias, 1969, p. 206; COÊLHO, Sacha Calmon Navarro. *Comentários à Constituição de 1988*: sistema tributário, Rio de Janeiro: Forense, 1990, p. 304; CARVALHO, Paulo de Barros. *Curso de direito tributário*, 4ª ed., São Paulo: Saraiva, 1991, p. 117; MORAES, Bernardo Ribeiro de. *Sistema tributário na Constituição de 1969*, Revista dos Tribunais, 1973, p. 467; NOGUEIRA, Ruy Barbosa. *Curso de direito tributário*. 5ª ed. Saraiva, p. 172; PAIVA, Ormezindo Ribeiro de. *Imunidade tributária*. São Paulo: Resenha Tributária, 1981.

11   COÊLHO, Sacha Calmon Navarro. *O controle de constitucionalidade das leis e do poder de tributar na Constituição de 1988*. 2ª ed. Belo Horizonte: Del Rey, 1993, p. 227.

12   CARVALHO, Paulo de Barros. *Curso de direito tributário*. 16ª ed., p. 181.

à estabilidade[13] como rígidas e, assim sendo, exigem um procedimento qualificado (conforme o atual art. 60 da Constituição de 1988) para sua alteração, mais rígido do que o procedimento exigido para alteração das leis ordinárias e até mesmo das leis complementares. Logo, conclui-se que o Poder Constituinte Originário desejou eleger a matéria tributária, especificamente o Sistema Tributário Nacional, a um *status* constitucional, de modo a dificultar suas alterações. Por isso, o nosso Sistema Tributário é classificado como rígido e racional.

Aliada ao fato da rigidez constitucional, houve também na elaboração da Constituição brasileira de 1988 uma alteração substancial, que se deu quanto à classificação do Estado de Direito. A Constituição de 88 inovou no ordenamento jurídico, trazendo em seu art. 1º a ideia do Estado Democrático de Direito.

Outro aspecto, também relevante para efeitos didáticos, é a abordagem preliminar genérica sobre as imunidades, bem como um breve relato histórico, sua natureza jurídica e sua conceituação, para depois adentrarmos o objeto proposto.

7.5 Aspectos da não Incidência Tributária

Alguns institutos no Direito Tributário, como os que passaremos a analisar, possuem consequências tributárias idênticas; contudo, no que tange às suas naturezas, são totalmente distintos, como é o caso da imunidade, da isenção e da "alíquota zero". Destaque-se que, quanto ao aspecto financeiro, ou seja, quanto ao pagamento do tributo, todos esses institutos se assemelham, pois em todas as hipóteses não haverá o pagamento de tributo devido. Por outro lado, sob o ponto de vista jurídico, todos diferem entre si, pois possuem natureza jurídica distinta. Para que possamos analisar a não incidência tributária, mister se faz estabelecer um contraponto, vez que se trata da outra face de um mesmo binômio, na antítese ao conceito de hipótese de incidência. Assim, temos que incidência é a previsão na lei de uma situação hipotética que, uma vez praticada pelo contribuinte, gera a obrigação tributária. Podemos dizer então que ocorrerá a não incidência quando estiverem presentes diversos elementos, permitindo assim a seguinte classificação: a) ausência de previsão legal; b) existência de previsão legal, porém o fato não se subsume à norma jurídica tributária; c) quando tal hipótese de não incidência é prevista na lei, é chamada de não incidência legal; d) quando tal hipótese é prevista na Constituição, é denominada imunidade.

7.5.1 Isenção

Comentaremos melhor a isenção no capítulo sobre crédito tributário. Contudo, aqui faremos uma breve distinção entre isenção e imunidade. A diferença inicial entre elas é que a imunidade está prevista na Constituição e é considerada hipótese de não incidência tributária, daí se dizer que é a ausência de competência tributária.

---

13 SILVA, José Afonso da. *Direito constitucional positivo*. 22ª ed., São Paulo: Malheiros, p. 42.

Já a isenção está prevista em lei (norma infraconstitucional), e, embora comporte controvérsia, se é uma hipótese de não incidência legal ou dispensa legal de pagamento (conforme veremos no capítulo próprio), pressupõe o exercício da competência tributária, mas a lei dispensa o pagamento do tributo. Destaque-se que parte da doutrina[14] sustenta que a isenção é uma não incidência legalmente qualificada, enquanto a imunidade[15] é uma não incidência constitucionalmente qualificada. Abordaremos, como já dito, a discussão doutrinária sobre a isenção no Capítulo 10 (item sobre modalidades de exclusão do crédito tributário).

7.5.2 Alíquota Zero

O fato gerador integral possui, entre outros, o elemento quantitativo, que se subdivide na alíquota e na base de cálculo. Assim temos que a alíquota é um dos elementos que, associado à base de cálculo, quantificam o valor do tributo a pagar, ou seja, fixa o *quantum debeatur*. Nesse sentido, a utilização da alíquota zero é uma forma de estimular determinada atividade, pois na sua fixação da alíquota zero há a hipótese de incidência prevista em lei e ocorre o fato gerador; entretanto, como a alíquota do tributo é fixada em 0%, não haverá cobrança. Isso se dá porque a ausência de pagamento é resultante do valor da base de cálculo multiplicada pela alíquota fixada em zero; logo, o imposto a pagar será zero. A consequência do não pagamento decorre de uma situação matemática e não jurídica, diversamente do que ocorre com a isenção, que decorre de modalidade de exclusão do crédito prevista em lei, bem como da imunidade, cuja previsão está na Constituição. Na alíquota zero, temos a "anulação" de um dos aspectos quantitativos do fato gerador, mas a norma de incidência tributária permanece íntegra. É por isso que essa dinâmica é utilizada nos tributos de caráter extrafiscal, como o imposto de exportação e importação, cujo objetivo é de desonerar a carga tributária de determinados bens e estimular a exportação e importação, sem a necessidade de edição de lei. Em geral, a lei estabelece uma alíquota máxima, mas não estabelece uma alíquota mínima, aí entra em cena a alíquota zero. No caso da exportação, por exemplo, se a empresa exportar toda a sua produção e com isso o mercado nacional ficar sem abastecimento, como forma de regular o abastecimento interno o chefe do Poder Executivo poderá reduzir a alíquota de importação a zero e aumentar a alíquota da

---

14 Em sentido contrário, para Aliomar Baleeiro e Amílcar Falcão a isenção é uma hipótese legal de dispensa do pagamento do tributo devido. Aqui, ocorre o fato gerador e a lei apenas dispensa o pagamento do tributo.

15 Para Ricardo Lobo Torres, a imunidade se baseia somente nos direitos fundamentais (direitos humanos de primeira geração), e as demais são apenas normas de não incidência. Para o autor a não incidência em relação às entidades sindicais não seria uma imunidade por se tratar de direito social. Existem também aqueles que a chamam de isenção constitucional (Aurélio Pitanga Seixas Filho). Essa corrente sustenta que não é relevante que a imunidade esteja expressamente escrita na Constituição. O exemplo clássico é o caso das embaixadas que, embora seja reconhecido por lei como isenção, na verdade, em função da natureza, seria uma verdadeira imunidade, embora não escrita expressamente no texto constitucional.

exportação, de forma a regular o comércio exterior. Entendemos que pela excepcionalidade desse mecanismo a alteração da alíquota por ato do Poder Executivo, por ser uma exceção à legalidade tributária, deve ser ato motivado, pois a discricionariedade, aqui, se dá em relação à oportunidade, mas o motivo seria vinculado.

7.5.3   Imunidades

A imunidade, em alguns casos considerada como princípio, é uma não incidência prevista na Constituição Federal, ou seja, uma vedação (proibição) constitucional ao poder de tributar, por isso trata-se de uma espécie de competência negativa. Na hipótese de imunidade não há incidência tributária, não ocorre o fato gerador e, com isso, consequentemente, não nasce a obrigação tributária e, obviamente, não haverá qualquer pagamento de tributo. Para Carvalho, a imunidade é "a classe limitada e imediatamente determinável de normas jurídicas, contidas no texto da Constituição Federal que estabelecem de modo expresso a incompetência das pessoas políticas de direito interno, para expedir regras instituidoras de tributos que alcancem situações específicas e suficientemente caracterizadas"[16].

Em síntese, podemos dizer que a não incidência tributária representa hipóteses ou situações fáticas ou jurídicas sobre as quais não ocorre a tributação. A não incidência fática não merece estudo pelo Direito Tributário, visto que não constitui fato jurídico, mas a não incidência jurídica, sobretudo a prevista na Constituição Federal (imunidade), afasta a pessoa ou o objeto do campo de incidência, fazendo com que não ocorra o fato gerador e, ainda, proibindo o legislador infraconstitucional de criar, por meio de lei, hipótese de incidência sobre aquela pessoa ou objeto. Daí a imunidade ser chamada, por alguns autores, de hipótese de não incidência constitucionalmente qualificada.

Há distinção entre imunidades propriamente ditas e imunidades impróprias, que nasce sob o aspecto material. Nesse sentido, comungamos do entendimento de Torres[17], pois as imunidades propriamente ditas são aquelas garantias materiais ao federalismo ou a direitos individuais, protegidos por cláusula pétrea (art. 60, IV, "b" e "d", da CF). De outro lado, as imunidades impróprias são aquelas destinadas a simples campos de desoneração fiscal, expressamente designados na Constituição.

7.5.4   Diferimento[18]

Diferimento não é considerado uma hipótese de não incidência tributária, mas sim a previsão legal que *transfere* o momento do recolhimento do tributo cujo fato

---

16   CARVALHO, Paulo de Barros. *Curso de direito tributário.* São Paulo: Saraiva, 1999, p. 178.

17   TORRES, Heleno Taveira. Teoria da norma de imunidade tributária e sua aplicação às instituições de educação. *Revista de Direito do Estado,* ano 1, n. 3, jul./set. 2006. p. 210.

18   Sobre o tema recomendamos a leitura de nossa obra *Impostos federais, estaduais e municipais.* 6ª ed. São Paulo: Saraiva, 2018.

gerador já ocorreu para a etapa posterior. Nesse caso, não há uma desoneração tributária, já que a tributação vai ocorrer, contudo, como já dito, em uma etapa posterior da cadeia. Podemos exemplificar tal instituto com o ICMS: poderia parecer que no diferimento há uma hipótese de não incidência para o primeiro contribuinte; contudo, tal interpretação não é verdadeira, porque o segundo contribuinte da cadeia circulatória suportará o ônus relativo ao recolhimento das duas etapas, já que o ICMS é um tributo plurifásico. A questão é tão importante que foi objeto de julgamento pelo STF na ADI 2.056/MS. Isto porque é sabido que, com o objetivo de restringir a guerra fiscal, a LC n. 24/75 prevê a necessidade de Convênios para isenções de ICMS. Nesse sentido, o STF entendeu que a lei que prevê o diferimento não pode ser equiparada a uma isenção, já que não se trata de desoneração tributária; por esse motivo não há necessidade de Convênios para instituição de diferimento de ICMS.

7.6 Principais Aspectos sobre as Imunidades

As imunidades são limitações constitucionais que impedem que o legislador infraconstitucional as atinja com a instituição do tributo em relação à pessoa ou coisa, objeto da proteção constitucional, daí a competência tributária negativa já abordada em outro capítulo. A imunidade é uma hipótese de **não incidência tributária** prevista **constitucionalmente**, e que tem grande relevância para o Direito Tributário. Temos, como exemplos, as imunidades previstas no art. 150, inciso VI, bem como[19] as previstas nos arts. 5º, incisos XXXIV, LXXIII, LXXVI e LXVII, 149, § 2º, inciso I, e 195, § 7º, todos da Constituição. Destaque-se que alguns autores consideram a imunidade como cláusula pétrea, enquanto outros entendem que as imunidades podem ser revogadas por emenda constitucional, devendo, no entanto, ser observado o princípio da anterioridade tributária. Já nos manifestamos no sentido de que consideramos cláusulas pétreas apenas as imunidades que expressam direitos fundamentais do contribuinte.

Por outro lado, surge outra discussão quanto aos tributos alcançados pela imunidade. Parte da doutrina entende que a imunidade é extensiva a outras espécies de tributos, e não só aos impostos. Outra parte da doutrina, à qual se filiam o CTN e a Constituição, defende que a imunidade somente se dá quanto aos impostos, fundamentando tal posicionamento na interpretação literal do art. 150, VI, da CRFB, porque a liberdade de funcionamento das entidades justifica o não pagamento do imposto. Não haveria, entretanto, razão para que os tributos baseados no custo-benefício fossem imunizados, já que não são pautados no princípio da capacidade contributiva. Preferimos adotar o entendimento de que as imunidades específicas

---

19 Não obstante a CRFB definir essas hipóteses como isenção, são, na verdade, imunidades. Assim, deverá ser feita a seguinte interpretação: tudo aquilo que está na CRFB e é chamado de isenção na verdade é imunidade, posto estar previsto constitucionalmente e não ser possível à lei prever imunidades.

alcançam os tributos (em geral) e as genéricas (art. 150, VI, da CRFB) alcançam somente os impostos.

7.6.1 Histórico

A imunidade não é um instituto moderno, pois é assente na doutrina[20] que, já no Império Romano, havia o *immunitas*, que exonerava certas pessoas ou situações (templos religiosos e bens públicos) de contribuírem por meio de *tributum – o sustentáculo do* Estado. Merece relevo o fato de que a imunidade está ligada à ausência de capacidade contributiva, à universalidade dos tributos e ao papel social que determinados sujeitos exercem na sociedade. No entanto, esse entendimento já foi diverso, admitindo-se até mesmo como um autêntico privilégio, como no caso das imunidades dos nobres e da Igreja diante do poder do Rei. Corroborando a ideia de que a imunidade seria um privilégio, podemos exemplificar através de uma situação verificada na França, no século XVIII, quando o governo exigia impostos dos pobres, e não dos ricos. As classes privilegiadas – o clero e a nobreza – não admitiam que tivessem de pagar os impostos como a gente comum[21]. Diga-se de passagem, esse fator contribuiu para a deflagração da Revolução Francesa, consolidando-se o Estado Fiscal. Destaque-se a diferença apontada por Torres[22], existente entre o conceito de imunidade no Estado Patrimonial e no Estado Fiscal. Inicialmente, na Idade Média e na sociedade feudal, não havia propriamente imunidade, eis que tanto a Igreja quanto o senhorio constituíam-se em fontes autônomas de fiscalidade, sem subordinação ao poder real. No Estado Patrimonial (século XIII ao século XIX), desde o colapso do feudalismo até o advento do Estado de Direito, diz o autor[23]:

> As imunidades fiscais eram formas de limitação do poder da realeza, e consistiam na impossibilidade absoluta de incidência tributária sobre o senhorio e a Igreja, em homenagem aos direitos imemoriais preexistentes à organização estatal e à transferência do poder fiscal daqueles estamentos para o Rei.

Por outro lado, ainda na fase final do patrimonialismo, que é a do Estado de Polícia (de meados do século XVIII até a 3ª década do século XIX), a imunidade da Igreja sofre algumas transformações, mas persiste a intributabilidade absoluta de uma só religião, a católica, que só desaparecerá com o liberalismo e a extensão da

---

20 PERES, João Bosco. Competência tributária negativa: as imunidades tributárias. *Jus Navegandi*. Teresina, a. 8, n. 127. Disponível em: <http://www1.jus.com.br/doutrina/texto.asp?id=4478>.Acesso em: 10 nov. 2003.

21 COSTA, Regina Helena. *Imunidades tributárias*: teoria e análise da jurisprudência do STF. São Paulo: Malheiros, 2001.

22 TORRES, Ricardo Lobo. *Tratado de direito constitucional financeiro e tributário*: os direitos humanos e a tributação. Imunidades e isonomia. Rio de Janeiro: Renovar, 1999, v. III, p. 40.

23 Idem, ibidem, p. 39.

imunidade a qualquer culto. Quanto à conceituação da imunidade à luz do Estado Fiscal, que foi consolidado, como dito anteriormente, pelas grandes revoluções do século XVIII, complementamos[24]:

> Com as grandes revoluções do século XVIII consolida-se o Estado Fiscal, configuração específica do Estado de Direito, e se transforma radicalmente o conceito de imunidade tributária. Deixa de ser forma de limitação do poder do Rei pela igreja e pela nobreza para se transformar em limitação do poder tributário do Estado pelos direitos preexistentes do indivíduo.

Posteriormente, com a vitória do liberalismo, as imunidades ganharam coloração democrática e, assim, a imunidade deixou de representar um privilégio, passando a representar a ideia de garantia constitucional, daí essa ser a sua natureza jurídica. Analisando o aspecto do Direito brasileiro, no que tange às imunidades, estas só aparecem explicitadas no texto da Constituição Republicana de 1891. Com o advento da Constituição de 1988, que inaugura o Estado Democrático de Direito, as imunidades assumem expressamente a natureza jurídica de limitação do poder de tributar. Isto porque, na vigência do Estado Patrimonial, elas possuíam natureza de limitação do poder fiscal da realeza. Por outro lado, no liberalismo, a natureza dessa imunidade era de limitação do poder fiscal.

Assim, percebemos uma evolução do conceito de imunidade, desde o Estado Feudal, no qual ela era considerada um autêntico privilégio, até o Estado Democrático, em que é considerada como uma garantia constitucional.

7.6.2 Classificação das Imunidades

As imunidades, sob o ponto de vista tributário, podem ser classificadas de diversas formas. Nesse sentido, vejamos então cada uma delas:

7.6.2.1 Subjetivas e Objetivas

As *imunidades subjetivas* são aquelas dirigidas às pessoas, ou seja, a Constituição protege o patrimônio, renda e serviços dessas pessoas jurídicas, como, por exemplo, as previstas nas alíneas *a* a *c* do inciso VI do art. 150 da CRFB, ou ainda as contribuições sociais destinadas à seguridade social das entidades beneficentes de assistência social que atendam às exigências estabelecidas em lei. Já as *imunidades objetivas* são dirigidas a um objeto, coisa ou mercadoria, como, por exemplo, o disposto no art. 150, VI, *d*, da CRFB e a alínea *e* inserida ao inciso VI do art. 150 da CF/88 pela EC n. 75/2013, que se refere ao caso dos livros, jornais, periódicos e ao papel destinado a sua impressão. Em síntese, nas alíneas do inciso IV do art. 150 da CRFB/88, temos: Imunidades *subjetivas*: alíneas *a*, *b* e *c*; Imunidades *objetivas*: alíneas *d* e *e*.

---

24 Idem, ibidem, p. 41.

7.6.2.2 Expressas e Implícitas

As imunidades podem ser consideradas explícitas (expressas) e implícitas. As explícitas são aquelas expressamente previstas na Constituição, como, por exemplo, as alíneas do inciso VI do art. 150. Já as imunidades implícitas são aquelas que, embora não estejam expressas no texto constitucional, acabam por proteger fundamentos expressos na República Federativa do Brasil.

7.6.2.3 Incondicionais e Condicionais

Essa classificação é pautada na existência ou não de condições que possam ser exigidas pela Constituição, ou seja, se é a própria Constituição que condiciona – ou não – o seu estabelecimento à lei. Nesse sentido, as imunidades condicionais seriam aquelas que carecem de lei para regulamentá-las, como, por exemplo, as imunidades previstas no art. 150, VI, *c*, da CRFB, que dizem respeito às instituições de ensino e às entidades assistenciais sem fins lucrativos. Note-se que o art. 14 do CTN estabelece, ainda, mais três condições para a sua aplicação. Já as imunidades incondicionais são aquelas que podem ser autoaplicáveis, pois não carecem de regulamentação por lei complementar para sua aplicabilidade, assumindo, assim, eficácia plena, como é o caso das imunidades previstas no art. 150, *a*, *b*, *d* e *e*, da CF. Podemos então dizer que a letra *c* do referido dispositivo é uma imunidade subjetiva e condicional.

7.6.2.4 Genéricas e Específicas

As imunidades específicas são classificadas por exclusão, ou seja, além das imunidades classificadas como genéricas (art. 150, VI, *a* a *e*, da CRFB), a Constituição traz em outros artigos diversas situações que causam polêmica na doutrina quanto à sua natureza jurídica. No entanto, para efeitos didáticos, preferimos classificá-las como **imunidades específicas**: a) Instituições Beneficentes de Assistência Social – art. 195, § 7º, da CF, referente às contribuições para a Seguridade Social, desde que respeitando os requisitos legais; b) Imunidade dos Produtos Industrializados destinados à exportação – art. 153, § 3º, III, da CF, c/c o art. 155, § 2º, X, *a*, da CF. Quanto ao ICMS (definido em lei complementar da União), os produtos industrializados qualificados como semielaborados não terão imunidade; c) Taxa relativa ao Direito de petição e certidão, desapropriação para fins de reforma agrária – art. 184, § 5º, da CF; d) Imunidade do ICMS quanto às mercadorias e serviços destinados ao exterior – art. 155, § 2º, X, *a*, da CF; e) Imunidade do ITBI[25] em relação a direitos reais de garantia – art. 156, § 2º, I, da CF; f) Imunidade do ICMS nas operações de serviços de comunicação nas modalidades de radiodifusão sonora e de sons e imagens de recepção livre e gratuita – art. 155, § 2º, X, *d*, da CF; g) Imunidade do ICMS

---

25 **Súmula 111 do STF:** *Legítima a incidência do imposto de transmissão* inter vivos *sobre a restituição, ao antigo proprietário, de imóvel que deixou de servir à finalidade da sua desapropriação.*

quanto às operações que destinem aos outros Estados petróleo, inclusive lubrificantes, combustíveis líquidos, gasosos dele derivados e energia elétrica – art. 155, § 2º, X, *b*, da CF; h) art. 195, II, da CF – contribuição previdenciária para a seguridade social; i) art. 153, § 5º, da CF – ouro imune a todos os outros impostos menos o IOF; j) art. 153, § 4º, II, da CF – pequenas glebas, imunidade mista, art. 2º da Lei n. 9.393/96; k) art. 149, § 2º, I, da CF – contribuição social e CIDE não incidem sobre receitas decorrentes de exportação; l) art. 5º, XXXIV, LXXIII, LXXVI, LXXVII, da CF, sobre as taxas; m) art. 155, § 1º, V, da CF – não incidirá ICMS sobre as doações destinadas, no âmbito do Poder Executivo da União, a projetos socioambientais ou a mitigar os efeitos das mudanças climáticas e às instituições federais de ensino na forma da Emenda Constitucional n. 126, de 2022).

Ressaltamos que a EC 132/23 (Reforma Tributária) estabeleceu o IVA Dual: a CBS de competência da União (nacional) e o IBS de competência compartilhada entre os estados e municípios (subnacional). O IBS passa a substituir o ICMS e ISS-QN através de uma regra de transição. Por esse motivo, prestigiando a didática, resolvemos manter nesta edição os comentários sobre ambos os impostos e acrescentamos os comentários sobre o IBS e a CBS em um novo tópico neste capítulo.

Já as *imunidades genéricas* são aquelas constantes nas alíneas do inciso VI do art. 150 da CRFB, assim denominadas: a) imunidade recíproca; b) dos templos de qualquer culto; c) dos partidos políticos, das entidades sindicais dos trabalhadores, de ensino e assistência social; d) dos livros, jornais e periódicos; e) fonogramas e videofonogramas musicais produzidos no Brasil contendo obras musicais ou litero-musicais de autores brasileiros e/ou obras em geral interpretadas por artistas brasileiros bem como os suportes materiais ou arquivos digitais que os contenham, salvo na etapa de replicação industrial de mídias ópticas de leitura a *laser*. Destacamos que as imunidades genéricas alcançam somente os impostos e, portanto, não atingem as taxas. Por outro lado, é importante mencionar que a Constituição não prevê imunidade tributária para as contribuições de melhoria e os empréstimos compulsórios[26].

7.6.2.5 Imunidade e Isenção

A imunidade, como já visto, encontra amparo na Constituição e somente por ela pode ser prevista. Já a isenção é uma modalidade de exclusão do crédito tributário e é prevista por lei. Veremos melhor a isenção no capítulo em que abordamos as modalidades de exclusão do crédito tributário, mas aqui adotaremos a corrente majoritária para distingui-la da imunidade. Assim, adotando o posicionamento de que a isenção é uma dispensa legal de pagamento, podemos dizer que há a ocorrência do fato gerador, contudo não haverá lançamento por força da lei que isenta o

---

26 Recomendamos a leitura de nossa obra *Impostos federais, estaduais e municipais*, Saraiva. Nela abordamos com profundidade todos os elementos do fato gerador integral de todos os impostos, inclusive o alcance das imunidades em cada um deles.

tributo. Já a imunidade é considerada como uma não incidência constitucional e por isso não há a ocorrência do fato gerador. Aliás, é importante destacar que a imunidade é uma ordem proibitiva ao Poder Legislativo. Por esse motivo a doutrina[27] diz que a imunidade atua no plano da definição da competência, enquanto a isenção atua no campo do exercício da competência.

Para o STF, toda previsão constitucional que exclui a incidência tributária é considerada como imunidade, independentemente da nomenclatura, por isso o art. 195, § 7º, da CF, é considerado como uma imunidade e não como isenção.

7.6.3 Análise das Imunidades Genéricas

Primeiramente, devemos frisar mais uma vez que esta imunidade (genérica) alcança somente os impostos.

7.6.3.1 Imunidade Recíproca (CF, art. 150, VI, *a*)

Essa imunidade é chamada de recíproca porque envolve uma análise combinatória entre os entes da Federação de forma recíproca, conforme veremos mais adiante. É classificada, ainda, sob o aspecto doutrinário, como subjetiva e incondicional, e está prevista no art. 150, VI, *a*, da CRFB, que assim dispõe: *(...) é vedado à União, aos Estados, ao Distrito Federal e aos Municípios (...) instituir impostos sobre patrimônio, renda ou serviços, uns dos outros.* A imunidade recíproca está fundamentada em uma interpretação teleológica (finalista), visando ao estabelecimento e à preservação do **pacto federativo**, que é considerado pelo Direito Constitucional como *cláusula pétrea* (CRFB, art. 60, § 4º, I).

A título de exemplo, se a União cobrasse impostos dos Estados e Municípios, poderia comprometer a autonomia desses entes, que é uma das principais características da Federação. Essa é a mais antiga exoneração tributária, pois está prevista desde a Constituição de 1891, sendo posteriormente reproduzida em todas as outras Constituições, inclusive por ser o princípio federativo considerado uma cláusula pétrea expressa. Esta imunidade assegura ao federalismo o equilíbrio[28] e a cooperação. É fato que cada ente federativo é autônomo, independente, mas, para que esse poder seja exercido de forma isonômica entre eles, não pode haver dependência financeira que seja afetada pela tributação. Nesse sentido, o STF (AgRg 174.808) entendeu que a imunidade recíproca é uma decorrência pronta e imediata do postulado da isonomia dos entes constitucionais, sustentado pela estrutura federativa do Estado brasileiro e pela autonomia dos Municípios. Destaque-se que a Constituição estendeu a imunidade em tela para as Autarquias e Fundações Públicas, instituídas e mantidas pelo Poder Público no que se refere ao patrimônio, à renda e aos serviços, vinculados às suas finalidades essenciais ou delas decorrentes,

---

27 Nesse sentido, Luciano Amaro em sua obra *Direito tributário brasileiro*, 14ª ed., p. 152.

28 Na Alemanha, é chamado de lealdade mútua federal.

conforme dispõe o § 2º do art. 150 da CRFB. Veremos melhor sobre as imunidades extensivas à Administração Indireta mais adiante.

O STF (desde o RE 70.572/BA) entendeu que a imunidade recíproca é norma constitucional que, além de proteger o pacto federativo, visa também tutelar o direito dos cidadãos. Se um ente público, imune do imposto, descuidar de preservar o seu direito e a descarrega do ônus correspondente sobre o particular, o direito foi ofendido, cabendo-lhe os meios próprios judiciais e extrajudiciais para defendê-lo ou restaurá-lo.

Outro caso interessante é a discussão sobre a existência ou não de imunidade de IPVA sobre veículos adquiridos em alienação fiduciária pelo Município. O STF reconheceu a repercussão geral sobre o tema no RE 727.851/MG. No recurso, o Estado alega que o Município possui apenas a posse dos veículos alienados fiduciariamente, que não integram o patrimônio público e, assim, o veículo continua a pertencer à instituição financeira com a qual o Município celebrou o contrato. De acordo com o recorrente, o IPVA incide sobre a propriedade de veículos da instituição financeira, inexistindo relação jurídico-tributária entre o Estado e o Município, mas apenas entre o Estado e a instituição financeira. A decisão do Tribunal de Justiça de Minas Gerais, impugnada no recurso extraordinário, assentou a incidência da imunidade tributária recíproca prevista no art. 150, inciso VI, alínea *a*, da CF, segundo o qual a União, Estados e Municípios não podem tributar patrimônio, renda ou serviços uns dos outros. Segundo a Corte estadual, embora alienados fiduciariamente, os veículos encontram-se incorporados ao patrimônio do Município e afetados às finalidades públicas, motivo pelo qual devem receber o tratamento destinado aos bens públicos.

7.6.3.1.1 Alcance Tributário da Imunidade Recíproca

Interpretando literalmente a alínea *a* do inciso VI do art. 150 da Constituição, verifica-se que a imunidade recíproca não se estenderia a todos os **impostos**, mas somente àqueles relativos a **patrimônio, renda e serviços**. Quanto ao conceito de patrimônio, temos que é o conjunto de bens do sujeito passivo; assim, os impostos que incidem sobre o patrimônio são: ITR, IPTU, IPVA, ITD, ITBI, IGF. Quanto à renda, esta é considerada toda a receita originária ou derivada arrecadada pelos entes federativos e que abrange o Imposto de Renda. E, por fim, os serviços, considerados os prestados pelo ente federativo, que em tese gerariam a incidência de ISS. Assim, como foi dito, através de uma interpretação literal entenderíamos que a imunidade em tela não alcança os impostos classificados pelo CTN como incidentes sobre a produção e a circulação de riquezas, como é o caso do IPI, do IOF e do ICMS. Assim, a posição do STF no julgamento do RE 253.472/SP foi no sentido de que a imunidade recíproca está restrita à instituição de imposto sobre o patrimônio ou a renda ou os serviços das pessoas jurídicas de direito público, não alcançando o

IPI e o ICMS[29]. Noutro giro, em relação ao IOF, o STF, no RE 245.378, posicionou-se pela imunidade do referido imposto sobre os investimentos e aplicações financeiras dos entes políticos.

Percebemos, assim, uma posição casuística dos tribunais, concedendo interpretações diferentes em relação à imunidade. Isto porque, em face do princípio da isonomia, ou se interpreta de forma extensiva ou restritiva. Preferimos adotar a posição de que as imunidades, por serem hipóteses que excluem a incidência, devem ser interpretadas restritivamente, devendo alcançar somente os impostos classificados como patrimônio, renda e serviços. Na verdade, tal matéria é bastante controvertida tanto na doutrina quanto no STF. Todavia, verificamos junto à Corte Suprema uma tendência no sentido de estender as imunidades a toda a imposição tributária que possa comprometer o patrimônio, a renda e o serviço da entidade imune e, com isso, deixar de cumprir o aspecto teleológico desse instituto. Nesse sentido, o STF (RE 196.415/PR) entendeu que a imunidade recíproca **também alcança o IOF**[30], não obstante esse imposto não ser classificado como incidente sobre patrimônio, renda ou serviços. Isto porque o próprio STF (RE 203.755/ES) entendeu que não há que se invocar critérios de classificação dos impostos adotados por normas infraconstitucionais (CTN) para o fim de restringir a aplicação da imunidade.

O STF (RE 364.202/RS) entendeu também que a imunidade recíproca somente é aplicável a impostos, não alcançando as taxas. Ressalte-se que em relação às contribuições de melhoria, vimos que não se pode cobrá-las dos entes federativos, porque só incidem sobre imóveis de propriedade privada.

7.6.3.1.2 *Posição do Ente Federativo como Contribuinte de Fato e de Direito*

Os tributos que admitem a repercussão tributária (em regra, os indiretos), ou seja, que permitem o repasse do encargo financeiro do tributo pago na operação anterior, fazem nascer a figura do contribuinte de fato e de direito. Nesse sentido, o *contribuinte de direito* é aquele que por **lei** tem o dever de pagar o tributo, e o *contribuinte de fato* é aquele que **de fato** acaba sofrendo o desgaste da repercussão e, assim, acaba pagando (sob o ponto de vista econômico) o preço embutido no produto. Diante dessa posição, quando o Estado é o contribuinte de direito, entendemos que ele estará alcançado pela imunidade, ainda que seja de ICMS. Por outro lado, quando o Estado assume a posição de contribuinte de fato, não há que se falar em imunidade, já que o contribuinte será o fornecedor, ainda que este repasse o pagamento para o ente federativo[31]. Nesse sentido, a **Súmula 591 do STF** prevê

---

29   Contudo, o STF, no julgamento do RE 87.913/SP, já se posicionou em sentido diverso.

30   Com a EC 132/23 a hipótese de incidência "seguro" foi retirada do IOF passando a integrar o IBS conforme dispõe o art. 153, V: *"operações de crédito e câmbio ou relativas a títulos ou valores mobiliários"*.

31   O STF (RE 608.872/MG com repercussão geral) afirmou que: "A imunidade tributária subjetiva aplica-se a seus beneficiários na posição de contribuinte de direito, mas não na de simples contribuinte de fato,

que *a imunidade ou isenção tributária do comprador não se estende ao produtor, contribuinte do imposto sobre produtos industrializados*. Podemos exemplificar com a hipótese de o Município adquirir mercadorias, fato que em tese sofre a incidência do ICMS. O contribuinte de direito é o vendedor das mercadorias e o contribuinte de fato é o Município, em face do desgaste da repercussão tributária. Nesse caso, o Município não estará amparado pela imunidade recíproca. Em que pese haver vozes no sentido de os entes políticos não poderem ser onerados com o imposto, nem mesmo na qualidade de contribuintes de fato, entendemos que o contribuinte de direito é o fornecedor das mercadorias e o Município é apenas o contribuinte de fato. Por isso, a repercussão seria apenas um efeito econômico[32] plenamente controlado pela licitação pública por menor preço.

Nesse mesmo sentido se posicionou o STF no RE 608.872/MG, em que entidade filantrópica requeria imunidade estando no papel de consumidora (contribuinte de fato). Afirmava que, por não ter fins lucrativos, estaria incluída no rol de imunes do art. 150, VI. O Supremo fixou, então, a seguinte tese: "A imunidade tributária subjetiva aplica-se a seus beneficiários na posição de contribuinte de direito, mas não na de simples contribuinte de fato, sendo irrelevante para a verificação da existência do beneplácito constitucional a repercussão econômica do tributo envolvido".

7.6.3.1.3 Imunidade e Locação

A questão da locação de imóveis e da manutenção ou não da imunidade já despertou muita polêmica, tanto que gerou a edição da **Súmula 724 pelo STF**, prevendo que, ainda quando alugado a terceiros, permanece imune ao IPTU o imóvel pertencente a qualquer das entidades referidas pelo art. 150, VI, *c*, da Constituição, desde que o valor dos aluguéis seja aplicado nas atividades essenciais de tais entidades. É bem verdade que a referida súmula se refere à alínea *c* do inciso VI do art. 150 da CRFB/88, mas que pode ser perfeitamente interpretada em relação à imunidade recíproca, não obstante, nesse último caso, estarmos diante de uma não incidência originária, enquanto na alínea *c* se alugar o imóvel e não reverter o dinheiro do aluguel para a atividade-fim perderá a imunidade, ficando em pé de igualdade com os outros imóveis privados. No mesmo sentido, a **Súmula Vinculante 52 do STF**.

O § 3º do art. 150 determina que, quanto à promessa de compra e venda, esta não exonera o comprador quando ele não é possuidor de imunidade. Em relação ao ITBI, a jurisprudência do STJ se manifesta pela não incidência, pois só a escritura definitiva registrada geraria a efetiva transmissão do imóvel, nos moldes do Direito Civil.

---

sendo irrelevante, para a verificação da existência do beneplácito constitucional, a repercussão econômica do tributo envolvido".

32 O STF, a partir do RE 72.862, mudou o seu entendimento, passando a entender que não será mais possível a repetição do indébito (RE 206.169).

7.6.3.1.4 Autarquia, Fundação, Empresa Pública e Sociedade de Economia Mista

As imunidades alcançam a **Administração Pública Direta** (União, Estados, Distrito Federal e Municípios) e também a algumas entidades da Administração Indireta, como é o caso das **autarquias** e **fundações públicas**, desde que não **explorem atividade econômica** ou que os **serviços não sejam remunerados por tarifas** ou **preços públicos** pagos por particulares. Para efeitos de aplicação da imunidade recíproca, as autarquias não se distinguem das fundações públicas, já que ambas são pessoas jurídicas de direito público, abrangendo também as agências (reguladoras, executivas e associações públicas).

Vejamos, a título de exemplo, o seguinte caso: se a venda do prédio onde está instalada a Faculdade Nacional de Direito for efetuada para um particular, não haverá imunidade, mas se for para outro ente federativo, haverá imunidade. Assim, terá que se verificar quem são as partes na relação jurídica, pois essa imunidade é considerada subjetiva. Essa disposição se aplicaria, inclusive, se fosse hipótese de promessa de compra e venda. Aliás, assim dispõe a **Súmula 583 do STF**[33]: *Promitente-comprador de imóvel residencial transcrito em nome de autarquia é contribuinte do Imposto Predial e Territorial Urbano*. Nesse sentido, conforme dispõe o art. 150, § 2º, da CRFB, no que se refere ao patrimônio, à renda e aos serviços vinculados às suas finalidades essenciais ou às delas decorrentes, a autarquia ou fundação serão consideradas imunes, não importando a origem na renda, mas sim a sua finalidade.

Já em relação às **empresas públicas**[34] e às **sociedades de economia mista** que explorem atividade econômica, sujeitam-se elas ao regime jurídico próprio das empresas privadas, inclusive quanto às obrigações trabalhistas e tributárias. Por isso não podem, em tese, gozar de privilégios fiscais não extensivos ao setor privado, conforme dispõe o art. 173, § 2º, da CRFB. Contudo, a matéria encontrou controvérsia que gerou uma distinção por parte do STF, que veremos a seguir. O STF entendeu que o Decreto-Lei n. 509/69, que concede uma série de benefícios aos **Correios**, foi recepcionado pela Constituição de 1988. Já em outra ocasião entendeu que o decreto, em si, não era muito relevante para os benefícios, já que a ECT[35] tinha suas atividades afetadas ao exercício de uma função pública. Mais adiante, o STF, no julgamento do RE 407.099[36], entendeu que a ECT é empresa

---

33   Verifica-se que a Súmula 583 do STF cancelou o teor da antiga Súmula 74, que dizia: *O imóvel transcrito em nome da autarquia, embora objeto de promessa de venda a particulares, continua imune de impostos locais.* Ver também RE 599.176 sobre imunidade recíproca não exonerar o sucessor das obrigações tributárias.

34   Para o STF, por ser a ECT uma empresa pública que explora exclusivamente este serviço (arts. 175 e 23, X, ambos da CRFB), possui a imunidade contida no art. 150, VI, *a*, da CRFB. Ver também o RE 627.051/PE sobre imunidade do ICMS.

35   O STF, na ACO 765-Ag/RJ, considerou estar presente a plausibilidade da pretensão arguida no sentido de que a imunidade recíproca, prevista no art. 150, VI, *a*, da CF, estende-se à ECT.

36   Há quem sustente a impossibilidade de outorga de imunidade às estatais, assim como para as delegatárias de serviço público, tendo em vista o § 3º do art. 150, porque as delegatárias cobram pela prestação do serviço, logo não são alcançadas pela imunidade do art. 150, VI, *a*, nem pela extensão do § 2º do art.

pública federal que executa, ao menos, dois serviços de manutenção obrigatória para a União (art. 21, X, da CRFB): os serviços postais e de correio aéreo nacional. Em síntese, temos que, segundo o STF, as empresas públicas que executam serviços públicos essenciais de prestação obrigatória e exclusiva do Estado (monopólio) devem ser amparadas pela imunidade recíproca, tendo em vista que mais se aproximam das autarquias do que das empresas que exploram atividades econômicas e por isso exercem atividade de caráter estatal (art. 21, X, da CF). Por outro lado, as demais empresas públicas que realizam outros tipos de serviços sofrem a incidência tributária por possuírem natureza jurídica típica de direito privado, ou seja, aquelas que possuem nítido fim econômico (lucrativo).

Lembramos que o STF estendeu as imunidades à INFRAERO sob os mesmos fundamentos pelos quais as estendeu aos Correios (RE 407.099/RS). Já em relação às sociedades de economia mista, por possuírem nítido caráter de exploração econômica, não seriam abrangidas pela imunidade. Contudo, no julgamento da AC 1.550-2/RO, o STF entendeu que a **Companhia de Águas e Esgotos de Rondônia (CAERD)**, não obstante ser uma sociedade de economia mista, mas pelo fato de ser prestadora de serviço público de saneamento básico seria também imune, pelo mesmo fundamento adotado para estender a imunidade aos Correios.

Da mesma forma estendeu a imunidade tributária à **Companhia Docas do Estado de São Paulo (CODESP)**. Vejamos trecho do voto do Ministro Joaquim Barbosa que reputou necessária, para a aplicabilidade da imunidade recíproca à CODESP, a superação dos seguintes estágios: 1) a imunidade seria subjetiva, ou seja, se aplicaria à propriedade, bens e serviços utilizados na satisfação dos objetivos institucionais imanentes do ente federado, cuja tributação poderia colocar em risco a respectiva autonomia política. Em consequência, seria incorreto ler a cláusula de imunização de modo a reduzi-la a mero instrumento destinado a dar ao ente federado condições de contratar em circunstâncias mais vantajosas, independentemente do contexto; 2) atividades de exploração econômica, destinadas primordialmente a aumentar o patrimônio do Estado ou de particulares, deveriam ser submetidas à tributação, por apresentarem-se como manifestações de riqueza e deixarem a salvo a autonomia política; 3) a desoneração não deveria ter como efeito colateral relevante a quebra dos princípios da livre concorrência e do exercício de atividade profissional ou econômica lícita. O relator constatou que, se a participação privada no quadro societário da CODESP fosse relevante, o intuito lucrativo sobrepor-se-ia à exploração portuária como instrumentalidade do Estado, o que não seria o caso dos autos, já que a União deteria 99,97% das ações da empresa. Destarte, mantida a relevância da instrumentalidade estatal, não se vislumbraria violação do dever fundamental de pagar tributos e de custeio dos demais entes federados.

---

150 da CRFB. É o caso, por exemplo, dos Correios, quanto ao serviço postal e ao correio aéreo (RE 407.099). Ademais, hoje os Correios possuem empresas concorrentes na maioria dos serviços que presta.

No RE 253.472/SP, o STF destacou que se a CODESP operasse em mercado de livre acesso, o reconhecimento da imunidade violaria os postulados da livre concorrência e da livre-iniciativa, mas que isso também não se daria na espécie, haja vista inexistir indicação de que a CODESP tivesse concorrentes em sua área de atuação específica:

> Reputou importante examinar se a propriedade imóvel em questão seria utilizada diretamente pela entidade imune em sua atividade-fim, ou se seria cedida a entidade privada que se destinaria a explorá-la com intuito lucrativo. A recorrente seria uma instrumentalidade da União, isto é, entidade derivada, criada com a finalidade de executar um mister que a Constituição atribuiu à União. Por fim, asseverou caber à autoridade fiscal indicar com precisão se a destinação concreta dada ao imóvel atenderia, ou não, ao interesse público primário ou à geração de receita de interesse particular ou privado. Assim, reconheceu a imunidade do imóvel pertencente à União, mas afetado à CODESP, utilizado em suas atividades-fim.

Em relação à **Companhia de Saneamento de Alagoas (CASAL)** o STF reconheceu a imunidade tributária parcial, ao conceder a antecipação de tutela na ACO (Ação Civil Originária) 2.243. A empresa apresentou pedido ao STF requerendo a declaração do direito à imunidade tributária prevista no texto constitucional, afastando a incidência de Imposto de Renda, IOF e IPTU, bem como a sujeição ao regime cumulativo de PIS/COFINS, em decorrência de sua natureza autárquica. O STF reconheceu à Companhia de Saneamento de Alagoas (CASAL) o direito à imunidade de impostos sobre seu patrimônio, renda ou serviços vinculados a suas finalidades essenciais ou delas decorrentes, conforme previsto no art. 150, § 2º, da CF.

Outros julgados importantes sobre o tema:

I – IPTU: imunidade tributária recíproca e cessão de uso de bem público

O STF reconheceu (com Repercussão Geral) no RE 601.720/RJ, que incide o IPTU, considerado imóvel de pessoa jurídica de direito público cedido a pessoa jurídica de direito privado, devedora do tributo. A título de exemplo, se a União celebrar contrato de concessão de uso de imóvel com uma empresa privada por meio da qual esta última poderia explorar comercialmente determinado imóvel pertencente ao patrimônio público federal, não há que se falar na extensão da imunidade para a cessionária.

II – Imunidade tributária recíproca: Sociedade de Economia Mista com participação em Bolsa de Valores

O STF no julgamento (RE 600.867/SP), em que foi reconhecida a repercussão geral, entendeu que a imunidade tributária recíproca (art. 150, IV, *"a"*, da

Constituição) não é aplicável às sociedades de economia mista cuja participação acionária é negociada em Bolsas de Valores, e que, inequivocamente, estão voltadas à remuneração do capital de seus controladores ou acionistas, unicamente em razão das atividades desempenhadas. Proposta de tese de repercussão geral: "*Sociedade de economia mista, cuja participação acionária é negociada em Bolsas de Valores, e que, inequivocamente, está voltada à remuneração do capital de seus controladores ou acionistas, não está abrangida pela regra de imunidade tributária prevista no art. 150, VI, 'a', da Constituição, unicamente em razão das atividades desempenhadas*".

III – Imunidade tributária recíproca reconhecida à Empresa Brasileira de Correios e Telégrafos alcança o IPTU incidente sobre imóveis de sua propriedade, bem assim os por ela utilizados

Se, no entanto, houver dúvida acerca de quais imóveis estariam afetados ao serviço público, cabe à administração fazendária produzir prova em contrário, haja vista militar em favor do contribuinte a presunção de imunidade anteriormente conferida em benefício dele. Esse foi o entendimento do RE 773.992/BA. O Tribunal distinguiu os institutos da isenção – que seria uma benesse decorrente da lei – e da imunidade – que decorreria diretamente do texto constitucional. Deduziu que, no primeiro caso, incumbiria ao contribuinte que pretendesse a fruição da benesse o ônus de demonstrar seu enquadramento na situação contemplada, enquanto, no segundo, as presunções sobre o enquadramento originalmente conferido deveriam militar a favor do contribuinte. Constatou, a partir desse cenário, que se a imunidade já houvesse sido deferida, o seu afastamento só poderia ocorrer mediante a constituição de prova em contrário produzida pelo Fisco. A Corte observou que, no caso dos autos, a autuação fiscal se dera sob a alegação de que a ECT seria empresa pública sujeita ao regime jurídico de direito privado, a atrair a regra do art. 173, § 1º, da CF.

Da mesma forma entendeu o STF no RE 627.051/PE, que não incide o ICMS sobre o serviço de transporte de bens e mercadorias realizado pela Empresa Brasileira de Correios e Telégrafos – ECT. O transporte de encomendas, portanto, também estaria inserido no rol das atividades desempenhadas pela entidade em comento, e esta, como assentado no RE 601.392/PR, deveria cumprir o encargo de alcançar todos os lugares do Brasil, sem a possibilidade de recusa, diferentemente das empresas privadas.

IV – Município não pode cobrar IPTU de Estado estrangeiro, embora possa cobrar taxa de coleta domiciliar de lixo

Para o STJ, os Estados estrangeiros possuem imunidade tributária e de jurisdição, segundo os preceitos das Convenções de Viena de 1961 (art. 23) e de 1963 (art. 32), que concedem isenção sobre impostos e taxas, ressalvadas aquelas decorrentes da prestação de serviços individualizados e específicos que lhes sejam prestados. Assim, em tese, a Taxa de Coleta Domiciliar de Lixo que decorra da prestação de serviço específico pode ser cobrada do Estado estrangeiro. Ademais, a **Súmula Vinculante 19 do STF** preconiza que *a taxa cobrada exclusivamente em razão dos serviços públicos de coleta, remoção e tratamento ou destinação de lixo ou resíduos provenientes de imóveis não viola o art. 145, II, da Constituição Federal.*

V – Imunidade recíproca da Casa da Moeda do Brasil

No julgamento do RE 610.517/RJ o STF reconheceu a imunidade sobre o ISS da Casa da Moeda do Brasil (CMB), por tratar-se de empresa governamental delegatária de serviços públicos (sob regime de monopólio) que tem por missão a emissão de papel-moeda, cunhagem de moeda metálica, fabricação de fichas telefônicas e impressão de selos postais. Segundo o Tribunal, a outorga de delegação à CMB, mediante lei, não descaracteriza a estatalidade do serviço público, notadamente quando constitucionalmente monopolizado pela pessoa política (a União Federal, no caso) que é dele titular. A delegação da execução de serviço público, mediante outorga legal, não implica alteração do regime jurídico de direito público, inclusive o de direito tributário, que incide sobre referida atividade. Consequente extensão, a essa empresa pública, em matéria de impostos, da proteção constitucional fundada na garantia da imunidade tributária recíproca (CF, art. 150, VI, *a*).

7.6.3.1.5 *Serviços Notariais*

Os serviços notariais e de registro também comportam polêmica no que se refere à alegação de que suas atividades são tipicamente estatais[37]. A matéria foi objeto de ação direta de inconstitucionalidade pelo entendimento de que os atos normativos hostilizados afrontaram o art. 150, VI, *a*, da CRFB, que veda que a União, os Estados, o Distrito Federal e os Municípios instituam impostos sobre patrimônio, renda ou serviços, uns dos outros. Ressaltou-se que, ainda que se adotasse a jurisprudência da Suprema Corte no sentido de que os serviços notariais e de registro são espécie de serviço público, a regra da imunidade tributária recíproca não poderia ser afastada pelo disposto no § 3º do art. 150 da CRFB, tendo em vista a orientação do Tribunal de que as custas judiciais e os emolumentos das atividades notariais e de registro possuem natureza jurídica de taxa (e não de tarifas ou preços públicos), remuneratória de atividade estatal do tipo vinculado, atinente ao contribuinte. Assim, não haveria de incidir o ISS, tributo que tem por fato gerador uma situação independente de qualquer atividade estatal específica, relativa ao contribuinte (CTN, art. 16).

---

37 Ver ADI 3.089/DF proposta pela ANOREG/BR, objetivava-se a declaração de inconstitucionalidade dos itens 21 e 21.01 da Lista de Serviços anexa à Lei Complementar federal n. 116/2003.

A matéria comportou divergência no próprio STF, tanto que o Ministro Sepúlveda Pertence julgou improcedente o pedido, sob o fundamento de tratar-se, no caso, de atividade estatal delegada, tal como a exploração de serviços públicos essenciais, mas que, enquanto exercida em caráter privado, é serviço sobre o qual incide o ISS. O STF, no julgamento do RE 756.915/RS, reconheceu a repercussão geral em matéria sobre a cobrança do ISS incidente sobre as atividades de cartórios, notários e serviços de registro público e reafirmou a constitucionalidade da incidência do tributo.

7.6.3.1.6 *Taxa Judiciária e Custas Processuais*

A relação existente entre custas, taxa judiciária e imunidade também provoca discussão, em especial quanto ao INSS, pois a referida autarquia federal alegava ter direito a isenção de custas processuais na forma do art. 128 da Lei n. 8.213/91. Tal dispositivo mencionava que as demandas judiciais que tivessem por objeto as questões reguladas na referida lei e cujo valor da execução, por autor, não fosse superior a R$ 4.988,57, seriam isentas de pagamentos de custas e quitadas imediatamente. O TJRJ, no julgamento da AC 2003.001.19154[38], entendeu pela constitucionalidade da lei no que tange à isenção, fundamentando-se também na Lei n. 3.350/99 (art. 17, IX), e ao pagamento das taxas e demais despesas processuais. Corroboramos tal entendimento, visto que a imunidade recíproca somente alcança os impostos e não as taxas, podendo as taxas ser objeto de isenção e não de imunidade. Por outro lado, não há que se confundir imunidade com isenção. Nesse sentido, o ente federativo, por não estar amparado pela imunidade em relação às taxas, está no campo da incidência tributária. Contudo, frise-se, pode ser objeto de exclusão do crédito, ou seja, ser beneficiado por uma norma isentiva, já que são institutos totalmente diferentes.

7.6.3.1.7 *Outros Julgados Importantes sobre o Tema*

I – RE 242.827/PE – A Turma proveu recurso extraordinário para reconhecer imunidade tributária recíproca ao **Instituto Nacional de Colonização e Reforma Agrária – INCRA** (CRFB, art. 150, VI, *a*, e § 2º), relativamente ao não recolhimento de ICMS por eventual exploração de unidade agroindustrial. No caso, a mencionada autarquia federal era mantenedora de unidade agroindustrial que, em virtude de desapropriação ocorrida para sanar conflito social na área em que instalada, passara a integrar o acervo patrimonial da recorrente. Entendeu-se que a atividade exercida pela autarquia não se enquadra entre aquelas sujeitas ao regime tributário próprio das empresas privadas, considerando que a ocasional exploração dessa

---

38 Lei estadual 4.952/95-SP. O STJ decidiu que é da competência do Tribunal local a interpretação da lei estadual que regula o pagamento da taxa judiciária. Sendo assim, a interpretação do TJSP, no sentido de que a apelação de sentença que julga embargos à execução está sujeita a preparo, não agride qualquer dispositivo de lei federal (EREsp 443.630-SP).

unidade está no âmbito de sua destinação social em setor relevante para a vida nacional. Observou-se que a imunidade tributária só deixa de operar quando a natureza jurídica da entidade estatal é de exploração de atividade econômica, o que não ocorrera na espécie.

II – RE 253.394/SP – Bens que integram patrimônio de ente federativo são imunes, mesmo que estejam ocupados pela empresa delegatária de serviços públicos.

III – AC 2.559 – ICMS: Imunidade Tributária e Estorno de Crédito.

IV – AgInt no REsp 1.616.632/BA – O STJ entendeu que sociedade de economia mista, enfiteuta de imóvel público, configura contribuinte de IPTU, nos termos do art. 34 do CTN. Para o Tribunal, a imunidade tributária recíproca, disposta no art. 150, VI, *a*, da CF, não pode ser transferida do senhorio, detentor do domínio indireto, para o enfiteuta, titular do domínio útil do imóvel. Assim, no caso concreto, em razão de a sociedade de economia configurar a titular do domínio útil do imóvel, através do regime da enfiteuse, a consideraram sujeito passivo do IPTU.

V – RE 594.015/SP – O STF entendeu que incide IPTU sobre **imóveis arrendados a pessoa jurídica de direito privado que empregue o bem na exploração de atividades econômicas com escopo lucrativo**. Os Ministros afirmaram que a imunidade tributária recíproca, disposta no art. 150, VI, *a*, da CF, possui a finalidade de proteger o pacto federativo, não podendo, portanto, ser estendida aos bens da União utilizados por sociedade de economia mista para fins alheios ao interesse público, como, por exemplo, gerar riquezas a particulares. Ademais, destacaram que o reconhecimento da benesse constitucional afrontaria o princípio da livre concorrência, uma vez que se estaria concedendo vantagem comercial para as empresas arrendatárias de bens públicos.

VI – RE 434.251/RJ – O STF entendeu que a imunidade tributária prevista no art. 150, VI, *a*, da CF **não alcança imóveis da União e das unidades federadas, cedidos para empreendimentos privados exploradores de atividade econômica com fins lucrativos**. Os Ministros afirmaram que a redação dos §§ 2º e 3º do dispositivo mencionado vincula a extensão da imunidade à prestação de serviços eminentemente públicos ou essenciais. Nesse sentido, a concessão de vantagem para empresa particular que explora atividade econômica de natureza privada é incompatível com as normas garantidoras da livre-iniciativa e da livre concorrência, visto que a desoneração de IPTU implicará aumento de lucro ou diminuição de preços.

VII – Reclamação (RCL) 60.726 – STF decide que Aeroporto Internacional de Natal deve pagar IPTU. Em sua decisão, o Tribunal observou que a imunidade tributária recíproca alcança apenas empresas públicas e sociedades de economia mista prestadoras de serviços essenciais e exclusivos. O STF, no julgamento dos temas 437 e 385 da repercussão geral, firmou entendimento sobre a incidência de IPTU sobre imóvel de ente público cedido a ente privado e a impossibilidade de extensão da imunidade recíproca a empresa privada com fins lucrativos arrendatária de imóvel público.

7.6.3.2 Imunidade dos Templos de Qualquer Culto[39]

Essa imunidade, também chamada de imunidade religiosa, está prevista no art. 150, VI, *b*, da CRFB e tem como fundamento o art. 5º, VI, da CRFB, pois tutela a liberdade de culto, a fé e a igualdade entre os cultos, já que o Brasil é um Estado considerado laico. Inicialmente, cabe analisar o alcance da expressão "templo"[40] usada pela própria Constituição. Entende-se que o termo templo não está adstrito apenas à edificação onde o culto é celebrado, mas sim à instituição religiosa, ou seja, a tudo aquilo que é utilizado para o exercício da atividade religiosa (casamentos, missas, batizados e demais celebrações litúrgicas). Usamos a expressão instituição religiosa, pois somente fazem jus a essa imunidade aquelas regularmente constituídas, já que se trata de pessoas jurídicas de direito privado. Nesse sentido, se a instituição religiosa adquire um imóvel para transformar em templo[41], não incidirá ITBI, e tampouco o IPTU. Percebe-se que o STF vem interpretando de forma extensiva as alíneas *a* e *b*. Nesse sentido, os valores arrecadados com a venda de CDs, artigos em cantinas, desde que voltados para o exercício da atividade religiosa, devem ser alcançados pela imunidade religiosa, entendida não somente quanto à igreja, mas em seu sentido mais amplo. Contudo, ressalte-se que as instituições católicas de ensino, por exemplo, estariam abrangidas pela imunidade da letra *c* do art. 150 da CRFB, e não pela imunidade religiosa da letra *b* do mesmo dispositivo constitucional. Assim, temos que, inicialmente, a imunidade era aplicada, somente, à atividade-fim do templo religioso; contudo, ao longo do tempo, percebe-se que o STF tem ampliado a interpretação dessa imunidade[42], que hoje alcança inclusive os imóveis vagos e alugados de todas essas instituições religiosas, sob a alegação de que a renda obtida nessas situações é aplicada em sua atividade-fim.

---

39 Sobre o tema, escrevemos: *Uma abordagem tributária dos direitos humanos*. Rio de Janeiro: Freitas Bastos, 2006.

40 Existem três teorias sobre a concepção de templo: a) Teoria Clássico-Restritiva: classifica o templo exclusivamente como o local destinado à celebração do culto; b) Teoria Clássico-Liberal: classifica o templo como tudo aquilo referente à atividade que esteja ligada ao culto; c) Teoria Moderna: classifica o templo como entidade religiosa, considerada de forma ampla, como uma organização religiosa, que vem sendo adotada pelo STF (RE 247.809-RJ).

41 O STF entendeu que os estacionamentos estão abrangidos pelas imunidades se a exploração da atividade for revertida para a finalidade religiosa.

42 Assim o *Informativo* do STF n. 295, que abordou a questão da Imunidade Tributária de Templos: A imunidade tributária concedida aos templos de qualquer culto, prevista no art. 150, VI, *b*, e § 4º, da CF, abrange o patrimônio, a renda e os serviços relacionados com as finalidades essenciais das instituições religiosas.

Vale lembrar que a EC n. 116/2022 inseriu o § 1º-A ao art. 156 da CF/88 prevendo que o IPTU não incide sobre templos de qualquer culto, ainda que as entidades abrangidas pela imunidade de que trata a alínea *"b"* do inciso VI do *caput* do art. 150 desta Constituição sejam apenas locatárias do bem imóvel.

Sobre o tema vale, lembrar a edição das súmulas a seguir que, embora se refiram à alínea *"c"*, que será comentada no próximo tópico, também se aplicam à alínea *"b"*: Súmula 724 e Súmula Vinculante 52, ambas do STF, e Súmula 614 do STJ.

A Constituição de 1988, ou melhor, o regime democrático instituído por ela, demonstra a fé em certos valores espirituais, procurando protegê-los e preservá--los. Tal afirmativa pode ser tranquilamente sustentada, haja vista o que dispõe o próprio preâmbulo da Constituição. Nesse dispositivo, é invocada a proteção de Deus para organizar um regime democrático com vários fundamentos (art. 1º) e objetivos fundamentais (art. 3º), entre eles o de valorizar a dignidade da pessoa humana, a construção de uma sociedade livre, justa e solidária, objetivando a redução das desigualdades sociais e, enfim, uma justiça social.

A imunidade religiosa tem sustentação também no art. 5º, VI, que prevê a inviolabilidade da liberdade de consciência e de crença, assegurando o livre exercício dos cultos religiosos e garantindo, na forma da lei, a proteção aos locais de culto e às suas liturgias. Por outro lado, a Constituição, em seu art. 19, I, impõe a neutralidade do Estado perante a Igreja e os cultos religiosos, vedando que o Poder Público os embarace ou os subvencione. Tal decisão, considerando o valor constitucional da liberdade religiosa como um dos pilares do liberalismo e do Estado de Direito, veio a interpretar sistematicamente a Constituição, aplicando extensivamente a imunidade aos lotes vagos e prédios comerciais. Ponderou-se que tal princípio sobrepuja o que determinam outros dispositivos da Constituição, em especial o seu art. 19, que veda à União, aos Estados, ao Distrito Federal e aos Municípios estabelecer cultos religiosos, subvencioná-los, embaraçar-lhes ou manter com eles relações de dependência.

E, ainda, o próprio § 4º do art. 150, que vincula as imunidades às finalidades essenciais das entidades mencionadas, ou seja, ao culto religioso em si, e não a imóveis alugados e lotes vagos que notadamente não atingem essa finalidade.

Embora a decisão do STF vise a garantir e aplicar princípios e direitos fundamentais previstos na Constituição, como, por exemplo, a dignidade da pessoa humana, a liberdade de consciência e de crença (art. 5º, VI, da CRFB), a construção de uma sociedade livre, justa e solidária, visando com isso reduzir as desigualdades sociais, protegendo ainda os locais de culto e suas liturgias, ousamos discordar da Corte Suprema. Parece-nos que, no confronto da liberdade de culto com o art. 19 supracitado, há um óbice material, haja vista que a concessão de imunidade nas hipóteses não ligadas diretamente à finalidade essencial das entidades mencionadas nada mais é do que uma forma indireta de subvenção. Por outro lado, confronta-se também com o § 4º do art. 150 da nossa Constituição, que estabelece uma vinculação para que a imunidade sobre a renda, o patrimônio e os serviços seja aplicada. Essa vinculação deve ser a relação com a finalidade essencial das entidades que, por serem templos de qualquer culto, entender-se-á como finalidade religiosa. Daí não haver compatibilidade na extensão desta imunidade a lotes vagos e prédios comerciais das entidades religiosas, principalmente quanto a estes últimos, por possuírem finalidade econômica, exteriorizando assim capacidade contributiva.

Cabe ressaltar que a instituição da imunidade se dá exatamente pela falta de capacidade contributiva e, assim sendo, não há como se afirmar que um imóvel comercial não desempenhe atividade econômica. Logo, exterioriza riqueza que, por sua vez, em tese, gera tributação.

Fazendo uma breve regressão, vale lembrar que as Constituições de 67 e de 69 não faziam menção à abrangência da imunidade quanto às atividades essenciais da instituição, trazendo com isso muito trabalho de interpretação para a construção doutrinária e jurisprudencial. Assim, a Constituição Republicana de 1988 resolveu a omissão, ao prever expressamente a vinculação às finalidades essenciais das entidades nela mencionadas, como se observa no disposto no § 4º do art. 150 da Constituição atual. Destaque-se que, com a referida decisão do STF, houve uma mutação informal quanto à extensividade da interpretação sobre a imunidade dos templos religiosos. Aliomar Baleeiro já dizia que o templo:[43]

> Não é apenas a materialidade do edifício, que estaria sujeito tão só ao imposto predial do Município, ou o de transmissão *inter vivos*, se não existisse a franquia inserta na Lei Máxima. Um edifício só é templo se o completam as instalações ou pertenças adequadas àquele fim, ou se utilizam efetivamente no culto ou prática religiosa.

O templo não deve ser considerado apenas a igreja em si ou a sinagoga, ou o edifício principal onde se celebra a cerimônia pública, mas também a dependência contígua, o convento, os anexos por força de compreensão, inclusive a casa ou residência do pároco ou pastor, desde que não empregados em fins econômicos. Percebe-se, assim, que a decisão do STF se aproximaria mais da visão de Baleeiro, no sentido de que uma interpretação restritiva, como defende Pontes de Miranda[44], incidiria num perigo remoto de intolerância, de perseguição com o culto das minorias, ou seja, os menos expressivos, os menos influentes, haja vista a variedade de elementos éticos existentes no Brasil. Ousamos discordar, pois, para nós, tal fundamento, por si só, não justificaria a imunidade dos lotes vagos, bem como dos prédios comerciais alugados. Ademais, no nosso sentir, não nos parece que Baleeiro compartilharia de tal entendimento, em especial pelo seu posicionamento, no sentido de excepcionar da imunidade os bens empregados em fins econômicos. Por outro lado, é bom esclarecer que os lotes vagos não possuem fins lucrativos e, assim sendo, nada impede que se aceite a tese de que tal imunidade poderia ser

---

43 BALEEIRO, Aliomar. *Direito tributário brasileiro*. Atualizado por Misabel Abreu Machado Derzi. 11ª ed. Rio de Janeiro: Forense, 2000.

44 PONTES DE MIRANDA, Francisco Cavalcanti. *Comentários à CF de 1946*, v. 1, p. 510.

concedida por ausência de conteúdo econômico, mas, em relação aos imóveis alugados, não há como ser excluída a finalidade econômica.

Podemos ainda trazer outro argumento a ser utilizado em defesa da imunidade de bens com exploração econômica; a renda obtida com essa exploração econômica seria revertida em prol de benfeitorias, custeio e desenvolvimento do templo e da atividade religiosa, ou seja, revertida para as suas atividades essenciais. Dessa forma tal entendimento seria razoável se as instituições religiosas possuíssem uma escrituração contábil regular que comprovasse tais investimentos, ou seja, que comprovassem a reversão do lucro auferido para as finalidades essenciais da entidade. Sem tal comprovação, ficaria a simples presunção de que tal "riqueza", tal montante, seria ou deveria ser reaplicado. A ausência de escrituração como fundamento concessivo da imunidade feriria também o princípio da isonomia com outras entidades, ou até mesmo com sociedades comerciais que, por força legal, são obrigadas a fazê-lo. Questiona-se ainda se a espórtula do padre seria tributável ou não, pois em caso afirmativo, de que forma se poderia aferir a referida "base de cálculo". Parece-nos que a resposta é negativa por falta de previsão na Constituição brasileira que autorize tal tributação. Contudo, ressalta-se que, em outros países, existe previsão constitucional para criação de imposto em favor das Igrejas, ainda que protegendo a liberdade religiosa, como, por exemplo, a Lei Fundamental da Alemanha, que prevê o imposto para a Igreja *(Kirchensteur)*. Nesse sentido, a Constituição alemã, diversamente da brasileira, chega ao extremo de tributar o dízimo espiritual, convertendo-o em imposto. Por outro lado, no Brasil, o dízimo é amparado pela imunidade, em razão da democratização do Estado de Direito.

Analisando ainda o aspecto econômico das instituições religiosas, suponhamos que a entidade adquira um imóvel desmembrando-o em lotes e no lote principal construa o templo. Já nos outros edifica salas comerciais, em algumas prestando serviços e em outras realizando venda de mercadorias. Assim, sob a égide da Constituição vigente, faria jus à imunidade, visto que o montante arrecadado é revertido para a própria entidade, ou seja, revertido à finalidade essencial da instituição religiosa, conforme exige o § 4º do art. 150 da CRFB.

Percebe-se, assim, que o "fenômeno" da constitucionalização e da publicização do Direito Privado convergiu no sentido de que foi influenciado e pautado pela Constituição, que, com o desenvolvimento do Estado e da sociedade e por influência do Direito comparado, institui o Estado Democrático de Direito. Essa adjetivação do Estado influenciou todos os ramos do Direito, até porque, pelo princípio da supremacia constitucional, não poderia ser diferente, já que esse contexto está previsto expressamente na Constituição. A influência gerada pelos fundamentos e objetivos precípuos da República na vigência deste novo Estado atinge também a jurisprudência, em especial as decisões dos Tribunais Superiores e, no caso em tela, do STF, guardião da Constituição por força do seu próprio texto. E assim parece ter acontecido com a questão da imunidade dos templos de qualquer culto que ora foi apresentada, quanto à análise da decisão apontada. Apesar de não concordarmos com tal decisão, e apresentarmos os fundamentos jurídicos que justificam nosso posicionamento, percebemos uma nova visão do Poder Judiciário na valoração de certos princípios constitucionais, em especial o da dignidade da pessoa humana, a construção de uma sociedade livre, justa e solidária, e a busca da redução das desigualdades sociais, com a implementação de justiça social.

Questão interessante diz respeito aos chamados cemitérios religiosos. O STF, ao avaliar o tema relativo à Imunidade Tributária de **Cemitérios e Extensões de Entidades de Cunho Religioso**, quando do julgamento do RE 578.562/BA, distinguiu a situação dos cemitérios que consubstanciam extensões de entidades de cunho religioso daqueles que são objeto de exploração comercial por empresas que alugam ou vendem jazigos. Assim, fixou entendimento de que apenas a primeira hipótese estaria abrangida pela aludida imunidade tributária, e, por conseguinte, considerou que o cemitério analisado no recurso extraordinário em comento[45] seria uma extensão da capela destinada ao culto da religião anglicana, situada no mesmo imóvel. Entendeu também que a recorrente seria uma entidade filantrópica sem fins lucrativos, titular do domínio útil desse imóvel, dedicada à preservação da capela, do cemitério e dos jazigos, bem assim do culto da religião anglicana professada nas suas instalações.

Em referência a outros julgamentos do Tribunal (RE 325.822/SP), asseverou que a imunidade do art. 150, VI, *b*, da CF contemplaria não apenas os prédios destinados ao culto, mas o patrimônio, a renda e os serviços relacionados com as finalidades essenciais das entidades mencionadas nesse preceito, e que a regra do seu § 4º serviria de vetor interpretativo dos textos das alíneas *b* e *c* do seu inciso VI. Por fim, afirmou que a imunidade dos tributos destinada aos templos de qualquer culto é projetada a partir da proteção aos locais de culto e a suas liturgias e da salvaguarda contra qualquer embaraço ao seu funcionamento, não incidindo, por todo o exposto, o IPTU.

Vale trazer também os comentários do julgamento do RE 544.815/SP, em que o STF aborda a exploração comercial dos cemitérios. O julgamento envolve a cobrança de IPTU sobre imóvel, pertencente à recorrente, alugado à empresa que o explorava como cemitério privado. A recorrente sustentou que a propriedade imóvel em questão é imune, nos termos do art. 150, VI, *b*, da CF, e que a expressão "templos" deve ser interpretada de forma a abranger não apenas os edifícios destinados à celebração pública dos ritos religiosos, mas também os respectivos anexos, haja vista que em frente aos túmulos são prestadas homenagens e desenvolvidos ritos que configuram o culto previsto na norma constitucional.

Vejamos ainda outra discussão acerca da imunidade da **Maçonaria**. A matéria foi objeto de julgamento no RE 562.351, no qual o Grande Oriente do Rio Grande do Sul pretendia afastar a cobrança do IPTU pelo Município de Porto Alegre. A entidade alegava que não se pode instituir tributos sobre imóveis que abrigam

---

45 Assim, tendo em conta tratar-se, na espécie, de mesmo imóvel parcela do patrimônio da recorrente, entendeu que o cemitério seria alcançado pela garantia contemplada no art. 150, a qual seria desdobrada do disposto nos arts. 5º, VI, e 19, I, todos da CF.

templos de qualquer culto e/ou sobre o patrimônio de entidades que pratiquem assistência social, observados requisitos da lei, no caso aqueles indicados no art. 14, I e II, e § 2º, do CTN. Todavia, o STF entendeu, por maioria, que os templos maçônicos não se incluem no conceito de "templos de qualquer culto" ou de "instituições de assistência social" para fins de concessão da imunidade tributária prevista no art. 150, VI, *b* e *c*, da CF.

Alegava a entidade que, não obstante exista dentro da própria entidade controvérsia sobre o seu caráter religioso, poder-se-ia dizer ser a Maçonaria a religião das religiões, na medida em que, além de exigir de seus integrantes a crença em Deus, estimularia no maçom o desenvolvimento da religiosidade, incluindo-se, assim, no conceito de "templos de qualquer culto" para os fins do art. 150, VI, *b*, da CF. Argumenta, também, enquadrar-se na hipótese do art. 150, VI, *c*, da CF, dado que seria uma instituição nitidamente com caráter filantrópico.

Todavia, para o Ministro Lewandowski, voto que obteve apoio da maioria da composição do Tribunal, a maçonaria é uma ideologia de vida, e não uma religião, assim não poderia ser isenta de pagar o IPTU. Vejamos trecho do julgado (RE 562.351):

> O reconhecimento dessa imunidade tributária exige o cumprimento dos requisitos estabelecidos em lei. Assim, para se chegar à conclusão se o recorrente atende aos requisitos da lei para fazer jus à imunidade prevista neste dispositivo, necessário seria o reexame do conjunto fático-probatório constante dos autos. Incide, na espécie, o teor da Súmula 279 do STF. A imunidade tributária conferida pelo art. 150, VI, *b*, é restrita aos templos de qualquer culto religioso, não se aplicando à maçonaria, em cujas lojas não se professa qualquer religião.

7.6.3.3 Imunidade dos Partidos Políticos, Entidades Sindicais dos Trabalhadores, Instituições de Educação e Assistência Social

Essa imunidade é classificada como subjetiva, pois alcança as entidades previstas no art. 150, VI, *c*, da CRFB, que prestam relevante serviço à sociedade. A EC 133/2024 reforçou essa imunidade em seu art. 4º. Por outro lado, é também chamada de imunidade condicional ou não autoaplicável, já que, por visar a garantir a democracia, se submete à regulamentação do art. 14 do CTN. Vejamos a redação da alínea *c* do referido dispositivo: *... patrimônio, renda ou serviços dos partidos políticos, inclusive suas fundações, das entidades sindicais dos trabalhadores, das instituições de educação e de assistência social, sem fins lucrativos, atendidos os requisitos da lei.* Destaque-se que a imunidade dessas entidades deve restringir-se ao patrimônio, à renda e aos serviços ligados às atividades essenciais das entidades, dela excluindo-se os impostos incidentes sobre a produção e a circulação de riquezas (IPI, ICMS) ainda que a elas inerentes.

Vale ressaltar que todas as pessoas elencadas no referido artigo constitucional são pessoas jurídicas de direito privado. Em face das peculiaridades existentes entre elas, entretanto, comentaremos em separado cada uma delas.

Quanto aos partidos políticos[46]

Esta imunidade visa a assegurar a autenticidade do regime representativo na democracia, ou seja, a liberdade política, conforme o art. 1º, V, da CRFB (o pluralismo político). A imunidade em tela alcança também as suas fundações, que não sofrerão incidência de impostos sobre seu patrimônio, rendas ou serviços, desde que vinculadas às suas finalidades essenciais. Frise-se que o art. 17, § 2º, da CRFB prevê o registro no TSE para fruição da imunidade.

Quanto às entidades sindicais

A hipótese não abrange as entidades patronais, mas apenas as entidades sindicais (confederação, federação, centrais sindicais) dos trabalhadores, em razão da condição de hipossuficiência do trabalhador, na forma do art. 6º da CRFB. Essa imunidade tem por fim preservar a liberdade de associação sindical, conforme prevê o art. 8º da Constituição de 1988.

Quanto às instituições de educação

São elas pautadas no objetivo de propagação da educação e do ensino, conforme preveem os arts. 205 e seguintes da CRFB. A imunidade envolve desde escolas até universidades, passando também pela educação em sentido amplo, envolvendo bibliotecas, teatros etc.

O STF proferiu alguns julgados sobre o tema, a saber:

» RE 767.332/MG – Reconheceu a imunidade do IPTU para lotes vagos temporariamente ociosos das instituições de educação e assistência social.

» RE 470.520/SP – Reconheceu a imunidade de ITBI em relação a terrenos sem identificação. Entendeu o STF que a destinação do imóvel deve ser pressuposta e a condição do imóvel estar vago ou sem edificação não é suficiente por si só para destituir a garantia constitucional.

Quanto às entidades de assistência social

Com fundamento na liberdade necessária para a existência e sobrevivência de instituições, exige-se que tais entidades não tenham fins lucrativos, além de obrigatoriamente terem que cumprir outros requisitos, como os previstos no art. 14 do CTN. Essa imunidade carece de alguns comentários especiais. O *primeiro* quanto à expressão *"sem fins lucrativos"*, o que não significa gratuidade de serviços, mas sim que não haja a distribuição de lucros e dividendos entre os membros da entidade, daí ser possível que uma escola particular faça jus a essa imunidade. Na verdade, a

---

46 É necessário que o partido político seja regularmente constituído. Deve ser registrado no Cartório de Pessoas Jurídicas e seus atos constitutivos no TSE, conforme o art. 17 da CRFB.

imunidade independe da cobrança de valores pela prestação de serviços, podendo até ter *superavit*, desde que não distribua os lucros. Nesse sentido, os empregados recebem salários, mas os dirigentes da entidade não podem retirar *pro labore*, e sim remuneração. Em síntese, podemos afirmar que a vedação se dá quanto à distribuição de lucro. Vale destacar que não é tão simples constituir uma entidade assistencial[47], uma vez que, além do atendimento dos requisitos acima expostos, devem também ser observados os estabelecidos em lei. Assim, temos o **segundo** comentário, que diz respeito à expressão **"atendidos os requisitos estabelecidos em lei"**.

Faz-se mister ressaltar que, por força da expressão citada, a referida imunidade não é de aplicabilidade automática, carecendo de lei para lhe emprestar aplicabilidade. Assim, indaga-se que tipo de lei seria a referida pela Constituição. Por força da análise do art. 14 do CTN em relação ao inciso II do art. 146 da CRFB, que diz expressamente que cabe à lei complementar regular as limitações constitucionais ao poder de tributar, entende-se que a lei deva ser de natureza complementar, pois a sua função é regular essas limitações. Assim, essa lei a que faz referência a alínea *c* do art. 150 é lei de natureza complementar, por isso os requisitos são os do art. 14 do CTN, que foi recepcionado como lei complementar. A observância desses requisitos deve ser continuada, prorrogada no tempo, porque essa imunidade é condicionada[48]. Ela se submete à fiscalização. O art. 14 do CTN estabelece os requisitos para a imunidade das atividades de assistência social e de educação.

Ocorre que com o advento da Lei ordinária n. 9.532/97 foram estabelecidos novos requisitos. A doutrina questionou essa lei, dizendo que o tema deveria ser regulado por lei complementar por força do já citado art. 146, II, da CRFB, que determina que lei complementar regule as limitações da CRFB.

A União entendeu que essa é a regra geral, mas no caso concreto aplica-se a alínea *c* do inciso VI do art. 150, que prevê "requisitos da lei"; logo, tratar-se-ia de lei ordinária. Seria uma regra especial que derrogaria a regra geral. Assim, teríamos uma lei ordinária e uma lei complementar. A lei complementar, com base no art. 146, estabelecerá requisitos objetivos, ou seja, o que uma entidade de assistência social de educação sem fins lucrativos precisa fazer para ser imune (art. 14 do CTN). Já a lei ordinária de cada entidade da Federação irá dispor sobre o que uma entidade precisa fazer em relação ao seu funcionamento para ser considerada uma entidade idônea de educação e de assistência social. Logo, a lei ordinária regularia os requisitos subjetivos. Nesse sentido, o STF considerou que parte da Lei n.

---

47   As instituições assistenciais não podem ter fins lucrativos, assim como os sócios ou associados não podem ter *pro labore* (remuneração tirada do lucro). Entretanto, poderão ter receita positiva, que não pode ser classificada como lucro, devendo ser investida em capital de giro ou em bens.

48   Em caso de não preenchimento desses requisitos pela entidade, o que se dá é a não realização da hipótese de imunidade, do que decorre a submissão da entidade ao tributo gerado pelos fatos geradores a que ela venha a ligar-se como contribuinte. Luciano Amaro critica a redação do § 1º do art. 14: "(...) o menos importante dos quais é ter chamado a imunidade de 'benefício', noção inadequada para expressar uma norma de definição (negativa) da competência tributária".

9.532/97 era constitucional e parte não era: "(...) o precedente reduz da reserva de lei complementar da regra constitucional ao que diga respeito 'aos lindes da imunidade', à *demarcação do objeto material da vedação constitucional de tributar – o patrimônio, a renda e os serviços das instituições por ela beneficiadas, o que inclui, por força do § 3º do mesmo art. 150 da CF, a sua relação 'com as finalidades essenciais das entidades nele mencionadas*'; mas remete à lei ordinária 'as normas reguladoras da *constituição e funcionamento da entidade imune*', votadas a obviar que 'falsas instituições de assistência e educação sejam favorecidas pela imunidade', em fraude à Constituição". Entendemos pela constitucionalidade da Lei n. 9.532/97 (dos arts. 12 e 13), posto que nada impediria que os requisitos previstos em lei complementar fossem detalhados por uma lei ordinária (do ente federativo) de acordo com as peculiaridades de cada tributo.

Outra questão que merece ser considerada em relação à alínea *c*, é o disposto na **Súmula 724 do STF**, que estende a imunidade de IPTU aos imóveis alugados a terceiros: *Ainda quando alugado a terceiros, permanece imune ao iptu o imóvel pertencente a qualquer das entidades referidas pelo art. 150, vi, c, da Constituição, desde que o valor dos aluguéis seja aplicado nas atividades essenciais de tais entidades*. O Verbete em tela foi convertido na Súmula Vinculante 52 do STF.

Vale destacar também o teor da **Súmula 399 do STJ**, que assim dispõe: *Cabe à legislação municipal estabelecer o sujeito passivo do IPTU*. Contudo, uma leitura apressada da Súmula pode levar a uma interpretação equivocada. Ao nosso sentir, o STJ se equivocou quando disse a legislação, pois somente a lei pode prever obrigação principal. Da mesma forma, os precedentes que deram origem à referida Súmula dizem respeito a promessa de compra e venda, e não à locação. Assim entendemos que, quanto à locação, nada mudou, aplicando-se o teor do verbete para a promessa de compra e venda. Aproveitando a oportunidade, citamos a **Súmula 614 do STJ**: *"O locatário não possui legitimidade ativa para discutir a relação jurídico-tributária de IPTU e de taxas referentes ao imóvel alugado nem para repetir indébito desses tributos"*.

Por fim, a Constituição, no art. 195, dispõe que a seguridade social será financiada por toda a sociedade, de forma direta e indireta, nos termos da lei, mediante recursos provenientes dos orçamentos da União, dos Estados, do Distrito Federal, dos Municípios e das contribuições sociais que elenca. E no seu § 7º determina que são isentas[49] de contribuição para a seguridade social as entidades beneficentes de assistência social que atendam às exigências estabelecidas em lei[50]. Por isso, considerando que essa imunidade é chamada de *condicionada*.

---

49   Em que pese a Constituição chamar de isenção, a natureza desse instituto é de imunidade.

50   As ADIs 2.028, 2.036, 2.228 e 2.621 questionavam artigos da Lei 9.732/98 e dispositivos de normas legais que modificaram e regulamentaram a Lei 8.212/91, instituindo novas regras para o enquadramento das entidades beneficentes para fim de isenção de contribuições previdenciárias. Prevaleceu no STF que "Os requisitos para o gozo de imunidade hão de estar previstos em lei complementar".

7.6.3.3.1　Imunidade Tributária e Atividades de Lazer

A Turma negou provimento ao recurso extraordinário em que o Município de São Paulo pretendia tributar imóvel (IPTU) de propriedade de fundação caracterizada como entidade de assistência social. O recorrente alegava que a imunidade alcançaria apenas os imóveis vinculados a atividade específica da fundação, e não clube utilizado por funcionários desta com fins de recreação e lazer. Asseverou-se que o emprego do imóvel para tais propósitos não configura desvio de finalidade em relação aos objetivos da entidade filantrópica. Dessa forma, concluiu-se que a decisão impugnada – que afastara o desvio de finalidade com o intuito de assegurar a imunidade tributária com base no reconhecimento de que a atividade de recreação e lazer está no alcance das finalidades da fundação – não violou o art. 150, § 4º, da CF (RE 236.174/SP).

7.6.3.3.2　Certificado de Entidade de Fins Filantrópicos e Gratuidade

O STF examinou Recurso Ordinário em mandado de segurança no qual instituição beneficente de assistência social pretende, para gozar da imunidade prevista no art. 195, § 7º, da CF (§ 7º *São isentas de contribuição para a seguridade social as entidades beneficentes de assistência social que atendam às exigências estabelecidas em lei*), a renovação do seu certificado de entidade de fins filantrópicos, pedido este indeferido pelo Conselho Nacional de Assistência Social – CNAS, porquanto não comprovada a aplicação anual de, pelo menos, 20% da receita bruta em gratuidade. Alegou-se que o Decreto n. 752/93, ao determinar a aplicação do aludido percentual, possui natureza autônoma, haja vista a inexistência de lei que estabeleça tal obrigatoriedade. Nesse sentido, aduz-se que a imunidade constitui limitação ao poder de tributar e que a expressão "em lei", contida na parte final do citado § 7º, deve ser entendida como lei complementar, em razão do que estabelece o art. 146, II, da CF. Assim, na falta de lei complementar específica disciplinando as condições a serem preenchidas pelas entidades beneficentes, devem incidir apenas os requisitos dispostos nos arts. 9º e 14 do CTN. Sustenta-se, também, ofensa à orientação adotada pelo STF no julgamento da ADI 2.028-MC/DF[51], em que suspensa a eficácia do art. 55, III, da Lei n. 8.212/91.

Sobre o tema, vejamos a Súmula 612 do STJ: *O certificado de entidade beneficente de assistência social (CEBAS), no prazo de sua validade, possui natureza declaratória para fins tributários, retroagindo seus efeitos à data em que demonstrado o cumprimento dos requisitos estabelecidos por lei complementar para a fruição da imunidade.*

7.6.3.3.3　Imunidade Tributária e Entidade Beneficente

O STF referendou liminar concedida pelo Ministro Gilmar Mendes que, em ação cautelar da qual relator, concedera efeito suspensivo a recurso extraordinário

---

51　STF. Plenário. ADI 2.028/DF, ADI 2.036/DF, ADI 2.228/DF (*Info* 855): "Os requisitos para o gozo de imunidade hão de estar previstos em lei complementar". STF. Plenário. RE 566.622/RS.

interposto por entidade hospitalar contra acórdão proferido pelo Tribunal de Justiça do Estado do Rio Grande do Sul. O acórdão impugnado, ao afastar a imunidade prevista no art. 150, VI, *c*, da CF, reformara sentença declaratória da inexigibilidade de IPTU sobre os imóveis da autora, bem como de ISS sobre serviços por ela prestados nos moldes estabelecidos no seu estatuto social. Inicialmente, consideraram-se presentes os requisitos configuradores da atribuição de efeito suspensivo ao recurso extraordinário, já em processamento nesta Corte. Entendeu-se que a circunstância de a requerente ter jus à classificação de entidade assistencial no plano federal, inclusive quanto às contribuições sociais, indicaria, em princípio, a plausibilidade jurídica da tese de sua imunidade em relação ao IPTU e ao ISS. Ademais, salientou-se que o STF possui entendimento consolidado no sentido de que as entidades de assistência social sem fins lucrativos gozam de imunidade dos aludidos impostos, nos termos do art. 150, VI, *c*, da CF (AC 1.864-QO/RS).

Vejamos alguns *julgados interessantes* que merecem ser relacionados neste item:

I) RE 257.700/MG – Imunidade de IPTU sobre imóvel pertencente à instituição de assistência social, sendo utilizado para estacionamento de veículo.

II) RE 218.503 – Imunidade do ISSQN sobre o preço cobrado no estacionamento.

III) RE 116.188 – Imunidade do Imposto de Renda sobre a renda da locação de área pertencente à instituição de assistência social, destinada a estacionamento de veículos.

IV) RE 247.809 – Imunidade de IPTU sobre o imóvel pertencente à instituição de assistência social, sendo locado a particular.

V) RE 221.395 – Imunidade de IPTU sobre imóvel pertencente à instituição de assistência social, sendo utilizado como escritório e residência de membros da entidade beneficente.

VI) RE 210.251 – Imunidade de ICMS sobre a venda de mercadorias realizada por entidade beneficente de assistência social.

VII) RE 235.737 – Imunidade para ITBI ao SENAC.

VIII) RE 116.188 – Imunidade de ISSQN ao SESC.

Por fim, vale citar um interessante julgamento sobre a impossibilidade de estender a imunidade tributária das instituições de assistência social aos seus fornecedores. O STF fixou o entendimento de que: *A imunidade tributária subjetiva aplica-se a seus beneficiários na posição de contribuinte de direito, mas não na de simples contribuinte de fato, sendo irrelevante para a verificação da existência do beneplácito constitucional a repercussão econômica do tributo envolvido.* No referido julgamento, os Ministros destacaram que a imunidade do art. 150, VI, *c*, da CF, não se estende aos fornecedores de insumos, medicamentos e serviços adquiridos por entidades de assistência social, de modo que a repercussão econômica do tributo sobre tais entidades não caracteriza tributação indevida (RE 608.872/MG).

7.6.3.3.4 Imunidade das Entidades Fechadas de Previdência Social Privada

Esse item merece uma análise mais aprofundada. As entidades fechadas de previdência social privada são aquelas cujos beneficiários são, via de regra, empregados daquela empresa que visam a complementar os proventos de aposentadoria de seus empregados e, portanto, não têm fins lucrativos.

É importante destacar que não obstante o STF comparar as entidades fechadas de previdência às instituições de assistência social sem fins lucrativos, a imunidade só é reconhecida se não houver participação onerosa dos seus beneficiários, caso contrário fica afastada a imunidade prevista no art. 150, VI, *c*, da CF/88. Ademais, sobre o tema foi editada a **Súmula 730 do STF**: *A imunidade tributária conferida a instituições de assistência social sem fins lucrativos pelo art. 150, VI, c, da Constituição, somente alcança as entidades fechadas de previdência social privada se não houver contribuição dos beneficiários.*

7.6.3.4 Imunidade dos Livros, Jornais e Periódicos e o Papel Destinado à sua Impressão

Essa imunidade, por alcançar os livros, jornais e periódicos (publicação de caráter particular e regular), bem como o papel destinado à sua impressão, também é classificada como imunidade objetiva. A finalidade dessa proteção constitucional é assegurar a liberdade de expressão do pensamento, a difusão da informação, da cultura, e também a liberdade de imprensa. Em síntese, podemos dizer que o valor consagrado é a livre manifestação de pensamento, cultura e educação. Por esses motivos temos, como já dito, uma imunidade objetiva e não subjetiva, alcançando assim o II e o IE (imposto de importação e exportação), o ICMS e o IPI, provocando consequências relevantes, tendo em vista que a imunidade só existe em função do objeto tributado e não, por exemplo, em relação à renda[52] obtida pela editora na venda do jornal, dos livros etc. Nesse sentido, a renda obtida por uma editora na venda de livros é tributada, pois quem aufere a renda é a editora, e, como a imunidade não é subjetiva, incidirá neste caso o imposto sobre a renda. Contudo, os tributos que incidiriam sobre o livro não incidirão, ou seja, há imunidade.

Livros

Inicialmente, cabe esclarecer que para efeitos de imunidade, o conceito de livros assume um perfil jurídico, daí alcançar também as apostilas e os manuais técnicos, que, na visão do STF (RE 183.401/SP), são alcançados pela referida imunidade. Na visão de Cassoni[53], com a qual concordamos, a interpretação dessa imunidade objetiva deve ser extensiva aos livros, aos jornais e aos periódicos produzidos em material que não o papel, como CDs, DVDs etc., desde que com o mesmo

---

[52] Em função de esta imunidade ser objetiva, não se estende às editoras, autores, empresas jornalísticas ou de publicidade, no que tange à renda auferida nas vendas dos livros, dos jornais etc. (RE 206.774).

[53] CASSONI, Vitório. Op. cit., p. 255.

conteúdo e que atendam ao mesmo fim a que o livro se destinaria. Sempre defendemos que a imunidade deveria se estender aos CDs e páginas da internet, pois representam acesso à cultura e à informação, independentemente do veículo em que ela se exterioriza. Assim, quanto ao livro, podemos dizer que é um veículo através do qual se exprimem o pensamento, a ideia, a cultura. No nosso entender as revistas eletrônicas, ou em CD, merecem gozar dessa imunidade, porque não interessa a forma como são editadas, mas sim o seu conteúdo, desde que não sejam edições luxuosas que refujam à regra da propagação da informação e, em especial, da facilitação do acesso a essas informações. Prova disso é que a EC n. 75 incluiu a alínea *e* ao inciso VI do art. 150 da CF/88 trazendo a imunidade dos CDs e DVDs musicais, mas sequer tocou na questão dos livros reproduzidos nesse material. Antes da referida inclusão, o STF (RE 330.817/RJ, com Repercussão Geral) já entendia que: *A imunidade tributária constante do art. 150, VI, d, da Constituição Federal (CF), aplica-se ao livro eletrônico ("e-book"), inclusive aos suportes exclusivamente utilizados para fixá-lo.* Da mesma forma, no RE 595.676/RJ, com Repercussão Geral: *A imunidade da alínea "d" do inciso VI do art. 150 da CF/88 alcança componentes eletrônicos destinados, exclusivamente, a integrar unidade didática com fascículos.* Por fim, a edição da **Súmula Vinculante 57 do STF**: *"A imunidade tributária constante do art. 150, VI, d, da CF/88 aplica-se à importação e comercialização, no mercado interno, do livro eletrônico (e-book) e dos suportes exclusivamente utilizados para fixá-los, como leitores de livros eletrônicos (e-readers), ainda que possuam funcionalidades acessórias".*

Jornais

Os jornais, gazetas etc. têm o objetivo de propagar a notícia, a informação, sendo irrelevante que sejam de publicação diária ou não. Tanto é que o STF[54] entendeu que os *Encartes de Jornais ou Folhetos de Propaganda* são tributados, salvo se vierem impressos no corpo do jornal, pois, nesse caso, serão alcançados pela imunidade. O fato é que a propaganda impressa no corpo do jornal visa a diminuir o preço de venda, diferente do encarte, que é pura publicidade.

Em outra oportunidade, o STF reconheceu no julgamento do RE 628.122/SP com repercussão geral que as *editoras não têm imunidade tributária referente ao Finsocial.* Nesse sentido, o STF negou provimento ao recurso de uma editora de livros jurídicos que buscava garantir a imunidade de seu faturamento à tributação pelo Fundo de Investimento Social (Finsocial). Entenderam os Ministros que a Constituição Federal garante, em seu art. 150, inciso VI, alínea *d*, a imunidade tributária para livros, jornais, periódicos e o papel destinado à sua impressão, isto é, trata-se de um impedimento de se tributar os produtos, mas não a receita da empresa. No caso discutido pela editora, seria uma hipótese de imunidade instituída com o fim de evitar a existência de carga tributária embutida no produto, ao contrário de imunidades de caráter pessoal, como aquelas previstas para entidades de educação,

---

54 AgRg-RE 225.955, RE 213.094-0 e RE 87.633.

saúde, partidos e sindicatos. "As imunidades subjetivas são previstas em razão da pessoa, enquanto as objetivas são pensadas em razão do objeto tributado", disse o Ministro.

Periódicos

Periódicos são revistas publicadas com frequência, ou seja, com periodicidade, independentemente de maior ou menor conteúdo didático, incluindo: fascículos semanais, revistas com conteúdo pornográfico, álbum de figurinhas[55], lista telefônica (por ser considerado serviço de utilidade pública, conforme RE 114.790) entre outros. É interessante destacar que o STF não faz distinção entre os tipos de revistas, estendendo a imunidade para álbuns de figurinhas, fascículos semanais, revistas com materiais pornográficos.

Papel

Em que pese o papel ser alcançado expressamente pela imunidade, entendeu o STF que a imunidade não alcança a tinta, o cartucho de impressora, o *toner* etc. Nesse sentido, a **Súmula 657 do STF**: "A imunidade prevista no art. 150, VI, *d*, da Constituição Federal abrange os filmes e papéis fotográficos necessários à publicação de jornais e periódicos".

Vale destacar que a Constituição[56] cita o papel destinado à impressão de livros, jornais e periódicos, e não qualquer papel. Nesse sentido, o STF, no RE 392.221/SP, estendeu a imunidade às películas de polímero de propileno, para dar resistência às capas de livros que não possuam capa dura.

Contudo, por outro lado, ***afastou a imunidade dos seguintes produtos***: a) das tintas (RE 265.025); b) tiras plásticas para amarração de jornais (RE 220.154); c) importação de insumos gráficos (RE 203.267); d) equipamentos a serem utilizados pelas gráficas (RE 195.576); e) maquinários e peças necessárias à produção de jornais etc. (RE 213.688); f) serviços de composição gráfica (RE 434.826); g) serviços de distribuição, transporte ou entrega de livros, jornais, periódicos e do papel

---

55 RE 221.239-6. Vale ressaltar que coisa diversa é a venda dos salgadinhos por determinada empresa do setor alimentício, que distribui dentro da embalagem de seus produtos figurinhas denominadas "tazos". Tais figurinhas são importadas e, para o seu desembaraço, o Fisco exige o pagamento de impostos. O STF vem entendendo sobre a extensão da imunidade ao álbum de figurinhas, como veiculação de cultura, informação e lazer que o álbum só é imune quando visa apenas tais objetivos. Observe-se que, nesse caso, a figurinha visa a incentivar o consumo, não sendo o "tazo" atingido pela imunidade (RE 404.237-SP).

56 Para efeitos didáticos, informamos alguns itens: – *Álbum de Figurinhas*: é imune. STF, RE 221.239-6. – *Apostilas*: são imunes. STF, RE 183.403. – *CD-ROM e Revista Eletrônica*: pela imunidade – TRF-4, AC 1998.04.01.090.888-5 e TJRJ. – *Encartes de Jornais ou Folhetos de Propaganda*: STF, AgRg RE 225.955, RE 213.094-0. e RE 87.633. – *Filmes e papéis fotográficos*: são imunes. Súmula 657 do STF. – *Listas Telefônicas*: são imunes por serem serviços de utilidade pública. STF, RE 114.790. TRF-4, AMS 05.04.47172-2. – *Livros em Branco*: a imunidade alcança somente os livros culturais, estando excluídos os chamados livros em branco. – *Tinta especial para jornal*: não é imune. STF, RREE 190.761. *Software* – Em relação ao chamado *software* de prateleira, considerado aquele padronizado exposto à venda como mercadoria, incide o ICMS. Por outro lado, o *software* personalizado é considerado como serviço e, portanto, incidirá ISSQN. – *Película de polímero de propileno*: é imune (RE 392.221-SP/04).

destinado a sua impressão; h) serviços de distribuição de encartes de propaganda de terceiros por jornais e periódicos; i) chapas de gravação utilizadas na produção do jornal.

Ocorre que, no julgamento do RE 202.149/RS, o STF reconheceu a aplicação da imunidade tributária às peças sobressalentes para equipamentos de preparo e acabamento de chapas de impressão *offset* para jornais. Trata-se, portanto, de uma nova orientação do STF que, a partir da divergência iniciada no julgamento inclinou-se ao entendimento de que "a imunidade conferida a livros, jornais e periódicos apanharia ainda todo e qualquer insumo e ferramenta indispensáveis à edição desses veículos de comunicação".

Ainda em relação aos livros, colacionamos alguns temas interessantes que foram julgados pelo STF:

1. Imunidade não abrange equipamentos do parque gráfico

O STF, por maioria, entendeu que a imunidade tributária do art. 150, VI, *d*, da CF/88 não pode ser interpretada de forma ampla e irrestrita e, por conseguinte, não abrange os insumos e maquinários utilizados no processo de produção de livros, jornais e periódicos. Para os Ministros, a regra imunizante tem como finalidade a garantia e efetivação da livre manifestação do pensamento e da produção cultural, científica e artística, sendo extensível a quaisquer materiais assimiláveis ao papel utilizado no processo de impressão, mas não aos equipamentos do parque gráfico. Desse modo, ressaltaram que, no caso concreto, é lícita a exigência de ICMS sobre a máquina automática grampeadeira importada pelo contribuinte para impressão de jornais (13-6-2018, AgRg no ARE 1.100.204/SP, 1ª Turma do STF).

2. Imunidade não abrange maquinários e insumos utilizados no seu processo produtivo

O STF entendeu que a imunidade tributária prevista no art. 150, VI, *d*, da CF/88 não pode ser interpretada de forma ampla e irrestrita, e, por conseguinte, não abrange os insumos e maquinários utilizados no processo de produção de livros, jornais e periódicos (AgRg no AI 713.014/SP, 1ª Turma do STF).

7.6.3.5 Imunidade dos Fonogramas e Videofonogramas Musicais[57]

A EC n. 75/2013, originária da chamada "PEC da Música", acrescentou a alínea *e* ao inciso VI do art. 150 da CF com a seguinte redação:

> e) *fonogramas e videofonogramas musicais produzidos no Brasil contendo obras musicais ou literomusicais de autores brasileiros e/ou obras em geral interpretadas por artistas brasileiros bem como os suportes materiais ou arquivos digitais que os contenham, salvo na etapa de replicação industrial de mídias ópticas de leitura a laser.*

---

57 Para aprofundar o estudo sobre o tema, recomendamos a leitura dos capítulos referentes ao ICMS e IPI de nossa obra *Impostos federais, estaduais e municipais*, 6ª ed. São Paulo: Saraiva, 2018.

A referida emenda impede a tributação de imposto sobre os CDs, DVDs e arquivos digitais produzidos no Brasil com obras musicais de autores brasileiros. O objetivo dessa medida é reduzir os preços desses materiais e com isso diminuir a "pirataria" no país e permitir a divulgação da cultura brasileira, de artistas nacionais e estimular a indústria nacional da música. Para tanto, instituiu a imunidade tributária para fonogramas e videofonogramas musicais contendo obras musicais ou literomusicais de autores brasileiros e/ou obras em geral interpretadas por artistas brasileiros, bem como os suportes materiais ou arquivos digitais, como *downloads* e *ringtones* de telefones celulares.

São dois os pilares de sustentação: em primeiro lugar, um tratamento isonômico entre bens culturais, já que enquanto livros, periódicos, revistas e jornais são imunes de impostos, CDs e DVDs sofriam uma pesada tributação. Sendo ambos veículos que promovem a circulação de cultura pelo País, tal diferenciação não se justifica; em segundo lugar, era necessário corrigir uma distorção dentro do próprio setor musical, pois expressões de música brasileira independente, como de música instrumental e folclórica, vinham pagando mais impostos que grandes produções internacionais. Nesse sentido, ressaltamos a presença de dois requisitos objetivos: a) ser, obrigatoriamente produzido no Brasil; b) ser composta por autor brasileiro ou ser interpretada por artista brasileiro. Significa dizer que, será imune o DVD produzido no Brasil por um cantor estrangeiro, que execute obra de autor nacional e também será imune o DVD produzido no Brasil por um cantor nacional, ainda que executando obra de artista estrangeiro.

7.6.3.6   Novas imunidades introduzidas pela EC 132/23

Para efeitos didáticos resolvemos criar um novo tópico para concentrar o estudo de todas as novas imunidades e alterações introduzidas pela EC 132/23:

a) Em relação ao IBS, a imunidade é classificada como recíproca. Nesse sentido, a União, Estados, Distrito Federal e Municípios não podem cobrar, entre eles, tributos sobre a mesma base de incidência. Vale lembrar que, conforme o inciso II do art. 149-B inserido pela EC 132/23, o IBS e a CBS observarão as mesmas regras em relação as imunidades. De outro lado, a regulamentação da Reforma Tributária prevê a revisão e uniformização dos requisitos para gozo da imunidade, "com vistas a aprimorar a governança e transparência" e que serão vedadas a transferência de créditos para os adquirentes de bens e serviços com imunidade ("créditos para a frente") e a apropriação de créditos nas aquisições pelas entidades imunes ("créditos para trás").

b) Em relação à imunidade religiosa (art. 150, VI, *b*, da CF/88), com a nova redação da EC 132/23, passarão a estar incluídas entidades religiosas e templos de qualquer culto, inclusive suas organizações assistenciais e beneficentes. Segundo a regulamentação da Reforma Tributária, na definição de entidades religiosas e de suas organizações assistenciais e beneficentes não haverá "imposição de limitações ou condições ao gozo da imunidade religiosa".

c) Continuarão usufruindo de imunidade os partidos políticos, as entidades sindicais de trabalhadores e as instituições de educação e assistência social, sem fins lucrativos (art. 150, VI, *c*, da CF/88). A imunidade dos partidos políticos foi reforçada pela EC 133/24.

d) Da mesma forma os livros, jornais, periódicos e o papel destinado à sua impressão. Idem para os fonogramas e videofonogramas musicais produzidos no Brasil.

e) O § 2º do art. 150 da CF/88 (que se refere à vedação do inciso VI, *a*) passa a ter um acréscimo ao final, incluindo não só as finalidades essenciais, mas as delas decorrentes.

f) O imposto seletivo, conforme previsto no § 6º, do art. 153, não incidirá sobre as exportações nem sobre as operações com energia elétrica e com telecomunicações.

g) Conforme o disposto no art. 155, § 1º, VII, o ITCMD não incidirá sobre as transmissões e as doações para as instituições sem fins lucrativos com finalidade de relevância pública e social, inclusive as organizações assistenciais e beneficentes de entidades religiosas e institutos científicos e tecnológicos, e por elas realizadas na consecução dos seus objetivos sociais, observadas as condições estabelecidas em lei complementar. O § 3º do mesmo artigo prevê ainda que, à exceção dos impostos de que tratam o inciso II do *caput* deste artigo e os arts. 153, I e II, e 156-A, nenhum outro imposto poderá incidir sobre operações relativas a energia elétrica e serviços de telecomunicações e, à exceção destes e do previsto no art. 153, VIII, nenhum outro imposto poderá incidir sobre operações relativas a derivados de petróleo, combustíveis e minerais do País.

h) Na forma do art. 156-A, § 1º, III, não incidirá sobre as exportações, assegurados ao exportador a manutenção e o aproveitamento dos créditos relativos às operações nas quais seja adquirente de bem material ou imaterial, inclusive direitos, ou serviço, observado o disposto no § 5º, III. Da mesma forma, tal qual ocorria com o ICMS, com base no inciso XI do dispositivo em comento, fica mantida a não incidência sobre a prestação de serviço de comunicação nas modalidades de radiodifusão sonora e de sons e imagens de recepção livre e gratuita. Idem para o ouro, quando se tratar de ativo financeiro.

i) O § 7º do art. 156-A prevê que a isenção e a imunidade: I – não implicarão crédito para compensação com o montante devido nas operações seguintes; II – acarretarão a anulação do crédito relativo às operações anteriores, salvo, na hipótese da imunidade, inclusive em relação ao inciso XI do § 1º, quando determinado em contrário em lei complementar.

7.6.4 Princípios Constitucionais Tributários

Já comentamos anteriormente sobre os princípios, mas salientando, princípio[58] como mandamento nuclear de um sistema jurídico. Discute-se se alguns princípios constitucionais tributários seriam considerados regras. Isto porque existem princípios clássicos que, quando confrontados com outros, se submetem a uma ponderação (ex.: princípio da isonomia) e outros não, como é o caso dos princípios da anterioridade e da irretroatividade. Assim, classificamos os princípios quanto aos seguintes valores: a) segurança jurídica; b) justiça da tributação; c) liberdade jurídica. Então vejamos cada modalidade:

7.6.4.1 Novos princípios introduzidos pela EC 132/23

A EC 132/23 inseriu o § 3º ao art. 145, trazendo os seguintes princípios tributários: *"O Sistema Tributário Nacional deve observar os princípios da simplicidade, da transparência, da justiça tributária, da cooperação e da defesa do meio ambiente"*. Além disso, conforme dispõe o § 1º do art. 156-A, o IBS será informado pelo princípio da neutralidade. E, por fim, o § 4º orienta que *"As alterações na legislação tributária buscarão atenuar efeitos regressivos"*.

Assim, para efeitos didáticos, resolvemos iniciar esse tópico com os novos princípios constitucionais tributários introduzidos pela EC 132/23 que vieram para dispor mais equilíbrio ao sistema tributário nacional:

a) *Neutralidade*

A concepção moderna de Neutralidade Fiscal converge na premissa de que o poder estatal de tributar deve ser o menos invasivo possível, resguardando a finalidade de preservar o sistema composto pelos comportamentos e interações voluntárias entre os agentes econômicos, isto é, o livre mercado. Dito de outra forma, o princípio da neutralidade significa que o Estado deveria se abster de utilizar a tributação para influenciar o comportamento dos agentes econômicos ou mesmo o funcionamento do mercado. Garantir a neutralidade é diminuir a interferência do Estado, com normas e regras que surgem a todo instante.

Podemos dizer que esse princípio deriva da isonomia e já era representado pelo art. 146-A da Constituição de 1988, introduzido pela EC n. 42/2003, que assim dispõe: *Lei complementar poderá estabelecer critérios especiais de tributação, com o objetivo de prevenir desequilíbrios da concorrência, sem prejuízo da competência de a União, por lei, estabelecer normas de igual objetivo*. Então, um tributo respeita o princípio da neutralidade tributária quando ao incidir sobre a produção ou consumo, no caso específico da EC 132/23 sobre bens e serviços (IBS), não causa distorções no comportamento dos agentes econômicos envolvidos. Significa dizer que um tributo é neutro

---

58 Sobre princípios, recomendamos a obra de Ricardo Aziz Cretton, *Os princípios da proporcionalidade e da razoabilidade e sua aplicação no direito tributário*. Rio de Janeiro: Lumen Juris, 2001, e de Elizabeth Rosa de Mello, *O princípio da boa-fé no direito tributário*, Rio de Janeiro: Forense, 2008.

quando não há modificações no comportamento econômico de quem produz, de quem revende e de quem compra, ou seja, não permite articulações para se pagar menos.

Dito isso, esse novo sistema traz duas acepções distintas insertas na ideia de neutralidade: a horizontal e a vertical.

A *horizontal* prega a necessidade de sujeição de bens e serviços iguais ou similares a alíquotas uniformes, ideia que remete ao princípio da isonomia. A neutralidade fiscal horizontal acaba por pregar o tratamento tributário similar a produtos que se encontrem na mesma situação, o que vai ao encontro do princípio da uniformidade ou da não diferenciação tributária, estabelecido pelo art. 152 da Constituição Federal, o qual veda aos Estados, ao Distrito Federal e aos Municípios estabelecer diferença tributária entre bens e serviços, de qualquer natureza, em razão de sua procedência ou destino.

Já a *vertical* se refere ao direito de compensar o Imposto sobre o Valor Acrescido (IVA) recolhido na etapa anterior da cadeia de revenda do produto ou da prestação do serviço, de maneira que ela se organize livremente, dada a indiferença do número de etapas de circulação do bem para o fisco e para o contribuinte.

b) Simplicidade

O princípio da simplicidade ou, ao nosso sentir, da praticabilidade estabelece que se materialize um estado de coisas em que a legislação tributária e os deveres fiscais sejam adimplidos e fiscalizados da maneira mais simples possível, tanto para o contribuinte quanto para a administração pública. Pelo Princípio da Simplicidade, o que se busca é um sistema fácil de entender, compreensível, sem dificuldades, tanto para o poder público quanto para o contribuinte.

Um sistema tributário simples ajuda inclusive na arrecadação e aumento de recursos para os cofres públicos, pois o contribuinte conseguirá conhecer com facilidade a *forma* e *prazo* de recolhimento, entender de maneira descomplicada o texto da legislação, e ajudará ainda no cumprimento espontâneo das obrigações tributárias (principais e acessórias). Contudo, não me parece ser o que estamos vendo diante do primeiro projeto de lei complementar encaminhado para aprovação regulamentando a Reforma.

c) Transparência

Esse princípio é um dos grandes pilares do Direito Financeiro e Tributário contemporâneos. O Sistema Tributário Nacional precisa dar total transparência sobre a carga tributária e sua forma de composição ao qual o contribuinte está exposto. Em certa medida nós já tínhamos essa previsão no § 5º do art. 150, mas é necessário uma ampla exposição e fácil acesso a tudo que disser respeito ao sistema tributário e esse dispositivo ficava aquém, pois (*§ 5º – A lei determinará medidas para que os consumidores sejam esclarecidos acerca dos impostos que incidam sobre mercadorias e serviços*).

O novo princípio da transparência estabelece um horizonte em que o contribuinte atuará de forma aberta e transparente perante o Estado, da mesma maneira que este será aberto e transparente em relação às suas funções, não só de administração e fiscalização dos tributos, como também de destinação dos recursos arrecadados.

d) Justiça Tributária

Esse princípio ou valor constitucional já orientava o Sistema Tributário Nacional e sempre esteve atrelado à percepção de justiça que o contribuinte deve ter ao pagar um tributo. A intenção é que quem possui mais deve pagar mais, e quem possui menos deve contribuir menos. O sistema deve ser capaz de fazer o contribuinte sentir que de fato está recolhendo uma carga tributária justa e devida a suas condições financeiras. O objetivo da EC 132/23 é a carga financeira da arrecadação tributária ser distribuída de forma justa entre os cidadãos, que aqueles que manifestem capacidade econômica efetivamente recolham os tributos devidos, e que ninguém seja demandado a pagar tributos fora das situações previstas na Constituição e nas leis infraconstitucionais.

e) Cooperação

Trata-se da relação entre o tributo que está sendo pago com as contrapartidas e os direitos que a sociedade deve receber em troca, por meio das ações e prestações estatais (saúde, educação, cultura, segurança etc). Os tributos devem servir para que o Estado ofereça serviços aos cidadãos, sendo que estes têm o dever de pagar os tributos, e assim o sistema funciona de forma cooperativa e cíclica.

f) Defesa do meio ambiente

Esse princípio busca reconhecer que são legítimas as diferenciações tributárias que tenham por objetivo a proteção do meio ambiente, ou seja, seria uma espécie de legitimação explícita da extrafiscalidade como instrumento de proteção do meio ambiente. Podemos dizer que essa é uma demanda de toda a humanidade. O sistema tributário precisa estar atento a questões ambientais, e, nesse contexto, esse princípio permite que os tributos possam considerar a preservação ou a deterioração que determinada atividade gera ao meio ambiente, ponderando esse aspecto na carga tributária.

Assim, após estudarmos os novos princípios introduzidos pela EC 132/23, passemos ao estudo dos princípios já existentes na Constituição brasileira.

7.6.4.2 Princípios Relacionados ao Valor Segurança Jurídica

a) Princípio da Legalidade Tributária

O princípio da legalidade está insculpido no âmbito constitucional no art. 150, I, e no CTN, em seu art. 97. Contudo, no âmbito da Constituição de 1988 temos várias vertentes da legalidade, a saber: a) *legalidade genérica* – art. 5º, II; b) *legalidade administrativa* – art. 37; c) *legalidade tributária* – art. 150, I; d) *legalidade orçamentária* – art. 165. Destacaremos neste capítulo somente a legalidade tributária, mas faremos uma breve abordagem sobre a legalidade no Direito comparado e no

Brasil. Na doutrina, atribui-se à Magna Carta a origem do princípio da legalidade, mas há quem sustente que seu surgimento é mais remoto. Segundo Victor Uckmar[59], na Inglaterra, o Rei, para fazer frente às despesas extraordinárias, exigia dos vassalos pagamentos em dinheiro. Ressalte-se que o Rei já recebia os "impostos" por força do direito consuetudinário. Citamos, ainda, outros exemplos que comprovam a cobrança de tributos, como o das assembleias autorizativas, que permitiam tais cobranças. Contudo, a Magna Carta foi o primeiro texto escrito que exigiu a autorização dos contribuintes para permitir a cobrança de tributos. Na compilação do *Petition of Rights*, de 1628, ficou expresso, no art. 1º, que *no man should be compelled to make or yied any gift, loan, benevolence, or tax without common consent by Act of Parliament*[60]. Voltando à Magna Carta, os barões ingleses impuseram a necessidade de obtenção prévia de aprovação dos súditos para a cobrança de tributos (*no taxation without representation*). Esta regra se espalhou para o mundo, sendo dirigido não só ao legislador, mas também ao aplicador e ao intérprete da lei, pois o fundamento básico do princípio da legalidade é a segurança jurídica, daí a sua classificação. Costumamos lembrar da chamada **tributação consentida**, que é o povo tributando a si próprio por meio de seus representantes eleitos.

No âmbito nacional, o princípio da legalidade foi inserido em todas as constituições brasileiras, desde a Imperial de 1824, conforme dispunha seu art. 179, que dizia: *Nenhum cidadão pode ser obrigado a fazer, ou deixar de fazer alguma coisa, senão em virtude de lei*. Também a Constituição de 1891 previa, no § 30 do art. 72, o seguinte: *Nenhum imposto de qualquer natureza poderá ser cobrado, senão em virtude de uma lei que o autorize*.

a.1) Princípio da Legalidade, da Tipicidade, da Reserva Legal, do Primado da Lei e da Superlegalidade

Comumente se questiona a distinção entre princípio da legalidade, da superlegalidade, da reserva legal, do primado da lei e da tipicidade. Podemos dizer que, no âmbito tributário, uma coisa é o **princípio da legalidade estrita** que exige, como regra, lei formal para criar ou aumentar tributos. Ocorre que a legalidade tributária não é suficiente para uma tributação regular. É preciso ir além. Daí, a ideia de **tipicidade tributária**. A forma latina *typus* adveio do grego, ensejando o sentido de cópia ou, para alguns, exemplo ou modelo. Assim, podemos usar a ideia de tipo com base em um modelo que é a lei, ou seja, da comparação do molde com o modelo. Significa dizer que não basta situação hipotética prevista em lei, tem que haver a perfeita adequação da conduta do sujeito passivo à norma, ou seja, a *subsunção do fato à norma*, tal como um corte de alfaiataria no exato recorte de um certo figurino. Vale dizer que, além de existir lei em sentido formal, é

---

59 UCKMAR, Victor. *Princípios comuns de direito constitucional tributário*. Trad. Marco Aurélio Greco, 2ª ed. São Paulo: Malheiros, 2000.

60 LOURENÇO, Américo; LACOMBE, Masset. *Princípios constitucionais tributários*. 2ª ed. São Paulo: Malheiros, 2000.

imprescindível que o seu conteúdo traga também todos os elementos necessários à concretização da obrigação tributária (elementos do fato gerador integral), e ainda é necessário também que o contribuinte pratique conduta prevista como fato gerador. Nesse sentido, a tipicidade comporta alguns entendimentos divergentes, a saber: *a) Tipicidade Fechada*: Idealizada por Alberto Xavier, exige que a conduta do agente (sujeito passivo) se adapte perfeitamente aos elementos contidos na lei, não admitindo interpretação extensiva do texto legal. Nesse sentido, a legalidade estrita deve ser interpretada de forma hermética, fechada; *b) Tipicidade Aberta*: Sustentada por Ricardo Lobo Torres, entende que a lei não comporta ou, sequer, acompanha a evolução da sociedade. Assim, deve-se admitir a possibilidade de uma interpretação elástica da lei, ou seja, uma interpretação extensiva; *c) Tipicidade Híbrida*: Entende que, sob o aspecto vertical ela é fechada, e, quanto ao aspecto horizontal, é aberta. Acompanhamos o posicionamento do Superior Tribunal de Justiça, no sentido de que a tipicidade aberta deve ser analisada sob dois aspectos: vertical e horizontal. Para melhor entendermos a distinção entre ambos, tomemos como exemplo o imposto sobre serviços de qualquer natureza (ISSQN); a Lista de Serviços encontra-se anexa à LC n. 116/2003, que derrogou o antigo Decreto-Lei n. 406/68. Assim, temos na referida lei 40 itens no aspecto vertical, que, no aspecto horizontal, em face do detalhamento de cada serviço, se desmembram em vários itens. Diante deste contexto, entendemos que no aspecto vertical não pode o Município criar a 41ª hipótese de incidência, já que a tipicidade aí é fechada, mas, por outro lado, nos serviços em que são utilizadas as expressões, "similares", "congêneres", "de qualquer natureza", a tipicidade pode ser aberta. Contudo, entendemos que não é pelo fato de a tipicidade horizontal ser aberta, que possui o Município um "cheque em branco", já que a utilização da interpretação extensiva esbarra na vedação do uso da analogia (art. 108, § 2º) e na razoabilidade. Em síntese, posicionamo-nos em uma corrente híbrida, que alcança uma *tipicidade vertical fechada e horizontal aberta*.

É sempre bom lembrar que não se deve confundir tipicidade tributária com tipicidade penal, embora, para efeitos didáticos, sejam muito semelhantes, pois se em uma lei tributária estiverem presentes os elementos de um tipo penal, estaremos diante de um crime[61] contra a ordem tributária.

Quanto à *reserva legal*, temos que a Constituição e o CTN, do ponto de vista tributário, reservam à lei formal muito mais assuntos do que a simples majoração e instituição do tributo (legalidade estrita). Temos como exemplo o art. 97 do CTN, que elenca algumas matérias sujeitas à reserva legal. Prevê também, repetindo o texto constitucional, a exigência de lei para instituir, aumentar e também "reduzir" tributos (este último comportando discussão na doutrina), e para as modalidades de extinção, exclusão e extinção do crédito entre outras. A própria

---

61   Daí a distinção entre o DIREITO PENAL TRIBUTÁRIO, que é um ramo do Direito Penal que normatiza os crimes contra a ordem tributária, e o DIREITO TRIBUTÁRIO PENAL, que trata das infrações administrativas tributárias.

Constituição (art. 150, § 6º) também reserva à lei formal específica, diversos assuntos, tais como isenção, redução de base de cálculo, concessão de crédito presumido, anistia ou remissão, relativos a impostos, taxas ou contribuições. Esse princípio também é chamado de *legalidade material*, ou seja, o princípio está relacionado não apenas à lei em sentido formal, mas ao próprio conteúdo da lei (o que a norma deve disciplinar).

Quanto ao **primado da lei**, é o que norteia a atividade normativa da Administração, posto que ao administrador público só é lícito praticar o que a lei determina. Contudo, este princípio não deve ser interpretado de forma absoluta, já que a norma legal é sempre suscetível de interpretação e complementação. O *subprincípio do primado da lei orçamentária* expressa que o poder regulamentar da Administração apenas se manifesta nos espaços deixados pelo legislador na aprovação dos orçamentos e dos créditos especiais e suplementares (CRFB, art. 167). Por fim, a **superlegalidade,** que coincide com o princípio da supremacia da Constituição. A *superlegalidade tributária* é o subprincípio que indica estar a lei formal vinculada às normas superiores da Constituição Tributária. O da *superlegalidade orçamentária* é o subprincípio que exige a adequação entre o orçamento e a Constituição. Contudo, cabe ressaltar que essa classificação é meramente didática, pois no Brasil não se admitem leis constitucionais, ou seja, a norma é constitucional ou infraconstitucional, independentemente de seu conteúdo.

a.2) Legalidade e Medida Provisória

Quando a CRFB (art. 150, I) faz referência à "lei complementar", sabemos que há a exigência de lei de natureza complementar, caso contrário, será lei ordinária. Nesse sentido, pode-se entender que a MP tem a mesma eficácia da lei ordinária para instituir tributos. Note-se que a medida provisória já tinha força de lei com a edição da EC n. 32/2001, que, ao dar nova redação ao art. 62 da CRFB, só veio ratificar expressamente seu uso em matéria tributária. Ademais, em seu § 1º prevê quais matérias não podem ser disciplinadas por MP, e entre elas não se encontra a matéria tributária. Se não há, a conclusão é que o tributo já poderia ser instituído e majorado por MP. O referido artigo elucida também que, em caso de relevância e urgência, o Presidente da República poderá adotar medidas provisórias, com força de lei, devendo submetê-las de imediato ao Congresso Nacional e faz a ressalva de que é vedada a edição de medidas provisórias sobre matéria reservada à lei complementar. Assim, a União não poderia, por medida provisória, instituir impostos residuais na forma do art. 154, I, da CRFB. Daí surgir a discussão sobre a partir de que momento começaria a contar o prazo para respeitar o princípio da anterioridade tributária. A interpretação razoável que podemos fazer desse artigo é que seja a partir da publicação, e não a partir da conversão em lei, conforme vimos no capítulo em que abordamos a anterioridade e a medida provisória. Para efeitos didáticos, citamos a **Súmula Vinculante 54 do STF**: *A medida provisória não apreciada pelo Congresso Nacional podia, até a Emenda Constitucional 32/2001, ser reeditada dentro do seu prazo de eficácia de trinta dias, mantidos os efeitos de lei desde a primeira edição.*

a.3) Legalidade: Obrigação Principal e Acessória

Quanto à obrigação principal, o CTN exige que somente por lei possa ser criado um tributo. Contudo, indaga-se se a norma infralegal poderia criar uma obrigação acessória. A resposta é afirmativa, pois, segundo o CTN, a obrigação acessória é regida pela "legislação" tributária (ver arts. 96 e 100 do CTN) e não pela "legalidade tributária" (art. 97 do CTN). Assim sendo, na forma do art. 113, § 2º, do CTN é perfeitamente possível.

Vale destacar a discussão quanto às expressões "instituir ou majorar" e "atualizar ou corrigir". O art. 150, I, da CRFB, exterioriza o princípio da legalidade tributária, que só é exigível para instituição ou majoração do tributo. Por outro lado, para atualizar ou corrigir um determinado tributo, não é necessária lei formal, podendo tais medidas ser tomadas por ato infralegal, como, por exemplo, o decreto do chefe do Poder Executivo (ver art. 97, § 2º, do CTN e Súmula 160 do STJ). Destaque-se ainda que, na forma da **Súmula 669 do STF**, norma que altera prazo de pagamento não se submete à anterioridade. Posteriormente foi editada a **Súmula Vinculante 50 do STF**: *"Norma legal que altera o prazo de recolhimento de obrigação tributária não se sujeita ao princípio da anterioridade"*.

a.4) Exceções à Exigência de Lei Formal

a.4.1) Art. 153, § 1º, da CRFB

Inicialmente, é importante esclarecer que não comungamos do entendimento de que existe uma exceção à legalidade, o que há, a nosso sentir, é uma flexibilização quanto à rigidez imposta pela legalidade estrita. Isto porque, por exemplo, o art. 153, § 1º, estabelece que, por ato do Poder Executivo, possam ser alteradas (rol taxativo) as alíquotas[62] do II, IE, IPI e IOF[63]. Nesse sentido, o Poder Executivo não pode estabelecer as alíquotas desses impostos, mas apenas alterá-las, respeitando os parâmetros legais. A lei sempre estabelece um teto para a alíquota, e é com base nesse parâmetro que o Executivo pode alterá-la. O fundamento desse artigo é que todos esses impostos têm finalidade extrafiscal, ou seja, *são* utilizados como instrumento da política econômica ou social.

a.4.2) Art. 177, § 4º, I, *b*, da CRFB

Trata da CIDE-combustível incidente sobre a importação ou comercialização de petróleo e seus derivados, bem como do gás natural e seus derivados e álcool combustível, conforme dispõem o art. 177, § 4º, I, *b*, e o art. 149, § 2º, II, ambos da CRFB.

---

62 O STF entende que a motivação para a alteração das alíquotas não precisa constar expressamente no respectivo ato administrativo ou decreto, bastando que se encontre no processo administrativo, ou na exposição de motivos que levou à majoração (LP-334).

63 Para Luciano Amaro é preciso o ato abstrato, geral e impessoal do Executivo (lei material), com base no qual, concretamente, sejam valorizados os fatos geradores de obrigações tributárias.

a.4.3) Art. 97, § 2º, do CTN

Prevê o referido dispositivo que não constitui majoração de tributo, para os fins do disposto no inciso II deste artigo, a atualização do valor monetário da respectiva base de cálculo. Nesse sentido o STJ editou em 1996 a Súmula 160, que assim dispõe: *É defeso, ao Município, atualizar o IPTU, mediante decreto, em percentual superior ao índice oficial de correção monetária.* A EC 132/23 alterou o § 1º do art. 156 da CF/88 para permitir que o IPTU tenha a sua base de cálculo atualizada pelo Poder Executivo, conforme critérios estabelecidos em lei municipal.

a.4.4) Art. 155, § 2º, XII, *g*, da CRFB quanto ao Convênio do ICMS

No capítulo em que abordamos a legislação tributária, vimos a importância dos convênios em matéria tributária, em especial quanto aos que se referem ao ICMS. A exigência desses convênios para a concessão de benefícios fiscais se dá para evitar a guerra fiscal entre os entes da Federação, já que este tributo é a maior fonte de arrecadação dos Estados. Nesse sentido, temos que a Constituição em seu art. 155, § 2º, XII, *g*, confere à lei complementar regular a forma como, mediante deliberação (convênios) dos Estados e do Distrito Federal, isenções, incentivos e benefícios fiscais serão concedidos e revogados. Assim fez a LC n. 24/75. A partir daí, uma vez autorizado pelo Convênio CONFAZ, o governo do Estado, independentemente de lei específica, poderá, por exemplo, conceder isenção.

Da mesma forma o art. 155, § 2º, IV, prevê que resolução do Senado Federal, de iniciativa do Presidente da República ou de um terço dos Senadores, aprovada pela maioria absoluta de seus membros, estabelecerá as alíquotas aplicáveis às operações e prestações, interestaduais e de exportação.

Vale ressaltar que ao nosso sentir a resolução, na hipótese do parágrafo anterior, não seria propriamente exceção ao princípio da legalidade, já que as resoluções do Senado têm força de lei. Contudo, quanto ao Convênio do ICMS, preferimos dizer que há uma mitigação ao princípio da legalidade estrita, já que vem prevalecendo na jurisprudência o entendimento de que os benefícios fiscais de ICMS podem ser concedidos diretamente pelo governo do Estado, desde que autorizado por convênio no âmbito do CONFAZ, não se exigindo lei formal para internalizá-los. Tal entendimento decorre da interpretação sistemática dos artigos citados, acrescentando-se a parte final do § 6º do art. 150 da CRFB/88.

a.4.5) Art. 155, § 4º, IV, *c*, da CRFB

Trata-se do chamado ICMS-combustível, que também excepciona a regra geral de ser um imposto plurifásico. O artigo citado refere-se à hipótese em que o ICMS incidirá uma única vez (monofásico), prevendo alíquotas nacionalmente definidas por Convênios Estaduais (CONFAZ).

a.5) Legalidade e Prazo para Pagamento de Tributo

O STF[64] entendeu que o prazo para pagamento não se enquadra no princípio da reserva legal, bem como não está adstrito à anterioridade tributária. Logo, poderá ser fixado por ato infralegal. Da mesma forma, as obrigações acessórias que, conforme o art. 113 do CTN, autoriza que sejam estabelecidas pela legislação e não pela lei em sentido estrito. Idem para o art. 97, § 2º, do CTN permite a atualização monetária da base de cálculo de um tributo sem a necessidade de lei em sentido estrito, desde que, na forma da **Súmula 160 do STJ**, essa atualização seja feita até o índice da inflação. Nesse sentido também **Súmula 669 do STF**: *Norma legal que altera o prazo de recolhimento da obrigação tributária não se sujeita ao princípio da anterioridade*. E **Súmula Vinculante 50 do STF**: *Norma legal que altera o prazo de recolhimento de obrigação tributária não se sujeita ao princípio da anterioridade*.

b) Princípio da Anterioridade Tributária

b.1) Conceito e Características

O princípio da **anterioridade** tributária é corolário do princípio da segurança jurídica e, por isso, também é chamado de princípio da **não surpresa** ou da **eficácia diferida**, porque permite um planejamento das atividades econômicas por parte do contribuinte, evitando que seja surpreendido por um tributo recém-criado ou recém-majorado[65], que produzirá efeitos *a posteriori*. A anterioridade nada mais é do que um prazo entre a data da publicação da lei e a cobrança do tributo que foi instituído ou majorado. Esse prazo pode ser: a) 90 dias; b) exercício financeiro (o art. 34 da Lei n. 4.320/64 determina o ano financeiro entre 1º de janeiro e 31 de dezembro de cada ano); c) exercício financeiro e 90 dias, ou seja, as duas regras em conjunto. Veremos cada modalidade em separado, mas, antes, vale a pena destacar que o STF, no julgamento da ADI 939-7/DF, reconheceu que a garantia estabelecida pelo princípio da anterioridade é considerada cláusula pétrea.

Com a Emenda Constitucional 42, vigoram na Constituição três regras de anterioridade e, por motivos justificáveis, há também uma série de **exceções**. Em síntese, temos:

» **Anterioridade Máxima**, também chamada de anterioridade cheia ou noventena, que trata do disposto no art. 150, III, *c*, da CRFB, introduzida pela EC n. 42, com o objetivo de conter uma prática que era usual na edição de leis em novembro e dezembro, com cobrança já em janeiro. Assim, com o advento da noventena, a anterioridade passou a exigir a observância de dois prazos combinados, ou seja, o exercício financeiro e 90 dias.

Aplica-se aos seguintes tributos: ITR; IGF; Imposto Residual da União; ITCMD; ICMS, salvo no caso de restabelecimento da alíquota do ICMS sobre combustíveis

---

64 RREE 172.394/SP; 195.218/MG; RE 195.218/MG e RE 140.669/PE.

65 O STF (RE 200.844) entendeu que para extinguir ou reduzir tributos e na simples atualização monetária, não há que falar em anterioridade. Ver Súmula Vinculante 50 do STF.

e lubrificantes; Alíquota do IPVA; Alíquota do IPTU; ITBI; ISSQN; Taxas de Polícia e Serviços; Contribuição de Melhoria; Empréstimo Compulsório para formação de fundo de investimento público de caráter urgente e relevante interesse nacional (art. 148, II, da CRFB); Contribuições Sociais Gerais, salvo as destinadas ao custeio da seguridade social; CIDE, salvo a referente ao petróleo e seus derivados, e ao álcool combustível; Contribuições cooperativas; e Contribuição de Iluminação Pública.

» *Anterioridade Média*, também chamada de anterioridade propriamente dita ou do exercício financeiro ou ordinária, que é a determinação disposta no art. 150, III, *b*, da CRFB. Significa dizer que observa apenas o prazo referente ao exercício financeiro.

Aplica-se aos seguintes tributos: Imposto sobre a Renda (ver comentário no item c.1 sobre a irretroatividade do IR); Base de Cálculo do IPVA; e Base de Cálculo do IPTU.

» *Anterioridade Mínima*, também chamada de anterioridade nonagesimal ou mitigada; está contida no art. 195, § 6º, da Constituição. Significa dizer que observa apenas o prazo de 90 dias.

Aplica-se aos seguintes tributos: Contribuições Sociais destinadas ao custeio da Seguridade Social, já que possuem regra própria contida no art. 195, § 6º, bem como as previstas no art. 149, § 1º, da CRFB; CIDE do petróleo (art. 177, § 4º, da CRFB); IPI; e ICMS incidente sobre combustíveis e lubrificantes, quando a alíquota fixada por liberação dos Estados e do Distrito Federal vier a ser reduzida e posteriormente restabelecida, conforme art. 155, § 4º, I, *b*, da CRFB.

» *Ausência de Anterioridade*, ou seja, há tributos que por suas peculiaridades, em especial a extrafiscalidade, não se submetem a qualquer prazo, podendo ser cobrados de imediato.

Aplica-se aos seguintes tributos: Impostos chamados de reguladores ou extrafiscais, cujo objetivo é a intervenção do Estado na economia – II, IE e IOF e art. 150, § 1º, da CRFB; empréstimo compulsório quando instituído em caso de despesas decorrentes de calamidade pública, guerra externa ou sua iminência – art. 148, I, da CRFB; e imposto extraordinário de guerra (art. 154, II, da CRFB).

b.2) Distinção entre Anterioridade Tributária × Anualidade Tributária × Anualidade Orçamentária

O art. 150, III, *b*, da CRFB, que trata da anterioridade tributária, difere do art. 165, § 6º, também da Constituição, que trata da anualidade orçamentária. Por outro lado, ambos não se confundem com a anualidade tributária. Segundo a maioria[66] da doutrina, a **anualidade tributária** não existe mais.

---

66   Flávio Bauer Novelli defende que tal princípio se mantém de forma implícita no princípio da universalidade orçamentária, que defende que todas as receitas e despesas devem estar contidas no orçamento. O autor entende que toda matéria relativa a tributo deve respeitar o prazo de 1 ano (arts. 165 e 169 da CRFB).

A Constituição de 46 consagrava o princípio da *anualidade* em seu art. 141, § 34, ao exigir a *prévia autorização orçamentária* para que os tributos pudessem ser cobrados em cada exercício. A *cada ano* os tributos deviam ser autorizados, daí falar-se em "anualidade" dos tributos. Após ser revogada pela EC n. 18/65, a anualidade retornou com a CF/67 (art. 153, § 29), até que pela EC n. 1/69 foi excluída do âmbito do Direito Tributário. Destaque-se que o princípio da anualidade orçamentária indicava que o Legislativo devia exercer o controle político sobre o Executivo na renovação anual da permissão para a cobrança dos tributos e a realização dos gastos, sendo inconcebível a perpetuidade ou a permanência da autorização para a gestão financeira.

Este princípio exigia autorização orçamentária para que o tributo majorado ou instituído pudesse ser cobrado dentro do ano a que se referia o orçamento, portanto, da lei orçamentária anual. O princípio da anualidade tributária se funda na regra segundo a qual o tributo, para ser cobrado, deve constar de lei orçamentária anualmente aprovada. Vigorou no Brasil sob as Constituições de 1824, 1946 e 1967. Com a EC n. 1/69, essa exigência foi suprimida, passando a vigorar apenas o princípio da anualidade orçamentária. No entanto, a **anterioridade tributária**, por força da previsão expressa na Constituição, conforme visto anteriormente, ainda vigora. Aliás, é um dos princípios mais protetivos do contribuinte.

A crítica que se faz é de que realmente o orçamento deve conter todas as receitas e despesas, mas o princípio da universalidade é um princípio de Direito Financeiro e não Tributário. Hoje não há que se falar em anualidade tributária, apesar de existir o princípio da anualidade no âmbito do Direito Financeiro dentro do próprio mecanismo de freios e contrapesos, de modo que a cada ano o Executivo deve renovar autorização perante o Legislativo para aferir as receitas e as despesas. Apesar do exposto, entendemos que apesar do princípio da anualidade não vigorar, se a Constituição Estadual o referendar, por ser uma norma protetiva do contribuinte, os Estados, ao instituírem seus tributos, devem observá-la.

E, por fim, temos a **anualidade orçamentária**, princípio de Direito Financeiro que ainda vigora, na forma do art. 165, que trata da Lei Orçamentária Anual.

c) Princípio da Irretroatividade Tributária

Esse princípio, previsto no art. 150, III, *a*, da CRFB c/c o art. 105 do CTN, reforça a ideia da segurança jurídica das relações, vedando a cobrança de tributo em relação a fatos geradores ocorridos antes da **vigência** da lei que o **instituiu** ou **majorou**. É importante perceber que o princípio da anterioridade leva em conta a publicação da lei; já a irretroatividade leva em conta a vigência da lei. O tributo devido pelo contribuinte é aquele lançado segundo a lei vigente à época da ocorrência do fato gerador, conforme dispõe o art. 144 do CTN. Contudo, existem algumas exceções que merecem ser comentadas, como, por exemplo, o que dispõe o § 1º do referido art. 144 e também o art. 106, ambos do CTN, a lei se aplica aos fatos ou atos pretéritos.

Assim, em síntese, podemos elencar algumas hipóteses em que, excepcionalmente, a lei tributária poderá retroagir: a) lei interpretativa e a lei tributária que prevê penalidades menos severas; b) declaração de inconstitucionalidade; c) direito adquirido (ex., CTN, art. 178); d) ato jurídico perfeito (CTN, art. 144). Segundo o art. 144 do CTN, o lançamento reporta-se à data da ocorrência do fato gerador da obrigação e rege-se pela lei então vigente, ainda que posteriormente modificada ou revogada. Essa é a regra geral, mas o que nos interessa é o disposto no § 1º do referido dispositivo. Isto porque nessa hipótese, ou seja, quando a lei nova regula formalidades ou aspectos formais, deverá ser aplicada retroativamente. Esses aspectos são: legislação que institua novos critérios de apuração ou processo de fiscalização; que amplie os poderes de investigação das autoridades administrativas; que outorgue o crédito maiores privilégios ou garantias; e) coisa julgada: impede a incidência da lei nova ou a reapreciação judicial: I – relativamente ao tributo devido no exercício sobre o qual houve a manifestação do Judiciário, quando se tratar de cobrança periódica (IPTU, ITR), de acordo com a Súmula 239 ("Decisão que declara indevida a cobrança de imposto em determinado exercício não faz coisa julgada em relação aos posteriores"); II – relativamente aos fatos geradores que tenham constituído o objeto do pedido, quando se tratar de tributos instantâneos (ICMS, IPI). Para Ricardo Lobo Torres, a coisa julgada resiste à eficácia retro-operante da declaração de inconstitucionalidade na via direta ou indireta ou da lei interpretativa.

Vale destacar que o princípio da irretroatividade é inafastável em duas situações: instituição e majoração de tributos. Nesse caso é considerado absoluto, pois não pode, a pretexto de *interpretar* lei anterior, uma lei tributária criar um tributo ou majorá-lo com data retroativa. Assim podemos concluir que, como regra, o princípio da irretroatividade não é absoluto, já que possui algumas exceções. O mesmo acontece na reedição de medida provisória, ou seja, se a nova MP alterar algum elemento do fato gerador integral, será considerada, para efeitos da anterioridade tributária, uma nova MP.

c.1) Irretroatividade e Imposto de Renda – Análise da Súmula 584 do STF

As normas expostas até agora dizem respeito aos chamados *fatos geradores instantâneos*, assim considerados aqueles que ocorrem em um momento determinado, preciso. Por outro lado, em relação aos chamados *fatos geradores complexivos ou periódicos*, a matéria comporta divergência. O fato gerador complexivo é formado por um conjunto de fatos que se repetem ao longo de determinado período, como acontece, por exemplo, com o ano-base para efeito de declaração de imposto de renda[67]. O fato gerador desse imposto corresponde aos valores relativos a

---

67 Para Amílcar Falcão (*Fato gerador da obrigação tributária*, 5ª ed. Rio de Janeiro: Forense, 1994, p. 2), fato gerador é o fato, o estado de fato ou conjunto de fatos, ao qual o legislador vincula o nascimento da obrigação jurídica de pagar um tributo determinado. Nesse sentido, o autor estabelece a seguinte classificação: a) Fato gerador simples ou instantâneo *(fato)* – é aquele que se realiza em um único ato. Para cada ato praticado temos um novo fato gerador. É o caso do IPI e do ICMS, por exemplo, que a cada operação de saída ocorre um fato gerador. b) Fato gerador contínuo ou continuado *(estado de fato)* – é aquele que ocorre ao

rendimentos e proventos, ao longo de um ano, daí a nomenclatura de ano-base. Significa que o fato gerador do imposto de renda da pessoa física é anual, mas a lei define o elemento temporal do referido imposto em 31 de dezembro de cada ano. Nesse sentido, a discussão gravita em torno da possibilidade de uma lei publicada durante aquele ano-base ser aplicada o ano todo, inclusive em relação aos meses anteriores a essa lei. Uma *primeira corrente* entendia que o fato gerador periódico se aperfeiçoa no último dia do ano-base (31 de dezembro de cada ano) e, por isso, ele seria o conjunto de situações que ocorreram entre 1º de janeiro e 31 de dezembro, permitindo que a lei editada até o último dia do ano seria apta a regular, de forma retroativa, todos os fatos geradores ocorridos desde 1º de janeiro, sem violar o princípio da irretroatividade. Nesse sentido, a contestada **Súmula 584 do STF** (atualmente cancelada), dispunha que: *"Ao imposto de renda calculado sobre os rendimentos do ano-base, aplica-se a lei vigente no exercício financeiro em que deve ser apresentada a declaração".* Uma *segunda corrente*, à qual sempre nos filiamos, questionava o entendimento anterior por violar flagrantemente o princípio da irretroatividade tributária. Nesse sentido, a lei que pode reger o fato gerador periódico seria aquela editada até o último dia do ano anterior.

Vale destacar que a Súmula 584 do STF foi elaborada em 1976, época em que se entendia que o fato gerador do IR se dava no 1º dia do exercício da declaração de ajuste anual do referido imposto, e não mediante um conjunto de atos ocorridos no ano-base ou ano-calendário. A referida Súmula permitia a retroatividade imprópria do Imposto de Renda, caracterizada pela retroatividade da lei para atingir a renda auferida ainda antes do início da sua vigência, isto é, desde o começo do período de apuração. Por outro lado, a retroatividade própria se verifica quando a lei retroage para alcançar períodos de apuração findos anteriormente ao início da sua vigência, que é indiscutivelmente lesiva ao princípio da irretroatividade tributária. Vejamos o seguinte quadro comparativo:

Retroatividade própria	Retroatividade imprópria
A lei se aplica a períodos de apuração já findos quando se iniciou a sua vigência.	A lei se aplica a períodos de apuração em curso quando se iniciou a sua vigência.
Ex.: Lei vigente a partir de janeiro de 2015 majora o IR e pretende alcançar inclusive a renda auferida no ano de 2014.	Ex.: Lei vigente a partir de dezembro de 2015 majora o IR e pretende alcançar toda a renda auferida no ano de 2015.

Diante desses fundamentos, encontra-se superado o entendimento exposto na Súmula 584 do STF, pois o STF entendeu que esse enunciado é incompatível com os princípios da irretroatividade e da anterioridade. Assim, o verbete foi cancelado (RE 159.180).

---

longo de um período prolongado, não se processa em um único momento, mas de forma permanente. Por isso, geralmente, diz respeito à propriedade. É o caso do IPTU, ITR e IPVA. c) Fato gerador periódico ou complexo *(conjunto de fatos)* – é aquele que ocorre durante um período de tempo, ao término do qual são somados os diversos fatos isolados, que irão compor a sua base de incidência. É caso do imposto de renda.

c.2) Irretroatividade e Nova Interpretação da Lei

O princípio da irretroatividade não diz respeito somente à lei, mas a novos entendimentos elaborados pela Fazenda, ou seja, novos critérios de interpretação, conforme dispõe o art. 146 do CTN. O referido princípio é uma limitação constitucional ao poder de tributar, instituído como forma de proteção ao cidadão. Tanto que o STF editou a **Súmula 654**, que assim dispõe: *A garantia da irretroatividade da lei, prevista no art. 5º, XXXVI, da Constituição da República, não é invocável pela entidade estatal que a tenha editado.*

Por fim, fazemos um pequeno lembrete quanto à redação dos princípios da anterioridade e da irretroatividade. Embora ambos sejam conjugados para a aplicação de uma lei tributária, a anterioridade se refere à **publicação** da lei enquanto a irretroatividade se refere à **vigência** da lei.

7.6.4.3 Princípios Relacionados ao Valor Justiça da Tributação

a) Princípio da Isonomia ou Igualdade Tributária

O princípio da isonomia está expresso no art. 150, II, da CRFB, cuja redação veda tratamento desigual a contribuintes que se encontram em situações equivalentes[68], e por isso é considerado corolário do princípio genérico segundo o qual todos são iguais perante a lei, previsto no art. 5º, I, da Constituição de 1988. Destaque-se que a igualdade, a capacidade contributiva, a pessoalidade e a vedação de confisco não são mais princípios implícitos na Constituição de 1988, mas expressos e integrantes dos direitos e garantias fundamentais do cidadão contribuinte. E como direitos e garantias fundamentais são também autoaplicáveis, efetivos e voltados à concretização do Estado Democrático de Direito.

Contudo, para a efetiva aplicação da igualdade tributária, esse princípio merece sofrer alguns ajustes, de modo que a tributação atinja da mesma forma todos os contribuintes que estejam na mesma situação jurídica, sem distinção. Por outro

---

68 Para Ricardo Lobo Torres, op. cit., p. 101, a *equidade vertical* está vinculada à justiça distributiva e consiste em tratar desigualmente aos desiguais na medida em que se desigualam, para se alcançar a maior igualdade final possível. A equidade vertical postula casuístico discrímen na tributação e nos gastos públicos. De alguns anos para cá a equidade vertical perdeu o prestígio, preservando-se a *equidade horizontal*, que consiste em tratar igualmente os iguais, do que resulta que a imposição equitativa deve se aproximar da proporcional, reduzindo-se as faixas de progressividade. **Equidade entre regiões**: CRFB, arts. 167; 23; 151, I; 163, VII; 170, VII, e 192, VII. **Equidade vertical no federalismo**: do lado da *receita*, a solução é de Direito Constitucional Tributário, pouco influindo o orçamento. De lado dos *gastos públicos*, o problema é basicamente orçamentário, pois inexiste uma clara e minuciosa discriminação das despesas públicas. A CF atribui a Estados e Municípios fatia maior do bolo tributário; resta que se redistribuam as despesas na via orçamentária à luz da equidade. **Equidade entre gerações**: significa que os empréstimos públicos e as despesas governamentais não devem sobrecarregar as gerações futuras, cabendo à própria geração que deles se beneficia arcar com o ônus respectivo. Outrora prestigiado, o princípio perdeu em parte a sua importância. É que a translação de compromissos financeiros para as gerações futuras se compensa com a transmissão de bens culturais e de equipamentos e de obras públicas criados pelas gerações precedentes. Ex. CRFB, art. 167, III.

lado, em busca da justiça fiscal ou tributária (expressão usada pelo STF no RE 423.768), deve a isonomia permitir também um tratamento diferenciado, como, por exemplo, o tratamento favorecido às microempresas e empresas de pequeno porte, conforme dispõe o art. 146, III, *d*, da CRFB. Podemos ainda citar a Constituição, que em seu art. 3º, IV, autoriza um tratamento diferenciado entre regiões do país, com vistas à redução das desigualdades sociais ou regionais, permitindo a concessão de certas desonerações fiscais, como isenção e benefícios fiscais em geral[69].

A origem histórica do princípio da isonomia encontra amparo no art. 1º da Declaração dos Direitos do Homem e do Cidadão, proclamada na França em 1789, cujo objetivo era o de pôr fim às desigualdades sociais e aos chamados privilégios de natureza odiosa (hoje nomenclatura muito usada no direito tributário), concedidos ao clero, à nobreza e à burguesia, fazendo com que a tributação incidisse sobre o proletariado. Constava também da Declaração Universal dos Direitos do Homem, feita pela ONU em 10 de dezembro de 1948. Em função disso disseminou-se pelas Constituições de todo o mundo.

Vale ressaltar que a igualdade genérica já existia quando a igualdade tributária foi preconizada por Adam Smith, que a chamava de princípio da justiça tributária, exteriorizando que os súditos deveriam contribuir de forma proporcional às suas capacidades. Daí por que temos hoje uma íntima relação do princípio da capacidade contributiva como forma de prestigiar a isonomia tributária. Ocorre que no Brasil, com a teoria da personalização do imposto, essa igualdade deixou de ser simplesmente matemática, ou numérica, ou real, para ser uma igualdade pessoal, justificada pelas condições pessoais do contribuinte, daí as isenções de tributos reais (IPTU, IPVA etc.), que, repisa-se, levam em conta a pessoa do titular da coisa, daí termos uma igualdade econômica e uma igualdade jurídica.

a.1) Destinatário do Princípio da Isonomia

É importante destacar a quem se destina o princípio da isonomia. Poderíamos afirmar que o referido princípio se destina ao aplicador da lei, mas também tem como destinatário imediato o legislador, porque este, ao editar a lei, não pode trazer tratamento diferenciado às pessoas que se encontram em situações semelhantes. A proibição da desigualdade nesse artigo pode expressar-se de duas formas:

a.1.1) Proibição de Privilégios Odiosos[70], do Latim *Privilegium Odiosum*

A Constituição de 1824, em seu art. 179, item 16, já garantia o *status negativus libertatis*. Contudo, o privilégio pode ser considerado legítimo, ou seja, é o

---

69 Nesse sentido, o STF (ADI-MC 1.643) tem aplicado o princípio da isonomia, citando-se a isenção. Ver também ADI 1.655-5.

70 Segundo Ricardo Lobo Torres (op. cit., p. 81), as discriminações odiosas serão tantas quantos forem os direitos humanos suscetíveis de ofensa pela tributação. Algumas imunidades que aparecem garantidas no art. 150, VI, da CRFB têm características muito próximas dos privilégios odiosos, como, por exemplo, os jornais. Já o privilégio legítimo é o privilégio que se baseia ou na capacidade contributiva ou vai estar baseado em uma extrafiscalidade legítima.

privilégio que se baseia na capacidade contributiva ou na extrafiscalidade do tributo. Nesse sentido, o que se condena é o privilégio chamado de odioso. Assim, temos na Constituição vários tipos de privilégios vedados, tais como: a) relativo à ocupação profissional (art. 150, II); b) privilégios geográficos federais, salvo para a concessão de incentivos fiscais destinados a promover o equilíbrio do desenvolvimento socioeconômico entre as diferentes regiões do País (art. 151, I); c) tributar a renda das obrigações da dívida pública dos Estados, do Distrito Federal e dos Municípios (art. 151, II); d) tributar a remuneração e os proventos dos Agentes Públicos, em níveis superiores aos que fixar para suas obrigações e para seus agentes (art. 151, II); e) isenção heterônoma, ou seja, a União instituir isenções de tributos da competência dos Estados e Municípios (art. 151, III), entre outros.

A isonomia tem íntima relação com o princípio republicano[71], pois em uma verdadeira república não pode haver distinções entre pessoas, ricos e pobres. A noção de República não se coaduna com privilégios, tampouco com distinções relativas a condições sociais, econômicas e pessoais.

a.1.2) Proibição de Discriminação Fiscal

A proibição de discriminação fiscal veda à administração fiscal dar tratamento diferenciado quanto às exigências fiscais, salvo situações excepcionais que, plenamente justificadas, as autorizem. Esse tratamento diferenciado expressa a igualdade que advém também do princípio federativo que determina a impossibilidade de as Unidades da Federação oferecerem benefícios fiscais a mercadorias ou serviços provenientes de determinada localidade em detrimento das demais. Esse princípio visa garantir a integridade de um mercado comum, formado pela própria Federação brasileira. Em que pese a maioria da doutrina tratar o princípio da igualdade como sinônimo[72] do princípio da não discriminação, corroboramos o entendimento de que os dois diferem entre si[73], ou seja, já que existe a discriminação não justificada (odiosa) e discriminação justificada, ou seja, permitida, através da observância do trinômio necessidade, adequação e ponderação, não se pode dizer que pelo simples fato de não discriminar se prestigiaria a igualdade tributária.

Nesse sentido, o STF (AI 340.688/RJ) entendeu que o IPVA não poderia ter alíquotas diferentes pelo fato de o veículo ter procedência nacional ou ser importado. Na verdade, o tratamento desigual apenas significa uma nova tributação pelo fato gerador do imposto de importação, já que nenhuma diferença se pode admitir em relação aos atos de conservação de vias entre veículos de nacionalidades distintas.

---

71 CARRAZZA, Roque Antonio. *Curso de direito constitucional tributário.* 23ª ed. São Paulo: Malheiros, 2007, p. 58 e s.

72 Nesse sentido, Misabel Derzi, dizendo que ambos interpenetram-se e conjugam-se.

73 Nesse sentido, o autor português Abel Laureano na obra *Discriminação inversa na comunidade europeia*: o desfavorecimento dos próprios nacionais na tributação indirecta. *Quid Juris?* Lisboa: Sociedade Editora, 1997, p. 55.

Assim, em síntese, temos que a igualdade comporta uma análise sob dois aspectos. O primeiro, sob o ponto de vista de que a igualdade é um problema de justiça social[74]. O segundo, de que a igualdade seria uma ideia vazia, recebendo o conteúdo emanado dos diversos valores e harmonizando-lhes as comparações intersubjetivas. Para Torres[75], que sustenta esse posicionamento, o aspecto mais intrincado da igualdade se relaciona com a sua polaridade, pois, enquanto nos outros valores (justiça, segurança, liberdade) a polaridade significa o momento de sua negação (injustiça, insegurança, falta de liberdade), na igualdade o seu oposto não a nega, senão que muitas vezes a afirma.

a.2) Privilégios Odiosos e a Inconstitucionalidade Imperfeita

Superada a distinção entre os privilégios odiosos e os legítimos (justificados), verificamos que o art. 150, II, da CRFB somente veda a primeira modalidade, pois os benefícios fiscais (em especial as isenções) que não encontram respaldo constitucional seriam considerados um *discrímen* injustificável. Nesse sentido, o princípio da razoabilidade também tem aplicação pautada na isonomia, pois também devem ser aferidos os limites do razoável. Destaque-se que o princípio da isonomia constitui um direito do contribuinte e, por isso, não pode ser invocado pelo Fisco com o objetivo de prejudicá-lo. Assim, imaginemos duas categorias de contribuintes que se encontram em situação econômica equivalente. A lei determina que determinado tributo incida sobre apenas uma delas. O Fisco não pode, a pretexto de isonomia, querer tributar a categoria não alcançada pela lei; caso contrário, a Fazenda estará se utilizando da *analogia* (art. 108, § 1º, do CTN) para exigir tributo. Imaginemos agora que uma lei conceda isenção apenas para a primeira categoria citada, e a segunda, que se apresenta em situação equivalente, ou seja, com capacidade contributiva equivalente, não seja alcançada pela isenção. Indaga-se se a segunda categoria, que não foi alcançada pela isenção, poderia propor ação judicial visando que a ela fosse estendida a isenção, alegando a isonomia. Inicialmente, cabe ressaltar que o Poder Judiciário não pode atuar como legislador positivo. Além desse fundamento, temos ainda o disposto no art. 111, II, do CTN, que determina a interpretação literal da legislação que concede isenção, daí não ser admissível a interpretação extensiva da lei, para alcançar também a categoria excluída. Ocorre que, indubitavelmente, a hipótese em tela viola o princípio constitucional da isonomia. Contudo, se o Poder Judiciário reconhecer a inconstitucionalidade dessa lei, além de não resolver o problema da categoria que foi excluída, ainda prejudicaria os interesses da classe que foi alcançada pela isenção. Nesse sentido, percebe-se que esse não foi o objetivo, mas sim, também gozar da isenção. Logo, o fato de o STF declarar a inconstitucionalidade da lei não resolve o problema. Por esse motivo, o STF

---

74 GUSMÃO, Daniela Ribeiro de. *Incentivos fiscais, princípios da igualdade e da legalidade e efeitos no âmbito do ICMS.* Rio de Janeiro: Lumen Juris, 2005, p. 22.

75 TORRES, Ricardo Lobo. *Tratado de direito constitucional financeiro e tributário*: os direitos humanos e a tributação. Imunidades e isonomia. Rio de Janeiro: Renovar, 1995, v. III, p. 266.

tem entendido pela existência de uma situação de **inconstitucionalidade imperfeita**, ou seja, ao invés de declarar a inconstitucionalidade da lei, ele reconhece que a lei é constitucional no presente, mas está caminhando para uma situação de inconstitucionalidade porque não está atendendo em toda sua plenitude o princípio da isonomia. O STF, nesse caso, pode fixar um prazo para a edição da lei que venha a restaurar o princípio da isonomia. Vale lembrar que o Poder Judiciário não pode determinar ao Poder Legislativo que faça ou altere a lei, mas fica o entendimento de que, se não estender o benefício (por lei) para todas as categorias em situação semelhante, no prazo fixado a lei será considerada inconstitucional.

a.3) O Princípio do Non Olet e a Isonomia

O princípio do *non olet*, também chamado de *denaro non puzza* na Itália, ou na Inglaterra, *money does not smell*, tem como origem histórica a máxima de que o dinheiro não cheira, quando, na Roma Antiga, o Imperador Vespasiano explicou ao seu filho Tito, o motivo da tributação dos banheiros ou mictórios públicos. Ressaltou que a moeda não exalava cheiro, diferentemente das cloacas, e, por isso, não se levariam em consideração aspectos externos. Nesse sentido, prevalece o entendimento de que não se devem analisar os aspectos subjetivos do fato gerador, mas sim os objetivos, conforme se extrai do disposto no art. 118, I, do CTN. Nesse sentido, entendemos que essa análise objetiva busca preservar o princípio da isonomia, ou seja, a igualdade na análise do fato gerador.

b) Capacidade Contributiva

O princípio da capacidade contributiva previsto no art. 145, § 1º, da Constituição é considerado corolário do princípio da isonomia. Podemos definir tal princípio como a capacidade que tem o contribuinte para se onerar junto ao Fisco, sem que haja violação de sua dignidade, isto é, dos elementos mínimos para a sua subsistência digna. Este princípio[76] busca a justiça fiscal, uma justiça distributiva, em que todos os cidadãos participem do custeio dos tributos, mas segundo a sua capacidade de pagá-los (de acordo com a sua capacidade econômica). Trata-se de uma norma programática, que significa uma diretriz a ser seguida pelo legislador infraconstitucional.

A Constituição traz a expressão "capacidade econômica", e não contributiva. Assim, é importante fazer a distinção entre capacidade contributiva e capacidade econômica, conforme adiante se vê:

b.1) Capacidade Econômica

Inicialmente, questiona-se o fato de a capacidade contributiva estar prevista no art. 145, § 1º, da CRFB, e, portanto, fora do art. 150 da CRFB, que trata dos princípios constitucionais tributários. Nesse sentido, indaga-se em função da sua

---

76 Segundo Geraldo Ataliba, a capacidade econômica corresponde à "real possibilidade de diminuir-se patrimonialmente, sem destruir-se e sem perder a possibilidade de persistir gerando riqueza de lastro à tributação". Já para Ricardo Lobo Torres (op. cit., p. 91), ela se subordina à ideia de justiça distributiva.

topografia se seria ou não um princípio constitucional inserido no contexto das limitações constitucionais ao poder de tributar. Destaque-se que atualmente não há mais discussão, pois o aspecto topográfico é irrelevante para a Constituição, tanto assim é que os Direitos Sociais migraram do Título "Da Ordem Social" para os Direitos Fundamentais, sem deixar de integrar o primeiro. Na verdade, quis a Constituição dar maior protetividade aos Direitos Sociais em função da classificação da sua Constituição como direitos fundamentais de segunda geração.

b.2) Natureza Jurídica da Capacidade Contributiva

A princípio, trata-se de uma limitação constitucional do poder de tributar. Para o STF, no entanto, trata-se de mera norma programática que pode ser suprimida através de emenda constitucional. Costuma-se confundir capacidade contributiva e capacidade econômica. Todavia, parece correta a tese segundo a qual a capacidade contributiva é gênero que admite duas espécies: a capacidade objetiva e a subjetiva. A *capacidade objetiva* é aquela que se caracteriza pela mera exteriorização de riqueza, ou seja, caracteriza-se pela simples análise objetiva do aspecto econômico. Podemos exemplificar da seguinte forma: quando se vê um carro de R$ 100 mil, acredita-se que essa pessoa possui mais capacidade contributiva de quem possui um veículo de R$ 30 mil. Essa constatação, contudo, não é absoluta, pois o carro de R$ 30 mil pode estar quitado, enquanto o de R$ 100 mil pode ter sido financiado em diversas prestações. Nesse caso, há uma falsa concepção, exatamente porque analisa-se apenas o aspecto objetivo. De outro lado, a capacidade subjetiva se caracteriza pela análise das características pessoais do contribuinte, como acontece na apuração do imposto de renda, onde se identifica número de dependentes, deduções de despesas com saúde e ensino etc. Nesse sentido, podemos dizer que os impostos nem sempre podem ser dimensionados de acordo com a capacidade econômica do contribuinte, como é o caso dos impostos reais (IPTU, IPVA etc.), mas, por outro lado, os impostos de caráter pessoal, sempre que possível, deverão observar essa capacidade. Ao que parece, a Constituição, nos termos do seu art. 145, § 1º, quando se referiu à capacidade econômica abraçou o aspecto subjetivo, ou seja, a capacidade econômica subjetiva, daí a capacidade contributiva.

b.3) Comentários sobre o Art. 145 do CTN

O art. 145, em razão das suas peculiaridades, merece alguns comentários. O **primeiro** quanto à expressão "sempre que possível". Parte da doutrina sustenta que será sempre possível averiguar a capacidade contributiva em qualquer tributo. Entretanto, o STF firmou entendimento que o art. 145, § 1º, da CRFB deve ser interpretado literalmente, de modo que haverá situações insuscetíveis de exame à luz desse princípio, daí a capacidade contributiva ser aplicável aos impostos pessoais, de modo que no caso de IPTU, por exemplo, não seria possível fazer essa análise, por tratar-se de um imposto real, ou seja, leva em consideração as características do imóvel (da coisa). Esse entendimento levou a denominada **teoria da personalização dos impostos**. O **segundo** se refere em relação ao seu alcance, ou seja, seria aplicável a todos os tributos ou somente aos impostos. Destaque-se que para a maioria da doutrina, a capacidade contributiva pode e deve ser observada em relação a todos os tributos, e não somente os impostos. Para a posição clássica do STF incidiria somente nos impostos de natureza pessoal, como é o caso do imposto sobre a renda. Nesse caso, indaga-se quanto à sua aplicação em relação às taxas e às contribuições em geral. Parte do § 1º do art. 145 da CRFB que constitui a matriz desse princípio estabelece que os *impostos* serão graduados pela capacidade econômica, daí surgirem algumas correntes na doutrina. Uma primeira corrente[77] entende que a aplicação do princípio da capacidade econômica em relação aos tributos vinculados a uma atuação direta do Estado em relação à pessoa do contribuinte é matéria atribuída ao legislador ordinário. A Constituição só faz menção aos impostos; assim, em relação aos tributos contraprestacionais, o princípio da capacidade econômica não decorre diretamente do texto constitucional. Uma segunda corrente[78] entende que, em relação aos tributos contraprestacionais, o princípio da capacidade econômica se aplica negativamente, ou seja, seria interpretado pela incapacidade contributiva dos indivíduos.

Historicamente o princípio da capacidade contributiva que regia o campo dos impostos não se manifestava no mundo das taxas. A doutrina e a jurisprudência entendiam inicialmente que não existia qualquer ligação entre as taxas e a capacidade contributiva. Contudo, a partir da discussão acerca da taxa CVM (AgRg no RE 176.382-5/CE) se passou a refletir melhor sobre a possibilidade, ainda que em caráter excepcional, de associar as taxas e a capacidade contributiva. O nexo causal para que a taxa incida não é uma conduta do administrado de praticar um fato exteriorizador de riqueza, mas sim de retribuição de uma atividade por parte do Estado. Por isso dizer que as taxas não manifestam a capacidade contributiva como ocorre no imposto. É verdade que a Constituição, no art. 145, § 1º, menciona apenas a capacidade contributiva para os impostos e, nesse contexto, as taxas não teriam correlação com esse princípio. Contudo, existem hipóteses em que essa afirmativa merece ser mitigada, pois a base de cálculo própria do imposto é a dimensão econômica, ou seja, o valor da riqueza – quem tem mais paga mais. Já a taxa, quando é cobrada, não leva em consideração a riqueza, mas em alguns casos é plenamente possível a aplicação do princípio da capacidade contributiva, ainda que seja através do caráter proibitivo. Significa dizer, por exemplo, que, quando se fala em imunidades de taxas, estaria se valorando a inexistência da capacidade contributiva, a valoração da capacidade contributiva sobre o aspecto negativo, a inexistência para proibir o ato de taxação. Por outro lado, nos impostos, o que se verifica é se podem observar sobre a capacidade contributiva, ou seja, um enfoque positivo (autorizativo). Nesse sentido, a hipossuficiência ou a inexistência de capacidade de contribuir seriam o fundamento adequado para legitimar a vedação da tributação – aplicação negativa da capacidade contributiva das taxas. Em síntese, temos que o STF já vem

---

77 Defendida por Hugo de Brito Machado.

78 Defendida por Ricardo Lobo Torres (op. cit., p. 95).

admitindo a observância da capacidade contributiva às taxas. Da mesma forma o art. 195, § 9º, da CRFB/88 (com nova redação dada pela EC n. 103/2019) permite o entendimento de que a capacidade contributiva pode ser aplicada em relação às contribuições sociais previstas no inciso I do *caput* do referido artigo.

Em relação aos incentivos fiscais, é preciso distinguir a sua natureza, pois as isenções se subordinam ao princípio da capacidade contributiva nos aspectos que transcendem a finalidade extrafiscal. Aqueles que atuam na vertente da despesa pública – subvenções, subsídios etc. – nada têm em comum com a capacidade contributiva, visto que se orientam pelos princípios do desenvolvimento econômico, da igualdade entre as regiões etc. Seria, portanto, inconstitucional a conduta da administração que deixasse de prestar serviço público essencial tendo em vista que determinada população carente não possui força econômica, ou seja, determinada capacidade contributiva para pagar a taxa. Por isso, o princípio da capacidade econômica pode ser aplicado aos tributos contraprestacionais, mas não em toda a sua extensão, como ocorre nos impostos. É aplicado para evitar a tributação do mínimo existencial, tributação com efeito de confisco ligada à noção de incapacidade contributiva. Temos um exemplo disso na CRFB, no art. 5º, LXXIV, que traz a imunidade da taxa judiciária para os comprovadamente pobres.

Questão importante diz respeito a quem é direcionado o mandamento constitucional que prevê a capacidade contributiva. Assim, temos que em relação ao Poder Legislativo, o legislador infraconstitucional é o destinatário imediato da norma prevista no art. 145, § 1º, já que esta dá a diretriz ao legislador que, ao editar determinada lei criando o tributo, é obrigado a graduá-lo de acordo com a capacidade econômica dos contribuintes, concretizando na medida do possível a capacidade contributiva. Quanto ao Poder Executivo, este deverá aplicar a capacidade contributiva, nos termos do art. 145, § 1º, parte final. Por fim, em relação ao Poder Judiciário existe polêmica. De um lado, entendemos que o Poder Judiciário poderá analisar qualquer ato que não tenha observado a capacidade contributiva e que com isso provoque flagrante prejuízo ao cidadão, como, por exemplo: a) se houver a possibilidade de aplicação do princípio e mesmo assim houver omissão legislativa, o Judiciário poderá declarar a inconstitucionalidade da lei; b) quando o tributo violar qualquer garantia fundamental, como é o caso do direito de propriedade. Destaque-se que o Poder Judiciário, como último intérprete e aplicador da norma, seria o seu destinatário mediato, pois, toda vez que o Judiciário é instado, ele pode verificar se a lei objetivamente considerada observa ou viola o comando genérico do art. 145, § 1º.

b.4) *Subprincípios da Capacidade Contributiva*

O princípio da capacidade contributiva pode ser exteriorizado através dos seguintes subprincípios: progressividade, proporcionalidade, seletividade, entre outros. Vejamos cada um deles separadamente:

b.4.1) **Progressividade**

Este princípio está relacionado ao aumento da alíquota conforme o aumento da base de cálculo, como é o caso clássico do imposto de renda. O STF já entendeu que a progressividade somente seria aplicável ao imposto de caráter pessoal (imposto de renda), não sendo, portanto, aplicável aos impostos reais, já que eles não exteriorizariam o princípio da capacidade contributiva. Contudo, a questão do ITR e do IPTU (impostos reais) progressivos provocou controvérsias. Mas a EC n. 29/2000, de duvidosa constitucionalidade, deu nova redação ao art. 156, § 1º, da CRFB, para admitir a progressividade[79] também em razão do valor imóvel. Nesse sentido, o STF entendeu que, antes da EC n. 29, somente a progressividade para o descumprimento da função social da propriedade urbana era constitucional, passando a admitir, a *contrario sensu*, que, após a referida emenda que deu nova redação ao § 1º do art. 156, a progressividade em razão do valor do imóvel seria constitucional. Conforme já dissemos anteriormente, não concordamos com esta posição. Diante disso, o STF editou as seguintes Súmulas:

> **Súmula 668:** *É inconstitucional a lei municipal que tenha estabelecido, antes da Emenda Constitucional n. 29/2000, alíquotas progressivas para o IPTU, salvo se destinada a assegurar o cumprimento da função social da propriedade urbana.*
>
> **Súmula 656:** *É inconstitucional a lei que estabelece alíquotas progressivas para o ITBI com base no valor venal do imóvel.*
>
> **Súmula 589:** *É inconstitucional a fixação de adicional progressivo do Imposto Predial e Territorial Urbano em função do número de imóveis do contribuinte.*
>
> **Súmula 539:** *É constitucional a lei do município que reduz o Imposto Predial Urbano sobre o imóvel ocupado pela residência do proprietário, que não possua outro.*

Em relação ao ITCMD, apesar de a Resolução n. 9/92 permitir a progressividade do referido imposto, sempre entendemos que tal dispositivo seria inconstitucional pelos mesmos fundamentos expostos no ITBI. Isto porque a Resolução do Senado ora citada teria extrapolado o comando do art. 155, § 1º, IV, da CRFB. Contudo, o STF se posicionou pela constitucionalidade da aplicação da progressividade ao ITCMD no julgamento do RE 562.045/RS.

O Supremo Tribunal Federal, mudando o seu posicionamento relativo ao tema, afirmou que a lei pode prever a técnica da progressividade tanto para os impostos pessoais como também para os reais, podendo ser aplicado também a estes o § 1º do art. 145, CRFB/88, estando, então, todos os impostos, pessoais ou reais, sujeitos ao princípio da capacidade contributiva. Esclareceu também que o ITCMD pode ser progressivo mesmo sem que esta progressividade esteja expressamente prevista na CF/88, e, que ao contrário do que ocorria com o IPTU (Súmula 668 do STF), não é necessária a edição de uma emenda constitucional para que o referido imposto seja progressivo. Conforme visto anteriormente, a EC 132/23 determinou a progressividade obrigatória do ITCMD.

---

79   Ver Súmula 668 do STF.

Diante dos fundamentos expostos, em que pese a divergência doutrinária, a Constituição prevê que o IPTU pode ter dois tipos de progressividade: *extrafiscal*, conforme o art. 182, § 4º, da CRFB, e *fiscal*, com base no art. 156, § 1º, I, da CRFB. Então vejamos:

Progressividade Fiscal e Extrafiscal

Quanto à classificação da progressividade, podemos dizer que ela será fiscal quando seu intuito seja meramente arrecadatório, como é o caso da progressividade do IPTU em razão do valor do imóvel.

Por outro lado, a progressividade extrafiscal seria aquela usada pelo Estado de forma intervencionista, como na hipótese de descumprimento da função social da propriedade rural, na forma do art. 153, § 4º, II, da CRFB. Há quem entenda ainda que a progressividade do IPTU, prevista no art. 182, § 4º, II, da CRFB é forma de progressividade no tempo, mas preferimos classificá-la como extrafiscal, já que sua finalidade é exatamente idêntica à do ITR.

Por fim, ressalte-se que o disposto no inciso II do parágrafo 1º do art. 156 trata de alíquotas diferenciadas e não de verdadeira progressividade. Assim, poderia o Município estabelecer alíquotas diferenciadas para imóveis residenciais e não residenciais, bem como para imóveis edificados e não edificados. Contudo, entendemos que a estipulação dessas alíquotas diferenciadas somente pode ser realizada por lei.

b.4.2) Proporcionalidade

Este princípio estabelece que o gravame fiscal deve ser diretamente proporcional à riqueza evidenciada em cada situação impositiva, ou seja, deve haver a previsão de uma alíquota fixa com base de cálculo variável. Entendemos que a proporcionalidade seria um subprincípio da capacidade contributiva, porque tributação através de alíquota fixa para cada base de cálculo por si só já diferencia os contribuintes, como, por exemplo, ocorre com a regra do IPTU. Nesse sentido, quem tem um imóvel no valor de R$ 100 mil pagará menos do que quem tem um imóvel de R$ 200 mil, daí questionarmos a progressividade do IPTU em relação ao valor do imóvel.

b.4.3) Seletividade

Este princípio preceitua que a alíquota varia em função da essencialidade do produto, ou seja, o bem essencial tem uma alíquota menor do que os bens supérfluos. Nesse sentido, o IPI será seletivo (CRFB, art. 153, § 3º, I) e o ICMS poderá ser seletivo (CRFB, art. 155, § 2º, III). Contudo, quando o ICMS usa a faculdade de ser seletivo, ele deixa de ser um tributo eminentemente fiscal e assume excepcionalmente uma função extrafiscal. Em relação ao IPTU, entendemos que a edição da EC n. 29/2000, que modificou o art. 156, § 1º, da CRFB, permitiu, em seu inciso II, que o IPTU tenha "alíquotas diferentes de acordo com a localização e o uso do imóvel", o que significa que o referido imposto municipal passa a ser seletivo em função do bairro ou região da cidade, ou da finalidade comercial, atendendo à pretensa variação da capacidade contributiva.

b.4.4) Personalização

A teoria da personalização ou personificação traduz-se na adequação do tributo às *condições pessoais* de cada contribuinte, contemplando assim a capacidade econômica, na forma do art. 145, § 1º, da CRFB. Assim, diz-se que a personalização se constitui em uma das faces da capacidade contributiva relativamente aos impostos pessoais, daí a tese de que o juiz poderia declarar inconstitucional uma lei por superar a capacidade contributiva, podendo reduzir a alíquota. Segundo Torres[80], a personalização do imposto *causa mortis*, representada pelo aumento de sua incidência de acordo com os quinhões ou o grau de parentesco dos herdeiros, que é uma das conquistas da tributação moderna, ficou bloqueada pelo art. 155, § 1º, IV, que prevê a fixação de alíquotas máximas pelo Senado Federal.

b.4.5) Universalização

A tributação incidirá sobre todos os bens, independentemente de sua natureza ou situação. Tal previsão objetiva estabelece uma igualdade de tratamento, daí ser considerado como subprincípio.

c) *Princípio do não Confisco*

A expressão confisco é um conceito jurídico indeterminado. No entanto, a vedação da utilização de tributos com efeito de confisco encontra previsão no art. 150, IV, da CRFB, pois preserva-se a tributação dentro dos limites da razoabilidade. Significa dizer que o tributo deve ser estabelecido em proporções razoáveis e suportáveis para o contribuinte, sem que seja excessivamente oneroso, antieconômico, ou seja, que inviabilize o desenvolvimento de atividades econômicas capazes de produzir riquezas. Nesse sentido, garante que o poder estatal de tributar deva conviver lado a lado com o direito de propriedade do cidadão, assegurando limites para a exação fiscal, limitada, dentre outras, pela garantia fundamental da propriedade constitucionalmente assegurada ao cidadão.

Apesar de ser difícil a definição de confisco, podemos entendê-lo como o ato pelo qual se apreendem, adjudicando ao Fisco, bens ou valores pertencentes a outrem, ou, ainda, a fixação de percentuais muito elevados que inviabilizem a aquisição de mercadorias ou a prestação de serviços. Nesse caso, o que se veda é a invasão do Estado na atividade privada, a apropriação de bens pertencentes aos contribuintes pelo Estado em que se utilize a tributação como ferramenta de expropriação.

Ocorre o efeito confiscatório quando a tributação corresponde a uma absorção total ou parcial dos bens do contribuinte pelo Estado, sem o pagamento do correspondente a qualquer tipo de indenização. Assim, o tributo deve ser cobrado, razoável e principalmente, de forma compatível com a capacidade contributiva do sujeito

---

[80] TORRES, Ricardo Lobo. Op. cit., p. 92.

passivo. O princípio do não confisco tem dois fundamentos: a) o respeito à propriedade privada (o Estado não pode, sob o pretexto de cobrar tributo, se apossar dos bens do indivíduo); b) o respeito ao princípio da capacidade contributiva, evitando a tributação do mínimo existencial (princípio implícito no Direito Tributário), que, por sua vez, está relacionado ao princípio da dignidade da pessoa humana.

O *confisco* acaba por absorver parcela significativa da propriedade, ou aniquila a empresa, ou impede o exercício de atividade lícita e moral. Nesse sentido, o STF (ADI-MC 2.010/DF) entendeu que o caráter do confisco deve ser analisado à luz de todos os tributos em conjunto, e não em função de cada tributo isoladamente. Contudo, a Constituição de 1988 permite algumas apropriações (STF/AI 173.689), tais como: pena de perdimento de bens (art. 5º, XLVI, *b*, CRFB); expropriação de glebas destinadas a culturas de plantas psicotrópicas (art. 243 da CRFB).

c.1) Confronto entre Confisco e Multa

Inicialmente, frise-se, multa não é tributo, e sim uma sanção aplicada em função do descumprimento, seja de uma obrigação principal ou de uma obrigação acessória. Uma multa excessiva pode constituir confisco, daí o entendimento do STF no julgamento da ADI-MC 1.075, suspendendo a eficácia da lei que estatuiu multa de 300%. O STF tem fixado o entendimento de que a multa não pode passar de 100% do imposto devido.

Também na ADI 551/RJ o STF estendeu o princípio da vedação do confisco às multas confiscatórias. Em seu sentido tradicional, confiscar significa retirar os bens dos particulares, sem indenização. Destaque-se que o STF, no julgamento do RE 173.689, entendeu que a pena de perdimento de bens adotada tanto no Direito Tributário quanto no Direito Penal não pode ser considerada violação ao princípio do não confisco.

7.6.4.4 Princípios Relacionados ao Valor Liberdade Jurídica

a) Princípio da não Limitação ao Tráfego

Este princípio encontra amparo no art. 150, V, da CRFB, e dirige-se a todos os entes tributantes, pois, embora não vede a existência de tributos interestaduais ou intermunicipais, ele tão somente garante constitucionalmente a liberdade de locomoção, ou seja, proíbe que um tributo seja tão oneroso a ponto de estabelecer barreiras à circulação de bens ou de pessoas, daí pautar-se em dois fundamentos: *a)* A liberdade relativa ao **tráfego de bens.** Envolve normas relativas ao comércio e à preservação do princípio federativo; *b)* A liberdade relativa ao **tráfego de pessoas.** Envolve direito constitucionalmente previsto, assegurando a liberdade de *ir e vir.*

Vale destacar também que o referido princípio não conflita com o ICMS, que é um imposto estadual sobre operações relativas à circulação de mercadorias, e com o ISS, que é um tributo municipal que incide sobre prestação de serviços de transporte interestadual e intermunicipal e de comunicação.

A violação do princípio da não limitação ao tráfego ocorre quando a lei elege como fato gerador a transposição de fronteiras, daí também ser chamado de vedação de tributo de transpasse. Por isso, a Constituição veda instituir tributo que onere o tráfego interestadual ou intermunicipal de pessoas ou bens. Indaga-se quanto à extensão desse princípio em relação à fronteira nacional. Entendemos que tal extensão não ocorre, porque as fronteiras nacionais são reguladas pelos impostos de importação e exportação, que têm por objetivo regular e limitar a entrada e saída de bens no país, daí terem a finalidade extrafiscal.

Quanto à discussão referente ao pedágio, recomendamos a leitura do capítulo em que discorremos sobre as taxas.

b) Princípio da Vedação da Diferença Tributária em Razão da Procedência ou Destino

O princípio da uniformidade geográfica decorre do princípio constitucional (art. 151, I, da CRFB) da forma federativa do Estado. Significa dizer que a tributação deve ser efetivada de maneira uniforme em todo o Brasil, ressalvada a possibilidade de conceder incentivos fiscais regionais com o objetivo de promover o equilíbrio socioeconômico entre as diversas regiões do país. A finalidade precípua da uniformidade é a de assegurar a unidade política e econômica do país, o que significa que o tributo será igual em todo o território nacional.

Assim temos que o Princípio da vedação da diferença tributária em razão da procedência ou destino é um corolário do princípio da isonomia e tem como subprincípio a uniformidade geográfica.

Verificamos assim que a Constituição tratou umbilicalmente dois princípios que preservam o pacto federativo: o da uniformidade geográfica (art. 151, I) e o da vedação da diferença tributária em razão da procedência ou destino (art. 152).

Nesse sentido, temos o exemplo clássico do IPVA, que não pode ter alíquota diferenciada em razão da procedência do veículo ser nacional ou estrangeira. O STF (AgRg 203.845 e RE 293.957) assim já decidiu: "Se o art. 152 da CF estabelece a isonomia tributária, impedindo tratamento diferenciado dos contribuintes em razão da procedência e destino de bens e serviços, vinculando Estados e Municípios, não se pode conceber que a alíquota do IPVA seja uma para veículos de procedência nacional e outra maior para importados.

Outro exemplo foi o entendimento do STF com repercussão geral (RE 592.145) que julgou válida tributação diferenciada para produção de açúcar no Norte (Sudam) e Nordeste (Sudene) em relação ao IPI. Podemos concluir que os dois artigos citados (art. 151, I, e art. 152) da CRFB representam uma forma de prestigiar o princípio da isonomia, conforme o art. 150, II, da CRFB. Contudo, entendemos que o art. 152 em comento não se restringe ao âmbito interno, mas também à não discriminação quanto ao bem ou serviço procedente do exterior. Trata-se da cláusula de tratamento nacional, que prevê o tratamento equivalente do bem importado com o produto similar nacional. Esta norma está contida no GATT – Acordo Geral sobre Tarifas e Comércio, que nada mais é, conforme vimos anteriormente, que um Tratado Internacional Multilateral (do qual o Brasil é parte integrante) que estabelece esse tratamento equivalente.

Não obstante o nosso entendimento quanto à aplicação do art. 152 do CTN para produtos nacionais e estrangeiros, parte da doutrina entende que essa norma é dirigida apenas aos Estados e Municípios. De qualquer forma, ambos os posicionamentos convergem no sentido de que essa tributação diferenciada do IPVA é inconstitucional.

Por fim, vale dizer que o § 6º do art. 155 da CRFB, introduzido pela EC n. 42/2003, permite que o IPVA tenha alíquotas diferenciadas em função do tipo e utilização do veículo. Da mesma forma, poderá ter alíquotas mínimas fixadas por Resolução do Senado Federal.

c) Princípio da Transparência Fiscal

O princípio constitucional chamado de transparência fiscal está previsto no art. 150, § 5º, da CRFB que se complementa com o da transparência ou clareza orçamentária (CRFB, art. 165, § 6º, art. 70 e art. 150, § 6º; Lei n. 12.741/2012 e alteração promovida pela MP n. 620/2013, que prorrogou a aplicação da penalidade no caso de descumprimento da lei).

7.6.4.5   Outros Princípios Tributários

a) Não Cumulatividade

Este princípio constitucional tem como objetivo desonerar a cadeia de circulação econômica, vedando o que se chama de "efeito cascata", que incidiria sobre o produto final, ou seja, a cumulatividade. Na Constituição brasileira de 1988, a observância da não cumulatividade é obrigatória no ICMS (art. 155, § 2º, I, da CRFB) e no IPI (art. 153, § 3º, II, da CRFB), pois são tributos classificados como plurifásicos, considerando que podem incidir várias vezes sobre a mesma mercadoria ou produto, nas várias etapas da cadeia de circulação econômica.

O princípio da não cumulatividade pode ser aplicado através de duas técnicas, a saber: I) técnica do valor agregado; II) técnica do valor integral com compensação. Vejamos a distinção entre ambos:

I)   **Técnica do valor agregado** – Considerada uma técnica preventiva, utilizada por vários países, em que se tributa apenas o valor acrescido ou agregado. Se uma mercadoria é vendida a R$ 100,00 e revendida a R$ 150,00, tributa-se apenas o valor que a ela foi agregado, ou seja, R$ 50,00 (valor da base de cálculo), daí também ser chamada de técnica do valor acrescido. Com isso, veda-se a tributação cumulativa, desonerando o produto final.

II) **Técnica do valor integral com compensação** – No Brasil, utiliza-se a técnica do valor integral para o ICMS e o IPI, pela qual se estabelece que o contribuinte possa **compensar** em cada operação tributária o montante do imposto já pago nas operações anteriores. Nessa técnica, ao contrário da anterior, não se apura a diferença dos valores das mercadorias para depois calcular o imposto, mas se confere ao contribuinte o direito de abater, do montante do tributo devido, o valor que foi pago por quem, por exemplo, forneceu mercadorias, matéria-prima e outros bens tributados (máquinas, material de escritório, veículos etc.). Nessa técnica temos o regime crédito/débito[81], em que se pauta a compensação financeira. Nesse sentido, entra como crédito o valor pago na operação anterior, que é deduzido do valor que deveria ser pago, gerando um saldo, que poderá ser negativo (valor a pagar) ou positivo, permanecendo, ainda, crédito a ser compensado no período de apuração. Com esse sistema de créditos, temos o crédito físico e o crédito financeiro.

Sobre o tema, as Súmulas do STJ e do STF:

Súmula 495 do STJ: *A aquisição de bens integrantes do ativo permanente da empresa não gera direito a creditamento de IPI.*

Súmula 509 do STJ: *É lícito ao comerciante de boa-fé aproveitar os créditos de ICMS decorrentes de nota fiscal posteriormente declarada inidônea, quando demonstrada a veracidade da compra e venda.*

Súmula Vinculante 58 do STF: *Inexiste direito a crédito presumido de IPI relativamente à entrada de insumos isentos, sujeitos à alíquota zero ou não tributáveis, o que não contraria o princípio da não cumulatividade.*

Com a edição da EC 132/23, o IBS e a CBS também serão não cumulativos.

b) Não Intervenção nos Tributos dos Estados e dos Municípios
O art. 151, III, da CRFB estabelece que a União não pode conceder isenção de tributo estadual ou municipal, a chamada isenção heterônoma, pois admitir essa possibilidade seria violar o princípio referente à autonomia dos entes federativos e, consequentemente, o pacto federativo. A vedação dessa intervenção diz respeito à competência tributária e, por força deste princípio, o art. 13 do CTN perdeu sua eficácia. Para não nos tornarmos repetitivos, recomendamos a leitura do capítulo em que tratamos das isenções.

c) Generalidade e Universalidade
Esses princípios são previstos pela Constituição de 1988 e são aplicados ao imposto de renda, na forma do art. 153, § 2º, I. Destaque-se que a **generalidade** alcança todas as pessoas que possuem capacidade contributiva e, por isso, devem ser tributadas (prestigia implicitamente a isonomia tributária). Já a **universalidade** determina

---

81 No RE 161.031 foi decidido que o fato de ter-se a diminuição valorativa da base de incidência não autoriza, sob o ângulo constitucional, tal proibição. Os preceitos das alíneas *a* e *b* do inciso II do § 2º do art. 155 da Constituição Federal somente têm pertinência em caso de isenção ou não incidência, no que voltadas à totalidade do tributo, institutos inconfundíveis com um benefício fiscal.

que a tributação incidirá sobre todos os bens referentes ao sujeito passivo do referido imposto, independentemente da natureza do bem ou da sua situação.

d) Não Tributação mais Onerosa sobre a Renda

Este princípio previsto no art. 151, II, da CRFB e veda que a União, através do Imposto de Renda, torne os seus títulos da dívida mais atraentes mediante tributação mais suave do que a imposta à renda dos títulos estaduais ou municipais, daí utilizar-se da expressão – *em níveis superiores aos que fixar para suas obrigações e para seus agentes.* Impede também a tributação da renda dos servidores estaduais ou municipais em patamares mais elevados do que o fixado para os servidores federais.

e) Autonomia dos Entes Federativos

Este princípio decorre da imunidade recíproca prevista no art. 150, VI, *a*, da CRFB, pois uma das formas de se preservar a autonomia dos entes federativos é assegurar-lhes uma independência financeira, legislativa, administrativa. Se um ente federativo tributasse o outro, correr-se-ia o risco de interferências de ordem político-partidária.

7.6.4.6 Princípios Tributários Implícitos

Princípios tributários implícitos são aqueles que, obviamente, não estão expressos na CF/88, mas que são alicerces desses. Já tivemos no direito brasileiro vários princípios implícitos que hoje estão expressos no texto constitucional, como, por exemplo, a igualdade, a capacidade contributiva e a vedação de confisco. Contudo, temos casos como o já estudado princípio republicano, que é um exemplo de princípio implícito.

8

Obrigação Tributária

8.1 Breves Considerações

No passado entendia-se que o Direito Tributário integrava o Direito Financeiro, que, por sua vez, regulava, no âmbito do Direito Público, a atividade financeira do Estado através de seus elementos, quais sejam, receita, despesa, orçamento e crédito. Assim, entendia-se que o Direito Tributário integrava o Direito Financeiro, porque aquele se preocupava apenas com a Receita Pública Derivada, vez que a Fazenda Pública, com seu poder de império, impõe coercitivamente a cobrança de tributos ao contribuinte, dando origem a tributação. Grande parte da doutrina sustenta que o Direito Tributário é um ramo autônomo do Direito Público, como outros ramos do Direito, como, por exemplo, o Direito Civil, o Direito Penal etc. A autonomia é de grande utilidade para entendermos a questão da "obrigação" tributária, posto que a obrigação é um instituto originário do Direito Civil.

É oportuno salientar que a expressão autonomia não estabelece uma separação absoluta entre os ramos do Direito, em razão da prevalência da Teoria da Unidade do Direito. O que se quer enfocar é a existência de mecanismos próprios e peculiares do Direito Tributário, como, por exemplo, os dispositivos constitucionais tributários (arts. 145 a 162 da CRFB/88), o processo judicial tributário, o processo administrativo tributário, os crimes contra a ordem tributária, os conceitos, institutos e princípios próprios, dentre outros.

Da mesma forma, é conveniente ressaltar que o Direito é uno sob a ótica científica, não há falar em autonomia dos ramos do Direito. Contudo, no aspecto didático, é aconselhável e imprescindível a dicotomia, para um estudo apropriado e aprofundado sobre o tema. Endossamos, da mesma forma, que a autonomia do Direito Tributário é indiscutível, por possuir conceitos, princípios e institutos próprios, distintos dos demais ramos do Direito. Ultrapassada a questão sobre autonomia, cabe aqui, apenas para efeitos didáticos, relembrarmos o conceito de Direito Tributário. Na lição de Rubens Gomes de Souza[1], "Direito Tributário é o ramo do Direito Público que rege as relações jurídicas entre o Estado e os particulares,

---

1   SOUZA, Rubens Gomes de. *Compêndio de legislação tributária*. 3ª ed. Rio de Janeiro: Financeira, s. d., p. 25.

decorrentes da atividade financeira do Estado, no que se refere à obtenção de receitas que correspondam ao conceito de tributos".

Assim, consideramos que a obrigação tributária é a relação jurídica existente entre a Fazenda Pública (sujeito ativo) e o contribuinte (sujeito passivo), que nasce com a ocorrência do fato gerador.

8.2 Fato Gerador

O fato gerador é um instituto típico do Direito Tributário, que se origina como uma situação hipotética prevista pelo legislador (transformada em lei), que, uma vez ocorrida, deixa de ser abstrata para ser concreta, enquadrando-se na tipicidade tributária, e gerando para quem a praticou o dever de pagar tributos.

Veremos mais adiante que a obrigação tributária se divide em principal e acessória. Por isso, da mesma forma, temos a previsão do fato gerador de ambas as situações. Nesse sentido, os arts. 114 e 115 mencionam, respectivamente, o fato gerador da obrigação principal e o da acessória. Em relação ao fato gerador da obrigação principal, o CTN exige a definição em lei formal, diferente do fato gerador da obrigação acessória, em que o CTN permite que a legislação trate da matéria.

8.2.1 Nomenclatura

O Código Tributário Nacional, em seus arts. 114 e seguintes, adotou a nomenclatura "fato gerador" para exprimir a causa do nascimento da obrigação tributária, mas, na verdade, não há na doutrina concordância quanto a essa expressão. Alguns autores[2] utilizam a expressão "hipótese de incidência" e "fato imponível", desmembrando o fato gerador em dois momentos. O primeiro momento seria a chamada *hipótese de incidência*, podendo ser definida como uma previsão hipotética, genérica e abstrata, encontrada na lei. Por outro lado, a segunda situação, chamada de *fato imponível*, pode ser resumida como uma situação definida em lei que, uma vez materializada no mundo dos fatos, faz nascer a obrigação tributária. No entanto, o CTN não adotou a dicotomia, adotando ambas as situações para efeito de fato gerador, mas frise-se que a obrigação somente existirá se o sujeito passivo praticar (fato imponível) a situação prevista em lei (hipótese de incidência).

Em síntese, independentemente da nomenclatura utilizada, seja fato gerador, hipótese de incidência ou fato imponível, fato signo presuntivo, pressuposto de fato, suporte fático, ou qualquer outra, o que se quer considerar é o perfeito enquadramento da conduta do "contribuinte" na hipótese prevista na lei, ensejando o

---

2   ATALIBA, Geraldo. *Hipótese de incidência tributária.* 5ª ed. atual. de acordo com a Constituição de 1988. 6ª tir. São Paulo: Malheiros. 1997, e CARVALHO, Paulo de Barros. *Curso de direito tributário.* 10ª ed. São Paulo: Saraiva, 1998.

nascimento da obrigação tributária[3]. É o que se chama de tipicidade tributária, similar à tipicidade penal.

A Lei n. 10.406/2002, Código Civil brasileiro que revogou o de 1916, trouxe algumas alterações sobre o tema proposto, e substituiu a expressão "ato jurídico" por "negócio jurídico" (contida no art. 81 do antigo Código). Ressalte-se, para fins tributários, o que diz Gonçalves[4]:

> A lei encara como fatos certas ações humanas, sem levar em consideração a vontade, a intenção ou a consciência do agente, demandando apenas o ato material de achar. Assim, o louco, pelo simples achado do tesouro, torna-se proprietário de parte dele. No ato-fato jurídico ressalta-se a consequência do ato, o fato resultante, sem se levar em consideração a vontade de praticá-lo.

Observe-se que o trecho comentado se encaixa perfeitamente no conceito de fato gerador aplicado ao Direito Tributário. Causa estranheza a questão de, por exemplo, uma casa de lenocínio ser tributada em IPTU, pois o tributo, na forma do art. 3º do CTN, terá obrigatoriamente que advir de um ato lícito. Portanto, não pode se interpretar que esse serviço ilícito seja tributado em ISSQN (imposto sobre serviço). Por outro lado, o fato gerador do IPTU ocorreu, pois o art. 32 do CTN atribui como fato gerador deste tributo a propriedade, o domínio útil ou a posse de bem imóvel por natureza ou acessão física (princípio do *non olet* previsto no art. 118, I, do CTN). O mesmo ocorrerá com a renda auferida com essa atividade, pois, na forma do art. 43 do CTN, constitui fato gerador do Imposto Sobre Renda e Proventos de Qualquer Natureza a aquisição de disponibilidade econômica, cabendo, assim, a incidência tributária.

Verifica-se então a distinção entre o fato jurídico para o Direito Civil e o fato gerador para o Direito Tributário. Trazemos a lição de Giordani[5], que diz que fato é todo acontecimento que ocorre no meio social.

Existem fatos irrelevantes para o Direito, pois não colocam em risco a harmonia e a estabilidade social, ou seja, não causam insegurança à sociedade. Já os fatos jurídicos capazes de gerar conflitos de interesses e desarmonia social necessitam de previsão legal para regulamentar os direitos e deveres deles resultantes, com o escopo de estabelecer a paz e o equilíbrio social.

Os fatos jurídicos, por sua vez, podem ser naturais ou voluntários. Os primeiros decorrem da natureza e geram efeitos jurídicos, como, por exemplo, o nascimento, a morte etc. Os segundos são aqueles vinculados a uma participação voluntária do homem, ou seja, decorrem de um comportamento volitivo. Esses atos podem ser

---

3   Abordamos o princípio da tipicidade tributária no Capítulo 7, junto dos demais princípios relacionados ao valor segurança jurídica.

4   GONÇALVES, Carlos Roberto. *Principais inovações no Código Civil de 2002*. São Paulo: Saraiva, 2002.

5   GIORDANI, José Acir Lessa. *Direito civil*: parte geral. 2ª ed. 2ª tiragem. Rio de Janeiro: Lumen Juris, 2003.

lícitos e ilícitos. Complementa o autor que os atos ilícitos são aqueles praticados em antítese à norma jurídica. Os atos lícitos são os que a doutrina chama de ato jurídico *latu sensu*, que se dividem em ato jurídico *stricto sensu* e negócio jurídico. Os primeiros são atos voluntários, cujos efeitos estão preestabelecidos na lei, não possuindo o agente meios de alterá-los. Por outro lado, o negócio jurídico é uma manifestação de vontade que produz efeitos jurídicos, sendo que o agente pode coordenar os seus efeitos, como, por exemplo, um contrato de compra e venda. Para o art. 118 do CTN, a definição legal do fato gerador é interpretada abstraindo--se: I – da validade jurídica dos atos efetivamente praticados pelos contribuintes, responsáveis, ou terceiros, bem como da natureza do seu objeto ou dos seus efeitos; e, II – dos efeitos dos fatos efetivamente ocorridos.

O art. 116 do Código Tributário Nacional preceitua duas situações em que se considera ocorrido o fato gerador. A primeira, quanto à situação de fato, desde o momento em que se verifiquem as circunstâncias materiais necessárias a que produzam os efeitos que normalmente lhe são próprios; a segunda situação, a jurídica, considera-se ocorrida desde o momento em que esteja definitivamente constituída nos termos do direito aplicável.

Em síntese, na forma do art. 116 do CTN, o fato gerador pode advir de uma situação de fato ou de uma situação jurídica e que, nessa última, aplica-se a regra do art. 117 do CTN. O artigo traz a expressão **"salvo disposição de lei em contrário"**. Por isso, as regras contidas nos arts. 116, 117, 120, 123, 125 e 136, todos do CTN, somente se aplicam na ausência de lei ordinária. Percebe-se que, para o Direito Tributário, independentemente da classificação doutrinária do Direito Civil, o fato gerador é sempre um fato. O fato, perfeitamente enquadrado no dispositivo da lei tributária, será chamado, por alguns, de fato imponível, ou, por outros, simplesmente de fato gerador, isto é, será sempre um fato jurídico.

Para concluir, trazemos a lição de Venosa[6], que considera como fato jurídico todos os acontecimentos que podem ocasionar efeitos jurídicos, todos os atos suscetíveis de produzir aquisição, modificação ou extinção de Direitos. Esta nos parece a melhor definição do Direito Civil que se encaixa ao fato gerador, instituto de Direito Tributário.

Como foi dito anteriormente, o fato gerador é um instituto peculiar ao Direito Tributário, no sentido de um fato jurídico acarretar a obrigação tributária. Parece óbvio, mas não é. Por exemplo, nos outros ramos do Direito, nada impede que se utilize a mesma expressão para caracterizar a ocorrência de um fato jurídico. Podemos exemplificar: o fato gerador da personalidade civil é o nascimento com vida[7]. Contudo, ainda que para a conceituação clássica do Direito Civil seja um ato jurídico, para o Direito Tributário continuará sendo um fato. Conforme nos ensina

---

6   VENOSA, Sílvio de Salvo. *Direito civil*: parte geral. 3ª ed. São Paulo: Atlas. 2003, v. I, p. 115.

7   Não enfrentaremos aqui as divergências sobre as correntes inerentes ao nascimento com vida ou da concepção.

Machado[8], tal distinção é importante para a compreensão da assertiva de que a capacidade tributária passiva independe da capacidade jurídica das pessoas naturais (art. 126 do CTN).

O que interessa para a capacidade civil é a validade da vontade manifestada pela pessoa. Por outro lado, como a vontade da pessoa é irrelevante para a obrigação tributária, não se exige a preexistência de capacidade civil para que alguém seja considerado sujeito passivo da obrigação tributária.

Assim, temos como fato jurídico em sentido amplo todo acontecimento, dependente ou não da vontade humana, a que a lei atribui certos efeitos jurídicos. Enquanto os fatos jurídicos em sentido estrito são apenas acontecimentos que independem da vontade humana, os atos jurídicos surgem da manifestação da vontade que provoca efeitos jurídicos.

Salienta-se, ainda, a alteração instituída no art. 116 do CTN, que teve seu parágrafo único introduzido pela Lei Complementar n. 104/2001, permitindo à autoridade administrativa a faculdade de desconsiderar atos ou negócios jurídicos praticados com a finalidade de dissimular a ocorrência do fato gerador do tributo ou a natureza dos elementos constitutivos da obrigação tributária. Com tal dispositivo, segundo Utumi[9], o legislador pretendeu conferir instrumentos à fiscalização para evitar a dissimulação da ocorrência do fato gerador, sendo denominada de norma antielisão fiscal. O STF pacificou a discussão no julgamento da ADI n. 2.446, na qual reputou constitucional a norma do parágrafo único no art. 116. Comentaremos mais sobre o tema no item elisão, evasão e elusão fiscal.

8.2.2 Classificação do Fato Gerador

O fato gerador, como foi dito anteriormente, é uma situação hipotética prevista em lei, por isso também é chamado de hipótese de incidência que, se ocorrer no caso concreto, gera a obrigação de pagar o respectivo tributo. Existem várias classificações doutrinárias quanto às suas **espécies**:

8.2.2.1 Simples e Complexo

Essa classificação leva em consideração o número de atos praticados para a ocorrência do fato gerador. Assim, considera-se *simples* o fato gerador que se consuma através da realização de um único ato precisamente determinado, como, por exemplo, o ICMS, quando do momento da circulação da mercadoria, ou seja, da saída da mercadoria do estabelecimento. O fato gerador *complexo* é aquele em que o nascimento da obrigação tributária dependerá da prévia concretização de uma série de atos interligados, como, por exemplo, o Imposto de Renda, em que

---

8   MACHADO, Hugo de Brito. Op. cit., p. 101.

9   UTUMI, Ana Claudia Akie. *Planejamento tributário e a norma geral antielisão.* Coord. Gilberto Luiz do Amaral. 2ª tir. Curitiba: Juruá. 2003, p. 17.

os meses incluídos no exercício fiscal servirão para a configuração do fato gerador do IR. Recomendamos a leitura do capítulo que trata do princípio da anterioridade, caso a lei que majorou o Imposto de Renda seja publicada no exercício vigente do ano-base.

8.2.2.2 Instantâneo e Complexivo

Essa modalidade leva em consideração o tempo de sua ocorrência e nesse sentido temos a seguinte classificação: a) instantâneo ou simples; b) complexivo ou periódico ou complexo; c) continuado ou contínuo.

Assim, diz-se fato gerador *instantâneo* (ou simples) aquele que pode ser detectado em um momento preciso, isto é, um único fato ocorre em certo instante e nele se esgota, como, por exemplo, a saída da mercadoria do estabelecimento em relação ao ICMS; a transmissão de um bem imóvel em relação ao ITBI; a prestação de um determinado serviço em relação ao ISSQN. Podemos dizer, em síntese, que ele se inicia e se completa em um só momento.

O fato gerador *complexivo* abrange diversos fatos isolados que ocorrem em determinado espaço de tempo, mas esses fatos são "somados", aperfeiçoando o fato gerador do tributo. É o caso, por exemplo, do Imposto sobre a Renda e Proventos de Qualquer Natureza, pois inclui a soma de vários fatos que ocorreram em um determinado período (chamado de período de apuração) durante o qual o contribuinte auferiu renda, aptos a gerar o pagamento do imposto. Contudo, merece destaque o fato de existir a possibilidade de retenção na fonte (o desconto em folha) que não é considerada pagamento do imposto e, sim, antecipação do pagamento do tributo sujeito a homologação. Em síntese, podemos dizer que são vários fatos jurídicos que, somados em conjunto, compõem um só fato gerador.

Por fim, o fato gerador *contínuo* ou *continuado* é assim chamado, pois a sua realização se dá de forma duradoura e estável no tempo. Significa dizer que o elemento material objeto de tributação tende a permanecer no tempo. O fato gerador leva um período para se completar que, em regra, é de um ano, como, por exemplo, o IPTU, o ITR, o IPVA. Daí haver a necessidade de serem feitos cortes temporais para a sua identificação.

8.2.2.3 Condicional e Incondicional

Essa classificação leva em conta a existência ou não de uma condição para a ocorrência do fato gerador de um tributo. Vale lembrar que condição é o evento futuro e incerto que subordina ou faz cessar a eficácia de um ato jurídico. Assim, temos que o fato gerador *incondicional* é a regra geral no direito tributário, pois não se submete a qualquer condição. Assim, se o fato gerador se submeter às condições previstas no art. 117 do CTN, teremos a modalidade *condicional*. Nesse sentido, a Teoria Geral do Direito apresenta duas espécies de condição: a suspensiva e a resolutiva. A condição suspensiva impede que o ato jurídico produza os seus efeitos. Por outro lado, a condição resolutiva faz cessar os efeitos já produzidos pelo ato praticado. Migrando o conceito para a teoria da tributação, vê-se que os atos condicionais interferem no nascimento da obrigação tributária, originando o fenômeno dos fatos geradores condicionais e incondicionais, na forma do que dispõe o art. 117, I e II, do CTN.

Fato Gerador Condicional Suspensivo (art. 117, I, do CTN)

Nesse caso, o nascimento da obrigação tributária condicional subordina-se ao implemento da condição suspensiva. Nesse sentido, não havendo a implementação da referida condição, não haverá a ocorrência do fato gerador e, consequentemente, não terá nascido a obrigação tributária. Exemplifiquemos através do caso em que uma pessoa receberá como presente de um parente a doação de um imóvel quando aprovada em concurso público. Assim, até o implemento da condição, não terá havido o nascimento da obrigação tributária referente à transmissão do bem (ITD)[10].

Fato Gerador Condicional Resolutivo (art. 117, II, do CTN)

Essa hipótese, em razão de ser uma condição resolutória, difere da anterior, pois, nesse caso, o fato gerador se concretiza desde o momento da execução do ato jurídico. Portanto, o nascimento da obrigação tributária é contemporâneo à elaboração do ato jurídico, de forma que a obrigação tributária será detectada a partir do momento dentro do qual se realizou o fato gerador. Exemplo: uma pessoa receberá um imóvel para poder estudar, sendo que o bem permanecerá sob o seu domínio até que ele seja aprovado em concurso. Nessa hipótese, o imposto será devido desde a transmissão da propriedade.

Indaga-se sobre a consequência do implemento da condição resolutiva. O tema é controvertido. Há quem sustente que o advento da condição resolutiva faz com que o ato jurídico se resolva, voltando-se à situação inicial, ou seja, sem a transmissão da propriedade. Se não houve transmissão, o transmitente poderá reaver junto ao Fisco a quantia paga. Para uma segunda corrente, a condição resolutiva, uma vez implementada, não gerará nenhum efeito em relação à obrigação tributária. Na verdade, para efeitos fiscais, com o nascimento da obrigação tributária, realiza--se o fato gerador, de forma que se configura a hipótese do ato jurídico perfeito, insuscetível de repetição. Além do mais, vale, na hipótese, a regra geral de interpretação tributária, através da qual nos termos dos arts. 118 e 126 do CTN, em matéria fiscal, considera-se irrelevante questionar a validade ou não do ato realizado.

As Fazendas Públicas sustentam a necessidade do pagamento duplo em razão da existência de dois fatos geradores diferentes. Contudo, entendemos de forma diversa, pois entender diferente invalidaria a condição.

8.2.2.4 Causal e Formal

Essa classificação é pouco citada na doutrina, em especial por sua inaplicabilidade. Assim temos como fato gerador *causal* cujo núcleo encontra fundamento de

---

10 A sigla referente ao Imposto sobre Transmissão *Causa Mortis* e Doação varia de Estado para Estado, podendo ser ITD, ITCMD etc.

validade em uma situação de cunho econômico. Exemplo: IR, ICMS, entre outros. Já o fato gerador *formal* é aquele cujo aspecto material está desvinculado de qualquer relação econômica. Apesar de não existir mais no sistema tributário, pode-se lembrar, a título de ilustração, o Imposto sobre o Selo.

8.2.2.5 Típico e Complementar

Fato gerador *típico* é aquele que serve de base para possíveis variações. Já o complementar ou acessório é aquele que admite circunstâncias agregadas ao fato gerador típico, o que enseja uma modificação da obrigação tributária, como, por exemplo, o ICMS – saída da mercadoria do estabelecimento. Para o fato gerador complementar, a saída da mercadoria do estabelecimento não ensejará o nascimento da obrigação tributária caso se trate, por exemplo, de produto industrializado (IPI) destinado ao exterior (art. 155, § 2º, X, *a*, da CRFB).

8.2.2.6 Genérico e Específico

Essa modalidade leva em consideração a possibilidade ou não de se utilizar a interpretação extensiva. Assim, temos como fato gerador *genérico* aquele cuja hipótese de incidência admite enumeração exemplificativa, como é o caso, por exemplo, do ITBI. Já o fato gerador *específico*, a seu termo, é aquele cuja hipótese de incidência não admite a elasticidade, como, por exemplo, a lista de serviços do ISS em seu aspecto vertical.

8.2.3 Elementos do Fato Gerador Integral

Assim como a lei penal possui os elementos do tipo, toda lei tributária também possui os seus elementos. Deste modo, temos os elementos da obrigação, também chamados de elementos do fato gerador integral. Vimos que com a ocorrência do fato gerador nasce a obrigação tributária, mas para que haja a tipicidade tributária, é preciso que sejam preenchidos todos os elementos do fato gerador, que se resumem em cinco: material, subjetivo, temporal, espacial e quantitativo.

O *elemento material* ou *objetivo* diz respeito à definição, na lei tributária, da hipótese de incidência (art. 114 do CTN), ou seja, traz o elemento material. É o caso, por exemplo, da Lista de Serviços contida no anexo à Lei Complementar n. 116/2003. A referida lista define que tipos de serviços serão tributados em ISSQN. Esse elemento é tão importante que se um determinado serviço não estiver na referida lista, ele não será tributado, pois estará no campo da não incidência tributária, pelo menos no que tange ao ISSQN.

O *elemento subjetivo* diz respeito aos sujeitos da relação jurídico-tributária, ou seja, o sujeito ativo e o sujeito passivo (contribuinte ou responsável). Nesse caso, temos como exemplo, mantendo o ISSQN, para que sirva de paradigma, a LC n. 116/2003, que define o contribuinte, bem como o responsável tributário. Nesse sentido, o elemento subjetivo comporta um polo ativo e um polo passivo. O polo ativo, também denominado sujeito ativo, é ocupado pelo ente federativo dotado de competência tributária atribuída[11] pela Constituição Federal para instituir o tributo respectivo. É importante lembrar que a competência tributária se distingue da capacidade tributária, pois a primeira, por ter previsão constitucional, é indelegável, enquanto a segunda é a faculdade de delegar as funções de fiscalizar e cobrar os tributos devidos. Observe-se que somente o sujeito ativo será o titular da competência tributária[12]. O polo passivo é o sujeito passivo, ou seja, o encarregado de adimplir a obrigação tributária. Vale dizer que a sujeição passiva tributária se dá de duas formas: sujeição direta e sujeição indireta. A primeira é exteriorizada pela figura do contribuinte, e a segunda, pelo responsável tributário ou substituto tributário. Em síntese, o elemento subjetivo subdivide-se em sujeito ativo e sujeito passivo, que, por sua vez, se subdivide em contribuinte e responsável tributário. A responsabilidade tributária não é somente atribuída em virtude de ato ilícito, mas também em decorrência de outras disposições legais. Abordaremos melhor o tema no capítulo sobre responsabilidade tributária.

O *elemento temporal* determina o momento em que será considerado ocorrido o fato gerador. Essa definição é relevante para a identificação da legislação a ser aplicada, conforme dispõe o art. 144 do CTN. Podemos exemplificar com o momento da prestação do serviço e a emissão da nota fiscal do ISSQN[13].

O *elemento espacial* diz respeito ao lugar em que será considerada a ocorrência do fato gerador e, consequentemente, a limitação territorial adstrita ao ente tributante, como, por exemplo, a definição do local da prestação do serviço para efeitos de tributação de ISSQN. A lei tributária se aplica em todo o território nacional. Vale lembrar que o art. 146 da CF dispõe que cabe à lei complementar estabelecer normas gerais em matéria tributária e, ainda, por força do pacto federativo, deve ser observado o federalismo fiscal. Vale ressaltar, ainda, a diferença entre lei e legislação tributária, esta última compreendendo a própria lei, os tratados e convenções internacionais, na forma do art. 98 do CTN ("os tratados e convenções internacionais revogam ou modificam a legislação tributária interna, e serão observados pela que lhes sobrevenha") e as normas complementares, como dispõe o art. 100 e incisos do CTN.

O *elemento quantitativo* subdivide-se nos elementos que quantificam a incidência tributária, ou seja, a alíquota e a base de cálculo. A relação matemática entre

---

11   Obrigação do contribuinte: dar coisa certa em função do exercício da competência tributária, ou seja, da implementação do tributo.

12   Assim, o INSS não é o sujeito ativo (ao menos direto), e sim a União, que delega àquele a capacidade de cobrar e fiscalizar a arrecadação do tributo. É preciso destacar que essas funções podem ser delegadas a pessoas jurídicas de direito público ou de direito privado. Entretanto, existe uma discussão a respeito da possibilidade de ser atribuída a uma pessoa de direito privado a competência tributária em relação às contribuições parafiscais (sujeito ativo indireto).

13   **Súmula Vinculante 48 do STF**: *Na entrada de mercadoria importada do exterior, é legítima a cobrança do ICMS por ocasião do desembaraço aduaneiro.*

esses dois elementos quantificará o valor do tributo a pagar, por isso a denominação elemento quantitativo.

8.3 Relação Jurídica Tributária

No passado, alguns autores entendiam ser a relação tributária uma simples relação de poder, de soberania, e não de direito. A doutrina moderna entende que o exercício da soberania se dá no momento da edição da lei que impõe o tributo, na função do Estado-legislador. O Estado-administrador, por sua vez, tem o dever legal de cobrar o tributo, inclusive por força do art. 14 da LC 101/00 (LRF), que veda a renúncia de receita. Nesse contexto, tanto o Fisco quanto o contribuinte devem respeito à Lei, por ser a relação tributária uma relação de direito. Ressalte-se que a relação tributária é plúrima, pois a mesma pessoa está ligada às diferentes Fazendas, através de várias relações jurídicas.

8.3.1 Natureza Jurídica da Relação Jurídico-Tributária

A doutrina classifica a natureza da relação tributária em algumas correntes, a saber:

a) relação de poder;
b) relação obrigacional *ex lege*;
c) relação pessoal;
d) relação procedimental;
e) relação obrigacional e Constituição.

Relação de Poder

Como dissemos anteriormente, nas primeiras décadas do século XX alguns doutrinadores entendiam que a relação tributária era uma simples relação de poder, de soberania, e não de direito. A relação decorria pura e simplesmente do Poder de Império do Estado (*summa potestas*).

A Natureza Obrigacional (ex lege) da Relação Tributária

Não há dúvida de que a relação tributária é uma relação jurídica, pois o Direito Tributário, como ramo do Direito Público, objetiva disciplinar a relação jurídica entre o Estado e o contribuinte. A doutrina moderna se posiciona no sentido de conceder natureza obrigacional à relação tributária, inclusive pela nomenclatura utilizada pelo próprio CTN para definir essa relação, ou seja, para estabelecer a obrigação tributária. Contudo, essa relação obrigacional deriva de lei, e portanto é chamada de relação obrigacional *ex lege* (instituída em lei). Entendemos ser essa a corrente que prevalece no Brasil.

A Natureza Pessoal

A mesma relação tributária de natureza obrigacional merece atenção especial para os sujeitos ativo e passivo deste vínculo jurídico. Sabe-se da existência das obrigações *propter rem*, ou seja, próprias da coisa. Na especificidade do Direito Tributário, há os chamados impostos reais, que incidem sobre a pessoa, mas em relação à situação do bem.

Embora alguns autores sustentem a natureza real de algumas relações tributárias, como, por exemplo, o IPTU, nos parece inegável a natureza pessoal dessas obrigações. Ainda que a tributação ocorra em razão da situação de um bem, a incidência se dará sobre o titular desse bem. Logo, não podemos classificar o imposto real como um direito real.

Percebe-se, então, que o sujeito passivo sempre será uma pessoa, daí a sua natureza pessoal, pois não existe uma relação jurídica entre uma pessoa e uma coisa.

Relação procedimental

Essa corrente leva em consideração o momento da ocorrência do vínculo jurídico entre o Fisco e contribuinte, ou seja, o lançamento, considerando a natureza constitutiva do lançamento.

Relação obrigacional e Constituição

Essa corrente, sustentada por Torres[14], classificada como a mais moderna e a mais fluente, estuda a relação jurídico-tributária a partir do enfoque constitucional e sob a perspectiva do Estado de Direito. Nesse sentido, a relação tributária aparece vinculada pelos direitos fundamentais declarados na Constituição.

8.4   Tributo e Penalidade

Não há que se confundir tributo e penalidade. O tributo é fruto do poder de tributar, já a penalidade deriva do poder sancionador do Estado. O próprio art. 3º do CTN prevê que tributo não pode decorrer de sanção de ato ilícito.

Todavia, é importante destacar que na forma do art. 113, § 1º, c/c o art. 114, ambos do CTN, existe a penalidade a ser aplicada pelo descumprimento da obrigação principal, e na forma do art. 113, §§ 2º e 3º, c/c o art. 115, ambos do CTN, também existe a penalidade de ter descumprimento da obrigação acessória.

Multa Moratória, Juros e Multa isolada ou de ofício

Discute-se sobre a distinção entre as duas classificações da multa tributária. Inicialmente cabe destacar que as multas, sejam elas moratórias ou não, são sempre punitivas, porém são consideradas **moratórias** as multas decorrentes do atraso no adimplemento da obrigação, ou seja, do não pagamento do tributo no prazo. A multa moratória visa a desestimular o atraso no recolhimento do tributo. Já as **multas isoladas (ou de ofício)** são aquelas aplicadas em razão de infrações cometidas pelo sujeito passivo, como, por exemplo, o não cumprimento de obrigações acessórias. Essas multas visam a coibir a conduta infracional.

---

14   Essa classificação de relação obrigacional e Constituição é sustentada por Ricardo Lobo Torres.

É importante fazer a distinção entre os juros moratórios e os juros compensatórios. Os **juros moratórios**, diferentemente das multas moratórias, visam a compensar a falta de disponibilidade dos recursos que não entraram nos cofres públicos pelo atraso do contribuinte. Assim, a multa moratória e os juros moratórios podem ser cumulados, pois não se confundem. Assim dispôs o **TRF**, ao editar a **Súmula 209**: *Nas execuções fiscais da Fazenda Nacional é legítima a cobrança cumulativa de juros de mora e multa moratória.* Em relação à diferença entre os juros moratórios e *compensatórios*, o STF (RE 90.656-8) assim entendeu: "Como se vê, os juros têm sempre um único fundamento (a privação do uso de elemento que integra o patrimônio de alguém), e, em razão desse fundamento, eles são sempre compensatórios. Quando ela é somente lícita (caso de mútuo, em que o mutuário restitui o capital no prazo estabelecido no contrato), os juros pela privação do uso do capital se denominam compensatórios. Quando ela é somente ilícita (caso de indenização por ato ilícito absoluto), os juros pela privação do uso da coisa se denominam moratórios (...)".

Em síntese, podemos dizer que a principal diferença entre os juros moratórios e os compensatórios é que os moratórios incidem a partir do vencimento da obrigação (com caráter punitivo e indenizatório), e os juros compensatórios incidem entre a data em que o capital alheio foi transferido e o momento do adimplemento da obrigação, na forma e prazo estabelecidos. Diante dessa distinção, entendemos que os juros compensatórios não têm aplicabilidade no Direito Tributário.

8.5 Obrigação Tributária

8.5.1 Aspectos da Obrigação no Direito Civil e no Direito Tributário

O conceito de obrigação do Direito Civil brasileiro faz menção ao brocardo *societas, ibi ubi ius*, isto porque só existe Direito onde há sociedade, já que o Direito parte da existência das relações sociais; por isso se diz que a todo direito corresponde uma obrigação, um dever de acordo com a escala de valor do ser humano dentro da relação jurídica tutelada. Todavia, aqui será observada a obrigação no aspecto jurídico, ou seja, no sentido estritamente técnico, como um conjunto de normas reguladoras de determinadas relações jurídicas. Venosa faz uma análise sobre tal instituto, definindo:

> Obrigação é a relação transitória de direito que nos constrange a dar, fazer ou não fazer alguma coisa, em regra economicamente apreciável, em proveito de alguém, que por ato nosso ou de alguém conosco juridicamente relacionado, ou em virtude da lei, adquiriu o direito de exigir de nós essa ação ou omissão.

Complementa o autor a visão de Monteiro[15], que entendeu lacunosa a definição de Beviláqua, por não mencionar o elemento responsabilidade, apresentando a seguinte definição:

> Obrigação é a relação jurídica, de caráter transitório, estabelecida entre devedor e credor e cujo objeto consiste numa prestação pessoal e econômica, positiva ou negativa, devida pelo primeiro ou segundo, garantindo-lhe o adimplemento através de seu patrimônio.

Pode-se notar que a obrigação se caracteriza por uma relação de natureza pessoal de caráter transitório, pois se extingue pelo cumprimento. Verifica-se também que nas obrigações há uma relação jurídica entre o sujeito ativo (credor) e o sujeito passivo (o devedor), que pode vincular mais de um devedor ou credores, como já visto nas relações plúrimas.

Em última análise, o patrimônio do devedor responderá pelo inadimplemento. Assim, a caracterização da obrigação tributária exige um retorno à Teoria Geral do Direito, que se baseia no vínculo jurídico que permite ao credor exigir do devedor o cumprimento da obrigação pactuada. Podemos dizer que a obrigação tributária é o vínculo através do qual o Estado (sujeito ativo da obrigação tributária) pode exigir do particular (sujeito passivo) uma prestação tributária (principal ou acessória).

Para Machado[16], a obrigação tributária é a relação jurídica em virtude da qual *"o particular (sujeito passivo) tem o dever de prestar dinheiro ao Estado (sujeito ativo), ou de fazer, não fazer ou tolerar algo no interesse da arrecadação ou da fiscalização dos tributos, e o Estado tem o direito de constituir contra o particular um crédito"*.

O art. 113 e parágrafos do CTN dispõem sobre a obrigação tributária. Vimos anteriormente que o tributo é objeto de uma relação obrigacional entre o Estado e o contribuinte. As obrigações tributárias, assim como as do Direito Civil, são relações obrigacionais. Contudo, é importante ressaltar a peculiaridade que tal conceito representa no Direito Tributário. No Direito Civil, obrigação e crédito são institutos semelhantes, posto que toda obrigação corresponde à responsabilidade do devedor pelo crédito devido, respondendo inclusive com o seu patrimônio para adimplir a obrigação. No Direito Tributário essa interpretação é distinta, em razão da existência de dois momentos distintos, o da obrigação tributária, que surge com a ocorrência do fato gerador, e o do crédito tributário, que se "constitui" com o lançamento. Assim, com o devido cuidado quanto à expressão "se constitui", só se pode falar em crédito tributário após o procedimento de lançamento tributário.

É importante que percebamos que a obrigação tributária não corresponde ao direito de se exigir, e sim ao direito de pagar. No Direito Civil, uma obrigação

---

15 MONTEIRO, Washington de Barros. *Curso de direito civil*: direito das obrigações. 15ª ed. São Paulo: Saraiva, 1979, v. 4. In: VENOSA, Sílvio de Salvo. Op. cit., p. 8.

16 MACHADO, Hugo de Brito. Op. cit., p. 97.

corresponde a um direito, e um crédito corresponde a um débito. No Direito Tributário, esses momentos são distintos. Aurélio Seixas Filho chama a obrigação tributária de dever jurídico tributário, alegando que o instituto tributário nada tem a ver com o instituto do Direito Privado.

No entanto, a lei consagra e tipifica a expressão "obrigação tributária", que pode ser perfeitamente utilizada como uma relação jurídica de natureza obrigacional, vez que entendida a sua distinção no campo doutrinário. Para fins didáticos, a obrigação tributária[17] corresponde a uma obrigação ilíquida do Direito Civil, enquanto o crédito tributário corresponde a essa mesma obrigação depois de liquidada, e o lançamento figura como o procedimento de liquidação.

Baleeiro[18] entende que as chamadas obrigações acessórias nada têm de acessórias, considerado o termo à luz do Direito Civil, caso em que não se aplica o brocardo latino *accessorium corruit sublato principal,* pois no Direito Tributário pode inexistir obrigação principal em razão de imunidade ou isenção, por exemplo, e persistirem as obrigações acessórias, como a escrituração fiscal. Assim, verifica-se que as obrigações acessórias podem ter vida própria. O CTN acolheu, na visão de Rosa Jr.[19], o *conceito dualista de obrigação tributária.*

Outra observação importante revela-se no fato de o art. 114 do CTN estabelecer que as obrigações acessórias decorrem da legislação tributária. Como dito anteriormente, a fixação de obrigações acessórias pela legislação tributária não viola o princípio da legalidade tributária previsto no art. 150, I, da Constituição da República de 1988.

Alberto Xavier[20] declara ser corrente a afirmação de que o princípio da legalidade é um dos princípios fundamentais do Estado Democrático de Direito e, com tal importância, não pode ser violado.

A obrigação tributária pode ser desmembrada em três aspectos: a relação jurídica tributária, a sua natureza obrigacional e a sua natureza pessoal. Nesse aspecto, veremos cada uma delas individualmente.

8.5.2 Espécies

O art. 113 do CTN prevê duas espécies de obrigação tributária, no que foge à melhor técnica:

a) obrigação principal;

b) obrigação acessória.

---

17 Nesse sentido também: MEDEIROS, Maria Lúcia Sucupira. *Direito tributário resumido.* 2ª ed. Belo Horizonte: Del Rey, 1996, p. 97.

18 BALEEIRO, Aliomar. Op. cit., p. 702.

19 ROSA JR., Luiz Emygdio F. da. Op. cit., p. 515.

20 XAVIER, Alberto. *Os princípios da legalidade e da tipicidade da tributação.* São Paulo: Revista dos Tribunais, 1978.

8.5.2.1 Obrigação Principal

A obrigação tributária chamada de principal encontra amparo no art. 113, § 1º, do CTN que a define uma situação estabelecida em lei que surge com a ocorrência do fato gerador e tem como objeto o pagamento de tributo ou penalidade pecuniária, extinguindo-se juntamente com o crédito que dele decorre.

Inicialmente cabe destacar que o § 1º do art. 113 cometeu uma impropriedade ao mencionar que as penalidades pecuniárias fazem parte da obrigação principal, pois a melhor técnica ensina que penalidade não é tributo, de forma que jamais será uma obrigação principal. Em segundo lugar, o § 3º estatui que o não cumprimento de uma obrigação acessória determina a sua conversão automática em obrigação principal. Na verdade, tal "transformação" não existe. O que o legislador quis dizer, *de lege ferenda,* foi que as penalidades, como, por exemplo, as multas fiscais, serão cobradas da mesma forma que as obrigações principais, ou seja, são convertidas em pecúnia e cobradas administrativamente ou pela via judicial através da ação de execução fiscal (Lei n. 6.830/80). Nesse sentido, o descumprimento de uma obrigação de fazer (acessória) se resolve em pagamento de perdas e danos, convertendo-se em obrigação de dar (principal).

8.5.2.2 Obrigação Acessória

Da mesma forma que a anterior, a obrigação acessória também encontra previsão no CTN, em seu art. 113, § 2º. Diz o referido dispositivo que a obrigação acessória decorre da legislação tributária e tem como objeto prestações positivas ou negativas no interesse da fiscalização e, consequentemente da arrecadação. Destaque-se que as obrigações acessórias podem ser instituídas por meio da legislação tributária, o que significa dizer que atos normativos infralegais também poderão criar obrigações acessórias, como, por exemplo, o decreto do chefe do Poder Executivo, por isso dizer-se que é uma obrigação *ex lege* em sentido amplo, diversamente da obrigação principal, que é em sentido estrito (lei formal). Como prestações positivas ou negativas, o CTN quis se referir às obrigações de fazer, não fazer ou tolerar, como, por exemplo, emitir nota fiscal, não rasurar os livros obrigatórios, tolerar auditoria e fiscalização. Carvalho[21] define obrigações acessórias como deveres instrumentais ou formais. Deveres, com o intuito de mostrar, de pronto, que não têm essência obrigacional, isto é, seu objeto carece de patrimonialidade. E instrumentais ou formais porque, tomado em conjunto, é um instrumento de que dispõe o Estado-Administração para o acompanhamento e consecução dos desígnios tributários.

Destaque-se, ainda, que o conceito de acessoriedade, no Direito Tributário, difere do Direito Civil, posto que é autônomo, vez que mesmo as pessoas imunes ou

---

21 CARVALHO, Paulo de Barros. Op. cit., p. 196. Nesse sentido também Ricardo Lobo Torres.

isentas não estão dispensadas do cumprimento das obrigações acessórias (art. 194, parágrafo único, do CTN).

Por fim, recomendamos a leitura da LC n. 199/2023, que institui o Estatuto Nacional de Simplificação de Obrigações Tributárias Acessórias, em observância ao disposto na alínea "b" do inciso III, do art. 146 da CRFB. A finalidade da lei é diminuir os custos de cumprimento das obrigações tributárias e incentivar a conformidade por parte dos contribuintes, no âmbito dos Poderes da União, dos Estados, do DF e dos Municípios.

8.5.3 Diferença entre Obrigação e Responsabilidade

Questão interessante é a análise da diferença entre a obrigação e a responsabilidade sob o enfoque tributário. Através da máxima do Direito Romano *neminem laedere*, pode-se observar que a ordem jurídica impõe deveres que podem ser positivos (de dar ou fazer) e negativos (de não fazer). Esses deveres podem ser absolutos ou relativos, conforme atinjam pessoa ou pessoas determinadas. Isso decorre da convivência social que, através do direito positivo, impõe aos indivíduos uma conduta externa (dever jurídico). O dever jurídico, quando lesado, quase sempre causa dano a uma pessoa, ocasionando um outro dever jurídico, que é o de reparar o dano. Podemos concluir pela existência de um dever jurídico sucessivo ou secundário. Há, portanto, um dever jurídico primário que, uma vez violado, cria um dever jurídico secundário.

A responsabilidade civil pode ser invocada quando da violação de um dever jurídico (originário) e consequentemente há um dano a ser reparado. Em suma, toda conduta humana que venha a violar ou lesionar um dever jurídico originário ou primário e causar prejuízo a outra pessoa é fonte geradora de responsabilidade civil.

Segundo Sergio Cavalieri Filho[22], responsabilidade, em seu sentido etimológico, exprime ideia de obrigação, encargo, contraprestação e, em seu sentido jurídico, designa o dever que alguém tem de reparar o prejuízo decorrente da violação de um outro dever jurídico. Complementa o autor que, mesmo não sendo comum a distinção entre obrigação e responsabilidade, não se poderia deixar de mencionar a diferença existente entre ambas. Pode-se dizer que obrigação é sempre um dever jurídico primário e, por outro lado, a responsabilidade é um dever secundário. Assim, temos que a obrigação tributária leva em consideração o débito *(debitum, schuld)* e a responsabilidade *(obligatio, haftung)*. O débito é o primeiro elemento a ser visto na obrigação, mas deve ser analisado conjuntamente com a responsabilidade. Assim, em regra, na relação obrigacional do Direito Civil, o débito e a responsabilidade são inseparáveis, mas no Direito Tributário, em face da teoria dualista, são separados pelo lançamento tributário; caso contrário, ocorrerá a decadência, e logo não há que se falar em crédito tributário.

---

22 CAVALIERI FILHO, Sergio. *Programa de responsabilidade civil*. 2ª ed. 3ª tir. rev., aum. e atual. São Paulo: Malheiros, 2002, p. 20.

8.6 Distinção entre Elisão, Evasão e Elusão Fiscal

A regra no Direito brasileiro é a tributação com base na relação jurídica tributária, ou seja, quando o sujeito passivo pratica o fato gerador. Ocorre que, algumas vezes, o contribuinte ou responsável pratica atos no sentido de afastar a tributação, que podem ser classificados como lícitos ou ilícitos[23]. Assim, surgem os institutos da elisão, evasão e elusão fiscal que veremos a seguir:

8.6.1 Elisão Fiscal

A elisão fiscal é considerada uma **prática lícita** por parte do contribuinte, que busca minimizar ou até mesmo afastar a incidência tributária através de um planejamento tributário. Normalmente se verifica, como regra, antes da ocorrência do fato gerador. Contudo é possível que aconteça posteriormente ao fato gerador, como, por exemplo, a escolha do modelo a ser utilizado pelo contribuinte no momento da sua declaração de imposto de renda, cujo fato gerador já ocorreu. O contribuinte, ao escolher o modelo de declaração, está verificando qual delas é melhor, ou seja, minimiza a incidência.

8.6.2 Evasão Fiscal

A evasão fiscal é considerada uma **prática ilícita** por parte do contribuinte que busca omitir ou evitar que o Fisco tome conhecimento da ocorrência do fato gerador, daí também ser chamada de sonegação. Normalmente se verifica depois da ocorrência do fato gerador. É possível, contudo, que aconteça anteriormente ao fato gerador, como, por exemplo, a emissão de notas "espelhadas", ou seja, irregularidade praticada antes da saída da mercadoria.

8.6.3 Elusão Fiscal

A elusão fiscal ocorre quando o contribuinte, a pretexto de praticar uma conduta lícita, age com **abuso de forma**, ou através de uma conduta simulada ou fraudulenta, com o objetivo de afastar, de forma simulada, a ocorrência do fato gerador. Nesse caso, o ato é aparentemente lícito, mas esconde a real ocorrência do fato gerador. Aplica-se então a norma antielisiva prevista no parágrafo único do art. 116 do CTN e, por isso, alguns autores a chamam de elisão ilícita ou ineficaz. Podemos exemplificar com a hipótese em que alguém simula uma compra e venda no lugar da doação de um imóvel, sabendo que a alíquota de incidência do ITBI é menor do que a referente ao ITD. Então o contribuinte simula a venda, mas de fato o que ocorreu foi uma doação.

---

[23] Sobre Planejamento Tributário, recomendamos a leitura da nossa obra: CARNEIRO, Claudio; JUNIOR, Kaiser Motta Lúcio de Morais; PESSOA, Leonardo Ribeiro. *Planejamento tributário e a autonomia privada*: limites e possibilidades. Belo Horizonte: Editora D'Plácido, 2017.

Não há que se confundir elusão com elisão fiscal. Para Godoi: "Talvez seja chegada a hora de passar a diferenciar elisão tributária de elusão tributária, esta última expressão designando a prática de atos ou negócios jurídicos previstos no art. 116, parágrafo único, do CTN, um tipo de planejamento que não é nem simulado nem propriamente elisivo"[24].

8.6.3.1 Abuso de Forma × Simulação × Abuso do Direito

A expressão **abuso de forma** aplica-se quando o contribuinte, para a celebração de um negócio jurídico, se utiliza de uma forma "anormal" (mas que não seja ilícita) ou diversa da formalidade original e legal exigida, com o intuito de afastar ou minimizar a carga tributária que incidiria sobre a real operação. Na **simulação,** as partes realizam formalmente um negócio jurídico diverso do que realmente é feito, como, por exemplo, a simulação de compra e venda no lugar de uma doação, com o objetivo de minimizar a incidência tributária.

Quanto ao **abuso do direito**[25], ele é similar ao abuso de forma, só que nesse caso o que está sendo "maquiado" não é a formalidade do negócio jurídico, mas sim a utilização do Direito para atingir as finalidades almejadas pela prática do ato. A linha teórica de distinção entre ambos é muito tênue, razão pela qual, no caso concreto, se torna difícil a comprovação pela Fazenda dos vícios apontados. Por outro lado, a simulação é mais fácil de ser identificada no campo teórico; contudo, quando bem-feita, é difícil de ser constatada na prática, daí a criação da chamada norma antielisiva.

8.6.3.2 Norma Antielisiva

A norma antielisiva, também chamada cláusula geral antielisiva[26], baseada na cláusula geral francesa, foi introduzida no Código Tributário Nacional pela LC n. 104/2001, que inseriu o parágrafo único ao art. 116[27]. A matéria comporta algumas questões polêmicas, como, por exemplo, o aspecto de que a norma não é

---

24 GODOI, Marciano Seabra de. A figura da "fraude à lei tributária" prevista no art. 116, parágrafo único, do CTN. *RDDT* n. 68, maio/2001, p. 101-123.

25 Há quem sustente que o abuso de direito é um gênero que comporta o abuso de forma e a simulação. Mas o abuso de direito não se confunde com a simulação, pois nesta os atos são fictícios e não queridos pelo contribuinte, que oculta a verdade. Já no abuso de direito, o negócio celebrado é real, mas é celebrado com o intuito de burlar uma norma tributária. No abuso de direito, não há necessariamente uma ilicitude, uma vez que a ocorrência do fato gerador não está vinculada à validade formal do ato. O que acontecerá é que o Fisco não reconhecerá a eficácia dos elementos contidos naquele ato.

26 A expressão *antielisão* contida na lei é bem ampla e abrange: o abuso de forma, a fraude, abuso na celebração de negócios jurídicos e na formação societária – a falta de propósito negocial. Registre-se que o STJ (REsp 696.745/CE), embora não se referisse diretamente sobre o tema, já invocou no texto do julgado que "a realidade econômica há de prevalecer sobre a simples forma jurídica".

27 No Brasil, já vinham sendo editadas algumas leis que introduziram normas antielisivas **específicas**, como, por exemplo, a Lei n. 7.450/85 e a Lei n. 9.430/96, daí a LC n. 104/2001 ser chamada de norma **geral** antielisiva, inspirada na cláusula geral francesa. Podemos ainda citar outro exemplo de norma antielisiva

autoaplicável, pois a redação do dispositivo é clara ao remeter à lei ordinária para estabelecer os procedimentos.

O segundo aspecto é que o dispositivo é tido como inconstitucional por violar a separação dos poderes, já que permite que a autoridade fiscal deixe de aplicar a lei ao fato a que se destina, bem como permite que ela funcione como legislador positivo, ao desconsiderar atos praticados pelo contribuinte e classificá-los da forma como lhe aprouver.

Há quem sustente que a norma antielisiva consagra a interpretação econômica do fato gerador, já defendida por Amílcar de Araújo Falcão. Entendemos que a Fazenda não pode, a pretexto de aplicar a norma antielisiva, cometer arbitrariedades, ou simplesmente desconsiderar desmotivadamente negócios jurídicos celebrados pelos contribuintes, interpretando-os diversamente, a título de presunção de fraude ou simulação[28].

Há quem sustente que a norma antielisiva consagra a interpretação econômica do fato gerador, já defendida por Amílcar de Araújo Falcão.

Destaque-se, em síntese, que a norma antielisiva tende a combater atos ou negócios que visem: à fraude a lei, ao abuso de forma, ao abuso da personalidade jurídica da empresa. *A fraude à lei* consiste em "maquiar" a ilegalidade do ato ou negócio praticado, de modo a fazer com que pareça diferente do que efetivamente é, ou seja, ilícito. O *abuso de forma*, como já visto, decorre do Código Tributário alemão de 1919, que autorizava a autoridade administrativa a desconsiderar a forma de negócios celebrados no âmbito do direito privado. Por fim, o *uso abusivo da personalidade jurídica da empresa*, que permite a desconsideração da sociedade para alcançar o patrimônio do sócio, bem como a desconsideração invertida, para coibir a "blindagem patrimonial", na qual o sócio se esconde no patrimônio da sociedade. Cabe ressaltar que em alguns países como a Inglaterra e EUA é permitida a aplicação da norma antielisiva quando o contribuinte desvia o objetivo do negócio jurídico celebrado. É o chamado *business purpose test*, ou, simplesmente, *abuso de vontade*. Essa teoria predomina nos EUA permitindo que a autoridade fiscal examine a intenção negocial do agente (contribuinte).

Quanto à aplicação da norma antielisiva, indaga-se se o efeito dessa norma é automático ou de eficácia limitada à edição de lei ordinária. Como fundamento da aplicabilidade imediata, a doutrina sustenta que a função da referida pelo parágrafo único do art. 116 do CTN é estabelecer um procedimento para que a Fazenda promova a desconsideração de ofício. Contudo, entendemos de forma diversa, pois quando a parte final do parágrafo único, do referido artigo menciona *observados os procedimentos a serem estabelecidos em lei ordinária,* quer dizer que somente após a

---

específica: art. 129 da Lei n. 11.196/2005, que permite desconsiderar a personalidade jurídica da empresa se comprovado pela autoridade fiscal, entre outros, que ela não existe sob o ponto de vista econômico.

28 Sobre os institutos do Direito Civil recomendamos a obra de Fábio de Oliveira Azevedo, *Direito civil:* introdução e teoria geral. Rio de Janeiro: Lumen Juris, 2009.

regulamentação por lei ordinária dos procedimentos específicos para a desconsideração dos atos ou negócios jurídicos é que a norma antielisiva pode ser aplicada[29].

Após intensa discussão sobre o tema, o STF (ADI 2.446) entendeu pela constitucionalidade do artigo citado, afirmando que: a) o fato gerador previsto no parágrafo único do art. 116 é o previsto em lei para cada tributo, sendo necessária a configuração de fato gerador apto a fazer surgir a obrigação tributária. Assim, a desconsideração referida no artigo está limitada aos atos ou negócios jurídicos praticados com intenção de dissimulação ou ocultação desse fato gerador; b) o emprego da analogia encontra previsão no art. 108 do CTN, desde que não resulte em exigência de tributo não previsto em lei. Nesse sentido, o agente fiscal não está autorizado a usar a analogia para definir fato gerador e, com isso, tornar-se legislador e aplicar tributo sem previsão legal; c) não há previsão na norma de interpretação econômica, pois o art. 116 se encontra no capítulo que dispõe sobre o fato gerador, e não sobre a interpretação e integração da legislação tributária.

Por fim, vale ressaltar que, embora com naturezas distintas, as cláusulas do propósito negocial e do abuso de forma passaram a ser adotadas por diversos países, mas essas teorias surgiram nos EUA em 1935, através do julgamento pela Suprema Corte dos EUA do *leading case "Gregory v. Helvering"*.

8.7 Solidariedade Tributária

Inicialmente cabe esclarecer que a solidariedade não é um instituto típico do Direito Tributário, mas sim do Direito Civil, e à luz desse ramo do Direito, poder-se-ia entender que o Direito Tributário também admitiria a solidariedade ativa. No entanto, relembramos que o CTN não trata de solidariedade ativa, devido à sua impossibilidade, mas sim de solidariedade passiva. O conceito de solidariedade reside em uma pluralidade de pessoas em um dos polos da obrigação, tornando essa obrigação indivisível. Mas não basta a pluralidade, é preciso também a indivisibilidade, ou seja, temos vários credores, e qualquer um pode exigir a dívida toda do devedor, e se sub-rogar nas obrigações do devedor perante os seus pares.

Por isso, a solidariedade ativa não existe no Direito Tributário, porque o credor é sempre o Estado. Não existem dois sujeitos ativos titulares de um mesmo tributo, salvo os de competência comum como, por exemplo, taxas e contribuição de melhoria. Vale ressaltar que a Reforma Tributária (EC 132/23) quer fazer crer que o

---

29 O abuso de direito ocorre quando o contribuinte lança mão de uma norma com intenção não adequada à sua finalidade. Os requisitos para a sua configuração são: a) exercício de um direito previsto em determinado dispositivo legal; b) caráter antijurídico do exercício; c) dano causado a direito de terceiro. Ocorre a elisão abusiva quando há: a) desarmonia entre a forma do ato e a finalidade da lei que o ampara ou entre a vontade e os efeitos do negócio jurídico; b) intenção elisiva como única ou preponderante motivação do negócio; c) identidade ou semelhança entre os efeitos econômicos do fato gerador e do negócio praticado pelo contribuinte; d) proteção formal do ordenamento ao ato praticado; e) economia fiscal (RIBEIRO, Ricardo Lodi. *Temas de direito constitucional tributário*. Rio de Janeiro: Lumen Juris, 2009, p. 305).

IBS passa a ser de competência compartilhada, o que criticamos no capítulo no qual abordamos a competência tributária.

A União não pode cobrar o tributo cuja capacidade tributária ela delegou para o INSS, pois não há solidariedade ativa. Por outro lado, a solidariedade passiva, que é o foco da responsabilidade tributária, e que estudaremos neste capítulo, pode ser conceituada como a hipótese em que existem dois devedores no polo passivo da mesma obrigação, tornando-a indivisível, ou seja, qualquer um dos dois, ou quantas pessoas estejam envolvidas, podem ser demandados isoladamente ou em conjunto pela dívida toda. Então, o Estado vai cobrar a dívida inteira de um dos coobrigados, que se sub-rogará nos direitos de credor perante o outro devedor, podendo contra ele ajuizar ação de regresso.

Na análise do art. 124 do CTN, verificamos que o dispositivo é bastante explicativo; temos então, nesse dispositivo, duas modalidades de solidariedade passiva: a chamada *solidariedade natural,* que pode, como veremos, ser perfeitamente aplicada no Direito Tributário, e a *solidariedade legal*. A primeira se dá quando, por exemplo, duas pessoas são coproprietárias de um imóvel e nesse caso são solidariamente responsáveis pelo IPTU do referido bem. Vejamos ainda outro exemplo: um casal é coproprietário de um imóvel, logo ambos são contribuintes do IPTU, porque ambos são proprietários do mesmo imóvel. Há uma solidariedade de fato, pois os dois praticam o fato gerador, e os dois estão na situação escolhida pelo legislador como fato gerador. Ressalte-se que essa modalidade de solidariedade não deriva de lei, mas, sim, naturalmente, existe em função do interesse comum na situação que constitua o fato gerador (inciso I). Noutro giro, a segunda modalidade advém de uma hipótese legal propriamente dita, ou seja, a lei é que determina o responsável. O inciso II do art. 124 indica quem são os devedores coobrigados. Em síntese, temos no inciso I a solidariedade de **fato ou natural** e no inciso II a solidariedade **legal ou de direito.**

No caso da solidariedade que se dá em razão da lei, a solidariedade legal, temos como exemplo a existente entre o contribuinte e o responsável. Ocorre que nem toda responsabilidade tributária enseja a solidariedade. Significa dizer que a responsabilidade pode ser solidária ou subsidiária.

A consequência prática das diversas hipóteses de solidariedade é que a Fazenda Pública poderá cobrar de um, de outro, ou cobrar de todos, ou seja, "alguém" vai acabar pagando a dívida. Veremos essa distinção com mais detalhes nos comentários ao art. 133 do CTN.

8.7.1 Benefício de Ordem

Como vimos acima, o parágrafo único do art. 124 veda o *benefício de ordem*, ou seja, não há ordem de preferência a ser observada na cobrança, sendo prerrogativa do Fisco "escolher" quem será cobrado ou executado. Isso porque cabe exclusivamente ao credor indicar contra quem irá postular, não se aplicando no caso de crédito tributário o disposto no art. 4º, § 3º, da Lei n. 6.830/80.

Indagamos, então, o que vem a ser o benefício de ordem? É um instituto típico do Direito Privado, que exige o esgotamento do patrimônio do devedor principal para depois, caso não haja satisfação do credor, cobrar do responsável. A consequência prática é que a Fazenda poderá cobrar de um ou de outro, ou até dos dois. Também veremos na análise do art. 133 que essa questão da inaplicação do benefício de ordem no Direito Tributário merece maiores comentários, quando falarmos de trespasse e de sucessão empresarial (recuperação judicial e falência).

8.7.2 Efeitos da Solidariedade

Já vimos as modalidades de solidariedade no Direito Tributário e, agora, veremos o art. 125, que indica os **efeitos da solidariedade**, que serão atribuídos aos coobrigados, ressaltando, antes de tudo, que o *caput* do artigo em tela autoriza que lei disponha em contrário. Temos então três efeitos, a saber: I – o pagamento efetuado por um dos obrigados aproveita aos demais; II – a isenção ou remissão de crédito exonera todos os obrigados, salvo se outorgada pessoalmente a um deles, subsistindo, nesse caso, a solidariedade quanto aos demais pelo saldo; III – a interrupção da prescrição, em favor ou contra um dos obrigados, favorece ou prejudica os demais.

Analisemos então as hipóteses acima, de uma forma mais detalhada. Quanto ao pagamento, não há muita discussão sobre o tema, pois o pagamento efetuado por um devedor extingue o crédito perante a Fazenda, mas permanece o direito daquele que pagou a dívida toda de cobrar o valor remanescente dos demais devedores solidários.

No que se refere à *isenção*, em princípio comunica-se com os demais devedores solidários, mas se for concedida em caráter pessoal, não se comunica. Então, citando um exemplo clássico da doutrina, temos a hipótese de dois irmãos que são proprietários de um imóvel em débito de IPTU, sendo um deles ex-combatente da Força Expedicionária Brasileira. Imaginando que a lei de um determinado Município conceda isenção para os ex-combatentes, o outro irmão terá que pagar apenas a metade do IPTU, ou seja, o valor remanescente, já que a outra metade que era devida pelo irmão resta isenta pela lei municipal.

Ocorre que, na prática, isso não acontece, porque no cadastro da prefeitura vem "fulano e outro". Se o fulano for isento, vai ter isenção sobre tudo; se isento for o outro, não vai ter isenção sobre nada. Nesse caso, caberá ao contribuinte alegar tal situação perante o Fisco. A mesma coisa se dá com o casamento. Geralmente é o nome do homem que consta no cadastro de IPTU. Se o homem for isento, muito bem, a mulher paga o valor remanescente. Então a questão é simples e pode ser resumida da seguinte forma: se A sofre uma isenção pessoal e se o imóvel estiver cadastrado em nome de A e B, B paga a metade da dívida, tendo o mesmo efeito da solidariedade do Direito Civil.

Por fim, em relação à *prescrição*, o artigo é claro quanto a favorecer ou prejudicar todos os obrigados.

8.8 Capacidade Tributária Passiva

A capacidade tributária passiva nada mais é do que a aptidão para figurar no polo passivo da relação jurídico-tributária. Destaque-se que as regras inerentes à capacidade civil não são aplicadas ao Direito Tributário, pois o art. 126 do CTN traz situações *peculiares* e *distintas* da capacidade civil.

Analisando o artigo em tela, temos que: a) a incapacidade civil não desobriga o contribuinte pelo adimplemento da obrigação tributária. Para o Direito Tributário, os atos praticados por incapazes são plenamente válidos, desde que exteriorizem o fato gerador previsto em lei. Por exemplo, se um artista mirim aufere R$ 200 mil em um *show*, será ele contribuinte do imposto de renda. Assim, na capacidade tributária passiva não importa se o sujeito é menor ou silvícola, se ele praticar o fato gerador, ele será sujeito passivo tributário; b) achar-se a pessoa natural sujeita a medidas que importem em privação ou limitação do exercício de atividades civis, comerciais ou profissionais, ou da administração direta de seus bens ou negócios. Nesse sentido, se uma pessoa está proibida de exercer atividades empresariais, mas assim mesmo a exerce, será considerada sujeito passivo. Exemplificando, um juiz não pode ser sócio-administrador, mas se o for pagará tributo. Da mesma forma, o camelô deverá recolher tributo. Se paga ou não é questão de fiscalização; c) é desnecessário também que a pessoa jurídica esteja regularmente constituída, ou seja, se é uma sociedade de fato, bastando para tanto que configure uma unidade econômica ou profissional, o que já é suficiente para a incidência tributária.

É importante não confundir a irrelevância da capacidade civil com a capacidade do sujeito passivo tributário para estar em juízo. Nesse sentido, quando o sujeito incapaz for executado pela Fazenda Pública, terá que ser representado ou assistido pelo responsável legal. Assim também a empresa considerada irregular pagará tributo, pois o que se leva em consideração é a realidade econômica, e não a forma de sua constituição. Apesar da previsão do Direito Civil de que ato jurídico, para ter validade, deve possuir alguns requisitos de observância obrigatória, no Direito Tributário o agente capaz, o objeto lícito e a forma prescrita ou não vedada por lei são irrelevantes para efeito de cobrança do tributo.

8.9 Domicílio Tributário

O conceito de domicílio advém do Direito Civil. No Direito Tributário, não há divergência quanto ao conceito, mas sim quanto à fixação do domicílio. O CTN admite a eleição do domicílio tributário, elencando três regras em seu art. 127 para estabelecer o domicílio tributário.

Em que pese a regra ser a eleição do domicílio fiscal, Aliomar Baleeiro[30] já advertia que a recusa do domicílio fiscal eleito pelo sujeito passivo deve ser

---

30 BALEEIRO, Aliomar. Op. cit., p. 434.

fundamentada. Assim, quando o sujeito passivo não elege o seu domicílio fiscal na forma do art. 127 do CTN, temos as seguintes regras:

a) Tratando-se de pessoa natural

Será em primeiro lugar a sua residência habitual, na forma do art. 70 do CC, onde ela se estabelece com ânimo definitivo. Em segundo lugar, se a sua residência for incerta ou desconhecida, será o local onde mantenha o centro de suas atividades, chamado de domicílio do negócio. Em terceiro lugar, se várias forem as suas residências ou diversos seus centros de ocupação, aplica-se o art. 71 do CC, ou seja, pluralidade de domicílio fiscal.

b) Tratando-se de pessoa jurídica de direito privado

O seu domicílio fiscal será o lugar em que tenha a sua sede, presumindo-se onde esteja o centro principal de suas atividades. Contudo, havendo pluralidade de estabelecimentos, será o local no qual tenham sido praticados os atos ou fatos que deram origem à tributação, na forma do art. 75 do CC.

c) Tratando-se de pessoa jurídica de direito público

O seu domicílio fiscal será o lugar de qualquer uma de suas repartições no território do ente tributante.

d) Por fim, temos que se o sujeito passivo não elege o seu domicílio, ou embora tendo escolhido o mesmo foi rejeitado pelo Fisco, ou ainda quando não puder ser aplicada qualquer regra já exposta, o domicílio será o lugar onde estejam situados os bens ou onde tenham ocorrido os atos ou fatos que deram origem à obrigação (CTN, art. 127, § 1º).

Os §§ 1º e 2º do referido artigo trazem situações em que será considerado domicílio tributário o **local da situação do bem** ou da **ocorrência do fato gerador**.

Em princípio o domicílio é escolhido pelo contribuinte, tendo em vista que no Brasil existe um número de tributos muito grande. Por isso, cada estabelecimento do contribuinte poderá ser considerado, para efeitos de domicílio, um contribuinte distinto[31]. Exemplifiquemos: no caso do recolhimento do ISS, do ICMS e do IPI, cada estabelecimento de uma empresa é um contribuinte, pois em cada localidade será recolhido o tributo respectivo. Por outro lado, no Imposto de Renda, em face do princípio da uniformidade geográfica, a pessoa jurídica (como um todo) é o contribuinte, independentemente do número de estabelecimentos que possui. Nesse caso, faz-se necessário que essa pessoa promova a escolha do domicílio, para que se fixe o local onde ela será demandada, seja na esfera administrativa ou na esfera judicial.

Vale esclarecer que existe diferença se a empresa está ou não regular. Se estiver regular, o estatuto ou contrato vai indicar onde é a sede, mas se estiver irregular (se não tiver estatuto, ou havendo estatuto não estiver devidamente registrado), será onde suas atividades estão estabelecidas (onde ocorrem os fatos geradores). Caso

---

31 Segundo o conceito contábil, diversamente do conceito jurídico, adota-se o princípio da identidade física do estabelecimento.

não seja possível aplicar as regras anteriores, como, por exemplo, na hipótese de o contribuinte encontrar-se em lugar incerto e não sabido, identifica-se como domicílio o local onde ocorrer o fato gerador.

Questão interessante é o caso em que o contribuinte escolhe um local que dificulta ou inviabiliza de alguma forma a fiscalização. Isso ocorre com certa frequência nos Municípios que são cercados por áreas de risco como, por exemplo, comunidades dominadas pela criminalidade. Nesse caso, em que pese o contribuinte ter vários estabelecimentos, ele escolhe como domicílio um casebre em um determinado morro, como já dito, onde impera a criminalidade.

Ora, se a própria polícia, ao entrar nessas comunidades, encontra uma série de dificuldades, imagine-se a fiscalização! Assim, em resposta a esta prática ludibriosa, o Município recusará a eleição do domicílio feita pelo contribuinte. Por outro lado, cite-se que a jurisprudência do STJ (REsp 23.371) já vem admitindo de longa data que as pessoas jurídicas possuam mais de um domicílio para efeitos tributários.

Outro ponto importante é o Domicílio Tributário Eletrônico (DTE), que veio junto com a informatização dos processos judiciais e administrativos. Com o DTE, o contribuinte é intimado eletronicamente por meio de acesso a um portal de comunicação da Receita com o Contribuinte. O DTE ainda é facultativo, mas, em decorrência da informatização dos meios processuais, em atendimento a eficiência e celeridade processual, tende a ser utilizado cada vez mais, até mesmo com o intuito de se evitar perda de prazos etc.

9

Responsabilidade Tributária

9.1 Persecução Tributária

O tributo deve ser inicialmente cobrado do contribuinte, que é a pessoa que efetivamente praticou o fato gerador, isto é, tem relação pessoal e direta com o fato gerador e, por isso, é também chamado de *sujeito passivo direto*. Contudo, em alguns casos, surge a figura do *sujeito passivo indireto*, que é o responsável tributário, ou seja, um terceiro que, não sendo contribuinte porque não praticou diretamente o fato gerador, é obrigado por lei ao pagamento do tributo.

A responsabilidade jurídica em geral se exterioriza a partir do momento em que uma norma jurídica é desrespeitada, ou simplesmente um ato de inadimplemento, ainda que lícito, cause dano injustificado a outrem, devendo desta forma ser restabelecido o estado anterior da situação ou da norma jurídica. Tal responsabilidade se forma pela união de alguns elementos, quais sejam: fato imputável, dano, culpabilidade e nexo de causalidade entre o prejuízo e o fato.

No Direito Tributário, a responsabilidade tem um sentido um pouco diferente, pois o seu intuito é atribuir a terceiro que não seja contribuinte, mas que tenha vinculação direta com a prática do fato gerador, a obrigação de pagar o crédito tributário.

Nesse sentido, o Fisco (sujeito ativo) na obrigação tributária tem o direito de perseguir a efetivação do crédito constituído, quando não voluntariamente adimplido pelo contribuinte (sujeito passivo), é o que chamamos de **persecução tributária** (usamos essa nomenclatura inspirada no Direito Penal). Assim, podemos dizer que a referida persecução nasce com a ocorrência do fato gerador e, a partir daí, se inicia a busca do Fisco na constituição do crédito pelo lançamento e consequente cobrança administrativa. Caso contrário, a Fazenda promove a inscrição em dívida ativa, emite a certidão respectiva (Certidão de Dívida Ativa) e promove a competente execução fiscal. Dizemos, então, que essas são as fases da persecução tributária.

Não se deve confundir responsabilidade tributária com responsabilidade civil, tampouco com o conceito de responsável legal, pois nem sempre o responsável legal será por si só responsável tributário; só o será caso tenha vinculação direta com o ato que gere a respectiva responsabilidade, como, por exemplo, as hipóteses do art. 134, em que o pai intervém em atos jurídicos no lugar dos filhos. Convém esclarecer que, embora o art. 128 do CTN utilize a expressão "responsabilidade pelo crédito tributário", trata-se na verdade de responsabilidade pela obrigação tributária. Se a responsabilidade fosse apenas em relação ao crédito, só poderíamos falar em responsabilidade após o lançamento, e isso iria de encontro ao sistema de substituição tributária para a frente. Assim, o sujeito passivo da obrigação tributária poderá ser o contribuinte ou o responsável, e a classificação quanto ao responsável é feita por exclusão, ou seja, quem não é contribuinte poderá ser responsável. Chamamos tal hipótese, para efeitos puramente didáticos, de *"feitiço de Áquila"*, visto que eles não se encontram, ou seja, quem é contribuinte não pode ser responsável e quem é responsável não pode ser contribuinte, ao menos pelo mesmo fato gerador.

9.2 Finalidades da Responsabilidade Tributária

A interpretação da responsabilidade tributária exposta neste capítulo merece o destaque das finalidades almejadas pela legislação. Significa dizer, que este instituto foi criado com as seguintes finalidades: a) ampliar o rol de devedores em face da capacidade econômico-financeira do responsável; b) atingir maior praticidade fiscal; c) facilitar a arrecadação e fiscalização do tributo; d) evitar fraude e sonegação.

9.3 Elementos Subjetivos da Obrigação Tributária

Conforme já vimos no capítulo afeto à obrigação tributária, os elementos subjetivos dizem respeito aos sujeitos que integram a relação jurídica tributária: o sujeito ativo e o sujeito passivo. Vejamos adiante cada um deles separadamente.

9.3.1 Sujeito Ativo

O art. 119 do CTN parece não trazer polêmica a respeito do tema ao dispor que o sujeito ativo da obrigação é a pessoa jurídica de direito público, titular da competência para exigir o seu cumprimento, isto é, somente as pessoas jurídicas detentoras da competência tributária estariam aptas a figurar como sujeito ativo da relação jurídico-tributária. Contudo, a nosso sentir, a interpretação restritiva do referido artigo não mais se compatibiliza com a hodierna forma de cobrança dos tributos em geral. A inclusão das contribuições destinadas por lei às autarquias e conselhos profissionais, por exemplo, exige a interpretação sistemática dos arts. 7º e 119 do CTN, adequando-os[1] à realidade fática moderna. Dessa forma, veremos adiante a distinção entre **sujeito ativo direto** e **indireto**.

---

[1]   Paulo de Barros Carvalho sustenta a inconstitucionalidade do art. 119 do CTN: "O artigo, porque reduz a condição de sujeito ativo à pessoa jurídica de direito público, não se adequa ao sistema tributário vigente (...) Há mandamentos constitucionais que permitem as pessoas titulares de competência tributária

Quanto à possibilidade de *solidariedade*, temos que, no Direito Tributário, somente se admite a solidariedade passiva, sendo a solidariedade ativa vedada por permitir a indesejável bitributação. A única peculiaridade que o CTN trouxe em relação à sujeição ativa refere-se ao desmembramento territorial[2], na forma do seu art. 120:

Por isso, parece-nos que essa é a única hipótese em que um ente federativo se sujeita à legislação de outro, ainda que temporariamente. Por isso, parte da doutrina a chama de novação subjetiva ativa.

9.3.1.1 Sujeito Ativo Direto

O sujeito ativo pode se subdividir em direto e indireto. O **sujeito ativo direto** trata, como já visto, dos entes federativos (União, Estados, Municípios e Distrito Federal), que, por possuírem competência tributária, detêm, na forma dos arts. 6º a 9º do CTN, competência para legislar sobre a matéria e instituir o tributo.

9.3.1.2 Sujeito Ativo Indireto

Vale lembrar que a competência tributária é indelegável, contudo existe a possibilidade de delegação das atividades acessórias (chamada de capacidade tributária) a pessoa jurídica de direito público. Nesse sentido, a **Súmula 396 do STJ** estabelece a possibilidade de pessoa jurídica de direito privado efetuar tal cobrança, *in verbis: A Confederação Nacional da Agricultura tem legitimidade ativa para a cobrança da contribuição sindical rural.*

Nesse contexto, o *sujeito ativo indireto* abarcaria os detentores da capacidade tributária ativa, ou seja, os detentores da capacidade de arrecadar e fiscalizar os tributos, como, por exemplo, as entidades que arrecadam as contribuições parafiscais: CRC, CRECI etc., com respaldo no art. 7º do CTN.

Entendemos que, diante da atual sistemática brasileira, para figurar no polo ativo da obrigação tributária basta que o sujeito ativo (no caso indireto) possua capacidade tributária, não sendo necessário que detenha competência para criar o

---

à transferência da capacidade ativa, nomeando outro ente, público ou privado, para figurar na relação, como sujeito ativo do vínculo (...) Não é tarde para reconhecermos que o art. 119 do Código Tributário Nacional é letra morta no sistema do direito positivo brasileiro" (*Curso de direito tributário*. 8ª ed. São Paulo: Saraiva, 1996, p. 207).

2   A CRFB, em seu art. 18, § 3º, permite que lei complementar poderá dispor de maneira diversa, pois o CTN não tratou de outras hipóteses de reorganização territorial, como, por exemplo, a fusão ocorrida entre os Estados do Rio de Janeiro e Guanabara em 1975, pela LC n. 20/74. Embora a doutrina entenda que nesses casos se aplica o art. 120 por analogia, na forma do art. 108, I, do CTN, crítica relevante feita pela doutrina (Luciano Amaro, op. cit., p. 279-280) é que o CTN (art. 120) só tratou da sub-rogação dos direitos, mas não das obrigações perante os contribuintes, como, por exemplo, a restituição dos tributos pagos indevidamente. Entendemos que da mesma forma se aplica o art. 120 do CTN.

tributo. É o caso, por exemplo, da contribuição do art. 195, I, *a*, da CRFB em relação ao INSS[3].

Após a abordagem da delegação de capacidade tributária a pessoa jurídica de direito público, surge a discussão quanto à possibilidade de se ter no polo ativo da obrigação poderia também atuar uma pessoa jurídica de direito privado. A doutrina diverge sobre o tema: uma primeira corrente[4] entende que não podem ser considerados sujeitos ativos da relação tributária, mas beneficiários da transferência governamental e sujeitos de relação meramente financeira. Uma segunda corrente[5] entende que sim, pois, considerando a literalidade do art. 119, ruiriam todas as construções relativas à parafiscalidade, jogadas ao desconfortável reduto das normas eivadas de invalidade.

Em síntese, temos que todas as pessoas jurídicas de direito público e aquelas pessoas de direito privado que receberam a titularidade da capacidade tributária ativa (delegação do poder de cobrar e exigir o recolhimento do tributo) podem ser sujeito ativo da relação jurídico-tributária, daí adotarmos a sujeição ativa direta e indireta como forma de interpretar o art. 119 do CTN, conforme a atual realidade fática de tributação.

9.3.2 Sujeito Passivo

O sujeito passivo da relação jurídica tributária é a pessoa obrigada ao cumprimento das obrigações tributárias principais e acessórias. O Código Tributário Nacional trata da matéria nos arts. 121 a 123. Nesse sentido, temos o art. 121 do CTN, que traz o sujeito passivo da obrigação principal identificando-a como a pessoa obrigada ao pagamento de tributo ou penalidade pecuniária. Já o art. 122 do referido diploma traz o sujeito passivo da obrigação acessória, identificando-o como a pessoa meramente instrumental que visa à fiscalização e formalização da obrigação principal. O parágrafo único do art. 121 do CTN divide o sujeito passivo da obrigação principal em: I – *contribuinte*, quando tenha relação pessoal e direta com a situação que constitua o respectivo fato gerador; II – *responsável*, quando, sem revestir a condição de contribuinte, sua obrigação decorra de disposição expressa de lei. Assim, podemos dizer que a sujeição passiva se subdivide em direta, referindo-se ao contribuinte, e indireta, referindo-se ao responsável. Quanto à sujeição passiva indireta, Torres[6] faz uma divisão, quando diz que os arts. 128 e seguintes do

---

3   Nesse sentido, Sacha Calmon Navarro Coêlho. *Curso de direito tributário brasileiro*. 9ª ed. Rio de Janeiro: Forense, p. 590-591.

4   Nesse sentido, TORRES, Ricardo Lobo. Op. cit., p. 227.

5   Nesse sentido, CARVALHO, Paulo de Barros. Op. cit., p. 277, e AMARO, Luciano. Op. cit., p. 278.

6   TORRES, Ricardo Lobo. *Curso de direito financeiro e tributário*, 4ª ed. Rio de Janeiro: Renovar, 1997, p. 222. No mesmo texto, o autor também expõe a classificação quanto à sujeição passiva indireta sustentada por Rubens Gomes de Souza, dizendo que "a sujeição passiva indireta se apresenta sobre duas modalidades: transferência e substituição; por sua vez transferência comporta três hipóteses: solidariedade, sucessão e responsabilidade".

CTN englobam todas as figuras possíveis de responsável tributário, da seguinte maneira: *a) o substituto, que é aquele que fica no lugar do contribuinte, afastando a responsabilidade deste; b) os responsáveis solidários ou subsidiários (sucessores e terceiros), que ficam junto com o contribuinte, o que conserva a responsabilidade em caráter supletivo.*

Por fim, vale lembrar que o art. 123 do CTN traz uma regra especial que difere da ideia de autonomia da vontade do Direito Civil, em especial quanto às convenções particulares, que não podem ser opostas contra a Fazenda Pública com o objetivo de modificar a definição legal do sujeito passivo das obrigações tributárias correspondentes. Significa que as convenções entre as partes não podem alterar o sujeito passivo da obrigação tributária. A maioria dos contratos de locação estipula cláusula atribuindo ao locatário o dever de pagar o IPTU, em face do que dispõe o art. 22 da Lei n. 8.245/91. Ocorre que, para o Fisco, o locatário não possui relação jurídico-tributária. Assim, se ele não pagar, a Fazenda vai executar o locador, porque ele é o proprietário do imóvel e, nesse sentido, segundo a legislação tributária, o proprietário é o sujeito passivo. Da mesma forma que o locador não pode se defender, alegando que quem tinha o dever de pagar era o locatário, a Fazenda também não poderá cobrar o IPTU do locatário, ainda que haja previsão contratual nesse sentido, porque o locatário não possui legitimação passiva. Nesse sentido, o inadimplemento pelo locatário é uma violação do contrato, gerando uma ação de regresso, ajuizada pelo locador na esfera cível, cumulando perdas e danos, mas não representa o descumprimento de uma obrigação tributária pelo locatário. Pelo fato de essa cláusula ser uma obrigação contratual, e o tributo somente derivar de uma obrigação *ex lege*, não há que se invocar tal previsão contra o Fisco; tampouco pode ser ela invocada pelo Fisco.

Sobre a questão da legitimidade do locatário foi editada a **Súmula 614 do STJ**: *O locatário não possui legitimidade ativa para discutir a relação jurídico-tributária de IPTU e de taxas referentes ao imóvel alugado nem para repetir indébito desses tributos.*

9.4 Responsabilidade Tributária

Como dito anteriormente, a responsabilidade tributária foi criada com o objetivo de promover uma praticidade fiscal e ampliar o rol de devedores, de modo a garantir maior satisfação do crédito. Por esse motivo, a responsabilidade tributária decorre exclusivamente da lei (art. 128, CTN), posto que é uma situação excepcional. A expressão "responsabilidade" tem origem latina, do verbo *respondere*, que tem o sentido de que alguém se constituiu garantidor de algo. Frise-se que a responsabilidade decorre expressamente da lei, vinculando uma terceira pessoa por ato praticado no momento do nascimento da obrigação, no caso o fato gerador, e por fato posterior ela assume as obrigações principais, integrais e subsidiariamente. Podemos dividir a responsabilidade tributária em dois grupos: o primeiro, por substituição, que ocorre quando a obrigação tributária já nasce atribuindo seu pagamento ao responsável, e não ao contribuinte. O segundo, por transferência, em que a posição do sujeito passivo na relação tributária não é ocupada pela mesma pessoa antes e depois da inadimplência da obrigação, ou seja, nasce com o contribuinte e a lei transfere a terceiro. A responsabilidade por transferência, por sua vez, se subdivide em: responsabilidade por imputação legal ou de terceiros (arts. 134 e 135 do CTN); responsabilidade por infração (arts. 136 a 138) e responsabilidade por sucessão (arts. 129 a 133).

9.4.1 Responsabilidade por Substituição

A substituição tributária não é regulada nem no CTN (salvo o artigo básico da responsabilidade, que é o art. 128) nem na Constituição. O único dispositivo constitucional que trata do tema é o art. 150, § 7º (que trata da substituição progressiva), pois caberá às leis de cada ente federativo estabelecer a substituição tributária relativamente aos tributos de sua competência. Por outro lado, embora a responsabilidade por transferência não tenha previsão constitucional, está regulada de forma mais abrangente no CTN.

Na modalidade de responsabilidade por substituição, a lei determina que o terceiro ocupe a posição de contribuinte desde a ocorrência do fato gerador e, por isso, ele é chamado de substituto tributário. Quando ocorre o fato gerador, e consequentemente nasce a obrigação tributária, surge o dever de pagar tributo diretamente em relação ao responsável, que de imediato integra o polo passivo da relação jurídica. Por isso, não há falar em sub-rogação de obrigação, porque o responsável paga dívida própria, daí ser esta modalidade chamada também de *responsabilidade originária ou de primeiro grau*. Nesse caso, a responsabilidade deveria pertencer diretamente a quem estava envolvido economicamente com o fato gerador, mas por uma exceção legal foi atribuída a obrigação a uma terceira pessoa, obviamente com vínculo jurídico com o fato gerador ocorrido. Tal obrigação nasce instantaneamente em relação ao terceiro, e não à pessoa do contribuinte. Assim, responde o substituto por débito próprio.

O CTN usa a expressão "responsável" dando a ideia de sujeição passiva indireta, não fazendo distinção entre a figura do responsável por transferência e a do responsável por substituição. Verifica-se, dessa forma, que na relação jurídica tributária, o substituto ocupa, de fato e de direito, o lugar do contribuinte, que fica excluído da relação jurídico-tributária desde o nascimento até a sua extinção. Entre ambos, substituto e substituído, há uma relação jurídica de direito comum, podendo ocorrer o direito de regresso pelo substituto em relação ao substituído. Trazemos à colação a lição de Torres[7], que diz: "Mas entre o substituído e o substituto não existe nenhum vínculo de natureza tributária. O substituto pode ingressar com ação regressiva contra o substituído, para recuperar a importância correspondente ao imposto e para manter o equilíbrio da equação financeira da substituição, sem que esteja em jogo qualquer prestação meramente tributária".

---

7   TORRES, Ricardo Lobo. *Curso de direito financeiro e tributário.* 4ª ed. Rio de Janeiro: Renovar, 1997, p. 223.

9.4.1.1 Responsabilidade por Substituição: Legitimidade, Imunidade e Isenção

Diante do que foi exposto, se o substituto não recolher o tributo que deve por força de lei, entendemos que nenhuma responsabilidade terá o contribuinte substituído, ressalvadas as hipóteses expressas de solidariedade.

Da mesma forma, a *legitimidade* quanto às reclamações e aos recursos administrativos passa a ser do substituto, que poderá impugnar lançamentos tributários, autos de infração, enfim, atos eivados de ilegalidade ou de inconstitucionalidade. Contudo, encontramos uma exceção na lei do ICMS (art. 10 da LC n. 87/96), pois no referido artigo, a lei confere ao substituído a legitimidade para requerer a repetição de indébito, matéria que aliás comporta muita polêmica e, portanto, veremos em capítulo próprio.

Por outro lado, o substituto, por ser o responsável por lei pelo pagamento do tributo, possuirá legitimidade para ingressar com ação regressiva contra o substituído para manter o equilíbrio da equação financeira da substituição, como não existe entre o substituído e o substituto vínculo de natureza tributária, o feito tramitará em vara cível.

É importante ressaltar os efeitos das *imunidades* e das *isenções* em relação ao fenômeno da substituição tributária, pois neste caso, é necessário que o contribuinte e o substituto tenham um vínculo jurídico, ou seja, que participem do mesmo processo (de natureza econômica), de modo que entre as suas atividades haja algum nexo de causalidade. Nesse sentido, as imunidades e as isenções pertencem ao substituído, e, não ao substituto, e portanto, da mesma forma, a observância da capacidade contributiva se dá quanto à figura do substituído, que é quem pratica o fato gerador. O ônus financeiro, em tese, seria suportado pelo substituído e o responsável por substituição (substituto) tem o dever imputado por lei de pagar o tributo. Por outro lado, é importante destacar que se estivermos tratando de uma imunidade objetiva (que alcança a coisa) será irrelevante a análise do sujeito da relação jurídica, ou seja, substituto ou substituído.

9.4.1.2 Modalidades de Substituição

A substituição tributária comporta duas modalidades: a **substituição progressiva** ou para frente, que se dá em função do fato gerador presumido, e a **substituição regressiva** ou para trás, que se relaciona com a ocorrência do fato gerador diferido. É o que ocorre, por exemplo, na relação jurídica entre o produtor de leite e a comercialização do laticínio pela CCPL. Assim, veremos a seguir as duas modalidades de substituição: a) a substituição para trás; b) substituição para a frente.

A. Substituição Tributária para Trás

Inicialmente, mencionamos que essa modalidade também é chamada pela doutrina de substituição regressiva ou diferida. No caso da responsabilidade por substituição, entendemos que a forma mais didática de estudarmos tal assunto é através de exemplos. Então, daremos exemplos diferentes sobre o tema, que em regra giram em torno da aquisição de mercadoria (substituto) de outra pessoa (substituído), que em geral é considerado de pequeno porte, implicando o adiamento do pagamento, como é o caso do ICMS na aquisição do leite do produtor pela indústria de laticínio, ou, ainda, o caso do pecuarista e do frigorífico, que veremos de forma detalhada.

Assim, quando o pecuarista vende a carne para o frigorífico, em tese, deveria incidir o imposto sobre a circulação de mercadoria, que chamaremos de ICMS-1, e quando o frigorífico vende a carne para o açougue, o tributo incidiria novamente, pois o referido tributo, a que chamaremos de ICMS-2, é plurifásico.

Ocorre que é uma tarefa mais complexa fiscalizar o pecuarista e, então, sob o regime de substituição tributária (para trás), ele nada paga quando vende a carne para o frigorífico e, portanto, não embute (repercussão) o ICMS no preço. Já quando o frigorífico vende a carne para o açougue, paga o ICMS-1; este tributo seria devido pelo pecuarista, pois ali ocorreu o fato gerador. Note-se que não se trata aqui de fato gerador presumido (que ainda vai ocorrer), ao contrário, há na verdade um diferimento no pagamento do ICMS-1, posto que o fato gerador já ocorreu. O imposto que deveria ser pago na venda do pecuarista para o frigorífico só será pago na venda do frigorífico para o açougue.

O motivo desse diferimento é, na verdade, para atender à praticidade fiscal, pois é mais fácil fiscalizar o frigorífico do que o produtor rural. Por isso, geralmente a substituição tributária para trás é adotada em produtos agrícolas primários ou agropecuários de extração vegetal, a carne, o leite.

Continuando o raciocínio, quando o frigorífico for pagar o ICMS-2, paga também o ICMS-1 e embute tudo isso no preço para o açougue. Trata-se da chamada repercussão tributária, já que o ICMS é um tributo indireto. Quando o açougue vender para o consumidor, ele irá recolher o ICMS-3, através de uma operação normal (sem substituição), e repercutir (embutir) "tudo" no preço da carne para o consumidor. Logo, quem suporta de fato todo o ônus da repercussão tributária é sempre o consumidor final, daí ele ser chamado de contribuinte de fato.

Situação diversa ocorre se o dono do frigorífico resolve fazer uso próprio da carne advinda do pecuarista; nesse caso, ele somente pagará o ICMS-1. Não pagará o ICMS-2 porque o seu fato gerador não ocorreu (a venda para o açougue), mas o do ICMS-1, sim.

Agora, analisemos o mesmo exemplo, sob um ponto de vista mais técnico. O ICMS é um imposto indireto porque permite a transferência do encargo fiscal a terceira pessoa por meio da repercussão tributária. O seu fato gerador é a saída de mercadoria de um estabelecimento para outro ou para o consumidor final. Nesse sentido, segundo os arts. 6º e 7º da LC n. 87/96, o adquirente é obrigado ao pagamento do tributo pelo fato gerador praticado pelo alienante. A responsabilidade diz respeito a fato gerador passado. O pecuarista não recolhe nada quando vende a carne; ele emite uma nota fiscal da mercadoria ao frigorífico. Nessa nota fiscal, estão estabelecidos o preço da mercadoria e o valor do ICMS a serem recolhidos pelo frigorífico, que só vai repassar ao pecuarista o valor da mercadoria, já que ele recolherá o valor do ICMS aos cofres públicos. No momento em que ele realiza a segunda operação, ou seja, a venda para o açougue, ele é obrigado ao recolhimento pela primeira (ICMS-1) e pela segunda operações (ICMS-2). O açougue, quando vende a carne para o consumidor, é obrigado ao pagamento do tributo em função de uma terceira operação (ICMS-3), mas quem sofre o ônus fiscal, de fato, é o consumidor final, pois todo esse desgaste estará embutido no preço da mercadoria.

Substituição Regressiva x Diferimento

É importante não confundir o valor que está embutido no preço com quem vai ser o responsável pelo recolhimento do ICMS. Por isso, há quem estabeleça a distinção entre as expressões "diferimento" (adiamento do recolhimento do tributo) e "substituição tributária para trás". Na substituição tributária para trás, pode-se deslocar o momento do recolhimento do tributo da operação 1 para a operação 2, mas, se a mercadoria se perder, o fato gerador já ocorreu, e o substituto fica responsável pelo recolhimento. Por outro lado, no diferimento, mais comum no ICMS, o dever de pagar o tributo é condicionado à ocorrência de um evento futuro e incerto. Assim, o diferimento constitui uma técnica impositiva de deslocamento da exigência do tributo para momento posterior à ocorrência do originário fato gerador, com a imputação da responsabilidade por seu recolhimento a terceiro. É utilizado nas operações de pequeno porte, ou realizadas por contribuintes sem estrutura empresarial, de proporções modestas ou mesmo sem um efetivo estabelecimento, objetivando a simplificação fiscal de determinadas operações. Percebe-se, então, que no "diferimento" também posterga-se o dever de pagar tributo para um momento posterior, que só irá se efetivar se ocorrer a nova circulação da mercadoria, como, por exemplo, o que acontece com a soja, o açúcar, o álcool, entre outros. Diante do exposto, indaga-se qual seria a natureza jurídica do diferimento. Poderíamos dizer que é a suspensão momentânea do recolhimento do tributo, ou, para alguns, uma técnica impositiva de deslocamento da exigibilidade do tributo para momento posterior. Em síntese, quando há diferimento, a lei é expressa ao dispor que "o pagamento do tributo fica diferido" ou "é diferido" e, por isso, não incidirá o tributo nas operações anteriores.

Destaque-se que, apesar de a distinção apresentada entre diferimento e substituição, parte da doutrina usa esses institutos como sinônimos. A discussão da substituição ocorre porque o ICMS é um imposto não cumulativo, e, por isso, permite o sistema crédito/débito, ou seja, a compensação do que foi pago na operação anterior. Assim, o que foi pago na operação anterior é contabilizado na operação subsequente como crédito, que será deduzido gerando um saldo, que poderá ser positivo ou negativo. Por isso, inicialmente fizemos questão de ressaltar que na responsabilidade tributária o legislador não quis beneficiar ninguém, mas apenas facilitar a fiscalização. Diante da mecânica da compensação, percebe-se que, em tese, quem possui maior capacidade contributiva (frigorífico) é o que menos sofre o ônus da carga tributária, já que ele repassa o preço do tributo até chegar ao consumidor. Por outro lado, aquele que em tese possui a menor capacidade contributiva (consumidor) é o que acaba pagando todo o tributo em virtude do fenômeno da repercussão tributária.

Por fim, entendemos que a repercussão tributária é uma injustiça fiscal, pois os países que tributam pesado o consumo provocam uma injustiça para com o consumidor, fazendo que o peso da carga tributária seja ainda maior do que o índice oficial divulgado pelo governo. Contudo, é assim que funciona o sistema brasileiro. Como dito anteriormente, a EC 132/23 trouxe uma significativa reforma na tributação do consumo com a criação do IBS em substituição ao ICMS e ao ISSQN. Contudo, como o atual sistema continua em vigor e depois ainda teremos uma regra de transição, resolvemos manter nessa edição os comentários sobre a substituição tributária afeta ao ICMS.

B. Substituição Tributária para Frente

Essa modalidade também é chamada de substituição progressiva ou de fato gerador presumido. Sua regra matriz encontra amparo no art. 150, § 7º, da CRFB/88 e ocorre quando uma terceira pessoa, normalmente um industrial, é responsável pelo pagamento do tributo que será devido pelo comerciante atacadista ou varejista ao revender a mercadoria por ele produzida, como, por exemplo, a indústria de cigarro que substitui o comerciante varejista ou atacadista. A previsão constitucional dessa modalidade representou uma tentativa de afastar a discussão quanto à constitucionalidade da existência de uma obrigação tributária sem a efetiva ocorrência do fato gerador.

Embora o § 7º do art. 150 da Constituição autorize a fixação da substituição tributária por lei, esta não pode aleatoriamente escolher o responsável pelo pagamento de um tributo qualquer. O responsável tem que estar vinculado ao fato gerador da respectiva obrigação, conforme dispõe o art. 128 do CTN.

Voltemos então à nossa opção de explicar a substituição tributária por meio de exemplos. A indústria de cigarro substitui o comerciante varejista recolhendo antecipadamente o ICMS na saída da mercadoria do estabelecimento industrial, cuja venda efetivamente só vai se concretizar quando da saída da mercadoria do mercado varejista para o consumo final. Ocorre que o imposto incidente na venda ao consumidor final também é recolhido pelo fabricante do cigarro no momento da saída da fábrica. Indaga-se, então, qual seria a garantia efetiva de que essa venda irá ocorrer, e, da mesma forma, questiona-se também se o preço da venda será o mesmo calculado antecipadamente para efeito do recolhimento a título de substituição para frente.

Analisando os dois questionamentos, podemos afirmar que não há garantia para nenhuma das hipóteses. Essa modalidade de substituição é uma *antecipação do pagamento do* tributo. Por isso, na primeira hipótese, a própria Constituição assegura a restituição do tributo se o fato gerador presumido efetivamente não ocorrer. Já na segunda questão, em que o fato gerador presumidamente ocorre, mas o valor da venda foi menor do que o calculado e pago antecipadamente, a matéria era controvertida.

Uma *primeira corrente* entendia que, como a Constituição (art. 150, § 7º) somente ressalva a devolução caso o fato não ocorra, não se admite a restituição caso a venda seja em valor menor do que o recolhido, pois alega que o risco faz parte do negócio, mesmo porque se o bem vendido for de valor maior não haverá o recolhimento da diferença. Uma *segunda corrente*, da qual sempre compartilhamos e atualmente defendida pelo STF (RE 593.849/MG), entende que, por força do princípio da vedação do enriquecimento sem causa, a restituição deve ser feita pelo Fisco, na hipótese de restar comprovado que, na operação final com mercadoria ou serviço, ficou configurada obrigação tributária de valor inferior à presumida.

Outro exemplo clássico da doutrina quanto a essa modalidade de substituição para frente é o caso das montadoras de veículos em relação às concessionárias de veículos e ao consumidor final. Nessa cadeia econômica, o contribuinte de direito do ICMS é o fabricante (montadora), que recolhe o tributo que seria devido na venda pelas concessionárias ao consumidor final, que é o chamado contribuinte de fato. O alienante (fabricante) vai substituir o adquirente (concessionária), ficando obrigado pelo recolhimento do ICMS cujo fato gerador ainda vai ocorrer – a venda do veículo. Nesse sentido, temos duas operações de incidência de ICMS. No ICMS-1 o veículo sai da montadora em direção às concessionárias. Na operação do ICMS-2, o veículo é vendido pelas concessionárias ao consumidor final. Como a substituição é para frente, a montadora fica responsável pelo recolhimento do ICMS-1 e do ICMS-2 devido nessas duas operações.

Em síntese, o fabricante antecipa o recolhimento do ICMS que será devido na venda para o consumidor final.

Sobre o tema, foi editada a **Súmula 654 do STJ**: *"A tabela de preços máximos ao consumidor (PMC) publicada pela ABCFarma, adotada pelo Fisco para a fixação da base de cálculo do ICMS na sistemática da substituição tributária, não se aplica aos medicamentos destinados exclusivamente para uso de hospitais e clínicas".*

b.1) *Substituição para Frente* × *Pagamento Antecipado*

Questão interessante ocorre com o recolhimento do Imposto sobre a Transmissão de Bens Imóveis (ITBI). No âmbito municipal, em regra, existe uma previsão que exige o recolhimento do imposto no momento da celebração da escritura de compra e venda. Sabemos que a propriedade de bens imóveis é um direito real, cuja transferência somente se configura com o devido registro no Registro de Imóveis (RI). Vale dizer que, juridicamente, o fato gerador efetivamente ocorre com a transferência da propriedade. Ocorre que a lei determina a antecipação do pagamento do referido imposto para o momento da celebração da escritura definitiva de compra e venda. Assim, indaga-se se essa hipótese seria uma substituição tributária ou apenas uma antecipação de pagamento. O STJ afirma que há mera antecipação do pagamento, e não a antecipação do fato gerador.

Existe também o caso da Caixa Econômica Federal, que substitui o ganhador de um prêmio da Loteria Federal quanto ao Imposto de Renda devido em função do referido prêmio. Há quem sustente que, nesse caso, por força do art. 150, § 7º, da Constituição, ocorre a substituição tributária antes mesmo da ocorrência do fato gerador, ou seja, a lei presume a ocorrência do fato gerador e o pagamento é devido. Por outro lado, existe o posicionamento de que a CEF é um mero agente arrecadador.

b.2) Análise da Constitucionalidade da Substituição para Frente

Interpretando sistematicamente o CTN, verifica-se que a regra é que somente existe obrigação tributária com a efetiva ocorrência do fato gerador. Nesse sentido, não haveria espaço para a lei tipificar uma responsabilidade cujo fato gerador ainda irá ocorrer, ou seja, fato gerador presumido, daí surgir a discussão quanto à constitucionalidade dessa modalidade, ainda que prevista na Constituição. Inicialmente, antes da previsão na Constituição, entendeu-se que tal hipótese era inconstitucional, porque não pode haver uma obrigação tributária sem ocorrer o fato gerador. Por isso, o STF entendeu que seria um fato gerador presumido e, caso este não se realize, haverá a restituição. A previsão dessa modalidade no texto constitucional (art. 150, § 7º), em tese, encerrou a discussão, aplicando-se esse instituto tanto para os impostos como para as contribuições.

Em que pese a decisão do STF (RE 213.396) e os efeitos práticos que ela proporciona, antes mesmo da inclusão do § 7º ao art. 150 da Constituição, entendemos que, ainda assim, tal previsão é inconstitucional, pois viola o princípio da segurança da relação jurídica, o princípio da anterioridade tributária, bem como o princípio da capacidade contributiva, pois esta deve ser observada no momento da ocorrência do fato gerador e não antecipadamente. E, sobretudo, porque o fato gerador ainda não ocorreu; há, então, uma antecipação do fato gerador, e não uma simples antecipação de pagamento, o que representa um efeito confiscatório.

b.3) Repetição de Indébito na Substituição Tributária para Frente

A substituição para frente sempre gerou discussão quanto à possibilidade ou não de repetição de indébito, que já abordamos superficialmente neste capítulo, mas que merece uma análise mais apurada. Assim, a repetição de indébito no regime de substituição progressiva alcança basicamente duas hipóteses, a saber: a) a primeira, se a venda se der por um valor menor do que a base de cálculo estimada quando do pagamento antecipado; b) a segunda, se o fato gerador presumido efetivamente não ocorrer posteriormente. Exemplifiquemos a questão através da venda dos veículos, tendo como integrantes da relação jurídica a montadora, a concessionária e o consumidor. Assim, vejamos:

a) Quanto à **indagação "a"**, se o veículo for vendido por um preço mais baixo do que a base de cálculo que foi usada para pagamento antecipado. A questão, em tese, não provocaria discussão, já que caberia a devolução dos valores (ICMS) recolhidos a maior.

A jurisprudência entendia que a diferença do preço equivalia ao risco do negócio, já que se a concessionária vendesse por um valor maior não haveria pagamento da diferença.

O posicionamento tradicional do STF (ADI 1.851/AL) sempre foi no sentido de não permitir a devolução, pautado em dois principais fundamentos. O primeiro fundamentado na interpretação literal do § 7º do art. 150 da CRFB, que dispõe "caso o fato não se realize"; logo, não há previsão constitucional para a devolução, pois não disse "se ocorrer a menor". O segundo, pelo fato de que o objeto da substituição tributária é facilitar a fiscalização. Nesse sentido, se a concessionária realizasse a venda dos veículos por preço inferior, não haveria como fiscalizar cada concessionária para apurar a real base de cálculo. Daí o entendimento sustentado de que o risco faz parte do negócio.

Com todo respeito, sempre discordamos da posição do STF, pois os argumentos suscitados não mereciam prosperar por dois motivos. O primeiro, por força da vedação do enriquecimento sem causa, e o segundo pelo próprio princípio da legalidade, pois a base de cálculo do tributo é um dos elementos quantitativos do fato gerador e, por isso, deve estar prevista em lei. Nesse sentido, a base de cálculo do ICMS é o valor de venda, ou seja, a base de cálculo real e não estimada. Destaque-se que essa sempre foi a posição do STF, mas o Tribunal vem mitigando[8] essa tese, entendendo que não devolver a diferença significa um enriquecimento sem causa por parte do Fisco, por isso autorizando a devolução.

Nesse sentido, o STF, no julgamento do RE 593.849, com repercussão geral reconhecida, alterou o entendimento do próprio Tribunal sobre o regime de substituição tributária do ICMS, passando a admitir que o contribuinte tem direito à diferença entre o valor do tributo recolhido previamente e aquele realmente devido no momento da venda. Segundo o voto do Ministro Lewandowski, o tributo só se torna efetivamente devido com a ocorrência do fato gerador, e a inocorrência total ou parcial exige a devolução, sob pena de ocorrência de confisco ou enriquecimento sem causa do Estado.

O Plenário reconheceu não haver autorização constitucional para cobrar mais do que resultaria da aplicação direta da alíquota sobre a base de cálculo existente na ocorrência do fato gerador. Assim, uma interpretação restritiva do § 7º do art. 150 da Constituição, com o objetivo de legitimar a não restituição do excesso, representaria injustiça fiscal inaceitável em um Estado Democrático de Direito, fundado em legítimas expectativas emanadas de uma relação de confiança e justeza entre Fisco e contribuinte. No referido julgamento também foi definida a modulação dos efeitos de forma que o entendimento passa a valer para os casos futuros e somente deve atingir casos pretéritos que já estejam em trâmite judicial.

Por fim, foi fixada a tese do julgamento para fim de repercussão geral *"É devida a restituição da diferença do Imposto sobre Circulação de Mercadorias e Serviços (ICMS)*

---

8   Ver também as duas ADIs sobre o tema (n. 2.675/PE e n. 2.777/SP).

pago a mais no regime de substituição tributária para a frente se a base de cálculo efetiva da operação for inferior à presumida". Ver também a Súmula 654 do STJ.

b) Quanto à **indagação "b"**, temos que se o fato gerador não ocorre, a situação é mais simples, pois a Constituição prevê expressamente a imediata e preferencial restituição dos valores recolhidos. Exemplifiquemos por meio da seguinte hipótese: se ocorre um furto do veículo na concessionária[9], o fato gerador do ICMS-2 não ocorre e, portanto, haveria direito ao ressarcimento do imposto recolhido antecipadamente, pois não ocorrendo o fato gerador do ICMS-2 (não havendo a venda para o consumidor), o consumidor final dessa operação acabou sendo a própria concessionária. Por outro lado, quanto ao recolhimento do ICMS-1 (venda da montadora para a concessionária) não há questionamento, porque de fato ocorreu.

Destaque-se que a concessionária sofreu a repercussão das duas operações (ICMS-1 e ICMS-2), mas como apenas uma das operações se realizou (ICMS-1), será devida a devolução. Nesse sentido, entendemos que o substituído[10] teria direito (art. 150, § 7º, da CRFB e art. 10 da LC n. 87/96) a ser ressarcido, não se aplicando a tese de que o consumidor final não tem legitimidade para pleitear a repetição de indébito, pois a concessionária não é mero contribuinte de fato.

Em relação à **forma de devolução** do ICMS que foi recolhido, mas cujo fato gerador não ocorreu, a restituição será em dinheiro ou através de creditamento (procedimento regulamentado pelo art. 10 da LC n. 87/96).

Por fim temos o último questionamento sobre o tema, que diz respeito à hipótese do não recolhimento do imposto pela montadora. Nesse caso, indaga-se se o Estado poderia cobrar o ICMS-2 da concessionária. Embora a matéria suscite controvérsia, entendemos que não, pois no polo passivo só está o responsável por substituição, não há aqui uma solidariedade que justifique a inclusão da concessionária como legitimada.

b.4) Súmulas sobre o Tema

Para efeitos didáticos, colocamos neste item Súmulas do STJ sobre o tema:

> **Súmula 395:** *O ICMS incide sobre o valor da venda a prazo constante na nota fiscal.*
>
> **Súmula 431:** *É ilegal a cobrança de ICMS com base no valor da mercadoria submetido ao regime de pauta fiscal[11].*

---

9   Sobre IPI, ver **Súmula 671 do STJ**: *Não incide o IPI quando sobrevém furto ou roubo do produto industrializado após sua saída do estabelecimento industrial ou equiparado e antes de sua entrega ao adquirente.*

10   No julgamento do RE 266.602/MG, o STF decidiu que a norma não poderia retroagir de modo a imputar, de forma pretérita, a condição de responsável tributário a quem não detinha esse ônus no momento que, posteriormente, viria a ser definido pela lei como o do nascimento da obrigação tributária.

11   Segundo Carrazza (*ICMS*. 13ª ed., São Paulo: Malheiros, p. 301), *pauta fiscal* é a fixação da obrigação tributária pelo Poder Público, por um valor pré-fixado da operação, tomado como teto, independente do efetivo e real valor da operação. É a troca da base e cálculo real por uma outra arbitrada de maneira discricionária pela autoridade fazendária.

Súmula 432: As empresas de construção civil não estão obrigadas a pagar ICMS sobre mercadorias adquiridas como insumos em operações interestaduais.

Súmula 433: O produto semielaborado, para fins de incidência de ICMS, é aquele que preenche cumulativamente os três requisitos do art. 1º da Lei Complementar n. 65/91.

Súmula 654: A tabela de preços máximos ao consumidor (PMC) publicada pela ABCFarma, adotada pelo Fisco para a fixação da base de cálculo do ICMS na sistemática da substituição tributária, não se aplica aos medicamentos destinados exclusivamente para uso de hospitais e clínicas.

Súmula 666: A legitimidade passiva, em demandas que visam à restituição de contribuições de terceiros, está vinculada à capacidade tributária ativa; assim, nas hipóteses em que as entidades terceiras são meras destinatárias das contribuições, não possuem elas legitimidade ad causam para figurar no polo passivo, juntamente com a União.

9.4.2   Responsabilidade por Transferência

No caso da responsabilidade por transferência a situação é diversa da que ocorre na responsabilidade por substituição. Aqui existe uma sub-rogação em virtude da ocorrência de um fato superveniente previsto em lei, pois o responsável paga dívida alheia por fato gerador também alheio. Daí ser chamada de responsabilidade **derivada ou de 2º grau.** O CTN elenca três situações de responsabilidade por transferência:

» por imputação legal ou de terceiros – arts. 134 e 135
» por infrações – arts. 136 a 138
» por sucessão – arts. 129 a 133
  » por ato *inter vivos* (arts. 130 e 131, I);
  » por *mortis causa* (art. 131, II e III);
  » empresarial (arts. 132 e 133).

9.4.2.1 Distinção entre Substituição e Transferência

A *primeira* distinção entre os institutos reside na circunstância de que, sendo a substituição originária, a lei instituidora do tributo vai dizer que o sujeito passivo não é o contribuinte, mas o responsável, e por isso ele de início assume diretamente[12] esse papel. A *segunda* distinção diz respeito ao polo passivo da relação jurídica. Na responsabilidade por substituição quem fica no polo passivo é apenas o

---

12   Rubens Gomes de Sousa já classificava a sujeição passiva em direta (contribuinte) e indireta (responsável). Na visão de Sacha Calmon, na substituição tributária também existe uma sujeição passiva direta, porque a lei originariamente já diz que o sujeito passivo é o responsável, e o contribuinte não é nem nunca foi sujeito passivo da obrigação tributária na substituição.

responsável (substituto), pois o contribuinte não integra o polo passivo da relação obrigacional. Por isso, não há que se falar em solidariedade entre ambas.

Já na responsabilidade por transferência, podem figurar no polo passivo o contribuinte ou o responsável, seja de forma solidária, seja de forma subsidiária, daí as discussões em sede de execução fiscal e a obrigatoriedade de inscrição do nome do responsável em dívida ativa. Contudo, existem casos em que somente o responsável ficará no polo passivo como, por exemplo, a sucessão *causa mortis*. Há quem chame tal hipótese de transferência por substituição[13], que nada mais seria do que uma modalidade de transferência, porque se dá após a ocorrência do fato gerador, caracterizando-se de forma superveniente, ficando o responsável como sucessor único do contribuinte.

Justifica-se tal distinção pelo fato de a substituição clássica, ou seja, a responsabilidade por substituição ser originária e esta superveniente. Em síntese, temos que na substituição no polo passivo figura apenas o substituto, enquanto na responsabilidade por transferência pode haver mais de uma pessoa no polo passivo da relação tributária (o contribuinte e o responsável). O STJ atribui uma *terceira* distinção, afirmando que na substituição não há relação jurídica que una o contribuinte e o responsável, mas na transferência sim. Em que pese tal posicionamento, ousamos discordar do Egrégio Tribunal, já que em ambas as situações existem relações jurídicas. Exemplifiquemos: quando o fabricante paga o tributo devido pela venda no varejo, existe uma relação jurídica; da mesma forma, quando o sócio-administrador comete infrações na forma do art. 135 do CTN, igualmente existe uma relação entre o sócio e a sociedade. Contudo, justifiquemos a tese do STJ, que, ao vislumbrar uma responsabilidade sem relação jurídica entre os dois, estaria se referindo à responsabilidade por transferência (o tabelião responsável pelos tributos devidos na transação em que tenha certificado estarem eles pagos).

9.4.2.2 Modalidades de Responsabilidade por Transferência

A. Responsabilidade por Imputação Legal ou de Terceiros

O Código Tributário Nacional regula a matéria da responsabilidade de terceiros nos arts. 134 e 135, muito embora entendamos que o art. 135 deva ser classificado doutrinariamente como responsabilidade por infração, já que resulta de atos praticados com excesso de poder ou infração da lei, contrato social ou estatuto, definindo quem serão esses terceiros. Entretanto, preservando a classificação do CTN, manteremos o art. 135 no item "Responsabilidade por imputação legal ou de terceiro".

Na modalidade de responsabilidade de terceiros, o pagamento do crédito tributário fica a cargo de uma terceira pessoa completamente distinta da obrigação

---

13 Originariamente a lei diz que o sujeito passivo é o contribuinte, mas por razões ocorridas após o fato gerador a responsabilidade é transferida a um terceiro. Tal transferência pode acontecer com exclusividade, chamando-se transferência por substituição, podendo ser de forma solidária ou subsidiária.

tributária originária, que será chamada ao pagamento da dívida no lugar do contribuinte, desde que haja um vínculo jurídico entre eles. Destaque-se que na responsabilidade por imputação legal não há uma sucessão do patrimônio; há na verdade um inadimplemento causado pelo responsável. Neste caso, o responsável por ação ou omissão contribuiu para o inadimplemento, como, por exemplo, o pai que omitiu o seu dever legal na administração do patrimônio do filho e não pagou o valor devido, ou ainda o tabelião que não verificou se o imposto foi pago e certifica equivocadamente seu recolhimento.

a.1) Análise do Art. 134 do CTN

O art. 134 expõe as hipóteses da responsabilidade de terceiros, quando, pela omissão do contribuinte, eles terão que solidariamente cumprir tal obrigação tributária, daí esta modalidade ser chamada de solidariedade subsidiária. Contudo, ressalte-se, a aludida imputação somente se verifica no caso de **impossibilidade de cumprimento da exigência pelo contribuinte**, conforme veremos a seguir, em cada inciso do artigo:

Art. 134. Nos casos de *impossibilidade* **de exigência do cumprimento da obrigação principal pelo contribuinte, respondem** *solidariamente* **com este nos atos em que intervierem ou pelas omissões de que forem responsáveis:**

I – os pais, pelos tributos devidos por seus filhos menores;

Embora os pais sejam, em tese, os representantes legais dos filhos, eles somente responderão na hipótese deste artigo se participarem diretamente no ato que deu origem ao inadimplemento. Assim, não se deve confundir o responsável legal com o responsável tributário, pois são responsabilidades diferentes.

II – os tutores e curadores, pelos tributos devidos por seus tutelados ou curatelados;

Os tutores e curadores são representantes legais dos tutelados e curatelados. A obrigação legal de ambos é zelar pelo patrimônio e bem-estar das pessoas que representam. Assim estariam, em tese, na mesma situação do inciso anterior.

III – os administradores de bens de terceiros, pelos tributos devidos por estes;

Este inciso responsabiliza o administrador de bens de terceiros quando nesta função agir de forma irregular, ou omitir informações ao Fisco, como, por exemplo, nas hipóteses da prática de atos irregulares, autorizada por procuração que outorgue plenos poderes.

IV – o inventariante, pelos tributos devidos pelo espólio;

Vale destacar que o inventariante tem a função de administrar o patrimônio do espólio até que seja proferida a sentença e realizada a partilha. Nesse caso, destaque-se, o responsável é o espólio, e subsidiariamente, o inventariante.

V – o síndico e o comissário, pelos tributos devidos pela massa falida ou pelo concordatário;

Com a edição de Lei n. 11.101/2005, as expressões síndico e comissário foram substituídas por administrador judicial. Nesse sentido, o administrador é responsável pelos atos que praticar representando a massa falida.

VI – os tabeliães, escrivães e demais serventuários de ofício, pelos tributos devidos sobre os atos praticados por eles, ou perante eles, em razão do seu ofício;

A responsabilidade prevista nesse inciso visa a evitar fraudes em cartórios, como, por exemplo, no caso em que seja feita a transferência de um bem imóvel do qual haja uma certidão negativa emitida com fraude, ou simplesmente por inobservância de formalidade ou em conluio do tabelião e das demais pessoas elencadas no referido inciso. Contudo, destacamos que deve haver participação expressa do agente no que tange aos atos praticados por ele, como também nos casos omissivos, quando deixou de observar norma obrigatória. Ex.: não apresentação de CDA no momento da celebração de negócio jurídico, como, por exemplo, na escritura de compra e venda.

VII – os sócios, no caso de liquidação de sociedade de pessoas.

Embora o artigo faça previsão apenas das sociedades de pessoas, no nosso entender não se aplica só às sociedades de pessoas, mas também às de capital. O que distingue do ponto de vista doutrinário essas duas modalidades são as cláusulas inseridas no contrato de formação societária, como a possibilidade ou não de cessão e penhora de cotas para terceiros e a permissibilidade ou não de ingresso de herdeiro de sócio falecido. Nesse sentido, percebemos que a natureza jurídica da sociedade limitada é mista ou híbrida, ou seja, vai depender da análise do contrato social. Caso o contrato seja omisso em relação às cláusulas anteriormente citadas, prevalece a natureza pessoal da sociedade em razão de regras previstas no Código Civil, e nesse caso não há óbice para a aplicação do Direito Tributário. Interpretar de forma literal o dispositivo é conferir um tratamento privilegiado às sociedades de capital, ferindo o princípio da isonomia. Assim, os tributos devidos pela liquidação das sociedades, de pessoas ou de capital, serão de responsabilidade subsidiária dos sócios, e administradores de tais sociedades podem ser responsabilizados com base no art. 135, III, do CTN.

Segundo entendimento do TST, execução de multa fiscal de natureza trabalhista também pode ser redirecionada contra sócio corresponsável da empresa falida.

Assim, mesmo em caso de execução de dívida ativa de natureza não tributária, como nas execuções fiscais de multa por infração às normas da CLT, os diretores, gerentes ou representantes de pessoas jurídicas de direito privado são responsáveis, pessoalmente, pelas obrigações resultantes de atos praticados com excesso de poder ou infração de lei, contrato social ou estatutos (CTN, art. 135, III). Nesses casos, é possível o redirecionamento da execução contra o corresponsável da empresa executada. Em se tratando de multa inscrita na dívida ativa da União Federal e cobrada por meio de execução fiscal promovida pela Fazenda Nacional, aplicam-se todas as normas relativas à responsabilidade previstas nas legislações tributária, civil e comercial (art. 4º, V, § 2º, da Lei n. 6.830/80), nos termos do art. 135, III, do CTN. De acordo com a regra do art. 2º, *caput*, da Lei n. 6.830/80, a dívida ativa da União é aquela definida como tributária ou não tributária, na forma da Lei n. 4.320/64, sendo assim considerado qualquer valor cuja cobrança seja atribuída por lei à União e suas respectivas autarquias (art. 2º, § 1º, e art. 1º da Lei n. 6.830/80). É o caso, por exemplo, das multas administrativas que embora tenham natureza não tributária têm a sua cobrança atribuída à Fazenda Nacional.

Parágrafo único. O disposto neste artigo só se aplica, em matéria de penalidades, às de caráter moratório.

Em relação às penalidades, verifica-se que houve uma previsão expressa no sentido de afastar as multas de caráter pessoal ou punitiva, já que não são transferíveis, recaindo apenas sobre o contribuinte, e não sobre o responsável. Por esse motivo, ao responsável somente se aplicam as multas de caráter moratório.

Como vimos, este artigo trata de um caso atípico de **solidariedade subsidiária**. O terceiro somente será responsável na hipótese da impossibilidade do adimplemento pelo contribuinte (subsidiariedade), mas responderá junto com o contribuinte (solidariedade). Significa dizer que o responsável entra no lugar do contribuinte, mas este continua figurando na relação e, nesse caso, a Fazenda poderá ajuizar uma execução fiscal colocando ambos no polo passivo, em face da solidariedade determinada pela lei. Por outro lado, não podemos concluir que essas pessoas sejam responsáveis em qualquer caso; é preciso que exista uma relação entre a obrigação tributária e o comportamento ativo do terceiro responsável a ela vinculado a esta. Exemplificando, os pais não podem ser sempre responsáveis pelos tributos devidos pelos filhos menores. Nem os tutores ou curadores são sempre responsáveis pelos tributos devidos pelos seus tutelados ou curatelados etc.

A responsabilidade de terceiros no CTN é regulada basicamente por dois artigos: o 134 e o 135. O primeiro trata das hipóteses de solidariedade, sendo aplicável tão somente quando há impossibilidade de exigência do cumprimento da obrigação principal por parte do contribuinte. Dessa forma, os agentes ali elencados pelo art. 134 do CTN funcionarão em caráter substitutivo, como sujeitos passivos da execução fiscal, figurando neste polo o contribuinte ou o responsável solidário, ou os dois solidariamente.

A concepção de responsabilidade subsidiária em sentido próprio confere importância ao esgotamento da busca de bens do devedor principal, enquanto a responsabilidade subsidiária em sentido impróprio focaliza a importância da pontualidade do comerciante, a qual, uma vez esquecida, presume a sua incapacidade de solver seus débitos. Já a responsabilidade tributária solidária ocorre quando o responsável é chamado para adimplir o crédito tributário concomitantemente com o contribuinte, arcando, independentemente deste, com o pagamento integral do crédito tributário. Em síntese, podemos concluir que, segundo alguns autores[14], há uma distinção entre a responsabilidade subsidiária *em sentido próprio* da responsabilidade subsidiária *em sentido impróprio*, senão vejamos:

» **Responsabilidade subsidiária em sentido próprio** seria aquela em que, incidindo a hipótese prevista na lei, a pretensão em concreto para com o responsável surge quando o patrimônio do devedor principal mostrar-se incapaz de satisfazer a totalidade dos créditos tributários. Seria o caso de uma insolvabilidade tributária, de forma similar ao que ocorre na insolvência civil.

» **Responsabilidade subsidiária em sentido impróprio** seria aquela em que, incidindo a hipótese prevista na lei, a pretensão em concreto para com o responsável surge quando o devedor principal, depois de esgotado o prazo legal ou administrativo, deixa de adimplir o crédito tributário. Seria o caso de inadimplência tributária, de forma similar ao que ocorre na insolvência comercial.

Há que se destacar que em relação à solidariedade temos situações jurídicas diversas em função das pessoas envolvidas. A *primeira* seria a solidariedade entre contribuintes, a *segunda* a solidariedade entre responsáveis e a *terceira* a solidariedade entre o contribuinte e o responsável. Para cada uma dessas relações, temos características específicas. Assim, vejamos:

» **Solidariedade entre contribuintes:** Nesse caso, duas ou mais pessoas são, desde a incidência da norma tributária principal, devedoras da obrigação tributária, não havendo que falar em responsabilidade tributária. É o caso de um casal que é coproprietário de um imóvel. Art. 124, I, do CTN.

» **Solidariedade entre responsáveis:** Trata-se de uma hipótese comum quando há pluralidade de responsáveis. Na responsabilidade subsidiária em sentido próprio, se dois ou mais são os responsáveis, são eles todos solidários entre si, apesar de seus débitos em concreto dependerem da insolvabilidade do contribuinte. Entenda-se bem, os responsáveis são solidários entre si, porém não com o devedor principal. Não há, aqui, responsabilidade solidária em sentido estrito. É o caso do sócio e do sócio-administrador que respondem por infração à lei ou ao estatuto, agindo em conluio.

» **Solidariedade entre contribuinte e responsável:** Esta hipótese ocorre quando a obrigação nasce em face do contribuinte, mas, em decorrência de fato posterior, passa um terceiro a responder solidariamente com aquele, sem benefício de ordem. Nesse caso, respondem os dois igualmente, sendo a pretensão fiscal dirigida diretamente contra os dois. Eis a responsabilidade tributária solidária em sentido estrito. É o caso do art. 134, em que o responsável responde junto com o contribuinte, ou ainda do sócio-administrador, que responde junto com a sociedade, que é a contribuinte.

---

14 Nesse sentido, Rubens Gomes de Souza.

Verifica-se que a responsabilidade solidária em sentido estrito se assemelha, na prática, à responsabilidade subsidiária em sentido impróprio, pois nesta última espécie, havendo a impontualidade no pagamento do crédito tributário, surgirá a solidariedade entre contribuinte e responsável. A distinção conceitual, ainda assim, é possível, embora de pouca utilidade.

Frise-se que o art. 134 do CTN não possui uma redação muito técnica, já que ele traz uma responsabilidade solidária condicionada à observância de dois requisitos:

a.2) Impossibilidade de Exigência do Cumprimento da Obrigação Tributária Principal por Parte do Contribuinte

Em relação a esse requisito, a responsabilidade inicialmente é subsidiária, e depois passa a ser solidária. A consequência processual da subsidiariedade é que a Fazenda credora pode dirigir a execução contra o responsável, se o contribuinte não possuir bens para a penhora, independentemente de estar indicado o seu nome na Certidão de Dívida Ativa (STF, RE 107.322). Embora o tema suscite controvérsia, entendemos que tal responsabilidade não é solidária, mas subsidiária porque só existirá solidariedade na impossibilidade do cumprimento da obrigação tributária principal por parte do contribuinte. Por isso, aos terceiros referidos no dispositivo não se aplica nenhuma penalidade que deveria ser aplicada ao contribuinte, exceto as de caráter moratório, conforme o disposto no parágrafo único do art. 134.

a.3) Vínculo entre o Comportamento do Responsável e o Fato Gerador

As pessoas elencadas no art. 134 somente serão responsáveis se houver vínculo jurídico entre elas e o fato gerador. Isso ocorre porque as relações de direito privado podem ou não gerar efeitos tributários, ou seja, não podemos aplicar a responsabilidade tributária ao pai pela simples relação de parentesco, mas apenas pelos atos por ele praticados que tenham vínculo jurídico com o fato gerador.

Em síntese, assim podemos resumir as características da responsabilidade tributária previstas no art. 134:

I) É inicialmente subsidiária, e depois passa a ser solidária, daí se dizer solidariedade subsidiária.

II) O art. 4º, § 1º, da LEF também prevê a solidariedade. O referido artigo traz as pessoas que poderão figurar no polo passivo da execução fiscal, prevendo que a dívida, via de regra, deve ser cobrada do devedor, e coloca o responsável somente no seu inciso V. Assim vejamos: a execução fiscal poderá ser promovida contra: I – o devedor; II – o fiador; III – o espólio; IV – a massa; V – o responsável, nos termos da lei, por dívidas, tributárias ou não, de pessoas físicas ou pessoas jurídicas de direito privado; e VI – os sucessores a qualquer título. O seu parágrafo primeiro prevê que ressalvado o disposto no art. 31 do mesmo diploma legal, o síndico, o comissário, o liquidante, o inventariante e o administrador, nos casos de falência, concordata, liquidação, inventário, insolvência ou concurso de credores, se, antes de garantidos os créditos da Fazenda Pública, alienarem ou derem em garantia quaisquer dos bens administrados, respondem, solidariamente, pelo valor desses bens. E, por fim, o § 2º a aplicação das normas relativas à responsabilidade prevista na legislação tributária, civil e comercial a Dívida Ativa da Fazenda Pública, de qualquer natureza.

III)Art. 31 da LEF – Nos casos elencados, nenhuma alienação é judicialmente autorizada sem prova de quitação da Dívida Ativa ou a concordância da Fazenda Pública.

IV) Se as pessoas do art. 134 do CTN agirem com excesso de poder ou com infração à lei ou ao contrato respondem solidariamente.

V) O parágrafo único do art. 134 do CTN diz que a responsabilidade no que tange às multas não se refere a todo o crédito, mas apenas às de caráter moratório.

a.4) Responsabilidade do Sócio que se Retirou da Sociedade

Questão interessante é a que trata da responsabilidade do sócio, administrador (art. 135 do CTN) ou não (art. 134 do CTN), que se retira da sociedade. Vale destacar que o Código Civil tem um regramento próprio sobre o tema, previsto em seus arts. 1.003 e 1.032.

Nesses dispositivos, o sócio, após ter se retirado da sociedade, continua responsável pela dívida, pelo prazo de até dois anos da averbação da resolução da sociedade. Assim, entendemos que tal prazo, embora previsto no Código Civil, não se aplica somente aos créditos de natureza não tributária, mas também para os créditos tributários. O art. 110 do CTN prevê que a lei tributária não pode alterar a definição, o conteúdo e o alcance de institutos, conceitos e formas de direito privado, utilizados, expressa ou implicitamente pela Constituição Federal, pelas Constituições dos Estados, ou pelas Leis Orgânicas do Distrito Federal ou dos Municípios, para definir ou limitar competências tributárias. Por outro lado, o art. 112, também do CTN, estabelece que a lei tributária que define infrações, ou lhe comina penalidades, interpreta-se da maneira mais favorável ao acusado, em caso de dúvida quanto: I – à capitulação legal do fato; II – à natureza ou às circunstâncias materiais do fato, ou à natureza ou extensão dos seus efeitos; III – à autoria, imputabilidade, ou punibilidade; IV – à natureza da penalidade aplicável, ou à sua graduação.

Nesse sentido, entendemos que o tratamento atinente ao sócio que se retira da sociedade deva ser interpretado restritivamente, já que o instituto da responsabilidade tributária supre a necessidade de ampliar o prazo da sua responsabilidade; por isso, entendemos que o prazo deveria ser de dois anos na forma do Código Civil, e não de cinco anos, conforme o CTN, até porque o CTN, quando se refere a cinco anos, na verdade alude ao prazo decadencial (art. 173), ou à revisão de ofício (arts. 145 e 149).

O STJ já se posicionou nesse sentido (AgRg no REsp 1.378.970), afirmando que o pedido de redirecionamento da execução fiscal, quando fundado na dissolução irregular da sociedade executada, pressupõe a permanência do sócio na administração da empresa no momento da ocorrência dessa dissolução. Se os só-cios-gerentes se desligaram da empresa executada anteriormente à sua dissolução irregular, não ocorre a responsabilidade prevista no art. 135 do Código Tributário Nacional. A dinâmica do redirecionamento quando houver a dissolução irregular da pessoa jurídica já foi amplamente debatida no STJ, em sede de recurso repetitivo (REsp 1.371.128/RS) e até mesmo com a edição da **Súmula 435**. A presunção de dissolução irregular invocada na referida súmula deverá ser reconhecida quando constatado o fechamento da empresa no seu domicílio fiscal sem comunicação aos órgãos competentes, atribuindo responsabilidade ao sócio, que, por sua vez, terá o ônus de comprovar a licitude dos atos praticados, ou, se for o caso, a regularidade da dissolução. Tal entendimento vale para qualquer tipo de tributo, inclusive os créditos previdenciários, pois, após a edição da Súmula Vinculante 8 do STF, restou pacificado que o prazo decadencial e prescricional de créditos previdenciários é de cinco anos.

Vejamos o teor da **Súmula Vinculante 8 do STF**: *São inconstitucionais o parágra-fo único do art. 5º do Decreto-Lei n. 1.569/77 e os arts. 45 e 46 da Lei n. 8.212/91, que tratam de prescrição e decadência do crédito tributário.*

Por fim, ressaltamos o nosso entendimento no sentido de que, nesses casos, deve se ter em mente a aplicabilidade do art. 112 do CTN. Logo, o sócio, minoritá-rio ou não, que não possui poderes de gerência (administração) não pode ser alvo de redirecionamento em execução fiscal movida contra a pessoa jurídica, exata-mente porque não possui poder decisório, salvo se, obviamente, ainda que não seja administrador, vier a praticar qualquer ato de gestão que permita a aplicação do art. 135 do CTN[15].

a.5) Análise do Art. 135 do CTN

Além do que já expusemos no item anterior sobre o tema, ratificamos nosso entendimento de que a responsabilidade do art. 135 melhor estaria classificada como responsabilidade por infração. No entanto, como o CTN a classifica como responsabilidade de terceiros, vamos respeitar a classificação do Código. Inicial-mente cabe comentar a expressão "responsabilidade pessoal".

a.6) Responsabilidade Pessoal: Objetiva × Subjetiva

A jurisprudência dos nossos tribunais, ao estabelecer a distinção entre **respon-sabilidade objetiva e responsabilidade subjetiva**, usa como critério distintivo a exis-tência ou não de ilicitude por parte do responsável. Nesse sentido, uma questão controvertida encaminhada aos tribunais, foi a da responsabilidade dos sócios no caso de liquidação de sociedade de pessoas, mais especificamente da sociedade por quotas. O STF (RE 113.854-RJ) admitiu a responsabilidade do sócio da sociedade limitada, desde que, exercendo função de gerência, deixasse de pagar regularmente

---

15 Ver REsp 1.398.438-SC: "A hipótese de responsabilização subsidiária dos sócios para a quitação de obrigações assumidas pela pessoa jurídica não se aplica ao caso de associações civis sem fins lucrativos".

os impostos e não providenciasse a extinção da sociedade na forma prevista em lei (art. 134, VII, c/c o art. 135, III), equiparando o não recolhimento de tributos à prática de atos com infração de lei, contrato social ou estatutos. Em sentido contrário, o STJ (REsp 252.303-SP) exigia a prova do elemento subjetivo, já que o simples inadimplemento, para o referido Tribunal, não caracterizava infração legal. O STJ exigia a existência de dois requisitos: 1º) ser o sócio administrador; 2º) ter violado a lei ou ter agido com excesso de poderes. Na realidade, o STJ está aplicando o art. 135, III, do CTN. Atualmente a matéria restou pacificada no sentido de que o mero inadimplemento não constitui infração tributária que justifique o enquadramento do sócio administrador na forma do art. 135, III, do CTN.

Assim, podemos dizer que o art. 135 trata de uma responsabilidade subjetiva. Resta a análise da expressão "pessoalmente", pois essa infração deve estar relacionada com o tributo devido. Dúvida surge se essa pessoalidade deve assumir um caráter de solidariedade com a sociedade ou de subsidiariedade, e, portanto, pessoal. Posicionamo-nos no sentido de que o melhor entendimento seria pela solidariedade. A responsabilidade é considerada subjetiva e pessoal, pois todas as pessoas relacionadas nos incisos do art. 135 do CTN são responsáveis, mas somente na hipótese de agirem com infração à lei, ao contrato social ou ao estatuto ou com excesso de poderes. Daí surgir uma controvérsia no que tange à exclusão ou não da pessoa jurídica do polo passivo da obrigação jurídica tributária, mantendo somente a pessoa que cometeu a infração. Entender pela exclusão significa que o fato de o administrador ter agido com excesso de poderes ou infração seria suficiente para excluir a responsabilidade da pessoa jurídica. Temos, assim, um primeiro entendimento[16], no sentido de que a responsabilidade pessoal seria exclusiva das pessoas elencadas no art. 135 do CTN. Assim, se o sócio agiu com excesso de poderes, apenas o patrimônio deste deve se sujeitar à satisfação do crédito tributário. Em uma segunda posição[17], a responsabilidade é solidária entre a pessoa jurídica e a pessoa física. A responsabilidade do art. 135 não exclui a responsabilidade da pessoa jurídica, daí admitir-se que a pessoa jurídica tenha direito a ação de regresso em face do responsável. Por um terceiro entendimento, que prevalece na jurisprudência, só vai haver responsabilidade exclusiva se a sociedade não auferiu vantagem com a infração, caso contrário ela será solidária. Por fim, há um quarto entendimento[18], que classifica a presente hipótese como sendo de substituição tributária.

a.7) Natureza Jurídica da Responsabilidade do Art. 135 do CTN

Quanto à natureza da responsabilidade em comento, podemos observar a possibilidade de adoção de cinco posições distintas: a) responsabilidade por substituição e, portanto, exclusiva do administrador que incidiu numa das hipóteses legais;

---

16 Sustentado por Bernardo Ribeiro de Moraes e Luciano Amaro.

17 Sustentada por Ricardo Lobo Torres e pela jurisprudência.

18 Sustentado por Luiz Emygdio da Rosa Jr.

b) responsabilidade subsidiária, em sentido próprio, do administrador e "responsabilidade" principal da sociedade; c) responsabilidade principal do administrador e subsidiária da sociedade; d) responsabilidade subsidiária, em sentido impróprio, do administrador; e) responsabilidade solidária entre o administrador e a sociedade.

O *primeiro* entendimento (substituição tributária), pelo fato de o art. 135 do CTN derivar da prática de ato ilícito, quem deve responder é o administrador-infrator, devendo ser desonerada a sociedade. A doutrina, majoritariamente, afirma que o art. 135 do CTN prescreveu expressamente que são "pessoalmente responsáveis", logo impôs a responsabilidade exclusiva dos infratores. Nesse sentido, a sociedade seria excluída do polo passivo.

A *segunda* corrente (tese da responsabilidade subsidiária do administrador em sentido próprio) invoca o princípio da entidade, que distingue o patrimônio da pessoa jurídica e o dos sócios. Assim, o sócio, uma vez agindo com "excesso de poderes ou infração de lei, contrato social ou estatutos", somente pode ser chamado a responder pelo crédito tributário se o patrimônio da pessoa jurídica não for suficiente para a satisfação de tal crédito.

A *terceira* corrente, isto é, a da responsabilidade principal do administrador-infrator e subsidiária da pessoa jurídica é justificada pela conjugação do art. 135 com o art. 128, ambos do CTN. Nesse caso, inicialmente se responsabilizaria o infrator para só em caso de insuficiência patrimonial exigir o cumprimento da obrigação pela sociedade.

A *quarta* corrente sustenta a responsabilidade subsidiária imprópria do administrador-infrator. Nesse caso, este responderia pelo crédito tributário caso a sociedade não viesse a adimpli-lo no prazo previsto em lei ou regulamento. Aqui, a imputação da responsabilidade dependeria de uma condição posterior, ou seja, o inadimplemento do crédito tributário.

Observe-se que o administrador não responderia somente pela simples impontualidade, pois sua responsabilidade ficaria condicionada ao não pagamento do tributo pela sociedade. Dessa forma, ainda que tenha o administrador realizado atos fraudulentos, se a pessoa jurídica, antes de descoberta a fraude pelo Fisco, pagar os tributos devidos, nunca teria nascido a responsabilidade em concreto para o infrator e, sendo assim, não poderia sofrer qualquer tipo de sanção.

A *quinta* corrente sustenta a responsabilidade solidária em sentido estrito, isto é, entre a sociedade e o sócio e sem a aplicação do benefício de ordem. Significa dizer que ambos responderiam integral e solidariamente pelo crédito.

Diante das várias teses apresentadas, ao contrário do que defende parte da doutrina, a jurisprudência (STJ) exige tão só a presença do ato ilícito, seja ele culposo ou doloso, não obstante alguns acórdãos se refiram à necessidade de prova do dolo, em contraposição à imensa maioria, que exige somente a culpa.

Para continuarmos nossa exposição, faz-se importante, esclarecer que: a) o sócio que não possui poderes de gerência não responde pelas obrigações tributárias da sociedade; b) o administrador não responde pelas obrigações tributárias referentes ao período em que não detinha os poderes de administração; c) o administrador só é responsável por atos seus que denotem infração à lei ou excesso de poderes ou, ainda, a dissolução irregular da sociedade. Logo, o mero inadimplemento não atribui responsabilidade ao administrador (Súmula 430 do STJ); d) o ato ilícito ensejador de responsabilidade tributária pode ser tanto culposo quanto doloso; e) a prova da prática de ato ilícito por parte do administrador compete à Fazenda Pública (salvo normas especiais probatórias, como a relativa à CDA).

Em síntese, dois são os elementos necessários para a responsabilização dos sócios, a saber: a) ser administrador e b) ter cometido ato ilícito nessa condição, logo os tributos devidos durante a sua gestão.

Nesse contexto, percebe-se que o STJ vem aplicando a responsabilidade solidária e a jurisprudência se posiciona em três situações básicas: I) o nome do administrador não está na CDA e a execução é ajuizada contra a pessoa jurídica: trata-se de redirecionamento em sentido estrito; II) o nome do administrador está na CDA, mas a execução é ajuizada somente contra a pessoa jurídica: trata-se de redirecionamento em sentido impróprio, pois o responsável já consta do título executivo; e III) o nome do administrador está na CDA e a execução é ajuizada diretamente contra o sócio, ao lado da pessoa jurídica: não se trata de redirecionamento.

É bom ressaltar que o art. 135, III, do CTN não se aplica somente ao administrador de direito, mas também o administrador de fato da empresa que cometer os mesmos atos ilícitos no exercício da administração, mesmo que o estatuto ou contrato social não confira poderes a um dos sócios para praticar atos de gerência.

a.8) Obrigatoriedade do Nome do Responsável na CDA

Verificado o inadimplemento do crédito tributário pelo sujeito passivo, a Fazenda promove a inscrição em dívida ativa de modo a emitir a respectiva certidão, que é o título executivo hábil para a propositura da execução fiscal. Assim, temos uma discussão, que se prorroga para o campo da execução fiscal.

A inscrição do crédito em dívida ativa é um instrumento de controle de legalidade dos atos administrativos praticados pela própria administração. A Lei de Execução Fiscal traz os requisitos de validade da inscrição em dívida ativa que, por sua vez, devem ser reproduzidos na Certidão de Dívida Ativa (CDA) sob pena de nulidade, como também dispõe o CTN em seus arts. 202 e 203.

Segundo a doutrina, a diferença entre a responsabilidade do art. 134 e do art. 135 está em verificar se o "terceiro" falhou ou não no cumprimento de um dever legal de gestão ou vigilância do patrimônio do contribuinte. A situação de o terceiro responsável atuar regularmente, sem agressão à lei, ao contrato social ou aos estatutos (CTN, art. 134) e a atuação irregular do terceiro (CTN, art. 135). Em razão disso, o STJ (REsp 1.104.900/ES em sede de recurso repetitivo) entende que na execução ajuizada em face de pessoa jurídica, quando o nome do sócio figura na CDA, a ele incumbe o ônus da prova de que não ficou caracterizada nenhuma das circunstâncias previstas no art. 135 do CTN, ou seja, não foram praticados atos com excesso de poderes ou infração de lei, contrato social ou estatutos.

Vejamos sobre o tema as seguintes Súmulas do STJ:

Súmula 392: *A Fazenda Pública pode substituir a certidão de dívida ativa (CDA) até a prolação da sentença de embargos, quando se tratar de correção de erro material ou formal, vedada a modificação do sujeito passivo da execução.*

Súmula 393: *A exceção de pré-executividade é admissível na execução fiscal relativamente às matérias conhecíveis de ofício que não demandem dilação probatória.*

Súmula 400: *Em execução fiscal, a prescrição ocorrida antes da propositura da ação pode ser decretada de ofício (art. 219, § 5º, do CPC).*

Importante destacar que o STF (RE 608.426-AgRg. Ver também RE 562.276) explicitou que os sócios que vierem a ser responsabilizados por créditos tributários da pessoa jurídica que são reclamados pela administração tributária devem ser intimados para participar dos atos que culminam na constituição definitiva dos referidos créditos. O Ministro relator, Joaquim Barbosa, decidiu que os princípios constitucionais do contraditório e da ampla defesa aplicam-se indistintamente a qualquer categoria de sujeito passivo, irrelevante a sua nomenclatura legal (contribuintes, responsáveis, substitutos, devedores solidários etc.), na fase de constituição do crédito tributário. Além disso, a inclusão de terceiros como responsáveis pelos débitos tributários sem a demonstração das circunstâncias legais que levaram a tanto é uma ficção inadmissível no âmbito do direito público.

Os sócios que eram chamados para responder por esses débitos em executivos fiscais não encontravam acolhida no Poder Judiciário em relação ao argumento de que teria ocorrido violação ao exercício do direito constitucional do contraditório e da ampla defesa quando não eram intimados para participar do processo administrativo de constituição do crédito tributário. A notificação encaminhada para a empresa se manifestar em processo administrativo tributário não implica a presunção de que os sócios tenham ciência dos fatos que em tese acarretam a sua responsabilidade. Acaso cabível, essa presunção diria respeito ao próprio crédito tributário, e não aos fatos que justificam a responsabilidade de terceiros, que devem ser claramente explanados e fundamentados.

Noutro giro, o STJ tem entendimento diverso, fixado em recurso representativo, de que o sócio cujo nome foi incluído na certidão de dívida ativa antes do ajuizamento do executivo fiscal deve apresentar sua defesa mediante a oposição de embargos à execução[19]. Contudo, entendemos que, em face da decisão do STF, a jurisprudência do STJ deve ser modificada no sentido de acompanhar os julgados do STF.

É verdade que o sócio pode ser surpreendido com a inscrição do seu nome em dívida ativa, em que pese não ter sido intimado para participar do procedimento que deu origem ao crédito. Contudo, esse procedimento da administração tributária, de incluir sócios ou administradores na CDA e, posteriormente, figurar no polo passivo de execução fiscal sem que tenham participado do processo administrativo

---

19   REsp 1.104.900 e REsp 1.110.925.

prévio, não merece mais acolhida. Ademais, os tribunais superiores têm entendimento consolidado que o sócio não é responsável pelos débitos tributários da empresa pelo simples fato de ser sócio da mesma (RE 562.276), pois o art. 135 do CTN responsabiliza a direção, gerência ou representação da pessoa jurídica exclusivamente quando praticarem atos com excesso de poder ou infração à lei, contrato social ou estatutos, hipóteses dentre as quais não se inclui o simples inadimplemento de tributos. Nesse aspecto específico temos a **Súmula 430 do STJ**.

Em síntese, podemos dizer que, a partir da interpretação conjunta dos julgados do STF no RE 608.426-AgRg e no RE 562.276, é possível afirmar que o referido tribunal entende que a administração tributária, ao realizar o lançamento do crédito tributário, deve fazê-lo desde logo contra o terceiro, demonstrando claramente (sem presunções) as circunstâncias legais que o solidarizam com o débito tributário da pessoa jurídica, facultando a este o exercício do contraditório e da ampla defesa. Nesse momento, o terceiro solidário deve não só apresentar sua defesa administrativa em relação aos fundamentos que o tornam responsável pelo crédito tributário, mas também aqueles que combatem a própria exigência do crédito tributário.

Se a administração tributária inscrever o débito em dívida ativa, incluindo o nome do sócio como responsável, sem que este tenha participado do processo administrativo de lançamento, o contribuinte pode alegar violação ao devido processo legal e à ampla defesa, ainda que seu nome conste da certidão de dívida ativa. Contudo, infelizmente, não é isso que vemos na prática.

O redirecionamento da execução fiscal consiste, fundamentalmente, na inclusão do sócio/administrador[20] no polo passivo da ação, passando este a responder pessoalmente pelos débitos tributários imputados pela Fazenda à pessoa jurídica. Por isso, essa medida deve ser encarada como uma situação excepcional, ou seja, quando: a) verificada a impossibilidade de satisfação da dívida pelo devedor principal e haja a comprovação da aplicação do art. 135 do Código Tributário Nacional; b) houver a dissolução irregular da pessoa jurídica (REsp 1.371.128/RS).

Quando houver indicação do nome do sócio/administrador na Certidão da Dívida Ativa como responsável tributário, o STJ considera o redirecionamento legítimo em razão da presunção de legitimidade do título (REsp AgRg no AREsp 708.225/DF).

A segunda situação é a que desperta polêmica, pois quando o nome do responsável não consta na CDA não haveria amparo legal para ele ser citado em execução fiscal para cobrar o crédito constante da referida certidão. Não queremos dizer com isso que seja possível o pedido de redirecionamento da execução para a pessoa

---

20 Responsabilidade tributária dos sócios pelos débitos da empresa, para fins de redirecionamento da execução fiscal, é tema de repetitivos. O STJ decidiu afetar ao rito dos recursos repetitivos, à luz do art. 135, III, do CTN, matéria que discute a necessidade de o sócio com poderes de administração exercer a função de gerência na época da dissolução irregular da empresa concomitantemente, ou não, à ocorrência do fato gerador da obrigação tributária não adimplida (REsps 1.643.944/SP, 1.645.281/SP e 1.645.333/SP, 1ª Seção do STJ).

do sócio, mas isso seria feito de forma superveniente. Vale frisar que a inclusão do nome de qualquer pessoa na CDA, especialmente o do responsável tributário, não pode ser um ato discricionário da autoridade fazendária, sob pena de se tornar um ato arbitrário. Em verdade, para que a Fazenda possa validamente inscrever o nome do responsável no título executivo (CDA), faz-se necessário efetuar o lançamento (ato vinculado) do tributo contra ele, apontando, desde logo, os fatos que ensejam a responsabilidade e, com isso, permitir que exerça seu contraditório sobre a matéria. Até porque se estaria imputando ao responsável a aplicação do art. 135 do CTN, que depende da comprovação da ocorrência das hipóteses nele contidas.

Os argumentos expostos justificam nosso posicionamento no sentido de aplicar o Incidente de Desconsideração da Personalidade Jurídica (IRDR) introduzido pelos arts. 133 e seguintes do CPC/2015 nos processos tributários. Apesar de a jurisprudência se posicionar de forma contrária, entendemos que o IRDR terá grande relevância para o exercício do contraditório em casos de responsabilização dos sócios, especialmente na aplicação do art. 135 do CTN.

Por fim, vale citar o entendimento do STJ quanto à possibilidade do redirecionamento de execução fiscal em face de sócio cujo nome consta na CDA, embora não esteja qualificado como corresponsável. O STJ entendeu que é possível o redirecionamento de execução fiscal a sócio não apontado como corresponsável na CDA, embora seu nome nela conste. Os Ministros afirmaram que a inscrição do nome do sócio na CDA já lhe atribui a corresponsabilidade, nos termos do art. 202, I, do CTN, uma vez que esse ato está condicionado e, portanto, plenamente vinculado a prévio procedimento administrativo fiscal, no qual se apura, sob o crivo do contraditório e da ampla defesa, a responsabilidade do gerente da pessoa jurídica. Assim, destacaram que não se trata de ato discricionário da Fazenda Pública, havendo presunção de certeza e liquidez quanto aos elementos inseridos na CDA, conforme preceitua o art. 204 do CTN, cabendo ao sócio o ônus da prova de que não foi caracterizada nenhuma das circunstâncias previstas no art. 135 do referido diploma normativo, conforme assentado no REsp 1.104.900/ES, submetido ao rito dos recursos repetitivos (REsp 1.604.672/ES e AREsp 129.448/RJ).

a.9) Comentários à Expressão "Infração à Lei"

As hipóteses previstas no art. 135 do CTN levam em consideração o elemento que desencadeará a solidariedade prevista, que é a infringência dos deveres de fiscalização, de representação e de boa administração – que deveriam ser exercidos com diligência e zelo – seja por ação ou omissão. Por isso, preferimos tratá-lo como responsabilidade por infração, pois essa modalidade de responsabilidade pressupõe necessariamente a existência de uma infração. No entanto, prescinde a análise de culpa do Direito Penal.

A responsabilidade prevista no art. 135 do CTN surge em função de prática pelo agente de ato com excesso de poderes ou infração à lei, contrato social ou estatuto, que devidamente constatado pelo Fisco, substitui (de forma subsidiária ou solidária) a sociedade na relação obrigacional, passando esta a recair sobre o responsável, que responderá por transferência. Uma vez apurado e comprovado o ato praticado com excesso de poderes ou infração à lei, contrato social ou estatuto, o agente causador do prejuízo deve ser pessoalmente responsabilizado, daí a previsão do CTN ao determinar a sua responsabilidade pessoal. Temos, então, que no *inciso I* haverá responsabilidade para todas as pessoas previstas no art. 134, e a distinção quanto ao tipo de responsabilidade a ser aplicada decorrerá da observância da existência ou não de abuso de poder ou infração a lei, o que importará na responsabilidade do art. 135. Caso contrário, será aplicada a responsabilidade do art. 134. Na hipótese do *inciso II*, responderão os mandatários, prepostos e empregados (de qualquer tipo), observando sempre o enquadramento previsto no *caput* do artigo. Na hipótese do *inciso III*, devem ser observados vários requisitos. Assim, temos várias observações: a) o STJ entende que o mero inadimplemento não constitui infração; b) o sócio que não é administrador só responde até o limite do capital integralizado à sociedade; c) a responsabilidade é, em princípio, da sociedade; d) o sócio-administrador só responde pelos atos que cometeu com infração à lei ou ao estatuto social e, mesmo assim, em relação aos tributos referentes à época em que era o administrador.

Voltando à discussão que envolve o art. 135 do CTN, indaga-se qual o alcance da expressão "infração à lei". O entendimento das Fazendas sempre foi no sentido de que o inadimplemento do tributo era uma infração à lei, já que o tributo e o seu pagamento eram por ela instituídos. Assim, não pagá-lo significava uma infração. A doutrina questionava se o mero inadimplemento do dever de pagar tributo ensejaria a responsabilidade tipificada no art. 135, que prevê uma responsabilidade pessoal de quem cometeu a infração. A obrigação tributária é *ex lege* (encontra sua fonte na lei) e, em função disso, o inadimplemento constitui infração a comando normativo, ou seja, infração à lei, mas daí a justificar o enquadramento no art. 135 é coisa bem diversa. A matéria comportou uma discussão jurisprudencial, chegando ao STJ que pacificou a matéria defendendo uma interpretação lógica e sistemática desse dispositivo. Para o referido Tribunal, o mero inadimplemento do dever de pagar tributo não enseja a responsabilidade do art. 135, posicionamento que hoje prevalece. Assim justificou o STJ:

I) a responsabilidade prevista no art. 135 é pessoal e tem caráter subjetivo, portanto, pressupõe a existência de dolo específico (a intenção de cometer a infração tributária);

II) a responsabilidade é excepcional, caso contrário, se o mero inadimplemento fosse considerado infração, haveria um desestímulo para que alguém quisesse ser o sócio administrador ou, ainda, a desnecessidade da constituição de uma sociedade por quotas de responsabilidade limitada;

III) por fim, a questão da **dissolução irregular da sociedade**[21], que constitui forte indício da responsabilidade do art. 135. Isso é importante porque a jurisprudência do STJ evoluiu. Antes, o STJ entendia que a dissolução irregular correspondia à presunção absoluta da responsabilidade do art. 135. Só que o TRF entendeu que, em sede de execução fiscal, a descoberta da dissolução irregular da sociedade é causa de redirecionamento da mesma para atingir os sócios. O STJ, no julgamento do REsp 800.039-PR, entendeu que, *"na hipótese, é possível presumir a dissolução irregular da sociedade e, em consequência, redirecionar a execução fiscal para seus sócios, visto que certificado por oficial de justiça que ela não mais existe no endereço indicado (art. 127 do CTN)".*

Nesse sentido, as Procuradorias da Dívida Ativa utilizam o art. 135, III, do CTN, em regra, somente no caso de efetiva dissolução irregular, pois caso a sociedade ainda esteja em atividade, aplica-se o art. 134, VII, hipótese em que se deve provar que se trata de uma sociedade de pessoas.

Atualmente o entendimento do STJ (Ag no REsp 643.918/PR) tende para o entendimento de que a presunção é relativa.

Frise-se, mais uma vez, que o mero inadimplemento não configura infração que justifique a aplicação do art. 135, III, do CTN, e ainda que constatada a infração, a responsabilidade tributária é atribuída ao sócio-administrador.

Vejamos as Súmulas editadas pelo STJ sobre o tema:

Súmula 430: *O inadimplemento da obrigação tributária pela sociedade não gera, por si só, a responsabilidade solidária do sócio-gerente.*

Súmula 435: *Presume-se dissolvida irregularmente a empresa que deixar de funcionar no seu domicílio fiscal, sem comunicação aos órgãos competentes, legitimando o redirecionamento da execução fiscal para o sócio-gerente.*

---

21 O STJ (REsp 1.455.490-PR) manifestou-se sobre a permanência da responsabilidade da pessoa jurídica apesar do redirecionamento de execução fiscal para sócio-gerente. Nos casos de *dissolução irregular da sociedade empresária*, o redirecionamento da Execução Fiscal para o sócio-gerente não constitui causa de exclusão da responsabilidade tributária da pessoa jurídica. O STJ possui entendimento consolidado de que "os diretores não respondem pessoalmente pelas obrigações contraídas em nome da sociedade, mas respondem para com esta e para com terceiros solidária e ilimitadamente pelo excesso de mandato e pelos atos praticados com violação do estatuto ou lei" (EREsp 174.532-PR, 1ª Seção). Isso, por si só, já seria suficiente para conduzir ao entendimento de que persiste a responsabilidade da pessoa jurídica. Ademais, nada impede que a Execução Fiscal seja promovida contra sujeitos distintos, por cumulação subjetiva em regime de litisconsórcio. Com efeito, são distintas as causas que deram ensejo à responsabilidade tributária e, por consequência, à definição do polo passivo da demanda: a) no caso da pessoa jurídica, a responsabilidade decorre da concretização, no mundo material, dos elementos integralmente previstos em abstrato na norma que define a hipótese de incidência do tributo; b) em relação ao sócio-gerente, o "fato gerador" de sua responsabilidade, conforme acima demonstrado, não é o simples inadimplemento da obrigação tributária, mas a dissolução irregular (ato ilícito). Além do mais, não há sentido em concluir que a prática, pelo sócio-gerente, de ato ilícito (dissolução irregular), constitui causa de exclusão da responsabilidade tributária da pessoa jurídica, fundada em circunstância independente. Em primeiro lugar, porque a legislação de direito material não contém previsão legal nesse sentido. Ademais, a prática de ato ilícito imputável a um terceiro, posterior à ocorrência do fato gerador, não afasta a inadimplência (que é imputável à pessoa jurídica, e não ao respectivo sócio-gerente) nem anula ou invalida o surgimento da obrigação tributária e a constituição do respectivo crédito, o qual, portanto, subsiste normalmente.

Súmula 585: *A responsabilidade solidária do ex-proprietário, prevista no art. 134 do Código de Trânsito Brasileiro, não abrange o IPVA incidente sobre o veículo automotor, no que se refere ao período posterior à sua alienação.*

a.10) Empresas Individuais de Responsabilidade Limitada – EIRELI

Com a publicação da Lei n. 12.441, de 11 de julho de 2011, foi alterado o Código Civil autorizando a criação das Empresas Individuais de Responsabilidade Limitada, denominadas pela sigla EIRELI. Este novo tipo societário permitiria que uma pessoa titular da totalidade do capital social devidamente integralizado possa constituir uma pessoa jurídica sem a participação de outro sócio.

Um dos maiores atrativos para se constituir uma EIRELI era a incomunicabilidade entre o patrimônio social e o pessoal de quem constitui a empresa. Com o surgimento da SLU (Sociedade Limitada Unipessoal), em 2019, o formato jurídico EIRELI foi perdendo a relevância. Em 2021, a Lei n. 14.195/2021, que buscou facilitar a abertura de empresas e trata da desburocratização societária e de atos processuais, em seu art. 41 determinou o fim da EIRELI e as empresas já constituídas serão transformadas em SLU.

Legitimação dos Sócios para Opor Embargos[22]

Quando o sócio é citado e, portanto, figura no polo passivo da execução fiscal, não há discussão quanto à sua legitimação para opor embargos do devedor. Contudo, quando ele não consta como executado, mas a penhora recai sobre seus bens particulares, poderá opor embargos de terceiro. Nesse sentido, o STJ (REsp 827.295-CE) decidiu sobre a legitimidade de sócios-administradores para opor embargos de terceiro diante de penhora dos seus bens particulares em execução fiscal quando regularmente citados. Segundo o julgado, são cabíveis os embargos do devedor ao sócio que detinha poder de gerência no momento em que fora constituído o crédito, quando for regularmente citado na execução fiscal: *"O abrandamento do CPC é admitido quando o sócio sem poder de gerência for citado em execução fiscal; nessa hipótese, é viável o ajuizamento dos embargos de terceiro".*

Por fim, entendemos que, quanto à legitimação, o mesmo se aplica ao sócio que não exerce a administração da sociedade.

Responsabilidade do Agente Público

Outro caso de responsabilidade pessoal que encontra base no art. 135 do CTN é a prevista no art. 208 do mesmo Código, que trata da responsabilidade pessoal do funcionário da Fazenda Pública que tenha expedido certidão negativa com dolo e fraude, em prejuízo à Fazenda Pública.

---

22 Recomendamos a leitura da nossa obra *Processo tributário (administrativo e judicial)*. 6ª ed. São Paulo: Saraiva, 2018. Nela aprofundamos toda a temática inerente ao processo tributário.

Responsabilidade por substituição pelo Tomador do Serviço no ISSQN

Em virtude da guerra fiscal que os Municípios travam em função da "voracidade" na cobrança do ISSQN[23], algumas leis municipais têm afrontado a CRFB, a LC n. 116/2003, bem como o Código Tributário Nacional. A definição do local da prestação do serviço já havia sido pacificada pelo STJ, por força da interpretação do DL n. 406/68, que já comportava o referido questionamento. Nesse sentido, o STJ fixou a tese de que o imposto sobre o serviço deve ser recolhido ao Município onde efetivamente o serviço deva ser prestado. Em 2003, o Congresso Nacional editou a Lei Complementar n. 116, que passou a ser o diploma legal que instituiu normas gerais em matéria de ISSQN. Ocorre que, com a redação confusa e ao nosso entender contraditória dos arts. 3º e 4º do referido diploma, a discussão quanto ao local da prestação do serviço foi ressuscitada. Daí em diante criou-se um caos para os prestadores de serviços, que não raro, para não perder o serviço e não serem autuados pelas Fazendas Municipais, preferem recolher o referido imposto duas vezes, ou seja, um para cada Município (uma flagrante bitributação).

Diante do panorama que foi apresentado e com o objetivo de tentar combater uma suposta sonegação, os Municípios passaram a exigir a retenção na fonte, e agora, não satisfeitos, passaram a prever uma substituição tributária pelo tomador do serviço. Rechaçamos essa previsão pelo fato de que o instituto da responsabilidade tributária se dá em relação à figura do contribuinte, quando a praticidade fiscal assim o justifique, daí a análise de a capacidade contributiva ser feita em razão da figura do substituído, e não do substituto. Nesse sentido, o Município que não possui competência tributária para fiscalizar e cobrar de uma empresa que está domiciliada em outro Município criou essa figura, para transferir do contribuinte (prestador) para o responsável (tomador) em flagrante contradição com o CTN. É fato que o CTN não disciplina a responsabilidade por substituição da mesma forma que disciplinou a responsabilidade por transferência, deixando para a lei assim fazê-lo. Contudo, não pode a lei municipal imputar a alguém uma responsabilidade, contrariando a sistemática do ISSQN. Pensar de forma diversa é permitir que um ente federativo, por não poder cobrar de um contribuinte em virtude de seu domicílio estar localizado em outro Município, crie uma forma de atrair para si a possibilidade de cobrança e, por via transversa, alterar a competência estabelecida pela Constituição, bem como a norma geral do ISSQN prevista pela LC n. 116/2003. Apesar de entendermos que essa forma de substituição tributária (como tem sido feita) afronta a Constituição e o CTN, pois ultrapassa os limites territoriais de incidência da lei e da fiscalização tributária, é assim que vêm ocorrendo no âmbito dos municípios.

---

23 Aprofundamos a abordagem referente aos impostos em nossa obra *Impostos federais, estaduais e municipais*. 6ª ed. São Paulo: Saraiva, 2018.

Com o objetivo de pôr fim à guerra fiscal entre os municípios e estados, a EC 132/23 passa a fixar a arrecadação do IBS no destino da operação (art. 156-A, § 1º, VII, da CF/88).

Simples Nacional – Microempresas e Empresas de Pequeno Porte

A Constituição, em diversos dispositivos, como os arts. 170, inciso IX; 179 e 146, inciso III, alínea d, previu a possibilidade de se instituir tratamento diferenciado para os contribuintes que se encontrem em situações especiais, como, por exemplo, as microempresas e empresas de pequeno porte. Nesse sentido, na falta de uma definição do que seria pequeno empresário, aplicavam-se os artigos do Código Civil que se referiam ao microempresário e ao empresário de pequeno porte, já lhes dispensando tratamento diferenciado, de modo a estimular-lhes o crescimento e a redução ou a eliminação de obrigações administrativas, tributárias, previdenciárias e creditícias. A Lei n. 9.317/96 criou um sistema tributário simplificado – o SIMPLES. Essa lei foi revogada pela LC n. 123/2006, que instituiu o Estatuto Nacional da Microempresa e da Empresa de Pequeno Porte, cujo sistema ficou mais amplo, daí passar a denominar-se SIMPLES NACIONAL ou popularmente "Super Simples"[24]. Esse novo sistema estabelece um regime diferenciado e favorecido para as microempresas e pequenas empresas, que abrange o pagamento de impostos e contribuições da União, dos Estados, do Distrito Federal e dos Municípios com alíquotas diferenciadas (reduzidas) e por meio de um documento único de arrecadação. Podemos dizer que uma das principais alterações da LC 128/08 é a criação do Microempreendedor Individual (MEI), disciplinado no art. 18-A[25].

Súmulas do STJ sobre o tema:

> **Súmula 425:** A retenção da contribuição para a seguridade social pelo tomador do serviço não se aplica às empresas optantes pelo Simples.
>
> **Súmula 448:** A opção pelo Simples de estabelecimentos dedicados às atividades de creche, pré-escola e ensino fundamental é admitida somente a partir de 24/10/2000, data de vigência da Lei n. 10.034/2000.

B. Responsabilidade por Infração

Conforme disposição do CTN, os dispositivos que tratam da responsabilidade por infração são os arts. 136 a 138 do CTN. Destaque-se que, com a devida ressalva que fizemos nos comentários do art. 135, entendemos que este artigo seria mais bem classificado na modalidade de infração. Por outro lado, a classificação dos arts. 136 e 137 não trata basicamente de sujeição passiva, mas sim de ilícitos tributários.

---

24 A LC 123/2006 sofreu alterações significativas por meio das Leis Complementares n. 127/2007, 128/2008, 139/2011, 147/2014 e 155/2016.

25 Alterado pela LC n. 147/2014.

Assim, didaticamente, estão indevidamente colocados no CTN. Nesse sentido, com a ressalva já abordada, passemos a comentá-los:

b.1) Análise do Art. 136 do CTN

Quanto ao **art. 136** do CTN, temos a seguinte orientação: Salvo disposição de lei em contrário, a responsabilidade por infrações da legislação tributária **independe da intenção do agente ou do responsável** e da efetividade, natureza e extensão dos efeitos do ato.

Esse artigo refere-se aos atos normativos expressos no art. 96 do CTN (legislação), e por isso difere do art. 135, que prevê infração especificamente à lei, estatuto ou contrato. Discute-se quanto à natureza dessa responsabilidade, se objetiva ou não. Prevalece o entendimento de que essa hipótese trata de responsabilidade objetiva, pois quando o artigo menciona que independe da intenção do agente, é porque ela não será invocada, ou seja, é irrelevante o elemento dolo. Por outro lado, entendemos que o dispositivo em comento afasta apenas a necessidade da presença do dolo, o que significa dizer que na análise do cometimento da infração não há que se perquirir a existência do dolo, exigindo-se apenas que o sujeito passivo atue com culpa. Quando o referido artigo traz a expressão "salvo disposição de lei em contrário", permite que lei trate a questão de forma diversa, ou seja, que a imputabilidade dependa da prova do elemento subjetivo. Ademais, já entendeu o STJ (REsp 68.087/SP) que não se deve afirmar generalizadamente, com base no art. 136 do CTN, que a responsabilidade pela prática de infrações tributárias seja objetiva. A uma porque o próprio art. 136 do CTN ressalva que a lei pode exigir a intenção do agente como elemento essencial para a configuração do ilícito. A duas porque o referido artigo, no que toca à infração da lei tributária, deve ser examinado em harmonia com o art. 137, que consagra a responsabilidade subjetiva.

Note-se, por fim, que o art. 136 se reporta ao elemento subjetivo, ou seja, à intenção do agente, e aos efeitos do ato, mas não excepciona a relação de causa e efeito entre a conduta do agente e a infração a ser punida.

b.2) Análise do Art. 137 do CTN

O art. 137 do CTN também trata de responsabilidade, só que nesse caso a atribui pessoalmente ao agente que pratica as infrações.

Destaque-se que a responsabilidade em comento não está ligada à sujeição passiva indireta, por isso não deveria ser tratada como responsabilidade tributária. Contudo, embora o CTN também chame de responsabilidade, tal dispositivo deve ser entendido como imputação a alguém das consequências dos atos praticados.

O CTN, através do art. 137, cumpriu o princípio disposto no art. 5º, XLV, da CRFB, que dispõe que nenhuma pena passará da pessoa do condenado, podendo a obrigação de reparar o dano e a decretação do perdimento de bens ser, nos termos da lei, estendidas aos sucessores e contra eles executadas, até o limite do valor do patrimônio transferido. Destaque-se que no âmbito tributário as penalidades são imputadas ao sujeito passivo da relação jurídica (da obrigação principal ou acessória). Assim, se o inadimplemento partiu da pessoa jurídica, a regra é que ela responda pela infração, mas o art. 137 faz ressalvas em que o agente responderá pessoalmente pelos seus atos, como podemos observar nos incisos do referido dispositivo legal:

Inciso I – quanto às infrações conceituadas por lei como crimes ou contravenções, salvo quando praticadas no exercício regular de administração, mandato, função, cargo ou emprego, ou no cumprimento de ordem expressa emitida por quem de direito.

Destaque-se que as infrações penais não se confundem com as infrações tributárias, mas muitas vezes uma única infração acarreta a incidência das duas punições, conforme prevê a Lei n. 8.137/90. Contudo, o próprio inciso traz duas exceções: *a) quando praticadas no exercício regular de administração, mandato, função, cargo ou emprego; b) no cumprimento de ordem expressa emitida por quem de direito.*

Inciso II – quanto às infrações em cuja definição o dolo específico do agente seja elementar.

Este inciso trata das hipóteses em que o dolo específico seja elementar, ou seja, a vontade livre e consciente do agente de produzir o resultado.

Inciso III – quanto às infrações que decorram direta e exclusivamente de dolo específico:

a) *das pessoas referidas no art. 134, contra aquelas por quem respondem;*
b) *dos mandatários, prepostos ou empregados, contra seus mandantes, preponentes ou empregadores;*
c) *dos diretores, gerentes ou representantes de pessoas jurídicas de direito privado, contra estas.*

As alíneas do inciso III do art. 137 do CTN estabelecem que as pessoas que agirem representando outras também responderão perante o Fisco. Insta salientar a discussão quanto ao fato de as pessoas jurídicas não poderem ser consideradas agentes das infrações definidas na lei penal como crime não interfere na infração fiscal porque, em regra, a multa será patrimonial. Por esse motivo, entendemos que, quanto às infrações tipificadas na lei tributária, é plenamente possível a imputação da penalidade à sociedade, seja ela meramente pecuniária, restritiva de direitos ou até mesmo impositiva de obrigações de fazer, como é o caso, por exemplo, de submetê-la a um regime especial de fiscalização.

b.3) Análise do Art. 138 do CTN

b.3.1) Denúncia Espontânea

O CTN elenca hipóteses de exclusão da responsabilidade, bem como a atenuação das penalidades quando o contribuinte age de boa-fé e se acusa espontaneamente ao Fisco, ou seja, comunica a sua infração desde que **antes do início de qualquer procedimento fiscal**. Destaque-se que o temor da fiscalização não afasta a aplicação do art. 138 do CTN.

A análise do referido artigo será realizada sob diversos aspectos, conforme veremos a seguir:

b.3.2) Denúncia Espontânea e Obrigação Acessória

A denúncia espontânea é pautada em dois requisitos básicos: a espontaneidade e o pagamento. A expressão "denúncia", obviamente, não recebe o conceito técnico do direito penal, mas significa o ato de o contribuinte comunicar por iniciativa própria à autoridade tributária a prática de ilícito fiscal.

A *espontaneidade* da denúncia é um dos elementos cruciais, e se caracteriza desde que a comunicação seja realizada antes de qualquer procedimento fiscal, inclusive um simples termo de abertura de fiscalização (TIAF – termo de início da ação fiscal). Nesse sentido, considerando o próprio art. 138, parágrafo único, c/c art. 196 do CTN, temos que não caberia mais o referido benefício por ter perdido seu caráter de espontaneidade. O segundo elemento da denúncia espontânea diz respeito ao *pagamento* do tributo devido, acrescido dos juros de mora, ou de depósito da importância arbitrada. A expressão "se for o caso" explica-se em face de algumas infrações que implicam desrespeito a obrigações acessórias, não havendo, necessariamente, nenhuma falta de pagamento de tributo, embora sejam também puníveis, porque a responsabilidade não pressupõe, necessariamente, dano (art. 136).

Inicialmente, o STJ entendia que a denúncia espontânea não precisava vir acompanhada do pagamento integral do tributo quando descumprida uma **obrigação tributária acessória**[26], logo, a denúncia espontânea liberava o contribuinte do dever de pagar multa. Todavia, posteriormente o STJ mudou de posição, passando a entender que o art. 138 do CTN seria inaplicável às hipóteses de descumprimento de obrigação tributária acessória.

Destarte, devemos indagar que: se o contribuinte precisa efetuar o pagamento do tributo devido, acrescido dos juros de mora, ou depositar a importância arbitrada pela autoridade administrativa, qual seria a vantagem da denúncia espontânea? A resposta abrange a discussão sobre a exclusão das multas tributárias. Então, uma vez acolhida a denúncia espontânea, a consequência deve ser liberar o agente infrator do pagamento da multa isolada ou de ofício, mas não das multas moratórias.

b.3.3) Denúncia Espontânea e Parcelamento

A interpretação da expressão acompanhada de pagamento "se for o caso"[27], contida no art. 138 do CTN, levou a uma indagação quanto à possibilidade de se utilizar também o parcelamento.

---

26 Como, por exemplo: uma pessoa física que seja isenta de IR não está desobrigada de cumprir uma obrigação acessória, qual seja, apresentar declaração de bens e rendimentos. Contudo, antes de receber qualquer notificação, o contribuinte apresenta, intempestivamente, sua declaração de isento.

27 O STJ entendeu, no EREsp 1.131.090-RJ, que o depósito judicial integral do débito tributário e dos respectivos juros de mora, mesmo antes de qualquer procedimento do Fisco tendente à sua exigência, configura denúncia espontânea (art. 138 do CTN). O depósito judicial integral não trouxe qualquer van-

Nesse sentido, o STJ inicialmente entendeu que a expressão "se for o caso" estaria autorizando a aplicação do instituto da denúncia espontânea nas hipóteses de parcelamento do débito tributário. Contudo, o entendimento do STJ foi alterado (REsp 284.189 e EREsp 1.131.090-RJ), e o Tribunal passou a entender que para a aplicação do art. 138 do CTN, ou seja, liberação do contribuinte da responsabilidade de pagar multa, a denúncia (espontânea) deveria ser acompanhada do pagamento integral do débito, não se admitindo o parcelamento. Note-se que com a edição da LC n. 104/2001, que introduziu no CTN o art. 155-A[28], em especial o seu § 1º, ficou determinado que, salvo disposição de lei em contrário, o parcelamento do crédito tributário não exclui a incidência de juros e multa. Na verdade, o parcelamento suspende a exigibilidade do crédito e o pagamento extingue o próprio crédito. Assim, é necessário que a lei específica que conceda o parcelamento preveja a exclusão do contribuinte/responsável do dever de pagar multa. Com isso, o STJ ressuscitou a **Súmula 208** do extinto Tribunal Federal de Recursos.

Em síntese, temos que a expressão "se for o caso" deve ser aplicada às hipóteses de inadimplemento da obrigação acessória. Ratificando a posição citada, o STJ (AgRg nos EAg 656.397-RS) afirmou que, nos casos de parcelamento do débito tributário ou sua quitação total com atraso, não pode ser aplicado o benefício da denúncia espontânea da infração, pois esse instituto exige que nenhum lançamento tenha sido feito e também não foi previsto para favorecer o atraso do pagamento do tributo. O mesmo entendimento se dá em relação à compensação.

Para o STJ, as multas têm caráter punitivo. Assim, temos que a *multa moratória* é aquela aplicada em função da intempestividade no pagamento. A *multa isolada* ou de ofício é uma multa autônoma, aplicada em razão do poder de polícia do Estado, em especial pelo descumprimento de obrigações acessórias. Por isso, entendemos que todas as multas que tenham vínculo direto com o fato gerador devem ser dispensadas pela denúncia espontânea, sejam moratórias ou isoladas.

b.3.4) Denúncia Espontânea e Lançamento por Homologação

O art. 138 do CTN não faz distinção quanto às modalidades de lançamento, levantando a discussão quanto a concessão dos benefícios da denúncia nos tributos lançados por homologação. Nesse sentido, foi editada a *Súmula 360 do STJ: O benefício da denúncia espontânea não se aplica aos tributos sujeitos a lançamento por*

---

tagem ou redução de custos para a Administração Tributária. Não houve a chamada "relação de troca entre custo de conformidade e custo administrativo" a atrair caracterização da denúncia espontânea (art. 138 do CTN).

28 Para Gabriel Lacerda Troialelli, o que se pretendeu foi terminar com prática muito utilizada pelos contribuintes, que, antes de qualquer ação fiscal, requeriam o parcelamento de dívida tributária, e, logo após seu deferimento, com a inclusão de multa e juros de mora, ajuizavam ação com o objetivo de excluir do parcelamento a multa, alegando que ao parcelamento se aplica a disciplina do art. 138. Para esse autor, o art. 155-A, § 1º, é regra geral do parcelamento, não impedindo a incidência do art. 138. Assim, a interpretação sistemática dos dois artigos acima citados conduz a uma conclusão: o parcelamento não exclui a incidência de juros e multa, salvo nos casos de ser precedido de denúncia espontânea da infração.

homologação regularmente declarados, mas pagos a destempo. Em síntese, temos as seguintes hipóteses de exclusão das penalidades:

a) Art. 138 do CTN.

b) Na observância das normas complementares previstas no parágrafo único do art. 100 do CTN.

c) Na hipótese de consulta prévia realizada pelo contribuinte, na forma do art. 161, § 2º, do CTN.

C. Responsabilidade por Sucessão

A responsabilidade por sucessão tem por objetivo alcançar fatos geradores ocorridos anteriormente à sucessão, transferindo-se para o terceiro vinculado a responsabilidade correspondente ao fato gerador respectivo. Destaque-se que os fatos geradores que ocorrerem a partir da sucessão serão atribuídos ao sucessor, mas na qualidade de contribuinte, já que não há mais que se falar em responsabilidade (por transferência). Assim, a transferência por sucessão se dá desde que o fato gerador tenha ocorrido, ainda que o tributo não tenha sido lançado.

c.1) Sucessão Genérica e Específica

Verifica-se a sucessão em função do desaparecimento ficto do devedor original, o que pode se dar em diversas situações, como, por exemplo, a morte, a transferência de bens, a sucessão empresarial, entre outras. A seção que aborda o tema no CTN tem início com a extensão da responsabilidade tributária referente aos créditos relativos a obrigações tributárias surgidas até a referida data. Assim, temos os créditos:

a) definitivamente constituídos;

b) em curso de constituição;

c) posteriormente constituídos, mas relativos às obrigações anteriores.

O art. 129 trata da transferência por sucessão genérica e o art. 130 trata de regra específica.

c.2) Classificação

Assim, para efeitos didáticos, vamos subdividi-las em três modalidades, a saber:

» *Por ato **inter vivos** (arts. 130 e 131, I, do CTN), que por sua vez se divide em:*

   – bens imóveis;

   – bens móveis.

» *Sucessão **mortis causa** (art. 131, II e III, do CTN).*

» *Sucessão empresarial (arts. 132 e 133 do CTN).*

c.2.1) Inter Vivos

Como já dito, a sucessão por atos *inter vivos* se subdivide em bens imóveis e móveis. Para efeitos didáticos, veremos a seguir cada um deles em separado.

c.2.1.1) Bens Imóveis

O art. 130 do CTN prevê a responsabilidade incidente sobre a transmissão de bens imóveis. Essa modalidade é também chamada de imobiliária, e nela o adquirente se torna responsável pelos impostos e taxas referentes à prestação de serviços atinentes a tais bens (não inclui o fato gerador quanto ao poder de polícia) bem como pela contribuição de melhoria.

O referido artigo refere-se aos tributos de "propriedade", "domínio útil" e "posse de bens imóveis", como, por exemplo[29], o IPTU, o ITR, a taxa de incêndio etc[30]. Exemplifiquemos: o adquirente de um imóvel se torna responsável por todo o débito oriundo daquele imóvel, ou seja, os valores atrasados a título de IPTU se sub-rogam na pessoa do adquirente.

Frise-se que, depois de feito o registro da escritura no Registro Geral de Imóveis, o adquirente passa a ser o contribuinte de IPTU. Nesse caso, não há mais que se falar em responsabilidade por sucessão, já que esta **somente se dá em relação aos débitos anteriores à venda**.

Devemos ressaltar que na hipótese de no momento da aquisição haver a apresentação de certidão ou qualquer outra prova de quitação, a responsabilidade é do alienante e não do adquirente. Analisando a certidão, pode-se constatar uma ressalva: "o Fisco se ressalva o direito de cobrar eventuais créditos apurados". Nesse caso, indaga-se se essa ressalva seria possível perante a norma contida no art. 130 do CTN.

Entende-se que a ressalva é perfeitamente cabível, embora se destine ao alienante, e tão somente em relação a ele, poderá, no máximo, atribuir também responsabilidade por imposição legal e solidariedade entre o contribuinte e o tabelião que certificou que o tributo já estava pago (art. 134, VI).

Questiona-se também se inicialmente a certidão era negativa e posteriormente passou a ser positiva em função de lançamentos complementares retroativos. Entendemos da mesma forma que no item anterior, ou seja, o adquirente não responderá pela dívida, devendo esta ser cobrada do antigo proprietário, alienante. Ressalte-se que o Fisco não está impedido de cobrar do antigo proprietário.

O parágrafo único do art. 130 do CTN traz a regra relativa à alienação do bem imóvel em leilão. Isso significa que a compra em hasta pública é uma forma de aquisição originária de propriedade, e, por isso, libera o bem de todos os ônus incidentes sobre ele, inclusive os créditos tributários. Frise-se que, nesse caso, o adquirente não é responsável, pois a sub-rogação ocorre sobre o preço obtido com a alienação, ainda que este seja insuficiente. O obrigado pelo saldo residual continuará sendo o antigo proprietário. Sobre o tema, o STJ (REsp 1.668.058-ES) entendeu que o ente desapropriante não responde por tributos incidentes sobre o imóvel

---

29 Não é sobre qualquer tributo envolvendo imóvel, mas sim os tributos que incidem sobre a propriedade, o domínio útil e a posse. Nesse sentido, o imposto de transmissão está incluído.

30 Aprofundamos o tema referente aos impostos em nossa obra *Impostos federais, estaduais e municipais*. 6ª ed. São Paulo: Saraiva, 2018.

desapropriado nas hipóteses em que o período de ocorrência dos fatos geradores é anterior ao ato de aquisição originária da propriedade[31].

Em síntese, o art. 130 em comento comporta duas exceções. A *primeira*, quando há prova de quitação no título aquisitivo, o tabelião certifica que os tributos foram pagos. Nesse sentido, presume-se a fé pública do tabelião e o adquirente não será responsável tributário. Ocorrerá uma solidariedade entre o contribuinte e o tabelião, ou seja, uma responsabilidade por imputação legal, se o tabelião contribuiu para o inadimplemento do tributo. A *segunda* ocorre quando a aquisição se der em leilão judicial, pois nesse caso não há aquisição derivada e, portanto, não haverá responsabilidade por sucessão do arrematante. Por isso o CTN prevê que o crédito tributário se sub-roga sobre o preço da arrematação. Exemplifiquemos: se o bem foi arrematado por R$ 200 mil e a dívida do imóvel era no valor de R$ 50 mil, a dívida é paga e os R$ 150 mil remanescentes ficam com o devedor. Por outro lado, se a arrematação se deu no valor de R$ 100 mil reais e a dívida é de 150 mil reais, os R$ 50 mil referentes à diferença serão cobrados do devedor.

c.2.1.2) *De Bens Móveis*

O art. 131 do CTN também traz no **inciso I** uma espécie de sucessão *inter vivos*, mas em relação aos bens móveis. Vejamos a redação do referido artigo: *São **pessoalmente** responsáveis: I – o adquirente ou remitente, pelos tributos relativos aos bens adquiridos ou remidos.*

Discute-se, nessa modalidade, a interpretação da expressão "pessoalmente". Uma primeira corrente[32], minoritária, entende que esse termo indica uma responsabilidade solidária do adquirente com o alienante. Uma segunda corrente sustenta que a responsabilidade pessoal exclui o contribuinte da relação jurídica tributária, pois a tal responsabilidade seria considerada exclusiva.

Ressalte-se que o mesmo inciso I refere-se também ao "remitente", considerado aquele que pratica remição, resgata ou redime, significando o ato de pagar a dívida e resgatar o bem. Nesse sentido, o remitente, da mesma forma que o adquirente, fica responsável pelos tributos que incidem sobre o bem resgatado.

c.2.2) **Sucessão *Mortis Causa***

Essa modalidade de sucessão ocorre em virtude da morte do proprietário, chamado pela lei de *de cujus*, pois a herança comporta não só o ativo, mas também o passivo e, nesse sentido, responderão os sucessores pelas dívidas tributárias anteriores à morte, daí nos **incisos II e III do art. 131** o CTN tratar das hipóteses de sucessão *mortis causa*. A morte é considerada pelo direito como um evento futuro e incerto e quando da sua ocorrência aplica-se o princípio do *saisine*, que implica a

---

31 Ver também REsp 1.148.444-MG: *"Comerciante de boa-fé que adquire mercadoria cuja nota fiscal, emitida pela empresa vendedora, seja declarada inidônea pode aproveitar o crédito do ICMS pelo princípio da não cumulatividade, uma vez que demonstrada a veracidade da compra e venda, porquanto o ato declaratório de inidoneidade somente produz efeitos a partir de sua publicação".*

32 Nesse sentido, Hugo de Brito Machado e Bernardo Ribeiro de Moraes.

transferência imediata dos bens do falecido aos seus sucessores com o evento morte, ou seja, com a morte considera-se aberta a sucessão.

Ressalte-se que em relação à morte incide também o imposto de transmissão *causa mortis* (ITCMD) de competência dos Estados. A Resolução do Senado n. 9/92 fixa a alíquota máxima em 8%, conforme dispõe o § 1º do art. 155 da CRFB. Assim, a responsabilidade tributária tratada neste item é relativa aos tributos devidos pelo *de cujus* além do pagamento do ITCMD.

A maioria da doutrina critica o art. 131 do CTN, sob o fundamento de que a posição desses incisos deveria estar invertida, pois o inciso III cuida da hipótese em que o fato gerador ocorre quando o contribuinte ainda está vivo, ou seja, o fato gerador ocorre até a abertura da sucessão. Nesse caso, o contribuinte era o *de cujus*.

Já o inciso II trata do fato gerador ocorrido após a abertura da sucessão até a partilha. Se o fato gerador ocorrer após a abertura da sucessão e até a partilha, o contribuinte será o espólio, pois o contribuinte original já estava morto, e o responsável serão os herdeiros a qualquer título. O Código ainda traz o cônjuge meeiro, mas ressalte-se que, com o Código Civil de 2002, o cônjuge passou a ser considerado herdeiro. Vejamos então, separadamente, os incisos do art. 131 do CTN, a começar pelo inciso II, *in verbis*:

> Art. 131. (...)
>
> II – o sucessor a qualquer título e o cônjuge meeiro, pelos tributos devidos pelo de cujus até a data da partilha ou adjudicação, limitada esta responsabilidade ao montante do quinhão do legado ou da meação;

O inciso II indica que, feita a partilha ou adjudicação sem que os tributos tenham sido pagos, a responsabilidade por todo o período recairá sobre os sucessores. Exemplifiquemos: se o *de cujus* deixou dívidas relativas a créditos tributários a responsabilidade será do espólio, contudo, feita a partilha ou adjudicação sem o pagamento, a responsabilidade passará a ser dos sucessores a qualquer título e do cônjuge meeiro.

O referido inciso traz ainda uma limitação, qual seja: (...) *limitada esta responsabilidade ao montante do quinhão, do legado ou da meação*. Assim, temos que **quinhão** é a fração ideal que cabe ao sucessor, relativa ao patrimônio deixado pelo *de cujus*. O **legado** é o bem deixado pelo *de cujus* em testamento. Já a **meação** é considerada a metade do patrimônio do casal. Significa dizer que o sucessor não vai responder além do limite da herança.

Em relação ao inciso III, assim determina o CTN: *Art. 131 (...) III – o espólio, pelos tributos devidos pelo* de cujus *até a data da abertura da sucessão*. Este dispositivo não trata da situação que será instaurada após a partilha, porque aqui teremos a figura do contribuinte e não mais do responsável. Ressalte-se que espólio não é uma pessoa jurídica, mas sim uma universalidade de bens e direitos. Para o Direito Tributário, no entanto, assume a condição de sujeito passivo indireto, representado pelo inventariante. Segundo o artigo, o espólio responderá pelos tributos devidos pelo *de cujus* e não pagos até a abertura da sucessão. Exemplifiquemos: no caso de o *de cujus* deixar dívidas de IPTU de seus imóveis, uma vez aberto o inventário, a transferência por responsabilidade recairá sobre o espólio.

Assim, após a análise dos dois incisos, podemos em síntese dizer que a responsabilidade do espólio pode ser desmembrada em duas situações. A primeira ocorre **após a morte**. Nesse caso, na forma do art. 134, o responsável é o inventariante, e a responsabilidade é solidária. Por outro lado, quanto aos tributos são devidos **até a morte**, a responsabilidade é do espólio e é pessoal até a abertura da sucessão (art. 131, III), e dos sucessores em relação aos tributos devidos e não pagos até a partilha ou adjudicação (art. 131, II).

Por fim, frise-se que, nas hipóteses do art. 131 do CTN, a transferência da responsabilidade é relativa ao tributo, acrescido de juros e correção monetária, não alcançando as multas punitivas impostas ao *de cujus*.

c.2.3) Sucessão Empresarial

c.2.3.1) Análise do Art. 132 do CTN

O art. 132 do CTN trata das hipóteses em que uma pessoa jurídica resulte de fusão, transformação ou incorporação de empresas.

Para melhor entendimento do artigo, mister se faz a análise individualizada de cada hipótese, bem como quanto à discussão sobre a cisão, já que não consta expressamente no dispositivo legal citado.

I – Fusão

O art. 228 da Lei n. 6.404/76 conceitua fusão como a operação pela qual se unem duas ou mais sociedades para formar sociedade nova. Acontece da seguinte forma: duas pessoas jurídicas (A e B) dão origem a uma terceira pessoa jurídica (C). Nesse caso, "C" fica responsável pelos débitos tributários de "A" e de "B" por fatos geradores ocorridos antes da fusão. Após a fusão não há que se falar em responsabilidade, já que nesse caso "C" será o próprio contribuinte.

II – Incorporação

O art. 227 da Lei n. 6.404/76 define a incorporação como a operação pela qual uma ou mais sociedades são absorvidas por outra. Nesse caso, temos duas pessoas jurídicas (A e B) e uma incorpora-se a outra. "A" fica responsável por todo o passivo de "B".

III – Transformação

O art. 220 da Lei n. 6.404/76 conceitua transformação como a operação por que passa uma sociedade em que, independentemente de dissolução e liquidação, passa de um tipo societário para outro. É o caso, por exemplo, de uma sociedade LTDA. que se transformou em S/A. Nesse caso, a nova sociedade será responsável por todos os débitos anteriores. Na transformação, o que ocorre na verdade é mera mudança de roupagem na forma jurídica.

IV – Cisão

A cisão vem disciplinada nos arts. 229 a 233 da Lei n. 6.404/76, mas, como já mencionado, não está prevista expressamente no art. 132 do CTN. A cisão pode ser exemplificada da seguinte forma: uma empresa "A" dá origem a uma outra empresa "B". Todavia, a discussão é se a cisão seria enquadrada nas regras da responsabilidade prevista neste artigo.

Entendemos que, embora a cisão não venha elencada no presente artigo, ambas as empresas (A e B) serão responsáveis solidárias pelo pagamento dos débitos anteriores à cisão. A ausência da previsão no art. 132 do CTN se justifica pelo fato de que quando o CTN foi elaborado ainda não existia a figura da cisão. Verifica-se que a Lei n. 6.404, que conceitua todas as formas analisadas, é de 1976, e o CTN é de 1966. Por outro lado, como a própria legislação tributária já incorporou institutos que foram criados depois da edição do CTN, então o rol do referido artigo não é uma enumeração taxativa.

Exemplifiquemos: a empresa A, devedora de tributos, promove uma cisão, extinguindo a sua personalidade jurídica e criando duas novas sociedades (B e C). Quando a Fazenda Pública promover a cobrança dos respectivos créditos, as duas empresas alegam que não têm responsabilidade pelo pagamento dos débitos anteriores, pois a devedora era outra empresa (empresa A), já que a personalidade jurídica de uma é distinta da outra, que inclusive não existe mais. Não nos parece adequado esse entendimento; se assim fosse, uma empresa mudaria sua estrutura societária para fugir ao pagamento dos tributos, criando mecanismos fraudadores dos seus credores, inclusive o Fisco. Por esse motivo, o art. 132 do CTN deve ser aplicado à empresa que surgir dessa alteração societária classificando-a como sucessora tributária da empresa extinta.

Do mesmo modo, o sócio que prosseguir em nome próprio ou com o mesmo nome da outra empresa, ou ainda com nome diferente, mas no mesmo ramo de atividade, vai ser também sucessor tributário.

Ademais, o parágrafo único do art. 132 do CTN prevê que o disposto neste artigo se aplica aos casos de extinção de pessoas jurídicas de direito privado, quando a exploração da respectiva atividade seja continuada por qualquer sócio remanescente, ou seu espólio, sob a mesma ou outra razão social, ou sob firma individual. Assim, da leitura desse parágrafo verifica-se não precisar ser o sócio administrador, mas qualquer sócio e, caso não seja hipótese prevista no *caput*, ainda assim persiste a responsabilidade para qualquer unidade econômica que ressurgir após a extinção, desde que continuada por sócio remanescente ou seu espólio.

Por fim, temos a cisão total ou parcial. Na cisão total, a sociedade cindida transfere todo o seu patrimônio para uma ou mais sociedades já existentes ou criadas para esse fim, o que implicará a sua extinção. O art. 233 da Lei n. 6.404/76 impõe nesse caso a solidariedade entre as sociedades que absorveram o patrimônio da companhia cindida. Já na cisão parcial, em que há transferência de parte do patrimônio da sociedade, a regra é a mesma, ou seja, as sociedades que absorverem o patrimônio serão solidariamente responsáveis com a companhia cindida por dívidas pretéritas. Contudo, o parágrafo único do artigo em comento admite que o ato de cisão estipule cláusula de exclusão de solidariedade, caso em que qualquer credor anterior poderá se opor a esta cláusula em relação ao seu crédito no prazo decadencial de 90 dias. Nesse sentido, entendemos que se trata de credor tributário, e essa exclusão não se aplica em função do que dispõe o art. 123 do CTN, que não permite que as convenções particulares sejam opostas contra a Fazenda para modificar a definição de sujeito passivo.

c.2.3.2) Análise do Art. 133 do CTN

O art. 133 do CTN traz a responsabilidade integral ou subsidiária em relação às pessoas naturais e jurídicas adquirentes de fundo de comércio ou estabelecimento comercial, industrial ou profissional, que *continuem a respectiva exploração*.

Com o advento do Código Civil de 2002, a matéria afeta ao Direito Comercial passou em grande parte para o Direito Empresarial, e assim preferimos chamar a responsabilidade prevista no referido artigo de sucessão empresarial. Por isso, antes de qualquer abordagem sobre esse tema, é importante lembrar que o fundo de comércio recebeu uma nova concepção, e daí melhor ser chamado de fundo de empresa ou estabelecimento empresarial.

I – Se o adquirente não explora a mesma atividade do alienante

Destaque-se que se o adquirente não explorar a mesma atividade do alienante, não há que se falar em responsabilidade do adquirente, pois os débitos fiscais porventura existentes ficarão a cargo do alienante na qualidade de contribuinte. Para que haja sucessão, é necessária a existência de um liame entre a nova empresa e a anterior através do mesmo ramo de atividade, ou seja, continuar a respectiva exploração.

Tal comprovação poderá ser aferida através do ramo de atividade, da mesma clientela, do objeto social mais abrangente ou mais restrito; no entanto, é necessário que o adquirente tenha o mesmo ponto e o mesmo ramo de atividade. Aqui não estamos tratando apenas de identidade de objeto social. Assim, só há que se falar em responsabilidade em relação às dívidas do alienante que, pelos motivos descritos neste artigo, se transferem para o adquirente.

Ressalte-se que as dívidas tributárias existentes no período após a alienação são devidas pelo adquirente na qualidade de contribuinte. Desta forma temos que, quando houver alienação do estabelecimento, não estamos tratando da venda isolada de um de seus elementos, como, por exemplo, o ponto (popularmente chamado de loja), pois o ponto é o espaço físico. Na verdade, o que o artigo quer dizer é que o que está se adquirindo é o negócio pronto, o que corresponde ao estabelecimento, com toda a universalidade de bens corpóreos e incorpóreos que o integram (como o ponto, a marca, a patente de invenção, o estoque, os equipamentos etc.).

Citamos o art. 1.142 do CC, que diz considerar-se estabelecimento todo complexo de bens organizado, para exercício da empresa, por empresário, ou por sociedade empresária. Por outro lado, o art. 1.146 do CC dispõe sobre a sucessão no trespasse, impondo ao adquirente do estabelecimento a responsabilidade pelos pagamentos dos débitos não tributários anteriores, desde que devidamente contabilizados. O citado diploma legal inova ao impor ao alienante responsabilidade solidária pelo prazo de 1 ano, após a averbação da alienação. Contudo, ressalte-se que em relação aos créditos tributários prevalece o art. 133 do CTN, em função da sua especialidade.

II – Se o adquirente explora a mesma atividade do alienante

Considerando, então, que a responsabilidade tributária do **art. 133** somente existirá se ocorrer continuidade da exploração da atividade do alienante, temos dois tipos de responsabilidade, a do inciso I e a do inciso II. Desta forma, passemos aos comentários de cada inciso:

Se o alienante cessar a exploração do comércio, indústria ou atividade (inciso I)

Esse inciso prevê que se o alienante (contribuinte dos tributos devidos no seu período) encerrar as suas atividades e não voltar a exercê-las (a mesma ou qualquer outra atividade empresarial) dentro de 6 meses, ficará o **adquirente integralmente responsável.** Assim, a regra da sucessão é que o adquirente fica responsável integralmente, em face da caracterização da sucessão empresarial. No entanto, o Código flexibilizou essa regra prevendo que, se o alienante retornar dentro de 6 meses, assumirá seu papel como devedor originário e o adquirente, como devedor subsidiário, conforme veremos a seguir na análise do inciso II.

Questão interessante é saber se a expressão "integral" significa responsabilidade pessoal, ou seja, se o adquirente responderá sozinho ou se é caso de solidariedade com o alienante. Entendemos ser o caso de solidariedade, podendo o adquirente ingressar com ação de regresso contra o alienante, já que, de fato, as dívidas eram do alienante na qualidade de contribuinte.

Se o alienante continuar na atividade empresarial ou retomá-la dentro do prazo de 6 meses (inciso II)

Na hipótese prevista nesse inciso, o devedor é o alienante na qualidade de contribuinte, pois os fatos geradores ocorreram antes da alienação, e o adquirente ficará apenas subsidiariamente responsável.

Por outro lado, o inciso II do art. 133 merece críticas em virtude do surgimento de uma questão interessante, que muitas vezes, na prática, acaba ocorrendo. Exemplifiquemos através da seguinte situação: empresa "A" aliena o estabelecimento para "B" (adquirente) e deixa várias dívidas que ainda não foram objeto de lançamento pelo Fisco, logo, desconhecidas no momento da alienação. Após a referida alienação, "A" desaparece por mais de 6 meses, deixando o adquirente com várias dívidas, e retorna (após 6 meses) em boas condições financeiras. Verifica-se, diante da situação descrita, que o adquirente comprou as dívidas do alienante, só que sem saber.

A Fazenda, em função do art. 133 do CTN, tenta cobrar do adquirente, mas este não tem dinheiro nem bens para quitar a dívida. A Fazenda então, através de informações do próprio adquirente, constata que o alienante "A" regressou e tenta cobrar o crédito dele. Em sua defesa, o alienante alega que encerrou as atividades por mais de 6 meses, e que, embora seja ele o contribuinte, não tem mais o dever de pagar em função da interpretação literal do art. 133 do CTN.

Em relação ao exemplo exposto, entendemos que a fundamentação da defesa do alienante não merece ser acolhida, pois nos parece que a *mens legis* do referido artigo não foi criar uma situação que restrinja as possibilidades de cobrança do crédito pelo Fisco. É claro que a interpretação do art. 133 em comento não pode ser no sentido de fomentar a fraude; ao contrário, a intenção do legislador foi no sentido de ampliar o campo de imputação de responsabilidade, ou seja, estender o rol de responsáveis. Assim, concluímos que, através de uma interpretação sistemática do CTN, a responsabilidade nesse caso é subsidiária do adquirente "B", pois, quando o alienante encerra suas atividades e as retoma após o prazo de 6 meses para fugir da responsabilidade, há presunção de fraude.

Então, se o alienante "simplesmente abandonou" a atividade por mais de 6 meses, a Fazenda pode cobrar dele ou do adquirente (solidariedade), mas se constatada (e comprovada) a "intenção de fraudar", entendemos que a responsabilidade deve ser subsidiária do adquirente, embora não haja essa previsão no referido artigo. Isso significa dizer que a Fazenda buscará primeiramente a satisfação do crédito no patrimônio do alienante e, somente se frustrada a cobrança, poderá se voltar contra o adquirente.

Então, na hipótese de simples abandono, não se exclui a antiga obrigação do alienante na qualidade de contribuinte, e por isso não há que se falar em benefício de ordem para o alienante que parou por mais de 6 meses, pois a responsabilidade será solidária. Por outro lado, apesar do que dispõe o parágrafo único do art. 124, que veda a alegação do benefício de ordem, entendemos que o adquirente poderá invocá-la na hipótese de presunção de fraude, para que o real devedor (alienante) quite a dívida.

Ressalte-se que, críticas à parte, em síntese temos o seguinte:

a) se o adquirente não explorar a mesma atividade do alienante, não haverá responsabilidade, ficando a dívida para o contribuinte que é o alienante;

b) se o alienante parar ou retomar a mesma ou outra atividade dentro do prazo de 6 meses, ele será o devedor principal, ficando o adquirente subsidiariamente responsável;

c) se o alienante encerrar as suas atividades por mais de 6 meses, a responsabilidade do adquirente será integral. Ressalte-se que para alguns será pessoal do adquirente e para outros, solidária, posição que prevalece.

Sobre o tema foi editada a **Súmula 554 do STJ**: *Na hipótese de sucessão empresarial, a responsabilidade da sucessora abrange não apenas os tributos devidos pela sucedida, mas também as multas moratórias ou punitivas referentes a fatos geradores ocorridos até a data da sucessão.*

c.2.3.3) Alterações da Lei Complementar n. 118/2005

Em relação a esse tema, vale destacar que, acompanhando a Lei de Falências e Recuperação Judicial (Lei n. 11.101/2005), o CTN sofreu alteração pela LC n. 118/2005.

Nesse sentido, foi criado um mecanismo através da lei para que os ativos da sociedade empresária sejam alienados em conjunto para o adquirente que queira dar continuidade à exploração da atividade. Com esse mecanismo, permitiu-se que, na falência ou na recuperação judicial, o adquirente não ficasse responsável pelo passivo tributário surgido anteriormente à sua aquisição. Assim, os tributos devidos antes da aquisição continuam exigíveis da sociedade falida ou em recuperação judicial, na forma do § 1º do art. 133 do CTN. Contudo, não se aplica ao caso em tela, não afastando a responsabilidade, se o adquirente for pessoa ligada à sociedade falida ou em recuperação judicial, conforme dispõe o § 2º do art. 133 do CTN. A lei tenta com isso evitar qualquer tipo de fraude ou "alaranjamento" das empresas.

Somente a título de esclarecimento: sustentamos que as regras do trespasse, na hipótese em que o devedor em recuperação obtém autorização judicial para alienação do estabelecimento não incluído no plano de recuperação apresentado aos credores (alienação extrajudicial de estabelecimento), são aplicadas em relação a todos os créditos, em especial aos tributários, que se sujeitam às normas do art. 133, I e II, do CTN.

Ademais, verifica-se que se a *mens legis* do art. 66 da Lei de Recuperação fosse criar uma regra absoluta, não elencaria situações excepcionais, como as do art. 133, § 2º, isto porque o legislador teve o cuidado de evitar as eventuais fraudes que poderiam ocorrer, caso o adquirente fosse uma das pessoas ali previstas. Da mesma forma, pode-se entender que no caso de o empresário em recuperação judicial alienar uma unidade isolada de produção para um terceiro, ainda que com a devida autorização judicial, poderíamos estar diante de verdadeira fraude. Entendimento diverso levaria a prestigiar e fomentar o conluio, eximindo por completo o adquirente do bem de qualquer ônus, em especial o tributário (art. 133 do CTN).

Em síntese, temos que o adquirente do estabelecimento alienado não sucede ao arrematante se a alienação judicial se der no curso de um processo falimentar. Na recuperação judicial, não haverá sucessão se o plano apresentado pelo devedor envolver, expressamente, a alienação judicial ou a oneração de determinada unidade de produção. Se houver autorização judicial para a venda de estabelecimento não indicado no plano, aplicam-se as regras relativas ao trespasse: o arrematante sucede o alienante.

c.2.3.4) A Aplicação das Multas no Caso da Sucessão

Ao abordar as diversas modalidades de responsabilidade por sucessão, mister se faz esclarecer uma discussão quanto ao que se transfere ao responsável, ou seja, se apenas o dever de pagar tributo acrescido de correção monetária e juros de mora, ou também as multas. Assim, vale destacar qual seria a concepção de multa, pois o CTN não trouxe previsão expressa sobre o tema. Então, vejamos os seguintes conceitos:

c.2.3.5) Multa Isolada ou de Ofício

Toda multa tem caráter punitivo, inclusive a moratória; contudo, a multa isolada ou de ofício, no Direito Tributário, deve ser aquela que tem caráter de penalidade, de sanção, aplicada de ofício pela autoridade administrativa em função de práticas pelo sujeito passivo de atos com infração à legislação tributária, ou seja, com o caráter de desestimular a prática daquela conduta, daí essas penalidades serem, em sua maioria, "pesadas". Vejamos o seguinte julgado do STJ (REsp 544.265/CE) sobre **responsabilidade tributária do espólio e multas**: *"A responsabilidade tributária dos sucessores de pessoa natural ou jurídica (CTN, art. 133) estende-se às multas devidas pelo sucedido, sejam elas de caráter moratório ou punitivo".*

Vale, ainda, a citação do julgamento do REsp 1.789.970/SP, no qual se ratificou o entendimento do STJ, no sentido de que os arts. 132 e 133, ambos do CTN, impõem ao sucessor a responsabilidade integral, tanto pelos eventuais tributos devidos, quanto pela multa decorrente, sendo que, quando o fato gerador é praticado pela pessoa jurídica sucedida, não há que se se falar em ilegitimidade passiva, nem em nulidade da Certidão de Dívida Ativa, cabendo, inclusive, o prosseguimento da execução proposta contra o devedor originário – incorporado –, sob o fundamento de que se confunde com o incorporador, haja vista a extinção daquela pessoa jurídica executada, à época do lançamento, em razão de incorporação empresarial.

c.2.3.6) Multa Moratória

É aquela devida pelo retardamento no pagamento do tributo, como forma de coibir a conduta de atraso por parte do contribuinte. Nesse sentido, sua cumulação com os juros de mora é plenamente cabível, pois esses juros visam apenas a repor o valor da moeda que deixou de entrar nos cofres públicos no prazo devido.

c.2.3.7) Juros de Mora

Os *juros de mora* são devidos, da mesma forma que a multa moratória, em função do atraso no pagamento do tributo. Contudo, os juros, não têm caráter punitivo, mas, sim, remuneratório, ou seja, de reposição pelo tempo que o valor do tributo ficou sem adentrar os cofres públicos.

Quanto aos juros compensatórios, vale destacar que nem todas as legislações preveem tal modalidade, mas, sim, multa moratória, embora a consequência acabe sendo a mesma. A questão que se invoca é a existência ou não de sua previsão. Entendemos que os **juros compensatórios** não se aplicam no Direito Tributário, pois não há o que se compensar, já que o tributo nunca será substituído pelas penalidades; os juros são cumulativos, ou seja, será pago o tributo, acrescido de juros, correção monetária e as penalidades cabíveis.

Assim, após essa breve distinção entre os institutos, voltemos à indagação quanto à transferência da multa punitiva na sucessão empresarial.

A doutrina[33] tem entendido que a responsabilidade por infrações não se transmite, mas somente as penalidades de caráter moratório. Ressaltamos o que dissemos na análise do parágrafo único do art. 134, que prevê somente a aplicação das penalidades de caráter moratório.

Entendemos que devem ser afastadas as multas de caráter pessoal ou punitivas, que não seriam transferíveis, recaindo apenas sobre o contribuinte e não sobre o responsável. Por isso, ao responsável somente se aplicam as multas de caráter moratório. É cediço que a pena não possa passar da pessoa do agente, por isso, da mesma forma, parte da doutrina sustenta que a responsabilidade por sucessão não transfere o dever de pagar multa (penalidade pecuniária), e daí o sucessor ser responsável apenas pelas penalidades moratórias.

Por outro lado, o STJ (REsp 432.049) entendeu que o responsável por sucessão é responsável pelo pagamento de todo o crédito tributário, inclusive a multa. Nesse mesmo sentido, no REsp 544.265/CE, o Tribunal entendeu que o sucedido não é responsável apenas pelo tributo, estendendo-se a responsabilidade às multas devidas pelo sucedido, sejam elas de caráter moratório ou punitivo. Tal posicionamento foi ratificado no REsp 745.007/SP, entendendo-se como devida, sem se fazer distinção se é de caráter moratório ou punitivo: *"A multa aplicada antes da sucessão se incorpora ao patrimônio do contribuinte, podendo ser exigida do sucessor, sendo que, em qualquer hipótese, o sucedido permanece como responsável"*.

9.5   Súmulas Importantes do STJ

> **Súmula 349:** *Compete à Justiça Federal ou aos juízes com competência delegada o julgamento das execuções fiscais de contribuições devidas pelo empregador ao FGTS.*
>
> **Súmula 353:** *As disposições do Código Tributário Nacional não se aplicam às contribuições para o FGTS.*

---

33 Nesse sentido, Luciano Amaro (op. cit., p. 429). Na visão de Ricardo Lobo Torres (op. cit., p. 335), as penalidades pecuniárias não se transmitem nos casos de sucessão de empresas, salvo quando o transmitente aliena o seu negócio para eximir-se do pagamento da multa. Entende o autor que as pessoas jurídicas não podem ser consideradas agentes das infrações definidas na lei penal como crime, mas são sujeitos das infrações tipificadas na lei tributária. Em regra, quem paga a multa é a empresa, mas existem exceções no art. 137 do CTN.

Súmula 360: O benefício da denúncia espontânea não se aplica aos tributos sujeitos a lançamento por homologação regularmente declarados, mas pagos a destempo.

Súmula 364: O conceito de impenhorabilidade de bem de família abrange também o imóvel pertencente a pessoas solteiras, separadas e viúvas.

Súmula 392: A Fazenda Pública pode substituir a certidão de dívida ativa (CDA) até a prolação da sentença de embargos, quando se tratar de correção de erro material ou formal, vedada a modificação do sujeito passivo da execução.

Súmula 397: O contribuinte de IPTU é notificado do lançamento pelo envio do carnê ao seu endereço.

Súmula 399: Cabe à legislação municipal estabelecer o sujeito passivo do IPTU.

Súmula 425: A retenção da contribuição para a seguridade social pelo tomador do serviço não se aplica às empresas optantes pelo Simples.

Súmula 430: O inadimplemento da obrigação tributária pela sociedade não gera, por si só, a responsabilidade solidária do sócio-gerente.

Súmula 431: É ilegal a cobrança de ICMS com base no valor da mercadoria submetido ao regime de pauta fiscal.

Súmula 435: Presume-se dissolvida irregularmente a empresa que deixar de funcionar no seu domicílio fiscal, sem comunicação aos órgãos competentes, legitimando o redirecionamento da execução fiscal para o sócio-gerente.

Súmula 436: A entrega de declaração pelo contribuinte, reconhecendo o débito fiscal, constitui o crédito tributário, dispensada qualquer outra providência por parte do Fisco.

Súmula 614: O locatário não possui legitimidade ativa para discutir a relação jurídico-tributária de IPTU e de taxas referentes ao imóvel alugado nem para repetir indébito desses tributos.

10

Crédito Tributário

10.1 Teorias Dualista e Monista

Vimos, no capítulo pertinente à *obrigação tributária*, que esta nasce com a ocorrência do fato gerador, ou seja, estabelece-se o *an debeatur (o que se deve)*. Por outro lado, para que surja a responsabilidade pelo pagamento, obrigatoriamente tem que ser efetuado o lançamento, que consiste em um ato administrativo que individualiza o *quantum debeatur* (o valor devido) da obrigação tributária, daí surgir o *crédito tributário*. Nesse sentido, analisando os dois elementos (obrigação e crédito), o CTN adotou a teoria dualista da obrigação, visto que as normas relativas à obrigação tributária foram capituladas separadamente em relação ao crédito tributário.

O art. 139 do CTN preceitua que "o crédito tributário decorre da obrigação principal e tem a mesma natureza jurídica deste". Entre a obrigação tributária e o crédito tributário existe (para alguns procedimentos) um ato administrativo previsto no art. 142 do CTN, chamado de lançamento, que individualiza o crédito (*quantum debeatur*).

Segundo a **teoria monista**, o crédito tributário, por ser elemento da obrigação tributária e ter a mesma natureza desta, nasce no mesmo instante. Por outro lado, a **teoria dualista** entende que a obrigação nasce com a ocorrência do fato gerador, mas o crédito tributário em si nasce somente com o lançamento. Assim, até o lançamento temos obrigação tributária sem crédito. A despeito dessa dicotomia, preferimos adotar a **teoria dualista,** que separa a obrigação do crédito tributário pelo lançamento, daí o previsto no art. 139 do CTN. Por isso, ao elaborar a redação do art. 140 do CTN, o legislador quis estabelecer que aquilo que puder afetar o ato formal de lançamento tributário, ou as suas garantias, ou os privilégios atribuídos ao crédito, não contamina a obrigação tributária respectiva, salvo se o motivo for a própria inexistência de fato gerador da respectiva obrigação tributária.

10.2 Lançamento

Diante da teoria dualista, vimos que o lançamento tributário é imprescindível para a cobrança do crédito, pois sem ele não há que se falar em crédito tributário, em virtude da possibilidade de ocorrer decadência. Embora haja divergência quanto a ser o lançamento um ato ou um procedimento, adotamos o posicionamento no sentido de ser o lançamento um procedimento, que por sua vez pode ser simples ou complexo, conforme veremos adiante.

10.2.1 Conceito

O lançamento encontra previsão legal no art. 142 do CTN, e o próprio artigo traz o seu conceito legal, bem com uma série de outros elementos que serão analisados no momento oportuno.

Além da previsão legal, podemos conceituar doutrinariamente o lançamento como uma série de atos vinculados praticados pela Administração Fazendária com o objetivo de quantificar a obrigação tributária ilíquida, transformando-a em um crédito líquido e certo, apto para pagamento por parte do sujeito passivo (contribuinte ou responsável). Destaque-se que, sem esse procedimento de competência exclusiva da autoridade administrativa, não se permite que o Fisco possa cobrar do sujeito passivo o que o CTN chama de crédito tributário, uma vez que é por meio do lançamento que se identifica o sujeito passivo, a matéria a ser tributada, que se apura o *quantum debeatur* (alíquota e base de cálculo) e, se for o caso, estabelece-se a penalidade cabível.

Como dissemos anteriormente, existe discussão quanto a ser o lançamento um ato administrativo[1] ou um procedimento administrativo. A corrente majoritária[2] sustenta ser o lançamento um ato administrativo, e nesse sentido entende que a existência do contraditório e da ampla defesa, caso haja impugnação por parte do sujeito passivo, é inerente ao contencioso administrativo[3] e não impede a constituição do crédito tributário por um ato da autoridade administrativa. Já para a corrente que sustenta ser um procedimento administrativo, a existência do contraditório e da ampla defesa é requisito intrínseco do procedimento, que, inclusive, impede a constituição definitiva do crédito. Preferimos ficar, pelas razões já expostas, com a segunda corrente.

Lançamento Provisório

O lançamento, no direito comparado, assume diversas nomenclaturas, como no Direito italiano, em que é chamado de *accertamento*; na Argentina, de *determinación*; na França, de *rôle nominatif ou liquidation*; na Espanha, de *liquidación*;

---

1   Aliomar Baleeiro sustenta que o lançamento é um ato jurídico administrativo e não um procedimento. De outro lado, sustentando o lançamento como procedimento, Luiz Emygdio e Hugo de Brito Machado.

2   Para Alberto Xavier, lançamento é *"o ato administrativo de aplicação da norma tributária material"*, que se traduz na declaração da existência e quantitativo da prestação tributária e na sua consequente exigência. Considerar o lançamento como "ato" facilita a identificação do termo a *quo* de contagem da prescrição.

3   Para esse entendimento, o contencioso administrativo em si é que se considera um procedimento, pois se contesta o auto de infração e o lançamento na esfera administrativa.

na Alemanha, de *steuveranlagung*; em Portugal, de *ato tributário;* e pelos americanos, de *tax assessment.*

Independentemente da nomenclatura utilizada, é a partir do lançamento que o contribuinte é efetivamente considerado devedor do tributo, ou seja, quando ocorre a individualização e a especificação do valor do crédito tributário. Somente após a data fixada pelo Fisco para o pagamento é que, caso não haja o adimplemento pelo sujeito passivo, ele será considerado inadimplente, podendo o crédito ser inscrito em dívida ativa. Inicia-se então a chamada cobrança amigável do crédito tributário, quando o contribuinte será notificado pela Fazenda Pública, podendo parcelar ou requerer o abatimento de juros da dívida tributária. Se a cobrança amigável não surtir efeito, a Fazenda inscreverá o crédito em dívida ativa, sujeitando-se o devedor à execução fiscal.

Discussão surge quanto à possibilidade de existência de **lançamento provisório** no Direito brasileiro. Embora parte da doutrina se situe no sentido de que não haja lançamento provisório, ousamos discordar, pois na análise dos arts. 145, 146 e 151, III, do CTN, o lançamento pode ser modificado nos casos expressos em seus incisos. Ocorre que as hipóteses previstas nesses artigos alargam, e muito, as possibilidades, porque são bastante genéricas. Exemplifiquemos com base no art. 151, III, do CTN, pois até o julgamento definitivo do procedimento administrativo fiscal o lançamento pode ser alterado pela revisão de ofício ou pelo processo administrativo fiscal, daí ser provisório, até porque a exigibilidade do crédito estaria suspensa. Também nesse sentido já havia se posicionado o extinto Tribunal Federal de Recursos, através da **Súmula 153 do TRF**: "Constituído no quinquênio, através de auto de infração ou notificação de lançamento, o crédito tributário, não há que se falar em decadência, fluindo, a partir daí, em princípio, o prazo prescricional, que, todavia, fica em suspenso, até que sejam decididos os recursos administrativos".

Conforme dissemos anteriormente, nasce para o contribuinte o dever de pagar quando realizado o lançamento pela autoridade fazendária, uma vez que o crédito tributário já se encontra quantificado. Entretanto, o contribuinte somente será considerado inadimplente depois de ultrapassada a data determinada no lançamento para o pagamento, e isso somente acontece se ele não for discutido pelo sujeito passivo. Caso contrário, a contagem do prazo para a prescrição somente se iniciará após a constituição definitiva do crédito.

10.2.2 Competência para Efetuar o Lançamento

O art. 142 do CTN diz que compete privativamente à autoridade administrativa constituir o crédito tributário pelo lançamento, da mesma forma que o art. 3º desse Código diz que tributo é uma prestação pecuniária compulsória cobrada mediante atividade administrativa plenamente vinculada. Ocorre que, como o CTN não diz que tipo de autoridade administrativa é essa, surge discussão quanto a quem possui competência para efetuar o lançamento.

Nesse sentido, majoritariamente, entende-se, por meio de uma interpretação literal do art. 142 do CTN, que somente a autoridade administrativa fazendária poderia efetuar o lançamento, pois o ato é privativo (exclusivo) desta. Em que pese a interpretação literal do artigo em comento, entendemos que o lançamento não é exclusivo da autoridade administrativa, pois a expressão "privativamente" é diferente de "exclusivamente". Exemplifiquemos nosso entendimento por meio de duas hipóteses. A primeira é a hipótese de autolançamento ou lançamento por homologação, este seria feito pelo sujeito passivo. Sustentamos que, com a edição da LC n. 118/2005, em seus arts. 3º e 4º, o próprio particular poderia fazer o lançamento, pois, no nosso sentir, a legislação tem caminhado para a generalização do recolhimento de tributos sem prévio lançamento pela autoridade administrativa. Podemos ainda corroborar nosso entendimento com a posição do STJ, reconhecendo que os tributos lançados por homologação, em que o contribuinte entrega a declaração reconhecendo a existência de tributo a pagar, se equiparam a uma confissão de dívida e, por isso, não há que se falar em decadência. Em decorrência, chegamos à conclusão de que a legislação caminha no sentido de admitir o lançamento pelo próprio contribuinte.

A segunda é a hipótese de abertura de inventário, quando o juiz determina o recolhimento do imposto *causa mortis*, estaria a autoridade judiciária efetuando o lançamento, pois, nesse caso, o ato do juiz pode ser considerado um ato administrativo, e não um ato jurisdicional típico.

Ressaltamos a **Súmula 397 do STJ:** *O contribuinte de IPTU é notificado do lançamento pelo envio do carnê ao seu endereço.*

Indaga-se, também, quais são os limites de atuação do Executivo para efetuar o lançamento. Entendemos que o lançamento está pautado na trilogia da constitucionalidade, legalidade e legitimidade. Além do controle de legalidade típico pertinente aos atos administrativos, é feito também um controle de constitucionalidade pelo Executivo, tendo em vista o que dispõe o art. 2º, § 3º, da LEF, daí o entendimento do STF quanto ao Executivo deixar de aplicar uma lei por entendê-la inconstitucional. Ressalte-se, porém, que tal interpretação deve advir do chefe do Executivo, com a devida exposição de motivos elaborada pela Procuradoria do ente federativo respectivo.

Por fim, o atual entendimento do STJ quanto aos tributos lançados por homologação é que, tratando-se dessa modalidade de lançamento, a entrega da declaração por parte do contribuinte reconhecendo o débito a pagar, caso não haja pagamento, a Fazenda estaria autorizada a efetuar diretamente a inscrição em dívida ativa sem a notificação do contribuinte. Nesse caso não há que se falar em lançamento ou em decadência, pois haveria uma confissão de dívida por parte do contribuinte. Restaria então prazo prescricional para a cobrança do débito. Nesse sentido a **Súmula 436 do STJ.**

Vejamos também o teor da **Súmula 555 do STJ**: *Quando não houver declaração do débito, o prazo decadencial quinquenal para o Fisco constituir o crédito tributário conta-se exclusivamente na forma do art. 173, I, do CTN, nos casos em que a legislação atribui ao* *sujeito passivo o dever de antecipar o pagamento sem prévio exame da autoridade administrativa.*

10.2.3 Natureza Jurídica (Declaratória ou Constitutiva) e Legislação Aplicável ao Lançamento

A natureza jurídica do lançamento tem relação com a legislação aplicável no momento em que a autoridade administrativa for realizá-lo. A matéria em comento já gerou muita polêmica, de modo que abordaremos, inicialmente, a discussão quanto à natureza jurídica do lançamento que surgiu por força da redação do art. 142 do CTN, assim dizendo: Compete privativamente à autoridade administrativa constituir o crédito tributário pelo lançamento (...).

Uma *primeira corrente* sustentava a **natureza constitutiva** do lançamento, usando como fundamento, por meio da interpretação literal do art. 142 do CTN, a expressão "constituir o crédito tributário" para designar tal natureza jurídica. Uma *segunda corrente*, majoritária, sustenta a **natureza declaratória**, pela interpretação sistemática do § 1º do art. 113 do CTN combinado com o art. 139 do CTN e pela própria conceituação de obrigação e crédito tributário. Assim, a melhor técnica exige que, na leitura do art. 142 do CTN, se entenda que, em vez de ler-se constituir, leia-se individualizar o crédito, declarando uma obrigação preexistente. Baleeiro[4] já dizia que o ato declaratório não extingue nem altera um direito, apenas determina, apura ou reconhece um direito preexistente, afastando dúvidas e incertezas.

Atualmente, é pacífico o acolhimento da natureza declaratória[5] do lançamento. Contudo, alguns autores, fazendo uma releitura da segunda corrente, sustentam que, ao mesmo tempo em que o lançamento é declaratório em relação à obrigação tributária que nasceu com a ocorrência do fato gerador, também é constitutivo em relação ao crédito, pois o lançamento torna-o exigível. Por isso dizer-se que o lançamento é declaratório da obrigação e constitutivo do crédito.

Após a análise sobre a natureza jurídica do lançamento, passemos a abordar *a legislação aplicável ao momento do lançamento*, pois esta guarda relação direta com a sua natureza. A simples redação do art. 142 do CTN não define que o legislador tenha atribuído natureza constitutiva ao lançamento, até porque o próprio Código, em seus arts. 143 e 144, evidencia o caráter declaratório quando, por exemplo, menciona que o lançamento reporta-se à data da ocorrência do fato gerador da obrigação e é regido pela lei então vigente.

A interpretação sistemática do Código Tributário Nacional leva às seguintes conclusões: em primeiro lugar, se o crédito tributário se modificar, não se altera a

---

4   BALEEIRO, Aliomar. Op. cit., p. 782.

5   Para Lobo Torres e Giannini, aqueles que defendem que a relação tributária tem natureza obrigacional vão concluir que o lançamento é meramente declaratório da obrigação preexistente. Já quem entende ter a relação tributária natureza procedimental vão concluir que a eficácia do lançamento é constitutiva.

obrigação tributária, ainda que o crédito apurado seja contaminado de nulidade; em segundo lugar, o art. 143 do CTN dispõe que, quando o valor tributário estiver expresso em moeda estrangeira, no momento do lançamento far-se-á a sua conversão em moeda nacional, ao câmbio do dia da ocorrência do fato gerador. Assim, não seria salutar entender que a simples expressão contida no art. 142 possa confrontar-se com todo o Código[6].

Diante de todo o exposto, temos como regra que o lançamento reporta-se à data da ocorrência do fato gerador e rege-se pela lei vigente, conforme dispõe o art. 144 do CTN.

Contudo, o § 1º do artigo em comento traz como exceção à aplicação da lei vigente no momento do lançamento nos seguintes casos:

a) em que tenha instituído novos critérios de apuração ou processos de fiscalização;

b) quando houver ampliação dos poderes de investigação das autoridades administrativas;

c) quando forem outorgados ao crédito maiores garantias ou privilégios, exceto para o efeito de atribuir responsabilidade tributária a terceiros.

O § 2º do art. 144 do CTN prevê as hipóteses em que, por óbvio, o art. 144 não se aplica, ou seja, aos impostos lançados por períodos certos de tempo, desde que a respectiva lei fixe expressamente a data em que o fato gerador se considera ocorrido.

Por fim, destaque-se que a notificação do sujeito passivo é o ato que exterioriza o lançamento, dando ciência ao contribuinte do valor do tributo a pagar. Vigora no Brasil o SPED, que é o Sistema Público de Escrituração Digital, demonstrando a evolução da informática e que engloba: a) Nota Fiscal Eletrônica; b) Escritural Contábil Digital; e c) Escrituração Fiscal Digital.

Sobre o tema foi editada a **Súmula 622 do STJ**: *"A notificação do auto de infração faz cessar a contagem da decadência para a constituição do crédito tributário; exaurida a instância administrativa com o decurso do prazo para a impugnação ou com a notificação de seu julgamento definitivo e esgotado o prazo concedido pela Administração para o pagamento voluntário, inicia-se o prazo prescricional para a cobrança judicial".*

10.2.4 Características e Funções do Lançamento

O lançamento tributário, enquanto ato administrativo, possui duas características básicas: **vinculado** e **obrigatório.** O CTN traz em dois artigos a vinculação do ato de lançamento: o primeiro, como já visto, o próprio parágrafo único do art. 142, ao dizer que a atividade administrativa é vinculada e obrigatória; o segundo, art. 3º, quando diz que o tributo será cobrado mediante atividade administrativa plenamente vinculada.

---

6   ROSA JR., Luiz Emygdio F. da. Op. cit., p. 519.

Tais características significam que, quanto ao lançamento, não há espaço para a discricionariedade do Fisco, exigindo-se o fiel cumprimento da lei[7]. Quanto às **funções do lançamento**, o CTN, em seu art. 142, as elenca em seu *caput*: a) Verificar a real ocorrência do fato gerador; b) Determinar a matéria tributária; c) Calcular o montante devido; d) Individualizar o sujeito passivo; e) Aplicar penalidades quando cabíveis.

10.2.5 Lançamento e Utilização de Câmbio

Existem alguns casos, em especial em relação ao Comércio Exterior, em que a base de cálculo do tributo é expressa em moeda estrangeira. Nesse sentido, faz-se necessária a conversão da moeda estrangeira em nacional, daí indagar-se sobre qual taxa de câmbio usar no momento da conversão, ou seja, a do fato gerador ou a do lançamento. O art. 143 do CTN prevê que, salvo disposição de lei em contrário, o câmbio será feito pelo dia da ocorrência do fato gerador, o que justifica, mais uma vez, a natureza declaratória do lançamento. Por esse motivo, o elemento temporal do fato gerador do imposto de exportação é o registro de declaração de exportação[8].

10.2.6 A Revisão do Lançamento e Princípios Inerentes

O lançamento, face à sua relevância, possui princípios que norteiam essa atividade administrativa vinculada e obrigatória. Nesse sentido, a revisão do ato de lançamento somente pode ser efetivada em situações excepcionais. Uma das causas da rigidez do lançamento é o fato de ser ele um ato vinculado, pois o Fisco não detém discricionariedade para dispor sobre a conveniência e a oportunidade de constituir o crédito tributário através do lançamento. Assim, no REsp 686.777, foi decidido em caráter excepcional, que o extravio do processo administrativo no qual se baseou a execução fiscal respectiva retira, por força da legalidade, a exigibilidade do título executivo (CDA). Trata-se do **princípio da vinculação**.

Questão interessante foi analisada pelo STJ no julgamento do REsp 1.597.129, interposto pela Companhia Paranaense de Energia que se refere à possibilidade do desmembramento de crédito tributário para a cobrança da parte do débito que não foi impugnada e que não está mais sujeita à modificação no processo administrativo fiscal. O Tribunal entendeu ser exigível valor relativo à parcela de juros moratórios, cuja incidência foi mantida em parte no julgamento do Conselho Administrativo de Recursos Fiscais sobre valores de tributos não recolhidos.

---

7   O ato de lançamento tributário é considerado obrigatório porque o administrador público não pode emitir juízo de valor quanto à possibilidade ou não de efetuar o lançamento, pois, uma vez preenchidos todos os requisitos legais, ele passa a ser vinculado. Entendemos, nesse caso, que, além da responsabilidade fiscal quanto ao lançamento, existe também a responsabilidade funcional.

8   Ver posição do STF no AgRg no AI 578.372/SC.

Para a empresa recorrente, a cobrança do crédito tributário deveria ser anulada até decisão final do CARF. Contudo, o TRF-4 havia decidido que, *estando pendente de julgamento recurso administrativo apenas em relação aos juros calculados antes do trânsito em julgado da ação rescisória que deu fundamento à autuação, exigível o valor relativo à parcela de juros moratórios, cuja incidência foi mantida em parte no julgamento do CARF e, sendo assim, não há falar em suspensão da exigibilidade do crédito, pois não há pendência de recurso/reclamação.*

O Ministro Herman Benjamin (relator) entendeu que o tribunal aplicou adequadamente o art. 42 do Decreto n. 70.235/72, que dispõe sobre o procedimento administrativo fiscal. De acordo com o dispositivo, *serão também definitivas as decisões de primeira instância na parte que não for objeto de recurso voluntário ou não estiver sujeita a recurso de ofício.* Concluiu o relator que *"A parte da decisão que transitou em julgado administrativamente não poderá suspender a exigibilidade do crédito tributário, podendo, dessa forma, ser objeto de imediata inscrição e cobrança, pela singela razão de que tais valores não estão mais sujeitos à modificação, ao menos na esfera administrativa".*

Além do princípio da vinculação, temos ainda outros três princípios relevantes que norteiam a revisão do lançamento, a saber: I – inalterabilidade; II – irrevisibilidade; e III – irretroatividade.

I – Princípio da Inalterabilidade

Inicialmente cabe destacar que a doutrina diverge na classificação dos princípios da inalterabilidade e da irrevisibilidade do lançamento[9]. O princípio da inalterabilidade do crédito tributário está contido no art. 145 do CTN e decorre do princípio da vinculação, ou seja, por ser o lançamento tributário um ato vinculado, via de regra não é passível de alteração, salvo nas hipóteses dispostas nos incisos do referido artigo do CTN[10]. Após o lançamento há necessidade de comunicação oficial ao sujeito passivo, para que possa pagar ou oferecer impugnação. Essa comunicação recebe o nome de notificação, daí o art. 145 se referir à **regular notificação** do sujeito passivo.

Quanto ao IPTU, o STJ (REsp 758.439-MG) entendeu que na cobrança do imposto, em que o lançamento é feito de ofício pelo Fisco municipal e a notificação do débito é enviada pelo correio, cabe ao contribuinte provar que não recebeu o carnê, afastando, assim, a presunção da referida notificação, o que, no caso, não ocorreu. Hoje, posicionamento consolidado na Súmula 397 do STJ. Também vale observar o teor da **Súmula 673 do STJ**: *A comprovação da regular notificação do executado para o pagamento da dívida de anuidade de conselhos de classe ou, em caso de*

---

9 Ricardo Lobo Torres classifica da seguinte forma: art. 145 – princípio da irrevisibilidade e art. 146 – princípio da inalterabilidade.

10 As hipóteses do art. 145 do CTN são excepcionais para alterar o lançamento, sendo admitidos o contraditório e a ampla defesa.

recurso, o esgotamento das instâncias administrativas são requisitos indispensáveis à constituição e execução do crédito.

Vejamos agora cada um dos incisos do art. 145 do CTN:

Impugnação do sujeito passivo – inciso I

Em relação a este inciso, convém destacar que a simples impugnação do sujeito passivo ao lançamento tributário, por si só, não autoriza sua alteração, devendo-se aguardar o seu julgamento. Por outro lado, na hipótese de a impugnação ser julgada improcedente, o contribuinte se valerá do *Recurso Voluntário,* que na esfera federal está previsto no art. 33 do Decreto n. 70.235/72, que também pugna pelos mesmos efeitos da impugnação, ou seja, visa a alteração do lançamento. Ressalte-se que o art. 5º, LV, da CRFB/88 assegura aos litigantes em geral, em processo judicial ou administrativo, o contraditório e a ampla defesa, por isso, se o contribuinte se sentir inconformado com o lançamento ou com a lavratura de um auto de infração, poderá se valer dessa via administrativa.

Recurso de ofício – inciso II

A redação do CTN faz referência ao recurso de ofício como sinônimo de reexame necessário. Nesse caso, tudo o que comentamos quanto à impugnação vale para o recurso, mas vale destacar que o CTN esqueceu de mencionar que não só o recurso de ofício poderá alterar o lançamento, mas também o recurso voluntário de iniciativa do contribuinte.

Iniciativa de ofício da autoridade administrativa – inciso III

Este inciso indica que a revisão será feita por iniciativa do próprio **sujeito ativo do tributo,** ou seja, o Fisco age de ofício nas hipóteses previstas no art. 149 do CTN. Nesse sentido, a alteração do lançamento devidamente notificado não é discricionária, não podendo a autoridade tributária perpetrar nenhuma modificação que não esteja prevista nas hipóteses legais. Contudo, o Fisco, como Administração Pública que é, detém o poder de autotutela, e desta forma tem o dever legal de corrigir os atos eivados de vícios, independentemente da vontade do contribuinte, ainda que os atos tenham sido por ela praticados.

Por fim, apesar da previsão de que o Fisco pode agir de ofício, destaque-se que a revisão somente poderá ocorrer caso ainda não tenha decorrido o prazo de decadência para o lançamento, salvo a hipótese contida no art. 173, II, do CTN, ou seja, quando o lançamento tenha sido anulado por vício formal, caso em que o prazo se reinicia.

II – Princípio da Irrevisibilidade

Este princípio está insculpido no art. 146 do CTN. Também chamado de imutabilidade dos critérios jurídicos, é uma consequência administrativa do princípio constitucional da irretroatividade tributária.

Para tratar da revisibilidade do lançamento, faz-se necessário abordar a questão quanto à definitividade do lançamento. Nesse sentido, considera-se definitivamente constituído o lançamento quando regularmente notificado ao contribuinte. A partir daí, torna-se insuscetível de revisão pela Administração, a não ser que ocorra uma das hipóteses previstas no art. 145 do CTN.

Assim, se o lançamento tributário ainda é passível de alteração, o crédito tributário encontra-se suspenso, não podendo ser havido como definitivo. A suspensão proporciona uma paralisação momentânea de todas as fases posteriores ao lançamento tributário. Esse princípio encontra amparo em um princípio maior, que é o da segurança das relações jurídicas, pois o contribuinte não pode ser surpreendido pela autoexecutoriedade dos atos da Fazenda Pública e, com isso, ficar à mercê da modificação do lançamento pelo Fisco. Extrai-se da leitura do art. 146 que o contribuinte, uma vez respaldado por ato da Fazenda Pública, não poderá ser surpreendido. Para exemplificar, temos a consulta[11] feita pelo contribuinte à Fazenda. O que a Fazenda responder ao contribuinte está consumado, não podendo este ato ser revisto para prejudicar o contribuinte. É claro que a Fazenda poderá revê-lo para o futuro, pois a regra geral aqui se aplica, ou seja, entendimento posterior revoga o anterior, mas nunca para atos pretéritos alcançados pela consulta.

Vale ressaltar que o art. 146 do CTN não se refere às hipóteses de *alteração legislativa,* pois esta é disciplinada pelo art. 144, e tampouco à *alteração de uma circunstância fática* em relação ao sujeito passivo da obrigação tributária, pois essa é prevista no art. 145 do CTN, mas sim da vedação à modificação dos critérios jurídicos adotados no momento do lançamento, como, por exemplo, na hipótese em que a apresentação da declaração de ajuste anual de imposto de renda, prestada pelo contribuinte, contenha erro. Esse erro praticado pelo contribuinte induz o Fisco a uma interpretação equivocada, daí a discussão quanto ao erro de fato e de direito que veremos a seguir.

Erro de Fato e Erro de Direito

A matéria suscita controvérsia[12]. Entendemos que o fundamento do art. 146 é pautado, entre outros, no princípio da segurança jurídica (não surpresa), e assim

---

11 Ver mais sobre o processo de consulta em nosso livro *Processo Tributário (Administrativo e Judicial).* 6ª ed. São Paulo: Saraiva, 2019.

12 Alberto Xavier afirma que o lançamento não pode ser revisto por erro de direito, mesmo quando esse erro seja constatado por norma superveniente. Já Hugo de Brito Machado, afirma que tanto o erro de fato quanto o erro de direito autorizam a revisão do lançamento. Por fim, Ricardo Lobo Torres sustenta que, se houve por parte da Administração um erro de interpretação, a alteração dos critérios de interpretação só é possível em relação a fatos geradores novos, ocorridos desde então, conforme dispõe o art. 48, § 12, da Lei n. 9.430/96, não se admitindo a retroatividade. Alberto Xavier entende que em relação aos fatos geradores já ocorridos, mas ainda não lançados, a não aplicação do novo critério jurídico se dá com base no art. 144, § 1º, e não no art. 146, pois este dispositivo apenas se refere a lançamentos pretéritos. Luciano Amaro diverge ao entender que se deve aplicar o art. 146 do CTN aos dois casos. Já para Ricardo Lobo Torres, tal hipótese difere do art. 100, parágrafo único, do CTN, porque, nesse caso, a mudança do critério normativo que seja conflitante com a lei tributária pode ser aplicada genericamente ao sujeito passivo, por

somente no caso de *erro de fato* poderá haver revisão. Já no caso de *erro de direito*, a modificação do critério de interpretação só é aplicada a fatos geradores futuros, ou seja, ocorridos após a modificação dos critérios jurídicos pelo Fisco, devendo ser combinado com o princípio da irretroatividade. Exemplifiquemos: um veículo, como uma *pick-up* "aberta", é classificado juridicamente pelo Fisco como veículo de passeio, aplicando-se uma alíquota de 4%. Posteriormente ao lançamento, o Fisco passou a entender que o referido veículo deveria ser classificado como utilitário, e, portanto, a alíquota seria de 5%. Questiona-se então se poderia o Fisco, posteriormente, revisar o lançamento efetuado, para mudar a classificação jurídica do veículo. Entendemos que o Fisco não poderá assim proceder mesmo que a modificação beneficiasse o contribuinte, pois o Fisco deve interpretar sistematicamente o CTN, em especial os arts. 144 a 146.

Fundamentando melhor nossa posição, entendemos que o erro de direito na aplicação da legislação tributária não legitima a revisão do lançamento, pois com fundamento no princípio da segurança das relações jurídicas se cria uma situação jurídica bilateral e estável entre o Fisco e o contribuinte. Desse modo, não seria plausível o Estado justificar a aplicação equivocada da lei que, diga-se de passagem, é em prol do ente tributante.

Assim, a nosso sentir, a revisibilidade deve ser adotada como exceção. Ademais, a expressão "erro de direito" não é muito técnica, pois na verdade não é bem um erro, mas sim uma representação equivocada de uma norma que permite dupla interpretação. Igualmente, em nenhum dos incisos do art. 149 do CTN encontramos a hipótese de revisão em virtude de erro de direito. Nesse sentido, a interpretação adotada pelo Fisco é uma e o contribuinte utilizou outra diversa. O STJ já se posicionou no sentido de impedir a revisão e aplicação retroativa por erro de direito, quando do julgamento do REsp 259.057/RJ sobre a classificação dos imóveis para incidência do IPTU.

III – Princípio da Irretroatividade

O princípio da irretroatividade encontra amparo no art. 144 do CTN, e, conforme a natureza declaratória do lançamento, respeita a regra aplicada ao fato gerador, ou seja, o lançamento deverá observar a lei vigente à época da data da ocorrência do fato gerador. Exemplifiquemos com a hipótese em que o fato gerador ocorreu em 2007, mas o lançamento do crédito tributário só tenha ocorrido em 2009: a lei a ser aplicada é a de 2007, pois era ela que estava vigente à época da ocorrência do fato gerador. Isto porque é no momento do lançamento que se declara a ocorrência do fato gerador (obrigação ilíquida), tornando-a um crédito

---

força do princípio da legalidade, contudo, devem ser excluídas as consequências penais dessa interpretação. Já no art. 146 protege-se a modificação com efeito retroativo do critério individualmente utilizado no lançamento relativo a um mesmo sujeito passivo.

líquido e certo. Por outro lado, temos algumas exceções ao princípio da irretroatividade, conforme dispõem os §§ 1º e 2º do art. 144 do CTN. Nesses casos, aplica-se ao lançamento a legislação posterior à ocorrência do fato gerador. Vejamos então as hipóteses elencadas pelo CTN:

a) *que tenha instituído novos critérios de apuração ou fiscalização:* A doutrina sustenta que o *caput* trata do direito material (normas substantivas), ou seja, relativas ao tributo, seus fatos geradores, contribuintes, base de cálculos, etc. Já o § 1º trata da legislação formal, ou seja, das normas que disciplinam o procedimento de fiscalização e cobrança, daí serem chamadas de normas procedimentais (normas adjetivas);

b) *que tenha ampliado os poderes de investigação das autoridades administrativas:* Aproveitando os comentários da alínea anterior, da mesma forma o CTN permite a aplicação imediata da lei que amplia os poderes de fiscalização, como, por exemplo, a lei que permitiu o cruzamento de informações na vigência da CPMF e a LC n. 105/2001, que permitiu o acesso da fiscalização a dados dos contribuintes protegidos pelo sigilo bancário. O STJ entendeu, no julgamento do REsp 628.527-PR, que a alteração pode ser aplicada imediatamente. Ressalte-se que, em matéria de penalidade, aplica-se sempre a lei mais benéfica (art. 106, II, do CTN). Então, pode-se concluir que, via de regra, a lei nova, contemporânea à data do lançamento, não retroage para o fim de atingir fatos geradores ocorridos na vigência da lei revogada. Isso significa dizer que o lançamento tem aspecto retrospectivo, ou seja, será regido pela lei em vigor na data de ocorrência do fato gerador;

c) *que tenha outorgado ao crédito maiores garantias ou privilégios, exceto, neste último caso, para efeito de atribuir responsabilidade tributária a terceiros:* Esta alínea, da mesma forma que as anteriores, também trata de norma adjetiva; contudo, relevante é a ressalva feita quanto a atribuir responsabilidade tributária a terceiros, pois, nesse caso, a norma deixaria de ser procedimental e passaria a interferir em um dos elementos da obrigação tributária, ou seja, o sujeito passivo; daí a vedação.

Após a análise do § 1º do art. 144 do CTN, verificamos que as normas meramente fiscais, sem cunho material tributário, que não interferem no fato gerador, serão aplicadas de imediato, como, por exemplo, a modificação das guias de recolhimento fiscal.

Por fim, o § 2º do art. 144 do CTN diz não ser aplicável aos impostos lançados por períodos certos de tempo, desde que a respectiva lei fixe expressamente a data em que o fato gerador se considera ocorrido. É preciso ressaltar que esse princípio se aplica, também, à hipótese de alteração de lei que não tenha vigência temporária. Assim, percebe-se que o § 2º do art. 144 é exceção ao próprio § 1º, pois remete ao *caput* do referido artigo.

10.2.7 Efeitos do Lançamento

O lançamento possui vários efeitos. Podemos dizer, contudo, que o principal efeito é o de conferir *exigibilidade* à obrigação tributária, tornando o crédito líquido e certo. Destaque-se que, como já vimos, o lançamento é uma condição *sine qua non* para a cobrança do tributo, e para tanto é necessária sua notificação ao sujeito passivo. Por isso, dizemos que o lançamento é o divisor de águas entre a obrigação e o crédito, e, consequentemente, entre a decadência e a prescrição. Podemos, ainda, elencar outros efeitos, como, por exemplo, impedir a ocorrência da decadência, que é exatamente a perda do direito de constituir o crédito pelo lançamento em função do decurso do lapso temporal com a inércia da Fazenda; dar início ao prazo para impugnação e afastar o benefício da denúncia espontânea (art. 138 do CTN), caso tenha ocorrido qualquer procedimento fiscal antes da manifestação do sujeito passivo.

Sobre o tema, foi editada a **Súmula 622 do STJ**: *A notificação do auto de infração faz cessar a contagem da decadência para a constituição do crédito tributário; exaurida a instância administrativa com o decurso do prazo para a impugnação ou com a notificação de seu julgamento definitivo e esgotado o prazo concedido pela Administração para o pagamento voluntário, inicia-se o prazo prescricional para a cobrança judicial.*

10.2.8 Modalidades de Lançamento

Após a análise quanto ao lançamento, veremos agora as suas modalidades. A classificação é feita de acordo com a maior ou menor participação do sujeito passivo na atividade de lançamento. Nesse sentido, temos três modalidades de lançamento, e uma "quarta", discutível, conforme veremos adiante:

- » Lançamento Direto ou de Ofício – art. 149 do CTN
- » Lançamento por Declaração ou Misto – art. 147 do CTN
- » Lançamento por Homologação – art. 150 do CTN
- » Lançamento por Arbitramento – art. 148 do CTN

A. Lançamento Direto ou de Ofício

Esta modalidade de lançamento é prevista no art. 149 do CTN e é assim chamada porque o Fisco formaliza o crédito tributário independentemente de qualquer participação (informação) do sujeito passivo, como, por exemplo, ocorre no caso do IPTU. Contudo, analisando o art. 149 do CTN, constatamos a existência de nove incisos que trazem diversas hipóteses, que podemos reunir em apenas duas. Na verdade, o lançamento de ofício – que chamamos de *originário* – é determinado por lei (hipótese do inciso I) ou, ainda, será efetivado quando o contribuinte não apresentar a declaração, ou praticar atos com erro, dolo, simulação, fraude etc. Neste caso, denominamos o lançamento de *derivado* ou *revisor* (hipóteses dos demais incisos).

Passemos, então, a uma melhor distinção entre o lançamento originário e revisor:

Lançamento de ofício originário *ou* direto

Trata-se da hipótese elencada no inciso I do art. 149 do CTN, sendo o caso em que o tributo se sujeita ao lançamento de ofício por *imposição legal*, ou seja, determinado pela lei de incidência. Vale ressaltar que a lei não pode, discricionariamente, eleger tributos que se sujeitarão ao lançamento de ofício, pois o legislador positivo não tem liberdade para elegê-los, já que não é qualquer tributo que se adequa a essa modalidade de lançamento. Assim, temos como regra a adequação do lançamento de ofício aos tributos que têm como fato gerador uma situação permanente, ou seja, uma realidade estática, pois com o fato gerador permanente a Administração elabora um cadastro de informações. Este é o caso do IPTU e do IPVA, pois o sujeito passivo não precisa anualmente informar o ano do carro, a marca etc., porque a própria Administração já possui esse cadastro. Então, quando o fato gerador diz respeito à propriedade (que é permanente), é possível que a lei eleja o lançamento de ofício como lançamento originário, pois não será necessária a declaração do contribuinte informando os dados constantes no cadastro, porque esses são, em tese, invariáveis.

Lançamento de ofício derivado *ou* revisor

O lançamento de ofício derivado ou revisor é utilizado em todas as modalidades de lançamento iniciais (declaração, homologação e de ofício originária) e, em geral, se materializa através da lavratura do auto de infração. Significa dizer que o lançamento derivado ocorre quando: a) originalmente efetivado, ou seja, anteriormente efetuado nas hipóteses do inciso I, mas, em função de um erro verificado no lançamento anterior, a Fazenda faz a revisão de ofício (são os casos dos incisos II ao IX[13]); b) nas situações em que o lançamento inicialmente é feito por declaração ou homologação, mas por qualquer irregularidade nas informações prestadas pelo contribuinte a Fazenda faz a revisão de ofício e normalmente lavra auto de infração.

Assim, como normalmente o lançamento revisor se materializa através de um auto de infração, é importante não confundi-lo com o lançamento de ofício originário, já que o próprio A.I. é um lançamento de ofício derivado; é o que ocorre, por exemplo, na hipótese de não ser adimplida a obrigação principal ou no caso de descumprimento de obrigação acessória, quando a pessoa é imune ou isenta.

---

13 Esses incisos merecem, ainda, algumas observações: a) o inciso VI possui uma impropriedade técnica, já que amplia o conceito de lançamento para abranger também as penalidades; b) o inciso VII traz elementos que não são autônomos, pois, em relação a essa conduta, o que se deve investigar é a existência de tributo lançável ou de lançamento a ser revisável. Assim, temos que se os fatos elencados neste inciso forem apresentados voluntariamente pelo contribuinte, não há que se falar em lançamento de ofício. Se há voluntariedade na retificação, de modo a alterar a declaração para aditar novos fatos ou dados, o lançamento novo que daí decorre continua sendo um lançamento feito por declaração e não de ofício.

Em que pese essa ser a regra no Direito Tributário, ressaltamos uma exceção, que entendemos plausível, pois nem toda revisão de ofício acarretará um lançamento de ofício. Nesse caso, por exemplo, se o lançamento anteriormente efetuado se deu por declaração, e após um mero reexame da declaração apresentada à autoridade administrativa um novo lançamento resultar em acréscimo do tributo lançado, este continuará tendo a natureza de lançamento por declaração, não se transformando em lançamento de ofício (embora tenha decorrido de uma *revisão feita de ofício*). Destaque-se que essa interpretação produziria um efeito importante, caso houvesse eventual aplicação de penalidades, pois não caberiam as sanções aplicáveis ao lançamento de ofício.

B. Lançamento por Declaração ou Misto

Essa modalidade de lançamento está prevista no **art. 147 do CTN**, e é assim chamada porque a constituição do crédito se dá em função de uma participação mista entre o Fisco e o sujeito passivo, que presta informações à Fazenda através de **declaração**[14]. Podemos exemplificar com o Imposto sobre a Transmissão de Bens Imóveis, o Imposto sobre a Transmissão *Causa Mortis* e Doação e o Imposto de Importação e Exportação, no qual o sujeito passivo informa (declara) ao Fisco a matéria fática. Este, em ato contínuo, subsume os fatos declarados no caso concreto à regra jurídica, sendo calculado o valor do tributo devido. Fazemos aqui uma pequena ressalva, pois entendemos que, em função da implementação do SISCOMEX (Sistema Integrado de Comércio Exterior), o Imposto de Importação e Exportação passa a assumir as características de lançamento por homologação, e não mais por declaração.

Após a devida ressalva, temos que o lançamento por declaração é assim denominado porque o Fisco só toma conhecimento da ocorrência do fato gerador ou das circunstâncias específicas a ele relacionadas se informado pelo contribuinte ou por terceiro.

Já vimos que prevalece o entendimento de que o lançamento é atividade privativa da Administração, mas, nesse caso específico, a Fazenda somente efetuará o lançamento porque o sujeito passivo prestou as informações quanto às circunstâncias fáticas elementares para que este possa ser efetuado. Assim, o ato de declarar, em si mesmo, é uma obrigação tributária acessória, e por isso tanto o contribuinte quanto a Administração concorrem para a prática do lançamento. Caso o contribuinte não preste as declarações na forma da legislação, sujeitar-se-á à imposição

---

14 Aqui ocorre a subsunção do fato à norma, ou seja, o contribuinte apresenta ao Fisco a matéria de fato indispensável à formalização do crédito, e a Fazenda impõe ao sujeito passivo a regra jurídica aplicável à espécie em tela. Temos como exemplos o II, IE, ITCMD e ITBI.

de multa (por descumprimento de obrigação acessória), dada a constatação de fraude a autorizar o lançamento de ofício[15].

O fato de existir obrigação tributária acessória em relação à apresentação de declaração não indica, necessariamente, um lançamento por declaração. Podemos justificar nossa afirmativa por meio do Imposto de Renda, que exige a entrega da declaração de ajuste anual, mas está sujeito ao lançamento por homologação, daí se afirmar que não é a existência de declaração que classifica a modalidade de lançamento como por declaração, pois, se o responsável pela quantificação do tributo devido for o contribuinte, estaremos diante de um lançamento por homologação. Por outro lado, se o contribuinte apenas presta a declaração (informações) e aguarda a quantificação do tributo pela Administração, estaremos diante de lançamento por declaração. Assim, conclui-se que a distinção entre as duas espécies está na pessoa responsável pela quantificação do tributo, pois em ambas as modalidades há a necessidade de apresentação de declaração.

Retificação da Declaração

O § 1º do art. 147 prevê que a *retificação da declaração* **por iniciativa do próprio declarante**, quando vise a reduzir ou a excluir tributo, só é admissível mediante comprovação do erro (de fato ou de direito) em que se funde, e antes de notificado o lançamento. A retificação feita pelo declarante, quando implicar em *aumento do valor do tributo devido*, pode ser realizada antes ou depois da notificação do lançamento e terá natureza de denúncia espontânea, de modo que a autoridade já efetivará o lançamento de acordo com os dados corretos ou realizará um lançamento complementar.

Por fim, o § 2º do referido artigo prevê que os erros contidos na declaração e apuráveis pelo seu exame serão **retificados de ofício pela autoridade administrativa** a que competir a revisão daquela. Significa dizer que os erros não retificados a tempo por iniciativa do declarante são passíveis de revisão de ofício pela Fazenda.

A modalidade de lançamento por declaração já foi muito usada pelo Fisco em outras épocas, mas hoje vem perdendo espaço para o lançamento por homologação, com um nítido intuito de desafogar a máquina estatal. Como exemplo de tributos lançados por declaração temos o ITCMD e o ITBI. Quanto a este último, indaga-se se o fato gerador ocorre com o registro do título de translação da propriedade no Registro de Imóveis ou com o negócio jurídico que envolve a transferência da propriedade que seria a escritura de compra e venda. Uma primeira corrente[16] entende que o fato gerador ocorre com o registro do título translativo,

---

15 Na entrega da declaração, presumem-se verdadeiras as informações nela contidas, já que efetuadas pelo contribuinte, especificando a base de cálculo, a alíquota e o objeto. Nesse caso, a Fazenda Pública, após a entrega da declaração, efetua o lançamento. A fiscalização é realizada por amostragem ou em decorrência de denúncia, como, por exemplo, informações sobre material importado trazido em um *container*.

16 Nesse sentido, Leandro Paulsen.

com base na interpretação sistemática do art. 1.245 do CC, combinado com o art. 110 do CTN. Em que pesem os argumentos da tese anterior serem convincentes, entendemos de forma diversa[17]. A celebração do negócio jurídico é que caracteriza o fato econômico de incidência do referido tributo. Os demais atos são meramente formais e exigidos pela lei civil. Tanto assim é que a promessa de compra e venda com a cláusula de irretratabilidade e irrevogabilidade gera, para nós, a incidência do imposto sobre a transmissão. O STJ entende que o fato gerador ocorre com o registro do título translativo, e o pagamento do ITBI no momento da lavratura da escritura não configura antecipação do fato gerador, mas sim antecipação do pagamento por praticidade fiscal e de modo a evitar a sonegação fiscal.

C. Lançamento por Homologação

Esta modalidade de lançamento encontra-se prevista no art. 150 do CTN.

Podemos dizer que, na modalidade de lançamento por homologação, a participação do sujeito passivo é a mais intensa, pois é ele que apresenta a matéria de fato, alimenta o sistema com as informações por ele guardadas, apura o montante a ser tributado e, por fim, paga antecipadamente o tributo, com base nos dados por ele mesmo apurados. Depois disso, compete à Fazenda homologar ou não as informações prestadas e o valor do crédito apurado. Embora possa parecer que nessa modalidade quem faz o lançamento é o contribuinte, a doutrina combate esse argumento, já que a competência para efetuar o lançamento é privativa da autoridade administrativa.

Essa modalidade nasceu com o objetivo de desafogar a máquina estatal, e por isso a maioria dos tributos está sujeita ao lançamento por homologação, como, por exemplo: ICMS, ISSQN, IPI, IR. Assim sendo, o lançamento só será efetivamente considerado quando a Fazenda homologar o valor apresentado pelo sujeito passivo, daí dizer que o lançamento por homologação é uma forma de pagamento sob condição resolutiva, na forma do art. 156, VII, do CTN.

Outra diferença entre o lançamento por declaração e por homologação é a existência ou não de pagamento antecipado. No lançamento por declaração, o contribuinte somente estará obrigado a recolher o tributo após o exame pela Fazenda dos fatos por ele declarados. Já no lançamento por homologação, o sujeito passivo tem o dever de efetuar o pagamento antecipadamente. Nesse sentido, é importante lembrar que o pagamento antecipado do crédito tributário só será considerado extinto com a homologação por parte da Fazenda Pública, seja ela expressa ou tácita.

Acreditamos, pelos motivos elencados, que o lançamento por homologação é peculiar, pois é caracterizado pelo recolhimento do tributo antes da manifestação da Fazenda. A peculiaridade consiste no fato de que não é qualquer tributo que se

---

17 Nesse sentido também Misabel Derzi e Hugo de Brito Machado.

sujeita ao lançamento por homologação, mas sim os tributos que, por sua natureza, admitem todo o procedimento por parte do próprio sujeito passivo, ou seja, o tributo que, pela multiplicidade de seus fatos geradores, como ocorre em regra com os tributos indiretos e com os tributos sujeitos a retenção na fonte, admite o recolhimento pelo devedor, independentemente de prévia manifestação do Fisco. Em síntese, por todas essas características[18], o art. 156, VII, nos termos do art. 150, § 1º, ambos do CTN, estabelecem que a antecipação do pagamento extingue o crédito tributário, mas mediante posterior homologação pela Fazenda[19].

Podemos concluir que o lançamento por homologação possui certas peculiaridades que trazem posições até mesmo antagônicas, pois no primeiro caso, o contribuinte é obrigado a realizar todo o procedimento sem prévia manifestação da Fazenda, sob pena de autuação fiscal. Por outro lado, caso o contribuinte apresente as informações, a simples homologação pela Fazenda não torna o crédito exigível, tampouco caso haja alguma diferença poderá ainda ocorrer a homologação tácita, e nesse caso a diferença será extinta definitivamente pela decadência.

Isso só corrobora a tese que sustentamos de que existem situações em que o lançamento é feito pelo contribuinte ou, então, não há lançamento prévio, pois, nessa hipótese, o lançamento seria uma *ficção jurídica; pois, no lançamento tácito,* a Fazenda Pública não participa do procedimento de lançamento, contrariando o que dispõe o art. 142 do CTN, que prevê ser o lançamento um ato obrigatório e vinculado.

Por fim, destaque-se a existência de uma corrente que adota apenas duas espécies de lançamento tributário, por declaração e de ofício, a chamada **Escola Dualista**. Para esta corrente, o lançamento por homologação ou autolançamento não seria reconhecido como modalidade autônoma, pois a declaração do crédito é configurada em razão de uma conduta do contribuinte. Nesse sentido, considerando que o lançamento é ato privativo da autoridade administrativa, não poderia um ato praticado pelo contribuinte ser considerado como lançamento.

Refutando esse posicionamento, a doutrina dominante entende que não é o contribuinte quem está realizando o lançamento, pois sempre haverá a fiscalização por parte da Fazenda. Nesse caso, o pagamento antecipado não é definitivo, mas sim provisório, e poderá ser ou não modificado por meio da homologação.

---

18 Para Ricardo Lobo Torres o lançamento por homologação: a) a Administração a rigor não pode homologar ato praticado por contribuinte, pois a homologação entende sempre com o próprio ato administrativo; b) o *caput* do art. 150 se refere à homologação da antecipação do pagamento, e não do lançamento; c) inexiste ato jurídico tácito da Administração, ocorrendo simplesmente a preclusão do poder de lançar em virtude da decadência (op. cit., p. 281).

19 Luciano Amaro indica três impropriedades do art. 150, § 1º, do CTN: a) contradição com o art. 142 do mesmo diploma legal; b) expressão antagônica quanto à natureza *resolutória* (ou resolutiva) *da homologação,* pois se deveria prever, como condição *resolutória,* a *negativa* de homologação, então se definiria, como condição *suspensiva,* a *homologação* (no sentido de que a extinção ficaria suspensa até o implemento da homologação); e c) o que se deveria dizer homologado seria o pagamento, e não o lançamento.

O STJ (REsp 850.423-SP) entendeu que nos tributos sujeitos a lançamento por homologação e ocorrendo a declaração do contribuinte desacompanhada do seu pagamento no vencimento, não se aguarda o decurso do prazo decadencial para o lançamento. A declaração do contribuinte elide a necessidade da constituição formal do crédito, assim pode este ser imediatamente inscrito em dívida ativa, tornando-se exigível, independentemente de qualquer procedimento administrativo ou de notificação ao contribuinte. O termo inicial da prescrição, em caso de tributo declarado e não pago, não começa a partir da declaração, mas da data estabelecida como vencimento para o pagamento da obrigação tributária declarada.

Nesse sentido a **Súmula 360 do STJ**, com o seguinte teor: *O benefício da denúncia espontânea não se aplica aos tributos sujeitos a lançamento por homologação regularmente declarados, mas pagos a destempo.*

Vale lembrar que o STJ tem considerado que a entrega da declaração pelo contribuinte, com valores corretamente declarados, ou seja, reconhecendo a dívida, já poderá ser imediatamente inscrito em dívida ativa e consequentemente poderá ser ajuizada a correspondente ação de execução fiscal. Significa dizer que não há falar em decadência nem em necessidade de lançamento por parte do Fisco.

Sobre o tema, o STJ editou também as seguintes súmulas:

> **Súmula 436:** *A entrega de declaração pelo contribuinte, reconhecendo o débito fiscal, constitui o crédito tributário, dispensada qualquer outra providência por parte do Fisco.*
>
> **Súmula 446:** *Declarado e não pago o débito tributário pelo contribuinte, é legítima a recusa de expedição de certidão negativa ou positiva com efeito de negativa.*
>
> **Súmula 555:** *Quando não houver declaração do débito, o prazo decadencial quinquenal para o Fisco constituir o crédito tributário conta-se exclusivamente na forma do art. 173, I, do CTN, nos casos em que a legislação atribui ao sujeito passivo o dever de antecipar o pagamento sem prévio exame da autoridade administrativa.*

D. Lançamento por Arbitramento

Parte da doutrina[20] sustenta a existência de quatro modalidades autônomas de lançamento, ou seja, além das três já estudadas, inclui também o lançamento por arbitramento. Arbitrar significa atribuir determinado valor. Por isso, quando a Fazenda Pública não puder apurar a base de cálculo do tributo, ou seja, seu *quantum debeatur*, por culpa do contribuinte ou ainda por qualquer outro motivo, procederá ao lançamento por arbitramento, e, a partir deste, começa a correr para o sujeito passivo o prazo para o exercício do contraditório e da ampla defesa, caso discorde

---

20 Nesse sentido, Ricardo Lobo Torres.

do valor arbitrado, sendo que, se houver impugnação, o ônus da prova, na hipótese em apreciação, será do contribuinte.

Destaque-se que, apesar do exposto anteriormente, a corrente majoritária adota apenas três modalidades de lançamento (de ofício, declaração e homologação), pois o lançamento por arbitramento seria uma **variação do lançamento de ofício**, ou seja, uma técnica de apuração da base de cálculo para realização do lançamento de ofício, devendo-se combinar o art. 148 com o art. 149, ambos do CTN.

Assim, caso o Fisco não concorde com a declaração apresentada pelo contribuinte, isto é, quando não contiver indícios suficientes para a apuração real do valor a ser pago ou não merecer fé, efetuará um lançamento por arbitramento, permitindo o contraditório e a ampla defesa ao contribuinte. Temos como exemplo as pautas fiscais, que contêm preços de determinados bens que serão utilizados, caso não seja possível apurar o valor real do bem. Somente após o arbitramento da base de cálculo, a Fazenda realizará o lançamento de ofício. Contudo, a presunção do valor arbitrado é relativa, permitindo, após a notificação, o exercício do contraditório e da ampla defesa. Nesse caso, haverá uma inversão do ônus da prova, cabendo ao sujeito passivo provar que a base de cálculo arbitrada não é real, é ilegal ou ainda que tem qualquer outro vício.

Com isso, podemos concluir que o *lançamento por arbitramento* possui algumas *características* próprias: a) será efetuado em caráter excepcional, pois será realizado quando a Fazenda não puder apurar o valor do tributo, como, por exemplo, na ausência de escrituração contábil ou se as informações prestadas pelo contribuinte não forem idôneas, cabendo à Fazenda, nesse caso, o ônus da prova quanto a essa alegação; b) a presunção é sempre relativa, pois pode ser afastada mediante prova produzida pelo sujeito passivo; c) observância do princípio da legalidade, ou seja, há a obrigatoriedade de lei do ente federativo autorizando o arbitramento, bem como a regulamentação da forma como será feito; d) observância do devido processo legal, ou seja, um processo regularmente instaurado, assegurando o contraditório e a ampla defesa, acolhendo, quando indispensáveis, os requerimentos de perícias etc.; e) observância, pela lei que prevê o arbitramento, de critérios técnicos com base no princípio da razoabilidade, como, por exemplo, os limites dos valores a serem arbitrados.

10.3 Crédito Tributário

10.3.1 Conceito

A expressão crédito[21] está vinculada a uma relação obrigacional, em que uma pessoa, chamada de credor, tem o direito de exigir de outra, chamada de devedor, o cumprimento de uma obrigação de dar, fazer ou não fazer. Nesse sentido, diz-se

---

21 Paulo de Barros Carvalho conceitua crédito como o direito subjetivo de que é portador o sujeito ativo de uma obrigação tributária e que lhe permite exigir o objeto prestacional, representado por uma importância em dinheiro. Já para Hugo de Brito Machado, crédito "é o vínculo jurídico, de natureza obrigacio-

que o crédito tributário decorre da obrigação tributária. No entanto, obrigação e crédito são duas coisas distintas, apesar da terminologia adotada pelo Código Tributário Nacional – "o crédito decorre da obrigação e tem a mesma natureza desta", conforme dispõe o art. 139 do CTN. Podemos então conceituar crédito tributário *o valor patrimonial devidamente quantificado da obrigação tributária, que pode ser cobrado pelo Fisco (sujeito ativo) do devedor (sujeito passivo) no exercício do seu direito subjetivo, sob pena de prescrição.*

Ressalte-se que na obrigação tributária a lei descreve *in abstracto* a hipótese de incidência que, uma vez concretizada, faz nascer a obrigação de pagar o tributo. Contudo, a simples ocorrência do fato gerador não permite que o Estado cobre de imediato o tributo ao contribuinte, ou seja, que o Estado exija o pagamento do tributo. Em realidade, o crédito tributário ainda não é exigível, aliás, não se pode nem falar em crédito, pois ainda não ocorreu o lançamento.

Assim, somente haverá para o contribuinte uma dívida líquida, certa e exigível, ou seja, o crédito, com o devido lançamento tributário pela Fazenda. Por outro lado, o art. 140 prevê que as circunstâncias que modificam o crédito tributário, sua extensão ou seus efeitos, ou as garantias ou os privilégios a ele atribuídos, ou que excluem sua exigibilidade, não afetam a obrigação tributária que lhe deu origem.

Por fim, uma vez constituído o crédito tributário, somente a lei pode prever os casos de modificação, de extinção, de suspensão de sua exigibilidade e de exclusão, não possuindo a Fazenda Pública discricionariedade, tendo inclusive, conforme dispõe o art. 141 do CTN, responsabilidade funcional.

10.3.2 Espécies de Créditos[22]

Em relação ao crédito, podemos classificá-lo de diversas formas, que muitas vezes são confundidas.

Crédito Fiscal

O conceito de crédito fiscal é amplo, pois é considerado como qualquer crédito objeto de cobrança por parte da Fazenda Pública que foi regularmente inscrito em dívida ativa. O art. 2º da LEF (6.830/80) define os créditos fiscais como integrantes da dívida ativa da Fazenda Pública, neles compreendidos o crédito tributário (tributos) e o crédito de natureza não tributária (laudêmio, multas administrativas etc.). Assim, o crédito tributário é uma subespécie do crédito fiscal.

Crédito Tributário

Como dito anteriormente, o crédito tributário é uma subespécie do crédito fiscal, ou seja, é aquele proveniente de tributos e penalidades tributárias.

---

nal, por força do qual o Estado (sujeito passivo) pode exigir do particular, o contribuinte ou o responsável (sujeito passivo), o pagamento do tributo ou da penalidade pecuniária (objeto da relação obrigacional)".

22 Para aprofundar o tema sobre o creditamento em relação ao ICMS e ao IPI, recomendamos a leitura de nossa obra *Impostos federais, estaduais e municipais.* 6ª-ed. São Paulo: Saraiva, 2018.

Crédito Financeiro

A totalidade dos custos que incidem sobre os serviços ou bens (maquinário, equipamento, embalagens, matéria-prima) que são onerados pelo imposto, independentemente de serem eles destinados à revenda, uso, consumo, à utilização como matéria-prima, produto intermediário, embalagem, acondicionamento, entendidos como insumos, ou quando para integração do ativo fixo[23], *gera um crédito financeiro*, possibilitando que o crédito em tela não se transforme em custo para a empresa. Significa dizer que se a empresa suportar um custo consubstanciado no preço de um serviço ou de um bem, nas condições citadas, o ônus do ICMS respectivo configurará um crédito financeiro desse imposto para a empresa.

Vale ressaltar que a EC 132/23, em razão da base ampla do IBS e da não cumulatividade plena, passa a prestigiar o crédito financeiro em detrimento do crédito físico.

Súmulas sobre o tema:

Súmula 495 do STJ: *A aquisição de bens integrantes do ativo permanente da empresa não gera direito a creditamento de IPI.*

Súmula 494 do STJ: *O benefício fiscal do ressarcimento do crédito presumido do IPI relativo às exportações incide mesmo quando as matérias-primas ou os insumos sejam adquiridos de pessoa física ou jurídica não contribuinte do PIS/PASEP.*

Crédito Físico

É uma subespécie do crédito financeiro, pois no crédito físico somente os custos relativos aos elementos corpóreos ou físicos que se destinem a sair do estabelecimento ou que passem a integrar fisicamente o produto no processo de industrialização é que podem constituir crédito do imposto para a empresa. Significa dizer que o crédito físico é aquele que somente enseja o direito à apropriação do crédito nas operações decorrentes de circulação de mercadorias que fisicamente se incorporem ao produto final, ou ainda, que sejam consumidas no processo de industrialização[24].

---

23 RE 662.976/RG: com Repercussão Geral: Cancelamento do Tema 619 e aplicação do Tema 633. ICMS-mercadoria. EC 42/03. Art. 155, § 2º, X, *a*, da CF/88. Exportação. Manutenção e aproveitamento de créditos oriundos da entrada tributada de mercadorias destinadas ao uso ou consumo do estabelecimento. Necessidade de lei complementar para efetivação.

24 O STF (RREE 200.168, 195.894, 200.379 e ADI 2.325) entendeu que se credite o crédito financeiro do ICMS sobre a energia elétrica, desde que essa seja essencial. E o STJ, no AgRg no REsp 937.081/DF: *A compensação pleiteada há de ser efetivada – caso entenda a instância ordinária existir direito ao crédito físico em relação ao produto ou serviço comercializado pela recorrente –, na medida de tal entendimento e por conta e risco do contribuinte, cabendo ao órgão tributário fiscalizar a respectiva operação contábil.* No RMS 19.521, o STJ descarta *por inteiro a possibilidade de haver o desconto pretendido quando os serviços são utilizados em atividade de mero comércio, o que aliás já vinha proibido desde o DL n. 406/68 e continuou a sê-lo pelo Convênio 66/88.* Segundo a relatora Eliana Calmon, "com a Lei Complementar n. 87/96 houve uma maior restrição ao creditamento do ICMS, porque a proibição se estendeu às hipóteses em que os serviços não fizessem parte da atividade precípua do estabelecimento". A LC n. 87/96, art. 20, admite o crédito com operações de que tenha resultado a entrada de mercadoria, real ou simbólica, no estabelecimento, inclusive a destinada ao seu uso e consumo ou ao ativo permanente, ou o recebimento de serviços de transporte interestadual e intermunicipal ou de comunicação. Entretanto, o § 1º estabelece a restrição de que essas mercadorias ou serviços

Crédito Misto

É a regra vigente atualmente no ICMS, em que se combina, em algumas hipóteses, o crédito físico e em outras, o crédito financeiro, conforme visto anteriormente.

10.4 Suspensão da Exigibilidade do Crédito Tributário

10.4.1 Introdução

Como visto, a obrigação principal consiste em uma obrigação de dar (pagar tributo) prevista em lei, e a obrigação acessória se refere a uma obrigação de fazer ou não fazer, que decorre da legislação tributária. Dessa breve distinção, feita pelo próprio art. 113 do CTN, se percebe a importância da distinção entre o alcance da legislação e da lei formal para o Direito Tributário. Assim, diz-se que a *obrigação tributária* nasce com a ocorrência do fato gerador, ou seja, nasce o *an debeatur (o que se deve)*. Por outro lado, para que surja o crédito, tem que ser efetuado pelo Fisco o lançamento, que consiste em um ato administrativo que individualiza e quantifica a obrigação, ou seja, o *quantum debeatur* (o valor devido) da obrigação tributária, daí surgir o *crédito tributário*.

Nesse sentido, analisando os dois elementos (obrigação e crédito), o CTN adotou a teoria dualista da obrigação, visto que as normas relativas à obrigação tributária foram capituladas separadamente em relação ao crédito tributário. O art. 139 do CTN preceitua que "o crédito tributário decorre da obrigação principal e tem a mesma natureza jurídica deste". A constituição do crédito tributário tem como principal efeito tornar a obrigação líquida e certa. Assim, entre a obrigação e o crédito tributário, existe o lançamento (art. 142 do CTN).

Diante do exposto, no Direito Tributário, filiamo-nos à **teoria dualista**, que separa a obrigação do crédito tributário pelo lançamento; daí o previsto no art. 139 do CTN. Por isso, o legislador, ao elaborar a redação do art. 140 do CTN, quis dizer que aquilo que puder afetar o ato formal de lançamento tributário, as suas garantias ou os privilégios atribuídos ao crédito não contamina a obrigação tributária respectiva, salvo se o motivo for a própria inexistência de fato gerador.

Essa breve abordagem visa a introduzir o tema que trataremos aqui da suspensão da exigibilidade do crédito tributário, na forma prevista no art. 151 do CTN. Note-se que diante da autotutela que possui o Estado em relação *à exigibilidade* do crédito (cobrança do crédito por parte da Fazenda), ocorrendo qualquer medida de suspensão da exigibilidade, a Fazenda estará impedida de prosseguir com os mecanismos de cobrança, sobretudo de ajuizar a execução fiscal. Por outro lado, na hipótese de o sujeito passivo (contribuinte ou responsável) não efetuar o pagamento e se não houver ocorrido nenhuma das hipóteses

---

não podem ser alheios à atividade do estabelecimento. A Lei n. 2.657/96, art. 33, § 3º, restringe à "atividade-fim do contribuinte". Também o art. 33, II, da LC n. 87/56, estabelece que somente dará direito a crédito a energia elétrica consumida no processo de industrialização.

legais que suspendem a exigibilidade do crédito tributário, este será exigível, culminando em uma cobrança judicial (execução fiscal), após a regular inscrição em dívida ativa e emissão da CDA.

10.4.2 Efeitos da Suspensão da Exigibilidade

Os mecanismos da suspensão da exigibilidade previstos no art. 151 do CTN possuem alguns efeitos que produzem consequências relevantes para o Direito Tributário. O *primeiro* é impedir os procedimentos de cobrança, em especial o ajuizamento da execução fiscal, ou ainda, caso já tenha sido ajuizada, suspender o seu prosseguimento. O *segundo*, por consequência lógica, pois, em caso de suspensão da cobrança por parte da Fazenda, estará também suspenso o prazo prescricional para que ela ajuíze a execução fiscal. E já que a exigibilidade está suspensa, nada mais razoável e justo que a prescrição também esteja. O *terceiro* efeito consiste no fato de que, presente qualquer causa de suspensão da exigibilidade do crédito tributário, o sujeito ativo fica impedido de proceder à cobrança, mas não se dispensa o cumprimento das obrigações acessórias, conforme prevê o CTN no parágrafo único do art. 151. O *quarto* é a possibilidade de se obter certidão positiva com efeito de negativa, na forma do art. 206 do CTN. O *quinto* é mais um requisito do que um efeito, ou seja, é a reserva legal na forma do art. 97, VI, do CTN e a interpretação literal de seus dispositivos, conforme dispõe o art. 111 do CTN.

10.4.3 Alcance da Expressão "Suspensão da Exigibilidade do Crédito"

A suspensão diz respeito à exigibilidade do crédito, que significa a cobrança coercitiva do crédito tributário. Nesse sentido, as hipóteses de suspensão podem ser obtidas em dois momentos da relação jurídica tributária, ou seja, depois do lançamento e antes do lançamento. Quanto à primeira, não há que se questionar a suspensão, pois em virtude do lançamento o crédito já existe. Contudo, dúvida pode surgir quando a suspensão é concedida antes do lançamento. O fato é que se não há lançamento não há crédito; logo não se poderia suspender o que não existe. Por isso, sustenta-se que o que se suspende não é a constituição do crédito, mas sim a sua cobrança.

10.4.4 Possibilidade de Suspensão antes do Lançamento

No Direito Tributário, as suspensões da exigibilidade do crédito normalmente ocorrem após o lançamento, para impedir o ajuizamento da execução fiscal, como é o caso da moratória, do parcelamento e do deferimento de antecipação de tutela em sede de ação anulatória. Contudo, questão que consideramos interessante é a possibilidade de se pleitear a suspensão da exigibilidade **antes do lançamento**.

Suponhamos, então, que a suspensão ocorra com o deferimento de antecipação de tutela em ação declaratória de inexistência de relação jurídica antes do lançamento tributário. Nesse caso, considerando que a hipótese se enquadra no inciso V do art. 151 do CTN, indaga-se se a Fazenda estaria impedida de efetuar o lançamento. A jurisprudência vem entendendo que a Fazenda não está impedida de efetuar o lançamento, de modo a evitar que ocorra a decadência, já que é um instituto jurídico que não se suspende nem se interrompe. Ademais, o que se suspende é a exigibilidade do crédito, e não a possibilidade de constituí-lo.

Temos, ainda, um fundamento próprio sobre o tema, que vem a corroborar a possibilidade de o Fisco efetuar o lançamento que é o art. 63 da Lei n. 9.430/96 e o art. 86 do Decreto n. 7.574/11. Nesse sentido, temos que, quando o juiz defere uma liminar ou uma antecipação de tutela, ele a concede com base em uma *cognição sumária*, pois analisa apenas a presença dos requisitos para a sua concessão, sem adentrar na análise de mérito. Posteriormente, com o objetivo de julgar o mérito da causa, através de uma *cognição exauriente* pode o juiz entender que não assiste razão ao contribuinte e julga improcedente o pedido, revogando a medida liminar concedida.

Nesse caso, entender que a Fazenda estaria impedida de efetuar o lançamento permitiria que a decisão proferida em sede de cognição sumária prevalecesse sobre a decisão exauriente, já que a ocorrência da decadência fulminaria o próprio crédito, não restando mais nenhuma alternativa de cobrança para a Fazenda, pois a decadência extingue o crédito tributário, na forma do art. 156 do CTN. Assim, por tais fundamentos, entendemos que a suspensão da exigibilidade do crédito não afeta o lançamento, mas apenas a exigibilidade, ou seja, o crédito deve ser constituído, mas não deve ser exigido, ou seja, cobrado.

Vale ressaltar que a Câmara Superior de Recursos Fiscais entendeu que a realização de depósito judicial na ação proposta pelo contribuinte não impede o lançamento para prevenir a decadência. Os Conselheiros destacaram que a constituição do crédito tributário se faz necessária para prevenir uma possível decadência, caso o resultado da lide seja favorável à União (PAF 16327.720191/2013-18, 1ª Turma da CSRF).

Diante dessa discussão, há divergência na doutrina em relação ao momento a partir do qual as causas elencadas no art. 151 do CTN poderiam ocorrer. Uma *primeira corrente*[25] afirma que, pelo fato de o *caput* do referido artigo utilizar a nomenclatura "suspensão da exigibilidade do crédito", as causas do art. 151 produzem efeitos a partir do lançamento, pois o crédito só adquire exigibilidade a partir do lançamento.

Uma segunda corrente[26] entende que bastaria a ocorrência do fato gerador para que algumas das causas elencadas no art. 151 do CTN produzam o efeito da suspensão. Nesse sentido, as causas de suspensão do crédito tributário poderiam ser apontadas mesmo antes do lançamento e, portanto, não pressupõem a existência

---

25   Sustentada por Ricardo Lobo Torres e Hugo de Brito Machado.

26   Liderada por Luciano Amaro.

de "crédito tributário". Corroboramos esse entendimento, pois na verdade o que deve ser suspenso é o dever de cumprir a obrigação tributária, ou seja, os mecanismos de cobrança por parte da Fazenda. É o caso em que sustentamos o cabimento do mandado de segurança preventivo contra a lei que prevê uma futura cobrança de tributo.

Podemos exemplificar através da seguinte situação: suponhamos que um determinado Município edite uma lei tributária que estabeleça uma nova hipótese de incidência de ISSQN, adicionando um novo serviço à lista anexa à LC n. 116/2003. Destaque-se que, partindo do pressuposto que o Município se utiliza de uma interpretação equivocada sob o ponto de vista jurídico, a previsão da nova hipótese de incidência seria inconstitucional. Assim não seria razoável que determinada pessoa jurídica, habitual prestadora desse serviço que até então não era tributado, espere a autuação fiscal. A partir da data em que a lei entrar em vigor e produzir sua eficácia, em face da anterioridade a Fazenda poderá cobrar o tributo.

Assim, é plenamente admissível, antes que o Fisco aplique efetivamente a norma e lavre auto de infração, a impetração de MS preventivo, impugnando a ilegalidade e a inconstitucionalidade daquela nova modalidade. Nesse caso, o mandado de segurança atacará a lei em si mesma, bastando que o contribuinte faça prova, através de documentos legais, de que pratica habitualmente aquele serviço para impetrar o *mandamus*, pois, em face do que dispõem os arts. 3º e 142, ambos do CTN, em tese, o lançamento será inevitável.

10.4.5 Taxatividade do Art. 151 do CTN

Até as outras edições sustentávamos que o rol contido no art. 151 do CTN era taxativo. Isto porque o art. 141, também do CTN, prevê que o crédito tributário regularmente constituído somente terá sua exigibilidade suspensa nos casos previstos no referido Código. Ademais, o art. 111, I, do CTN determina que se interprete literalmente a legislação que disponha sobre as hipóteses de suspensão. Contudo, o STF, no julgamento da ADI 2405, fixou entendimento de que não há reserva de lei complementar federal para tratar de novas hipóteses de suspensão e extinção de créditos tributários. Assim, é possível que o Estado-membro estabeleça regras específicas de quitação de seus próprios créditos tributários e, portanto, ao nosso sentir, também de hipóteses de suspensão de exigibilidade.

O STJ (REsp 1.149.115-PR) passou a admitir que na pendência de pedido de compensação de créditos tributários efetuado pelo contribuinte na esfera administrativa não se permite que a Fazenda Pública ajuíze a respectiva execução fiscal sem analisar o pedido de compensação.

Na verdade, tal posicionamento do STJ nada mais é do que uma variação do art. 151, III, do CTN.

Merece ainda observação o fato de que o CTN, apesar de impedir os mecanismos de cobrança através das modalidades de suspensão da exigibilidade do crédito, não dispensa o cumprimento das obrigações acessórias, na forma do parágrafo único do art. 151 do CTN. Aproveitando o tema, recomendamos a leitura das **Súmulas 625 e 653**, ambas do **STJ**.

10.4.6 Modalidades

Como vimos anteriormente sobre lei e legislação, o CTN em seu art. 151 traz as hipóteses de suspensão da exigibilidade do crédito tributário. Para efeitos didáticos, usamos a expressão "MO. DE. RE. CO. CO. PA." para a fixação das hipóteses de suspensão contidas no art. 151 do CTN. Vale lembrar que tal expressão não é uma divisão silábica, mas sim uma forma mnemônica de memorização.

- » **MO** ratória;
- » **DE** pósito do montante integral;
- » **RE** clamações e recursos, nos termos das leis reguladoras do processo tributário administrativo;
- » **CO** ncessão de liminar em mandado de segurança;
- » **CO** ncessão de medida liminar ou tutela antecipada, em outras espécies de ação judicial;
- » **PA** rcelamento.

10.4.6.1 Moratória

A **moratória** está prevista no inciso I do art. 151 do CTN e é regulada nos arts. 152 a 155 do referido diploma legal, que concede através de lei formal (art. 97, VI, do CTN) um novo prazo de pagamento. Subdivide-se em moratória geral e individual. Apesar de ser exigida lei formal, não se exige lei específica, pois o § 6º do art. 150 da Constituição não elenca a moratória em seu rol.

10.4.6.1.1 Espécies de Moratória

Segundo o **art. 152 e incisos do CTN**, a moratória pode ter *caráter geral* ou *individual*, e sempre será *concedida por lei*.

O inciso I traz a moratória concedida em **caráter geral** a determinada região ou a determinada categoria de contribuintes. É a hipótese que decorre direta e exclusivamente da lei, vindo a beneficiar um grupo de indivíduos ou a todos os contribuintes de determinado tributo (*vide* CTN, art. 96, VI). Na moratória concedida em caráter geral, não há necessidade de reconhecimento por parte da autoridade administrativa, pois decorre da lei. A alínea *a* traz a regra geral, chamada de **moratória autonômica**. Nessa hipótese, o ente competente para instituir o tributo será competente também para conceder moratória.

Na alínea *b* verificamos a chamada **moratória heterônoma**, já que é um caso em que a União concede moratória de tributos estaduais e municipais, e, por isso, é de constitucionalidade duvidosa, pois, em tese, feriria o princípio federativo.

Nesse sentido, prevalece na doutrina entendimento pela constitucionalidade[27] desse dispositivo, em face da excepcionalidade da situação nele contida.

Em sentido contrário, José Eduardo Soares de Melo critica a possibilidade de invasão de competência atribuída pelo CTN, colocando em risco a autonomia dos entes federativos. Entendemos que, na análise da expressão "quando simultaneamente concedida", somente será concedida a prorrogação do prazo de vencimento de todos os tributos (federais, estaduais e municipais). Ressalte-se que diversamente da isenção heterônoma, a moratória não é uma modalidade de exclusão do crédito tributário, e por isso não há prejuízo aos cofres públicos que justifique a sua vedação. Ademais, a tributação deve atender precipuamente ao interesse nacional, em detrimento do interesse regional ou local; dessa forma seria plausível e constitucional sua concessão.

É importante frisar que, apesar das nossas críticas quanto ao uso indiscriminado de moratória[28], este instituto **não representa renúncia de receita** (art. 14 da LC n. 101/2000) porque incide somente sobre os juros de mora, e não sobre o valor principal. Geralmente é concedida na tentativa de recuperar ou estimular o desenvolvimento de determinado setor. Ressalte-se que a moratória somente pode ser concedida mediante lei ordinária, contudo, não carece de lei específica, não estando arrolada no rol do art. 150, § 6º, da CF/88.

O inciso II do art. 152 traz a moratória concedida em **caráter individual**. Diversamente da moratória geral, que é concedida diretamente pela lei, ou, melhor dizendo, exclusivamente pela lei, a moratória individual será concedida em função de características pessoais e peculiares do contribuinte, daí depender de requerimento do interessado e do despacho da autoridade administrativa, não gerando direito adquirido.

Há que se destacar que a moratória individual também decorre da lei, mas precisa ser efetivada em cada caso através de despacho proferido pela autoridade administrativa competente. Contudo, a função da autoridade administrativa, nesse caso, é tão somente verificar o cumprimento dos requisitos e das condições estabelecidas pela lei. Questiona-se se a moratória individual também poderia ser concedida por ato do juiz. Tal questionamento somente pode ser respondido passando pela análise da natureza jurídica do despacho que a lei determina ser dado pela autoridade administrativa. A natureza desse ato é de ato administrativo vinculado, e, por isso, não há conveniência nem oportunidade. O ato não é discricionário, e, portanto, não há mérito administrativo.

---

27 Em sentido contrário, Misabel Derzi ao atualizar a obra de Aliomar Baleeiro (op. cit., p. 847-848), pois utiliza o mesmo raciocínio da isenção heterônoma.

28 A concessão de moratória e de anistia não é conveniente, pois pode estimular o inadimplemento, já que os que realizam o pagamento na data determinada podem ser desestimulados a proceder de tal forma, uma vez que há a possibilidade de pagar depois e sem juros de mora; valeria a pena, por exemplo, aplicar o capital correspondente ao *quantum debeatur*.

Nesse sentido, a função da autoridade administrativa é meramente a de cumprir a lei, e por isso, caso haja indeferimento injustificado, ela poderá recorrer ao Judiciário. Nesse caso, o juiz poderá conceder-lhe a moratória, mas não pode atuar como legislador positivo e conceder moratória que não esteja prevista em lei.

10.4.6.1.2 *Moratória e Direito Adquirido*

A discussão que será abordada atinge a redação do art. 155 do CTN. A moratória individual[29] é concedida em cada caso por ato da autoridade administrativa, daí surgir um questionamento, pois se o ato é vinculado, ele não pode ser objeto de revogação. O CTN foi infeliz ao usar a expressão revogação, pois se o ato administrativo é vinculado, não há mérito administrativo que justifique a sua revogação, e ele é, portanto, irrevogável. Entendemos que o ato vinculado só poderia ser anulado, e, mesmo assim, em função de alguma ilegalidade. Daí a crítica que a doutrina faz em relação ao art. 155 do CTN[30], posto que a moratória concedida em caráter individual não pode ser revogada. Assim, podemos concluir que o despacho que concede moratória em caráter individual gera direito adquirido se o beneficiado cumpriu os requisitos legais e se mantém nessa situação, não podendo ser anulado. Deste modo, temos que se o sujeito passivo não cumpre as condições e os requisitos para a concessão do benefício, a moratória deve ser anulada.

De outro lado, se o sujeito passivo cumpria as condições e os requisitos para a sua concessão e posteriormente deixou de cumpri-los, a moratória deve ser cassada. Contudo, ressalte-se que como a "revogação" (para utilizarmos a redação do CTN) invadirá o patrimônio do particular, é necessário que seja precedida de procedimento administrativo prévio no qual sejam assegurados ao sujeito passivo o contraditório e a ampla defesa.

10.4.6.1.3 *Requisitos e Condições*

No art. 153 do CTN estão elencados os elementos (requisitos) para a concessão de moratória geral ou individual, que é um favor, um benefício fiscal, e o *caput* do art. 155 do mesmo diploma menciona "condições" e "requisitos".

Assim, analisando os dois artigos em conjunto, podemos dizer que o CTN elenca requisitos e condições para a concessão da moratória. Mister se faz então a distinção entre condições e requisitos. **Requisitos** são os elementos objetivos exigidos pela lei para a concessão da moratória, como o prazo de duração, os tributos a que

---

29 Assim como a isenção individual, a remissão individual e a anistia individual, a moratória individual deve ter os seus requisitos fixados em lei, cabendo à autoridade administrativa apenas reconhecê-los e deferir a moratória.

30 Por isso, onde se lê no art. 155 "revogada de ofício", nós devemos entender anulada. Então, a moratória individual será anulada quando se constatar que o beneficiado nunca cumpriu os requisitos legais ou deixou de cumpri-los, cabendo, nesses casos, a cobrança do crédito acrescido de **juros de mora** mais **correção monetária**, além de **multa** nas hipóteses de má-fé. Porém, nos outros casos, a multa não deve ser aplicada.

se aplica, as garantias que devem ser fornecidas pelo beneficiado no caso de concessão em caráter individual etc. Já as *condições* seriam os elementos subjetivos ou externos que justifiquem a sua concessão, como, por exemplo, pessoas alcançadas por uma epidemia local, aposentado etc.

Feita essa breve distinção, é importante destacar que esses requisitos e condições podem ser instantâneos ou continuados. Importa dizer que a análise da sua duração ou da perda do preenchimento dos requisitos e condições ensejará a anulação ou cassação da moratória, daí a redação contida no parágrafo único do art. 154 do CTN.

Por isso, deve ser concedida a Certidão Negativa de Débito, pois não pode inovar no curso da moratória já concedida. Contudo, em que pese a alínea *c* do inciso III do art. 153 da CRFB, sustentamos que a exigência dessas garantias pelo Poder Público carece de: a) que seja feita por lei; b) que seja feita com condição para concessão da moratória, antes que o contribuinte seja beneficiado por ela e não exigir garantias após a concessão (REsp 572.703/SC). Vejamos a **Súmula 392 do STJ**: *A Fazenda Pública pode substituir a certidão de dívida ativa (CDA) até a prolação da sentença de embargos, quando se tratar de correção de erro material ou formal, vedada a modificação do sujeito passivo da execução.*

10.4.6.1.4 Alcance da Moratória

O art. 154 do CTN determina que os efeitos da moratória só atinjam os créditos já constituídos ou em fase de constituição, excluindo da sua concessão os casos de dolo, fraude e simulação do sujeito passivo. Contudo, o *caput* do referido artigo inicia sua redação com a expressão "salvo disposição de lei em contrário", o que nos leva a concluir que, em situações excepcionais previstas em lei, poderá ser concedida moratória para "créditos" ainda não lançados, desde que, obviamente, tenha ocorrido o fato gerador. Podemos exemplificar tal posicionamento com uma geada que atacou a lavoura e, sabedor disso, o governo concede moratória por um prazo razoável, até que o agricultor se recupere do prejuízo, inclusive quanto ao pagamento dos "créditos" ainda não lançados.

Destaque-se que a lei que concede a moratória deve ser interpretada literalmente por força do que dispõe o art. 111, I, do CTN. A moratória em regra, é utilizada para débitos vencidos ou em fase de lançamento.

10.4.6.1.5 Moratória × Parcelamento

O art. 153 do CTN elenca dentre os requisitos para a concessão da moratória o prazo, a duração e o número de prestações e seus respectivos vencimentos. Nesse sentido, quando a moratória autoriza o pagamento em prestações, se assemelha ao parcelamento, tanto que já foi sustentado pela doutrina que o parcelamento seria, na verdade, uma moratória parcelada. Parece-nos que tal entendimento não merece mais prosperar com o advento da LC n. 104/2001, pois o legislador não utiliza palavras inúteis ou desnecessárias. Assim, não faria sentido acrescentar o parcelamento[31] ao art. 151 do CTN, se fosse uma espécie de moratória; o mesmo raciocínio se aplica ao art. 155-A (também incluído pela LC n. 104/2001).

O que ocorre na prática é que os institutos muito se assemelham e, em regra, por ser uma medida excepcional, a moratória somente é utilizada como exceção, pois afasta a incidência dos juros e multa. Já o parcelamento é uma medida usual, que, embora também concedida por lei, tem a função de recuperar créditos e diminuir a inadimplência, facilitando o pagamento, embora, em regra, incidam juros e penalidades.

10.4.6.2 Depósito do Montante Integral

Destaque-se, inicialmente, que o depósito do montante integral é usado como estratégia quando, por exemplo, o sujeito passivo não concorda com o lançamento realizado (incluindo aí o auto de infração), tratando-se de um direito subjetivo seu, conforme já se posicionou o STJ no REsp 196.235/RJ. Assim, se o contribuinte se sentir insatisfeito com o lançamento, pode optar pela via administrativa e impugnar o lançamento ou buscar diretamente a via judicial. Nesse caso, poderá se valer do depósito do montante integral, que não deve ser confundido com o depósito recursal que era exigido como pressuposto de admissibilidade recursal na esfera administrativa[32].

Assim, temos que a referida modalidade de suspensão da exigibilidade do crédito tributário está prevista no inciso II do art. 151 e será realizada na esfera judicial[33] ou na esfera administrativa, quando houver previsão legal (posicionamento mais moderno). Isso porque, na via administrativa a própria impugnação já é causa de suspensão, mas a concomitância do depósito do montante integral da dívida servirá como estratégia para afastar a fluência das multas e demais penalidades moratórias enquanto se discute o crédito, o que muitas vezes se arrasta por longo período[34].

---

31 Tanto assim é que a Lei n. 11.941/2009 trouxe regras de parcelamento ou pagamento de dívidas de pequeno valor.

32 Antes mesmo da discussão sobre a constitucionalidade do depósito prévio de 30% (que abordaremos mais adiante) pelo STF, como pressuposto de admissibilidade recursal, o STJ, no julgamento do REsp 644.244, decidiu que seria constitucional o art. 33 do Decreto n. 70.235/72, o qual sofreu alteração pela Lei n. 10.522/2002, substituindo o depósito recursal pelo arrolamento de bens, limitado ao total de bens do ativo permanente somente quanto aos créditos tributários da União. Ver posicionamento do STF na ADI 1.976-7.

33 A Lei n. 11.429/2006, dispõe sobre o depósito judicial de tributos, no âmbito dos Estados e do Distrito Federal, determinando que os créditos, inclusive os inscritos em dívida ativa, serão efetuados em instituição financeira oficial da União ou do Estado. Ver também tópico 10.4.6.2 em que abordamos a inconstitucionalidade do depósito recursal. Ver também LC 151/15.

34 O STJ (AgRg no Ag 1.359.761/SP): valores depositados com a finalidade de suspender a exigibilidade do crédito tributário, em conformidade com o art. 151, inciso II, do CTN, não refogem ao âmbito patrimonial do contribuinte; inclusive, no que diz respeito ao acréscimo obtido com correção monetária e juros, constituindo-se assim em fato gerador do imposto de renda e da contribuição social sobre o lucro líquido.

Ressalte-se que, como o crédito é objeto de discussão, o depósito do montante integral não é considerado como pagamento, daí o seu levantamento ou a conversão do depósito em renda somente se dar após o julgamento, pois segundo o inciso VI do art. 156 do CTN, a conversão é uma modalidade de extinção do crédito tributário. Logo, se há necessidade de posterior conversão do depósito em renda, é porque o montante depositado durante a discussão do crédito não é nem do contribuinte nem da Fazenda Pública[35], estando assim à disposição do juízo. Vale lembrar que o CTN, por força de princípios constitucionais, assegura ao contribuinte o contraditório, a ampla defesa e o devido processo legal; por esse motivo, não se admite mais a cláusula *solve et repete* (princípio do pague primeiro e discuta depois). Veremos mais sobre essa cláusula no item 10.4.6.2.3.

Vale dizer que o simples ajuizamento da ação judicial não impede que a Fazenda promova a execução da dívida, pois o ajuizamento de ação judicial (incluindo a ação anulatória de débito fiscal) não é, segundo o CTN, causa de suspensão de exigibilidade do crédito tributário, salvo se o contribuinte, nesta ação, obtiver uma liminar ou uma antecipação de tutela, com o objetivo de suspender a exigibilidade do crédito.

Frise-se que, não se admite caução apresentada em bem diverso de moeda. É o que se extrai do teor da **Súmula 112 do STJ**, que assim dispõe: *O depósito somente suspende a exigibilidade do crédito se for **integral e em dinheiro**.* Nesse sentido, o STJ (REsp 304.843/PR) não admitiu a substituição do depósito pela fiança bancária. Contudo, para efeito de obtenção de certidão positiva com efeito de negativa na forma do art. 206 do CTN, a jurisprudência (REsp 912.710-RN) admitia a ação cautelar de caução para antecipar os efeitos da penhora em sede de execução fiscal. Com o advento do CPC de 2015 essa modalidade ganhou novos contornos terminológicos.

A Lei n. 14.973/2024 promoveu uma alteração nos depósitos judiciais e extrajudiciais que interessam à administração pública federal. Na forma do inciso II, do art. 37, os depósitos judiciais, quando levantados pelos titulares que obtiverem êxito em processos judiciais ou administrativos, serão corrigidos apenas por índices oficiais que reflitam a inflação, sem a adição de juros de mora. Anteriormente, esses depósitos eram corrigidos pela taxa Selic, que inclui tanto correção monetária quanto juros de mora.

Ao nosso sentir, além da diminuição no montante a ser recuperado, essa alteração viola o princípio da isonomia, pois a União continuará a corrigir seus créditos via Selic, criando um tratamento desigual. Lembramos, ainda, que no REsp 1.156.668/DF (recurso repetitivo) o STJ decidiu que a fiança bancária não é equiparável ao depósito integral do débito exequendo para fins de suspensão da exigibilidade do crédito tributário (art. 151 do CTN).

---

35 O STF entendeu que a Lei n. 9.703/98 não é inconstitucional. Com todo respeito ao posicionamento do STF, entendemos que esse repasse compulsório é uma expropriação do patrimônio do particular, tendo em vista que o contribuinte não está pagando, e sim depositando para discutir a dívida.

Entendemos, por fim, que o depósito pode ser feito mesmo antes do lançamento, nos casos em que o sujeito possa apurar o valor devido, como no caso do lançamento por homologação. Não impedirá, contudo, o lançamento, pois somente a sua exigibilidade estará suspensa. Por outro lado, se o depósito for parcial, a Fazenda não está impedida de executar, porém não todo o montante da dívida, mas somente o valor remanescente. Nesse caso, as ações serão objeto de uma conexão instrumental[36], de modo a evitar decisões conflitantes.

Sobre o tema, o STF editou as seguintes Súmulas Vinculantes:

> **Súmula Vinculante 21:** *É inconstitucional a exigência de depósito ou arrolamento prévios de dinheiro ou bens para admissibilidade de recurso administrativo.*
>
> **Súmula Vinculante 28:** *É inconstitucional a exigência de depósito prévio como requisito de admissibilidade de ação judicial na qual se pretenda discutir a exigibilidade de crédito tributário.*

10.4.6.2.1 Depósito e Conversão em Renda

Surgiu uma discussão quando da edição da Lei n. 9.703/98[37] no âmbito federal e da Lei n. 10.482/2002 (revogada pela Lei n. 11.429/2006) em relação aos Estados e ao Distrito Federal, pois o depósito é transferido para a Conta Única do Tesouro, e, se a Fazenda for vencida, transfere o valor atualizado pela taxa SELIC. O STF, analisando a questão, entendeu ser constitucional tal norma quando do julgamento da ADI 1.933-1. Nesse sentido, antes de proferida a decisão final o contribuinte não pode levantar o depósito.

Este tem sido o posicionamento da jurisprudência para evitar prejuízo às partes, pois com o depósito integral estará suspensa a exigibilidade e, portanto, a Fazenda estará impedida de cobrar o crédito objeto da discussão; assim, não seria plausível o levantamento antes da decisão final.

Por fim, devemos observar que o STJ (EREsp 227.961) entendeu que se ocorrer a extinção do processo sem análise do mérito em função da presunção de legitimidade e da veracidade do lançamento, o depósito seria convertido em renda para o Fisco. Com a devida vênia, divergimos[38] desta posição, pois a intenção do contribuinte foi discutir a dívida e não pagá-la. Entender assim é modificar de ofício a vontade do sujeito passivo que exerceu o seu direito subjetivo de efetuar o depósito. Contudo, o STJ ratificou sua posição quanto à impossibilidade do levantamento,

---

36 Apesar de o caso não se enquadrar na hipótese de conexão clássica, o STJ, para evitar decisões conflitantes, entende-se haver conexão instrumental.

37 A Lei n. 9.703/98 regula os depósitos judiciais referentes a tributos e contribuições federais e determina que sejam feitos na CEF mediante o preenchimento do DARF. Isso posto, aquela instituição financeira é responsável pela atualização do depósito pela taxa Selic, mesmo no caso de ele ser ultimado por guia de depósito inadequada à operação (STJ – AgRg no RMS 19.800-AM).

38 STJ – AgRg nos EDv no REsp 249.647/SP.

pois para o tribunal essa questão já teria sido enfrentada em diversas ocasiões e o depósito judicial efetuado para suspender a exigibilidade do crédito tributário é feito também em garantia da Fazenda e só pode ser levantado pelo depositante após sentença final transitada em julgado em seu favor, nos termos do consignado no art. 32 da Lei n. 6.830/80. O cumprimento da obrigação tributária só pode ser excluído por força de lei ou suspenso de acordo com o que determina o art. 151 do CTN. Fora desse contexto, o contribuinte está obrigado a recolher o tributo. No caso de o devedor pretender discutir a obrigação tributária em juízo, permite a lei que se faça o depósito integral da quantia devida para que seja suspensa a exigibilidade. Se a ação intentada, por qualquer motivo, resultar sem êxito, deve o depósito ser convertido em renda da Fazenda Pública. O STJ (EREsp 215.589-RJ) entende que o depósito é simples garantia impeditiva do Fisco para agilizar a cobrança judicial da dívida em face da instauração de litígio sobre a legalidade de sua exigência. Extinto o processo sem exame do mérito contra o contribuinte, tem-se uma decisão desfavorável. O passo seguinte, após o trânsito em julgado, é o recolhimento do tributo.

Da mesma forma julgou o STJ (AgRg no REsp 757.175-PR) no mandado de segurança em que a empresa interpôs na esfera administrativa recurso hierárquico, depositando o valor relativo à NFLD. Na análise do mandado de segurança, o juiz julgou extinto o processo sem apreciação de mérito, sendo o depósito convertido em renda. A empresa interessada pode utilizar-se dos institutos da repetição de indébito ou da compensação, pois o mandado de segurança é via imprópria para a cobrança.

10.4.6.2.2 *Diferença entre Depósito do Montante Integral e Consignação em Pagamento*

A diferença entre o depósito do montante integral e a consignatória é que naquele se deposita o valor total que está sendo cobrado pelo Fisco e discutido na ação judicial. Já na ação de consignação em pagamento, o contribuinte quer pagar, mas ocorre alguma das hipóteses do art. 164 do CTN, ou seja, o credor não quer receber ou há um concurso de exigências, conforme dispõem os incisos do referido artigo.

Percebe-se, então, que o depósito não se confunde com a *consignação em pagamento*, pois quem consigna quer pagar e quem deposita quer discutir o crédito. Entendemos que, na pendência da ação de consignação em pagamento, a exigibilidade do crédito também deve ficar *suspensa,* pois, na ação de consignação, o tributo somente se tornará exigível se a ação for julgada improcedente (art. 164, § 2º), e não antes.

Segundo o art. 164 do CTN, o contribuinte pode depositar o valor que ele entende ser devido. Já para depositar tudo, o fundamento da ação recai no art. 158, do mesmo diploma legal, podendo ser tanto na esfera judicial como na esfera administrativa. Em relação ao momento do depósito, o pedido pode ser feito na petição inicial ou no curso do processo, não sendo necessário ingressar com uma cautelar inominada.

Quanto ao levantamento do depósito, só pode ocorrer após o trânsito em julgado da ação. A "devolução" desse depósito não abrange os juros moratórios, pois estes somente são devidos quando o "empréstimo" é de caráter negocial, o que não é o caso, mas alcança a atualização do valor depositado.

10.4.6.2.3 *Depósito do Montante Integral e Ação Anulatória de Débito Fiscal*

O depósito é um direito do sujeito passivo, daí a norma do art. 38 da Lei n. 6.830/80 não ser recepcionada por força do art. 5º, XXXV, da CF. Não há como entender que a ação anulatória do ato declarativo da dívida seja necessariamente precedida do depósito preparatório do valor do débito, monetariamente corrigido e acrescido dos juros e multa de mora e demais encargos. Nesse sentido, o extinto Tribunal Federal de Recursos editou a **Súmula 247**: *Não constitui pressuposto da ação anulatória do débito fiscal o depósito de que cuida o art. 38 da Lei n. 6.830, de 1980.*

Podemos salvar o artigo em comento se entendermos que o depósito integral referido pelo dispositivo como pressuposto de admissibilidade somente será exigido para suspender a exigibilidade do crédito. Contudo, também não achamos ser esse o melhor entendimento, pois a antecipação de tutela, se deferida pelo juiz, terá o mesmo efeito do depósito e, ressalte-se, para o deferimento da antecipação de tutela o juiz não exige o depósito, apenas verifica se estão presentes os requisitos autorizativos para sua concessão contidos no art. 273 do CPC antigo (correspondente aos arts. 294 e seguintes da Lei n. 13.105/2015). Podemos dizer que esse dispositivo tentou resgatar a cláusula já citada anteriormente. De acordo com essa cláusula, o contribuinte só poderia contestar a legitimidade de um tributo após o seu recolhimento. Destaque-se que já em 1961 a Corte italiana considerou a referida cláusula (ou regra) inconstitucional, por violar dois princípios constitucionais basilares: o da igualdade e o da universalidade da jurisdição. Nesse sentido, entendemos que a mesma fundamentação deve ser atribuída para reconhecer a inconstitucionalidade do art. 38 da LEF, quanto à exigência do depósito para cabimento da ação anulatória de débito fiscal.

Por fim, destaque-se a posição do STJ (REsp 953.684-PR) quanto ao fato de o depósito judicial realizado para suspender a exigibilidade do crédito tributário já o constituir, não cabendo falar em decadência do crédito tributário por não ter sido lançado em relação ao crédito discutido pelo Fisco.

O STF dirimiu a controvérsia ao editar a **Súmula Vinculante 28**: *É inconstitucional a exigência de depósito prévio como requisito de admissibilidade de ação judicial na qual se pretenda discutir a exigibilidade de crédito tributário.*

10.4.6.3 Reclamações e Recursos Administrativos

O art. 151, III, do CTN possui um sentido mais amplo do que o Código de Processo Civil, pois o seu efeito suspensivo é automático, conforme veremos adiante.

Assim, temos que essa modalidade de suspensão não alcança apenas os recursos administrativos, mas também qualquer reclamação, assim considerada como todo instrumento utilizado para questionar o crédito tributário, normalmente chamado de impugnação em primeira instância (mas também pode vir por mera petição[39]) ou recurso voluntário[40].

Após essas breves considerações, passemos a analisar o Processo Administrativo Fiscal (PAF), que é uma subespécie do processo administrativo, não obstante, para alguns, ser chamado de Processo Administrativo Tributário (PAT). O art. 145 do CTN determina as hipóteses em que o lançamento pode ser revisto, entre elas a impugnação do sujeito passivo, também chamada de defesa administrativa.

Assim, temos que a impugnação por parte do sujeito passivo é o legítimo exercício do contraditório e da ampla defesa, que é um direito constitucional, e, por isso, mesmo que exista algum ente federativo que não possua regulamentação quanto ao processo administrativo fiscal, caberá qualquer defesa administrativa por parte do sujeito passivo.

E, por fim, é importante esclarecer que o recurso administrativo não é obrigatório, muito menos o recurso para a segunda instância administrativa, podendo o contribuinte a qualquer tempo buscar o Judiciário, com base no princípio da inafastabilidade da jurisdição, insculpido no art. 5º, XXXV, da CRFB. Vale destacar que, embora o recurso administrativo seja uma suspensão da exigibilidade do crédito que provoca a suspensão da prescrição, acaba possuindo o mesmo efeito da interrupção, pois, como ainda não começou a correr o prazo para a exigibilidade do crédito, a suspensão se dará do "zero"; portanto, após a decisão administrativa irreformável desfavorável ao contribuinte, a Fazenda ainda dispõe do prazo de cinco anos para ajuizar a execução fiscal.

10.4.6.3.1 Defesas Administrativas e Prescrição Intercorrente[41]

A prescrição intercorrente na esfera judicial tributária encontra amparo no art. 40 da Lei n. 6.830/80 (Lei de Execução Fiscal). A polêmica, portanto, diz respeito ao seu cabimento na via administrativa.

---

39 Em nossa obra: CARNEIRO, Claudio. *Processo tributário (administrativo e judicial)*, 6ª ed. São Paulo: Saraiva, 2019. O processo judicial tributário é constituído de todas as ações judiciais cabíveis, incluindo a execução fiscal e o mandado de segurança, que podem ser utilizados tanto pelo sujeito passivo quanto pelo sujeito ativo; processo administrativo tributário é aquele que compreende todos os atos administrativos praticados no lapso que se inicia no lançamento do crédito tributário e termina no momento imediatamente anterior à instauração da execução fiscal.

40 UTILIZAÇÃO SIMULTÂNEA DAS VIAS ADMINISTRATIVA E JUDICIAL. O STF (RE 233.582/RJ) negou provimento ao recurso em que se discutia a constitucionalidade do parágrafo único do art. 38 da Lei n. 6.830/80.

41 Abordamos o tema com mais profundidade em nossa obra *Processo tributário (administrativo e judicial)*. 5ª ed. São Paulo: Saraiva, 2018.

A opção pela via judicial ou administrativa é uma faculdade do sujeito passivo. Assim, eleita a via administrativa, não podemos negar que, muitas vezes, tais demandas se arrastam por anos.

O citado art. 40 já permitia, antes mesmo da reforma do antigo CPC, o conhecimento de ofício pelo juiz da ocorrência dessa prescrição. A jurisprudência sempre tendia a reconhecer a prescrição intercorrente no caso de arquivamento superior a cinco anos sem que a Fazenda realizasse diligências no sentido de encontrar o devedor ou seus bens. Nesse sentido, o STF já entendia dessa forma quando dos julgamentos dos RREE 99.867-5/SP e 106.217/SP. Também o STJ no julgamento do REsp 708.234, inclusive editando a **Súmula 314**, que veio ao encontro da jurisprudência dos tribunais, com a seguinte redação: *Em execução fiscal, não localizados bens penhoráveis, suspende-se o processo por um ano, findo o qual inicia-se o prazo prescricional quinquenal intercorrente.*

Enfim, o STJ proferiu uma importante decisão que era bastante aguardada pelos tributaristas. No julgamento do REsp 1.340.553 em sede de recurso repetitivo, o STJ definiu como devem ser aplicados o art. 40 e parágrafos da Lei n. 6.830/80 e a sistemática para a contagem da prescrição intercorrente. Assim, vejamos os entendimentos aprovados: a) o prazo de um ano de suspensão previsto no art. 40, §§ 1º e 2º, da Lei n. 6.830 tem início automaticamente na data da ciência da Fazenda a respeito da não localização do devedor ou da inexistência de bens penhoráveis no endereço fornecido; b) havendo ou não petição da Fazenda Pública e havendo ou não decisão judicial nesse sentido, findo o prazo de um ano, inicia-se automaticamente o prazo prescricional aplicável, durante o qual o processo deveria estar arquivado sem baixa na distribuição, na forma do art. 40, §§ 2º, 3º e 4º, da Lei n. 6.830, findo o qual estará prescrita a execução fiscal; c) a efetiva penhora é apta a afastar o curso da prescrição intercorrente, mas não basta para tal o mero peticionamento em juízo requerendo a feitura da penhora sobre ativos financeiros ou sobre outros bens e; d) a Fazenda Pública, em sua primeira oportunidade de falar nos autos, ao alegar a nulidade pela falta de qualquer intimação dentro do procedimento do art. 40 da LEF, deverá demonstrar o prejuízo que sofreu (por exemplo, deverá demonstrar a ocorrência de qualquer causa interruptiva ou suspensiva da prescrição).

Após essa breve exposição, retomemos a análise da possibilidade de ocorrência da prescrição intercorrente na esfera administrativa. A impugnação pelo sujeito passivo, bem como os recursos porventura interpostos, mantêm a exigibilidade do crédito suspensa. Logo, não seria razoável, pelo decurso de tempo na tramitação do processo, que fosse reconhecida a prescrição de um crédito cuja exigibilidade está suspensa. Nesse sentido, já sinalizou o STJ[42], no julgamento do AgRg 504.357/

---

42 O STJ já se posicionou contrariamente ao acolhimento da prescrição intercorrente em processo administrativo fiscal (AREsp 79.301/RS 2011/0190403-0): " Em relação ao tema da prescrição intercorrente, em sede de procedimento administrativo, pacífica a jurisprudência desta Corte no sentido de que a impugnação ou o recurso administrativo têm por efeito suspender a fluência do prazo prescricional, não sendo de se cogitar de prescrição intercorrente na via administrativa, ante a ausência de previsão normativa es-

RS que o prazo prescricional previsto no art. 174 do CTN só se inicia com a apreciação, em definitivo, do recurso administrativo. Assim, por exemplo, uma vez pendente de julgamento o recurso administrativo interposto contra decisão que nega a homologação da compensação, configurada está uma das hipóteses legais de suspensão da exigibilidade do crédito tributário, que autoriza a expedição de certidão positiva com efeito de negativa, de que trata o art. 206 do CTN.

Vejamos também a redação da **Súmula 153 do extinto TFR**: *Constituído, no quinquênio, através de auto de infração, ou notificação de lançamento, o crédito tributário, não há falar em decadência, fluindo, a partir daí, em princípio, o prazo prescricional, que todavia, fica suspenso, até que sejam decididos os recursos administrativos.*

No âmbito do Processo Administrativo Federal, a **Súmula 11 do CARF**[43] (Conselho Administrativo de Recursos Fiscais) expressamente dispõe que não se aplica a prescrição intercorrente no processo administrativo fiscal. Apesar da fundamentação exposta em sentido contrário, bem como da previsão contida no art. 151, III, do CTN, entendemos ser razoável e até mesmo necessário a fixação de prazo prescricional no curso do processo administrativo em homenagem aos princípios e garantias constitucionais, tais como: moralidade, eficiência, prescritibilidade, segurança jurídica, razoável duração do processo etc. É bem verdade que não em qualquer caso, mas sim quando o processo administrativo ficar abandonado por mais de cinco anos sem solução.

10.4.6.3.2 *Competência para Regulamentação de Normas sobre o PAF*[44]

O art. 24, XI, da CRFB prevê que a matéria relacionada a procedimentos em matéria processual é de **competência concorrente,** daí surgirem algumas discussões sobre o tema. Entendemos inicialmente que as leis que regulamentam o PAF somente podem tratar de questões procedimentais que não restrinjam o direito aos princípios constitucionais do contraditório e da ampla defesa. Nesse sentido, podemos exemplificar com os prazos de maneira geral, cuja competência é do órgão administrativo. Daí o julgamento da inconstitucionalidade do depósito recursal de 30% e do arrolamento de bens e direitos no valor de 30%[45].

---

pecífica.". Contudo, no que se refere à prescrição intercorrente em processo administrativo "genérico", o STJ já reconheceu o seu cabimento no REsp 1.401.371/PE, mantendo a prescrição do processo administrativo paralisado por mais de 3 anos. A citada decisão (pautada na Lei n. 9.873/99, cujo prazo prescricional de 3 anos está previsto no § 1º do art. 1º) teve como objetivo principal inibir a inércia da Administração Pública, que não pode deixar o contribuinte à mercê de processos administrativos infindáveis, aguardando por uma decisão que influenciará diretamente na gestão de seus negócios e de seu patrimônio.

43 Entendemos que a Súmula 11 do CARF tem força interpretativa e não obrigacional.

44 Para melhor aprofundar o tema, recomendamos a leitura de nossa obra *Processo tributário (administrativo e judicial)*, pela Saraiva.

45 RREE 388.359, 389.383 e 39.513 e **Súmula Vinculante 21:** *É inconstitucional a exigência de depósito ou arrolamento prévios de dinheiro ou bens para admissibilidade de recurso administrativo.* Ver ADI 1.976.

Por outro lado, o art. 151, III, prevê que as reclamações e recursos suspendem a exigibilidade do crédito tributário, nos termos da lei reguladora dos processos tributários administrativos. Assim, todos os regulamentos vigentes têm força de lei e somente por elas podem ser alterados. Como recurso por parte do contribuinte, temos, no âmbito federal, regido pelo Decreto n. 70.235/72 (alterado pela Lei n. 11.941/2009 e regulamentado pelo Decreto n. 7.574/2011), o chamado recurso voluntário ao Conselho de Contribuintes e o Recurso Especial à Câmara Superior de Recursos Fiscais. Destaque-se que, em que pese o STJ (RMS 26.228-RJ) não ser o tribunal responsável pela declaração de constitucionalidade, esta Corte já entendeu ser constitucional a avocatória pelos Secretários de Fazenda no âmbito estadual e municipal.

10.4.6.3.3 Constitucionalidade do Depósito Recursal e do Arrolamento Administrativo

O art. 33, § 2º, do Decreto 70.235/72, que regula o PAF no âmbito federal, exigia o depósito do valor de 30% da exigência fiscal como pressuposto de admissibilidade do recurso ao Conselho de Contribuintes (atualmente CARF, com base na Lei 11.941/2009). Em 2002, a Lei 10.522 substituiu o depósito recursal pelo arrolamento de bens e direitos no valor de 30% da dívida. Contudo, tanto o depósito como o arrolamento sempre despertaram discussão na doutrina, até que a matéria foi julgada pelo STF (REE 388.359, 389.383 e 390.513), reconhecendo a inconstitucionalidade da exigência do depósito como pressuposto de admissibilidade de recurso administrativo e, posteriormente, foi editada a **Súmula Vinculante 21 do STF**: *"É inconstitucional a exigência de depósito ou arrolamento prévios de dinheiro ou bens para admissibilidade de recurso administrativo".*

10.4.6.4 Concessão de Medida Liminar em Mandado de Segurança

Etimologicamente, o Mandado de Segurança advém da combinação do termo *"mandado"*, originado do latim *mandatus*, que significa ordem ou determinação, e da expressão *"segurança"*, que conota um sentido subjetivo de estado em que se encontra o direito, sem perigo, dano ou incerteza. Diz-se que o mandado de segurança foi introduzido no ordenamento jurídico brasileiro pela Constituição de 1934, com a forma processual do *habeas corpus*, garantindo ao cidadão a possibilidade de uma proteção contra o Estado[46].

Atualmente, é previsto na Constituição Federal de 1988, em seu art. 5º, LXIX (individual) e LXX (coletivo). Era previsto no art. 1º da Lei n. 1.533/51 e regulamentado pela Lei n. 4.348/68, que estabelecia normas processuais sobre essa ação

---

46 *Vide* **Súmula 628 do STJ** sobre a Teoria da Encampação: *A teoria da encampação é aplicada no mandado de segurança quando presentes, cumulativamente, os seguintes requisitos: a) existência de vínculo hierárquico entre a autoridade que prestou informações e a que ordenou a prática do ato impugnado; b) manifestação a respeito do mérito nas informações prestadas; e c) ausência de modificação de competência estabelecida na Constituição Federal.*

mandamental. Atualmente esses diplomas encontram-se revogados pela Lei n. 12.016/2009. Alguns artigos dessa lei foram objeto da ADI 4.296, que reconheceu a inconstitucionalidade de alguns tópicos, entre eles, o dispositivo que proíbe a concessão de liminar para a compensação de créditos tributários e para a entrega de mercadorias e bens provenientes do exterior.

Assim, temos que o mandado de segurança é uma ação com previsão constitucional e é um fiel instrumento de defesa do cidadão contra a efetiva ou potencial ameaça a violação a direito líquido e certo. Com isso, a nova Lei do Mandado de Segurança considera autoridade coatora aquela que tenha praticado o ato impugnado ou da qual emane a ordem para a sua prática. Contudo, ressalte-se que em se tratando de suspensão de exigibilidade do crédito, não basta o simples ajuizamento do *mandamus*, mas sim o deferimento pelo juiz do pedido de *medida liminar* requerida pelo contribuinte, na forma do inciso IV do art. 151 do CTN.

O cabimento dessa ação mandamental requer a prova cabal da ameaça ou da violação de direito líquido e certo e, de outro lado, o *periculum in mora* e o *fumus boni juris* são os requisitos da liminar e, portanto, o juiz não deve ficar adstrito a qualquer depósito por parte do contribuinte para a concessão da liminar. Por isso se diz que quando o juiz defere a liminar, condicionando-a ao depósito, ele, na verdade, está é indeferindo a liminar, já que os únicos requisitos que devem ser analisados para a sua concessão são o *periculum in mora* e o *fumus boni juris*. Nesse sentido, o STJ (ROMS 881/SP) reafirmou o entendimento de que medida liminar em mandado de segurança suspende a exigibilidade do crédito tributário, independentemente do depósito do tributo controvertido. Logo, se o juiz condiciona a concessão da medida liminar à realização do depósito, está, na verdade, indeferindo a medida liminar.

Por fim, temos a **Súmula 735 do STF:** *"Não cabe recurso extraordinário contra acórdão que defere medida liminar";* a **Súmula 632 do STF:** *"É constitucional lei que fixa o prazo de decadência para a impetração de mandado de segurança".*

10.4.6.4.1 A Discussão quanto ao Mandado de Segurança contra a Lei em Tese

Destacamos o fato de que, em relação ao mandado de segurança, somente a concessão de liminar pelo juiz suspenderá a exigibilidade do crédito tributário. Contudo, o cabimento do mandado de segurança em matéria tributária pautada no ataque "somente" à lei merece comentários. Trata-se de matéria já pacificada pela **Súmula 622 do STF**, no sentido do não cabimento do mandado de segurança contra a lei em tese. Insta salientar, por oportuno, que em matéria tributária a questão deve ser analisada com cautela, pois cabe mandado de segurança atacando a norma em si. Interessante seria analisar o conteúdo da expressão "contra a lei em tese", pois esse seria o cerne da discussão, ou seja, distinguir o mandado de segurança contra lei em tese do preventivo e do repressivo. Quanto à questão do "mandado de segurança contra a lei em tese", temos que a lei em análise é vigente, mas não está efetivamente provocando efeitos concretos para o impetrante.

Já no mandado de segurança preventivo, a lei é vigente e eficaz, pois, no mínimo ocorreu o fato gerador ou está para acontecer, desde que haja prova cabal dessa afirmativa. Por esse motivo, a Fazenda já poderia efetuar o lançamento, posto que se trata de ato vinculado e obrigatório. Por outro lado, o mandado de segurança será repressivo quando a lei é vigente, é eficaz e inclusive já ocorreu o lançamento. Nesse sentido, a liminar concedida em sede de mandado de segurança preventivo não tem o condão de impedir que a Administração efetue o lançamento, mas sim de suspender a exigibilidade do crédito tributário.

Deste modo, a Administração deverá efetuar o lançamento, sob pena de ocorrer a decadência, mas não realizará qualquer mecanismo de cobrança, ou seja, inscrição em dívida ativa, e ajuizamento de uma execução fiscal. Sustentamos aqui nosso posicionamento. Quando o juiz concede uma medida liminar ele faz apenas uma cognição sumária, ou seja, verifica apenas a presença de seus requisitos. Então, concedida a liminar, a Fazenda não efetuaria o lançamento, pois estaria impedida por força dessa medida. Ocorre que o juiz, ao realizar uma análise mais profunda, adentra o mérito, ou seja, realiza uma cognição exauriente, e nesse caso pode entender que a ação deve ser julgada improcedente, caindo por terra, obviamente, a liminar deferida. No entanto, no nosso exemplo, se a Fazenda não efetuou o lançamento à época, operar-se-ia a decadência caso houvesse decorrido mais de cinco anos. Então chegaríamos ao absurdo de que uma decisão com uma análise cognitiva sumária acabaria prevalecendo sobre uma análise cognitiva exauriente, e, ainda o que é pior, a decisão venha a se tornar irreversível. Por isso, a Fazenda deverá lançar, mas estará impedida de cobrar o crédito lançado, pois a exigibilidade estará suspensa. O lançamento servirá apenas para que não se opere a decadência.

Assim, temos que a lei deixa de ser em tese no momento em que haja a incidência, ou seja, na situação em que ocorram os fatos por ela descritos, daí a possibilidade de sua aplicação. Importa dizer que fala-se de lei com efeitos concretos. Nesse sentido, o que se analisa não é o ato de aplicar a lei, mas a ocorrência do suporte fático que a viabiliza concretamente. Por outro lado, haverá ajuizamento de mandado de segurança contra lei em tese quando não esteja configurada uma situação fática que a ela se subsuma, não tendo, assim, ingressado no campo concreto em face do qual poderia vir a ser praticado o ato tido como ilegal, e contra o qual se requer a concessão da segurança, de modo a evitar a lesão ao direito líquido e certo do contribuinte.

Por fim, a Lei n. 12.016/2009 destaca em seu art. 5º as hipóteses em que não caberá mandado de segurança.

10.4.6.4.2 *Efeitos da Cassação da Liminar*

Considerando que a concessão da liminar suspende a exigibilidade do crédito, discussão surge acerca dos efeitos da cassação pela Fazenda da liminar referida. Uma *primeira corrente* sustenta que, cassada a liminar, a Fazenda poderá exigir o crédito acrescido da multa moratória. Justifica-se tal corrente pela redação da

Súmula 405 do STF: *Denegado o mandado de segurança pela sentença, ou no julgamento do agravo dela interposto, fica sem efeito a liminar concedida, retroagindo os efeitos da decisão contrária.* Uma *segunda corrente*, em sentido contrário, entende que a redação da referida Súmula não é suficiente para retroativamente punir o contribuinte com multa. Se o contribuinte está amparado por uma ordem judicial (liminar), não poderá incorrer em mora, considerando que a multa moratória tem caráter punitivo. Corroboramos o segundo entendimento, inclusive já exposto no art. 63 da Lei n. 9.430/96, que afasta a incidência da multa no caso da concessão da liminar que posteriormente foi cassada. Por fim, ressalte-se que mesmo no segundo entendimento, a multa somente não correrá no período em que a liminar produziu seus efeitos; já os juros e correção, por não terem caráter de punição, serão devidos.

Sobre o tema, vejamos a **Súmula 482 do STJ**: *"A falta de ajuizamento de ação principal no prazo do art. 806 do CPC acarreta a perda da eficácia da liminar deferida e a extinção do processo cautelar"*.

O art. 7º da Lei n. 12.016/2009 trata das liminares em mandado de segurança, lembrando que a ADI 4.296 reconheceu a inconstitucionalidade de alguns de seus dispositivos.

Por fim, o STF (RE 596.663-RG) vem reconhecendo que a revogação da liminar opera-se, excepcionalmente, com efeitos *ex nunc* nos mandados de segurança denegados, mas que tiveram a medida precária concedida anteriormente com fundamento na jurisprudência vigente à época, favorável aos impetrantes.

10.4.6.5 Concessão de Tutela Antecipada em Outras Ações Judiciais

Esta modalidade de suspensão está prevista no inciso V do art. 151 do CTN, incluído pela LC n. 104/2001. Essa alteração foi de grande relevância para o sujeito passivo (contribuinte ou responsável), pois antes dessa alteração existiam situações que não preenchiam os requisitos de cabimento da liminar em mandado de segurança, ou seja, o *periculum in mora*, o *fumus boni iuris* e, em especial, a ausência de direito líquido e certo em função de não se admitir dilação probatória nessa via mandamental. Com o advento da antecipação de tutela em ações ordinárias, o sujeito passivo tributário teve ampliado o seu rol de instrumentos protetivos e garantidores do exercício de seus direitos perante o Fisco. Nesse sentido, os provimentos liminares, que são decisões proferidas no início do processo, gênero no qual se enquadra a tutela antecipada, devem ser concedidos em situações excepcionais, ou seja, quando demonstrados pelo autor a presença dos requisitos necessários ao seu deferimento.

10.4.6.5.1 A Exigência de Caução ou Depósito para a Concessão da Tutela Antecipada

A tutela antecipada é um dos gêneros de tutela provisória previstos no Código de Processo Civil de 2015 e é uma decisão interlocutória realizada pelo juiz dentro do processo, que antecipa os efeitos da resolução do mérito. Por esses motivos, entendemos que o deferimento dessa tutela, após análise do seu cabimento pelo juiz, é um direito constitucional do sujeito passivo em qualquer ação, independentemente da exigência do depósito do valor do débito. O juiz deve analisar os pressupostos contidos no CPC, ou seja, existência de direito evidente ou em risco e possibilidade de antecipação do direito.

Nesse sentido, o CPC não relaciona diretamente o depósito do montante integral com a concessão de tutela, pois estas, segundo o art. 151 do CTN são causas autônomas de suspensão da exigibilidade do crédito tributário.

Entendemos não ser lógica a cumulação desses meios, pois ambos têm a mesma finalidade. Não faria sentido o legislador prever hipóteses em incisos distintos, se ambas fossem cumulativas. Corroboramos a posição de James Marins[47], que entende que o simples depósito, em si mesmo, já ocasiona, de pronto, o efeito suspensivo, não sendo necessária a "concessão de 'liminar para depósito' ou mesmo a 'ação cautelar para depósito', visto que essas tratariam de causa suspensiva distinta, constante do art. 151, inciso V, do CTN (...)". Se de um lado o art. 151, V, do CTN silencia quanto ao depósito suspensivo da exigibilidade do crédito tributário (portanto não exige), por outro lado não proíbe ao juiz, dentro do poder geral de cautela (que direciona tanto em favor do contribuinte quanto em favor do Fisco, conforme o caso), que o venha a exigir, como condição de concessão de liminar ou tutela antecipada.

Ressalva-se que o depósito do valor controvertido, integral e em dinheiro, é motivo suficiente, por si só, para suspender a exigibilidade do crédito, e trata-se de direito subjetivo do contribuinte, que independe de autorização judicial. Contudo, exigir o depósito integral da dívida para a concessão de antecipação de tutela inviabilizaria em alguns casos o próprio acesso ao Judiciário. Destaque-se que em muitos casos esse valor é muito maior que o faturamento anual da empresa. O STJ (REsp 107.450) já reconheceu diversas vezes que "o depósito previsto no art. 151, II, do Código Tributário Nacional é um direito do contribuinte, só dependente de sua vontade e meios; o juiz nem pode ordenar o depósito, nem pode indeferi-lo".

Em síntese, podemos concluir que se estiverem presentes os requisitos do CPC[48], o juiz deve deferir a tutela antecipada independentemente do depósito integral, suspendendo a exigibilidade do crédito tributário na forma do art. 151, V, do CTN. Por outro lado, se não estiverem presentes tais requisitos, o contribuinte poderá optar por depositar o montante integral do tributo ou correr o risco de ser executado pelo Fisco, já que o simples ajuizamento da ação não impede a propositura da execução do crédito devido.

---

[47] MARINS, James. *Direito processual tributário brasileiro (administrativo e judicial)*. 3ª ed. São Paulo: Dialética, 2003.

[48] Arts. 292 e s. do novo CPC.

O STJ (REsp 153.633/SP) já se posicionou no sentido da desnecessidade do depósito para a concessão da liminar, se presentes os seus pressupostos, com a consequente suspensão da exigibilidade do crédito tributário.

Acompanhando esse raciocínio, decidiu o STJ, no julgamento do REsp 261.902/RS, que é possível o cabimento de liminar em ação cautelar para suspender a exigibilidade do crédito tributário independentemente da realização do depósito do montante integral do débito. Entendemos que, se a liminar é possível em ação cautelar, com muito mais razão será possível a antecipação de tutela.

Apesar da farta jurisprudência (REsp 846.797/RS), tramita no Congresso Nacional o Projeto de Lei Complementar n. 75/2003, que altera o art. 151, incisos IV e V, do CTN, para condicionar a concessão de liminares em ações judiciais tributárias ao depósito integral do tributo supostamente devido. Assim, em que pese a triste redação do projeto, continuamos com nossa posição, pois a simples previsão expressa na lei já seria motivo suficiente (art. 151, V, do CTN), e ainda porque não existe nenhuma vedação para tanto, ou seja, não há nada que impeça a concessão de tutela antecipada contra a Fazenda Pública, em especial quando o contribuinte quer somente a expedição de certidão positiva com efeito de negativa.

10.4.6.5.2 Oferecimento de Bens em Caução e Suspensão da Exigibilidade

Em função da entrada em vigor do CPC/2015, esse tópico merece ser analisado com cautela. O oferecimento de bens em caução, por si só, não é motivo para suspensão da exigibilidade do crédito tributário, pois o rol do art. 151 do CTN é taxativo.

Contudo, antes do CPC/2015, a jurisprudência admitia que o contribuinte pudesse antecipar-se ao ajuizamento de execução fiscal e oferecer um bem em caução como forma de obtenção da certidão positiva com efeitos de negativa na forma do art. 206 do CTN, mas *sem que isso implicasse suspensão da exigibilidade do crédito tributário*.

Nesse caso, o contribuinte se valia, na falta de outro procedimento que melhor atendesse à pretensão autoral, de uma *medida cautelar inominada* antes do ajuizamento da execução fiscal, que era chamada da Medida Cautelar de Caução. Isto porque a penhora em execução fiscal permite, na forma do citado artigo do CTN, a obtenção da CPD-EN, e o contribuinte não pode ser impedido de ter acesso ao documento que comprove a sua situação de regularidade fiscal.

Nesse sentido, o STJ (REsp 912.710-RN) reiterou o entendimento de que, antes da ação de execução fiscal, pode o contribuinte interpor ação cautelar para garantir o juízo de forma antecipada (oferecimento de caução), para o fim de obter certidão positiva com efeito de negativa. Significa dizer que após o ajuizamento da execução, há que se observar o contido no art. 206 do CTN.

Destaque-se, mais uma vez, que a caução em comento, de natureza cautelar, não seria motivo para a suspensão imediata da exigibilidade do crédito tributário, em face da ausência de previsão expressa no art. 151 do CTN. Contudo, caso haja concordância do Fisco quanto ao bem ofertado, entendemos que nesse caso deve haver uma conexão instrumental de forma a evitar decisões conflitantes, devendo a execução aguardar o ajuizamento da ação principal; em caso de discordância, deve prosseguir.

Com o advento do CPC/2015, o processo cautelar de natureza autônoma foi extinto. Logo, não é mais possível se valer da Ação Cautelar de Caução com a sua nomenclatura originária e com fundamento no CPC antigo. Contudo, é possível se valer de uma ação de antecipação de garantia com o mesmo objeto, isto é, uma ação ordinária com pedido de tutela provisória de urgência com o objetivo de obtenção da certidão.

10.4.6.5.3 Possibilidade de Concessão de Tutela Antecipada antes da Contestação

Com a entrada em vigor do CPC/2015, o instituto da tutela antecipada sofreu uma mudança de nomenclatura, e passamos a ter as tutelas provisórias de urgência e evidência. É usual a concessão de tutela após a oitiva da parte contrária. Caso contrário, em tese, seria subvertida a ordem do processo, ao permitir que o autor obtivesse a satisfação, ainda que provisória, do direito requerido antes do contraditório.

Contudo, existem situações urgentes e/ou necessárias para assegurar a tutela de mérito. Destaque-se que nas ações que objetivam a extinção de crédito tributário, como é o caso de uma ação anulatória, o Fisco[49] se sujeita à observância do princípio da legalidade. Assim, como o lançamento é um ato vinculado e obrigatório na forma do art. 142 do CTN, o Fisco defenderá a procedência da exação fiscal. Nesse sentido, parece-nos não haver ofensa ao princípio constitucional do contraditório e da ampla defesa na concessão da tutela antes da apresentação da contestação, pois tal decisão não causará nenhum prejuízo ao Poder Público, já que a Fazenda poderá apresentar, entre outras defesas, a indireta do mérito.

10.4.6.5.4 Comentários ao Art. 170-A do CTN

O art. 170-A foi introduzido pela LC n. 104/2001 e restringiu a compensação mediante o aproveitamento de tributo objeto de contestação judicial pelo sujeito passivo, antes do trânsito em julgado da respectiva decisão judicial. Nesse sentido, foi editada a **Súmula 212 do STJ** que vedava a concessão de liminar e a antecipação de tutela para deferir a compensação e que, atualmente, foi cancelada em razão do julgamento da ADI 4.296 pelo STF. Editou também a **Súmula 213 do STJ**, que consolidou a permissão do uso de mandado de segurança para pleitear a compensação de tributos e a **Súmula 460 do STJ**: *"É incabível o mandado de segurança para convalidar a compensação tributária realizada pelo contribuinte"*.

---

49 Abstraímos aqui a discussão quanto à hipótese de somente pessoas jurídicas de direito público poderem ser sujeito ativo da relação jurídica tributária, na forma do art. 119 do CTN.

Diante do teor das Súmulas citadas, do cancelamento da Súmula 212 e do objeto da ADI 4.296, questiona-se como ficaria o art. 170-A do CTN. Sem entrar no mérito sobre a diferença entre "decretação" e "convalidação", é perfeitamente possível compatibilizar o art. 170-A do CTN com a posição adotada pelo STF ao poder geral de cautela, de modo a afastá-lo em hipóteses nas quais o pedido seja apenas para a declaração do direito à compensação, ou seja, não há a pretensão quanto à obtenção de provimento definitivo e irreversível pela extinção de crédito tributário com base no art. 156 do CTN – natureza da compensação.

10.4.6.6 Parcelamento

Essa modalidade de suspensão, prevista no inciso VI do art. 151 do CTN, também foi introduzida pela LC n. 104/2001 e, nesse sentido, também o art. 155-A do CTN, alterado pela LC n. 118/2005.

Ressalte-se que o parcelamento[50] somente será concedido, conforme dispõe o art. 155-A do CTN, na forma e condições estabelecidas em **lei específica** e, salvo havendo disposição de lei em contrário, ele não exclui a incidência de juros e multa.

O parcelamento, na verdade, muito se assemelha à moratória, ainda mais com a edição do art. 155-A do CTN. Na moratória, o contribuinte pode obter não só o parcelamento, mas a prorrogação do prazo. Entendemos que após a LC n. 104/2001, que acresceu ao CTN o art. 155-A, o parcelamento passou a diferir da moratória, pois no parcelamento são exigíveis juros e multa, e na moratória não, em que pese o objeto do parcelamento ser o mesmo da moratória, qual seja, conceder maiores facilidades para a satisfação do crédito tributário. Quanto às demais distinções entre parcelamento e moratória, remetemos à leitura do item no qual abordamos a moratória. Questiona-se a possibilidade de se obter o parcelamento por decisão judicial fora das hipóteses em que a lei autoriza; entendemos que a resposta deve ser negativa, pois o juiz não pode funcionar como legislador positivo, já que o parcelamento só pode ser concedido nas formas e condições estabelecidas em lei específica.

O parágrafo único do art. 151 do CTN dispõe que, da mesma forma que nas demais modalidades de suspensão, o parcelamento não dispensa o cumprimento das obrigações acessórias dependentes da obrigação principal cujo crédito seja suspenso, ou dela consequentes, tampouco permite a concessão do benefício da denúncia espontânea prevista no art. 138 do CTN.

Outro ponto interessante é que a LC n. 118/2005, ao inserir dois parágrafos ao art. 155-A, disciplinou o parcelamento relativo aos créditos tributários do devedor em recuperação judicial, que deve ser combinado com o art. 191-A do CTN. A Lei n.14.112/2020 (com vigência em janeiro de 2021) alterou a Lei n. 11.101/2005 (Lei de Falência e Recuperação Judicial) e promoveu mudanças relevantes na legislação

---

50   Ver a Lei n. 11.941/2009 e a Lei Complementar n. 151/2016.

tributária federal para empresas que se valem da recuperação judicial, como por exemplo, sobre a Certidão Negativa de Débito (CND).

A Lei n. 11.101/2005 prevê em seu art. 57 a obrigação do devedor de apresentar certidões negativas de débitos tributários e, segundo o art. 58, implicaria a não concessão da recuperação judicial e extinção ou a suspensão do processo. O CTN apresenta a mesma exigência em seu art. 191-A.

Apesar dos dispositivos legais citados, a doutrina e a jurisprudência passaram a flexibilizar essa exigência, autorizando a concessão da recuperação judicial para empresas que não apresentem a CND.

O STJ (REsp n. 1.864.625/SP) destacou que o entendimento da Corte não trata da declaração de inconstitucionalidade do art. 57 da Lei n. 11.101/2005, tampouco do art. 191-A do CTN, mas de resolução de aparente antinomia de normas. Para o Tribunal, interpretar literalmente o referido artigo para exigir previamente a comprovação da regularidade fiscal como condição de homologação do plano de recuperação judicial, deturpa o sistema da Lei de Recuperação e Falência, pois seria incompatível com o estímulo à atividade econômica, da preservação e da função social da empresa.

Esse também é o entendimento do STF na Reclamação n. 43.169/SP, proposta contra acórdão do STJ. Ratificou no julgamento que o entendimento pacífico mais recente do Tribunal quanto à matéria não mais está atrelado à existência ou não de legislação tributária estadual que assegure o parcelamento especial para empresas em recuperação judicial.

Sobre parcelamento foi editada a **Súmula 653 do STJ**: *"O pedido de parcelamento fiscal, ainda que indeferido, interrompe o prazo prescricional, pois caracteriza confissão extrajudicial do débito"*. Com isso, o parcelamento passa a se enquadrar no parágrafo único do art. 174 do CTN.

10.4.6.6.1 *Parcelamento e Denúncia Espontânea*

A denúncia espontânea está prevista no art. 138 do CTN, e no tocante à multa moratória, o STJ (RE 640.905/SP) entendeu que se trata de uma confissão de dívida efetivada antes de qualquer procedimento administrativo ou medida de fiscalização. Nesse sentido, a jurisprudência fixou entendimento de que o parcelamento do crédito não dá direito ao contribuinte se enquadrar no benefício da denúncia espontânea, ou seja, tem que haver o pagamento.

Vale destacar que, em se tratando de tributo sujeito a lançamento por homologação declarado pelo contribuinte e recolhido com atraso, descabe o benefício da **denúncia espontânea,** incidindo a multa moratória.

Nesse sentido, a **Súmula 360 do STJ**, prevendo que o benefício da **denúncia espontânea** não se aplica aos tributos sujeitos a lançamento por homologação regularmente declarados, mas pagos a destempo.

Outro ponto interessante trata da necessidade de notificação do contribuinte para a exclusão do REFIS (espécie de parcelamento chamado de Programa de

Recuperação Fiscal). O STJ, no julgamento do REsp 1.447.131-RS sobre a exclusão do REFIS decorrente da ineficácia do parcelamento, entendeu que a pessoa jurídica pode ser excluída do REFIS quando se demonstre a ineficácia do parcelamento, em razão de o valor das parcelas ser irrisório para a quitação do débito. A par disso, a impossibilidade de quitar o débito é equiparada à inadimplência para efeitos de exclusão de parcelamento. Nessa hipótese, em razão da "tese da parcela ínfima", é justificável a exclusão de contribuinte do REFIS, uma vez que o programa de parcelamento foi criado para regularizar as pendências fiscais, prevendo penalidades pelo descumprimento das obrigações assumidas, bem como a suspensão do crédito tributário enquanto o contribuinte fizer parte do programa.

Contudo, a questão que trazemos à colação é a necessidade de notificação para a exclusão do REFIS. Nesse sentido, o STF (RE 669.196) entendeu ser obrigatória a notificação prévia do contribuinte para fins de exclusão do Programa de Recuperação Fiscal (REFIS), pois ela restringe direitos patrimoniais, devendo ser dado ao interessado a oportunidade para exercer sua defesa contra o ato que extirpa. Com esse entendimento, o STF declarou a inconstitucionalidade do art. 1º da Resolução CG/Refis 20/2001, que suprimiu a notificação da pessoa jurídica optante do refinanciamento, prévia ao ato de exclusão.

Por fim, uma questão mais afeta ao processo tributário sobre parcelamento posterior a penhora em execução fiscal. O STJ (EREsp 1.349.584-MG) entendeu que mesmo a pessoa aderindo ao REFIS, os bens que estavam penhorados na execução fiscal continuam nessa condição até o cumprimento do parcelamento.

10.5 Modalidades de Extinção do Crédito Tributário

A extinção do crédito tributário, na forma do art. 97, VI, do CTN é matéria reservada à lei formal e, por isso, o CTN definiu em seu art. 156 as hipóteses de extinção. O STF sempre entendeu que essas hipóteses elencavam um rol taxativo. Contudo, desde a primeira edição deste livro, sempre defendemos que o rol era exemplificativo e como exemplo, citávamos a novação e a confusão que, apesar de não estarem previstas nos referidos incisos, admitíamos excepcionalmente o seu cabimento nos casos de desapropriação indireta. Finalmente, o SFT, no julgamento da ADI 2.405, fixou entendimento de que não há reserva de lei complementar federal para tratar de novas hipóteses de suspensão e extinção de créditos tributários. Assim, é possível que o Estado-membro estabeleça regras específicas de quitação de seus próprios créditos tributários.

De outro lado, é importante destacar que em função da distinção entre obrigação e crédito (permeado pelo lançamento tributário), algumas questões são atécnicas, pois não estão coerentes com os demais institutos jurídicos que norteiam o Direito Tributário. Temos situações criticadas à luz do CTN, em que existe obrigação sem crédito e, da mesma forma, crédito sem obrigação. Podemos exemplificar a primeira hipótese com: a) a decadência, em que a ausência do lançamento extingue a obrigação perdendo o Fisco o direito de lançar, logo não há crédito; b) a compensação, que também pode extinguir a obrigação antes do lançamento. Já a segunda hipótese se dá quando, sem existir obrigação, o CTN prevê a extinção do crédito, como, por exemplo, nas decisões administrativas irreformáveis e nas decisões judiciais passadas em julgado favoráveis ao contribuinte, extinguindo o crédito em razão do reconhecimento de inexistência de relação jurídica.

As modalidades de extinção das obrigações principais estão previstas no art. 156 do CTN. Já as obrigações acessórias não encontram previsão expressa no CTN, pois, pelo que se depreende da análise do seu art. 113, as obrigações acessórias se extinguirão com o simples adimplemento das prestações positivas ou negativas ali elencadas, ou seja, fazer, não fazer ou tolerar que se faça.

É importante ressaltar, também, que, no que se refere ao Direito Tributário, a imposição de penalidade não é substitutiva do pagamento do tributo devido. Essa é a regra contida no art. 157 do CTN, segundo o qual a penalidade pelo descumprimento da obrigação é acrescida ao montante do tributo devido, daí a importância da situação de regularidade fiscal para a emissão da Certidão de Débito Fiscal. Nesse sentido, se o contribuinte quitar todo o crédito, ou seja, tributo, juros, correção e penalidades, a certidão será negativa, caso contrário, será positiva, ou ainda positiva com efeito de negativa, na forma do art. 206 do CTN.

10.5.1 Pagamento

O pagamento é, sem dúvida, a forma mais usual de extinção do crédito. No Direito Tributário, contudo, é considerado em sentido estrito, ou seja, é o adimplemento de uma prestação pecuniária, enquanto no Direito Civil o pagamento é considerado em sentido amplo, ou seja, admite o adimplemento de vários tipos de obrigação. Assim, temos que o CTN trouxe o pagamento em seu inciso I do art. 156, o pagamento antecipado sujeito a homologação no inciso VII, a consignação em pagamento no inciso VIII e a dação em pagamento no inciso XI, respectivamente, e, por isso, faz-se mister distinguir os institutos.

O *pagamento* representa uma obrigação de dar coisa certa (art. 3º do CTN – prestação pecuniária) e por esse motivo é realizado em dinheiro; note-se que o pagamento, para extinguir o crédito, tem que ser integral, na forma do art. 157 do CTN.

A *dação em pagamento* é outra forma de extinção de crédito tributário em que o contribuinte dá um bem imóvel como forma de pagamento. Antes da LC n. 104/2001, que passou a permitir a dação em pagamento de bens imóveis, havia discussão quanto à aceitação ou não da dação de bens móveis. Prevalece o entendimento no sentido de que a previsão legal abrange somente os bens imóveis, salvo se existir lei específica do ente tributante autorizando expressamente a dação através de bens móveis. Afinal, existem bens móveis que são mais valiosos que imóveis.

Por outro lado, a *consignação em pagamento* ocorre quando o sujeito passivo quer efetuar o pagamento e o Fisco por algum motivo não quer receber, ou ainda quando ocorrer o concurso de exigências, todas na forma do art. 164 do CTN.

Após essa breve distinção, analisaremos o pagamento, que possui peculiaridades que o diferem do Direito Civil.

Quanto ao local do pagamento

Quanto a esse item temos que, diversamente do que dispõe o Direito Civil, o crédito tributário, na forma do art. 159 do CTN, é modalidade de pagamento *portable*. Sendo assim, a regra é que o devedor deve pagar no domicílio do credor; se a legislação tributária for omissa, o tributo será pago na repartição pública do domicílio do sujeito passivo. Ressalte-se que a questão, hoje em dia, não é tão significativa, pois a legislação tributária, via de regra, prevê que os pagamentos sejam realizados em instituições bancárias.

Quanto à forma de pagamento

O CTN prevê em seu art. 162 que poderá ser feito em moeda corrente, cheque, vale postal, estampilha, papel selado ou processo mecânico. Em relação ao papel selado e à estampilha, temos que o selo ainda existe nos casos das bebidas e dos cigarros: é o selo do IPI; já a estampilha é um selo não no papel, mas na própria superfície da mercadoria, como nas carnes e laticínios em geral.

Em relação ao prazo

Inicialmente, cabe frisar que o STF (Súmula 669 e Súmula vinculante 50) entendeu que o prazo para pagamento de tributo não é matéria reservada à lei formal, podendo ser prevista pela legislação tributária (decreto ou norma complementar), na forma do art. 96 do CTN. A regra geral em relação aos prazos está contida no art. 160 e prevê que, quando a legislação tributária não dispõe sobre o assunto, o prazo será de 30 dias a contar da notificação do contribuinte do lançamento. Ressalte-se que essa regra não se aplica aos tributos lançados por homologação, já que nessa modalidade não há lançamento prévio, mas sim pagamento antecipado sujeito a homologação.

Nesse sentido, na hipótese de lançamento por homologação, a legislação tem que definir (especificar) a data de pagamento do tributo, a partir da ocorrência do fato gerador. Assim, em síntese temos que o art. 160 se aplica aos tributos lançados de ofício ou por declaração.

Presunção de pagamento

Na forma do art. 158 do CTN, contrariamente ao que dispõe o Direito Civil, o pagamento de um crédito tributário não importa em presunção de pagamento, ou seja, se o pagamento for apenas parcial (das prestações em que se decomponha), não se presume o pagamento total (referente a outras parcelas deste ou de outros tributos). É o que ocorre, por exemplo, com o IPTU, que pode ser pago em cota única ou em parcelas. Aliás, é importante lembrar que a lei poderá conceder desconto para pagamento, como é o caso comum do IPTU, conforme dispõe o parágrafo único do art. 160 do CTN.

A cobrança do crédito independe de protesto e a mora é automática, ou seja, não carece de nenhuma interpelação do sujeito passivo. Se o sujeito passivo não pagar o tributo na data fixada, será ele constituído em mora. A mora no Direito Tributário tem duas características básicas: a primeira de caráter objetivo, pois independe do motivo do atraso e da discussão quanto à culpa; a segunda é que independe de interpelação, pois é automática. A caracterização da mora (que é *ex re* – automática) enseja outros institutos que a ela vêm associados, como, por exemplo, a correção, juros e multa.

A *correção* é a atualização da moeda em face da inflação; o *juro* é o preço pelo uso do dinheiro e a **multa de mora** é a sanção pelo atraso no cumprimento da obrigação.

Vale frisar que a multa não pode ser excessiva, pois entendemos que a ela se aplica também o princípio da vedação do confisco (art. 150, IV, da CRFB) e o princípio da proporcionalidade entre o ilícito cometido e a pena aplicada. O STF, na ADI 1.075, entendeu que a vedação do confisco, embora se refira apenas aos tributos, aplica-se também às multas. O STF fixou entendimento de que a multa por sonegação, fraude ou conluio se limita a 100% da dívida tributária (RE 736090 com repercussão geral).

Para exemplificar esse tópico, citamos a posição do STJ (REsp 511.480/RS), que entendeu que a expedição de certificado de registro e licenciamento de veículo não é dotada de eficácia liberatória de obrigação fiscal. Percebe-se aqui que, não obstante a emissão desse certificado esteja condicionada a quitação dos tributos, o CTN afasta essa presunção.

Imputação de pagamento

O Direito Tributário traz a chamada imputação de pagamento, que se aplica no caso em que o mesmo sujeito passivo deve dois ou mais créditos tributários a uma mesma Fazenda Pública. Nesse caso, aplica-se a regra do art. 163 do CTN. Tal dispositivo determina que na existência simultânea de dois ou mais débitos vencidos do mesmo sujeito passivo para com a mesma pessoa jurídica de direito público, relativos ao mesmo ou a diferentes tributos ou provenientes de penalidade pecuniária ou juros de mora, a autoridade administrativa competente para receber o pagamento determinará a respectiva imputação de pagamento, obedecidas as seguintes regras, na ordem sequencial em que estão enumeradas: I – em primeiro lugar, aos débitos por obrigação própria, e em segundo lugar aos decorrentes de responsabilidade tributária; II – primeiramente, às contribuições de melhoria, depois às taxas e, por fim, aos impostos; III – na ordem crescente dos prazos de prescrição; IV – na ordem decrescente dos montantes.

Não devemos esquecer o que dispõe o art. 187 do CTN (que também foi alterado pela LC n. 118/2005)[51], quanto à peculiaridade do crédito tributário não se

---

51   Ver ADPF 357. Em razão da decisão, foi declarado não recepcionado o parágrafo único do art. 29 da Lei n. 6.830/80. Foi cancelada a **Súmula 563 do STF**.

sujeitar ao concurso de credores, falência e recuperação judicial, entre outros. Contudo, para não nos tornarmos repetitivos, sugerimos a leitura do capítulo em que tratamos das garantias e privilégios do crédito tributário. Por fim, é importante lembrar que, embora o CTN tenha mantido a concordata, esta foi revogada pela nova Lei de Falências e Recuperação Judicial (Lei n. 11.101/2005). Vejamos, por fim, a **Súmula 464 do STJ**: *A regra de imputação de pagamentos estabelecida no art. 354 do Código Civil não se aplica às hipóteses de compensação tributária.*

Pagamento indevido

O CTN traz questões sobre o pagamento indevido, que significa a restituição ou a devolução de tributos, o que é comumente chamado de repetição de indébito. Significa dizer que, nesses casos, o contribuinte tem direito à restituição do tributo, uma vez que tal pagamento deriva de obrigação legal e não de manifestação volitiva. Nesse sentido, deverá ser restituído total ou parcialmente o tributo pago nas hipóteses previstas no art. 165 do CTN, que legitimam o sujeito passivo, *independentemente de prévio protesto*, à restituição total ou parcial do tributo, seja qual for a modalidade do seu pagamento, ressalvado o disposto no § 4º do art. 162, nos seguintes casos: I – cobrança ou pagamento espontâneo de tributo indevido ou maior do que o devido em face da legislação tributária aplicável, ou da natureza ou circunstâncias materiais do fato gerador efetivamente ocorrido; II – erro na edificação do sujeito passivo, na determinação da alíquota aplicável, no cálculo do montante do débito ou na elaboração ou conferência de qualquer documento relativo ao pagamento; III – reforma, anulação, revogação ou rescisão de decisão condenatória.

Verifica-se, na análise dos dispositivos citados, que os itens II e III apenas explicitam o inciso I, que se resume no erro do contribuinte, no erro do Fisco, no erro de direito e no erro de fato. Vale lembrar que o erro de direito diz respeito ao engano quanto à existência ou não de norma jurídica, enquanto o erro de fato diz respeito a situação fática configurada no diploma legal em análise, ou seja, o fato gerador em tese ocorrido não se enquadra como hipótese de incidência prevista na lei.

Vale destacar que, no âmbito do Direito Tributário, não se aplica a regra contida no direito privado, pois não sendo a relação de consumo a devolução não é em dobro. No Direito Tributário, o contribuinte não precisa provar que pagou indevidamente por erro, basta que prove que efetuou o pagamento (através da juntada das guias de recolhimento) e que o pagamento foi indevido, pois o tributo, por ser uma prestação pecuniária compulsória instituída em lei, e de lançamento vinculado e cobrança obrigatória, não acarretando o pagamento confissão de dívida, prescinde da prova da recusa do recebimento, ou seja, da recusa sem justa causa.

Apesar de o contribuinte ter direito à restituição, o exercício desse direito não é eterno. Daí o art. 168 do CTN estabelecer que o direito de pleitear a restituição é alcançado pela prescrição, no prazo de cinco anos, contados: I – nas hipóteses dos incisos I e II do art. 165, da data da extinção do crédito tributário; II – na hipótese do inciso III do art. 165, da data em que se tornar definitiva a decisão administrativa ou passar em julgado a decisão judicial que tenha reformado, anulado, revogado ou rescindido a decisão condenatória.

Sobre o tema, vejamos a **Súmula 625 do STJ**: *O pedido administrativo de compensação ou de restituição não interrompe o prazo prescricional para a ação de repetição de indébito tributário de que trata o art. 168 do CTN nem o da execução de título judicial contra a Fazenda Pública.*

A modificação introduzida pelo art. 3º da LC n. 118/2005, definindo que, para efeito de interpretação do inciso I do art. 168 do CTN, a extinção do crédito tributário ocorre, no caso de tributo sujeito a lançamento por homologação, no momento do pagamento antecipado de que trata o § 1º do art. 150 da referida lei. Assim, o entendimento do STF é no sentido de que, para as ações ajuizadas depois da *vacatio legis* referente à LC n. 118/2005, utiliza-se a regra do prazo prescricional de 5 anos para repetir o indébito e, para as ações ajuizadas antes desse termo, utiliza-se a Tese dos 5+5. Após vasta discussão, o STF (RE 566.621/RS) pacificou o entendimento de que "o prazo de *vacatio legis* de 120 dias permitiu aos contribuintes não apenas que tomassem ciência do novo prazo, mas também que ajuizassem as ações necessárias à tutela dos seus direitos. Reconhecida a inconstitucionalidade do art. 4º, segunda parte, da LC n. 118/2005, considerando-se válida a aplicação do novo prazo de 5 anos tão somente às ações ajuizadas após o decurso da *vacatio legis* de 120 dias, ou seja, a partir de 9 de junho de 2005".

Restituição de tributos indiretos

Os tributos indiretos são aqueles que sofrem a repercussão tributária, ou seja, o repasse do encargo financeiro do tributo, permitindo que nasçam as figuras do contribuinte de direito (aquele que é obrigado por lei ao pagamento) e do contribuinte de fato (quem de fato acaba pagando).

O CTN prevê, em seu art. 166, que a restituição de tributos que comportem, por sua natureza, transferência do respectivo encargo financeiro somente será feita a quem provar haver assumido o referido encargo, ou, no caso de tê-lo transferido a terceiro, estar por este expressamente autorizado a recebê-la. A discussão quanto à legitimação para repetir o indébito, conforme art. 166 do CTN, levou a edição da **Súmula 546 do STF**, pacificando a matéria. Contudo, há uma discussão quando o contribuinte de fato, que efetivamente suportou a repercussão financeira do tributo tenta repetir o indébito. Embora o art. 166 do CTN faça crer que se o contribuinte de fato sofrer o desgaste da transferência do encargo estaria autorizado a pedir a restituição, o STJ (REsp 903.394 em recurso repetitivo) e o STF (RE 608.872 com repercussão geral) interpretam de forma restritiva essa legitimidade. Segundo a jurisprudência citada, como o contribuinte de fato não é parte da relação jurídico-tributária que se instaura entre o Fisco e o contribuinte de direito, não estaria legitimado para repetir o indébito, ainda que o contribuinte de fato seja ente imune. Contudo, vale ressaltar que há uma situação excepcional adotada pelo STJ, no RESp 1.299.303, julgado em sede de recurso repetitivo. Trata-se de consumidor final de energia elétrica que poderia demandar diretamente a repetição do indébito tributário de ICMS incidente sobre o fornecimento de energia. O tribunal entendeu que, na concessão de serviço público, a concessionária se encontra em posição de submissão, sujeita à pena de rescisão do contrato de concessão na hipótese de desrespeito a alguma diretriz ou norma imposta pelo Estado-concedente. Por isso, a concessionária sempre buscaria evitar embates com o ente estatal. Ademais, como é possível o reequilíbrio econômico-financeiro do contrato, a majoração de tributos não afetaria a concessionária, que teria direito à revisão da tarifa, restando assim protegida. A tese foi reforçada pelo entendimento disposto no art. 7º, II, da Lei n. 8.987/95 que garante ao usuário do serviço público o direito de defender os seus interesses diante do Estado-concedente e da concessionária, configurando norma especial que reforçaria a legitimidade do consumidor de energia elétrica.

Multa tributária e pagamento

Quanto à aplicação da multa para pagamentos em atraso, o previsto no art. 157 do CTN não é uma cláusula penal alternativa, como ocorre no Direito Privado, pois a multa no Direito Tributário não é substitutiva de obrigação principal, mas sim cumulativa. Significa dizer que o pagamento de uma penalidade pecuniária não desobriga o contribuinte do pagamento do tributo, não se trata de uma alternativa para o credor, conforme dispõe o Direito Civil. Da mesma forma, o pagamento de parcelas subsequentes não presume o pagamento da antecedente. Nesse sentido, o STJ (REsp 688.649/RS) diz que a expedição de certificado de registro e licenciamento do veículo não presume, ou, ao menos, certifica a quitação das obrigações tributárias.

Destacamos por fim o contido no § 2º do art. 162 do CTN, pois, segundo o referido dispositivo, enquanto estiver pendente o procedimento de consulta[52] formulado pelo sujeito passivo dentro do prazo para pagamento do crédito, não haverá fluência de juros, nem aplicação de penalidade.

10.5.2 Compensação

A compensação é um instituto do Direito Civil e opera-se quando duas pessoas forem ao mesmo tempo credor e devedor uma da outra. No Direito Tributário, entretanto, a sua aplicação é restrita e encontra previsão expressa nos arts. 170 e 156, III, do CTN, como modalidade de extinção do crédito tributário. Ressalte-se que o contido no art. 170 não é autoaplicável, ou seja, não determina de imediato a compensação, mas sim concede à lei do ente federativo competência para instituí-la.

O seu parágrafo único justifica a distinção existente entre o Código Civil e o CTN, tendo em vista que a compensação tributária sofre algumas limitações. Nesse sentido, verifica-se, através da simples leitura do artigo, que a compensação de

---

52 Para aprofundar os estudos sobre o procedimento de consulta, recomendamos a leitura de nossa obra *Processo tributário (administrativo e judicial)*, pela Editora Saraiva.

natureza tributária requer alguns requisitos: a) exigência de lei autorizativa da Fazenda Pública competente para instituir o tributo objeto de compensação; b) que os créditos sejam certos quanto à sua existência; c) que os créditos sejam líquidos quanto ao seu valor; d) a existência de créditos vencidos ou vincendos do sujeito passivo contra a Fazenda Pública; e) existência de créditos recíprocos entre o Fisco e o sujeito passivo.

Por outro lado, a LC n. 104/2001 inseriu no CTN o art. 170-A, que veda a compensação mediante o aproveitamento de tributo objeto de contestação judicial pelo sujeito passivo antes do trânsito em julgado da respectiva decisão judicial. Assim sendo, só os créditos definitivamente constituídos podem ser compensados. Para não nos tornarmos repetitivos, recomendamos a leitura do item 10.4.6.5.4 deste livro, no qual comentamos o art. 170-A do CTN.

Vejamos as seguintes Súmulas do STJ:

> **Súmula 394:** *É admissível, em embargos à execução fiscal, compensar valores de imposto de renda retidos indevidamente na fonte com os valores restituídos apurados na declaração anual.*
>
> **Súmula 460:** *É incabível o mandado de segurança para convalidar a compensação tributária realizada pelo contribuinte.*
>
> **Súmula 461:** *O contribuinte pode optar por receber, por meio de precatório ou por compensação, o indébito tributário certificado por sentença declaratória transitada em julgado.*
>
> **Súmula 464:** *A regra de imputação de pagamentos estabelecida no art. 354 do Código Civil não se aplica às hipóteses de compensação tributária.*
>
> **Súmula 625:** *O pedido administrativo de compensação ou de restituição não interrompe o prazo prescricional para a ação de repetição de indébito tributário de que trata o art. 168 do CTN nem o da execução de título judicial contra a Fazenda Pública.*

Distinção entre a compensação no Direito Civil e no Direito Tributário

A compensação de natureza cível muitas vezes é confundida com a compensação tributária e, até mesmo, com a financeira. Assim, temos que a compensação prevista pelo Direito Civil depende da manifestação de vontade das partes, enquanto a prevista pelo Direito Tributário depende necessariamente de lei. A compensação financeira, por seu turno, está adstrita à escrituração contábil, em face do princípio da não cumulatividade, no qual adota o regime crédito/débito típico do IPI e do ICMS. O art. 170 do CTN utiliza-se da expressão "a lei pode", e por isso entendemos que essa norma é de eficácia limitada, somente sendo admitida caso o ente federativo titular da competência tributária edite lei autorizando a compensação.

Outra diferença é que o Código Civil só admite compensação com créditos vencidos, enquanto o CTN admite a compensação com créditos líquidos e certos, vencidos ou vincendos.

Discute-se também quanto aos tipos de créditos que podem ser compensados pelo contribuinte. Ressaltamos que cada ente federativo deve ter a sua própria lei autorizando a compensação, definindo inclusive que tipos de créditos devem ser compensados. Como exemplo, podemos citar as famosas alterações relativas ao art. 66 da Lei n. 8.383/91 e pelo art. 74 da Lei n. 9.430/96: a) O art. 66 da Lei n. 8.383/91 somente permitia a compensação com tributos e contribuições federais, inclusive previdenciárias, vincendas e da mesma espécie. Dispunha ainda que a compensação, na hipótese de pagamento indevido de tributo, seria feita sem manifestação prévia da Fazenda Pública, ou seja, por conta e risco do contribuinte. Por isso, essa modalidade de compensação não era considerada uma causa de extinção imediata, pois estava sujeita a uma condição resolutória, qual seja, a posterior homologação pelo Fisco. Além disso, o art. 39 da Lei n. 9.250/95[53], que remetia à Lei n. 8.383/91, exigiu a "mesma espécie e destinação constitucional", requisito este não mencionado na Lei n. 9.430/96. Diante da redação dos dispositivos citados, começou-se a questionar o que seriam tributos de mesma espécie. Assim, a antiga Receita Federal, atualmente, por força da Lei n. 11.457/07, denominada Secretaria da Receita Federal do Brasil, entendeu serem os tributos com o mesmo código do DARF, ou seja, entre o mesmo tributo (tributo idêntico). A partir daí, passou-se a entender como "tributos da mesma espécie" os que têm o mesmo fato gerador e que são administrados pela mesma Receita. Como a legislação ficou muito flexível, a Lei n. 9.250/95 restringiu a compensação com a exigência de que tenham a mesma "destinação constitucional"; b) O art. 74 da Lei n. 9.430/96[54] dispunha que a Secretaria da Receita Federal, atendendo ao requerimento do contribuinte, poderia autorizar a utilização de créditos a serem restituídos para quitação de quaisquer tributos e contribuições sob a sua administração. Percebe-se que a compensação só poderia ser realizada com autorização da autoridade administrativa, pois note-se que a referida lei não revogou a Lei n. 8.383/91. Nos termos desta lei, a administração já procedia imediatamente à fiscalização, havendo imediata extinção do crédito não condicionada a posterior homologação, pois no regime da Lei n. 8.383/91 só era possível compensar valores em relação a pagamentos indevidos. Já no regime da Lei n. 9.430/96, qualquer crédito poderia ser compensado; c) Art. 49 da Lei n. 10.637/2002. Essas duas sistemáticas apresentadas anteriormente prevaleceram até dezembro de 2002, quando foi editada a Lei n. 10.637/2002, que alterou o art. 74 da

---

53 No REsp 510.631/DF foi decidido que o art. 39 da Lei n. 9.250/95 trouxe inovações na seara da compensação tributária, estabelecendo que, a partir de 1º de janeiro de 1996, a compensação ou restituição seria acrescida de juros equivalentes à taxa SELIC, a qual é composta de juros e correção monetária.

54 O STJ (EREsp 603.079-PE) rejeitou os embargos, decidindo que descabe a compensação tributária de PIS com tributos de espécies diferentes. No caso, o pedido de compensação foi formulado após a vigência da Lei n. 9.430/96, independentemente da Lei n. 10.637/2002, que favorecia a compensação conforme o pretendido pela autora. O PIS e o PASEP têm a destinação descrita no art. 239 da CRFB. Já a COFINS tem destinação descrita no art. 1º da LC n. 70/91.

Lei n. 9.430/96[55], a qual passou a tratar de todas as compensações federais[56]; d) Nas Leis n. 10.833/2003 e n. 11.457/2007 (criou a "Super Receita"), a sistemática mudou novamente, pois a Receita Federal e a Receita Previdenciária foram unificadas na pessoa da Receita Federal do Brasil e não há mais que prevalecer a vedação de compensar créditos[57] que antes eram administrados pelas duas receitas de forma distinta. Não obstante nosso entendimento sobre o tema, a posição da Receita Federal do Brasil era no sentido de não se permitir compensar contribuições previdenciárias com tributos administrados pela antiga Receita Federal[58]; e) Com a edição da Lei n. 11.941/2009[59] foi revogado o § 3º do art. 89 da Lei n. 8.212/91, que limitava a 30% do valor a ser recolhido a compensação de contribuições ao INSS.

Nas alíneas anteriores, tivemos a preocupação de traçar um breve histórico da evolução legislativa sobre compensação tributária no âmbito federal. Contudo, o objetivo não é esgotar o tema, sobretudo porque o direito tributário é um ramo do direito que sofre constantes alterações. Nesse sentido, recomendamos o acompanhamento das novas leis que venham a ser publicadas[60] e, da mesma forma, as instruções normativas da Receita Federal do Brasil, como por exemplo, a Instrução Normativa RFB n. 2.055/2021 e n. 2.156/2023, que dispõem sobre restituição, compensação, ressarcimento e reembolso, no âmbito da Secretaria Especial da Receita Federal do Brasil.

Isso porque o STJ (REsp 1.164.452/MG – recurso repetitivo) firmou entendimento no sentido de que a lei a regular a compensação tributária é aquela vigente à data do encontro de contas. No âmbito administrativo, a Receita Federal do Brasil publicou a IN 2.055/21 (alterada pela IN 2.156/23) que dispõe sobre restituição, compensação, ressarcimento e reembolso, no âmbito da Secretaria Especial da Receita Federal do Brasil.

Por fim, citamos o RE 917285 (com repercussão geral) que fixou a seguinte tese: "*É inconstitucional, por afronta ao art. 146, III, b, da CF, a expressão 'ou parcelados sem garantia', constante do parágrafo único do art. 73 da Lei n. 9.430/96, incluído*

---

55 A Lei n. 9.430/96 é específica para tributos administrados pela RFB. Portanto, o foro e o laudêmio não se enquadram nessa lei, pois não são tributos.

56 A partir disso, o STJ (REsp 113.773-8/SP) declarou que, "após o advento do referido diploma legal, tratando-se de tributos arrecadados e administrados pela Secretaria da Receita Federal, tornou-se possível a compensação tributária, independentemente do destino de suas respectivas arrecadações, mediante a entrega, pelo contribuinte, de declaração na qual constem informações acerca dos créditos utilizados e respectivos débitos compensados, termo *a quo* a partir do qual se considera extinto o crédito tributário, sob condição resolutória de sua ulterior homologação, que se deve operar no prazo de 5 (cinco) anos".

57 A Lei n. 11.941/2009 trouxe, em seus arts. 1º e 2º, a possibilidade do pagamento ou do parcelamento de dívidas decorrentes de aproveitamento indevido de créditos de IPI e dos programas REFIS, PAEX e PAES.

58 A referida lei excepcionou desse procedimento as contribuições sociais previstas no art. 11, *a*, *b* e *c*, da Lei n. 8.212/91 (destinadas à seguridade social) e no parágrafo único de seu art. 26. Aquelas contribuições apenas poderiam ser compensadas com créditos de mesma natureza.

59 Recomendamos o acompanhamento das alterações da Lei n. 11.941/2009.

60 Como, por exemplo, a Lei 12.844/13, Lei 13.670/18 e Lei 4.873/24.

pela Lei n. 12.844/13, na medida em que retira os efeitos da suspensão da exigibilidade do crédito tributário prevista no CTN".

10.5.3 Transação

A transação, por ser um típico instituto do Direito Civil, encontra sua disciplina no Código Civil e traz como preceito fundamental a manifestação bilateral de vontade, mediante concessões recíprocas, prevenindo ou terminando conflitos de interesses. Contudo, no Direito Tributário, diversamente do Código Civil, não havia transação para prevenir litígios[61], pois ela tinha o objetivo estrito de pôr fim a um **litígio** entre o Fisco e o Contribuinte[62] sobre a validade e exigibilidade de um crédito tributário, conforme se extrai da leitura do art. 171 do CTN.

Ademais, somente a lei poderá permitir que a autoridade administrativa manifeste a vontade do Fisco, efetuando a transação[63] e a consequente extinção do crédito tributário.

Nas edições anteriores deste livro, sempre entendemos que no silêncio da lei a transação poderá ser feita na esfera administrativa ou judicial, pois onde a lei não fez restrição não cabe ao intérprete fazê-la. Contudo, a dinâmica legislativa sobre a matéria evoluiu, conforme veremos adiante. O parágrafo único do art. 171 do CTN prevê que a mesma lei que permitir a transação indicará a autoridade competente para autorizá-la em cada caso, pois a atividade de cobrança do crédito, na forma do art. 142 do CTN, é vinculada. Como dito, a transação tributária somente era admitida no âmbito judicial[64], mas diversos entes federativos já editaram diplomas normativos prevendo a transação administrativa[65]. Significa dizer que a rigidez imposta pelo CTN sofreu uma mitigação. Podemos citar, como exemplo, o Edital de Transação por Adesão da RFB n. 2/2022, que tornou público a proposta da Secretaria Especial da Receita Federal do Brasil para adesão à transação no contencioso administrativo fiscal de pequeno valor, destinada a pessoas naturais, microempresas e

---

61 Já existem outros modelos de Transação, a saber: transação administrativa, transação por adesão, termo de prevenção de conflitos tributários, declaração de planejamentos tributários, conciliação em processo judicial, transação judicial no caso de insolvência tributária, transação por recuperação tributária, arbitragem, terceirização da dívida ativa.

62 Podemos citar, como exemplo, a Lei n. 12.218/2011 do Estado da Bahia, que autorizou a PGE a efetuar transação tributária em processos de execução fiscal ajuizados até 31-12-2009, para extinguir créditos tributários de ICMS, mediante conciliação com o contribuinte, pondo fim a litígios judiciais.

63 A expressão **determinação**, na verdade, significa *terminação* do litígio.

64 A Portaria n. 360/2018 da PGFN autoriza a realização, de modalidades específicas de negócio jurídico processual, inclusive calendarização. O objetivo é negociar com os contribuintes sobre questões ligadas ao cumprimento de decisões judiciais, desistência de recursos e a forma de inclusão de dívidas previdenciárias no cadastro geral de credores. Segundo a Portaria, os acordos seguem o CPC.

65 Recomendamos a leitura da Lei n. 13.140/2015, que dispõe sobre a mediação entre particulares como meio de solução de controvérsias e sobre a autocomposição de conflitos no âmbito da Administração Pública. É bem verdade que a mediação não é transação, mas tal despertou comentários interessantes na doutrina.

empresas de pequeno porte. Da mesma forma o Programa Litígio Zero editado em 2024. Vale lembrar que o CTN foi publicado em 1966 e, portanto, foi pensado ao longo da década de 1950. Atualmente, com outros anseios fiscais e sociais, a regulamentação foi objeto da Medida Provisória n. 899/2019, convertida na Lei n. 13.988/2020, que trata da transação relativa à cobrança de créditos da União.

10.5.4 Remissão

A **remissão** é, na verdade, um perdão (gracioso), concedido através de lei, que dispensa o sujeito passivo do pagamento total ou parcial do crédito tributário, daí ser uma modalidade de extinção o do respectivo crédito tributário. Contudo, vale ressaltar que a remissão não afasta o cumprimento das obrigações acessórias relativas aos tributos objeto do perdão. Dessa forma, as leis que concedem remissão tributária devem observar o disposto no art. 14 da Lei Complementar n. 101/2000, que trata da renúncia de receita.

De acordo com o art. 172 do CTN, *a lei pode autorizar a autoridade administrativa, por despacho, fundamentado, a conceder a remissão[66] total ou parcial do crédito tributário, atendendo as hipóteses que serão tratadas adiante.*

Assim, para que a autoridade administrativa possa conceder a remissão por despacho, tem de haver, sempre, lei que a autorize a proceder de tal forma. Se não houver lei nesse sentido, o eventual ato que conceder a remissão será nulo ou anulável. O despacho tem de ser fundamentado para não constituir renúncia injustificada de receita. Ressalte-se que a exigência de lei não está somente prevista no CTN, mas também é um mandamento constitucional, previsto no art. 150, § 6º, da Carta Magna, ao determinar que qualquer subsídio ou isenção, redução de base de cálculo, concessão de crédito presumido, anistia ou **remissão**, relativos a impostos, taxas ou contribuições, *só poderá ser concedido mediante lei específica*, federal, estadual ou municipal, que regule exclusivamente as matérias acima enumeradas ou o correspondente tributo ou contribuição, sem prejuízo do disposto no art. 155, § 2º, XII, *g*, da CRFB. Sobre essa temática, foi editada a Lei Complementar n. 160/2017, que dispõe sobre convênio que permite aos Estados e ao Distrito Federal deliberar sobre a remissão dos créditos tributários decorrentes das isenções, dos incentivos e dos benefícios fiscais ou financeiro-fiscais instituídos em desacordo com o disposto na alínea *g* do inciso XII do § 2º do art. 155 da Constituição Federal.

A EC 132/23 ao introduzir o IBS prevê no inciso X do § 1º do art. 156-A que o imposto não será objeto de concessão de incentivos e benefícios financeiros ou fiscais ou de regimes específicos, diferenciados ou favorecidos de tributação, excetuadas as hipóteses previstas na Constituição;

O *caput* do art. 172, do CTN, prevê que a remissão também poderá ser parcial e, nesses casos, abrangerá apenas alguns dos elementos do débito, que poderá ser somente o tributo, a correção monetária, os juros ou a multa. Nesse sentido, temos

---

[66] Como exemplo, a Lei n. 11.941/2009 trouxe alguns casos de remissão.

que a remissão não alcança apenas os tributos, mas também as multas, daí se confundir com a anistia.

A diferença entre ambas é que na remissão parcial, ou seja, em relação à multa, a penalidade já foi lançada pelo Fisco, caso contrário será anistia, que é uma modalidade de exclusão do crédito. A remissão, na verdade, pode abranger crédito como um todo, ou apenas *a penalidade já aplicada*. Já a anistia implica o perdão da infração cometida e ainda não descoberta, isto é, ainda não punida com a sanção pecuniária. Alguns autores entendem que a remissão da multa se aproxima da figura do *indulto*, que, no Direito Penal, é o perdão da pena já imposta. Voltaremos a abordar a distinção entre remissão e anistia no item sobre as modalidades de exclusão do crédito tributário.

O *inciso I* do art. 172 do CTN prevê a possibilidade de concessão de remissão atendendo à *situação econômica do sujeito passivo*. É preciso ressaltar que, antes dessa concessão, será necessário observar todos os princípios que regem a ordem econômica, financeira e tributária, para verificar se a extinção do crédito tributário é viável, não sendo suficiente, por exemplo, a mera demonstração do balancete da empresa, atestando a situação econômica do contribuinte para a concessão da remissão. Segundo o *inciso II* do art. 172 do CTN, a remissão poderá ser concedida em relação ao erro ou ignorância escusáveis do sujeito passivo, quanto à matéria de fato. Segundo o *inciso III*, a remissão poderá ser concedida atendendo à *diminuta importância do crédito tributário*. Esta disposição pode ser associada ao princípio da bagatela do Direito Penal, ou simplesmente da economicidade, tendo em vista que, em muitos casos, o custo da cobrança será maior do que o crédito a ser cobrado do contribuinte.

No *inciso IV* do art. 172 do CTN, a remissão poderá ser concedida com base nas considerações de equidade, em relação com as características pessoais ou materiais do caso. Registre-se que não há conflito entre esse dispositivo e o art. 108, § 2º, do CTN, pois a vedação contida nesse artigo, quanto ao uso da equidade, é dirigida ao aplicador da legislação tributária. Por outro lado, a autorização contida no inciso IV do art. 172 do CTN é dirigida ao legislador que, de acordo com características pessoais ou materiais do caso, usa critérios de equidade para editar lei concedendo remissão. A remissão, conforme dispõe o *inciso V* do art. 172 do CTN, também poderá ser concedida se atender a *condições peculiares a determinada região do território da entidade tributante*, podendo esse dispositivo ser associado ao art. 3º, inciso III, da CRFB, em que determina que *constituem objetivos fundamentais da República Federativa do Brasil erradicar a pobreza e a marginalização e reduzir as desigualdades sociais e regionais*.

O *parágrafo único* do artigo em comento prevê que o despacho da autoridade que concede remissão não gera direito adquirido, aplicando-se, quando cabível, o disposto no art. 155 do CTN, que trata da moratória.

10.5.5 Prescrição e Decadência

A prescrição e a decadência são institutos de direito material que decorrem do Direito Civil. Em relação ao Direito Tributário, por ser um ramo do Direito Público, tais institutos assumem algumas características peculiares. Para Amaro, há riscos na importação de institutos (ou de rótulos) do direito privado[67]:

> Em primeiro lugar, em trazer para o direito tributário as perplexidades e inconsistências com que a doutrina lá se defrontava. Mas, mais do que isso, está em atrair, para o seio dos tributos, os problemas da distinção entre institutos diversos (a prescrição e a decadência) que, efetiva ou supostamente, reportam-se a direitos de natureza diferente, para serem aplicados sobre direitos (do credor fiscal) que não apresentam a dualidade (ou pluralidade) existente no direito privado. Com efeito, se, no direito privado, há interesses individuais de natureza distinta (que ora envolvem direitos disponíveis, ora atêm-se a preocupações de ordem pública, insuscetíveis de afetação pela vontade das partes), no direito tributário temos uma mesma relação material (a relação jurídica tributária, que enlaça o devedor e o credor do tributo), um só objeto (a prestação do tributo), uma só origem (a lei, dada a natureza *ex lege* da obrigação tributária).

Ao nosso sentir, a *decadência* ficaria melhor classificada entre as modalidades de exclusão do crédito e não como modalidade de extinção do crédito, pois não se pode extinguir o que não existe. Se a ocorrência da decadência impede o lançamento tributário, e se sem lançamento não há que se falar em crédito, não poderíamos extinguir o crédito que não existe.

Contudo, apesar da crítica, o CTN classifica a decadência em seu art. 156 como modalidade de extinção do crédito tributário, salientando que a sua ocorrência atinge não só o direito material, como também a própria pretensão do Fisco em propor a ação de execução fiscal, já que a Fazenda não poderá cobrar o que não existe (o crédito). Assim, temos que a decadência é a perda do direito de efetuar o lançamento e constituir o crédito tributário, pelo decurso do tempo.

É preciso destacar que, como "regra", o prazo decadencial não se interrompe nem se suspende; não obstante, é admissível entender que o Direito Tributário possui exceção a essa regra, pois, na forma do art. 173, II, do CTN, o prazo decadencial acaba sendo interrompido.

Em relação à *prescrição*, temos que é a perda da pretensão de ajuizar a execução fiscal em função do decurso do tempo, cujo termo *a quo* se inicia com a constituição definitiva do crédito pelo lançamento. Todavia, considerando que o art. 156 do CTN também prevê a prescrição como modalidade de extinção do crédito, nesse ponto a prescrição tributária difere da prescrição no Direito Civil, pois na área tributária podemos dizer que a prescrição extingue o direito de ação e o próprio crédito.

---

67 AMARO, Luciano. *Curso de direito tributário*. São Paulo: Saraiva, 2006, p. 402.

A questão mais relevante no estudo e aplicabilidade da decadência e da prescrição é a contagem do lapso temporal envolvido, ou seja, o prazo decadencial e prescricional. Vale lembrar que, juridicamente, **prazo** é considerado o lapso temporal compreendido entre o termo *a quo* e o termo *ad quem*.

Vejamos o teor da **Súmula 622 do STJ**: *A notificação do auto de infração faz cessar a contagem da decadência para a constituição do crédito tributário; exaurida a instância administrativa com o decurso do prazo para a impugnação ou com a notificação de seu julgamento definitivo e esgotado o prazo concedido pela Administração para o pagamento voluntário, inicia-se o prazo prescricional para a cobrança judicial.* Da mesma forma, a **Súmula 653 do STJ**: *"O pedido de parcelamento fiscal, ainda que indeferido, interrompe o prazo prescricional, pois caracteriza confissão extrajudicial do débito".*

A finalidade desses institutos é servir de instrumento para manter a estabilidade das relações jurídicas e a segurança social, daí estarem pautados nos seguintes elementos essenciais: **lapso temporal** e **inércia do titular**. Ressalte-se que, enquanto a decadência está relacionada ao direito potestativo, a prescrição se relaciona ao exercício de direito subjetivo (direito de ação). Por isso, a prescrição sempre foi matéria a ser arguida pela parte a quem ela aproveite, mas com a alteração do CPC de 1973, o juiz poderá reconhecê-la de ofício. Aliás, diga-se de passagem que antes mesmo dessa alteração, a LEF já previa, em seu art. 40, uma hipótese em que o juiz poderia reconhecer de ofício a prescrição intercorrente. Vejamos com mais detalhes os institutos referidos:

A. Decadência

A decadência encontra previsão legal em dois artigos do CTN, quais sejam, o art. 173 e o art. 150, § 4º. Como vimos anteriormente, a decadência é a perda do direito do Fisco de "constituir"[68] o crédito pelo lançamento. Em regra, o prazo decadencial é de 5 anos, possuindo termos *a quo* diferentes, conforme veremos adiante. Por outro lado, o termo *ad quem* se dá com a "notificação" do lançamento ao contribuinte. Ocorre que a matéria não é tão simples assim, em função das várias regras de decadência existentes no CTN. Passemos então a analisar a decadência de forma individualizada, destacando os artigos do CTN. A decadência no Direito Tributário possui quatro regras, a saber:

Regra Geral: art. 173, inciso I, do CTN

Segundo esse artigo, o prazo decadencial começa a contar do primeiro dia do exercício seguinte àquele em que o lançamento poderia ter sido efetuado pela Fazenda, mas por algum motivo não o foi. Para demonstrar essa regra, vejamos o esquema a seguir:

---

68 Utilizamos essa expressão apenas para efeito didático, pois majoritariamente a natureza jurídica do lançamento é declaratória. Sobre o tema, ver CARNEIRO, Claudio. *Processo tributário (administrativo e judicial)*, pela Editora Saraiva.

Essa é a regra geral usada nos tributos cujo lançamento se dá de ofício ou por declaração, respectivamente na forma do art. 149, parágrafo único, e art. 147, ambos do CTN. Já nos tributos lançados por homologação, a matéria comporta dupla aplicação, conforme veremos melhor nos comentários da letra "d". Esse artigo também se aplica aos tributos lançados por homologação, quando não há qualquer antecipação de pagamento. Nesse sentido, a Súmula 219 do TFR[69]: *Não havendo antecipação do pagamento, o direito de constituir o crédito previdenciário extingue-se decorridos 5 (cinco) anos do primeiro dia do exercício seguinte àquele em que ocorreu o fato gerador.*

Podemos exemplificar com um tributo cujo lançamento é efetuado de ofício pelo Município, qual seja o IPTU, e tomando como base, apenas a título de exemplo, o ano de 2017 (ano em que o fato gerador ocorreu). Nesse caso hipotético, já que o fato gerador ocorreu, a Fazenda municipal deveria tê-lo lançado no próprio ano de 2017, como não o fez, o prazo decadencial se iniciou no 1º dia do exercício seguinte, isto é, 1º de janeiro de 2018; logo, a partir de 1º de janeiro de 2023, o lançamento da referida competência estaria contaminado pela decadência. Significa dizer que a Fazenda teria que fazer o lançamento até 31-12-2022. Percebe-se que a contagem, com base nesse artigo, pode chegar a quase 6 anos. Vale a pena lembrar que, na forma da **Súmula 397 do STJ**, o contribuinte do IPTU se considera notificado do lançamento com o envio (e não com o recebimento) do carnê ao seu endereço.

Art. 173, inciso II, do CTN

Essa hipótese será usada quando houver a anulação do lançamento anteriormente realizado. A anulação em tela tem que decorrer de **vício formal** (natureza adjetiva), ou seja, aquele ligado ao procedimento do lançamento (causa de nulidade), como, por exemplo, lançamento feito por autoridade incompetente, insuficiência ou ausência na fundamentação no lançamento, ou ausência de assinatura da autoridade fiscal.

Não se aplica nos casos em que ocorreu vício material (natureza substantiva), ou seja, aqueles que dizem respeito à substância da obrigação tributária, como, por exemplo, inexistência de fato gerador, imunidade, isenção ou aplicação indevida da responsabilidade tributária. Assim, considerando-se a anulação de lançamento por vício formal, no cômputo do prazo decadencial, contam-se 5 anos da decisão

---

[69] A sigla TFR diz respeito ao antigo Tribunal Federal de Recursos.

definitiva que anular o lançamento. Aqui, o prazo se inicia como hipótese de suspensão; enquanto durar o processo para apuração da nulidade e após a decisão definitiva, inicia-se o prazo decadencial de 5 anos. Para demonstrar a hipótese em tela, vejamos o esquema a seguir:

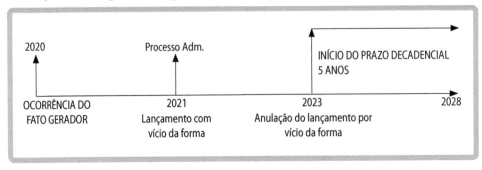

Podemos exemplificar essa hipótese da seguinte forma: suponhamos que uma determinada empresa tenha sofrido fiscalização e, em virtude disso, uma autuação fiscal em 10-11-2016. Posteriormente se verificou que o auto de infração foi lavrado com vício de forma, e a empresa, inconformada com a autuação, ingressou com uma ação anulatória que transitou em julgado em 10-12-2018, com a decisão de procedência em favor do contribuinte, determinando o juiz a anulação do lançamento, reconhecido o vício formal alegado. A contagem da decadência se iniciou nesse caso a partir do trânsito em julgado da decisão judicial, ou seja, a partir de 10-12-2018 (e não de 10-11-2016), podendo a Fazenda Pública ter efetuado novo lançamento nesse período.

Questão interessante é saber se o art. 173, II, é causa de **suspensão** ou de **interrupção** da **decadência**. Considerando que a decadência, conforme a doutrina do Direito Civil, não sofre interrupção ou suspensão, surge uma discussão doutrinária em sede tributária. Ressalte-se que, independentemente de se considerar a hipótese do artigo em tela modalidade de suspensão ou de interrupção, cabe destacar que esse artigo prevê uma hipótese que contraria a doutrina, pois a decadência nem se interrompe, nem se suspende.

Entendemos que, embora não haja interrupção da decadência como regra geral no Direito, não se pode entender de outra forma, pois esse artigo é uma nítida hipótese de interrupção do prazo decadencial. Parte da doutrina entende que não há causa de interrupção, mas sim um novo direito, com um novo prazo decadencial, consagrando a teoria do benefício do erro em favor do infrator[70].

Art. 173, parágrafo único, do CTN

Essa hipótese terá lugar quando ocorrer qualquer medida preparatória do lançamento. Nesse caso, o prazo prescricional é contado da data em que tenha sido

---

[70] AMARO, Luciano. *Direito tributário brasileiro*. 12ª ed. São Paulo: Saraiva, 2006.

iniciada a constituição do crédito tributário pela notificação do sujeito passivo ou qualquer medida preparatória indispensável ao lançamento. Na verdade, esse inciso trata de uma forma de antecipação do lançamento que seria realizado conforme o art. 173, I, do CTN. Vale dizer que ou o lançamento é realizado na forma do art. 173, I, ou é antecipado, na forma do seu parágrafo único, mas nunca será posterior a qualquer um desses dois momentos.

Cabe ressaltar aqui que esse prazo somente será usado no sentido de antecipar a ocorrência da decadência e não de interromper o prazo decadencial, e, portanto, não há que se discutir quanto à hipótese de interrupção da decadência. Para demonstrar esse caso, vejamos o esquema a seguir:

Exemplifiquemos a hipótese da seguinte forma: se o contribuinte foi autuado em 10-5-2017, segundo o art. 173, I, o prazo só começaria em 1º de janeiro de 2018, mas o prazo decadencial iniciou antecipadamente em 10-5-2017 em função da conduta preparatória do lançamento.

Art. 150, § 4º, do CTN

O lançamento por homologação tem como característica o pagamento antecipado pelo sujeito passivo, sem prévia análise do ente tributante; o pagamento poderá ser homologado *expressamente*, se analisado pelo Fisco, ou, ainda, *tacitamente* pelo decurso do prazo previsto no art. 150 do CTN. Na primeira hipótese, se o Fisco constatar irregularidades, deverá efetuar o lançamento de ofício, na forma do art. 149 do CTN, observado o contido em seu parágrafo único. Diante do exposto, acreditamos que a melhor expressão seria homologação do pagamento e não homologação do lançamento.

Essa regra é utilizada em relação aos créditos cujos lançamentos são realizados por homologação em que *não ocorra* qualquer pagamento, bem como aos que sejam praticados com dolo, fraude ou simulação, pois, havendo essas situações, aplicar-se-á o art. 173, I, do CTN. O prazo, se a lei não fixar outro, contar-se-á do fato gerador, e não do pagamento.

Assim, podemos resumir a decadência de tributos sujeitos a lançamento por homologação da seguinte forma:

Não Ocorrendo Pagamento

Sem qualquer pagamento antecipado não há o que homologar; logo, deverá o Fisco aplicar a regra contida no art. 173, I, observado o parágrafo único do art. 149, ambos do CTN. Nesse sentido, a **Súmula 219** do antigo Tribunal Federal de Recursos: *"Não havendo antecipação do pagamento, o direito de constituir o crédito previdenciário extingue-se decorridos 5 (cinco) anos do primeiro dia do exercício seguinte àquele em que ocorreu o fato gerador"*[71].

Ressaltamos aqui o novo posicionamento do STJ no sentido de que tributo declarado e não pago já constitui o crédito no momento da entrega da declaração (confissão de dívida), permitindo que a Fazenda possa **imediatamente promover a inscrição em dívida ativa e ajuizar a respectiva execução fiscal**. Nesse sentido, foram editadas as seguintes Súmulas:

> **Súmula 436 do STJ:** *A entrega de declaração pelo contribuinte, reconhecendo o débito fiscal, constitui o crédito tributário, dispensada qualquer outra providência por parte do Fisco.*
>
> **Súmula 446 do STJ:** *Declarado e não pago o débito tributário pelo contribuinte, é legítima a recusa de expedição de certidão negativa ou positiva com efeito de negativa.*
>
> **Súmula 555 do STJ:** *Quando não houver declaração do débito, o prazo decadencial quinquenal para o Fisco constituir o crédito tributário conta-se exclusivamente na forma do art. 173, I, do CTN, nos casos em que a legislação atribui ao sujeito passivo o dever de antecipar o pagamento sem prévio exame da autoridade administrativa.*
>
> **Súmula 622 do STJ:** *A notificação do auto de infração faz cessar a contagem da decadência para a constituição do crédito tributário; exaurida a instância administrativa com o decurso do prazo para a impugnação ou com a notificação de seu julgamento definitivo e esgotado o prazo concedido pela Administração para o pagamento voluntário, inicia-se o prazo prescricional para a cobrança judicial.*

Ocorrendo Pagamento Antecipado

Nesse caso, utiliza-se a regra da decadência, contida no art. 150, § 4º, do CTN, que estabelece o prazo de 5 anos a contar da ocorrência do fato gerador. Ressaltamos o artigo em tela, ao dizer que se a lei não fixar prazo a homologação será de 5 anos. Entendemos que a lei poderá fixar prazo menor, caso contrário o prazo será de 5 anos, conforme o *caput* do artigo citado. Para demonstrar essa regra, vejamos o esquema a seguir:

---

71 O STJ (REsp 58.918) já se posicionou em sentido contrário, entendendo que "a decadência relativa ao direito de constituir crédito tributário somente ocorre depois de cinco anos, contados do exercício seguinte àquele em que se extinguiu o direito potestativo de o Estado rever e homologar o lançamento".

No caso do ISSQN, que é um tributo lançado por homologação, suponhamos que o fato gerador ocorreu em 10-5-2017, com pagamento efetuado em 10-7-2018. Se a Fazenda quisesse rever o lançamento, o prazo decadencial para fazê-lo se iniciaria em 10-5-2017, quando da ocorrência do fato gerador, e não do pagamento antecipado que ocorreu em 10-7-2018.

Quando houver dolo, fraude e simulação

Analisando o exemplo anterior, que apresenta uma regra bem simplificada, pode ocorrer a hipótese em que o contribuinte, para reduzir o prazo, pratica atos com dolo, fraude ou simulação. Nesse caso, a matéria é controvertida. Uma primeira corrente, majoritária[72], entende que se deve aplicar o art. 173, I, do CTN, por força da interpretação sistemática do artigo citado com os arts. 156, V, 174 e 195, parágrafo único, todos do CTN. Uma segunda corrente[73] entende que o prazo é de 5 anos contados da homologação expressa, observado o art. 149, VII, do CTN. Por fim, uma terceira corrente[74] entende que na hipótese de lacuna legislativa não cabe à doutrina supri-la, mas sim ao Judiciário. Assim, analisando o caso concreto, deve-se aplicar subsidiariamente o Código Civil, em seu art. 205, ou seja, prazo de 10 anos.

Assim, temos que o entendimento dominante é no sentido de que, demonstrando que houve dolo, fraude ou simulação, o Fisco poderá recusar a homologação e efetuar o lançamento de ofício, aplicando a regra geral do art. 173, I, do CTN.

B. Prescrição

A prescrição, prevista no art. 174 do CTN, é a perda do direito, por parte do Fisco, de promover a execução fiscal. Aliomar Baleeiro dizia que a prescrição é uma pistola sem gatilho. No Direito Privado, a prescrição atinge tanto direitos patrimoniais como não patrimoniais, daí a necessidade de se estabelecerem diversos prazos, como fez o Código Civil brasileiro.

Contudo, no Direito Tributário, a obrigação principal é sempre patrimonial, tendo em vista que objetiva o pagamento do tributo. Por outro lado, temos ainda que no Direito Tributário, por força do que dispõe o art. 156, V, do CTN, a prescrição não extingue só a pretensão, mas também o próprio crédito que decorre da obrigação, ou seja, atinge o próprio direito material. Isso provoca uma consequência prática que, segundo Machado[75], "entender diferente é admitir que o Fisco, na hipótese de prescrição, poderia se recusar a emitir uma certidão negativa de débitos fiscais".

---

72 Nesse sentido, Paulo de Barros Carvalho, Luciano Amaro e o STJ.

73 Posição sustentada pelo Ministro Carlos Velloso.

74 Sustentada por José Souto Maior Borges.

75 MACHADO, Hugo de Brito, op. cit., p. 245.

O prazo prescricional se inicia após a constituição definitiva do crédito tributário. Assim, após a notificação do lançamento, o contribuinte terá, como regra, o prazo de 30 dias para pagar ou impugnar o crédito. Não havendo pagamento ou não havendo impugnação administrativa e nem judicial, tem-se que o início da contagem do prazo prescricional é o dia seguinte à data do vencimento.

Vale ressaltar que se não houver lançamento não há que se falar em prescrição, mas sim em decadência. Nesse contexto, o art. 174 do CTN prevê que a ação para a cobrança do crédito tributário *prescreve em cinco anos* a contar da notificação regular ao sujeito passivo do lançamento ou da decisão administrativa, caso haja instauração do processo administrativo, ou em sentido mais amplo, da data da sua constituição definitiva.

O parágrafo único do artigo em comento sofreu alteração pela LC n. 118/2005, pacificando uma antiga discussão. Assim, com a nova redação, a interrupção da prescrição se dá pelo despacho do juiz que ordenar a citação em execução fiscal, e não mais pela citação. Quanto ao reconhecimento de ofício da prescrição, nos parece que a distinção entre este instituto no Direito Civil e no Direito Tributário encontra-se superada, tendo em vista a edição da Lei n. 11.280/2006, que alterou o CPC, determinando que o juiz pronunciará de ofício a prescrição. O debate em questão gerou a **Súmula 653 do STJ**, já mencionada anteriormente. Vejamos de forma individualizada em que casos, na forma do parágrafo único do art. 174 do CTN, a prescrição se interrompe:

I – Pelo despacho do juiz que ordenar a citação

Este inciso foi alterado pela LC n. 118/05, mas essa regra já era encontrada no art. 8º, § 2º, da Lei n. 6.830/80 (Lei de Execução Fiscal). Havia discussão a respeito da constitucionalidade deste artigo da LEF, tendo em vista o que dispõe o art. 146, III, *b*, da Constituição da República, que ressalva a matéria sobre prescrição tributária à lei complementar. Como a LEF é uma lei ordinária, a doutrina contaminava de inconstitucionalidade esse artigo, por violar o dispositivo da Constituição já citado. Diante dessa discussão, veio a LC n. 118/2005 e solucionou a questão, visto que, sendo esta uma lei complementar, não há mais o que discutir[76].

A jurisprudência do STJ (REsp 1.306.331/MG) evolui no sentido de que, mesmo considerando a interrupção o momento do despacho do juiz que ordena a citação, esta deverá retroagir à data da distribuição da ação de execução fiscal.

II – Pelo protesto judicial e extrajudicial

O protesto judicial disciplinado no CPC é de plena aplicação no Direito Tributário. Não há cobrança, mas sim ato volitivo do credor no sentido de manifestar o

---

76 Ver sobre o tema as Súmulas 106 do STJ e 78 do TFR.

inadimplemento, requerendo a intimação do devedor. Essa hipótese não se confunde com o protesto da CDA em cartório, pois esta é extrajudicial. Contudo, cabe ressaltar que, com o advento da Lei Complementar 208/24, o protesto extrajudicial (da CDA) passa a ser considerado uma hipótese de interrupção da prescrição dos créditos tributários.

III – Por qualquer ato judicial que constitua em mora o devedor

Aí se incluem os protestos[77], a notificação, a interpelação etc. Verifica-se que, em alguns casos, esse inciso absorve o anterior. Vale dizer que, via de regra, esse inciso é inimaginável, tendo em vista o que dispõe o art. 161 do CTN.

IV – Por qualquer ato inequívoco, ainda que extrajudicial, que importe reconhecimento do débito pelo devedor

O exemplo clássico que se enquadra nesse inciso é a modalidade contida no art. 151, VI, do CTN, ou seja, o parcelamento. Caso o contribuinte venha a se tornar inadimplente com qualquer parcela, esta e as futuras serão antecipadas, e o Fisco cobrará dentro do prazo de 5 anos o crédito remanescente. Tem-se como exemplo, também, a confissão de dívida. Nesse sentido, a já mencionada Súmula 653 do STJ. A prescrição em matéria tributária poderá igualmente sofrer suspensão e interrupção. Assim, vejamos:

Suspensão e Interrupção da Prescrição

A prescrição pode sofrer suspensão ou interrupção, conforme veremos a seguir: A suspensão encontra previsão legal nos seguintes dispositivos: a) art. 2º, § 3º, da LEF (Lei n. 6.830/80); b) art. 40 da Lei n. 6.830/80; c) art. 151; d) art. 155, parágrafo único, primeira parte, do CTN; e) art. 155-A, § 2º, do CTN; f) art. 172, parágrafo único, do CTN; g) art. 179, § 2º, do CTN; h) art. 182, parágrafo único, do CTN. Já as modalidades de interrupção são quatro, na forma do art. 174 do CTN, já analisadas.

A ordem de citação da pessoa jurídica é uma questão que merece destaque, pois o ajuizamento da ação de execução fiscal interrompe a prescrição. Caso haja redirecionamento em relação ao sócio, quando a ele for imputada a responsabilidade solidária pelo débito, fica mantido o entendimento de que a interrupção produz efeitos para todos. Nesse sentido dispõe o art. 125, III, do CTN: a interrupção da prescrição em favor ou contra um dos obrigados favorece ou prejudica aos demais. Por isso, a Fazenda deve retificar o polo passivo, sob o fundamento de que a responsabilidade do sócio é solidária, e que esse é um dos efeitos da solidariedade.

---

77   O protesto da CDA em cartório não se encaixa nessa situação por ser extrajudicial. Com a LC 208/24 o protesto extrajudicial passa a ser considerado uma hipótese de interrupção da prescrição dos créditos tributários.

Há ainda outra discussão quanto à hipótese de pagamento voluntário por parte do contribuinte de tributo alcançado pela prescrição. O Código Civil brasileiro prevê que o devedor que efetuou tal pagamento não pode pedir restituição. Contudo, em matéria tributária o tema provoca discussão, tendo em vista que a prescrição, na forma do art. 156, V, do CTN, não atinge apenas a pretensão, mas também o próprio crédito e, consequentemente, a obrigação, tornando assim o pagamento indevido, passível de restituição (mas não em dobro).

Por fim, cabe a última ressalva acerca do lançamento por homologação e da prescrição. A homologação, tácita ou expressa, pressupõe o pagamento do tributo. Sem pagamento não há o que homologar, logo não há que se falar em lançamento. Não havendo lançamento, não há o que cobrar, pois ainda não foi individualizada a obrigação. Por isso não se inicia o prazo prescricional, mas sim o decadencial, devendo o Fisco promover o lançamento de ofício, na forma do art. 149 do CTN, observando-se o seu parágrafo único. Feito este lançamento de ofício é que vai ter início o prazo prescricional para o ajuizamento da respectiva execução fiscal[78].

A Prescrição Intercorrente no Direito Tributário

A prescrição intercorrente é aquela que ocorre no curso da execução fiscal ajuizada, conforme dispõe o art. 40, § 4º, da Lei n. 6.830/80, acrescentado pela Lei n. 11.051/2004.

O STJ, no julgamento de recurso repetitivo (REsp 1.340.553), definiu como deve ser aplicado o art. 40 e seus parágrafos da Lei de Execução Fiscal (6.830/80) e, consequentemente, a sistemática para a contagem da prescrição intercorrente. Com a relatoria do ministro Mauro Campbell, o Tribunal aprovou os seguintes entendimentos sobre a prescrição intercorrente: a) O prazo de um ano de suspensão previsto no art. 40, §§ 1º e 2º, da Lei n. 6.830 tem início automaticamente na data da ciência da Fazenda a respeito da não localização do devedor ou da inexistência de bens penhoráveis no endereço fornecido; b) Havendo ou não petição da Fazenda Pública e havendo ou não decisão judicial nesse sentido, findo o prazo de um ano, inicia-se automaticamente o prazo prescricional aplicável, durante o qual o processo deveria estar arquivado sem baixa na distribuição, na forma do art. 40, §§ 2º, 3º e 4º, da Lei n. 6.830, findo o qual estará prescrita a execução fiscal; c) A efetiva penhora é apta a afastar o curso da prescrição intercorrente, mas não basta para tal o mero peticionamento em juízo requerendo a feitura da penhora sobre ativos financeiros ou sobre outros bens e; d) A Fazenda Pública, em sua primeira oportunidade de falar nos autos (art. 245 do Código de Processo Civil), ao alegar a nulidade pela falta de qualquer intimação dentro do procedimento do art. 40 da LEF, deverá demonstrar o prejuízo que sofreu (por exemplo, deverá demonstrar a ocorrência de qualquer causa interruptiva ou suspensiva da prescrição).

---

78 Lembramos os comentários da Súmula 436 do STJ no tópico da decadência.

10.5.6 Conversão do Depósito em Renda

Essa modalidade ocorrerá após a decisão definitiva administrativa ou judicial favorável ao sujeito passivo, em que tenha sido feito o depósito garantidor da dívida, daí se dizer que ela é vinculada a um depósito previamente realizado. Assim, temos que o depósito do montante integral realizado pelo contribuinte, previsto no inciso II do art. 151 do CTN, constitui uma hipótese de suspensão do crédito tributário e não de extinção, uma vez que não se trata de renda (receita pública), já que o montante respectivo em tese não pertence ao Fisco, representando, somente, uma garantia de pagamento da dívida.

A conversão do depósito em renda poderá ocorrer em duas situações. A primeira, quando o contribuinte desistir da ação ou do recurso e, com isso, pedir a sua conversão em renda para extinguir o processo. A segunda, quando a decisão transitada em julgado é desfavorável ao contribuinte, havendo, portanto, a conversão do depósito em renda e extinção do crédito tributário.

A Lei n. 9.703/98 praticamente "aboliu" a conversão do depósito em renda, já que autorizou expressamente a CEF creditar os valores depositados na Conta Única do Tesouro Nacional. Contudo, discussão à parte, poderá a conversão do depósito extinguir o crédito tributário. Assim, temos que, efetuado o depósito em tela, após discussão quanto ao crédito, duas situações podem ocorrer: a) se ficar definido que o contribuinte não deve, ele levantará o depósito; b) se ficar definido que o contribuinte é devedor do Fisco, o depósito será convertido em renda e o crédito será extinto.

Considerando então a letra "b", como modalidade extinção do crédito tributário, tem o art. 164, § 2º, do CTN regulado a matéria, ao determinar que nos casos previstos a consignação judicial será convertida em renda.

Questiona-se se o depósito judicial efetuado pelo contribuinte impediria o lançamento por parte da Fazenda. Perfilhamos o entendimento de que a Fazenda não estaria impedida de lançar, de modo a evitar que possivelmente ocorra a decadência do valor correspondente ao crédito remanescente. Contudo, se o depósito efetuado foi integral (correspondente a todo o valor do crédito) não há por que se falar em lançamento, tendo em vista o que dispõe a Lei n. 9.703/98, pois o depósito já é feito diretamente na conta da Fazenda como forma de garantir a dívida, não havendo, assim, qualquer prejuízo para o credor (Fisco). Por esse motivo, o STJ (EREsp 898.992/PR) entende que em algumas situações o depósito do montante integral pode ser considerado como um verdadeiro lançamento por homologação. Corroborando esse entendimento, o STJ (REsp 757.311) fixou o entendimento de que o depósito efetuado em razão de questionamento judicial do tributo suspende a sua exigibilidade e, por força disso, corresponde ao lançamento afastando a decadência em relação ao valor do crédito tributário depositado.

Outro questionamento é se o depósito suspenderia a exigibilidade do crédito. Na forma do art. 151 do CTN, somente suspenderá a exigibilidade se o depósito for integral e em dinheiro (Súmula 112 do STJ). Podemos concluir que a finalidade do depósito é de natureza dúplice, pois ao mesmo tempo que visa a impedir a execução fiscal por força da suspensão da exigibilidade do crédito, também acautela os interesses do Fisco e, com isso, também se evita a incidência de juros e multa[79]. Trazemos, a título de exemplo, uma questão interessante: se um contribuinte ingressa com uma ação ordinária (p. ex.) acompanhada do depósito do montante integral, e o juiz verifica carência de ação[80], este extinguirá o processo sem resolução do mérito, mas o depósito não será levantado por força dos argumentos já expostos. Por esse motivo é que usamos a expressão "aboliu" no início do texto.

10.5.7 Pagamento Antecipado e Homologação do Lançamento

A dinâmica do pagamento antecipado somente se relaciona aos tributos cujo lançamento se dá por homologação, por esse motivo não pode ser tido como pagamento puro e simples, uma vez que está sujeito à homologação, podendo ser ou não ser homologado pelo Fisco, daí se dizer que a extinção se dá por condição resolutória, qual seja, a homologação, ainda que tácita. Assim, o pagamento antecipado é um ato administrativo composto, pois exige a homologação, possuindo efeito resolutivo. Exemplo: o montante do imposto de renda retido na fonte não é definitivo, uma vez que podem ser observadas três situações: restituição de imposto recolhido a maior; complementação de imposto recolhido a menor e imposto recolhido correspondente ao imposto devido.

Não devemos esquecer que o lançamento por homologação está previsto no art. 150 do CTN. Nesse sentido, essa modalidade tem por finalidade um controle *a posteriori* realizado pelo Fisco da função atribuída por lei ao sujeito passivo de apurar o valor do tributo devido e recolhê-lo antecipadamente, daí o que se homologa é o respectivo pagamento do tributo apurado pelo sujeito passivo e não o lançamento. Assim, caso haja o decurso do prazo de cinco anos da ocorrência do fato gerador e a Fazenda ficar inerte, ocorrerá a homologação tácita. Por outro lado, se a Fazenda verificar, dentro desse prazo, qualquer irregularidade nessa apuração pelo sujeito passivo, deverá ela efetuar o lançamento de ofício, na forma do que dispõe o art. 149 do CTN. Em apertada síntese, podemos dizer que o pagamento antecipado extingue o crédito, mas somente depois da homologação pelo Fisco, seja expressa ou tacitamente.

---

79 A SELIC é a Taxa Referencial do Sistema Especial de Liquidação e Custódia para títulos federais instituída por Circular do Banco Central do Brasil n. 466/79. O art. 13 da Lei n. 9.065/95 estabeleceu o uso da Taxa SELIC para o cômputo dos juros moratórios sobre requerimento de parcelamentos de débitos fiscais. A Lei n. 9.250/95 determinou a aplicação da taxa SELIC para fins de remuneração de tributos a serem compensados ou restituídos a partir de 1º-1-1996. Assim, a conversão do depósito em renda possui os seguintes pressupostos: discussão em juízo, depósito prévio do montante integral e o trânsito em julgado da decisão.

80 Salvo se a carência de ação for por ilegitimidade da parte, pois nesse caso se a parte não é legítima para propor a ação, "seu dinheiro" também não seria legítimo.

Podemos distinguir o pagamento do pagamento antecipado da seguinte forma: *a uma* porque o pagamento é usado em qualquer modalidade de lançamento (declaração e de ofício), enquanto o pagamento antecipado é usado somente nos tributos lançados por homologação; *a duas* porque no pagamento a extinção do crédito tributário é imediata, enquanto no pagamento antecipado a extinção é sujeita à homologação, ou seja, sob condição resolutória. Esse mecanismo tem por finalidade um controle *a posteriori* realizado pelo Fisco.

O auto de infração, por sua vez, possui natureza jurídica de lançamento de ofício, na forma do art. 149 do CTN, cuja função é a materialização por parte do Fisco da constatação de irregularidades no cumprimento tanto das obrigações principais quanto acessórias e, no entendimento do STJ, impede também a ocorrência da decadência.

Destaque-se que, com o advento da LC n. 118/2005, para efeitos de contagem do prazo prescricional do ajuizamento da ação de repetição de indébito, o termo *a quo* passou a ser do pagamento antecipado.

10.5.8 Consignação em Pagamento[81]

A ação de consignação em pagamento é um instrumento processual que ao seu término é classificado pelo CTN como uma modalidade de extinção do crédito tributário. Essa modalidade não se confunde com o depósito do montante integral, pois a consignação é usada quando o sujeito passivo quer pagar e o Fisco não quer receber ou existe concurso de exigências, conforme dispõe o art. 164 do CTN.

O depósito do montante integral, por sua vez, se define como modalidade de suspensão da exigibilidade do crédito, na qual o sujeito passivo quer discutir a dívida e não pagá-la. Ocorre que a consignação não extingue o crédito de imediato, mas somente após o julgamento da ação, através da procedência do pedido. Nesse caso, na forma do § 2º do referido artigo, se o valor depositado for considerado menor do que o devido, será acrescido de juros de mora e das penalidades cabíveis. Por outro lado, se o depósito foi considerado o devido, afasta-se a incidência de multa e juros. A consignação em pagamento possui três características básicas, a saber:

a) direito subjetivo do contribuinte de pagar o crédito tributário;
b) a existência de dívida do devedor ou recusa de recebimento pelo credor;
c) a realização do depósito judicial.

Assim, considera-se que o contribuinte tem o direito subjetivo de extinguir o crédito tributário, o que, via de regra, se dá pelo pagamento, mas também poderá se valer da consignação em pagamento, nas seguintes hipóteses:

Incisos I e II do art. 164 do CTN

Esses dois incisos se resumem em uma única situação, ou seja, o sujeito passivo quer pagar e o Fisco não quer receber, seja porque subordina o pagamento do

---

81 Para aprofundar o estudo sobre o tema, recomendamos a nossa obra *Processo tributário (administrativo e judicial).* 6ª ed. São Paulo: Saraiva, 2018.

tributo ao pagamento de outro tributo, ou de penalidade, ou ao cumprimento de obrigação acessória, ou ainda subordina ao cumprimento de exigências administrativas sem fundamento legal. Assim temos alguns exemplos clássicos: o IPTU e a taxa de coleta domiciliar, antiga taxa de lixo; a Contribuição de Iluminação Pública cobrada dentro da conta de luz, na forma do art. 149-A da CRFB, introduzida pela Emenda Constitucional n. 39. Nesse sentido, a jurisprudência tem condenado a cobrança indireta ou coercitiva, em que o Fisco, por via indireta, ou seja, através de atos administrativos, cobra tributos ou multas, preterindo a via judicial da execução fiscal.

Inciso III do art. 164 do CTN

Este inciso trata do *concurso de exigências*, ou seja, dois ou mais entes federativos cobram do mesmo contribuinte tributo idêntico sobre o mesmo fato gerador, daí indagar-se o que o CTN quis dizer com a expressão *tributos idênticos*. Predomina na doutrina o entendimento de que tributos idênticos seriam fatos geradores idênticos e não o mesmo tributo. Convém lembrar aqui, a discussão quanto ao imposto sobre a propriedade. Nesse sentido, temos o IPTU e o ITR, um de competência do Município e outro de competência da União, que, embora não sejam tributos iguais, incidem sobre o mesmo fato gerador, a propriedade imóvel. Essa interpretação é mais extensiva e mais favorável ao contribuinte, não se limitando aos tributos idênticos como ISSQN com ISSQN. Vale lembrar que há situações excepcionais na Constituição em que existe uma espécie de bitributação, como no caso do imposto extraordinário em caso de guerra, previsto no art. 154, I. Essa hipótese pode ser resolvida no foro do domicílio do devedor, posto que não configura conflito entre unidades federadas (Súmula 503 do STF).

A ação consignatória encontra previsão no CPC e em matéria tributária, o regramento sofre algumas adaptações, daí o **§ 1º do art. 164 do CTN** trazer o objeto da ação de consignação em pagamento, versando tanto sobre o montante que o sujeito passivo se propõe a pagar quanto sobre a identificação do verdadeiro ente federativo titular da competência tributária.

Uma das diferenças surge em razão de que, em matéria tributária, não precisa haver recusa sem justa causa, conforme determina o Código Civil. Até porque, no caso de dúvida do contribuinte, não há qualquer recusa do Fisco, mas sim uma incerteza subjetiva do contribuinte quanto a quem ele deve pagar o tributo. Vale também ressaltar que a ação de consignação em pagamento visa a afastar a incidência de juros de mora e correção monetária.

Nesse sentido, o STJ (REsp 667.302/RS) entendeu que é possível a utilização da ação consignatória para que o contribuinte possa exercer seu direito de pagar o montante devido e não o que o Fisco está exigindo, por entender a cobrança maior que a devida. Assim, nada impede que o contribuinte efetue o depósito do valor que entende ser devido, na forma do § 1º do art. 164 do CTN. Contudo, a exigibilidade não estará suspensa, e o Fisco poderá prosseguir com a execução fiscal, independente do ajuizamento da ação de consignação, pois, conforme dispõe a **Súmula**

112 do STJ, somente o depósito em dinheiro do valor integral da dívida suspenderá a exigibilidade do crédito tributário (art. 151 do CTN).

Na forma do § 2º do art. 164 do CTN, se julgada procedente a consignação, a importância depositada será convertida em renda e o pagamento será considerado efetuado, hipótese em que o crédito tributário será considerado extinto. Entretanto, se julgada improcedente a consignação, no todo ou em parte, o crédito será cobrado acrescido de juros de mora, sem prejuízo das penalidades cabíveis.

A consignação versa apenas sobre o crédito que o contribuinte se propõe a pagar. Nesse sentido, é conveniente salientar que, na verdade, o que extingue o crédito não é a consignação em si, mas sim a conversão do depósito em renda, decorrente da procedência do pedido de consignação em pagamento. Logo, conclui-se que o simples ajuizamento da ação não se presta para extinguir o crédito.

O CPC também traz a consignação extrajudicial. No entanto, em matéria tributária, ou seja, o crédito tributário, é um direito indisponível, prevalecendo o entendimento de que a extinção a que se refere o CTN é a judicial, e por isso o referido artigo não se aplica na íntegra no que tange a ação de consignação em pagamento em matéria tributária. Essa modalidade de ação é de cunho declaratório, visto que a intenção do autor é que o juiz declare por sentença que o depósito efetuado pelo contribuinte efetivamente extinguiu o crédito tributário, atingindo assim a coisa julgada. Vejamos algumas questões sobre o tema:

Legitimação ativa para propositura da ação de consignação em pagamento

O processo tributário inverte as partes da relação jurídica de direito material. Nesse sentido, no direito material temos o Fisco como sujeito ativo do tributo, e o contribuinte ou responsável como sujeito passivo do tributo. Já na relação processual os sujeitos se invertem, o Fisco passa a ser o polo passivo e o sujeito passivo da obrigação tributária passa a ser o polo ativo, daí a legitimação ativa para a propositura da ação caber ao contribuinte. Dúvida pode surgir quanto aos tributos indiretos, que por força da repercussão tributária fazem nascer o contribuinte de fato. Entendemos, com fundamento no art. 204 do CTN, que nos tributos indiretos assiste legitimidade a ambos, ou seja, ao contribuinte de direito e ao de fato, pois quem pode desconstituir o crédito tributário, com muito mais razão, poderia consignar em pagamento o mesmo crédito. Contudo, prevalece o entendimento de que só o contribuinte de direito é legitimado para consignar em pagamento o crédito, não se aplicando na íntegra o CPC, no que se refere à legitimidade do terceiro interessado.

Legitimação passiva

Ultrapassada a questão que abordamos anteriormente quanto à inversão dos polos da relação de direito material, temos que, em se tratando dos incisos I e II do art. 164 do CTN, não há dúvida de que o legitimado passivo é o ente público titular da competência tributária. Poderá, ainda, ser a pessoa jurídica detentora da capacidade tributária, como, por exemplo, o INSS, nos casos da contribuição previdenciária, pois é a referida autarquia previdenciária quem recebe o dinheiro.

Por outro lado, o disposto no inciso III merece comentários, pois se trata de um concurso de exigências, como, por exemplo, a cobrança do IPTU e do ITR simultaneamente sobre a mesma propriedade. Entendemos que nesse caso o melhor posicionamento para afastar as consequências da dupla incidência é o ajuizamento da ação consignatória com litisconsórcio passivo, abrangendo os dois entes federativos, ressaltando-se que na forma do art. 109, I, da CRFB, a ação em tela deve ser ajuizada na Justiça Federal, em face da presença da União no polo passivo.

Ausência de previsão no art. 38 da Lei de Execução Fiscal

O art. 38 da LEF não inclui a ação de consignação em pagamento como meio de defesa. No entanto, o entendimento dominante é no sentido de também acolher esta ação, sendo o artigo meramente exemplificativo. Inclusive ressaltamos o teor da **Súmula 247** do extinto TFR, que assim dispõe: *Não constitui pressuposto da ação anulatória do débito fiscal o depósito de que cuida o art. 38 da Lei n. 6.830, de 1980*. Tal entendimento não se aplica à ação de consignação em pagamento, pois o depósito, na ação de consignação, constitui pressuposto de admissibilidade, sob pena de indeferimento da inicial por falta de condição especial de procedibilidade (impossibilidade jurídica da demanda). Por outro lado, em relação à ação anulatória, o depósito não é condição obrigatória, servindo apenas para suspender a exigibilidade do crédito, desde que seja integral.

Efeitos da sentença da ação de consignação em pagamento

Questiona-se quais são os efeitos imediatos da ação de consignação em pagamento em relação à Fazenda Pública, bem como se incidem os efeitos da *actio duplex* em matéria tributária.

Exemplifiquemos: consideremos que seja julgada a improcedência do pedido de consignação do contribuinte, com base no art. 164, I, do CTN. O contribuinte depositou R$ 10.000,00, mas a dívida questionada era de R$ 15.000,00. Neste caso, a improcedência da ação confere ao Fisco o direito de conversão do depósito em renda no valor consignado de R$ 10.000,00 e os R$ 5.000,00 restantes serão objeto de inscrição em dívida ativa e consequente execução fiscal. Portanto, a sentença de improcedência só reconhece o valor depositado e converte-o em renda, e o valor remanescente será executado, com base no título executivo extrajudicial, que é a certidão de dívida ativa, na forma da Lei n. 6.830/80.

Verifica-se que este procedimento difere do que consta no art. 545 do CPC, que trata da ação de consignação comum, cuja decisão gera título executivo judicial que não impede que a Fazenda execute os R$ 15.000,00 independentemente de o depósito ter sido apenas no valor de R$ 10.000,00, ou seja, a sentença proferida em ação de consignação em pagamento comum gera o efeito da *actio duplex*, o que não ocorre em matéria tributária, pois haverá rito próprio: a execução fiscal.

10.5.9 Decisão Administrativa Irreformável

Esta modalidade de extinção do crédito tributário tem origem no inciso III do art. 151 do CTN, que prevê como modalidade de suspensão da exigibilidade do crédito as *reclamações e os recursos, nos termos das leis reguladoras do processo tributário administrativo*. Assim temos que a suspensão da exigibilidade do crédito tributário durará até a decisão das respectivas reclamações ou recursos, que poderá ser favorável ou desfavorável ao recorrente. Daí a chamada decisão administrativa irreformável prevista no art. 156, IX, do CTN. Por óbvio, a decisão administrativa irreformável que extingue o crédito é somente aquela favorável ao contribuinte, daí indagar-se quem poderia anular a decisão administrativa via ação anulatória. Quanto à legitimidade e interesse do sujeito passivo que perdeu na esfera administrativa não há qualquer discussão, em face do princípio da inafastabilidade do Poder Judiciário, previsto no art. 5º, XXXV, da CRFB.

Por outro lado, discute-se se a Fazenda, através da sua Procuradoria respectiva, poderia ingressar com ação anulatória contra a decisão do Conselho de Contribuintes que julgou procedente o recurso voluntário do contribuinte. A matéria comportava polêmica, e o posicionamento majoritário é no sentido de que não poderia, em razão da carência de ação quanto ao interesse de agir, pelo fato de ter sido a própria administração que julgou daquela forma, ou seja, não há interesse da Fazenda em recorrer das suas próprias decisões.

Com respeito às teses contrárias, divergíamos desse posicionamento, pois existiam algumas exceções que legitimariam a Fazenda Pública para recorrer das decisões administrativas, pelos seguintes motivos: primeiro, por uma interpretação *a contrario sensu*, pois o próprio CTN, ao falar no inciso IX *que não mais possa ser objeto de ação anulatória*, já estaria legitimando a Fazenda; segundo, porque o princípio da inafastabilidade do Poder Judiciário é um princípio constitucional e, portanto, em face da isonomia, se o contribuinte pode, o Fisco também pode; terceiro, porque o Conselho de Contribuintes é um órgão colegiado e paritário, com representantes da Fazenda e do Contribuinte e, portanto, a decisão não é da própria Fazenda; quarto, porque o Conselho Administrativo de Recursos Fiscais não pode julgar matéria constitucional e, assim, poderia ocorrer um julgamento com inconstitucionalidade flagrante ou um vício insanável na decisão prolatada, como, por exemplo, corrupção comprovada na venda de votos dos conselheiros que proferiram a decisão.

Nesses casos, seria inadmissível um julgamento contaminado que não pudesse ser reanalisado pelo Poder Judiciário, daí a Procuradoria-Geral da Fazenda Nacional ter editado a Portaria n. 820/2004 e o Parecer PGFN/CRJ 1.087/2004, determinando a obrigatoriedade de o representante da Fazenda ajuizar ação anulatória das decisões do Conselho de Contribuintes e da Câmara Superior de Recursos Fiscais que afastem a aplicação de leis ou decretos. Contudo, com a edição da Lei n. 11.941/2009 a questão ficou pacificada, pois o art. 48 previu expressamente que o Conselho Administrativo de Recursos Fiscais integra a estrutura do Ministério da Fazenda, logo a decisão será da própria Fazenda, não havendo interesse de recorrer das suas próprias decisões.

10.5.10 Decisão Judicial Passada em Julgado

Em face da coisa julgada material, se a ação judicial proposta pelo contribuinte lhe for favorável, após o trânsito em julgado o crédito tornar-se-á extinto.

10.5.11 Dação em Pagamento de Bens Imóveis

A dação em pagamento é um instituto previsto pelo Código Civil, que significa a aceitação pelo credor de bem diverso de dinheiro. No âmbito tributário, essa modalidade foi inserida no art. 156 do CTN pela LC n. 104/2001. Na verdade, a referida lei complementar só veio ratificar uma prática usual perante as Fazendas Públicas. No Direito Tributário, em função das peculiaridades que esse ramo do Direito Público possui, a dação em pagamento exige lei autorizativa do ente tributante[82], e segundo a letra da lei se dá em relação a bens imóveis, daí a discussão quanto à possibilidade da aceitação por parte da Fazenda de dação de bens móveis[83].

A matéria é controvertida. O STF[84] afastou a dação em pagamento de bens móveis como modalidade de extinção de crédito tributário, por entender se tratar de uma afronta ao art. 37, XXI, da CF, que determina a exigência de licitação para as compras efetuadas pela Administração Pública, para assegurar a igualdade de condições a todos os concorrentes. Ocorre que o mencionado dispositivo constitucional também estabelece a exceção para a regra com a expressão "ressalvados os casos especificados na legislação". Nesse sentido, a Lei n. 8.666/93, que regulamentava o art. 37, XXI, da CF, poderia conter dispensas ao procedimento licitatório, dada a autorização constitucional. Assim, as exceções constantes do art. 24 da então vigente Lei n. 8.666/93 seriam hipóteses válidas de dação em pagamento de bens móveis para o fim de extinguir o crédito tributário. Por outro lado, a criação da nova modalidade somente poderia ser feita mediante lei complementar, conforme dispõe o art. 146, III, *b*, da CF. Posteriormente, a dação em pagamento foi novamente objeto de apreciação pelo STF na ADI 2.405-1, que, alterando o entendimento firmado na ADI 1.917-DF, julgou constitucional uma lei ordinária do Rio Grande do Sul que previu o uso do instituto para extinção de créditos

---

82 Sobre a dação em pagamento através de bens imóveis, ver Lei n. 13.259/2016 (alterada pela Lei n. 13.313/2016).

83 A Portaria n. 32 da PGFN regulamentou a dação em pagamento de bens imóveis para extinção de débitos tributários inscritos em dívida ativa da União. Se o débito estiver em discussão judicial, o contribuinte está obrigado a desistir das ações e renunciar a quaisquer alegações de direito sobre as quais elas se fundem. Prevê, ainda, que a modalidade de extinção abrange a totalidade do débito que se pretende liquidar, com atualização, juros, multa e encargos legais, sem desconto de qualquer natureza, assegurando ao devedor a possibilidade de complementação em dinheiro de eventual diferença entre o valor da totalidade da dívida e o valor do bem ofertado. Por fim, o requerimento de dação em pagamento deve ser apresentado na unidade da PGFN do domicílio tributário do devedor, ensejando a abertura de processo administrativo para acompanhamento.

84 ADI 1.917-5/DF, rel. Min. Ricardo Lewandowski.

tributários, mediante a entrega de bens imóveis e móveis. Assim, diferentemente do que foi decidido na ADI 1.917-DF, entendeu que não seria necessária a reserva de lei complementar, conforme previsto no art. 146, III, *b*, da Constituição da República de 1988, para o tratamento das causas de extinção do crédito tributário, pois os Estados-membros possuiriam autonomia para estabelecer regras específicas de quitação de seus créditos. Mesmo a Constituição de 1967 não reservava à lei complementar a enumeração dos meios de extinção e de suspensão dos créditos tributários e assim manteve a Constituição de 1988, salvo no que se refere à prescrição e decadência tributárias, razão pela qual o rol do 156 do CTN não seria taxativo, mas sim exemplificativo. Segundo a fundamentação do julgado na ADI, a LC n. 104/2001, que acrescentou o inciso XI ao art. 156 do CTN, não quis restringir a interpretação somente para bens imóveis, pois é plausível que lei estadual, com vista ao incremento da receita, estabeleça novas modalidades de extinção. Ressalte-se que a Lei n. 6.830/80 (Lei de Execução Fiscal), em seu art. 24, prevê a hipótese de adjudicação pela Fazenda Pública e que o referido dispositivo não faz nenhuma restrição aos bens móveis, o que corrobora o entendimento de que também é possível a dação em pagamento em bens móveis. A questão invocada é semelhante à dação em pagamento, ainda que com esta não se confunda, pois consiste em ato judicial através do qual se transfere a propriedade de bem penhorado para o credor, com a finalidade de quitação do débito objeto do processo executivo. Ressalvamos, por fim, que diversamente do que foi decidido na ADI 1.917-DF, o STF, na ADI 2.405-1, não se manifestou quanto à exigibilidade de licitação quanto à dação em pagamento de bens móveis. Em síntese, temos que a lei que disponha sobre a dação em pagamento de bens móveis somente será constitucional caso a competição seja inviável ou, sendo ela possível, houver dispensa do processo de licitação por não atender ao interesse público.

É bem verdade que o CTN não prevê expressamente essa modalidade extintiva de crédito (bens móveis), embora a Lei n. 9.711/98 tenha autorizado o INSS a receber, como dação em pagamento, Títulos da Dívida Agrária. Ressalte-se, porém, que o STJ através do REsp 589.837, posicionou-se no sentido do não cabimento de dação em pagamento através de títulos da dívida pública emitidos no início do século para extinção de crédito tributário relativo a PIS e COFINS, ante a ausência de permissivo legal exigido pelo art. 97, VI, do CTN.

De outro lado, o STF já admitiu a dação em pagamento com títulos da dívida agrária, conforme julgado no AgRg no REsp 759.180/PE. Alegou o Tribunal que a Lei n. 9.711/98 possibilitou o oferecimento de Títulos da Dívida Agrária como dação em pagamento de débitos previdenciários. Embora a posição sustentada pelo STJ (REsp 480.404/MG) tenha sido pelo descabimento de dação em pagamento através de títulos da dívida pública. Percebam, portanto, que a matéria é bem controvertida no âmbito dos tribunais superiores.

10.6 Modalidades de Exclusão do Crédito Tributário

As modalidades de exclusão do crédito tributário englobam a anistia e a isenção, ambas necessariamente previstas em lei. Destaque-se que tanto a anistia quanto a isenção excluem o lançamento, daí o comentário que fizemos anteriormente entendendo que a decadência estaria mais bem classificada aqui como modalidade de exclusão, muito embora o legislador tenha preferido colocar a decadência junto com as causas que extinguem o crédito tributário.

Essas modalidades são consideradas como renúncia de receita (art. 14 da LC n. 101/2000), por isso, além da previsão contida no CTN sobre o tema, o § 6º do art. 150 do CTN exige que esses benefícios sejam concedidos por **lei específica**, não se admitindo atos infralegais[85]. Vemos, portanto, que o princípio da legalidade é o elemento norteador de tais institutos, por constituírem benefícios fiscais. Assim, na forma do art. 175 do CTN, temos como hipóteses de **exclusão** do crédito tributário a **isenção** e a **anistia**.

Anistia × Isenção

Inicialmente, cabe destacar que isenção e anistia não se confundem, embora ambas sejam consideradas modalidades de exclusão do crédito e nas duas hipóteses ocorra o fato gerador[86], mas a lei exclui o lançamento. A distinção se dá em relação a outros aspectos, pois a lei de isenção é editada por motivos sociais, econômicos ou políticos que levam à dispensa do pagamento do tributo e, por isso, salvo disposição de lei em contrário, abrange fatos geradores posteriores à lei que a concede, prevalecendo o princípio da irretroatividade.

Já na anistia (também concedida por lei), dispensa-se apenas a multa, ou seja, perdoa-se a infração cometida, mas o tributo deve ser pago, por isso a lei somente abrange os fatos geradores pretéritos à sua vigência. Por essa razão se afirma que o motivo de a concessão da anistia afastar a impontualidade do inadimplemento da obrigação é recuperar o crédito considerado perdido. Assim, para efeitos didáticos, veremos cada uma delas separadamente.

10.6.1 Anistia

Anistia advém de uma palavra grega (*amnestia*), que significa esquecimento, daí dizer que o Fisco esquece a infração cometida, concedendo perdão da infração tributária praticada pelo sujeito passivo da obrigação tributária, que, na forma do art. 97, VI, do CTN somente poderá ser concedido **por lei** do ente federativo titular da competência tributária, abrangendo **apenas as infrações** cometidas **antes de sua vigência**.

---

85 Sobre o tema, a LC 160/2017 dispõe sobre convênio que permite aos Estados e ao DF deliberar sobre a remissão dos créditos tributários decorrentes das isenções, dos incentivos e dos benefícios fiscais ou financeiro-fiscais instituídos em desacordo com o disposto na alínea g do inciso XII do § 2º do art. 155 da CF.

86 Para parte da doutrina, a isenção é uma hipótese de não incidência legal – não ocorre fato gerador.

Lembramos que o art. 150, § 6º, da CRFB determina ainda que não basta que a anistia seja concedida por lei, mas deve sê-lo por lei específica, ou seja, a lei tem que fazer menção expressa às hipóteses que vai atingir, e tem que ser específica para essa finalidade, de modo a evitar que a lei autorizativa da anistia o faça de forma genérica, uma vez que deve combater a renúncia de receita. A anistia, assim como a isenção, não afasta o cumprimento das obrigações acessórias, já que a anistia se dá para multas, permanecendo a exação principal.

10.6.1.1 Não Cabimento da Anistia

Conforme o *inciso I* do art. 180 do CTN, a anistia não abrange as infrações originadas de **crimes** e **contravenções,** bem como aquelas que derivem de **erro, dolo, fraude ou simulação** praticados pelo contribuinte ou por terceiro em benefício daquele. Por outro lado, o *inciso II* do referido artigo prevê que a anistia não se aplica, "salvo disposição em contrário, às infrações resultantes de **conluio** entre duas ou mais pessoas naturais ou jurídicas".

Assim como ocorre com as isenções, a existência de lei que confira a anistia não desobriga do cumprimento das **obrigações acessórias**, conforme dispõe o parágrafo único do art. 175 do CTN. Aliás, até as pessoas físicas ou jurídicas dotadas de imunidade não estão dispensadas das obrigações acessórias.

Conforme o art. 111 do CTN, a lei que outorgar isenção ou anistia deve ser interpretada literalmente, ou seja, estritamente.

10.6.1.2 Classificação

A anistia pode ser classificada da seguinte forma:

Geral ou limitada

O art. 181 do CTN traz essa distinção. Nesse sentido, a anistia classificada como *geral* é aquela que alcança o elemento espacial do fato gerador, ou seja, abrange todas as infrações cometidas nos limites do território do ente federativo que editou a lei de anistia e, portanto, titular da competência tributária.

Já a anistia classificada como **limitada,** *também* chamada de restrita, está prevista no inciso II do referido artigo do CTN, que prevê a sua concessão: a) às infrações da legislação relativa a determinado tributo; b) às infrações punidas com penalidades pecuniárias até determinado montante, conjugadas ou não com penalidades de outra natureza; c) a determinada região do território da entidade tributante, em função de condições a ela peculiares; d) sob condição do pagamento de tributo no prazo fixado pela lei que a conceder, ou cuja fixação seja atribuída pela mesma lei à autoridade administrativa.

Com base na redação do art. 182, a anistia, quando não concedida em caráter geral, será efetivada, em cada caso, por despacho da autoridade administrativa por requerimento do interessado, provando que preenche as condições e os requisitos previstos pela lei, daí dizer que o referido despacho não gera direito adquirido ao beneficiário, aplicando-se, quando cabível, o disposto no art. 155 do CTN. Trataremos melhor a discussão sobre o direito adquirido mais adiante.

Incondicionada ou condicionada

A anistia será *incondicionada* quando não exigir do contribuinte qualquer condição para a sua concessão, ou seja, qualquer contraprestação por parte do beneficiado. Já a anistia *condicionada* é aquela que prevê, para a concessão do benefício, que sejam cumpridas determinadas condições, como, por exemplo, a hipótese da letra *d* do art. 181.

10.6.1.3 Anistia e Direito Adquirido

A análise do art. 182 do CTN é importante, pois através dele conheceremos a forma como essa anistia será concedida. Nesse sentido, vimos que a anistia, quando não concedida em caráter geral, será efetivada por despacho da autoridade administrativa, em requerimento com o qual o interessado faça prova do preenchimento das condições e do cumprimento dos requisitos previstos em lei para sua concessão. Vale ressaltar que na forma do parágrafo único do citado artigo, o despacho da autoridade não gerará direito adquirido, aplicando-se, quando cabível, o disposto no art. 155 do mesmo diploma legal. Assim, conclui-se que, tratando-se de anistia concedida em caráter geral, a sua efetivação ocorre de forma automática, não necessitando de requerimento do interessado.

Podemos dizer, em síntese, que a *anistia em caráter geral* tem as seguintes características: a) beneficia a todos os sujeitos passivos, independentemente de requerimento; b) gera direito adquirido; c) é concedida sem qualquer condição; d) decorre da lei, daí ser chamada de absoluta; e) abona as infrações cometidas em todo o território do ente tributante.

Já a *anistia em caráter individual* restrita ou limitada tem por características: a) é efetivada por despacho da autoridade administrativa; b) beneficia os que preenchem os requisitos legais; c) não gera direito adquirido; d) pode ser revogada de ofício.

10.6.1.4 Distinção entre Remissão e Anistia

Os institutos da remissão e da anistia não se confundem. **Primeiro**, porque a remissão é causa de extinção de crédito (art. 156 do CTN), ainda que seja parcial, enquanto a anistia é causa de exclusão do crédito, conforme dispõe o art. 175 do CTN. **Segundo**, porque, quanto ao objeto, a remissão constitui um perdão do crédito tributário, enquanto o objeto da anistia é a infração à legislação tributária (multa). **Terceiro**, porque, em relação ao momento de sua ocorrência, a remissão se dá após a constituição do crédito tributário, mas atinge também a obrigação, enquanto na anistia atinge o momento da constatação da infração, mas o crédito tributário em si continua, ou seja, o tributo. Embora ambas careçam de lei específica, conforme dispõe o art. 150, § 6º, da CRFB, discute-se quem poderia conceder a anistia, ou seja, de que ente federativo seria essa lei, por força da redação contida no art. 61, § 1º, II, *b*, da CRFB: São de iniciativa privativa do Presidente da República as leis que disponham sobre a organização administrativa e judiciária, **matéria tributária e orçamentária**, serviços públicos e pessoal da administração dos Territórios.

Na ADI 2.320/SC, o STF entendeu que esse dispositivo se aplica somente aos territórios, daí entendermos que a expressão *lei específica* significa aquela editada pelo próprio ente titular da competência tributária e que trate apenas da matéria pertinente ao respectivo benefício fiscal. Por esse motivo, diz-se que não se admite a anistia em branco e, portanto, prevalece o entendimento de que a matéria tributária não é objeto de reserva legal de iniciativa do chefe do Poder Executivo[87].

10.6.2 Isenção

Inicialmente, cabe destacar que o instituto da isenção comporta uma série de discussões, a começar pela sua natureza jurídica, ou seja, se é considerada uma não incidência legal ou uma dispensa legal de pagamento, conforme veremos adiante. Assim temos que a **isenção,** como regra no direito brasileiro, é prevista em **lei**[88] **de competência do ente tributante**, daí ser chamada de isenção autonômica que poderá ser **total** ou **parcial**. Importante lembrar que o instituto da isenção tributária encontra amparo na Constituição, em seu art. 150, § 6º, e também nos arts. 97, VI, e 175 a 179, todos do CTN.

10.6.2.1 Natureza Jurídica

Como dissemos anteriormente, a natureza jurídica da isenção é polêmica. Parte da doutrina[89] entende que a isenção situa-se no campo da não incidência legal e, por isso, exclui a própria obrigação tributária, não ocorrendo, portanto, o fato gerador. Nesse sentido, a doutrina contemporânea considera que a lei de isenção obsta o nascimento da obrigação em função da não ocorrência do fato gerador. Em posicionamento diverso, o STF (RE 114.850-1), corroborando a teoria clássica[90], entendeu que a isenção está no campo da incidência, pois ocorre o fato gerador, nasce a obrigação tributária, mas não haverá o crédito, por força da lei isentiva que dispensa o pagamento do tributo[91], ou seja, há o fato gerador, mas a lei desobriga o contribuinte do pagamento, impedindo o lançamento. Temos como exemplo a lei

---

87   Abordamos o tema com mais profundidade no item 2.3.4 do Capítulo 2.

88   As isenções previstas na CF/88, na verdade, têm natureza de **imunidade**, pois esta é uma hipótese de **não incidência** constitucionalmente prevista.

89   Liderada por José Souto Maior Borges e Alfredo Augusto Becker.

90   Compartilhamos do entendimento da dispensa legal de pagamento, juntamente com: STF, Rubens Gomes de Souza, Amílcar Falcão. Sustentando a não incidência legal: Aliomar Baleeiro, Flávio Novelli, Luciano Amaro, entre outros.

91   A imunidade possui natureza de garantia constitucional, prevista como uma das limitações constitucionais ao poder de tributar, daí ser chamada também de hipótese de não incidência constitucionalmente qualificada. Trata-se de uma ordem ao legislador para não editar leis tributando pessoas ou coisas imunes.

que isenta do IPTU, pois, ao adquirir um imóvel, o sujeito praticou a hipótese de incidência, ou seja, o fato gerador, já que passou a ser proprietário de um bem imóvel; no entanto, poderá ser isento por lei do pagamento do referido imposto, motivo pelo qual não haverá lançamento.

10.6.2.2 Previsão em Lei

Os dispositivos citados até agora são claros em submeter à isenção a reserva legal. Contudo, a expressão *ainda quando prevista em contrato*, contida no art. 176, pode gerar confusão. Assim, temos que o fato de o citado artigo mencionar a isenção por contrato não afasta a reserva legal. Tal previsão visa a disciplinar a forma que os entes federativos atraem investidores, celebrando contratos se comprometendo a conceder certos benefícios, entre eles a isenção. Diga-se de passagem que o contrato em si não é suficiente para isentar o investidor, pois é necessária uma lei, mas o contrato servirá para que o investidor requeira uma indenização perante o ente federativo pactuante, que se comprometeu a conceder o benefício. Por isso, o parágrafo único do art. 176 permite que a isenção seja restrita a determinada região do território da entidade tributante, em função de condições a ela peculiares, devendo ser respeitado também o princípio da uniformidade geográfica, contido no art. 151, I, da CRFB.

Também temos as isenções de ICMS, para as quais a Constituição em seu art. 155, § 2º, XII, *b*, exige a deliberação dos Estados através dos Convênios no âmbito do CONFAZ[92].

10.6.2.3 Tributos que Alcança

O art. 177 do CTN prevê que, salvo disposição de lei em contrário, a isenção não é extensiva às taxas e às contribuições de melhoria nem aos tributos instituídos posteriormente à sua concessão. Esse dispositivo fundamenta-se no fato de que as taxas e as contribuições de melhoria são tributos vinculados, contraprestacionais, retributivos, ou seja, que exigem uma contraprestação do Estado. Como o contribuinte é diretamente beneficiado pelo pagamento do tributo através de uma atividade estatal diretamente relacionada a ele, e a isenção, na forma do art. 111, II, do CTN, determina a interpretação restritiva das leis que a concedem, somente se a lei dispuser em contrário será possível entendimento diverso. A proibição de que a isenção seja extensiva aos tributos posteriormente instituídos decorre de uma conclusão lógica: não se pode compatibilizar o art. 150, § 6º, ao exigir lei específica, com o contido no art. 177 do CTN, razão pela qual acreditamos que em função do dispositivo constitucional citado é inviável, do ponto de vista prático, uma lei que conceda isenção para tributos posteriores à sua vigência.

---

92 Abordamos o tema com mais profundidade no Capítulo 2 – Fontes do Direito Tributário.

Pelo fato de a interpretação da lei de isenção ser literal, o juiz não pode atuar como legislador positivo e estender o benefício da isenção a categorias não alcançadas pela lei. Recomendamos a (re)leitura do capítulo sobre hermenêutica.

10.6.2.4 Classificação das Isenções

As isenções podem ser classificadas de diversas formas:

Autonômica e Heterônoma

Como já vimos, a regra no Direito brasileiro é a chamada isenção autonômica, ou seja, aquela concedida por lei do próprio ente titular da competência tributária, daí o art. 151, III, da CRFB, que veda à União instituir isenções de tributos da competência dos Estados, do Distrito Federal ou dos Municípios. Assim, temos como isenção heterônoma aquela em que lei federal conceda isenção de tributos estaduais e municipais. A regra é que somente o ente federativo titular da competência tributária possa isentar seus próprios tributos (isenção autonômica), considerando que, de certa forma, tal ato constitui renúncia de receita. Assim, a regra é a vedação da isenção heterônoma, embora existam três hipóteses em que é admitida: a) art. 155, § 2º, XII, *e*; b) art. 156, § 3º, II; e c) os tratados internacionais[93].

Gratuitas e Onerosas

Na isenção *gratuita* (também chamada de não onerosa, pura, simples, unilateral ou não contratual), a lei não exige o cumprimento de qualquer prestação por parte do contribuinte, isto é, quando não lhe impõe qualquer condição para gozar do benefício fiscal, resultando, portanto, de mera liberalidade. É outorgada em caráter geral e quase sempre se refere a impostos indiretos. Já na isenção *onerosa*, também chamada de condicionada, bilateral ou contratual, exige-se do beneficiário o cumprimento dos requisitos previstos na lei isentiva, conforme dispõem os arts. 178 e 179, ambos do CTN. São em regra contratuais ou contraprestacionais, pois são concedidas por prazo determinado.

Atualmente entende-se que a isenção onerosa é a que preenche ambos os requisitos, ou seja, é concedida em função de determinadas condições e por prazo certo. Vejamos um caso de isenção onerosa: determinado Município, com o objetivo de criar um polo industrial, resolveu editar lei de incentivo fiscal, concedendo isenção de ISSQN durante cinco anos para empresa que se estabelecesse no referido Município. Contudo, fez as seguintes exigências: a) que gerasse no mínimo 10 empregos no Município; b) que investisse no mínimo R$ 50.000,00; c) que não tivesse filial em Município vizinho. Assim, a empresa instalou-se no Município, mas, após um ano de funcionamento, com a mudança do Prefeito e da Câmara de Vereadores foi editada nova lei, revogando a isenção concedida.

---

93 Abordamos os Tratados Internacionais no capítulo "Fontes do Direito Tributário".

Indaga-se, então, se tal revogação se aplicaria à empresa que preencheu todos os requisitos e gozava do benefício. O art. 178 do CTN determina que a *isenção concedida por prazo certo e de caráter oneroso não pode ser revogada antes do término do prazo assegurado na lei*, para os beneficiários que tenham direito adquirido. Nesse sentido, seria cabível o ajuizamento de um Mandado de Segurança com pedido de liminar, matéria sustentada inclusive pela Súmula 544 do STF e também no art. 41 do ADCT.

Instantânea, a Prazo Certo e a Prazo Indeterminado

Essa classificação da isenção diz respeito a prazo, podendo ser instantânea, a prazo certo e a prazo indeterminado.

A *isenção instantânea* é aquela em que o contribuinte fica dispensado de pagar o tributo incidente sobre fato gerador simples ou instantâneo, ou seja, que ocorre em um dado momento no tempo. Assim, cada vez que a situação prevista na lei é concretizada, dá ensejo à ocorrência de um novo fato gerador, como, por exemplo, a saída de mercadoria de estabelecimento em relação ao ICMS. Assim, a isenção instantânea perderá seu efeito futuro tão logo ocorra o fato específico que a ensejou, daí ser desnecessária a sua revogação.

A isenção *a prazo certo*, como o próprio nome sugere, caracteriza-se por vigorar por um determinado prazo estabelecido em lei, daí ficar claro que os seus efeitos cessarão tão logo se esgote o prazo referido. Vale lembrar que o **art. 178 do CTN** estabelece que a isenção a prazo certo e onerosa não pode ser revogada durante a sua vigência. Significa dizer que, se a lei for revogada, deverá ser respeitado o direito adquirido de quem já estava no gozo do benefício.

Já a isenção estabelecida por *prazo indeterminado* é aquela cuja lei instituidora não faz qualquer referência à limitação do tempo de sua eficácia. É bom lembrar que, como não existe lei de vigência e eficácia perpétua, a lei que concede essa isenção poderá ser revogada a qualquer tempo.

Subjetivas e objetivas

As isenções são *subjetivas* quando excluem o crédito em função das características das pessoas beneficiadas que serão indicadas por lei, como, por exemplo, isenção concedida a deficientes físicos. As isenções classificadas como *objetivas* são as que recaem sobre coisas, como bens ou mercadorias.

Ressalte-se que para a parte da doutrina que entende ser a isenção uma hipótese de não incidência legal, temos ainda as *isenções impróprias,* também chamadas de não incidência qualificada, que são aquelas em que, na própria definição do fato gerador, se excluem do campo de incidência algumas situações, que normalmente são fundamentadas nos valores de justiça da tributação ou de oportunidade econômica, como acontece com a legislação do imposto de renda, quando determina que há algumas verbas isentas do referido imposto. A nomenclatura utilizada (isenção imprópria) se justifica porque algumas verbas não configuram acréscimo patrimonial, razão pela qual sua aquisição não poderia estar a campo de incidência do Imposto que recai sobre a Renda e Proventos.

Em que pese boa parte da doutrina assim se posicionar, já nos manifestamos anteriormente no sentido de que a isenção seria, para a doutrina clássica, uma dispensa legal de pagamento. Destacamos que não obstante a redação do **art. 176 do CTN**, a isenção, ainda que prevista em contrato, é sempre decorrente de lei. Esta citação do contrato somente se justifica nas hipóteses em que um determinado ente federativo faz acordos com empresas com o objetivo de promover incentivos fiscais em seu território com o intuito de desenvolver a economia.

Caráter Geral e Individual

As isenções podem ser classificadas como de caráter geral ou individual. Será *geral* quando a lei que concede o benefício não exige a comprovação de alguma característica pessoal especial para que o sujeito passivo possa alcançá-la. Já na isenção *individual* a lei exige que as pessoas, para se beneficiarem, tenham que comprovar que preenchem determinados requisitos. Por isso, essa isenção somente será concedida através de requerimento do interessado à autoridade fiscal. O caso clássico é a isenção concedida aos deficientes físicos.

Sobre o tema, foram editadas duas súmulas:

Súmula 627 do STJ: *O contribuinte faz jus à concessão ou à manutenção da isenção do imposto de renda, não se lhe exigindo a demonstração da contemporaneidade dos sintomas da doença nem da recidiva da enfermidade.*

Súmula 640 do STJ: *O benefício fiscal que trata do Regime Especial de Reintegração de Valores Tributários para as Empresas Exportadoras (REINTEGRA) alcança as operações de venda de mercadorias de origem nacional para a Zona Franca de Manaus, para consumo, industrialização ou reexportação para o estrangeiro.*

10.6.2.5 Revogação da Isenção

A **isenção**, ao contrário da imunidade, pode ser **revogada**, pois, sendo **estabelecida em lei**[94], aplica-se o preceito da revogabilidade plena. Já a imunidade, por estar prevista no texto constitucional, só pode ser modificada por emenda constitucional, se não for considerada cláusula pétrea, como é o caso da imunidade recíproca, prevista no art. 150, VI, *a*, pois nessa hipótese nem por Emenda Constitucional poderá ser abolida. Não obstante qualquer lei de isenção possa ser revogada, o disposto no **art. 178 do CTN** merece ser analisado com cautela, pois, se a isenção

---

94 A lei de isenção vai fazer com que a lei geral de incidência tenha uma diminuição de amplitude no seu campo normativo, aplicando-se a uma situação específica. Por sua vez, o art. 104 do CTN dispõe a respeito do princípio da anterioridade no caso de revogação de isenção. Daí a Súmula 615 do STF ter sido editada à luz da Constituição anterior, sendo que o ICMS não é imposto sobre o patrimônio e renda, como determina o *caput* do art. 104. Contudo, não subsiste mais essa restrição, pois a Constituição de 1988 trata da anterioridade de forma ampla, e não só para esses tributos. Por isso essa súmula não é mais adotada, mas também não pode ser reformulada, pois o STF não julga mais essa matéria de isenções, mas sim o STJ. Posteriormente, o STF, no julgamento da ADI 2.325/DF, entendeu que a redução de benefícios fiscais implica em aumentar o tributo, e, sendo assim, deve se submeter ao princípio da anterioridade.

for onerosa, ou seja, se estabelecer condições e for concedida por prazo certo[95], revoga-se a norma em si, mas respeitam-se as situações jurídicas subjetivas adquiridas pelo beneficiário da isenção, daí dizer-se que deve ser respeitado o direito adquirido pelo beneficiário. Nesse sentido, a **Súmula 544 do STF** prevê que as isenções tributárias concedidas sob condição onerosa não podem ser livremente suprimidas.

Por outro lado, as isenções gratuitas ou não onerosas podem ser revogadas livremente. Entretanto, ocorre discussão quanto à observância do princípio da anterioridade tributária para a cobrança do tributo objeto de revogação de isenção. Uma **primeira corrente** entende que a revogação da isenção produz o mesmo efeito da majoração ou instituição de tributo, daí ter que respeitar o princípio da anterioridade tributária, pois a essência desse princípio é a não surpresa do contribuinte. Uma **segunda corrente**, esposada pelo STF (RE 204.062) em uma visão mais tradicional (se coadunando com a natureza jurídica de dispensa legal de pagamento)[96], entendeu que a lei que revoga a lei de isenção não condicionada ou sem prazo definido não equivale à majoração ou criação de um tributo novo, daí a cobrança do tributo se dar imediatamente após a revogação, não merecendo observância o princípio da anterioridade. Ocorre que o próprio STF, no julgamento do AgRg no RE 564.225/RS, entendeu de forma diferente ao dizer que a norma que revoga redução de benefício fiscal configura aumento indireto de imposto, portanto, está sujeito ao princípio da anterioridade tributária[97]. Diante do presente julgado que foi ratificado pelo AgR no RE 1.081.041/SC, podemos entender que está ocorrendo uma mudança de entendimento pelo Tribunal passando a respeitar a anterioridade tributária na revogação das isenções.

Destacamos ainda os comentários que fizemos sobre o art. 104, III, do CTN no capítulo em que abordamos o tema.

Conforme o art. 179, § 1º, do CTN o despacho concessionário deve ser renovado, pois, caso contrário, seus efeitos cessarão automaticamente. Contudo, esse artigo deve ser interpretado com cautela, pois uma característica pessoal irreversível

---

95   Tem prevalecido o entendimento de que para o preenchimento da revogabilidade são necessários ambos os requisitos: REsp 196.473/SP.

96   Ver ADI 2.325/DF. Ver também a ADI 939-7/DF.

97   O Min. Marco Aurélio afirmou que o princípio da anterioridade visa proteger o contribuinte. *"As duas espécies de anterioridade – a anterioridade alusiva ao exercício e a nonagesimal – visam evitar que o contribuinte seja surpreendido. Se, de uma hora para outra, modifica-se o valor do tributo, muito embora essa modificação decorra de cassação de benefício tributário, há surpresa."*

Vencidos os Ministros Dias Toffoli e Rosa Weber. Para eles, a revogação de benefício fiscal não configura aumento de imposto, portanto, não precisaria respeitar o princípio da anterioridade. Em seu voto, Toffoli afirmou que antigos julgados do STF apontavam que a isenção fiscal cingia-se ao regime da legislação ordinária e que o instituto retratava a dispensa de pagamento de tributo devido e não hipótese de não incidência. Assim, com a revogação da isenção, entendia-se não haver instituição ou majoração de tributo (ou extensão de sua incidência), uma vez que a exação já existia e persistia, embora com a dispensa legal de pagamento.

não tornaria razoável a sua comprovação frequente ao Fisco, como, por exemplo, uma invalidez permanente. Já o § 2º do mesmo dispositivo diz que o despacho em comento não gera direito adquirido, aplicando-se quando cabível o disposto no art. 155 do CTN.

10.6.2.6 Isenção e Obrigações Acessórias

O parágrafo único do art. 175 do CTN permite o entendimento de que a lei que concede isenção não dispensa o cumprimento das obrigações acessórias. Nesse sentido também o art. 194 do CTN.

10.6.2.7 Ministério Público e Legitimação para Questionar Benefícios Fiscais

A posição do STF (REsp 396.081-RS) era pacífica no sentido da impossibilidade do Ministério Público questionar via ação civil pública matéria tributária. Com a edição da MP n. 2.180-35 (em consonância com a Emenda n. 32/2001), o § 1º do art. 1º da Lei n. 7.347/85 passou a ter nova redação em que se vedou expressamente o cabimento da ACP em matéria de tributo. Há que se ressaltar que, antes mesmo da medida provisória em tela, o STF (RE 195.056-1) e o STJ (REsp 845.034) já se posicionavam no sentido da ilegitimidade do *Parquet* na tutela dos interesses do contribuinte via Ação Civil Pública. Sempre defendemos[98] a legitimação do Ministério Público em algumas hipóteses, até que o STF passou a permitir o cabimento de ação civil pública para questionar benefícios fiscais que comprometam a receita pública. A 1ª Turma do STJ decidiu, por unanimidade, que o Ministério Público tem legitimidade para atuar em defesa do patrimônio público lesado por renúncia fiscal inconstitucional. O Ministério Público Federal ingressou com ação civil pública para que fosse declarada a nulidade, com efeitos retroativos, do registro e do certificado de entidade filantrópica concedidos à Apec, e que houvesse, também, a adaptação do estatuto da entidade para fazer constar a finalidade lucrativa. O certificado conferiu à entidade isenção de impostos e contribuições sociais que, segundo o Ministério Público Federal, foram utilizados com o intuito de distribuição de lucros, inclusive com o financiamento e a promoção pessoal e política de alguns de seus associados, o que gerou a ocorrência de grave lesão aos cofres públicos. O Ministro Hamilton Carvalhido, em voto, entendeu que está claro o desvio de finalidade por parte da Apec. O dinheiro decorrente da isenção tributária deveria ter sido investido em prol da educação e não para financiar a promoção pessoal e política de seus sócios, configurando, assim, a agressão à moralidade administrativa. Segundo o ministro, a emissão indevida do certificado pode afetar o interesse social como um todo. Ressaltou também que o objeto da ação ultrapassa o interesse patrimonial e econômico da Administração Pública, atingindo o próprio interesse

---

98 Leia mais sobre o tema em nossa obra *Processo tributário (administrativo e judicial)*, 6ª ed., Saraiva, 2018.

social ao qual as entidades filantrópicas visam promover. Já em relação à suspensão da imunidade tributária, o ministro entendeu que não houve esgotamento do objeto da ação, pois o que se pretendia era a nulidade do ato administrativo, bem como o reconhecimento de ofensa à moralidade administrativa.

Destaque-se que o STF (RE 576.155/DF) firmou o posicionamento de que o Ministério Público teria legitimidade para propor Ação Civil Pública com o objetivo de anular Termo de Acordo de Regime Especial – TARE firmado entre o Distrito Federal e empresas beneficiárias de redução fiscal.

11

Garantias e Privilégios do Crédito Tributário

11.1 Breves Considerações

Este capítulo do CTN inaugura as normas protetivas ao crédito tributário. A LC n. 118, de 2005 fez algumas alterações nos artigos que envolvem a matéria tributária quanto às garantias e privilégios do crédito tributário.

Podemos dizer que as garantias e os privilégios do crédito tributário nada mais são do que as prerrogativas de que dispõe a Administração Pública na busca da satisfação do crédito.

Ressalte-se que esses privilégios não são da Fazenda Pública, mas sim do crédito tributário, em função da sua natureza. Caso contrário, poder-se-ia invocar a violação do princípio da isonomia. Daí dizer-se que o que se veda é o privilégio odioso. Como exemplo, citamos o entendimento do STF, na ADI 1.753-2/DF, que suspendeu a eficácia do art. 4º da MP n. 1.577-6/97, que havia aumentado para cinco anos o prazo para a Fazenda ajuizar ação rescisória.

Qualquer crédito, independentemente da sua natureza, tem como garantia o patrimônio do devedor. Assim, por razões de interesse público, no intuito de preservar a arrecadação, o crédito tributário sofre proteção especial, tanto para aumentar a probabilidade de pagamento como nas preferências para o recebimento. Essa preferência é estabelecida em função de o patrimônio do devedor, não raro, não ser suficiente para saldar a dívida, nesse caso surgindo o chamado concurso de credores, conforme veremos mais adiante.

11.2 Garantias × Privilégios

A relação jurídico-tributária, como já visto anteriormente, advém do poder de império do Estado, sempre em prol da supremacia do interesse público. Nesse sentido, a cobrança administrativa ou judicial do crédito tributário possui algumas prerrogativas, com o objetivo de facilitar a arrecadação tributária. O art. 183, que inaugura o capítulo objeto de análise, além de não trazer distinção entre garantias e privilégios, trouxe um rol exemplificativo[1] quanto às garantias. A distinção entre os dois institutos não é pacífica na doutrina. Na visão de Baleeiro[2]:

> As garantias são expressão amplíssima e genérica. Privilégios e preferências são garantias. Entretanto, nem toda garantia é um privilégio ou uma preferência. Configura garantia tudo o que conferir maior segurança, estabilidade ou facilidade e comodidade ao crédito, podendo estar ou não referida no Capítulo VI do CTN, razão pela qual o art. 183 estabelece não ser exaustivo o rol das garantias. Elas são, em sentido lato, fiança, responsabilidade, caução.

Em que pesem as diversas classificações dos institutos citados, preferimos adotar a posição de que os privilégios devem ser entendidos como preferências do crédito, já que a expressão "privilégio" poderia insinuar a violação do princípio da igualdade. Assim, temos que a **garantia** nada mais é do que um mecanismo assecuratório do exercício de um direito, no caso, o da Fazenda em relação ao seu crédito respectivo. Já os **privilégios** são as prerrogativas inerentes ao direito de satisfazer o seu crédito antes dos demais credores, ou seja, de prioridade no recebimento do crédito tributário em relação aos demais créditos, daí ser chamado de preferência do crédito.

As garantias ao crédito tributário, cujo rol, como vimos, é exemplificativo, estão previstas nos arts. 183 a 185 e 191 a 193 do CTN. O próprio art. 183 prevê logo de início que as garantias atribuídas pelo CTN não excluem outras que sejam expressamente previstas em lei. Por outro lado, o parágrafo único do citado artigo dispõe que a natureza da garantia não altera a natureza do crédito tributário, tampouco da obrigação correspondente, e, da mesma forma, as garantias do crédito tributário não se transferem para o terceiro que pague a dívida tributária, na condição de responsável. Temos então que, sendo a garantia real, por exemplo, o crédito não deixar de ter natureza tributária para ter natureza hipotecária.

Considerando que o rol de garantias previstas no CTN é exemplificativo, indaga-se se poderia, então, uma lei estadual ou municipal instituir alguma nova espécie de garantia ao crédito que não esteja prevista no CTN. Entendemos que sim, pois, inicialmente, o art. 183, ao permitir em sua redação que as garantias atribuídas não excluem outras, admite tal entendimento. Associado a isso, temos que, desde que as leis estaduais ou municipais não interfiram na competência privativa da União prevista no art. 22, I, da CRFB, não vemos qualquer inconstitucionalidade. Pode-se citar como exemplo a estipulação de obrigações acessórias para aprimorar a fiscalização no âmbito municipal, estadual e até mesmo federal. Nesse sentido, verifica-se que alguns tributos têm algumas garantias específicas em razão

---

1   As garantias de natureza civil, comercial ou outras podem somar-se a essas garantias do CTN.

2   BALEEIRO, Aliomar. *Direito tributário brasileiro*. 11ª ed., atual. por Misabel Abreu Machado Derzi, Rio de Janeiro: Forense, 2000, p. 960.

de suas particularidades, como é o caso do imposto de importação, que exige termos de responsabilidade peculiares ao comércio exterior.

Por fim, em regra, a preferência resulta de um privilégio concedido por lei. Contudo, com a inclusão da preferência dos créditos como garantia real, poderá essa preferência resultar da manifestação de vontade, como é o caso da hipoteca.

11.3 Universalidade dos Bens e Impenhorabilidade

O princípio da universalidade dos bens se encontra implícito no **art. 184 do CTN**, que prevê que todos os bens do devedor respondem pelo crédito tributário, mesmo aqueles gravados por ônus real ou cláusula de inalienabilidade ou impenhorabilidade[3]. Contudo, excepciona os bens absolutamente impenhoráveis. Nesse sentido, temos o disposto no CPC, no art. 10 da Lei n. 6.830/80 e nos arts. 3º e 4º da Lei n. 8.009/90[4] (originária da MP n. 143/90), que tratam dos bens e das rendas que por força de lei são absolutamente impenhoráveis.

Analisando o art. 184 do CTN, conclui-se que todos os bens e rendas do sujeito passivo, espólio ou da massa falida respondem pelo crédito, inclusive os gravados por ônus real, cláusula de inalienabilidade ou impenhorabilidade, salvo o bem de família, se não for dívida tributária considerada *propter rem*, que abrange o IPTU e as contribuições de melhoria, ITR, entre outras[5] (assim também dispõe o art. 30 da LEF). Sobre o bem de família, o STJ no REsp 2.147.154 diz que imóvel familiar alienado é impenhorável mesmo após constituição do crédito.

Ocorre que, com a LC n. 118/05, que alterou o art. 186 do CTN, restou o crédito tributário abaixo dos créditos com garantia real. Esta inovação se deu por força das instituições financeiras, que são as entidades que mais se utilizam dessas garantias, como, por exemplo, a hipoteca. Na verdade, de nada adiantava tal garantia, pois se houvesse falência o crédito tributário preferia sobre a garantia real, daí a diferença entre os juros oficiais e os juros cobrados pelos bancos aos clientes nas operações de crédito (*spread* bancário). Assim, após a LC n. 118/05, com base na Lei n. 11.101/05, os créditos tributários não mais preferem aos créditos com garantia real, podendo ser opostos ao Fisco.

Vale lembrar que sobre o tema falência e recuperação judicial, a Lei n. 14.112/2020 fez algumas alterações na Lei n. 11.101/2005 conferindo às Fazendas

---

3   Vide **Súmula 332 do STJ**: *A fiança prestada sem autorização de um dos cônjuges implica a ineficácia total da garantia. Vide* também **Súmula 496 do STJ**: *Os registros de propriedade particular de imóveis situados em terrenos de marinha não são oponíveis à União.* **Súmula 486 do STJ**: *É impenhorável o único imóvel residencial do devedor que esteja locado a terceiros, desde que a renda obtida com a locação seja revertida para subsistência ou a moradia da sua família.*

4   A Lei n. 8.009/90 é originária da MP n. 143/90. Qualquer lei ordinária federal pode declarar absolutamente impenhoráveis bens para efeitos de execução fiscal. Contudo, as cláusulas particulares de impenhorabilidade não podem ser opostas contra a Fazenda Pública por força do artigo em questão.

5   Como é o caso das contribuições previdenciárias incidentes sobre a remuneração daqueles que trabalham na residência familiar (art. 3º, I, da Lei n. 8.009/90).

Públicas a possibilidade de requerer a falência durante o processo de recuperação judicial na hipótese em que o devedor não cumpra o parcelamento fiscal ou a transação tributária realizada com o Fisco em sede de recuperação judicial. Da mesma forma, prevê a decretação de falência quando identificado o esvaziamento patrimonial da devedora que implique liquidação substancial da empresa, em prejuízo de credores não sujeitos à recuperação judicial, inclusive as Fazendas Públicas.

Contudo, é cediço que o CTN não pode ser alterado por lei ordinária em razão da sua recepção como lei complementar. Logo, as modificações introduzidas pela lei em comento, no que se refere ao tema falimentar, não podem interferir no texto do CTN.

O art. 184 do CTN deve ser analisado concomitantemente à Lei de Execução Fiscal, face à identidade da matéria na cobrança judicial do crédito.

11.4 Presunção de Fraude

O art. 185 do CTN, alterado pela LC n. 118/2005, prevê que se o sujeito passivo em débito com a Fazenda Pública não deixar bens ou rendas suficientes para a total satisfação da dívida tributária regularmente inscrita, haverá **presunção de fraude** na alienação (ou seu começo) ou oneração desses bens ou rendas. Tal artigo visa minimizar as fraudes contra o Fisco, bem como permitir a recuperação judicial da empresa.

11.4.1 Momento de Caracterização da Presunção de Fraude

Com essa alteração, presume-se fraudulenta a alienação dos bens do devedor (desde que ele não deixe bens para satisfazer o crédito) a partir da **inscrição regular em dívida ativa**, e não mais da execução fiscal. Os bens do devedor só se tornam efetivamente indisponíveis com a penhora por parte da Fazenda; admitir o contrário seria permitir que o contribuinte, sabedor de uma futura exação fiscal, começasse a se desfazer de bens com o intuito de frustrar a execução, daí essa alienação já ser considerada fraudulenta desde a regular inscrição em dívida ativa. Entende-se por regular aquela que, além de não conter vícios, seja de conhecimento do contribuinte. Por isso, a LC n. 104/2001 vem ao encontro dessa regra ao permitir a divulgação da inscrição em dívida ativa na forma do art. 198, § 3º, II, do CTN.

11.4.2 Presunção Relativa × Presunção Absoluta

Apesar de o STJ (REsp n. 1.141.990/PR em recurso repetitivo) já ter se firmado no sentido de que essa presunção é absoluta, pois não há que se perquirir a intenção do contribuinte em fraudar o Fisco, entendemos que a presunção de fraude sob o aspecto patrimonial é relativa, mas sob o aspecto subjetivo, do dolo na fraude, é absoluta.

11.4.3 Fraude contra Credores × Fraude à Execução

Analisaremos agora duas questões contidas no art. 185. A primeira relativa às expressões "alienação e oneração" e a segunda quanto à fraude ser de credores ou à execução. Quanto ao primeiro item, temos que a **alienação** que pode ensejar a fraude, conforme dispõe o artigo em comento, é qualquer ato voluntário *inter vivos* praticado pelo devedor de que resulte a transferência de propriedade a terceiros, independentemente de ser a título gratuito ou oneroso, como, por exemplo, a venda e a doação. Já a **oneração** é qualquer ato voluntário que, sem importar a transferência da propriedade, limite as faculdades inerentes a ela, como domínio, gozo, fruição e uso, como por exemplo ocorre no usufruto.

Por outro lado, questão mais complexa é quanto à lei que se aplica às hipóteses de fraude. Ressalte-se que a *fraude contra credores* é um instituto do direito material previsto no Código Civil, enquanto a *fraude à execução* é um instituto do direito processual previsto no Código de Processo Civil. Frise-se que o art. 2º do Decreto n. 22.866/33 já considerava feitas em fraude à Fazenda Pública as alienações ou o seu começo, realizadas por contribuinte em débito, ainda que a respectiva cobrança não estivesse ajuizada. Contudo, o projeto de lei que deu origem à Lei de Execução Fiscal rejeitou a proposta de reativar o conteúdo do decreto citado. Percebe-se que em 2005 reativou-se essa previsão, ao dispor que a partir da regular inscrição em dívida ativa presumir-se-á a fraude. Assim, entendemos que se trata de nítida fraude contra credores que assume os mesmos efeitos da fraude à execução, diga-se de passagem, agora muito mais rígidos. Contudo, cabe à Fazenda a prova de que o contribuinte tinha conhecimento da inscrição do crédito em dívida ativa.

11.5 Penhora On-Line

O **art. 185-A do CTN**, que prevê a matéria[6], foi acrescentado pela LC n. 118/2005. Mas na verdade essa lei só veio a positivar aquilo que a jurisprudência já vinha aceitando e a Justiça do Trabalho já vinha realizando há muito tempo, daí a indisponibilidade se efetivar preferencialmente por meio eletrônico, com uma vinculação entre o Judiciário, o Banco Central e as instituições financeiras. Ressalte-se que a EC n. 45/2004 inseriu o inciso LXXVIII ao art. 5º da CRFB, prevendo que a todos, no âmbito judicial e administrativo, são assegurados a razoável duração do processo e os meios que garantam a celeridade de sua tramitação.

Ocorrerá a penhora *on-line* na hipótese de o devedor tributário, devidamente citado, não pagar nem apresentar bens à penhora no prazo legal e não serem encontrados bens penhoráveis e satisfazer determinados requisitos[7]. Nesse caso, o

---

6   Sobre o tema recomendamos a obra de Augusto Mansur, *Garantia judicial de penhora e certidão fiscal.* Rio de Janeiro: Lumen Juris, 2010.

7   O STJ (REsp 1.377.507-SP – Recurso Repetitivo) estabeleceu os requisitos para a medida de indisponibilidade de bens e direitos (art. 185-A do CTN). A indisponibilidade de bens e direitos autorizada pelo art. 185-A do CTN depende da observância dos **seguintes requisitos**: (i) citação do devedor; (ii) inexistência de pagamento ou apresentação de bens à penhora no prazo legal; e (iii) a não localização de bens penhoráveis após o esgotamento das diligências realizadas pela Fazenda, ficando este caracterizado quando houver nos autos (a) pedido de acionamento do BACEN-JUD e consequente determinação pelo magistrado e (b) a expedição de ofícios aos registros públicos do domicílio do executado e ao Departamento Nacional

juiz determinará a indisponibilidade de seus bens e direitos, comunicando a decisão, preferencialmente por meio eletrônico, aos órgãos e entidades que promovem registros de transferência de bens, especialmente ao registro público de imóveis e às autoridades supervisoras do mercado bancário e do mercado de capitais, a fim de que, no âmbito de suas atribuições, façam cumprir a ordem judicial. A expressão usada pela letra da lei é preferencialmente, e não exclusivamente, por meio eletrônico.

A indisponibilidade de que trata o *caput* do artigo limitar-se-á ao valor total exigível, devendo o juiz determinar o imediato levantamento da indisponibilidade dos bens ou valores que excederem esse limite. Por outro lado, os órgãos e entidades aos quais se fizer a comunicação enviarão imediatamente ao juízo a relação discriminada dos bens e direitos cuja indisponibilidade houverem promovido.

O STJ (REsp 1.184.765 – recurso repetitivo) entende que a utilização do Sistema BacenJud (posteriormente, SISBAJUD) prescinde do exaurimento de diligências extrajudiciais por parte do exequente a fim de se autorizar o bloqueio eletrônico de depósitos ou aplicações financeiras.

O cumprimento do mandado pelo oficial de justiça é complexo, pois somente após ter cumprido todas as diligências, ou seja, citação, penhora, avaliação e registro é que ele é devolvido e juntado aos autos.

Surge uma discussão quanto à necessidade do registro da penhora para torná-la válida. Entendemos que a penhora reputa-se perfeita e acabada com a lavratura do auto ou termo respectivo, independentemente do registro posterior. O registro não é ato integrante da penhora e sua inexistência não torna a penhora inexistente; ele é feito pelo juiz da execução onde ocorreu a penhora e tem a finalidade de dar publicidade a terceiros de que existe um gravame sobre o bem, e, com isso, evitar a má-fé. Nesse sentido, o STJ no REsp 1.141.990/PR (submetido ao rito dos recursos repetitivos) reconheceu que a previsão contida na Súmula 375/STJ não se aplica ao âmbito das execuções fiscais movidas pela Fazenda Pública, de modo que o reconhecimento de fraude à execução independe do registro de penhora ou da prova da má-fé de terceiro adquirente. Ademais, os Ministros destacaram que a presunção de fraude de que trata o art. 185 do CTN é absoluta, não comportando, portanto, prova em contrário, o que torna irrelevante a existência de boa-fé do adquirente. Nesse sentido, os Ministros reconheceram a fraude e declararam a nulidade de operação de alienação de bem móvel (REsp 1.717.276/RS, 2ª Turma do STJ).

---

ou Estadual de Trânsito – DENATRAN ou DETRAN. Quanto aos requisitos para indisponibilidade de bens e direitos, infere-se do art. 185-A do CTN que a ordem judicial para a decretação da indisponibilidade de bens e direitos do devedor ficou condicionada aos seguintes: (i) citação do executado; (ii) inexistência de pagamento ou de oferecimento de bens à penhora no prazo legal; e, por fim, (iii) não forem encontrados bens penhoráveis (nesse sentido: AgRg no REsp 1.409.433-PE). Especificamente em relação ao último requisito, a 1ª Seção do STJ firmou entendimento no sentido de que o credor deve comprovar o esgotamento das diligências aptas à localização dos bens do devedor, quando pretender a indisponibilidade de bens e direitos com base no art. 185-A do CTN (AgRg no AREsp 343.969-RS e AgRg no AREsp 428.902-BA).

Sobre o tema foi editada a **Súmula 560 do STJ**: *A decretação da indisponibilidade de bens e direitos, na forma do art. 185-A do CTN, pressupõe o exaurimento das diligências na busca por bens penhoráveis, o qual fica caracterizado quando infrutíferos o pedido de constrição sobre ativos financeiros e a expedição de ofícios aos registros públicos do domicílio do executado, ao Denatran ou Detran.*

Por fim, ressaltamos que inexiste fraude à execução na alienação de bem de família. Nesse sentido, entendeu o STJ (REsp 1.486.437/PR), tendo em vista que o bem de família goza de impenhorabilidade absoluta, por força da Lei n. 8.009/90, e, portanto, jamais será expropriado para satisfação do interesse do exequente. Os Ministros destacaram que a cláusula de impenhorabilidade se mantém mesmo quando o devedor aliena bem que lhe sirva de residência, uma vez que este é imune aos efeitos da execução, e, caso reconhecida a invalidade do negócio jurídico, o imóvel retornaria à esfera patrimonial do devedor ainda com *status* de bem de família.

11.6 Análise do Art. 186 do CTN

Com a publicação da Lei n. 11.101/2005, a LC n. 118/2005 alterou o art. 186 de modo a compatibilizar a ordem de preferência de pagamento dos créditos na falência e na recuperação judicial. Nesse sentido, o crédito tributário ficou atrás dos créditos decorrentes de acidente de trabalho, juntamente com os créditos trabalhistas limitados a 150 salários e os créditos com direito real de garantia. Vale dizer que antes mesmo desse dispositivo, o STJ (REsp 446.035-RS) já equiparava os créditos decorrentes de acidente de trabalho aos trabalhistas. Essa alteração fez com que, na ordem de preferência dos créditos em geral, o crédito tributário caísse uma posição. Contudo, a regra geral quanto à aplicabilidade dos privilégios do crédito tributário dá-se nos casos em que haja cobrança coletiva de créditos, como falência, recuperação judicial, liquidação de sociedades, inventários e arrolamentos.

A Lei n. 11.101/2005 foi alterada pela Lei n. 14.112/2020, que trouxe importantes inovações no tratamento dos créditos tributários em processos de recuperação judicial e falências. Apesar de a referida lei não poder alterar o CTN por ser formalmente uma lei ordinária, ela alterou a Lei n. 10.522/2002, como por exemplo: a) regulamentação dos atos constritivos de bens em execuções fiscais; b) introdução de novas formas de regularização do passivo tributário; c) impactos na inadimplência fiscal nas ações de Recuperação Judicial e Falências; d) maior envolvimento do Fisco no andamento das ações de Recuperação Judicial e; e) tributação e destinação de recursos nas alienações de ativos na recuperação judicial.

Apesar das alterações citadas, o art. 186 do CTN não foi alterado. Assim, em síntese, temos que o crédito tributário não prefere: *a) aos créditos extraconcursais:* Os créditos extraconcursais estão previstos no art. 84 da Lei de Falências (Lei n. 11.101/2005 alterada pela Lei n. 14.112/2020), da mesma forma reproduzido parcialmente no art. 188 do CTN; *b) às importâncias passíveis de restituição:* Previstas nos arts. 85 e 86 da Lei de Falências. Nesse sentido, antes mesmo das alterações já se posicionava o STJ, tanto que editou a **Súmula 307**, que assim dispõe: *A restituição* *de adiantamento de contrato de câmbio, na falência, deve ser atendida antes de qualquer crédito.* Da mesma forma a **Súmula 427 do STF**: *"Pode ser objeto de restituição, na falência, dinheiro em poder do falido, recebido em nome de outrem, ou do qual, por lei ou contrato, não tivesse ele a disponibilidade; c) **crédito trabalhista*** (até 150 salários mínimos) e o crédito decorrente de **acidente de trabalho**; d) **aos créditos com garantia real:** Como já dissemos alhures, as instituições bancárias conseguiram que os créditos com garantia real, no limite do valor do bem gravado, tivessem preferência sobre os créditos tributários.

11.6.1 Multas

Em relação à multa fiscal, na vigência do Decreto-Lei n. 7.661/45, em seu art. 23, parágrafo único, III, esta não poderia ser reclamada em sede de processo falimentar[8]. Contudo, com o advento da Lei n. 11.101/2005, o art. 83, VIII, *b*, prevê o pagamento das multas, embora apenas à frente dos créditos subordinados (como o crédito dos sócios e dos administradores sem vínculo empregatício).

11.6.2 Cessão de Créditos

Outra questão interessante é a discussão quanto à possibilidade de cessão e sub-rogação de créditos. Entendemos que se o crédito já foi inscrito em dívida ativa, já constitui crédito líquido, certo e exigível. Nesse sentido, não encontramos óbices legais para que haja a cessão. O mesmo destino deve ser dado às garantias atribuídas ao crédito, pois se o art. 183 diz que a natureza do crédito está ligada ao fato gerador e não à natureza da garantia, o fato de haver cessão do crédito não altera as garantias a ele pertinentes.

A LC 208/2024 passou a regular a cessão de créditos tributários e não tributários prevendo, inclusive, que as cessões de direitos creditórios realizadas pela União, pelos Estados, pelo DF e pelos Municípios em data anterior à publicação da referida lei permanecerão regidas pelas respectivas disposições legais e contratuais específicas vigentes à época de sua realização.

11.7 Concurso de Preferências

Em relação ao crédito comum, cabe ao credor buscar a satisfação de seu direito através de uma ação de cobrança. Já a cobrança judicial do crédito tributário não se sujeita ao concurso de credores ou à habilitação em falência, inventário ou arrolamento, e agora, em face da LC n. 118/2005, também à recuperação judicial, conforme dispõe o art. 187 do CTN.

Apesar de o *caput* do artigo dispor que a cobrança judicial do crédito tributário não é sujeita a concurso de credores ou habilitação em falência, recuperação

---

8   Nesse sentido a **Súmula 565 do STF**: *A multa fiscal moratória constitui pena administrativa, não se incluindo no crédito habilitado em falência.*

judicial, inventário ou arrolamento, o parágrafo único do art. 187 trouxe uma controvertida exceção ao concurso de preferências que, na verdade, somente ocorria entre as próprias pessoas jurídicas de direito público.

Sempre sustentamos que o parágrafo único do art. 187 do CTN não teria sido recepcionado pela CRFB porque haveria violação ao princípio federativo, considerando a inexistência de hierarquia entre os entes políticos. Finalmente, no julgamento da ADPF 357, o STF considerou como não recepcionado pela CF/88 os parágrafos únicos do art. 187 e do art. 29, da Lei de Execuções Fiscais, que estabelecem preferência da União no recebimento de créditos de dívida ativa, assim como a preferência de estados a municípios. Assim foram canceladas as Súmulas 563 do STF e 497 do STJ.

11.8 Interesse da Fazenda Pública para Requerer a Falência do Devedor

A Lei n. 11.101/2005, em sua redação originária, não assegurava expressamente à Fazenda o direito de exigir, através de execução fiscal autônoma, créditos de sociedade falida. De outro lado, diante da existência da Lei n. 6.830/80, a Fazenda continua com a prerrogativa de não precisar promover a habilitação do crédito no processo falimentar, pois o juízo especializado e de competência absoluta para a cobrança do crédito tributário é a execução fiscal. Assim, hipótese que comporta divergência é a legitimidade (ou interesse) ativa da Fazenda para requerer a falência do contribuinte. Uma *primeira corrente*, minoritária[9], sustentava a sua legitimidade em razão da literalidade do art. 97, IV, da Lei n. 11.101/2005, que diz que qualquer credor pode requerer a falência. Nesse sentido, se o legislador não fez distinção quanto ao credor, não cabe ao intérprete fazê-lo. Uma *segunda corrente,* majoritária, esposada pelo STJ, à qual também nos filiamos, entende que o crédito tributário, por ser privilegiado, tem características peculiares ou *sui generis*. Nesse sentido, a Fazenda não teria interesse em requerer a falência do devedor e perder seus privilégios, ou melhor, submeter-se a uma ordem de preferência que lhe será prejudicial. Ademais, a Fazenda não se submete ao concurso de credores, bastando inscrever o crédito em dívida ativa, emitir a CDA e ajuizar a competente execução fiscal. Entendemos, ainda, que o rito da execução fiscal previsto pela Lei n. 6.830/80 não é uma faculdade (embora o STJ tenha decidido em contrário), mas sim de observância obrigatória pelo Fisco. Ressalte-se também que a Fazenda não tem interesse em requerer a falência porque depois da quebra ela só pode cobrar o crédito acrescido de correção monetária e juros devidos antes da quebra, já que as multas estarão em 7º lugar (art. 83, VII, da Lei n. 11.101/2005). Podemos ainda destacar a existência de outros fundamentos que justificam a ausência de interesse: a inadequação da via eleita, o princípio da menor onerosidade, o princípio da razoabilidade e da preservação e função social da empresa.

---

9   Nesse sentido Leonardo Marques.

Contudo, com a edição da Lei n. 14.112/2020, que alterou a Lei n. 11.101/2005, os incisos VI e VII do art. 73 passaram a atribuir essa legitimidade. O inciso V seria em razão do descumprimento dos parcelamentos referidos no art. 68 da Lei n. 11.101/2005 ou da transação prevista no art. 10-C da Lei n. 10.522/2002. O inciso VI, quando identificado o esvaziamento patrimonial da devedora que implique liquidação substancial da empresa, em prejuízo de credores não sujeitos à recuperação judicial, inclusive as Fazendas Públicas.

11.9 Crédito Extraconcursal

O art. 188 do CTN definiu como crédito extraconcursal os créditos tributários decorrentes de fatos geradores ocorridos no curso do processo de falência e que ele não entra na ordem de preferência dos demais créditos, sendo pago com precedência sobre os mencionados no art. 83 da Lei n. 11.101/2005 (com alteração dada pela Lei n. 14.112/2020) que, por sua vez, está em consonância com o art. 84 do mesmo diploma legal.

11.10 Preferências dos Arts. 189 e 190 do CTN

11.10.1 Art. 189 do CTN

O art. 189 do CTN prevê que no curso do processo de inventário ou arrolamento o crédito tributário prefere a quaisquer créditos habilitados, bem como a outros encargos do monte devidos pelo *de cujus* ou seu espólio. Nesse sentido, o art. 134, IV, do CTN prevê a responsabilidade do inventariante pelas dívidas passivas do *de cujus*. Destaque-se que o inventariante pode contestar o crédito exigido.

Trata-se de uma preferência geral e absoluta do crédito, pois o inventariante tem a obrigação de informar as dívidas do autor da herança, bem como do espelho, daí o inventariante ser pessoalmente responsável pelos tributos devidos pelo espólio.

11.10.2 Art. 190 do CTN

Segundo o art. 190 do CTN, à semelhança do que ocorre no inventário e no arrolamento, os créditos tributários também têm preferência nos casos de liquidação judicial ou extrajudicial. Nesse sentido, conforme a dicção do referido artigo, serão pagos preferencialmente a quaisquer outros os créditos tributários vencidos ou vincendos, a cargo de pessoas jurídicas de direito privado em liquidação judicial ou voluntária, exigíveis no decurso da liquidação.

11.11 Exigência da Prova de Quitação de Tributos

Os arts. 191, 191-A e 192, bem como o art. 193, abordado no item 11.11, tratam de verdadeiras garantias (ainda que indiretas) ao crédito tributário, não obstante estarem inseridos no tópico como preferências.

11.11.1 Para Extinção das Obrigações do Falido

A redação original do **art. 191 do CTN** trazia a exigência de prova de quitação de todos os tributos relativos à atividade mercantil do falido. Com o advento da LC n. 118/2005, passou-se a exigir a prova de quitação de todos os tributos. Assim, segundo o dispositivo legal, enquanto não quitados, o juiz não poderá declarar a extinção das obrigações do falido. Contudo, corroboramos o entendimento contrário, que sustenta que a Lei de Falências, no art. 158, não exige a prova de quitação dos tributos, e por isso não condiciona a extinção das obrigações do falido à comprovação da quitação fiscal, mesmo porque a Fazenda pode dar prosseguimento à cobrança via execução fiscal. Entender diferente acaba por inviabilizar a Lei de Falências, ou seja, a possibilidade da extinção das outras obrigações do falido e sua reabilitação. É bem verdade que, com o passar do tempo, o crédito poderá ser fulminado pela decadência, prescrição ou até mesmo pela prescrição intercorrente na forma do art. 40 da LEF.

11.11.2 Para a Concessão da Recuperação Judicial

O **art. 191-A do CTN**, com redação dada pela LC n. 118/2005, prevê uma hipótese contraditória, pois exige a apresentação das certidões negativas para que o juiz conceda a recuperação judicial, admitindo também as hipóteses do art. 151 do mesmo diploma legal, em especial o parcelamento. Tal dispositivo é contraditório, porque se uma sociedade requer recuperação judicial é porque está em dificuldades financeiras, que, via de regra, são decorrentes de créditos tributários. Assim, é um contrassenso exigir que para a concessão da recuperação judicial se apresente a prova de quitação, pois se a empresa tivesse recursos para quitar seus débitos, não necessitaria de recuperação.

A matéria suscita controvérsia na tentativa de compatibilizar o art. 191-A do CTN com o art. 57 da Lei n. 11.101/2005. Nesse sentido, analisando também os arts. 206 e 155-A, § 3º, do CTN, constata-se que lei específica disporá sobre as condições de parcelamento dos créditos tributários do devedor em recuperação judicial. Uma primeira corrente, sustentada pelas Fazendas, baseada na interpretação literal do art. 191-A do CTN, entende ser necessária a prova de quitação para a concessão da recuperação judicial. Uma segunda corrente entende que o art. 57 da Lei de Falências é inconstitucional, pois fere a razoabilidade. Uma terceira corrente entende que o art. 57 em discussão traz uma norma de eficácia limitada, e, portanto, somente produzirá seus efeitos com o advento da lei específica.

Destacamos aqui o entendimento do Tribunal de Justiça de São Paulo: "Os TJs de São Paulo, Rio de Janeiro e Mato Grosso têm sido unânimes em afastar a necessidade de apresentação de certidões negativas de débito pelas empresas no momento da homologação de seus planos de recuperação judicial".

Ao nosso sentir, o art. 57 da Lei n. 11.101/2005 e o art. 191-A do CTN devem ser interpretados à luz das novas diretrizes traçadas pelo legislador, sobretudo no que se refere ao parcelamento do crédito tributário em benefício da empresa em recuperação. Isso porque o parcelamento tributário (que é causa de suspensão da exigibilidade do tributo, nos termos do art. 151, VI, do CTN) é direito da empresa em recuperação judicial que conduz a situação de regularidade fiscal. Assim, o eventual descumprimento do que dispõe o art. 57 só pode ser atribuído à ausência de legislação específica que discipline o parcelamento em sede de recuperação judicial, não constituindo ônus do contribuinte. Logo, enquanto se fizer inerte o legislador, deve-se mitigar a apresentação de certidões de regularidade fiscal para que lhe seja concedida a recuperação. Nessa linha caminhou o STJ (REsp 1.187.404/MS), enfatizando que o art. 47 serve como um norte a guiar a operacionalidade da recuperação judicial, sempre com vistas ao desígnio do instituto, que é "viabilizar a superação da situação de crise econômico-financeira do devedor, a fim de permitir a manutenção da fonte produtora, do emprego dos trabalhadores e dos interesses dos credores, promovendo, assim, a preservação da empresa, sua função social e o estímulo à atividade econômica".

O STJ (REsp n. 1.864.625-SP) enfrentou novamente o tema e entendeu pela desnecessidade de apresentação de certidões negativas de débitos tributários por, entre outros argumentos, não ser compatível com o espírito de preservação da empresa essencialmente inserido na Lei n. 11.101/2005.

De outro lado, o STF foi invocado a se manifestar na Reclamação 43.169 e assinalou que a ponderação da proporcionalidade entre duas normas infraconstitucionais "não tem o condão, por si só, de transformar uma controvérsia eminentemente infraconstitucional em constitucional". Assim, afastou o argumento de violação à Súmula Vinculante 10 e ao art. 97 da Constituição Federal.

11.11.3 Para Julgamento de Partilha ou Adjudicação

O **art. 192 do CTN** se assemelha ao art. 189 do CTN, pois trata da exigência da certidão para julgamento de partilha ou adjudicação, no que se refere aos tributos relativos ao espólio. Embora o dispositivo seja bastante explicativo, ressalte-se que a quitação dos tributos se dá somente em relação aos bens e rendas do espólio.

Esse dispositivo também é chamado de garantia indireta e, diga-se de passagem, mesmo na partilha extrajudicial (Lei n. 11.441/2007), passou a exigir a apresentação da prova de quitação dos tributos. O STJ enfrentou o tema e, com base no CPC e CTN, fixou o entendimento de que no arrolamento sumário, a homologação da partilha ou da adjudicação, bem como a expedição do formal de partilha e da carta de adjudicação, não se condiciona ao prévio recolhimento do ITCMD, devendo ser comprovado, todavia, o pagamento dos tributos relativos aos bens do espólio e as suas rendas.

11.12 Exigência de Certidão e Contratação com o Poder Público

O **art. 193 do CTN** trata da exigência de prova de quitação[10] de todos os tributos devidos à Fazenda Pública para contratar ou aceitar proposta em concorrência.

Analisando o artigo citado, verifica-se que o CTN exige que o contribuinte faça prova da quitação de todos os tributos devidos à *Fazenda Pública interessada,* ou seja, apenas os relativos ao ente contratante. O art. 27, IV, da Lei n. 8.666/93, não exigia somente certidão da Fazenda Pública interessada, sendo bem mais amplo, pois exige uma série de certidões perante as Fazendas Federal, Estadual e Municipal de seu domicílio ou sede. Assim, indagava-se a constitucionalidade dessa exigência, acerca do confronto do art. 193 do CTN com a Lei n. 8.666/93, com fundamento no art. 37, XXI, da CRFB.

O entendimento dominante era a prevalência do disposto no art. 193 do CTN, que é a lei complementar que trata do tema, ou seja, exigem-se apenas as certidões relativas às Fazendas interessadas, com o cuidado de não esquecer que a Constituição, em seu art. 195, § 3º, exige também a apresentação de certidão de regularidade com a Seguridade Social. Parece-nos que esse posicionamento seria razoável e isonômico, pois permitiria a participação de um maior número de interessados.

Nesse sentido, andou bem a LC n. 123/2006, que permitiu que as microempresas e as empresas de pequeno porte pudessem participar de licitações sem a apresentação da certidão, exigindo-a apenas no momento da contratação.

Por fim, questiona-se se o edital poderia prever outras certidões de regularidade fiscal. Entendemos que essa exigência seria compatível[11] com o art. 37, XXI, da CRFB, desde que nos limites da razoabilidade e que não inviabilizem o exercício da atividade profissional. Ademais, as peculiaridades de cada ente federativo justificam a necessidade de a Fazenda interessada exigir ou não requisitos específicos, conforme a localidade, para a contratação com o poder público.

Dispõe ainda o art. 195, § 3º, que pessoa jurídica em débito com o sistema da seguridade social, como estabelecido em lei, não poderá contratar com o Poder Público nem dele receber benefícios ou incentivos fiscais ou creditícios (ver EC n. 106/2020), salvo se obtiver uma Certidão Positiva de Débito com Efeito de Negativa, conforme dispõe o art. 206 do CTN.

Assim, temos que o CTN exige a apresentação da certidão de quitação de tributos em quatro hipóteses: a) art. 191 – para declaração de extinção das obrigações do falido; b) art. 191-A – para a concessão de recuperação judicial; c) art. 192 – para o

---

10 O Decreto n. 1.006/93 instituiu o Cadastro Informativo de Créditos não Quitados de Órgãos e Entidades Federais, permitindo que a Fazenda exerça um controle mais rígido sobre as dívidas federais. Ver Súmulas 29 e 38 do extinto TFR.

11 Em sentido contrário, Hugo de Brito Machado (op. cit., p. 267). A exigência de quitação é excepcional e não pode ser ampliada por lei ordinária. Só é cabível nas situações expressamente indicadas pelo CTN.

julgamento da sentença de partilha ou de adjudicação e; d) art. 193, para a celebração de contrato com entidade pública ou participação em licitação.

Afinal, a certidão se reveste de um documento formal que atesta a adimplência do interessado.

12

Administração Tributária

12.1 Conceito

Conceitualmente, a **Administração Tributária** é uma especialização da atividade da Administração Pública que, através da máquina administrativa, cuida da constituição do crédito, das funções de arrecadar e fiscalizar tributos, da organização e do funcionamento das repartições fazendárias, bem como de toda a atividade fiscal, incluindo a emissão de certidões fiscais.

A Administração Tributária[1] já estava prevista no CTN, nos arts. 194 a 208, e ganhou *status* constitucional com o disposto no art. 145, § 1º, da Constituição de 1988, que facultou à Administração Tributária identificar, respeitados os direitos individuais e nos termos da lei, o patrimônio, os rendimentos e as atividades econômicas do contribuinte, como forma de verificar a sua capacidade contributiva.

No CTN, a Administração Tributária é dividida em três capítulos:

a) **Fiscalização** – *prevista nos arts. 194 a 200; didaticamente subdivide-se em: sigilo comercial, dever de informar e sigilo fiscal, auxílio da força policial, responsabilidade pessoal do agente público.*

b) **Dívida Ativa** – *conforme dispõem os arts. 201 a 204.*

c) **Certidões de Regularidade Fiscal** – *conforme os arts. 205 a 208.*

A Constituição considerou a Administração Tributária como de fundamental importância para atingir os principais objetivos da Fazenda, que são arrecadar e fiscalizar, daí vários dispositivos constitucionais abordarem o tema, como, por exemplo, o art. 37, XXII, que dispõe que as administrações tributárias são atividades essenciais ao funcionamento do Estado, o art. 167, IV, que permite excepcionalmente a vinculação da receita de impostos destinados à Administração Tributária, e o art. 145, § 1º, já citado.

---

[1] Administração Tributária é um termo mais restrito que Administração Fiscal, pois esta última engloba também os créditos não tributários, daí, por exemplo, a Lei de Execução Fiscal que trata da cobrança judicial dos dois tipos de créditos.

Para que a máquina pública realize o interesse público, é necessário estruturar de modo organizado vários elementos. Assim, prestigiou-se a Administração Tributária para melhorar a fiscalização e, consequentemente, a arrecadação, permitindo-se que o Estado otimizasse o controle da obtenção da receita.

12.2 A Administração e o Princípio da Legalidade

A Administração Tributária, a pretexto de fiscalizar, arrecadar (receita pública) e punir os infratores, não pode eximir-se de observar o princípio da legalidade. Significa dizer que a conduta dos fiscais se pauta pela vinculação à lei, como ocorre no lançamento tributário. Por esse motivo se afirma que a atividade de fiscalização está intimamente ligada à competência (administrativa) para fiscalizar e, sobretudo, para praticar o ato. É necessário que a competência seja observada, pois constitui elemento essencial de validade do ato, sob pena de ser este considerado nulo. Assim, não se deve admitir (ao menos como regra) que um ente federativo fiscalize ou determine o cumprimento de obrigações acessórias cuja competência é atribuída a outro ente da Federação. O STJ (REsp 73.086) já tem posição consolidada no sentido de que a fiscalização municipal deve restringir-se à sua área de competência e jurisdição. Segundo o Tribunal, permitir que um Município exija a apresentação de livros fiscais e documentos de estabelecimentos situados em outros municípios, estaria concedendo poderes à municipalidade de fiscalizar fatos ocorridos no território de outros entes federados, inviabilizando, inclusive, que estes exerçam o seu direito de examinar referida documentação de seus próprios contribuintes. A utilização de livros e notas fiscais eletrônicas não afasta esse entendimento – a fiscalização será digital. Nesse sentido, entendemos que a legislação de um ente federativo que traga restrições injustificadas ao exercício da atividade profissional viola flagrantemente os preceitos constitucionais.

A título de ilustração, o STF (ADI 3.670/DF) julgou procedente a ação para declarar a inconstitucionalidade da Lei distrital n. 3.705, que criava restrições a empresas que discriminassem na contratação de mão de obra.

Da mesma forma, o STF (RE 1.167.509 com repercussão geral), julgou inconstitucional o CPOM de São Paulo, ou seja, a exigência do cadastro de prestadores domiciliados fora de Municípios. Com isso o Tribunal busca pôr fim à bitributação do ISSQN e, consequentemente, à "guerra fiscal" entre Municípios em todo o Brasil.

Em síntese, sustentamos que, como regra no âmbito tributário, a fiscalização municipal deve ficar restrita à sua área de competência e "jurisdição", por força do **princípio da territorialidade**. Permitir que qualquer município exija a apresentação de livros fiscais e documentos de estabelecimentos situados em outros municípios é conceder poderes à municipalidade para fiscalizar fatos ocorridos no território de outros entes federados, inviabilizando, inclusive, que estes exerçam o seu direito de examinar referida documentação de seus próprios contribuintes. O mesmo ocorre com o referido cadastro que sempre questionamos desde a primeira edição deste livro.

Sobre o tema foi editada a **Súmula Vinculante 49 do STF**: *"Ofende o princípio da livre concorrência lei municipal que impede a instalação de estabelecimentos comerciais do mesmo ramo em determinada área"*.

Com o advento da EC 132/23 a guerra fiscal existente entre municípios e estados tende a acabar em razão da substituição do ISSQN e do ICMS pelo Imposto sobre Bens e Serviços (IBS) de competência compartilhada entre os municípios e estados. Desde já ressaltamos ao leitor que, na forma do art. 156-B da CF/88, os Estados, o DF e os Municípios exercerão de forma integrada, exclusivamente por meio do Comitê Gestor do Imposto sobre Bens e Serviços, nos termos e limites estabelecidos nesta Constituição e em lei complementar, as seguintes competências administrativas relativas ao imposto de que trata o art. 156-A: I – editar regulamento único e uniformizar a interpretação e a aplicação da legislação do imposto; II – arrecadar o imposto, efetuar as compensações e distribuir o produto da arrecadação entre Estados, Distrito Federal e Municípios; III – decidir o contencioso administrativo.

O Comitê Gestor do IBS, entidade pública sob regime especial, terá independência técnica, administrativa, orçamentária e financeira.

12.3 Fiscalização

As normas básicas adstritas à fiscalização são reguladas pela legislação e se materializam por um conjunto de atos que visam, sobretudo, a controlar o cumprimento das obrigações, principais e/ou principalmente as acessórias. A Constituição, ao atribuir competência tributária, define também a competência para legislar, arrecadar e fiscalizar os tributos, conforme dispõem os arts. 6º a 8º do CTN. Nesse sentido, vale lembrar que, na forma do que dispõe o **art. 194 do CTN**, o ente federativo que possui a competência legislativa também detém competência para legislar sobre a respectiva fiscalização e, com isso, regulará os poderes às autoridades fiscais.

O parágrafo único do referido artigo indica quais são as pessoas sujeitas à fiscalização, aplicando-a às pessoas naturais ou jurídicas, contribuintes ou não, inclusive às que gozem de imunidade tributária ou de isenção de caráter pessoal. Observação importante é que mesmo as pessoas que gozam de imunidade e isenção não estão livres da ação fiscalizatória da Fazenda, bem como não estão desobrigadas de cumprir as obrigações acessórias. Na verdade, o ente público deve manter o seu poder fiscalizatório de uma forma ampla, de modo a coibir a sonegação fiscal. Podemos dizer que a fiscalização é um poder-dever do Estado, ou seja, uma atividade estatal que visa a estimular espontaneamente o cumprimento da legislação tributária e, da mesma forma, punir o seu descumprimento. Frise-se que a fiscalização é importante para a obtenção de receita pública para que o Estado realize o interesse público.

Para que a fiscalização seja efetiva, a legislação tributária tem que fixar os poderes e os deveres específicos a ela inerentes. Podemos exemplificar como poder da Administração Tributária o de fiscalizar as pessoas ainda que imunes ou isentas, e como dever o de guardar sigilo das informações que obtêm no exercício da fiscalização.

12.3.1 Sigilo Comercial

Os arts. 17, 18 e 19 do Código Comercial previam o sigilo dos livros comerciais que, segundo o STF, era inaplicável ao Fisco. Nesse sentido, deu-se a edição da **Súmula 439 pelo STF**: *Estão sujeitos à fiscalização tributária ou previdenciária quaisquer livros comerciais, limitado o exame aos pontos objeto da investigação.* No mesmo sentido, a **Súmula 323 do STF** diz que *é inadmissível a apreensão de mercadorias como meio coercitivo para pagamento de tributos.* E também a **Súmula 70 do STF**: *É inadmissível a interdição de estabelecimento como meio coercitivo para cobrança de tributo.*

Da mesma forma, enquadrar contribuinte na condição de inapto configura sanção política para a cobrança de tributos. Nesse sentido, o STJ entendeu que, conforme firmado pelo STF no julgamento do RE 565.048/RS, submetido ao rito da repercussão geral, o Estado não pode adotar meios indiretos de coerção para constranger o contribuinte a adimplir obrigações fiscais eventualmente em atraso, restringindo o exercício da atividade econômica. Nesse sentido, os Ministros destacaram que o ente público está vinculado ao procedimento de execução fiscal para a cobrança de seus créditos, no qual é assegurado ao devedor o devido processo legal.

Ressalte-se que antes da edição do Código Civil de 2002, o CTN, em seu art. 195, já trazia essa previsão de forma expressa.

A redação do art. 195 do CTN fala em livros e documentos, sem mencionar quais. Assim, entendemos que somente os livros de caráter obrigatório estão abrangidos nessa regra. Diante disso, o seu parágrafo único prevê que os livros obrigatórios de escrituração comercial e fiscal e os comprovantes dos lançamentos neles efetuados serão conservados até que ocorra a prescrição dos créditos tributários decorrentes das operações a que se refiram. Nesse sentido, entendemos que o dever de apresentação dos livros fiscais se refere somente aos livros obrigatórios, a não ser que a fiscalização ao abrir o termo de fiscalização encontre livros facultativos ou qualquer outro documento de interesse do fiscal, caso em que poderá ser apreendido e analisado para efeito de autuação fiscal.

O mesmo entendimento deve ser adotado quando a Fazenda não permitir que a empresa emita suas notas fiscais sem que, antes, pague os débitos pendentes, pois trata-se de uma coação ilegal (STJ, REsp 789.781).

O **art. 196 do CTN** prevê que a autoridade administrativa que proceda ou presida a quaisquer diligências de fiscalização lavrará os termos necessários para que se documente o início do procedimento, na forma da legislação aplicável, que fixará prazo máximo para conclusão daquelas providências.

O seu parágrafo único prevê que os termos a que se refere este artigo serão lavrados sempre que possível em um dos livros fiscais exibidos. Quando lavrados em separado, deles se entregará à pessoa sujeita à fiscalização cópia autenticada pela autoridade fiscalizadora.

Nesse sentido, a lavratura do Termo de Início de Ação de Fiscalização (TIAF) é de suma importância, para:

a) Determinar o termo *a quo* para a conclusão da fiscalização – durante o período de fiscalização, a empresa passa por uma situação atípica que modifica sua rotina e, por isso, não pode se perpetuar, sob pena de atrapalhar as atividades empresariais. Assim, o procedimento de fiscalização, conforme a legislação de cada ente federativo, tem um prazo máximo para término, embora seja possível a sua prorrogação. Nesse sentido, o prazo inicia e encerra com a respectiva lavratura formal do termo pela fiscalização.

b) Antecipar a contagem do prazo decadencial, na forma do parágrafo único do art. 173 do CTN.

c) Afastar o benefício da denúncia espontânea, na forma do art. 138 do CTN, pois o referido artigo prevê que este benefício será afastado por qualquer procedimento administrativo ou medida de fiscalização, relacionados à infração cometida.

12.3.2   Dever de Informar e Sigilo Profissional

Em função do ofício de determinadas pessoas, estas guardam informações relevantes para a Fazenda. Assim, o **art. 197 do CTN** prevê que mediante intimação escrita, são obrigados a prestar às autoridades administrativas todas as informações de que disponham em relação aos bens, negócios ou atividades de terceiros: I – os tabeliães, escrivães e demais serventuários de ofício; II – os bancos, casas bancárias, Caixas Econômicas e demais instituições financeiras; III – as empresas de administração de bens; IV – os corretores, leiloeiros e despachantes oficiais; V – os inventariantes; VI – os síndicos, comissários e liquidatários; VII – quaisquer outras entidades ou pessoas que a lei designe, em razão de seu cargo, ofício, função, ministério, atividade ou profissão. Por outro lado, para preservar o sigilo profissional, o parágrafo único do referido artigo prevê que a obrigação prevista no *caput* do art. 197 não abrange a prestação de informações quanto a fatos sobre os quais o informante esteja legalmente obrigado a observar segredo em razão de cargo, ofício, função, ministério, atividade ou profissão.

Assim, temos que o exercício da atividade profissional afasta o dever de informar. Por outro lado, é importante lembrar que a LC n. 105/2001[2] prevê as hipóteses em que a prestação de informações determinadas não constitui violação do sigilo a que estão obrigadas as instituições financeiras. Nesse sentido, o STJ

---

2   Ver ADI 2.386 e ADI 2.397 sobre a inconstitucionalidade da LC n. 105/2001. Ver também o Decreto n. 3.724/2001, que regulamenta o art. 6º da referida lei.

entendeu que deve ser mantida obrigação de supermercados de prestar informações ao Fisco por meio eletrônico.

12.3.3 Sigilo Fiscal

Assim, como o sigilo profissional veda a divulgação de informações, que pelo seu teor não podem ser de conhecimento geral, a legislação, em especial no **art. 198 do CTN** prevê também o chamado sigilo fiscal. Com isso, o referido artigo, com a nova redação dada pela LC n. 104/2001, menciona que, sem prejuízo da legislação criminal, é vedada a divulgação, por parte da Fazenda Pública ou de seus servidores, de informação obtida em razão de ofício sobre a situação econômica ou financeira do sujeito passivo ou de terceiros e sobre a natureza e o estado dos seus negócios ou atividades[3]. Contudo, o próprio artigo excepciona em seu § 1º, também alterado pela LC n. 104/2001, as seguintes hipóteses: I – requisição de autoridade judiciária no interesse da justiça; II – solicitações de autoridades administrativas, no interesse da Administração Pública, desde que seja comprovada a instauração regular de processo administrativo[4] no órgão ou entidade respectiva, com o objetivo de investigar o sujeito passivo a que se refere à informação, por prática de infração administrativa.

Por outro lado, o § 3º do referido artigo prevê que não é vedada a divulgação de algumas informações, mostrando *que o sigilo fiscal não é absoluto*. São elas as relativas a: a) representações fiscais para fins penais; b) inscrições na dívida ativa da Fazenda Pública; c) parcelamento ou moratória.

O intercâmbio de informações sigilosas será feito na forma do seu § 2º, ou seja, mediante processo regularmente instaurado, e a entrega será feita pessoalmente à autoridade solicitante, mediante recibo que formalize a transferência e assegure a preservação do sigilo.

Ressalte-se que, após a EC n. 42/2003, a CRFB/88 previu em seu art. 37, XXII, que as administrações tributárias de todos os entes federativos terão recursos prioritários para a realização de suas atividades e atuarão de forma integrada, inclusive com o compartilhamento de cadastros e de informações fiscais, na forma da lei ou convênio.

A Lei Complementar 208/24 inseriu dois parágrafos ao art. 198, do CTN. O § 4º prevê que, sem prejuízo do disposto no art. 197, a administração tributária

---

3   O STJ (REsp 1.411.585-PE) entendeu que o *habeas data* não é via adequada para obter acesso a dados contidos em Registro de Procedimento Fiscal (RPF). Isso porque o RPF, por definição, é documento de uso privativo da Receita Federal; não tem caráter público, nem pode ser transmitido a terceiros. Além disso, não contém somente informações relativas à pessoa do impetrante, mas, principalmente, informações sobre as atividades desenvolvidas pelos auditores fiscais no desempenho de suas funções. Nessa linha, o acesso a esse documento pode, em tese, obstar o regular desempenho do poder de polícia da Receita Federal.

4   No REsp 686.777 foi decidido que o extravio do processo administrativo, no qual se baseou a execução fiscal, retira a exigibilidade do título executivo (CDA).

poderá requisitar informações cadastrais e patrimoniais de sujeito passivo de crédito tributário a órgãos ou entidades, públicos ou privados, que, inclusive por obrigação legal, operem cadastros e registros ou controlem operações de bens e direitos. Já o § 5º estabelece que, independentemente da requisição prevista no § 4º, os órgãos e as entidades da administração pública direta e indireta de qualquer dos Poderes colaborarão com a administração tributária visando ao compartilhamento de bases de dados de natureza cadastral e patrimonial de seus administrados e supervisionados.

Nesse sentido, no âmbito da legislação infraconstitucional, no **art. 199 do CTN** já havia previsão semelhante.

Verifica-se, portanto, que o art. 37, XXII, da CRFB/88 e o art. 199 do CTN são normas de eficácia limitada, pois exigem lei ou convênio para que haja a transferência das informações. Nesse caso, se o contribuinte for autuado com base em informação concedida sem lei ou convênio, segundo posicionamento do STJ (REsp 310.210), *será nula a autuação*.

Vejamos uma questão interessante para ilustração que foi analisada pelo STF (RE 389.808). A matéria se originou em função de um comunicado feito pelo Banco à empresa informando que a Delegacia da Receita Federal do Brasil – com amparo na LC n. 105/2001[5] – havia determinado àquela instituição financeira, em mandado de procedimento fiscal, a entrega de extratos e demais documentos pertinentes à movimentação bancária da empresa relativamente a determinado período. O Banco cientificou a empresa que, em virtude de tal mandado, iria fornecer os dados bancários em questão. A empresa ajuizou o RE no STF contra acórdão do TRF da 4ª Região, que permitiu "o acesso da autoridade fiscal a dados relativos à movimentação financeira dos contribuintes, no bojo do procedimento fiscal regularmente instaurado". Para a empresa, "o poder de devassa nos registros naturalmente sigilosos, sem a mínima fundamentação, e ainda sem a necessária intervenção judicial, não encontra qualquer fundamento de validade na Constituição Federal". Afirma que foi obrigada por meio de Mandado de Procedimento Fiscal a apresentar seus extratos bancários, sem qualquer autorização judicial, com fundamento apenas nas disposições da Lei n. 10.174/2001, da LC n. 105/2001 e do Decreto n. 3.724/2001, sem qualquer respaldo constitucional.

Ressaltamos, por fim, o teor da **Súmula Vinculante 24 do STF**: *Não se tipifica crime material contra a ordem tributária, previsto no art. 1º, incisos I a IV, da Lei n. 8.137/90, antes do lançamento definitivo do tributo.*

---

5   Ver ADIs (2.390, 2.386, 2.397, 2.389 e 2.406) contra o art. 6º da LC n. 105/2001. Compartilhamos do entendimento sustentado no RE 389.808-PR ao concluir que "a inviolabilidade do sigilo de dados, tal como proclamada pela Carta Política em seu art. 5º, XII, torna essencial que as exceções derrogatórias à prevalência desse postulado só possam emanar de órgãos estatais – órgãos do Poder Judiciário (e, excepcionalmente, as CPIs), aos quais a própria Constituição Federal outorgou essa especial prerrogativa de ordem jurídica".

12.3.4 Sigilo Bancário

O sigilo bancário é uma das questões mais complexas desse capítulo, pois a discussão não é nova e sempre despertou e ainda desperta polêmicas. De um lado, temos que o sigilo bancário não é absoluto, admitindo mitigação em casos excepcionais. Por outro lado, temos a proteção constitucional relativa à intimidade e à privacidade prevista no art. 5º, XII, da CRFB/88). A área de limite de confronto entre a proteção constitucional e a mitigação do sigilo provoca a polêmica que trataremos adiante.

12.3.4.1 Histórico do Sigilo Bancário no Brasil

Na vigência da Constituição de 1946, sob a égide do Decreto n. 47.373/59, entendia o STF que o sigilo bancário não era oponível ao Fisco, pois não haveria risco de divulgação das informações obtidas junto às instituições financeiras, já que as autoridades fazendárias que teriam acesso a essas informações estariam obrigadas a guardar sigilo. A Lei n. 4.595/64, coadunando-se com esse posicionamento, em seu art. 38 previa que: *"As instituições financeiras conservarão sigilo em suas operações ativas e passivas e serviços prestados"* (...).

Assim, frise-se que a lei permitia a quebra do sigilo bancário em determinadas situações, conforme podemos extrair dos parágrafos do citado dispositivo. Com o advento do CTN, surgiu um questionamento quanto à hipótese de o art. 197 do referido Código ter ou não revogado os §§ 5º e 6º do art. 38 da Lei n. 4.595/64, quando estabeleceu que os bancos e demais instituições financeiras teriam o dever de prestar às autoridades fazendárias todas as informações relativas aos particulares em geral. O STF (RE 71.640/BA) entendeu que não haveria qualquer incompatibilidade entre os dispositivos, pois o que a Lei n. 4.595/64 fez foi explicitar a forma pela qual o sigilo bancário poderia ser mitigado pela autoridade fiscal. Com o advento da Constituição de 1988, que preserva entre outros direitos a privacidade e a intimidade, novamente se discute a questão da mitigação do sigilo bancário, já que ele não é absoluto. Não se pode, a pretexto de manter o sigilo bancário, acobertar infrações de ordem fiscal e penal, como, por exemplo, os crimes contra a ordem tributária e, sobretudo, a "lavagem" de dinheiro. A discussão ficou ainda mais acirrada com o advento da LC n. 105/2001, que revogou o art. 38 da Lei n. 4.595/64, ampliando as hipóteses de quebra de sigilo bancário, especialmente a discussão sobre os arts. 5º e 6º da LC n. 105/2001.

Tivemos ainda, em 2001, a Lei n. 10.174, que introduziu o § 3º no art. 11 da Lei n. 9.311/96, que tratava da CPMF.

Verificamos, portanto, que o legislador andou na contramão da jurisprudência ao ampliar as hipóteses de quebra de sigilo, sobretudo quanto à ampliação dos poderes da Fazenda, daí se discutir a constitucionalidade da referida lei. Em 2007, a Secretaria da Receita Federal do Brasil editou a Instrução Normativa 802[6],

---

6   O Conselho Federal da OAB ingressou com uma ADI 4.006, contra este dispositivo, por violar o princípio da legalidade, bem como o sigilo do contribuinte.

determinando que as instituições financeiras deveriam prestar informações semestrais em que o montante global movimentado em cada semestre seja superior aos seguintes limites: I – para pessoas físicas, R$ 5.000,00 (cinco mil reais) e II – para pessoas jurídicas, R$ 10.000,00 (dez mil reais).

Verifica-se que o Fisco continua caminhando no sentido de flexibilizar cada vez mais o sigilo bancário, muitas vezes extrapolando o princípio da reserva legal, no mais das vezes por atos administrativos, como o caso citado da Instrução Normativa n. 802/2007. Nesse sentido, foram ajuizadas várias ações diretas de inconstitucionalidade contra a LC n. 105/2001 (como, por exemplo, a ADI 2.386 e a ADI 2.397), bem como contra a Instrução Normativa n. 802/2007 (ADI 4.006).

A matéria suscita polêmica tanto na doutrina quanto na jurisprudência. Corroboramos o entendimento de que o sigilo bancário não é absoluto, mas nos manifestamos em sentido contrário à flexibilização da quebra do sigilo bancário nas hipóteses de as autoridades fazendárias possuírem poder de ofício para devassar o sigilo das informações dos contribuintes sob a guarda das instituições financeiras.

No âmbito da jurisprudência, a matéria também sempre foi objeto de controvérsia. O STF entendeu inicialmente que o art. 6º da LC n. 105/2001 seria constitucional, mas em decisão diametralmente oposta o STF, no julgamento dos RE 387.604/RS e 389.808/PR, entendeu que a quebra do sigilo bancário só pode ser decretada por ordem judicial, para fins de investigação criminal ou instrução processual penal, de acordo com a Constituição. Dessa forma, o Pleno do STF decidiu, por cinco votos a quatro, que a Receita Federal não tem poder de decretar, por autoridade própria, a quebra do sigilo bancário do contribuinte. A decisão pautou-se sob o argumento de que o princípio da dignidade da pessoa humana impõe o necessário respeito à inviolabilidade das informações do cidadão, ou seja, a intimidade.

Por fim, diante do entendimento do STF sustentado nas ADI 2.390/DF, ADI 2.386/DF, ADI 2.397/DF e ADI 2.859/DF e no RE 601.314/SP, com Repercussão Geral reconhecida, a Receita Federal do Brasil poderá requisitar tais informações bancárias, pois os arts. 5º e 6º da LC n. 105/2001, que obrigam as instituições financeiras a informar periodicamente à Receita Federal as operações financeiras realizadas acima de determinado valor, foram considerados constitucionais. Segundo o STF, essas regras visam dar maior eficiência aos meios de fiscalização tributária, tendo em vista a economia globalizada e o crescente incremento do comércio virtual.

Atenção para não confundir o entendimento anterior com o julgamento proferido na ADI 7276. Para o STF, são constitucionais as regras de convênio do Confaz que obrigam as instituições financeiras a fornecer aos estados informações sobre pagamentos e transferências feitos por clientes (pessoas físicas e jurídicas) em operações eletrônicas (Pix, cartões de débito e crédito) em que haja recolhimento do ICMS. As regras validadas pelo STF não envolvem a quebra de sigilo bancário nem decretam o fim desta obrigação.

12.3.5   Auxílio da Força Policial

A autoridade fazendária detém o poder de polícia que lhe atribui os poderes de fiscalização e, sendo assim, para cumprir o seu mister está investida do poder do Estado (supremacia do interesse público), e, para tanto, não necessita do uso da força policial. Caso o sujeito passivo coloque algum obstáculo injustificado à fiscalização, poderá a autoridade fazendária valer-se do apoio policial. Para dar aplicabilidade a esse poder, o **art. 200 do CTN** prevê que as autoridades administrativas fazendárias poderão requisitar o auxílio da força policial. Destaque-se que o Código usa a expressão "forças públicas federais", mas que por simetria se aplica também às autoridades de outros entes, ou seja, estaduais e municipais (guardas municipais). Da mesma forma prevê o referido artigo para o caso em que as respectivas autoridades sejam vítimas de embaraço ou desacato, no exercício de suas funções ou, ainda, quando necessário à efetivação de medida prevista na legislação tributária, mesmo não se configurando crime ou contravenção.

Embora o uso da força policial seja permitido pelo CTN, deve encontrar limite no princípio da proporcionalidade pois, havendo outros meios para se alcançar a finalidade desejada pelo agente fiscal, o uso da força deve ser evitado.

12.3.6   Responsabilidade Pessoal do Agente Público

O STF já se manifestou que a responsabilidade objetiva do Estado, conforme art. 37, § 6º, da CRFB, não afasta a responsabilidade pessoal do agente público. Assim também o CTN, em seu **art. 208**, prevê que a certidão negativa expedida com dolo ou fraude, que contenha erro contra a Fazenda Pública responsabiliza pessoalmente o funcionário que a expedir pelo crédito tributário e juros de mora acrescidos, sem, contudo, excluir a sua responsabilidade criminal e funcional.

12.4   Dívida Ativa

12.4.1   Conceito

A expressão genérica dívida advém do latim *debelo, debitum*, que significa devedor. Esclarecemos desde já que, em face da existência de dois tipos de créditos a serem cobrados via execução fiscal (tributário e não tributário), ambos serão inscritos em dívida ativa. Consideramos como dívida aquela que indica o crédito vencido e não pago, ou seja, inadimplido no prazo legal; por isso a expressão dívida ativa pode provocar confusão, pois o seu conceito é invertido em relação à contabilidade. Contudo, para o Direito, consideremos dívida ativa como crédito, ou seja, o direito do credor de exigir o respectivo crédito do devedor. Podemos então dizer que a dívida ativa exige dois pressupostos: crédito vencido e não pago, daí passar a ser exigível (no sentido de exequibilidade) com a sua devida inscrição. Ressalte-se que a dívida compreende todo o crédito exigível, ou seja, o seu somatório (principal acrescido de juros, multa etc.). O que realmente é importante é que sendo crédito tributário ou não, este só poderá ser executado se inscrito regularmente em dívida ativa, constituindo esta inscrição um pressuposto para o ajuizamento da execução fiscal. Por isso, percebe-se uma identidade entre a redação dos artigos do CTN e da LEF.

Sabemos que não é usual a lei trazer conceitos, mas o conceito legal de dívida ativa tributária está contido no **art. 201 do CTN**.

12.4.2 Créditos Tributários e não Tributários

É importante esclarecer uma dúvida muito frequente, relativa à distinção entre créditos tributários e não tributários. A LEF trata da execução fiscal da dívida ativa, referindo-se aos créditos tributários e não tributários. O **art. 2º da LEF**, com redação semelhante à do art. 201 do CTN, dispõe não só sobre a dívida tributária, como também sobre a dívida não tributária, daí a relevância da distinção. Por isso, o § 1º diz que qualquer valor, cuja cobrança seja atribuída aos entes federativos, é chamado de dívida ativa.

Nesse contexto, o **art. 2º da Lei n. 4.320/64** estabelece que constitui Dívida Ativa da Fazenda Pública aquela definida no art. 39, § 2º, do mesmo diploma, estabelecendo a seguinte distinção: Dívida Ativa Tributária é o crédito da Fazenda Pública dessa natureza, proveniente de obrigação legal relativa a tributos e respectivos adicionais e multas. Já a Dívida Ativa Não Tributária são os demais créditos da Fazenda Pública tais como os provenientes de empréstimos compulsórios, contribuições estabelecidas em lei, multas de qualquer origem ou natureza, exceto a tributária, foros, laudêmios, de contratos em geral, entre outras obrigações legais.

Em síntese, temos como exemplo de dívida tributária os impostos, as taxas, os empréstimos compulsórios, as contribuições de melhoria e as contribuições especiais e, por outro lado, como crédito de natureza não tributária, as multas administrativas, os créditos originários de contratos etc. O art. 39, § 2º, da Lei n. 4.320/80, embora derrogado (parcialmente) em função da Constituição de 1988, continua a trazer a definição de ambos os créditos, motivo pelo qual, sob o aspecto didático, com as devidas ressalvas acima, serve o referido dispositivo, como fonte de consulta. Já quanto ao crédito tributário, o art. 201 do CTN conceitua apenas a dívida tributária.

Vale destacar também que o art. 1º, § 2º, da LEF inclui na dívida atualização monetária, juros e multa de mora, e demais encargos previstos em lei ou contrato.

12.4.3 A Inscrição em Dívida Ativa

12.4.3.1 Definição

Na forma do art. 1º, § 3º, da LEF, a inscrição se constitui no ato vinculado de controle administrativo da legalidade feito pelo órgão competente da própria Fazenda para apurar a liquidez e certeza do crédito. Não há dúvida de que a inscrição do crédito em dívida ativa é um instrumento de controle dos atos administrativos praticados pela própria administração. Contudo, é importante esclarecer que para que haja a chamada inscrição em dívida ativa se faz necessária a existência de um crédito não pago pelo contribuinte. No campo tributário, o crédito tributário é constituído pelo lançamento (art. 142 do CTN) e, nesse sentido, o CTN prevê as diversas modalidades de lançamento, a saber: lançamento de ofício – art. 149; lançamento por declaração – art. 147; e lançamento por homologação – art. 150. É importante ressaltar que alguns autores, como Ricardo Lobo Torres, adotam uma quarta modalidade, o lançamento por arbitramento, na forma do art. 148 do CTN, conforme já visto no capítulo sobre lançamento e crédito tributário.

No âmbito da União, segundo o § 4º do art. 1º, a Dívida Ativa da União será apurada e inscrita na Procuradoria da Fazenda Nacional.

12.4.3.2 Termo de Inscrição

Para formalizar a inscrição em tela, faz-se necessário estabelecer requisitos formais, como é o caso do termo de inscrição em dívida ativa. Por isso, o **§ 5º do art. 1º da LEF** determina o que o Termo de Inscrição em Dívida Ativa deverá conter, como por exemplo, a origem, natureza e o fundamento legal ou contratual da dívida.

Também no **art. 202 do CTN**, com redação muito similar, temos o **termo de inscrição** em dívida ativa tributária, que traz uma série de requisitos que foram copiados pela LEF.

A observância das formalidades exigidas para o termo de inscrição é muito importante; por isso o **art. 203 do CTN** estabelece que a omissão de quaisquer dos requisitos previstos no referido termo, ou o erro a eles relativo, são causas de **nulidade da inscrição e do processo de cobrança** dela decorrente. Contudo, a nulidade poderá ser sanada até a decisão de primeira instância, mediante substituição da certidão nula, sendo devolvido ao sujeito passivo, acusado ou interessado o prazo para defesa, que somente poderá versar sobre a parte modificada (art. 2º, § 8º, da LEF).

Vejamos as súmulas que guardam relação com o tema:

Súmula 559 do STJ: *Em ações de execução fiscal, é desnecessária a instrução da petição inicial com o demonstrativo de cálculo do débito, por tratar-se de requisito não previsto no art. 6º da Lei n. 6.830/80.*

Súmula 558 do STJ: *Em ações de execução fiscal, a petição inicial não pode ser indeferida sob o argumento da falta de indicação do CPF e/ou RG ou CNPJ da parte executada.*

Frise-se que a importância da inscrição em dívida ativa, formalizada pelo termo de inscrição, é relevante porque por meio desse ato a Fazenda obtém a certidão de dívida ativa, que é o título executivo necessário para o ajuizamento da execução fiscal.

Importante destacar aqui duas questões sobre o tema:

a) *Súmula 392 do STJ* – A Fazenda Pública pode substituir a certidão de dívida ativa (CDA) até a prolação da sentença de embargos, quando se tratar de correção de erro material ou formal, vedada a modificação do sujeito passivo da execução. A referida súmula teve como referência o art. 202 do CTN e o § 8º do art. 2º da Lei n. 6.830/80 (cobrança judicial da dívida ativa da Fazenda Pública).

b) **Entendimento do STF sobre a responsabilidade dos sócios** – A 2ª Turma explicitou que os sócios que vierem a ser responsabilizados por créditos tributários da pessoa jurídica que são reclamados pela administração tributária devem ser intimados para participar dos atos que culminam na constituição definitiva dos referidos créditos. O Ministro Joaquim Barbosa, no julgamento do RE 608.426-AgRg, decidiu que os princípios constitucionais do contraditório e da ampla defesa aplicam-se indistintamente a qualquer categoria de sujeito passivo, irrelevante a sua nomenclatura legal (contribuintes, responsáveis, substitutos, devedores solidários etc.), na fase de constituição do crédito tributário. Além disso, a inclusão de terceiros como responsáveis pelos débitos tributários sem a demonstração das circunstâncias legais que levaram a tanto é uma ficção inadmissível no âmbito do direito público. Os sócios que eram chamados para responder por esses débitos em executivos fiscais não encontravam acolhida no Poder Judiciário, em relação ao argumento de que teria ocorrido violação ao exercício do direito constitucional do contraditório e da ampla defesa quando não eram intimados para participar do processo administrativo de constituição do crédito tributário. A notificação encaminhada para a empresa se manifestar em processo administrativo tributário não implica a presunção de que os sócios tenham ciência dos fatos que em tese acarretam a sua responsabilidade. Acaso cabível, essa presunção diria respeito ao próprio crédito tributário e não aos fatos que justificam a responsabilidade de terceiros, que devem ser claramente explanados e fundamentados. Noutro giro o STJ tem entendimento diverso, fixado em recurso representativo da controvérsia, de que o sócio cujo nome foi incluído na certidão de dívida ativa antes do ajuizamento do executivo fiscal deve apresentar sua defesa mediante a oposição de embargos à execução (REsp 1.104.900 e REsp 1.110.925). Contudo, entendemos que em relação à decisão do STF, a jurisprudência do STJ deve ser modificada no sentido de acompanhar os julgados do Supremo Tribunal Federal. É verdade que o sócio pode ser surpreendido com a inscrição do seu nome em dívida ativa, em que pese não ter sido intimado para participar do procedimento que deu origem ao crédito. Ressalte-se que esse procedimento da administração tributária, de incluir sócios ou administradores no polo passivo de execução fiscal sem que tenham participado do processo administrativo, já não era aceitável após o STF ter decidido que o sócio não é responsável pelos débitos tributários da empresa pelo simples fato de ter quotas da mesma (RE 562.276), pois o art. 135 do CTN responsabiliza a direção, gerência ou representação da pessoa jurídica exclusivamente quando praticarem atos com excesso de poder ou infração à lei, contrato social ou estatutos, hipóteses dentre as quais não se inclui o simples inadimplemento de tributos. Nesse aspecto específico o STJ já acompanhava esse entendimento, editando inclusive a Súmula 430.

Em síntese, podemos dizer que, a partir da interpretação conjunta dos julgados do STF no RE 608.426-AgRg e no RE 562.276 é possível afirmar que o referido Tribunal entende que a administração tributária, ao realizar o lançamento do crédito tributário, deve fazê-lo desde logo contra o terceiro, demonstrando claramente (sem presunções) as circunstâncias legais que o solidarizam com o débito tributário da pessoa jurídica, facultando a este o exercício do contraditório e da ampla defesa. Nesse momento, o terceiro solidário deve não só apresentar sua defesa administrativa em relação aos fundamentos que o tornam responsável pelo crédito tributário, mas também aqueles que combatem a própria exigência do crédito tributário.

Se a administração tributária inscrever o débito em dívida ativa incluindo o nome do sócio como responsável, sem que este tenha participado do processo administrativo de lançamento, o contribuinte pode alegar violação ao devido processo legal e à ampla defesa ainda que seu nome conste da certidão de dívida ativa.

Apesar do nosso entendimento sobre o tema, o STJ vem se posicionando no sentido de que se a execução foi ajuizada apenas contra a pessoa jurídica, mas o nome do sócio consta da CDA, a ele incumbe o ônus da prova de que não ficou caracterizada nenhuma das circunstâncias previstas no art. 135 do CTN, ou seja, não houve a prática de atos com excesso de poderes ou infração de lei, contrato social ou estatutos.

12.4.3.3 Análise da Expressão "Regular Inscrição"

Em relação à inscrição em dívida ativa, questiona-se o que se entende pela expressão "regular" inscrição. Entendemos que a regularidade está pautada na análise dos seguintes requisitos:

a) observação da legislação tributária, ou seja, aquela que for fruto de um processo administrativo regular em que restou assegurado o contraditório, a ampla defesa e o devido processo legal;

b) entrega da declaração de débito do contribuinte na forma do art. 147 do CTN.

Assim, temos que, quanto à primeira hipótese, não há discussão, contudo, a segunda enseja divergências, inclusive no próprio STJ, que entende que a declaração de débito fiscal devidamente apurada e apresentada pelo contribuinte ao Fisco, na forma do art. 147 do CTN, é supletiva do lançamento, ou, em outras palavras, dispensa a obrigatoriedade do lançamento por parte da autoridade administrativa, que poderá simplesmente de imediato encaminhá-la para inscrição e em dívida ativa e posterior execução fiscal, não se falando em decadência do direito de lançar em face da concordância do Fisco com as declarações emitidas pelo contribuinte sem o devido pagamento. Tal hipótese se dá também quanto à confissão de dívida por parte do contribuinte (ver Súmula 436 do STJ), apresentação de DCTF, GFIP, inadimplemento de parcelamento feito pelo contribuinte, ou qualquer outro meio que expresse a mesma natureza dos itens citados. Não obstante a corrente majoritária ser a do STJ, entendemos diferente. Ao nosso sentir, reconhecer a declaração do contribuinte como forma supletiva de lançamento é entender que em situações excepcionais o próprio contribuinte poderia efetuar o lançamento, o que não é uma verdade. Por outro lado, a imediata e automática inscrição em dívida ativa, sem a notificação do sujeito passivo, viola ao menos o exercício do contraditório e da ampla defesa, pois a via recursal na forma da Constituição é direito subjetivo do sujeito passivo.

12.4.3.4 Presunção Relativa

Quanto à questão da presunção relativa a que se refere o CTN em seu **art. 204**, vale dizer que a melhor expressão a ser usada pelo Código deveria ser elidida e não ilidida, mas a expressão é mantida até hoje. Considerando que a certeza diz respeito à sua existência e à liquidez do valor líquido do débito fiscal, o art. 204 do CTN acrescentou que a regularidade da inscrição tem efeito de prova pré-constituída. Tal afirmativa concede à Fazenda a prerrogativa de autoexecutoriedade da dívida, provocando uma inversão quanto ao ônus da prova, cabendo ao contribuinte o ônus de comprovar qualquer irregularidade que contamine a inscrição. Daí a afirmativa de que a presunção é relativa, porque o contribuinte pode, através de prova inequívoca da irregularidade, demonstrar a contaminação da inscrição. Ocorre que a expressão prova inequívoca é questionável, ou, ao menos, atécnica. Em que pese ser a mesma expressão utilizada pelo Código de Processo Civil ao tratar do instituto da antecipação de tutela, ela deve ser contextualizada. Significa dizer que, à luz do sistema probatório do CPC, trata-se de uma prova suficientemente robusta e contundente, no sentido de permitir ao juiz ou à autoridade fazendária, através do livre convencimento fundamentado, decidir pela irregularidade da dívida, buscando, sobretudo no processo administrativo, a verdade material e não a verdade formal. Vale ressaltar que não comungamos da tese de que qualquer prova seja suficiente para afastar a legalidade do ato administrativo. Entendemos que a prova inequívoca a que se refere o CTN se resume na prova documental e não na prova testemunhal.

Questão que merece ser analisada é a alegação do embargante de fato negativo em execução fiscal. A simples defesa por parte da Fazenda com base no ônus da prova não merece ser acolhida de uma forma absoluta. Tal fato é que na questão da prova de fato negativo, a matéria ganha um enfoque diferente. Aproveitamos o feliz exemplo de Lopes[7]:

> Imagine-se, *v.g.*, hipótese em que a Fazenda Nacional proponha execução fiscal para a cobrança de crédito de Imposto sobre a Renda e Proventos de Qualquer Natureza (IR), lançado sob a justificativa de ter o contribuinte declarado acréscimo patrimonial tributável em um dado período-base sem ter honrado a prestação tributária consequente. Se, em sede de embargos à

---

7   LOPES, Mauro Luís Rocha. *Processo judicial tributário*. Rio de Janeiro: Lumen Juris, 2005, p. 12.

execução, o sujeito passivo alega não ter efetuado tal declaração, nenhuma prova lhe há de ser exigida, por isso que inviável a respectiva produção (fato negativo). À evidência, caberá à exequente apresentar ao julgador o documento comprobatório da declaração aludida, sob pena de desconstituição judicial do título.

Por fim, como decisão de primeira instância citada no referido artigo, podemos entender como sendo aquela que põe fim ao processo de execução ou a que julga os embargos à execução.

12.4.4 Protesto da Certidão de Dívida Ativa

Atualmente a matéria encontra-se pacificada pela jurisprudência, mas o tema despertou muita polêmica. Especialmente em razão da Lei n. 12.767/2012, que ao incluir o parágrafo único no art. 1º da Lei n. 9.492/97, admitiu expressamente o protesto da CDA em cartório.

É indiscutível que a Fazenda, através do seu poder de autotutela tem legitimidade para promover a inscrição do crédito em dívida ativa e ajuizar a respectiva execução fiscal, bastando para tanto a emissão da certidão de dívida ativa, que é o título executivo extrajudicial hábil para a propositura da ação executiva. Por esse motivo, sempre entendemos que o protesto da certidão da dívida era um ato de coerção indireta por parte da Fazenda visando a cobrança de tributos através de interferências em atos da vida negocial privada em função do protesto da dívida tributária em cartório. Porém, como dito, a matéria comportou divergência.

O art. 1º da Lei n. 9.492/97[8] definiu protesto como ato formal e solene pelo qual se prova a inadimplência e o descumprimento de obrigação originada em títulos e outros documentos da dívida. Também assim dispunha o art. 94 da Lei n. 11.101/2005 que atesta o título protestado como documento hábil para instruir o pedido de falência do devedor. Contudo, em matéria tributária a situação era diferente, em face da intenção do legislador ao editar a Lei n. 6.830/80 (Lei de Execução Fiscal), bem como o conteúdo do art. 204 do CTN, que trazia a presunção de certeza e liquidez do crédito regularmente inscrito em dívida ativa. Diante desses fundamentos, o STJ (AgRg no Ag 936.606/PR) entendeu, inicialmente, ser desnecessário o protesto da CDA[9]. Ocorre que, não obstante a referida posição do Tribunal sobre o tema, o Conselho Nacional de Justiça editou recomendação (102ª sessão plenária do CNJ realizada em 6-4-2010) para que os Tribunais de Justiça dos Estados editassem ato normativo que regulamentasse a possibilidade de protesto extrajudicial da Certidão de Dívida Ativa por parte da Fazenda Pública. Nesse sentido,

---

8   A Lei n. 12.767/2012, ao incluir o parágrafo único ao art. 1º da Lei n. 9.492/97, admitiu expressamente o protesto da CDA em cartório.

9   Embora não diga respeito diretamente a inscrição em dívida ativa, vale lembrar a *Súmula 385 do STJ*: *Da anotação irregular em cadastro de proteção ao crédito, não cabe indenização por dano moral, quando preexistente legítima inscrição, ressalvado o direito ao cancelamento. Da mesma forma, a* **Súmula 498 do STJ**: *Não incide imposto de renda sobre a indenização por danos morais.*

alguns Tribunais passaram a reconhecer a legalidade do referido protesto, como, por exemplo, o órgão especial do TJRJ[10], que reconheceu a constitucionalidade da Lei do Estado do Rio de Janeiro n. 5.351/08. Da mesma forma, o STJ, no julgamento do REsp 1.126.515/PR, passou então a admitir o referido protesto com base na alteração trazida pela Lei n. 12.767/12. Percebeu-se uma modificação da jurisprudência no âmbito do STJ admitindo o protesto da CDA em cartório, mitigando a obrigatoriedade de seguir o rito da execução fiscal.

Apesar de ser esse o entendimento consolidado, pedimos vênia para discordar da decisão do Tribunal, pois há nesse caso um desvio de finalidade e uma coerção que se pratica violando direitos da pessoa física ou jurídica. O protesto da certidão de dívida ativa pela Fazenda Pública fere o princípio da legalidade e desvirtua a função do Poder Público, pois considerando que a CDA já possui, por força de lei, presunção de certeza e liquidez e que a finalidade legal do protesto seria a mesma, não há interesse jurídico da Administração Fazendária em levar a CDA a protesto. O que parece é que se procura, através de efeitos inerentes ao direito privado, provocar a busca para a satisfação do crédito, já que a inscrição em dívida ativa não provoca efeitos particulares restritivos como o protesto da dívida ativa – leia-se suspensão de linhas de crédito junto a bancos e lojas.

É claro que, em sentido oposto, as Fazendas sustentam que o protesto não é propriamente um procedimento de cobrança, mas sim um procedimento extrajudicial, como a própria lei especial o define, como um ato formal e solene pelo qual se prova a inadimplência ou o descumprimento da obrigação. Significa dizer que, com esse procedimento implementado diante da recusa do pagamento ou do cumprimento da obrigação dará ao devedor a oportunidade de pagar a dívida e assim evitar a execução e com os devidos acréscimos da sucumbência (custas judiciais e honorários advocatícios[11]), visto que os emolumentos de protesto são de valores significativamente inferiores aos das custas judiciais. Sendo assim, não há vedação para que a CDA não possa ser protestada, ao contrário: atualmente, a Lei n. 12.767/2012 expressamente prevê a possibilidade de protesto do título representativo da dívida. No julgamento da ADI 5.135, o STF reconheceu a constitucionalidade de tal medida.

Por fim, com o advento da Lei Complementar 208/24, o protesto extrajudicial passa a ser considerado uma hipótese de interrupção da prescrição dos créditos tributários.

12.4.5 Averbação Pré-executória

A Lei n. 13.606/2018 introduziu os arts. 20-B a 20-E à Lei n. 10.522/2002[12]. A averbação pré-executória é o ato pelo qual se anota nos órgãos de registros de bens

---

10   Representação de Inconstitucionalidade n. 20 e n. 55, ambas de 2009, e ADI 2009.007.00020. Ver também Provimento n. 31/2009 da Corregedoria do TJRJ e Pedido de Providências do CNJ n. 200910000045376.

11   **Súmula Vinculante 47 do STF**: *Os honorários advocatícios incluídos na condenação ou destacados do montante principal devido ao credor consubstanciam verba de natureza alimentar cuja satisfação ocorrerá com a expedição de precatório ou requisição de pequeno valor, observada ordem especial restrita aos créditos dessa natureza.*

12   Ver Portaria PGFN n. 42/2018.

e direitos sujeitos a arresto ou penhora, para o conhecimento de terceiros, a existência de débito inscrito em dívida ativa da União, visando prevenir a fraude à execução de que trata o art. 185 do CTN.

O artigo mais polêmico era o 20-B, em razão da previsão de tornar indisponíveis os bens averbados para garantir sua quitação. Defendemos em edições anteriores deste livro que o referido dispositivo legal era de constitucionalidade duvidosa e, por isso, deveria ser analisado com certa cautela, pois o STJ já firmou o entendimento de que a indisponibilidade de bens do devedor é uma medida extrema. E, por tal motivo, está vinculada à comprovação de exaurimento dos meios de busca de bens penhoráveis por parte do credor, não podendo, portanto, passar ao largo da ampla defesa, do contraditório e do devido processo legal. Nesse sentido, a edição da **Súmula 560 do STJ**: *A decretação da indisponibilidade de bens e direitos, na forma do art. 185-A do CTN, pressupõe o exaurimento das diligências na busca por bens penhoráveis, o qual fica caracterizado quando infrutíferos o pedido de constrição sobre ativos financeiros e a expedição de ofícios aos registros públicos do domicílio do executado, ao Denatran ou Detran.*

Nas outras edições, destacamos que tramitavam no STF algumas ADIs que questionavam a legalidade do art. 20-B da Lei n. 10.522/2002, introduzido pela Lei n. 13.606/2018, tais como a ADI 5.881/DF, a ADI 5.886/DF e a ADI 5.890/DF. Nesse sentido, o STF julgou parcialmente procedentes os pedidos formulados para considerar inconstitucional a parte final do inciso II do § 3º do art. 20-B, onde se lê "*tornando-os indisponíveis*", e constitucional o art. 20-E da Lei n. 10.522/02.

Por fim, na forma do art. 20-E da referida lei alteradora, a PGFN ficou responsável por editar atos complementares para o fiel cumprimento do disposto nos arts. 20-B, 20-C e 20-D.

12.5 Suspensão da Prescrição

Em função da distinção anteriormente estabelecida no que se refere à natureza dos créditos, surge uma discussão quanto à constitucionalidade dos artigos da LEF que criam hipóteses de suspensão de prescrição não previstas pelo CTN, mediante o que dispõe o art. 146 da CRFB/88. Conforme podemos observar na análise do § 3º do art. 2º, o seu conteúdo determina a suspensão do prazo prescricional por 180 dias ou até o ajuizamento da competente ação de execução fiscal, a contar da data de inscrição do crédito em dívida ativa. A questão suscita polêmica, tendo em vista a natureza do crédito em tela. Assim, sendo a natureza do crédito não tributária, a doutrina é uníssona no sentido de entender ser plenamente aplicável a referida suspensão. Contudo, no que tange ao crédito de natureza tributária, há que se observar uma série de detalhes. Em primeiro lugar, o art. 146 da CRFB/88 prevê que compete à lei complementar tratar de matéria afeta a prescrição e decadência em matéria tributária. Nesse sentido, o CTN – Lei ordinária n. 5.172/66, recepcionada com *status* de lei complementar, trata de normas gerais em matéria tributária, e, em especial, regulamenta as hipóteses de prescrição e decadência. Ocorre que não há no CTN previsão idêntica à do § 3º do art. 2º da LEF, o que provoca um conflito entre as referidas normas. Diante desses conflitos, entendemos ser a prescrição no Direito Tributário, na forma do art. 156 do CTN, uma das formas de extinção do crédito. Verifica-se que a prescrição atinge não só o direito de ação, mas, também, o próprio crédito, ou seja, o direito material. Assim, não há como corroborar o entendimento esposado por parte da doutrina no sentido de que a norma em tela é meramente processual e que, sendo assim, poderia ser regulada por lei ordinária. Em síntese, entendemos que o disposto no art. 2º, § 3º, da LEF, no que tange à suspensão da prescrição, só ocorrerá se o crédito em tela for de natureza não tributária. Desta forma, o que foi dito acima não prevalecerá em relação à execução de créditos não tributários, tendo em vista que, neste caso, não há que se falar em aplicação do CTN. Deverá ser aplicada, subsidiariamente, a Lei de Finanças Públicas (Lei n. 4.320/64), que, embora derrogada pela LC n. 101/2000 (chamada de Lei de Responsabilidade Fiscal), continua em vigor, sofrendo algumas alterações, em face também de alguns posicionamentos do STF. Nesse sentido, Paulsen[13] aduz que a classificação da Lei n. 4.320/64, que coloca como dívida ativa não tributária os empréstimos compulsórios, as contribuições estabelecidas em lei e as custas processuais, está derrogada pelo texto constitucional, pois, em face da Constituição de 1988, o STF já se pronunciou sob a natureza tributária de tais exações.

12.6 Certidão de Débito Fiscal

A Certidão da Dívida Ativa (CDA) é o título executivo extrajudicial que dá ensejo ao ajuizamento da execução fiscal, e, por isso, transcreve os dados importantes constantes do termo de inscrição do crédito da Fazenda Pública em dívida ativa, ou seja, no órgão administrativo respectivo. Em função da relevância do referido documento, a inscrição, sob pena de nulidade, deve conter a identificação do sujeito passivo da obrigação com seus dados pessoais, tais como nome do devedor, dos corresponsáveis (este contestável pela doutrina, ponto de que falaremos mais adiante), e, sempre que conhecido, o domicílio ou residência de um ou de outro; o valor originário, a atualização monetária e a forma de cálculo dos juros moratórios; o termo inicial e os eventuais encargos legais ou contratuais; a indicação expressa da origem e natureza da dívida com a menção de seu fundamento legal ou contratual; a data e o número da inscrição, e, se for o caso, o número do processo administrativo ou do auto de infração. Verifica-se então que a CDA é, de modo geral, prova documental, por si só suficiente para legitimar a execução judicial fundada em título extrajudicial, satisfazendo os requisitos de certeza, liquidez e exigibilidade do crédito a ser cobrado.

Destacamos que o direito à obtenção de certidões encontra amparo no art. 5º, inciso XXXIV, alínea *b*, e a recusa injustificada de sua emissão por parte da Fazenda,

---

13 PAULSEN, Leandro; ÁVILA, René Bergman. *Direito processual tributário*: processo administrativo fiscal e Lei de Execução Fiscal à luz da doutrina e da jurisprudência. Porto Alegre: Livraria do Advogado, 2005.

enseja mandado de segurança a ser impetrado pelo contribuinte. Contudo, o STJ (REsp 1.042.585/RJ) considerou válida a recusa de emissão quando o contribuinte descumpre obrigação acessória, desde que tal obrigação esteja prevista na legislação tributária, como é o caso da GFIP (Guia de Informações à Previdência Social) e a Guia do FGTS (Fundo de Garantia do Tempo de Serviço).

12.6.1 Efeitos da Certidão

No CTN encontramos, nos **arts. 205 e 206**, questões que merecem ser salientadas, ou seja, os efeitos da certidão. A CDA poderá possuir três formas, a saber:

a) **positiva** (existe dívida regularmente inscrita);

b) **negativa** (não há dívida). Está prevista no art. 205 do CTN.

Para efeitos didáticos, transcrevemos a **Súmula 569 do STJ**: *Na importação, é indevida a exigência de nova certidão negativa de débito no desembaraço aduaneiro, se já apresentada a comprovação da quitação de tributos federais quando da concessão do benefício relativo ao regime de* drawback.

c) **positiva com efeito de negativa**. Este efeito está previsto no art. 206 do CTN, indicando que a certidão positiva com efeito de negativa (CPEN)[14] possui os mesmos efeitos previstos para a certidão negativa. Na forma do referido artigo, a certidão poderá ser emitida nos seguintes casos: c. 1) quando constar a existência de créditos não vencidos; c. 2) em curso de cobrança executiva em que tenha sido efetivada a penhora; c. 3) havendo créditos cuja exigibilidade esteja suspensa, na forma do art. 151 do CTN.

12.6.2 Dispensa da Certidão

Embora, via de regra, a apresentação da certidão seja indispensável para a prática de vários atos ou negócios jurídicos, o CTN, preocupado com a caducidade do direito que a morosidade pode provocar, estabelece hipótese de dispensa da certidão, mas os agentes que derem ensejo ao disposto no **art. 207 do CTN** responderão pelo tributo porventura devido, juros de mora e penalidades cabíveis, exceto as relativas a infrações cuja responsabilidade seja pessoal ao infrator.

Por fim, a LC n. 123/2006, com as devidas alterações posteriores, em seus arts. 9º, 42 e 43, traz situações em que não serão exigidas da Microempresa e da Empresa de Pequeno Porte certidões de débito para arquivamento, alteração e baixa dos atos constitutivos no órgão competente ou, ainda, postergando o momento da entrega das certidões em processos licitatórios.

---

14 O STJ (REsp 1.444.692-CE) entendeu que não é possível a expedição de certidão positiva com efeito de negativa em favor de sócio que tenha figurado como fiador em Termo de Confissão de Dívida Tributária na hipótese em que o parcelamento dele decorrente não tenha sido adimplido. De fato, o art. 4º, II, da Lei n. 6.830/80 dispõe que a execução fiscal poderá ser promovida contra o fiador. Assim sendo, a responsabilidade do sócio fiador, na hipótese, decorre da sua presença como fiador do parcelamento não adimplido.

12.6.3   Certidão Expedida com Dolo ou Fraude

O **art. 208**, do CTN, estabelece uma norma punitiva que responsabiliza pessoalmente (sem prejuízo da responsabilidade criminal) o agente que expedir certidão negativa com dolo ou fraude, que contenha erro contra a Fazenda Pública, pelo crédito tributário e juros de mora acrescidos.

12.7   Substituição da CDA

A Lei de Execução Fiscal traz os requisitos de validade da inscrição em dívida ativa que, por sua vez, devem ser reproduzidos na Certidão de Dívida Ativa (CDA), sob pena de nulidade. Assim também dispõe o CTN, em seus arts. 202 e 203. Com respeito às correntes contrárias, ficamos com o entendimento de Lopes[15], no sentido de que deve prevalecer o princípio da instrumentalidade das formas. Vale dizer que a jurisprudência tem aplicado o princípio insculpido no brocardo *pas de nullité sans grief*, que expressa que não há nulidade se não houver prejuízo. Assim, se a omissão de algum dado na CDA não prejudicou a defesa do executado, regularmente exercida com base nos princípios constitucionais do contraditório e da ampla defesa, não há que se contaminá-la de nulidade, até porque a CDA pode ser substituída no processo até a decisão de primeira instância, conforme preceitua o próprio § 8º do art. 2º da LEF. Claro que, nesse caso, uma vez substituída a certidão tem que ser devolvido o prazo para defesa, contudo, não se deve entender como nulo o termo de inscrição e consequentemente a CDA por um erro que não prejudique a defesa do executado. Regulamentando o referido dispositivo legal, a **Súmula 392 do STJ**: *A Fazenda Pública pode substituir a certidão de dívida ativa (CDA) até a prolação da sentença de embargos, quando se tratar de correção de erro material ou formal, vedada a modificação do sujeito passivo da execução.*

Além das súmulas já citadas no bojo do capítulo, vejamos também as seguintes súmulas do STJ relacionadas direta ou indiretamente ao tema:

> *Súmula 359: Cabe ao órgão mantenedor do cadastro de proteção ao crédito a notificação do devedor antes de proceder à inscrição.*
>
> *Súmula 364: O conceito de impenhorabilidade de bem de família abrange também o imóvel pertencente a pessoas solteiras, separadas e viúvas.*
>
> *Súmula 393: A exceção de pré-executividade é admissível na execução fiscal relativamente às matérias conhecíveis de ofício que não demandem dilação probatória.*
>
> *Súmula 394: É admissível, em embargos à execução fiscal, compensar valores de imposto de renda retidos indevidamente na fonte com os valores restituídos apurados na declaração anual.*
>
> *Súmula 398: A prescrição da ação para pleitear os juros progressivos sobre os saldos de conta vinculada do FGTS não atinge o fundo de direito, limitando-se às parcelas vencidas.*

---

15   LOPES, Mauro Luís Rocha. *Processo judicial tributário*. Rio de Janeiro: Lumen Juris, 2005, p. 12.

Súmula 400: *O encargo de 20% previsto no Decreto-Lei n. 1.025/69 é exigível na execução fiscal proposta contra a massa falida.*

Súmula 401: *O prazo decadencial da ação rescisória só se inicia quando não for cabível qualquer recurso do último pronunciamento judicial.*

Súmula 406: *A Fazenda Pública pode recusar a substituição do bem penhorado por precatório.*

Súmula 409: *Em execução fiscal, a prescrição ocorrida antes da propositura da ação pode ser decretada de ofício.*

Súmula 414: *A citação por edital na execução fiscal é cabível quando frustradas as demais modalidades.*

Súmula 436: *A entrega de declaração pelo contribuinte reconhecendo o débito fiscal constitui o crédito tributário, dispensada qualquer outra providência por parte do Fisco.*

Súmula 446: *Declarado e não pago o débito tributário pelo contribuinte, é legítima a recusa de expedição de certidão negativa ou positiva com efeito de negativa.*

Súmula 451: *É legítima a penhora da sede do estabelecimento comercial.*

Súmula 452: *A extinção das ações de pequeno valor é faculdade da Administração Federal, vedada a atuação judicial de ofício.*

Súmula 467: *Prescreve em cinco anos, contados do término do processo administrativo, a pretensão da Administração Pública de promover a execução da multa por infração ambiental.*

Súmula 555: *Quando não houver declaração do débito, o prazo decadencial quinquenal para o Fisco constituir o crédito tributário conta-se exclusivamente na forma do art. 173, I, do CTN, nos casos em que a legislação atribui ao sujeito passivo o dever de antecipar o pagamento sem prévio exame da autoridade administrativa.*

Súmula 558: *Em ações de execução fiscal, a petição inicial não pode ser indeferida sob o argumento da falta de indicação do CPF e/ou RG ou CNPJ da parte executada.*

Súmula 559: *Em ações de execução fiscal, é desnecessária a instrução da petição inicial com o demonstrativo de cálculo do débito, por tratar-se de requisito não previsto no art. 6º da Lei n. 6.830/80.*

Referências

ABRAHAM, Marcus. *Curso de direito financeiro brasileiro*. 7. ed. Rio de Janeiro: Forense, 2023.

AMARO, Luciano. *Direito tributário brasileiro*. 12ª ed. São Paulo: Saraiva. 2006.

ASSIS, Araken de. *Manual da execução*. 11ª ed. revista, ampliada e atualizada. São Paulo: Revista dos Tribunais, 2007.

ATALIBA, Geraldo. *Hipótese de incidência tributária*. 5ª ed. atual. de acordo com a Constituição de 1988. 6ª tir. São Paulo: Malheiros, 1997.

ÁVILA, Humberto. *Teoria dos princípios jurídicos*: da definição à aplicação dos princípios jurídicos. 12ª ed. São Paulo: Malheiros, 2011.

AZEVEDO, Fábio de Oliveira. *Direito civil*: introdução e teoria geral. Rio de Janeiro: Lumen Juris, 2009.

BALEEIRO, Aliomar. *Direito tributário brasileiro*. Atualizado por Misabel Abreu Machado Derzi. 11ª ed. Rio de Janeiro: Forense, 2000.

_____. *Limitações constitucionais ao poder de tributar*. Atualizado por Misabel Abreu Machado Derzi. 7ª ed. Rio de Janeiro: Forense, 2003.

_____. *Uma introdução à ciência das finanças*. Trad. Djalma de Campos. 16ª ed. Rio de Janeiro: Forense, 2008.

BARZOTTO, Luis Fernando. *O positivismo jurídico contemporâneo*: uma introdução a Kelsen, Ross e Hart. Rio Grande do Sul: Unisinos, 1999.

BECKER, Alfredo. *Teoria geral do direito tributário*. 3ª ed. São Paulo: Lejus, 1998.

BOBBIO, Norberto. *Teoria da norma jurídica*. Trad. Fernando Paran Baptista e Ariani Bueno Sudatti. Apresentação Alaôr Caffé Alves. São Paulo: EDIPRO, 2001.

_____. *Teoria do ordenamento jurídico*. Brasília: Ed. UnB, 1999.

BORBA, Claudio. *Direito tributário*. 15ª ed. Rio de Janeiro: Impetus, 2004.

BORGES, José Souto Maior. *Isenções tributárias*. São Paulo: Sugestões Literárias, 1969.

_____. *Lei complementar tributária*. São Paulo: Revista dos Tribunais, 1975.

BOTTESINI, Maury Ângelo et al. *Lei de Execução Fiscal comentada e anotada*. 3ª ed. São Paulo: Revista dos Tribunais, 1999.

CÂMARA, Alexandre Freitas. *Lições de direito processual civil*. 6ª ed. Rio de Janeiro: Lumen Juris, 2002, v. I.

CAMPOS, Djalma de. *Direito processual tributário*. 6ª ed. São Paulo: Atlas, 2000.

CANOTILHO, J. J. Gomes; MOREIRA, Vital. *Constituição da República Portuguesa anotada*. 3ª ed. Coimbra: Coimbra Editora, 1984.

CANTO, Gilberto Ulhoa. *Temas de direito tributário*. Rio de Janeiro: Alba, 1964, v. 3.

CARBONNIER, Jean. *Flexible Droit. Textes pour une sociologie du droit sans rigueur*. Paris: LGDJ, 1969.

CARNEIRO, Claudio. *Impostos federais, estaduais e municipais*. 6ª ed. São Paulo: Saraiva, 2018.

_____. *Processo tributário (administrativo e judicial)*. 5ª ed. São Paulo: Saraiva, 2018.

_____. *Neoconstitucionalismo e austeridade fiscal*: Confronto constitucional-hermenêutico das decisões das cortes constitucionais do Brasil e de Portugal. Salvador: JusPodivm, 2017.

_____; JUNIOR, Milton de Castro Santos. *Compliance e boa governança (pública e privada)*. Curitiba: Juruá, 2018.

_____; JUNIOR, Kaiser Motta Lúcio de Morais; PESSOA, Leonardo Ribeiro. *Planejamento tributário e a autonomia privada*: Limites e possibilidades. Belo Horizonte: Editora D'Plácido. 2017.

CARRAZZA, Roque Antonio. *Curso de direito constitucional tributário*. 17ª ed. São Paulo: Malheiros, 2002.

_____. *Fundamentos da Constituição*. Coimbra: Coimbra Editora, 1991.

CARRION, Valentim. *Comentários à Consolidação das Leis do Trabalho*. São Paulo: Saraiva, 2005.

CARVALHO, Paulo de Barros. *Curso de direito tributário*. 10ª ed. São Paulo: Saraiva, 1998.

CARVALHO FILHO, José dos Santos. *Manual de direito administrativo*. Rio de Janeiro: Lumen Juris, 2006.

CASSONI, Vitório. *Direito tributário.* 16ª ed. São Paulo: Atlas, 2003.

CAVALIERI FILHO, Sergio. *Programa de responsabilidade civil.* 2ª ed., 3ª tir., ver. aumentada e atualizada. São Paulo: Malheiros, 2002.

CHIMENTI, Ricardo Cunha et al. *Curso de direito constitucional.* São Paulo: Saraiva, 2004.

COELHO, Claudio Carneiro B. P. *Teoria do Pêndulo Econômico-hermenêutico. Uma releitura da relação entre Estado, Direito e sociedade em tempo de (pós) crise.* Rio de Janeiro: University Institute. 2021.

COÊLHO, Sacha Calmon Navarro. *O controle de constitucionalidade das leis e do poder de tributar na Constituição de 1988.* 2ª ed., Belo Horizonte: Del Rey, 1993.

_____. *Comentários à Constituição de 1988. Sistema Tributário.* Rio de Janeiro: Forense, 1990.

COSTA, Regina Helena. *Imunidades tributárias*: teoria e análise da jurisprudência do STF. São Paulo: Malheiros, 2001.

COSTA E SILVA, Antônio Carlos. *Teoria e prática do processo executivo fiscal.* Rio de Janeiro: Aide, 1985.

CRETTON, Ricardo Aziz. *Os princípios da proporcionalidade e da razoabilidade e sua aplicação no direito tributário.* Rio de Janeiro: Lumen Juris, 2001.

DENARI, Zelmo. *Curso de direito tributário.* 3ª ed. Rio de Janeiro: Forense, 1993.

DINAMARCO, Cândido Rangel. *Execução civil.* 5ª ed. São Paulo: Malheiros, 1997.

DI PIETRO, Maria Sylvia Zanella. *Direito administrativo.* São Paulo: Atlas, 2005.

FACHIN, Luis Edson. Limites e possibilidades da nova teoria geral do direito civil. *Revista Jurisprudência Brasileira*, Curitiba, v. 172, 1994.

FALCÃO, Amílcar de Araújo. *Fato gerador da obrigação tributária.* 2ª ed. São Paulo: Revista dos Tribunais, 1971.

FERREIRA, Aurélio Buarque de Holanda. *Dicionário Aurélio da língua portuguesa.* 5ª ed. Curitiba: Ed. Positivo, 2010.

FONROUGE, Giuliani. *Derecho financiero.* 3ª ed. Buenos Aires: Depalma.

FRAGA, Mitro. *O conflito entre tratado internacional e norma de direito interno*: estudo analítico da situação do tratado na ordem jurídica brasileira. Rio de Janeiro: Forense, 1998.

GIORDANI, José Acir Lessa. *Direito civil*: parte geral. 2ª ed., 2ª tir. Rio de Janeiro: Lumen Juris, 2003.

GONÇALVES, Carlos Roberto. *Principais inovações no Código Civil de 2002*. São Paulo: Saraiva, 2002.

GONZALES CANO, Hugo. *A harmonização tributária nos processos de integração econômica*. Brasília: ESAF, 1986.

GRAU, Eros Roberto. *A ordem econômica na Constituição de 1988*. São Paulo: Malheiros, 2003.

GRECO, Marco Aurélio. *Contribuições (uma figura "sui generis")*. São Paulo: Dialética, 2000.

GRIZIOTTI, Benvenuto. *Principios de la ciencia de las finanzas*. 6ª ed. Trad. Dino Jarach. Buenos Aires: Depalma, 1959.

GUERRA, Gustavo Rabay. Estrutura lógica dos princípios constitucionais. Pós-positivismo jurídico e racionalidade argumentativa na reformulação conceitual da normatividade do direito. In: *Âmbito Jurídico*, Rio Grande, 46, 31-10-2007. Disponível em: <http://www.ambito-juridico.com.br/site/index.php?n_link=revista_artigos_leitura&artigo_id=2326>. Acesso em: 24 abr. 2008.

HARADA, Kiyoshi. *Direito financeiro e tributário*. 29ª ed. São Paulo: Atlas, 2020.

KELSEN, Hans. *Teoria geral das normas*. Trad. G. Florentino Duarte. Porto Alegre: Fabris, 1986.

LACOMBE, Américo Lourenço Masset. *Princípios constitucionais tributários*. São Paulo: Malheiros, 2000.

LEAL, Rogério Gesta. *Condições e possibilidades eficaciais dos direitos fundamentais sociais*: os desafios do Poder Judiciário no Brasil. Porto Alegre: Livraria do Advogado, 2009.

LIMA, Iran. *A dívida ativa em juízo*. São Paulo: Revista dos Tribunais, 1984.

LOPES, Mauro Luís Rocha. *Processo judicial tributário*: execução fiscal e ações tributárias. 3ª ed. Rio de Janeiro: Lumen Juris, 2005.

LOURENÇO, Américo; LACOMBE, Masset. *Princípios constitucionais tributários*. 2ª ed. São Paulo: Malheiros, 2000.

MACHADO, Hugo de Brito. *Curso de direito tributário*. 16ª ed. rev., atual. e ampl. São Paulo, 1999.

_____. *Comentários ao Código Tributário Nacional*, São Paulo: Atlas, 2004, vs. I e II.

MACHADO, Rodrigo Brunelli (Coord.). *ISS na Lei Complementar n. 116/2003*. São Paulo: Quartier Latin, 2004.

MACHADO JUNIOR, J. Teixeira et al. *A Lei n. 4.320/64 comentada.* 27ª ed., Rio de Janeiro: IBAM, 1996.

MANSUR, Augusto. *Garantia judicial de penhora e certidão fiscal.* Rio de Janeiro: Lumen Juris, 2010.

MARIANO, Marcelo Passini. *A estrutura institucional do Mercosul.* São Paulo: Edições Aduaneiras, 2000, p. 39.

MARINS, James. *Direito processual tributário brasileiro (administrativo e judicial).* 3ª ed. São Paulo: Dialética, 2003.

MARTINS, Cláudio. *Compêndio de finanças públicas.* 3ª ed. Rio de Janeiro: Forense, 1988.

MARTINS, Ives Gandra da Silva. Responsabilidade tributária. *Caderno de Pesquisas Tributárias,* n. 5, coordenação: Ives Gandra da Silva Martins. São Paulo: Resenha Tributária, 1980.

MEDEIROS, Maria Lúcia Sucupira. *Direito tributário resumido.* 2ª ed., Belo Horizonte: Del Rey, 1996.

MELLO, Celso de Albuquerque. *Direito internacional econômico.* Rio de Janeiro: Renovar, 1993.

MELLO, Elizabete Rosa de. *Princípio da boa-fé no direito tributário.* Rio de Janeiro: Forense, 2008.

MELO, Marco Antonio Bezerra de. *Novo Código Civil anotado.* Rio de Janeiro: Lumen Juris, 2004, vs. I a V.

MENDES, Gilmar Ferreira; COELHO, Inocêncio Mártires; BRANCO, Paulo Gustavo Gonet. *Curso de direito constitucional.* 4ª ed. São Paulo: Saraiva, 2009.

MONTEIRO, Washington de Barros. *Curso de direito civil:* direito das obrigações. 15ª ed. São Paulo: Saraiva, 1979, v. 4.

MONTESQUIEU, Charles. *De l'esprit des lois.* Paris: Édition Garnier Fréres, 1956.

MORAES, Alexandre de. *Direito constitucional.* 5ª ed. São Paulo: Atlas, 2002.

MORAES, Bernardo Ribeiro de. Responsabilidade tributária. *Caderno de Pesquisas Tributárias,* n. 5, coordenação: Ives Gandra da Silva Martins, São Paulo: Resenha Tributária, 1980.

_____. *Sistema tributário na Constituição de 1969.* São Paulo: Revista dos Tribunais, 1973.

MOTTA, Sylvio. *Controle de constitucionalidade*. 16ª ed. Rio de Janeiro: Impetus, 2004.

NOGUEIRA, Alberto. *Os limites da legalidade tributária no Estado Democrático de Direito. Fisco × contribuinte na arena jurídica*. Rio de Janeiro: Renovar, 1999.

NOGUEIRA, Ruy Barbosa. *Curso de direito tributário*. 5ª ed. São Paulo: Saraiva.

NOVELLI, Flávio Bauer. Anualidade e anterioridade na Constituição de 1988. *Revista de Direito Administrativo*. Rio de Janeiro, jan./jun. 1990.

ORMEZINO, Ribeiro de Paiva. *Imunidade tributária*. São Paulo: Resenha Tributária, 1981.

PAULSEN, Leandro. *Direito tributário. Constituição e Código Tributário à luz da doutrina e da jurisprudência*. Porto Alegre: Livraria do Advogado, 2004.

_____. *Direito processual tributário*: processo administrativo fiscal e execução fiscal à luz da doutrina e da jurisprudência. Porto Alegre: Livraria do Advogado, 2005.

PERES, João Bosco. Competência tributária negativa. As imunidades tributárias. *Jus Navigandi*, Teresina, a. 8, n. 127, 10 nov. 2003. Disponível em: <http://www1.jus. com.br/doutrina/texto.asp?id=4478>. Acesso em: 10 nov. 2003.

PIRES, Adilson Rodrigues. *Manual de direito tributário*. 5ª ed. Rio de Janeiro: Forense, 1997.

PONTES DE MIRANDA, Francisco Cavalcanti. *Comentários à natureza jurídica da contribuição de melhoria*. São Paulo: Revista dos Tribunais, 1964.

_____. *Comentários à CF de 1946*, v. 1.

REALE, Miguel. Palestra proferida no Congresso Internacional de Direito Civil, Rio de Janeiro: EMERJ, 2003.

RIBEIRO, Joaquim de Souza. *Constitucionalização do direito civil*. Universidade de Coimbra, Separata, Coimbra, 1998, v. LXXIV.

RIBEIRO, Ricardo Lodi. *Temas de direito constitucional tributário*. Rio de Janeiro: Lumen Juris, 2009.

RIBEIRO FILHO, Alcides Martins. A reforma do Judiciário. *O Globo*, Rio de Janeiro, 11 set. 1999, cad. Política.

ROCHA, João Marcelo. *Direito tributário*. 3ª ed. rev. e atual. Rio de Janeiro: Ferreira, 2005.

RODRIGUES, Silvio. *Direito civil*: direito das obrigações. 12ª ed. São Paulo: Saraiva, 1981, v. 2.

ROSA JR., Luiz Emygdio F. da. *Manual de direito financeiro e direito tributário.* 20ª ed. Rio de Janeiro: Renovar, 2017.

ROUSSEAU, Jean-Jacques. *El contrato social – discurso sobre el origen de la desigualdad entre los hombres.* Barcelona: Biblioteca de los Grandes Pensadores. 2004.

SCHOUERI, Luis Eduardo. *Planejamento fiscal através de acordos de bitributação.* São Paulo: Revista dos Tribunais, 1995.

SILVA, Antonio Carlos. *Teoria e prática do processo executivo fiscal.* Rio de Janeiro: Aide, 1985.

SILVA, Claudia Freze da. *Curso de direito tributário brasileiro*: ação de repetição de indébito. São Paulo: Quartier Latin, v. 3.

SILVA, José Afonso da. *Curso de direito constitucional positivo.* 22ª ed. São Paulo: Malheiros, 2003.

SILVA, Sandoval Alves da. *Direitos sociais:* leis orçamentárias como instrumento de implementação. Curitiba: Juruá, 2007.

SOARES, Milton Delgado. *O Imposto sobre a Transmissão* Causa Mortis *e Doação (ITCMD).* Rio de Janeiro: Lumen Juris, 2006.

SOUZA, Rubens Gomes de. *Compêndio de legislação tributária.* 3ª ed. Rio de Janeiro: Financeira, 1960.

TAVOLARO, Agostinho Toffoli. *Princípios tributários no direito brasileiro e comparado.* Rio de Janeiro: Forense, 1998.

TEPEDINO, Maria Celina Bodin de Moraes. A caminho de um direito civil constitucional. *Revista de Direito Civil*, São Paulo: Revista dos Tribunais, n. 65.

THEODORO JUNIOR, Humberto. *Lei de execução fiscal.* 8ª ed. São Paulo: Saraiva, 2002.

TORRES, Heleno Taveira. Teoria da norma de imunidade tributária e sua aplicação às instituições de educação. *Revista de Direito do Estado*, ano 1, n. 3, jul./set. 2006.

TORRES, Ricardo Lobo. *Tratado de direito constitucional financeiro e tributário*: os direitos humanos e a tributação. Imunidades e isonomia. Rio de Janeiro: Renovar, 1999, v. III.

_____. *Curso de direito financeiro e tributário.* 20ª ed. Rio de Janeiro: Processo. 2018.

_____. *Normas de interpretação e integração do direito tributário.* 4ª ed. São Paulo: Renovar, 2006.

TROIANELLI, Gabriel Lacerda. *Comentários aos novos dispositivos do CTN à LC n. 104/01*. São Paulo: Dialética, 2001.

TROTABAS, Louis. *Précis de science et législation financières*. 4ª ed. Paris: Dalloz, 1935, com reedição em 1964 na obra *Finances Publiques*.

UCKMAR, Vitor. *Princípios comuns do direito constitucional tributário*. Trad. Marco Aurélio Greco. 2ª ed. São Paulo: Malheiros, 2000.

UTUMI, Ana Claudia Akie. *Planejamento tributário e a norma geral antielisão*. Coord. Gilberto Luiz do Amaral. 2ª tir. Curitiba: Juruá, 2003.

VELLOSO, Carlos Mário da Silva. *Dimensão jurídica do tributo – homenagem ao Prof. Dejalma de Campos*. São Paulo: Editora Meio Jurídico, 2003.

VENOSA, Silvio de Salvo. *Direito civil*: teoria geral das obrigações e teoria geral dos contratos. 3ª ed. São Paulo: Atlas, 2003, v. 2.

WAMBIER, Luiz Rodrigues et al. *Curso avançado de processo civil*: processo de execução. 2ª ed. São Paulo, 1999, v. 2.

XAVIER, Alberto. *Os princípios da legalidade e da tipicidade da tributação*. São Paulo: Revista dos Tribunais, 1978.